# Oggi in Italia

# INSTRUCTOR'S ANNOTATED EDITION

# *Oggi in Italia*

··········································

## A First Course in Italian

## *Sixth Edition*

**Franca Celli Merlonghi**

**Ferdinando Merlonghi**

**Joseph A. Tursi**
State University of New York at Stony Brook, Emeritus

**Brian Rea O'Connor**
Boston College

**Houghton Mifflin Company**    Boston    New York

Director, Modern Language Program: E. Kristina Baer
Development Editor: Priscila M. Baldoví
Project Editor: Elena DiCesare
Editorial Assistant: Angela Schoenherr
Senior Production/Design Coordinator: Carol Merrigan
Senior Manufacturing Coordinator: Priscilla J. Bailey
Senior Marketing Manager: Elaine Uzan Leary

Cover Design: Harold Burch, Harold Burch Design, New York City

Cover Photograph: Harold Burch, Harold Burch Design, New York City

Components of OGGI IN ITALIA, Sixth Edition

Annotated Student Text

Instructor's Annotated Edition

Workbook/Lab/Video Manual

Audiocassettes

Instructor's Resource Manual

   Answer Key for Workbook/Lab/Video Manual

   Test Bank and Answer Key

   Tapescript and Instructor's Testing Cassette

Overhead Transparencies

*Parliamo italiano!* Video

*Parliamo italiano! NOW!* CD-ROM

*Parliamo italiano!* CD-ROM

Printed in the U.S.A.

Library of Congress Catalog Card Number: 97-72520

Student Text ISBN: 0-395-85900-X

Instructor's Annotated Edition ISBN: 0-395-85901-8

23456789-VH-01 00 99 98

# Contents

## Instructor's Annotated Edition

Introduction       T6
    Aims of the Sixth Edition       T6
    Program Components       T6
    New to the Sixth Edition       T7
    Organization of the Student Text       T8

Teaching with *Oggi in Italia*       T10
    Suggested Strategies and Techniques       T10
    Supplementary Materials       T16
    Preparation of a Syllabus       T17
    Sample Lesson Plans       T21

## Annotated Student Text

*Lezione Preliminare*       1
    Maps       11, 12, 14, 329

*Lezioni 1–20*       18–493

Reference Section       R1
    Appendix A: Spelling/sound Correspondences       R2
    Appendix B: *Avere* and *essere*       R3
    Appendix C: Regular Verbs       R3
    Appendix D: Verbs conjugated with *essere*       R5
    Appendix E: Verbs with Irregular Past Participles       R6
    Appendix F: Irregular Verbs       R7

Italian-English Vocabulary       R11

English-Italian Vocabulary       R28

Index       R40

# Introduction

## Aims of the Sixth Edition

*Oggi in Italia* is an introductory-level course in Italian used widely at four-year and two-year colleges and universities. It is also used at the secondary school level over a two- or three-year time span.

The primary aim of *Oggi in Italia* is to provide students with a sound basis for learning to communicate effectively and accurately in Italian as it is spoken and written today. Practice is given in all four basic skills—listening, speaking, reading, and writing—with many opportunities for student-student interaction and self-expression in realistic situations. A second important aim of *Oggi in Italia* is to introduce students to contemporary Italian life and culture. The dialogues, readings, and cultural notes have been written to depict what life is like in Italy today.

By the end of the course, students should be able to use with confidence the basic structures of the language and an active vocabulary of approximately 1,200 words, and to recognize many more words in speech and writing. They should have mastered the basic features of the sound system and be able to communicate orally and in writing on everyday topics. Students should also have gained an appreciation for varied aspects of Italian culture and the people of Italy.

## Program Components

*Oggi in Italia*, Sixth Edition, features a range of fully integrated components, designed with flexibility in mind in order to accommodate a variety of individual teaching styles.

The complete program consists of the following items:

- Student Text
- Instructor's Annotated Edition
- Workbook/Lab Manual/Video Manual
- Cassette Program
- *Parliamo italiano!* Video
- *Parliamo italiano!* CD-ROM
- Instructor's Resource Manual

  Tapescript

  Videoscript

  Answer Key: Workbook/Lab Manual/Video Manual

Test Bank

Test Bank Scripts

Answer Key: Test Bank

- Instructor's Test Cassettes
- Italian Overhead Transparencies
- Situation Cards Kit
- Computer Study Modules (Windows®, Macintosh®)
- Computerized Test Bank (Windows®, Macintosh®)

## New to the Sixth Edition

### Student Text

- The dynamic, new full-color design enhances the visual appeal of the text. New, up-to-date maps and full-color photos and realia appear throughout the text.

- Correlated to the *Parliamo italiano!* Video, new *In giro per l'Italia* sections develop reading skills as they explore the culture, history, and geography of Italy.

- Dialogues have been revised as necessary to reflect natural spoken Italian and contemporary vocabulary.

- The cultural notes and *Vivere in Italia* have been updated or revised to reflect the changing Italian scene.

### The Components

- The program now features an expanded supplements package to assist the teacher in presenting, reviewing, expanding, and reinforcing the materials in the textbook.

- The Workbook/Lab Manual/Video Manual for the Sixth Edition reflects changes in the Student Text. A Video Manual has been added, with exercises that will develop the listening and writing skills of the student in Italian. The Video Manual has been developed to accompany the *Parliamo italiano!* Video. It includes exercises organized in three parts: previewing, comprehension, and expansion (postviewing).

- The *Parliamo italiano!* Video correlates with the *In giro per l'Italia* sections in the textbook. It is presented in twelve modules for classroom use. Each module will afford the students the opportunity to hear present-day Italian while viewing different regions and cities of Italy.

- The *Parliamo italiano!* CD-ROM uses footage from the *Parliamo italiano!* Video and contains interactive activities to develop listening comprehension skills and cultural awareness.

- The Overhead Transparencies package includes maps and artwork from the text to facilitate vocabulary presentation and provide visual cues for additional communicative activities.

- The Situation Cards Kit, a set of 120 cards with an Instructor's Guide, enables teachers to monitor students' development of oral proficiency.

- The Computer Study Modules have been updated to reflect the changes in the textbook.

- The Computerized Test Bank (Windows®, Macintosh®) contains the same tests as the print version of the Test Bank. Instructors can customize the tests to fit the needs of their class.

## Organization of the Student Text

The body of the text consists of a preliminary lesson and twenty regular lessons. The preliminary lesson *(Lezione preliminare)* contains dialogues to introduce common greetings and expressions, some vocabulary and pronunciation practice, and an introduction to Italian geography, with maps. Each regular lesson is built around a theme such as school, food, shopping, sports, newscasts, politics, ecology, and so on. A typical lesson is divided into the following sections:

**Dialoghi/Monologhi.** New grammar structures and vocabulary are presented in context in the form of dialogues, monologues, or interviews and are followed by *Domande* (comprehension questions), the *Domande personali* (personalized questions), the *Situazioni* in Lessons 1–12 (guided interview questions for pair work), or the *Esercizio di comprensione* (an additional comprehension activity) in Lessons 13–18.

**Vocabolario.** New words and expressions presented in the opening dialogues or monologues are categorized by part of speech for easy reference.

**Nota culturale.** Each cultural note is related to the lesson theme. The notes reflect diverse aspects of contemporary Italian culture (in Italian beginning in *Lezione 5*).

**Pratica.** Role-playing situations for pairs or groups that reinforce the new vocabulary and the information in the cultural notes.

**Pronuncia.** Appearing in the preliminary lesson and in Lessons 1–12, this section provides explanations and practice of Italian sounds, stress, and syllabication.

**Ampliamento del vocabolario.** The vocabulary enrichment section presents functional, thematic vocabulary, and many words are contextualized through illustrations. It is followed by a series of open-ended communicative activities for pairs or groups.

**Struttura ed uso.** The section on structure and usage presents clear, easy-to-follow grammar explanations in English. Each point is illustrated by a cartoon, with a minidialogue. Each point is reinforced by a variety of structured exercises and open-ended communicative activities for pairs or groups.

**Parliamo un po'.** This conversation section integrates the lesson vocabulary and grammar and recycles previously learned material in a variety of creative, interactive pair and group activities, including realia- and illustration-based exercises.

**In giro per l'Italia.** This section contains short reading passages related to various aspects of contemporary Italian culture. Prereading exercises develop students' reading skills, and postreading activities check their comprehension.

**Vivere in Italia.** Cultural sections appearing after Lessons 3, 6, 9, 12, 15, and 18 contain photos, useful information on daily life in Italy, and functional realia-based activities for small group and pair work.

The text also features *Student Marginal Annotations*, which highlight word usage, practical cultural information, and important grammar points and provide helpful study tips.

Appendices at the end of the text list sound/spelling correspondences in Italian and provide conjugations of regular and irregular verbs. An Italian-English Vocabulary and an English-Italian Vocabulary are provided.

# Teaching with *Oggi in Italia*

## Suggested Strategies and Techniques

In this section you will find specific ideas and suggestions for working with the different parts of the chapters and with pair and small group activities.

### Using Small Group and Pair Work

One of the highlights of the Sixth Edition is the inclusion of many activities for small group and pair work. These activities are interspersed throughout the *lezioni*, and you are encouraged to make maximum use of such exercises. Small group and pair work encourages student participation in class while reducing anxiety and giving the students the opportunity to socialize. Suggestions for successful small group or pair activities are:

1. Make sure students understand what to do. Model properly.

2. Form the groups quickly, and vary groups from day to day or activity to activity.

3. To reduce anxiety, use imagination (e.g., have students sit back-to-back for a phone conversation, or have them use a pen as a microphone for an interview).

4. Specify a time limit for the activity. Give less time than you believe is necessary in order to force students to work more intensively.

5. Insist on the use of Italian *only*.

6. Monitor the class, making sure students are on task and making sure to note or correct errors. You should not be a member of a group.

7. Extend the time if the activity is working well. Interrupt the activity when a few groups have finished.

8. Have students report their findings to the class, have a pair role-play the situation when finished, do spot checks, and so on, to hold students responsible for work done in pairs and small groups.

### Teaching the Lessons

**Dialoghi/Monologhi.** The monologues, dialogues, and other types of core material provide the basis for most of the activities in each lesson. They introduce the basic theme of the lesson and contain examples of new structures and much new vocabulary.

There are numerous ways of presenting the short monologues or scenes from longer dialogues, depending on the theme and the number of characters. Some monologues lend themselves well to presentation by stick figures on a chalkboard or on overhead transparencies; others may be dramatized by you with the assistance of one or two students or role-played by the students themselves. This is an excellent technique to encourage listening comprehension. In watching classmates role-play, students are alert and interested in the characters' interaction and their gestures. The result is longer attention span and intellectual participation that contribute to comprehension. Use props for some dialogues; for others, use recordings or cutout illustrations from magazines. As students progress, you could present vocabulary by using definitions, antonyms, and synonyms, or by pointing out suffixes or word roots. Break long dialogues into logical parts before dramatic presentation, or when they are to be treated as reading material.

Although the basic text appears at the beginning of each lesson in the student text, it need not be presented first. For example, you may wish to introduce the new structures in the lesson first, and then use the basic text as reading comprehension material or as a listening comprehension activity in conjunction with the recorded program. Or you may wish to introduce and use in context some of the new vocabulary listed after the *Domande* sections.

No matter what technique you use to introduce monologues and short dialogues, remember to have students keep their books closed during the initial presentation. This helps focus their attention on what they are hearing, thus strengthening the often neglected skill of listening comprehension.

In the early lessons, sentences are short enough to be repeated easily by the students after the second or third modeling by you. Keep in mind, however, that students are not expected to memorize the dialogues. Students should be able to repeat a dialogue with good intonation and pronunciation at normal speed and to use new structures and vocabulary in other contexts.

During the initial presentation of dialogues, it is important that you model the lines at normal conversational speed, without distortion or undue exaggeration. It may be necessary to isolate a word, phrase, or phoneme for special work. Isolated practice should be followed immediately by a repetition of the entire utterance at normal conversational speed.

It is sometimes difficult to decide what degree of proficiency in pronunciation, intonation, rhythm, and speed should be attained by most students before you proceed to another activity. Students become discouraged and fatigued when impossibly high standards are set. At the same time, keep in mind that it is far easier to correct errors in pronunciation at the outset than it is to change poor pronunciation habits once they are firmly established. Call on the entire class to repeat a corrected response before asking an individual to do so. Choral repetition lets everyone speak without feeling singled out, increasing student participation and giving students a chance to discover sounds with which they have difficulty. By the time you ask for individual repetition, students will have had a chance to repeat the utterance several times and will feel more comfortable when singled out. Minor errors can be ignored, especially at the beginning of the course.

Once a dialogue is mastered, encourage students to adapt it in various ways. They may add a beginning or an ending to the scene, change the names and ages or personalities of one or more of the characters, or invent a new incident that fits in logically with the one described. The more opportunities students have to "create" (within carefully controlled limits), the more fluent they will become in their use of the language.

Starting with *Lezione 3*, you will probably want to introduce the scene setters or narrative parts that precede the dialogues in much the same way as the dialogues: by stick figures, props, and so on. As students learn more Italian, you could clarify the meaning of new words and expressions by defining them in Italian, by using them in sentences, or by referring to known words. In addition, you could provide a simple summary that previews the text using familiar words and structures. This will help students approach the material with some idea of its content. After the initial presentation, students may follow along in the text as they listen to the instructor or the recording. When meaning has been established, read the text again or play the tape, pausing after each sentence or two to ask questions. Before students take turns reading portions of the selection, they should have acquired a considerable degree of understanding and fluency.

Students should be encouraged to make intelligent guesses as they read unfamiliar material; that is, they should learn to use as many cues as possible to comprehend a word or a sentence without referring to the lesson vocabulary. Focus on one or two types of contextual clues (e.g., prefixes and word families) until students have had an opportunity to become familiar with other techniques.

**Domande and Domande personali.** Two types of questions accompany the core material. The *Domande* (content questions) help students check their comprehension of the core material. The *Domande personali* (personalized questions) should be done after the students have practiced the core material and are able to answer the content questions with relatively little difficulty.

Try to adjust the level of difficulty of a content or personal question to the level of ability of each student. Sometimes the questions can be slightly modified or sentence fragments accepted as responses. Often the same question can be asked of two or three students in succession, so that the less linguistically able student may have the opportunity to hear the correct answer before being asked to respond.

As students progress in their ability to use the language, give them frequent opportunities to make up their own questions. Too often the instructor does all the asking and the students do all the responding. *Students should be encouraged to work in pairs and in small groups as they ask and answer questions about the dialogues and readings and about material or illustrations in the word-building sections, or about visuals supplied by you and/or students.* Encourage students to ask you questions so that they can practice the formal *lei*-form of verbs in proper context. The use of directed statements and questions *(Tell Giorgio that . . . , Ask Luisa if . . .)* in Italian is another useful means of practicing new structures and vocabulary, especially after students have mastered word order in general and specific questions.

**Pratica and Situazioni.** For the first few *lezioni* you should do the exercises in the *Pratica* and *Situazioni* sections together with the students. As the students' command of the language increases, you may want to assign selected *Pratica* exercises for homework or as a source of written exercises. Many of the *Pratica* exercises contain suggested pair or small group role-playing activities based on dialogues in the core material. Make effective use of these. In the early stages, role-playing is limited to slight modifications of the dialogues in the text. As students progress in their ability to handle new structures and vocabulary, make suggestions for creating new dialogues based on guidelines or key phrases that you supply to students. If these exercises are assigned to be role-played, you may want to check the material being presented to control its focus and pedagogical appropriateness.

**Esercizi di comprensione.** From *Lezioni 13* through *Lezione 18*, *Esercizi di comprensione* are provided. These are based on the core material and consist of sentences in scrambled order, true-false statements, fill-in-the-blanks statements, and multiple-choice questions. These exercises should be used to practice writing and comprehension skills and may be done in class or assigned for homework.

**Vocabolario.** The lesson vocabulary that follows the core material is a reference list of words and expressions introduced in the core material that students should learn before starting the next lesson. New vocabulary is categorized by part of speech. You may want to present the new vocabulary prior to introducing the dialogue, monologue, or reading in which it occurs. Occasionally use class time for word games like Bingo, Categories, Add-an-Element, Hangman (Wheel of Fortune), Scrambled Letters, or crossword puzzles. Learning vocabulary, if properly handled, can be a profitable and enjoyable experience rather than a chore. To save time you can divide the class into groups and ask that they devise puzzles themselves. The groups can then swap their puzzles and compete to finish them within a specified period of time.

**Nota culturale.** Each lesson contains a short cultural note with information on a topic mentioned in the core material. The preliminary lesson and *Lezioni 1* to *4* contain short cultural notes in English. You may want to present the material in simplified form in Italian in class and add details from your own experience or knowledge. From *Lezione 5* to *Lezione 20* the cultural notes are in Italian, and may be assigned for optional reading practice. To stimulate student participation, encourage cross-cultural comparison and have interested students undertake additional research on some of the cultural topics. Many of the notes are illustrated with photos or realia. Have students describe the photos.

**Pronuncia.** The *Pronuncia* section appears in the preliminary lesson and in *Lezione 1* through *Lezione 12*. In most lessons, one or two common, useful proverbs illustrate the featured sounds in a cultural context. You may want to add other proverbs that are relevant.

Do portions of the pronunciation section over a period of several days, rather than attempt to cover all of it in one class period. Quick, lively drills on one or two sounds, repeated at appropriate points in later class periods, will produce better results than a concentrated, one-time practice session.

You may prefer to introduce the *Pronuncia* section prior to the presentation of the core material. You may also introduce specific material only when a student (or a group of students) has a particularly difficult time with a specific sound during a regular class activity. When a student has difficulty hearing a sound, a "snowball" technique can be used to loosen up the impediment. Ask the class as a group to quickly repeat a series of words containing the particular sound. Then quickly slip in the target word with which the student had difficulty. Now turn to the individual student and repeat the procedure. The material can also be used as the basis for dictation practice in order to reinforce sound/spelling correspondences in individual words, sentences, or paragraphs in narrative form.

**Ampliamento del vocabolario.** The vocabulary expansion section is designed to encourage classroom activities that will help enlarge the students' basic vocabulary and enable them to use related words in functional situations (e.g., in the lesson on foods, students can role-play ordering food in a restaurant, buying food at a store, or choosing appropriate food for meals). Word sets are usually illustrated with line drawings in order to reduce a dependence on English equivalents and to serve as a source of visual stimulation for classroom activities in pairs or in small groups.

The *Ampliamento del vocabolario* section also contains helpful information about cognates, prefixes, and word families to build the students' understanding of how words are formed in Italian and their relationship to each other and to English. Showing students how to categorize the types of words this way will also facilitate the retention of vocabulary and ease memory overload—vocabulary recall frequently is a serious problem for students. In addition, you may suggest to students that they write words or phrases on pieces of paper to post around the house (the refrigerator door, bathroom mirror, kitchen table, and desk). This enables them to see the language more frequently, thus ensuring retention of more vocabulary.

Short, oral vocabulary drills are also useful for vocabulary retention. In the beginning, drills should contain no more than one change, such as change in number, person, or tense.

**Struttura ed uso.** The structure and usage section contains grammar explanations of three to four new structures, each followed by corresponding exercises and activities. The grammar explanations are in English throughout the text to make them more accessible to students working at home. (You may want to explain the structures in Italian in class.) Numerous examples of the new structures are provided, often taken from the core material.

Many of the structures are illustrated with a line drawing and a caption in Italian showing the grammar used in context. This will help students visualize the new concept. You will find the illustrations useful for introducing new topics. Personalized questions should also be used, whenever possible, to introduce new concepts.

For certain simple structures, you may want to begin with the exercises and ask students to derive a grammatical statement or rule based on the pattern. For more complex structures, however, it is probably preferable to give the explanation prior to working with the pattern, to be sure that students understand what is expected of them.

After the initial presentation of a new structure or verb tense, personalize the new concept with a few examples, where possible, to emphasize the fact that students are learning to use a grammatical pattern in order to be able to communicate about real-life situations or events. Students often lose sight of this long-range purpose, because they are concentrating on the immediate grammatical concept.

Use the summary charts of verb forms and various kinds of grammatical paradigms provided at appropriate points in the *Struttura ed uso* section. They are helpful to students as reference or review tools.

Where appropriate, do the exercises on the new concept or structure orally in the classroom before assigning them as written homework. Books should be closed the first time through in order to focus the students' attention on what you are saying and to improve listening comprehension as well as speaking skills.

When introducing a particularly difficult structure, it may be helpful to repeat an exercise, or a modified version of it, two or three times within the same week. This "massed practice" gives students the confidence that they are progressing in their ability to handle the pattern. "Spaced" or "distributed practice" during the next few weeks will serve to reinforce the structure.

Direction lines for the exercises and activities are in English through *Lezione 3*, in Italian with English equivalent in *Lezione 4*, and in Italian thereafter. Call students' attention to direction lines that are situational or functional in order to emphasize the fact that students are learning a grammatical pattern in order to be able to communicate about real-life events.

**Parliamo un po'.** The *Parliamo un po'* section, which appears directly after the *Struttura ed uso* section, helps students review new structures in a functional setting. It includes a variety of interactive pair and group activities, some based on realia and other illustrations. Done with zest and a brisk tempo, the activities encourage students to use Italian with a purpose and test their progress in the language. This section can be divided into smaller segments and presented over a few days. Refer to the text annotations and the previous indications for small group and pair work for additional suggestions.

**In giro per l'Italia.** The *In giro per l'Italia* sections are correlated to the *Parliamo italiano!* Video. They contain readings and exercises to develop reading skills in Italian. Short cultural passages feature various important cities and regions in Italy. In the early lessons, help students to extract the general meaning from the readings and to use their understanding of Italian/English cognates to discover meaning. Some of the techniques suggested for the core material can also be applied to the readings in this section. You may want to do some exercises in class and assign others for homework.

**Vivere in Italia.** The *Vivere in Italia* section, which appears after *Lezioni 3, 6, 9, 12, 15*, and *18*, contains cultural material, and small group and pair work. Strategies suggested for readings, cultural notes, and pair and small group work should be applied in this section. Make the most of the color photos and realia by having students extract information, formulate questions, compare cultures, and so on. You may want to do a few activities one day, the rest on a second or third day.

## Supplementary Materials

**Instructor's Annotated Edition.** Annotations throughout the Instructor's Annotated Edition provide suggestions for introducing and expanding the lesson materials, and ways to vary and personalize exercises in the classroom.

**Workbook/Lab Manual/Video Manual.** The workbook exercises have been reorganized in two parts, with many new and revised exercises. *Pratica del vocabolario e della struttura* provides reinforcement of vocabulary and grammar; *Pratica della comunicazione* includes personalized and more open-ended practice that integrates lesson topics. The Lab Manual is coordinated with the recordings that accompany the text. Oral exercises and exercises that require written response reinforce lesson structures and vocabulary, and provide pronunciation practice. Also included are numerous listening comprehension activities based on conversations, ads, and other recorded information. The Video Manual section is correlated to the *Parliamo italiano!* Video. The exercises are written so that students can complete them on their own, in a language lab, or in the classroom. Each Video Manual section begins with a list of useful vocabulary. The exercises are divided into three sections: *Preparazione* exercises present vocabulary and themes from the module; these should be completed or discussed before viewing. *Comprensione* exercises should be completed while watching the video or immediately thereafter. In some cases the direction lines refer to specific parts of the module. Before completing the exercises, the students should watch the module at least three times. The *Espansione* section asks students to write short descriptions and dialogues. These exercises should be completed after students are thoroughly familiar with the material of the module. An answer key to the workbook, lab, and video exercises is provided in the Instructor's Resource Manual that accompanies the text.

**Cassette Program.** The recordings contain the dialogues from the textbook, pronunciation drills, vocabulary and usage exercises, and varied listening comprehension activities. The Cassette Program is available upon adoption of the text. It is also available for student purchase.

**Instructor's Resource Manual.** This component contains the Tapescript, Videoscript, and Answer Keys for the Workbook/Lab Manual/Video Manual, and the Test Bank, which includes test bank scripts and an answer key. The Test Bank section provides two ready-to-copy versions of tests (A and B) for each lesson. Listening comprehension portions are recorded.

**Instructor's Cassettes.** Two cassettes contain the listening comprehension portions of each test for class use when the tests are administered. The transcripts of the recorded material follow *Lezione 20* in the Test Bank section of the Instructor's Resource Manual.

**Parliamo italiano! Video.** The *Parliamo italiano!* Video is correlated with the *In giro per l'Italia* sections in the textbook. It is presented in twelve modules for classroom use. Each module will afford the students the opportunity to hear present-day Italian while viewing different regions and cities of Italy.

*Parliamo italiano!* **CD-ROM.** The state-of-the-art interactive CD-ROM tool lets students focus on specific skills and tasks in a self-paced, learner-centered environment. The CD-ROM incorporates footage from the *Parliamo italiano!* Video and cultural information. A variety of creative activities are designed to improve the students' listening, reading, and writing abilities in Italian.

**Overhead Transparencies.** The Overhead Transparencies package consists of 24 transparencies and includes maps and art from the text to facilitate vocabulary presentation and provide visual cues for additional communicative activities.

**Situation Cards Kit.** The kit contains a set of 120 cards with an Instructor's Guide that enables teachers to monitor students' development of oral proficiency.

**Computerized Test Bank.** The software test component contains the same tests as the print version of the Test Bank. Instructors can customize the tests to fit the needs of their class. It is available for Windows® and Macintosh®.

**Computer Study Modules.** This Computer Study Modules software program has been revised to coincide with the updated vocabulary, grammar, and reading comprehension exercises for each lesson. Exercises include cue-response, matching, multiple-choice, and fill-in. Call-up boxes with verb forms or word lists provide on-the-spot help, should students need it. The modules are available for Windows® and Macintosh®.

# Preparation of a Syllabus

*Oggi in Italia*, *Sixth Edition*, provides a sufficient variety of materials to make it easily adaptable to different learning and teaching situations. The flexibility of the organization and the great variety of activities allow teachers working under diverse teaching situations to adapt the program to their individual needs and goals. In preparing a syllabus for a semester or a year, the number of class meetings and the amount of class time available will, in part, dictate how much of the text can be covered. If it is necessary to omit material from the program, some possibilities include the following: present selected material in the last few lessons for recognition only; assign cultural notes and other readings for outside reading, and discuss them in class; omit some readings; assign formal pronunciation practice as lab work; do selected *Pratica* activities. Keep in mind that not every exercise need be done; class ability, the amount of practice needed with a given topic, and the like, will depend on the course goals and the particular class.

## College and University Programs

Instructors whose courses meet three times a week (or about 42–45 times per semester, 30 times per trimester) will have to concentrate on the basic material of the program and omit some lessons or lesson parts. The complexity of the material presented in each lesson varies; hence, the amount of time spent on a given lesson may vary somewhat. Three to four classes per lesson should be allowed in order to complete all lessons.

Instructors whose courses meet four or five times a week should have little difficulty covering all of the material in each lesson. Five to six classes per lesson can generally be allowed. In addition, classes that meet five times a week should be able to take advantage of many optional activities suggested in the annotations.

## High-School Programs

On the high-school level, *Oggi in Italia, Sixth Edition*, will meet the objectives of the first two years of most foreign-language programs. The preliminary lesson and *Lezione 1* to *Lezione 9* could be covered in one year, and *Lezione 10* to *Lezione 20* could be completed in the second year. If necessary, the last two lessons may be limited to the presentation of the structures simply for recognition. High school teachers are encouraged to supplement the core program with visual and cultural materials and to use the Computer Study Modules and the Workbook as effective supplements to the program. A graded reader might also be appropriate in the second semester of the second year of high school.

## Sample Syllabi

**Five-Day-per-Week Schedule.** Two exams and seven quizzes scheduled each semester.

| | | | SEMESTER 1 | | |
|---|---|---|---|---|---|
| Week | Day 1 | Day 2 | Day 3 | Day 4 | Day 5 |
| 1 | Prelim. | Prelim. | Prelim. | 1 | 1 |
| 2 | 1 | 1 | 1 | 1 | Quiz |
| 3 | 2 | 2 | 2 | 2 | 2 |
| 4 | 2 | Quiz | 3 | 3 | 3 |
| 5 | 3 | 3 | 3 | Review | Exam |
| 6 | 4 | 4 | 4 | 4 | 4 |
| 7 | 4 | Quiz | 5 | 5 | 5 |
| 8 | 5 | 5 | 5 | Quiz | 6 |
| 9 | 6 | 6 | 6 | 6 | 6 |
| 10 | Review | Exam | 7 | 7 | 7 |
| 11 | 7 | 7 | 7 | Quiz | 8 |
| 12 | 8 | 8 | 8 | 8 | 8 |
| 13 | Quiz | 9 | 9 | 9 | 9 |
| 14 | 9 | 9 | Quiz | 10 | 10 |
| 15 | 10 | 10 | 10 | Review | Review |

| SEMESTER 2 | | | | | |
|---|---|---|---|---|---|
| **Week** | **Day 1** | **Day 2** | **Day 3** | **Day 4** | **Day 5** |
| 1 | Review | Review | 11 | 11 | 11 |
| 2 | 11 | 11 | 11 | Quiz | 12 |
| 3 | 12 | 12 | 12 | 12 | 12 |
| 4 | Quiz | 13 | 13 | 13 | 13 |
| 5 | 13 | 13 | Review | Exam | 14 |
| 6 | 14 | 14 | 14 | 14 | 14 |
| 7 | Quiz | 15 | 15 | 15 | 15 |
| 8 | 15 | 15 | 15 | Quiz | 16 |
| 9 | 16 | 16 | 16 | 16 | 16 |
| 10 | Review | Exam | 17 | 17 | 17 |
| 11 | 17 | 17 | 17 | 17 | Quiz |
| 12 | 18 | 18 | 18 | 18 | 18 |
| 13 | 18 | Quiz | 19 | 19 | 19 |
| 14 | 19 | 19 | Quiz | 20 | 20 |
| 15 | 20 | 20 | 20 | Review | Review |

**Four-Day-per-Week Schedule.** Two exams and seven quizzes scheduled for each semester.

| SEMESTER 1 | | | | |
|---|---|---|---|---|
| **Week** | **Day 1** | **Day 2** | **Day 3** | **Day 4** |
| 1 | Prelim. | Prelim. | 1 | 1 |
| 2 | 1 | 1 | Start 2/Quiz 1 | 2 |
| 3 | 2 | 2 | 2 | 2 |
| 4 | Quiz | 3 | 3 | 3 |
| 5 | 3 | 3 | Review | Exam |
| 6 | 4 | 4 | 4 | 4 |
| 7 | 4 | Quiz | 5 | 5 |
| 8 | 5 | 5 | 5 | Quiz |
| 9 | 6 | 6 | 6 | 6 |
| 10 | Review | Exam | 7 | 7 |
| 11 | 7 | 7 | 7 | Quiz |
| 12 | 8 | 8 | 8 | 8 |
| 13 | 8 | Quiz | 9 | 9 |
| 14 | 9 | 9 | Start 10/Quiz 9 | 10 |
| 15 | 10 | 10 | Review | Review |

| SEMESTER 2 | | | |
|---|---|---|---|
| Week | Day 1 | Day 2 | Day 3 | Day 4 |
| 1 | Review | 11 | 11 | 11 |
| 2 | 11 | Quiz | 12 | 12 |
| 3 | 12 | 12 | 12 | Start 13/Quiz 12 |
| 4 | 13 | 13 | 13 | 13 |
| 5 | Review | Exam | 14 | 14 |
| 6 | 14 | 14 | Quiz | 15 |
| 7 | 15 | 15 | 15 | 15 |
| 8 | Quiz | 16 | 16 | 16 |
| 9 | 16 | 16 | Review | Exam |
| 10 | 17 | 17 | 17 | 17 |
| 11 | 17 | Quiz | 18 | 18 |
| 12 | 18 | 18 | 18 | Quiz |
| 13 | 19 | 19 | 19 | 19 |
| 14 | 19 | Quiz | 20 | 20 |
| 15 | 20 | 20 | Review | Review |

**Three-Day-per-Week Schedule.** One exam and seven quizzes scheduled each semester.

| SEMESTER 1 | | | |
|---|---|---|---|
| Week | Day 1 | Day 2 | Day 3 |
| 1 | Prelim. | Prelim. | 1 |
| 2 | 1 | 1 | Start 2/Quiz 1 |
| 3 | 2 | 2 | 2 |
| 4 | Start 3/Quiz 2 | 3 | 3 |
| 5 | 3 | Start 4/Quiz 3 | 4 |
| 6 | 4 | 4 | 4 |
| 7 | Quiz | 5 | 5 |
| 8 | 5 | 5 | Review |
| 9 | Exam | 6 | 6 |
| 10 | 6 | Quiz | 7 |
| 11 | 7 | 7 | 7 |
| 12 | Start 8/Quiz 7 | 8 | 8 |
| 13 | 8 | Start 9/Quiz 8 | 9 |
| 14 | 9 | 9 | 10 |
| 15 | 10 | 10 | Review |

| | **SEMESTER 2** | | |
| --- | --- | --- | --- |
| **Week** | **Day 1** | **Day 2** | **Day 3** |
| 1 | Review | 11 | 11 |
| 2 | 11 | 11 | Start 12/Quiz 11 |
| 3 | 12 | 12 | 12 |
| 4 | Start 13/Quiz 12 | 13 | 13 |
| 5 | 13 | 13 | Start 14/Quiz 13 |
| 6 | 14 | 14 | 14 |
| 7 | Start 15/Quiz 14 | 15 | 15 |
| 8 | 15 | Review | Exam |
| 9 | 16 | 16 | 16 |
| 10 | Start 17/Quiz 16 | 17 | 17 |
| 11 | 17 | Quiz | 18 |
| 12 | 18 | 18 | 18 |
| 13 | Quiz | 19 | 19 |
| 14 | 19 | 19 | 20 |
| 15 | 20 | 20 | Review |

## Suggested Syllabus for Three Ten-Week Trimesters

### Option A: Five-Day-per-Week Syllabus

*(five quizzes and one midterm exam each trimester)*
First Trimester: Lezione preliminare–Lezione 7
Second Trimester: Lezioni 8–13
Third Trimester: Lezioni 14–20

### Option B: Four-Day-per-Week Syllabus

*(four quizzes and one midterm exam for each trimester)*
First Trimester: Lezione preliminare–Lezione 6
Second Trimester: Lezioni 7–12
Third Trimester: Lezioni 13–19 (highlight grammatical points of Lezione 20 for recognition only)

### Option C: Three-Day-per-Week Syllabus

*(four quizzes and one midterm exam for each trimester)*
First Trimester: Lezione preliminare–Lezione 5
Second Trimester: Lezioni 6–11
Third Trimester: Lezioni 12–18 (highlight grammatical points of Lezioni 19–20 for recognition only)

# Sample Lesson Plans

The following lesson plans offer one possibility for organizing the presentation of *Lezione preliminare* and *Lezioni 1* and *2* of *Oggi in Italia, Sixth Edition*. A sample plan is given for college courses and for high school classes. The plans follow a nonlinear approach, and each day covers material for a typical 50-minute college class and a 45-minute high school class.

For more specific suggestions on how to cover different sections of each lesson, refer to the annotations in the Instructor's Annotated Edition, and the *Teaching with Oggi in Italia* section of this Instructor's Guide. Quizzes and tests should be given at the discretion of the instructor. The Test Bank provides a variety of testing materials that can be used as a source of quizzes and exams.

## Lesson Plans for College

### Day 1

1. *Lezione preliminare.* Warmup: Introduce yourself (first name and last name). Call the roll (last names) and have students introduce themselves (first and last names) following your example, in chain drill fashion. Allow 5 minutes.

2. Introduce the four minidialogues (10 minutes).

   • Role-play them for the class (assuming both masculine and feminine roles) before having students role-play the dialogues. Use a normal pace of speech and pronounce clearly.

3. Have students follow up by doing the *Pratica* 1 and 2, moving about the classroom (5 minutes).

   • Help students as needed; note errors for later follow-up and check for pronunciation as you proceed around the room.

4. Before presenting the dialogues *Ciao! Come ti chiami?* and *Come stai?* on pages 3 and 4, make sure students understand the concept of formal and informal address as explained in the cultural note. Use the *tu* form first with students, then use the *lei* form with them and they with you (5 minutes).

   • Introduce these two informal dialogues (15 minutes). Set the scene, model parts, then have students role-play the parts with help from you. Follow up by having students do the *Pratica* 1, 2, 3 on pages 4 and 5. Check for accuracy and participation.

5. After the class has practiced the dialogues, assign students other formal and informal salutations so that they can practice the different forms of address in a more creative manner. *Immagini di essere un professore d'italiano, e lei, signorina/signore immagini di essere una studentessa/uno studente* (5 minutes).

   • You can also ask them to role-play in front of the class any of the text dialogues they remember.

   • Teach students other titles that appear in the cultural note, "Use the courtesy and professional titles": *avvocato, dottore, ingegnere.* These are commonly used with, or as substitutes for, names.

6. Present *I nomi italiani (maschili e femminili)* (5 minutes).

   • Read them aloud; practice pronunciation.

   • Have students ask each other, *Come ti chiami?* and have them respond with an Italian equivalent.

7. Assignment: Review the eight minidialogues.

**Day 2**

1. *Lezione preliminare.* Warmup (5 minutes). Review introductions in full class and pair work. Have students mingle—greeting one another, finding out names, and taking leave. Allow students two minutes to do this. When finished, quiz students on the names of their classmates, using yes/no and either/or questions followed by *Come si chiama lui/lei?* This will serve as an introduction to the third person singular.

2. Introduce the alphabet and vowels, both in and out of order (10 minutes).

   • Do Exercises A–D.

   • Dictate the following words: *signore, signorina, ciao, giorno, grazie, chiami, professore, arrivederci.*

   • Have students check their spelling against the vocabulary list on pp. 16–17.

   • Have students tell you how many words they misspelled.

   • Refer students to the *Carta fisica d'Italia* on p. 12 for Italian cities and geographical features. Have them spell some of these.

   • Dictate the *Proverbio*, or have one student dictate it to the class.

3. Briefly introduce *Parole analoghe* by modeling the words. Have students do Exercise G. Show the difference between real and false cognates (2 minutes).

4. Introduce the dialogue *Che peccato!* (5 minutes).

   • Role-play it first, then ask three students to role-play it.

   • Have students change *il professor Renzi* to *la professoressa Giuliani.*

5. Have students do *Pratica* 1, 2, 3 (3 minutes).

   • Move about the room, checking for accuracy and pronunciation.

6. Teach the numbers 1–20 by modeling them and having students repeat. Do them out of sequence as well as in sequence. Stress pure vowel sounds (10 minutes).

   • Have students give their telephone numbers in Italian. Do Exercises E and F.

7. *L'Italia nell'Europa* (15 minutes). Looking at the *Carta politica d'Italia* on p. 14, point out that Italy is divided into 20 regions and each region into provinces. Each province has a major city as its capital or *capoluogo.*

   • Have students repeat the regions and their capitals, chorally and individually.

   • Review the vocabulary in Exercise H. Point out the location of Italy on the map of Europe, p. 11, or have students point it out.

   • Use expressions such as *nord, sud, ovest, est,* and so on.

8. Assignment: Do Exercises J and K in the textbook. In the Workbook, do Exercises B, C, E on *I numeri, Parole analoghe, Un po' di geografia.* Reread the dialogue *Che peccato!*

**Day 3**

1. *Lezione 1*. Warmup review (10 minutes).

   • Review basic expressions from *Lezione preliminare*. For example: *Buon giorno/Ciao; Lei come si chiama? Come sta? Come stai? Hai/Ha lezione di storia/d'italiano/d'inglese?*, and so on. Have students ask each other these questions in rapid order.

   • Review the alphabet. Write the following words on the chalkboard: *arrivederla, studente, campo, Venezia, università*. Ask students to spell the words aloud.

   • Review numbers. Show students a few photos of cars with visible license plates, and ask students to read them aloud.

   • Review some geography with a short multiple-choice exercise: (1) *L'Italia è (a) un'isola (b) una penisola  (c)  una provincia*; (2) *Roma è (a) una città (b) un porto (c) una montagna*; (3) *Il Po è (a) un fiume (b) un lago (c) un golfo*.

2. Introduce the monologues *Lei come si chiama?*, *Lezione 1* (10 minutes). Identify the setting in the photo on p. 18 before you introduce the monologues.

   • Tell students: *Ecco due (tre) studenti universitari (liceali) italiani. Gli studenti sono di Roma (Bologna, Verona, etc.).*

   • Ask students to guess the Italians' ages.

   • Have students close their books while you role-play the monologues. Then have students repeat each line after you, then have them open their books and read aloud.

   • Have individual students insert their names for *Marco* and *Lucia*.

3. Have students do the *Domande* and *Domande personali* orally (7 minutes).

   • Have students work in pairs for the *Domande personali*.

4. Do the *Situazioni* 1 and 2 (3 minutes). Have students circulate in the classroom or place them in groups.

   • Check for accuracy, pronunciation, and intonation.

5. Introduce the *Vocabolario* on pages 20 and 21 (7 minutes). Identify word families: *liceo/liceale; Italia/italiano*.

   • Expand on *avere* + . . . *anni*. Ask students: *Quanti anni ha?*

   • Have students ask each other, using the *tu* form.

6. Do the *Pratica* A and B on p. 21 (3 minutes).

   • Encourage students to circulate and then work in pairs.

7. Introduce the *pronomi personali* in the *Struttura ed uso* (10 minutes). Explain the meanings of *tu, lei, voi, loro* as a translation of *you*. Do Exercises A, B, and C.

8. Assignment: Write the answers to the *Domande*. Study the *Vocabolario*. Do Exercise A in the Workbook, *Lezione 1*, and Exercises A and B of *Lezione preliminare*, also in the Workbook.

**Day 4**

1. *Lezione 1.* Warm up with assignment, doing some sentences orally (8 minutes).

   - Have students write part of the assignment on the board.

   - Spot check for knowledge and vocabulary.

2. Introduce the *Ampliamento del vocabolario:* Numbers 21–100 (10 minutes).

   - Choose numbers at random after introducing the chart on p. 24. Ask students to say the numbers you write on the board.

   - Do Exercises A, B, C, and D. Have students give their telephone numbers aloud in multiples.

3. Introduce *Struttura ed uso:* Present of *essere* (15 minutes).

   - In presenting new verbs and structures, personalize as much as possible. You can use yourself as a model and say who you are, what you do, and where you are from. Then point to two or more students and go through the same structure, highlighting the changes.

   - Choral drill the entire conjugated verb *essere* using a model sentence (e.g., *Sono di Bari, sei di Bari, . . .*).

   - Call out the subject pronouns at random and have smaller groups conjugate the verb. Finally, have individual students give you the conjugated form. Do Exercises D, E, and F orally.

4. Go over the *Pronuncia* and *Sillabazione e accento tonico* sections (7 minutes).

   - Have students do Exercises A and B. Write some words on the board from the *Vocabolario* and have students pronounce and divide into syllables. Read several of these, and show where the stress falls.

   - *Proverbio:* Read and explain. You may want to write it out on the board or make a sign for the classroom.

   - If this activity is too long, do the *accento tonico* next day.

5. Introduce *Parliamo un po'* section (10 minutes).

   - Explain the purpose and the methodology. (This section stresses creative language used in paired and group activities. It asks students to use and integrate the structures and vocabulary from the lesson within a functional context.)

   - Warmup activities: Review key questions and vocabulary or model activities A or D with a capable student before pairs and groups proceed on their own. Have students do Exercises A and D in class. Limit correction to comprehension items only.

6. Assignment: Write *Struttura* Exercises D and E and Exercises B, C, F, and G in the Workbook. Read the cultural note on p. 23. Study for a quiz on *essere* and the subject pronouns.

**Day 5**

1. *Lezione 1.* Warm up with one or two exercises from the assignment (5 minutes). Quick review of *essere* and subject pronouns. Collect assignments.

2. Quiz on *essere* and subject pronouns (10 minutes).

3. Discuss the *Nota culturale* (8 minutes).

   • Comprehension activity: Ask students the following questions: (1) Up to what age must students remain in school? (2) What type of schooling follows *la scuola media?* (3) How many types of *liceo* are there? What are they? (4) What is the title of the exam taken before students graduate from the *liceo* or the *istituto?* (5) What are the proposed new reforms?

4. Introduce *Struttura ed uso*, present of *avere* (15 minutes).

   • Present *avere* as you presented *essere*. Remind students that the *h* in the conjugated forms of *avere* is silent.

5. Introduce *Ampliamento del vocabolario: Cose utili* with an overhead transparency (12 minutes).

   • After introducing the words, have students close their books. Point out objects in the classroom and ask *Che cos'è?* Make sure students use indefinite articles. Do Exercises E and F.

6. Assignment: *Parliamo un po',* Exercise E, prepare the questions for class work the following day. *Avere:* Exercise H. In the Workbook, Exercises D, E, H, and I.

**Day 6**

1. *Lezione 1.* Warm up with *Che cos'è?* items in the classroom (8 minutes). Ask one student to point to objects and have other students respond. Do Exercises E and F.

2. *Struttura ed uso:* Gender of nouns and indefinite articles (17 minutes).

   • Present concept of masculine and feminine. Identify *una studentessa, una professoressa, una signorina, una signora.* Then identify *un professore, uno studente, un signore.*

   • Review with the class the nouns ending in *-e* that they have learned so far: *studente, dottore, ingegnere, lezione, professore, fiume, mare,* and so on.

   • Review indefinite articles that precede the words reviewed above. Do Exercises M, N, and O.

3. Introduce *In giro per l'Italia* (15 minutes). Explain the concept. Read the passages in Exercise A aloud. Have students reread, and then have them do Exercise B in pairs. (If the *Parliamo italiano!* Video is available, you may wish to introduce it here. Do only the first segment. Present *In giro per l'Italia* the following day, and make changes in lesson plans accordingly.)

4. Do exercises assigned for homework with *avere, Parliamo un po', Cose utili* (10 minutes).

5. Assignment: Study for a quiz on *avere* and indefinite articles. Do *Leggiamo un po'*, Exercises A and B. Do Workbook Exercise J. Do Lab Manual exercises.

**Day 7**

1. *Lezione 2.* Warmup (10 minutes). Review indefinite articles. Point to objects in the classroom or use photos. Ask students *Cos'è?*

   • Review *avere*, using *Quanti anni ha?*, and the like.

2. Quiz on *avere* and indefinite articles (10 minutes).

3. Introduce monologues: *E lei chi è?*, *Lezione 2* (5 minutes).

   • Draw a family tree on the board to show how Raffaele and Lisa are related and to show their families.

   • Tell the class Raffaele and Lisa's age, profession, home situation and location, and where they work.

   • Write the possessive adjective *suo/sua* on the board and point to Raffaele's wife and son and to Lisa's husband.

   • Have students read the monologues. Listen for pronunciation.

4. Do the *Domande* and the *Domande personali* sections (10 minutes). Have students ask each other the *domande personali*, using the *tu* form.

5. Do *Situazioni* 1 and 2. Have students work in groups (5 minutes).

6. Assignment: Study *Vocabolario*, prepare *Pratica* A and B, on p. 45 to do in class next day.

**Day 8**

1. *Lezione 2.* Warm up using *Pratica* A and B and vocabulary from the text (10 minutes). Point out that *architetto* has only one form for both masculine and feminine. Tell students that adjectives ending in *-e*, like nouns, can be masculine or feminine.

2. *Struttura ed uso: Nomi singolari e plurali* (15 minutes).

   • Remind students of the concept of masculine and feminine nouns and words ending in *-o*, *-a*, and *-e*. Do Exercises A, B, C, and D.

3. *Pronuncia*, sounds of /t/ and /d/ (10 minutes). Model the words with both sounds clearly and ascertain that students are pronouncing well. Do Exercises A, B, C, and D.

   • Discuss the proverbs. What do these mean to the students? This discussion could be done in groups of three or four.

4. *Ampliamento: Materie d'insegnamento* (15 minutes). Have students repeat these after you.

   • Have students do Exercises A, B, and C in pairs and then discuss openly in class.

5. Assignment: Study *Nota culturale*. Do *Struttura*, Exercise E, and Exercises A, B, C, and G in the Workbook.

**Day 9**

1. *Lezione 2*. Warmup: Fast review of vocabulary in *Ampliamento* (5 minutes).

2. *Struttura ed uso*, definite articles (20 minutes). Review the uses. *Lo* is used as *uno*. Explain the use of the definite article with *parlare*. Ask students to supply examples of nouns to which other students supply the correct definite article. Do Exercises H, I, and J.

3. *Nota culturale* (10 minutes). After brief discussion, give a comprehension exercise: Ask students to answer the following questions based on the *Nota:* (1) Which diploma must students have in order to enroll in a university? (2) How many years do students study in Italian universities, and how many exams do they take? (3) What is the highest degree attainable? (4) What are the two new reforms proposed for Italian universities?

4. *Struttura ed uso, di* + noun for possession (15 minutes). Use students in class to demonstrate this point. Chain drill, having students say *La penna è di Michele, (Maria)*, and so on.

   • Do Exercises K and L.

5. Assignment: Definite articles, Exercises F and G in the text and Exercises H and I in the Workbook. *Di* + noun Exercise N in the textbook and Exercises J and K in the Workbook. Study for a quiz on the definite articles.

**Day 10**

1. *Lezione 2*. Warmup: Quick review of definite articles for quiz (8 minutes).

   • Do Exercises F and G from assignment. Collect written work.

2. Quiz on definite articles (10 minutes).

3. Introduce *Che ora è? Che ore sono?* (20 minutes).

   • Review numbers from 1–24. To teach time, use a large clock that you can manipulate. Teach the whole hour, then move on to the half and quarter hours. Explain the 24-hour system used in Italy, especially for travel. If an Italian train schedule is available, make copies for students.

4. Do *Parliamo un po'*, and Exercises A, B, and C as time allows. Spot check for correct usage of the language as well as pronunciation. Do *In giro per l'Italia*, Exercise A (12 minutes).

5. Assignment: *Parliamo un po'*, prepare Exercises D and E for class work next day. *In giro per l'Italia*, Exercises B and C. In Workbook, Exercises D, E, and F for *Che ora è?* Do Lab Manual exercises.

   *Note:* Before beginning *Lezione 3* on Day 11, review time, do assigned *Parliamo* and *In giro per l'Italia* activities, and review any material that students need to practice further.

## Lesson Plans for High School

*Note:* These lesson plans are presented in skeletal form. For more complete details, refer to the college lesson plans, the section *Teaching with* Oggi in Italia in the Introduction, and the annotations in individual *lezioni*.

### Day 1

1. *Lezione preliminare.* Warmup: Introduce yourself, then ask students to introduce themselves.

2. Introduce the four minidialogues. Role-play the parts, then ask students to assume these parts.

3. Do *Pratica* 1 and 2. Check for pronunciation.

4. Introduce the alphabet and punctuation. Have students do Exercises A and B.

5. Assignment: Reread the dialogues.

### Day 2

1. *Lezione preliminare.* Warmup: Review introductions based on the dialogues. Have students role-play them, using their names. Do *Pratica* 1 and 2 as a review.

2. Present the dialogues *Ciao! Come ti chiami?* and *Come stai?* Explain formal and informal address, referring to the cultural note. Have students role-play the parts. Do *Pratica* 1, 2, 3 on pages 4 and 5.

3. Present *I nomi italiani.* Assign an Italian name to each student and have students ask each other *Come ti chiami?* in chain drill.

4. Present *Pronuncia: vocali.* Have students do Exercises C and D.

5. Present the cultural note on customary greetings. Have students shake hands and greet each other.

6. Assignment: Reread the two dialogues *Ciao! Come ti chiami?* and *Come stai?*

### Day 3

1. *Lezione preliminare.* Warmup: Review the two dialogues assigned. Have students ask you and each other *Come stai/sta?*

2. Introduce the dialogue *Che peccato!,* followed by *Pratica* 1, 2, and 3.

3. Present the cultural note on use of courtesy and professional titles.

4. Introduce the *Parole analoghe.*

5. Present *L'Italia nell'Europa,* using the *carta fisica.* Do vocabulary from Exercises H and I.

6. Assignment: Workbook, Exercise C. In the textbook, do Exercises G and J. In the textbook, study the vocabulary from Exercise H.

**Day 4**

1. *Lezione preliminare.* Warmup: Review the vocabulary of geographical expressions. Do Exercise C, assigned from the Workbook.

2. Using the *Carta politica d'Italia,* introduce the regions and their capitals.

3. Review the *Vocabolario* for the *Lezione preliminare* on pp. 16 and 17. Stress correct pronunciation. Have students use some of the expressions.

4. Introduce the numbers 0–20. Do in and out of sequence. Have students do Exercises E and F.

5. Assignment: Workbook, Exercises A, B, D, and E. Review the lesson vocabulary. Do Lab Manual exercises.

**Day 5**

1. *Lezione 1.* Warm up with expressions of greetings.

2. Introduce the monologues: *Lei come si chiama?* Have students work on the *Domande.*

3. Go over the *Domande* and *Domande personali* sections. Have students do *Pratica* A.

4. Do the *Situazioni,* and go over the *Vocabolario.*

5. Assignment: Study the monologues, and the *Domande personali.*

**Day 6**

1. *Lezione 1.* Warmup: Assignments and *Domande personali.*

2. Introduce *Struttura ed uso:* Personal pronouns. Do Exercises A, B, and C.

3. Do *Pratica* B.

4. Introduce the *Ampliamento del vocabolario:* Numbers 21–100. Do Exercises A, B, C, and D.

5. Introduce *Struttura ed uso: Essere;* explain the uses of *essere.* Do Exercises E, F, and G.

6. Assignment: Do Exercises D and E in the textbook and Exercises B, C, F, and G in the Workbook.

**Day 7**

1. *Lezione 1.* Warmup: Do one or two exercises from the assignment. Collect written assignments.

2. Introduce *Ampliamento: Cose utili.* Use transparency. Do Exercises E and F.

3. Introduce *Struttura ed uso:* Gender of nouns and indefinite articles. Discuss the use of the indefinite article. Do Exercises M, N, and O.

4. Go over *Pronuncia,* pages 21 to 23, *sillabazione.* Do Exercises A, B, and C.

5. Review *essere* and classroom objects.

6. Assignment: Study for a quiz on *essere* and *Cose utili.* Read the cultural note. Workbook, do Exercises A, D, E, and J.

**Day 8**

1. *Lezione 1.* Warmup: Use Workbook exercise to review classroom objects.

2. Quiz on *essere* and *Cose utili.*

3. Review the cultural note, p. 23.

4. Introduce *Struttura ed uso: avere.* Do Exercises I, J, and K.

5. Assignment: In the Workbook, do Exercises H and I. In the text, do Exercise H.

**Day 9**

1. *Lezione 1.* Warm up with *avere,* including assignments. Do Exercise L.

2. Introduce *Parliamo un po'* section: its purpose and methodology. Have students do Exercises A, C, and D.

3. Review indefinite articles and *avere* for a quiz.

4. Assignment: *Parliamo un po'* Exercises B and E. Study for a quiz on indefinite articles and *avere.* Do Lab Manual exercises.

**Day 10**

1. *Lezioni 1/2.* Warm up with assignments on *Parliamo un po'.*

2. Quiz on indefinite articles and *avere.*

3. Introduce *In giro per l'Italia.* Explain the concept. Read Day 6 of college plans for teaching this section. (Read Day 6 of college plans for introducing the *Parliamo italiano!* Video, if it is available.)

4. Introduce the monologues: *E Lei chi è?* Do *Domande* and *Situazioni.*

5. Assignment: Reread the monologues. In the textbook, *In giro per l'Italia,* reread Exercise A.

**Day 11**

1. *Lezione 2.* Warm up by reviewing the monologues; do *Domande personali* and *Vocabolario.*

2. Do *Pratica* A.

3. Introduce *Struttura ed uso: Plurals of nouns.* Do Exercises B, C, and D pp. 45–46.

4. Introduce *Ampliamento: Materie d'insegnamento.* Do Exercises A, B, and C.

5. Assignment: Study the cultural note, p. 43. In the textbook, do Exercises A and E. In the Workbook, do Exercises A, B, C, and G.

**Day 12**

1. *Lezione 2.* Warmup: Plurals of nouns. Review one of the assigned Workbook exercises.

2. Introduce *Ampliamento: Che ora è?* Do Exercises D, E, and F.

3. Do *Pratica* B, p. 42.

4. Introduce definite articles, p. 50. Do Exercises F, G, and H.

5. Assignment: In the text, do Exercises I and J. In the Workbook, do Exercises D, E, H, and I. Study for a quiz on plurals of nouns.

**Day 13**

1. *Lezione 2.* Warmup: Review plurals of nouns.

2. Do *Pronuncia*, pages 42 and 43, Exercises A, B, C, and D.

3. Quiz on plurals of nouns.

4. Introduce *Struttura ed uso: di* + noun for possession. Do Exercise L.

5. Assignment: In the Workbook, do Exercise J. In the text, do Exercises K and M.

**Day 14**

1. *Lezione 2.* Warmup: Review telling time.

2. Review *di* + nouns for possession. Do exercises from assignment.

3. Introduce *Parliamo un po'.* Have students work on Exercises A, B, and C.

5. *In giro per l'Italia*, do Exercises A, B, and C.

6. Assignment: Prepare Exercises D and E in the *Parliamo un po'* section for class work next day. In the Workbook, do Exercise K. Do Lab Manual exercises.

**Day 15**

1. *Lezione 3.* Warmup: Do Exercises D and E of *Parliamo un po'.*

2. Introduce the dialogue: *Che cosa fai di bello?*

3. Do *Domande.*

4. Do *Situazioni.*

5. Review of *di* + nouns for possession and definite articles.

6. Assignment: Study for quiz on *di* + nouns for possession and definite articles. Reread the dialogue *Che cosa fai di bello?* Read the cultural note.

# Oggi in Italia

# Oggi in Italia

## A First Course in Italian

### Sixth Edition

**Franca Celli Merlonghi**

**Ferdinando Merlonghi**

**Joseph A. Tursi**
State University of New York at Stony Brook, Emeritus

**Brian Rea O'Connor**
Boston College

**Houghton Mifflin Company**    Boston    New York

Director, Modern Language Program: E. Kristina Baer
Development Editor: Priscila M. Baldoví
Project Editor: Elena DiCesare
Editorial Assistant: Angela Schoenherr
Senior Production/Design Coordinator: Carol Merrigan
Senior Manufacturing Coordinator: Priscilla J. Bailey
Senior Marketing Manager: Elaine Uzan Leary

Cover Design: Harold Burch, Harold Burch Design, New York City

Cover Photograph: Harold Burch, Harold Burch Design, New York City

Components of OGGI IN ITALIA, Sixth Edition

Annotated Student Text

Instructor's Annotated Edition

Workbook/Lab/Video Manual

Audiocassettes

Instructor's Resource Manual

   Answer Key for Workbook/Lab/Video Manual

   Test Bank and Answer Key

   Tapescript and Instructor's Testing Cassette

Overhead Transparencies

*Parliamo italiano!* Video

*Parliamo italiano! NOW!* CD-ROM

*Parliamo italiano!* CD-ROM

Printed in the U.S.A.

Library of Congress Catalog Card Number: 97-72520

Student Text ISBN: 0-395-85900-X

Instructor's Annotated Edition ISBN: 0-395-85901-8

3456789-VH-01 00 99 98

# CONTENTS

To the Student                                                    xi

Acknowledgments                                                   xiv

## Lezione Preliminare   Il Saluto                                1

Buon giorno! Lei come si chiama? / Buona
sera! Come sta?   2

**CULTURAL NOTE:** LEVELS OF FORMALITY              3

Ciao! Come ti chiami? / Come stai?   3

**CULTURAL NOTE:** USE OF COURTESY AND
PROFESSIONAL TITLES                                 5

Che peccato!   5

I nomi italiani (maschili e femminili)   6

**CULTURAL NOTE:** CUSTOMARY GREETINGS              7

*Pronuncia*                                         7

L'alfabeto italiano   7 / I suoni delle
vocali   8 / I numeri da 0 a 20   9 / Parole
analoghe   10

*L'Italia nell'Europa*                              11

Carta d'Europa / Carta fisica d'Italia / Carta
politica d'Italia

Vocabolario                                         16

## Lezione 1   Lei come si chiama?                 18

**Monologhi**                                       19

**Vocabolario**                                     20

*Pronuncia*                                         21

**CULTURAL NOTE:** LA SCUOLA IN ITALIA              23

Sillabazione (Syllabication) / Accento tonico
(Stress)

**Ampliamento del vocabolario**                     24

I numeri da 21 a 100 / Cose utili

**Struttura ed uso**                                27

Pronomi personali / Presente di *essere* /
Presente di *avere* / Genere dei nomi e
l'articolo indeterminativo

*Parliamo un po'*                                   35

*In giro per l'Italia*                              37

## Lezione 2   E lei chi è?                         39

**Monologhi**                                       40

**Vocabolario**                                     41

*Pronuncia*                                         42

**CULTURAL NOTE:** L'UNIVERSITÀ ITALIANA            43

I suoni /t/ e /d/

**Ampliamento del vocabolario**                     44

Materie d'insegnamento / Che ora è? Che
ore sono?

**Struttura ed uso**                                48

Plurale dei nomi / L'articolo determinativo /
*Di* + *nome* per esprimere possesso

*Parliamo un po'*                                   54

*In giro per l'Italia*                              55

**Lezione 3**   Che cosa fai di bello?    58

**Dialogo**    59

**Vocabolario**    60

CULTURAL NOTE: IL BAR ITALIANO    61

*Pronuncia*    62

I suoni /l/ e /p/

**Ampliamento del vocabolario**    63

La città / Espressioni con *avere*

**Struttura ed uso**    67

Presente dei verbi regolari in *-are* /
Preposizioni semplici / Preposizioni
articolate / C'è, ci sono, ecco

*Vivere in Italia*    77

**Lezione 4**   Cosa prendono i signori?    81

**Dialogo**    82

**Vocabolario**    84

CULTURAL NOTE: I COGNOMI ITALIANI    85

*Pronuncia*    86

La lettera *h* ed il suono /kw/ / Dittonghi e
trittonghi

**Ampliamento del vocabolario**    87

I giorni della settimana / Alcune espressioni
di tempo

**Struttura ed uso**    90

Presente dei verbi regolari in *-ere* /
Formulare le domande / Verbi irregolari:
*dare, fare, stare*

*Parliamo un po'*    99

*In giro per l'Italia*    101

**Lezione 5**   Ad una festa mascherata   105

**Dialogo**    106

CULTURAL NOTE: DOVE FARE GLI ACQUISTI    107

**Vocabolario**    108

*Pronuncia*    109

I suoni /k/ e /c/

**Ampliamento del vocabolario**    110

Caratteristiche personali / Altre
caratteristiche personali

**Struttura ed uso**    112

Concordanza degli aggettivi qualificativi /
Posizione degli aggettivi con i nomi /
Presente dei verbi regolari in *-ire* / Verbi
irregolari: *andare* e *venire*

*Parliamo un po'*    122

*In giro per l'Italia*    124

**Lezione 6**   In pizzeria con gli amici   127

**Dialogo**    128

CULTURAL NOTE: I GIOVANI ITALIANI    129

**Vocabolario**    130

*Pronuncia*    131

I suoni /r/ e /rr/

**Ampliamento del vocabolario**    132

Le stagioni e i mesi dell'anno / Alcune
espressioni di tempo al passato

**Struttura ed uso**    135

Passato prossimo con *avere* / Passato
prossimo con *essere* / Participi passati
irregolari / Verbi irregolari: *bere, dire, uscire*

*Vivere in Italia*    147

**Lezione 7**   Il mercato all'aperto   151

**Dialogo**    152

CULTURAL NOTE: IL MERCATO RIONALE    153

**Vocabolario**    154

*Pronuncia*    155

I suoni /s/ e /z/

**Ampliamento del vocabolario** 156

I numeri da 100 in poi / Gli alimentari, la verdura e la frutta

**Struttura ed uso** 159

Aggettivi e pronomi dimostrativi *questo* e *quello* / Verbi riflessivi / Imperativo dei verbi irregolari *(tu, noi, voi)* / Imperativo di sette verbi irregolari

*Parliamo un po'* 170

*In giro per l'Italia* 171

**Lezione 8** Una cena in famiglia 175

**Dialogo** 176

CULTURAL NOTE: LA FAMIGLIA ITALIANA 177

**Vocabolario** 178

*Pronuncia* 179

I suoni /ʃ/ e /sk/

**Ampliamento del vocabolario** 180

La famiglia e i parenti / Lei viaggia?

**Struttura ed uso** 184

*Dovere, potere* e *volere* / Aggettivi possessivi / Pronomi diretti / Concordanza del participio passato con i pronomi diretti

*Parliamo un po'* 194

*In giro per l'Italia* 196

**Lezione 9** Un anno all'estero 200

**Dialogo** 201

**Vocabolario** 202

CULTURAL NOTE: IMPARARE L'ITALIANO IN ITALIA 203

*Pronuncia* 204

I suoni /g/ e /ğ/

**Ampliamento del vocabolario** 205

Che tempo fa? / Alcune espressioni di tempo con *ogni, volta, di, tutti/e*

**Struttura ed uso** 208

Imperfetto / Espressioni negative / Pronomi personali di forma tonica / Pronomi possessivi

*Vivere in Italia* 221

**Lezione 10** Una via elegante 225

**Dialogo** 226

**Vocabolario** 228

CULTURAL NOTE: LA MODA ITALIANA 229

*Pronuncia* 229

Il suono /ʎ/

**Ampliamento del vocabolario** 230

L'abbigliamento e i tessuti / I colori

**Struttura ed uso** 233

Contrasto fra l'imperfetto ed il passato prossimo / Plurale di alcuni nomi ed aggettivi / *Sapere* e *conoscere*

*Parliamo un po'* 242

*In giro per l'Italia* 245

**Lezione 11** La settimana bianca 250

**Dialogo** 251

CULTURAL NOTE: LO SCI IN ITALIA 253

**Vocabolario** 254

*Pronuncia* 255

Il suono /ŋ/

**Ampliamento del vocabolario** 256

Il corpo umano / Oggetti personali utili

**Struttura ed uso** 259

Pronomi indiretti / Costruzioni con *piacere* / Imperativo con i pronomi lei e loro

*Parliamo un po'* 269

*In giro per l'Italia* 272

**Lezione 12**    Chi gioca?    276

**Dialogo**    277

**Vocabolario**    278

CULTURAL NOTE: GLI SPORT IN ITALIA    279

*Pronuncia*    280

I suoni /ts/ e /ds/

**Ampliamento del vocabolario**    281

Gli sport

**Struttura ed uso**    283

Futuro semplice / Usi del futuro /
Trapassato

*Vivere in Italia*    293

**Lezione 13**    Cento di questi giorni!    297

**Dialogo**    298

**Vocabolario**    300

CULTURAL NOTE: LA GASTRONOMIA
ITALIANA    301

**Ampliamento del vocabolario**    302

Alimenti e pasti / Rivenditori e negozi

**Struttura ed uso**    305

Condizionale / Pronomi combinati / Due
significati speciali di *da* (tempo e luogo) /
Verbi riflessivi con significato di reciprocità

*Parliamo un po'*    317

*In giro per l'Italia*    320

**Lezione 14**    Le notizie di oggi    324

**Monologo**    325

CULTURAL NOTE: LA RADIO E LA
TELEVISIONE IN ITALIA    327

**Vocabolario**    328

**Ampliamento del vocabolario**    329

Paesi e capitali d'Europa / La radio e la
televisione

**Struttura ed uso**    332

Congiuntivo presente: verbi che esprimono
desiderio, volontà e speranza / Verbi
irregolari nel congiuntivo presente /
Congiuntivo con espressioni impersonali

*Parliamo un po'*    342

*In giro per l'Italia*    344

**Lezione 15**    Che cosa è in
programma?    349

**Dialogo**    350

CULTURAL NOTE: LA MUSICA E I GIOVANI    353

**Vocabolario**    353

**Ampliamento del vocabolario**    354

Gli strumenti musicali / I prefissi *in-*, *s-*, *dis-*
e *ri-*

**Struttura ed uso**    357

Congiuntivo con espressioni di emozione,
dubbio o convinzione / Congiuntivo
passato / Congiuntivo dopo le congiunzioni

*Vivere in Italia*    367

**Lezione 16**    E dopo la laurea?    371

**Dialogo**    372

CULTURAL NOTE: GLI STUDENTI ITALIANI
E IL LAVORO    373

**Vocabolario**    375

**Ampliamento del vocabolario**    376

Mestieri, professioni e altre occupazioni / Il
mondo del lavoro

**Struttura ed uso**    380

Imperfetto del congiuntivo / Trapassato del
congiuntivo / Frasi introdotte da *se* /
Condizionale passato

*Parliamo un po'*      390

*In giro per l'Italia*      392

## Lezione 17    In cerca di un appartamento

**Dialogo**      398

**Vocabolario**      400

**CULTURAL NOTE:** I GIORNALI ITALIANI      401

**Ampliamento del vocabolario**      402

La casa / I mobili e gli elettrodomestici

**Struttura ed uso**      405

Comparativo d'uguaglianza / Comparativo di maggioranza e di minoranza / Tempi progressivi / Avverbi di tempo, luogo, modo e quantità

*Parliamo un po'*      415

*In giro per l'Italia*      417

## Lezione 18    Abiti sempre in città?      421

**Dialogo**      422

**Vocabolario**      424

**CULTURAL NOTE:** IL TRAFFICO E L'AMBIENTE NELLE CITTÀ ITALIANE      425

**Ampliamento del vocabolario**      426

I mezzi di trasporto / L'ambiente

**Struttura ed uso**      429

Superlativo relativo e superlativo assoluto / Comparativi e superlativi irregolari / Verbi che richiedono una preposizione

*Vivere in Italia*      441

## Lezione 19    Una poesia per me?      445

**Dialogo**      446

**CULTURAL NOTE:** ACCENNI LETTERARI      447

**Vocabolario**      448

**Ampliamento del vocabolario**      449

Numeri ordinali / L'anno, il decennio e il secolo / Nomi composti

**Struttura ed uso**      453

Passato remoto / Partitivo con *di* / Il pronome *ne* e l'avverbio *ci* / Pronomi relativi *che* e *cui*

*Parliamo un po'*      464

*In giro per l'Italia*      466

## Lezione 20    Si vota!      470

**Lettura**      471

**CULTURAL NOTE:** IL SISTEMA POLITICO ITALIANO      473

**Vocabolario**      474

**Ampliamento del vocabolario**      475

La politica e il governo / Famiglie di parole / Nomi alterati

**Struttura ed uso**      478

Costruzioni passive / Aggettivi e pronomi indefiniti / La correlazione dei tempi con il congiuntivo

*Parliamo un po'*      488

*In giro per l'Italia*      490

## Reference Section

**Appendix A**
**Spelling/sound correspondences**      R2

**Appendix B**
*Avere* and *essere*      R3

**Appendix C**
**Regular verbs**      R3

**Appendix D**
**Verbs conjugated with** *essere*      R5

**Appendix E**
**Verbs with irregular past participles**    R6

**Appendix F**
**Irregular verbs**    R7

**Italian-English Vocabulary**    R11

**English-Italian Vocabulary**    R28

**Index**    R40

**Credits**    R45

# TO THE STUDENT

Welcome to the study of Italian and welcome to *Oggi in Italia!* Learning a foreign language can be an enjoyable and a stimulating experience, especially if you think of it as learning a way to communicate with other people. Remember this as you develop your skills in listening, speaking, reading, and writing in Italian, and as you learn about the culture of the Italian people.

## Organization of the Text

**Dialoghi/Monologhi.** New grammar structures and vocabulary are presented in context in the form of dialogues, monologues, or interviews. These are followed by the *Domande* (comprehension questions), the *Domande personali* (personalized questions), the *Situazioni* (guided interview questions for pair work) in Lessons 1–12, or the *Esercizio di comprensione* (an additional comprehension activity) in Lessons 13–18.

**Vocabolario.** New words and expressions presented in the opening dialogues or monologues are categorized by part of speech for easy reference.

**Nota culturale.** The *Nota culturale* is related to the lesson theme. These notes reflect diverse aspects of contemporary Italian culture (in Italian beginning in *Lezione 5*).

**Pratica.** Role-playing situations for pairs or groups that reinforce the new vocabulary and the information in the cultural notes.

**Pronuncia.** Appearing in the preliminary lesson and in Lessons 1–12, the *Pronuncia* section provides explanations and practice of Italian sounds, stress, and syllabication.

**Ampliamento del vocabolario.** The vocabulary expansion section presents functional, thematic vocabulary, and many words are contextualized through illustrations. It is followed by a series of open-ended communicative activities for pairs or groups.

**Struttura ed uso.** The structure and usage section presents clear, easy-to-follow grammar explanations in English. Each point is illustrated by a cartoon, with a minidialogue. Each point is reinforced by a variety of structured exercises and open-ended communicative activities for pairs or groups.

**Parliamo un po'.** The *Parliamo un po'* section integrates the lesson vocabulary and grammar and recycles previously learned material in a variety of creative, interactive pair and group activities, including realia- and illustration-based exercises.

**In giro per l'Italia.** The *In giro per l'Italia* sections contain short reading passages related to various aspects of contemporary Italian culture. Prereading exercises develop your reading skills, and postreading activities check your comprehension.

**Vivere in Italia.** Cultural sections appearing after Lessons 3, 6, 9, 12, 15, and 18 contain photos, useful information on daily life in Italy, and functional, realia-based activities for small group and pair work.

The text also features *Student Marginal Annotations*, which highlight word usage, practical cultural information, and important grammar points. They also provide you with helpful study tips.

## Supplementary Materials for the Student

**Workbook/Lab Manual/Video Manual.** Both the workbook and laboratory manual contain exercises that practice the vocabulary and grammar concepts from the lesson as well as those that integrate the material. Try to do the exercises in several sittings as you study new topics. If you are not sure of something, write notes to yourself in the margin so that you can ask about them in class. Also make notes to yourself of errors that you tend to make. When reviewing for exams, use your workbook and notes as a study guide. The Video Manual section is correlated to the *Parliamo italiano!* Video. It includes previewing, comprehension, and expansion (postviewing) activities to help develop your listening and writing skills in Italian.

**Cassette Program.** The recordings contain the lesson dialogues, pronunciation practice, vocabulary and grammar exercises, and listening comprehension activities—all designed to improve your understanding of spoken Italian. To improve your listening comprehension, listen to the tape, especially the dialogues, more than once. Try to follow the meaning of what is being said, whether or not you understand every word.

*Parliamo italiano!* **CD-ROM.** This state-of-the-art interactive tool lets you focus on specific skills and tasks in a self-paced, learner-centered environment. The CD-ROM incorporates footage from the *Parliamo italiano!* Video and cultural information. A variety of creative activities are designed to improve your listening, reading, and writing abilities in Italian.

**Computer Study Modules.** The computer software that accompanies *Oggi in Italia* provides practice in vocabulary, grammar, and reading comprehension. The program gives immediate feedback so that you can check your progress in Italian. You can use the program for extra practice as you study a lesson and for review before quizzes and exams. The Computer Study Modules are available for Windows® and Macintosh®.

## Tips for Learning with *Oggi in Italia*

- **Have a positive attitude.** Don't be frustrated by what you do not know how to say; concentrate on what you *do* know.

- **Study frequently.** Regular and consistent practice is the key to learning a language. Try to do some studying every day instead of cramming before a test or assignment due-date. The end results will be more satisfying and long-lasting.

- **Go to class prepared.** If you have taken the time to study the material to be covered before going to class, class time can be better used in practice and reinforcement.

- **Participate in class.** Do not be afraid of making mistakes or pronouncing words incorrectly; the important thing is to speak. Many of the activities in *Oggi in Italia* are to be done in pairs and small groups, and are designed to give you maximum communicative practice. Take advantage of this opportunity to use your new skills to communicate in Italian with your classmates. You may want to look over the activities before going to class and to think about what you may want to say and how to say it.

- **Use downtime to study Italian.** The more time you spend reviewing, the more Italian you will retain. Use otherwise nonproductive times—waiting for a class to start, riding the bus, between TV shows—to practice current or previously studied forms. When learning numbers, for example, say your friends' phone numbers in Italian before dialing them, and read car license plates and read room numbers to yourself in Italian. When learning a past tense, say what you did during the day, or things that happened on a television show. Never let an opportunity pass to express ideas in Italian, and you will begin to think in Italian.

- **Have fun.** Learning a language should be an enjoyable experience. You will be learning new sounds, new ways of expressing ideas, even new ways of thinking. If you appreciate and enjoy these new experiences, you should have no trouble the first time you have a conversation with a native Italian, or when you step off a plane in Rome or Milan and enter today's Italy.

# ACKNOWLEDGMENTS

We wish to thank all the people at Houghton Mifflin who have contributed to publishing the Sixth Edition of *Oggi in Italia*. We thank the Director of the Modern Language Program, E. Kristina Baer, for her support. We thank our development editor, Priscila Baldoví, for her suggestions and careful review of our manuscript. We are also indebted to Elena DiCesare for overseeing production, and to Ann Schroeder, the photo researcher.

The authors and publishers would like to express their appreciation to the following reviewers for sharing their experiences teaching with *Oggi in Italia* and for offering their ideas and recommendations for this Sixth Edition.

Rino Cappelletti, *Providence College*
Janet Williams Deever, *Mesa Community College*
Graziella Spinelli Kehrenberg, *University of San Diego*
Leslie Zarker Morgan, *Loyola College (Maryland)*
Cinzia Donatelli Noble, *Brigham Young University*
Elena Vittoria Notarnicola, *Saddleback Community College*
Frank Nuessel, *University of Louisville*
Carla Paciotto, *Northern Arizona University*
Remo J. Trivelli, *University of Rhode Island*
Angela Zagarella-Chodosh, *Portland State University*

# Il Saluto

## COMMUNICATIVE OBJECTIVES

- Greet others and say good-bye (or take leave) using the appropriate level of formality
- Express how you're feeling
- Talk about some classes
- Give some street addresses and zip codes

Explain to students what they will learn in this lesson. Point out the communicative objectives.

— E tu, come ti chiami?
— Io mi chiamo Angelica.

## Buon giorno! Lei come si chiama?

*lei* = you, formal

### Il professore e lo studente

PROFESSOR LANDINI:  Buon giorno.
Sono Giovanni Landini.
Sono il professore d'italiano.
Lei come si chiama?

5     MAURIZIO:  Buon giorno, professore.
Mi chiamo Maurizio Ferroni.

### La professoressa e la studentessa

PROFESSORESSA VENTURI:  Buon giorno.
Sono la professoressa d'italiano.
Mi chiamo Luciana Venturi.
E lei come si chiama?

5     SIMONA:  Buon giorno, professoressa.
Mi chiamo Simona Barbieri.

## Buona sera! Come sta?

### Il signor Carboni e il dottor Salvini

SIGNOR CARBONI:  Buona sera, dottor Salvini.
Come sta?

DOTTOR SALVINI:  Bene, grazie, e lei?

SIGNOR CARBONI:  Molto bene, grazie. ...
5     Arrivederla, dottore.

### La signora Masetti e la signorina Polidori

SIGNORINA POLIDORI:  Buona sera, signora Masetti.
Come sta?

SIGNORA MASETTI:  Abbastanza bene, e lei?

SIGNORINA POLIDORI:  Bene, grazie. ... A più tardi, signora.

With books closed, introduce yourself first to the class, then to a few students and ask them their names. Follow pattern of text dialogue.

Point out that *mi chiamo* means "my name is," but its literal translation is "I call myself."

Explain that *lei* is the formal "you." It is capitalized in formal letters to show deference. In some textbooks, *lei* is capitalized to distinguish if from *lei*, meaning "she." Following a more modern usage, this text does not capitalize it.

Then have students greet each other and ask each other's names using *lei*. Tell them, however, that the informal *tu* is generally used among young people.

Model dialogues. Point out that *arrivederla* is a formal leave-taking, used to say good-bye to only one person. Use mime to contrast *bene, molto bene,* and *abbastanza bene.*

## Pratica

Model first for pronunciation. Remind students that *lei* is formal.

Have students replace *buon giorno* with *buona sera.*

1. Introduce yourself to four or five classmates, asking each person his/her name.

— Buon giorno. Mi chiamo (Giorgio Lotti). E lei, come si chiama?
— Mi chiamo (Gabriella).

# Levels of formality

In Italian, as in English, speakers use different levels of formality, depending on the situation and to whom they are speaking. For example, in Italy, you might use *ciao* or *salve* (hello) as a greeting, and *ciao* or *arrivederci* as a farewell to a friend or a member of the family. In a more formal situation, speaking to a stranger or an acquaintance, you might use *buon giorno* or *buona sera* as a greeting and *arrivederla* as a farewell.

In English, speakers always use the pronoun *you* when addressing another person. In Italian, there are several ways of expressing *you. Tu* is used with someone you know on a first-name basis, such as a child, friend, classmate, or member of your family. *Lei* is used with a stranger, an acquaintance, an older person, or someone in a position of authority.

— Ciao, Giovanni, come stai?
— Non c'è, male, grazie. E tu?

Introduce *buona notte* and explain that it is used only as a late-night leave-taking.

Be sure students understand expressions. Use mime to convey the meaning of *Non c'è male*.

2. Find out from three or four classmates how they are feeling.

— Buon giorno, (Roberto). Come sta?
— Bene (Abbastanza bene/Non c'è male), grazie. E lei?
— Molto bene.

## Ciao! Come ti chiami?

### Anna Melani e Paolo Salvatori

PAOLO: Ciao! Come ti chiami?

ANNA: Io? Mi chiamo Anna. E tu, come ti chiami?

PAOLO: Paolo.

### Silvia Bellini ed Enrico Genovesi

SILVIA: Tu ti chiami Paolo Salvatori?

ENRICO: No, mi chiamo Enrico Genovesi.

SILVIA: Piacere, Enrico. Io mi chiamo Silvia Bellini.

## Come stai?

### Patrizia Moro e Rosanna Peroni

ROSANNA: Ciao, Patrizia, come stai?

PATRIZIA: Non c'è male. E tu?

ROSANNA: Benissimo! ... Arrivederci.

PATRIZIA: A domani, Rosanna.

Be sure students understand that dialogue speakers are peers. Explain that *ciao* means both "hi" and "bye," and that it is an informal greeting used only with family members, close friends, children, and (among young people) acquaintances.

*tu* = you, informal

Point out two other informal expressions used in presentations: *Lieto/a di conoscerti* (Glad to meet you) and *Molto lieto/a* (Delighted [to meet you]).

Point out that *arrivederci* is also used as both a formal and informal leave-taking when addressing more than one person, but that *arrivederla* must be used when addressing one person formally.

### *Luigi Rinaldi e Marcello Bottino*

LUIGI:   Salve, Marcello. Come stai?

MARCELLO:   Bene, grazie. E tu, come stai?

LUIGI:   Mah, così così. ... A presto, Marcello.

MARCELLO:   Ciao!

*Have students get up, speak to a classmate, and then move on. Set a time limit to keep students on task.*

*Have students further practice by combining Pratica 1 and 2 or 1, 2, and 3. Have them greet three classmates they haven't talked with yet and find out their names and how they are, and then take leave.*

*Have students in pairs or groups of three role-play dialogues using their own names.*

*Have students shake hands with greetings and leave-takings.*

*Convey meaning of new words using mime and gestures. Teach Ci vediamo domani as a set phrase.*

## Pratica

1. Find out the names of four or five classmates.

   — Come ti chiami?
   — Mi chiamo (Susanna/Mario).

2. Greet a friend and ask how he/she is. Then exchange roles.

   — Ciao (Renata), come stai?
   — Molto bene (Benissimo/Non c'è male/Così così/Male), grazie.

— Ciao, Silvia. Hai lezione adesso?
— Sì, e sono in ritardo. Ci vediamo più tardi.

# Use of courtesy and professional titles

The use of first names among adults is less frequent in Italy than in the United States. In work situations especially, people call or refer to their colleagues or co-workers by using only their last name without any title. The courtesy titles *signore*, *signorina*, and *signora* can be used in place of a name. In contrast to English usage, professional titles such as *dottore*, *avvocato* (lawyer), and *ingegnere* (engineer) are commonly used with or as substitutes for names. Notice that the titles ending in *-re* (*signore*, *dottore*, *professore*, and *ingegnere*) drop the final *-e* when they precede a name:

— Buon giorno, dottoressa!
— Buon giorno, signorina. Come sta?
— Non molto bene, grazie.

Buon giorno, *professore*.  Buon giorno, *professor* Dini.
Buon giorno, *dottore*.  Buon giorno, *dottor* Paolini.

*Signore*, *signora*, and *signorina* usually are not capitalized in Italian, except in their abbreviated forms (Sig., Sig.ra, and Sig.na), which are used mainly in letter writing.

3. You're leaving class. Say good-bye to four or five classmates.

— Ciao (Luigi), arrivederci.
— A domani (A presto/Ci vediamo domani), (Vittoria).

## Che peccato!

Giulia Campo is walking through Piazza San Marco on her way to class when she meets her friend Giacomo Mannini. They shake hands and chat for a minute.

GIULIA:  Ciao, Giacomo, come stai?

GIACOMO:  Non c'è male, grazie, e tu?

GIULIA:  Bene, grazie. ... Ah, ecco il professor Renzi. Buon giorno, professor Renzi.

5  PROFESSOR RENZI:  Buon giorno, signorina Campo. Buon giorno, signor Mannini.

GIACOMO E GIULIA:  Buon giorno, professore.

*The professor continues on his way.*

Ask students to vary the dialogue by changing *il professor Renzi* to *la professoressa Giuliani*, and to make the corresponding changes. They can also change *non c'è male* to *così così* and *bene* to *benissimo*.

Explain that *ecco* (here is/here are/there is/there are) is used to point out people and things: *Ecco il professore; Ecco Giulia e Giacomo; Ecco Piazza San Marco*, etc.

Practice *Che peccato!* by making statements like (*Paolo*) *non sta bene* and having students react.

10

| | |
|---:|:---|
| GIULIA: | Scusa, Giacomo, ma sono già° in ritardo. |
| GIACOMO: | Hai lezione d'italiano con il professor Renzi? |
| GIULIA: | Sì, fra cinque minuti. |
| GIACOMO: | Che peccato! Arrivederci, Giulia. Buona giornata! |
| GIULIA: | Grazie! Ciao, Giacomo, a presto! |

I'm already

*La lezione* means "lesson" or "class," as in "to have a class." *La classe* (*d'italiano*) can refer to the (Italian) classroom or the group of students in it.

## Pratica

Put a time or clock on the board as a reference point to teach *Sono in ritardo.*

After doing the *Pratica,* have students close their books. Then encourage them to combine *Pratica* 1 and 2 by applying them to their own schedules:
— *Sei in ritardo?*
— *Sì, sono in ritardo.*
— *Che lezione hai?*
— *Ho lezione di storia.*

1. You see a friend hurrying along a hallway. Find out if he/she is late.

   — Ciao, Monica, sei in ritardo?
   — No, non sono in ritardo (sono in anticipo/sono puntuale).

2. You're between classes. Ask a classmate if he/she has class soon. Then switch roles.

   — Hai lezione fra poco?
   — Sì, ho lezione d'italiano (d'inglese/di matematica/di storia).

3. Find out from a classmate if he/she has a class with a specific teacher whom you know. Then switch roles.

   — Hai lezione con (il professor Montini/la professoressa Corvari)?
   — No, ho lezione con il professor ... (la professoressa ...).

## I nomi italiani (maschili e femminili)

Some Italian names are similar to English first names, with slight spelling changes, while others have no English equivalent. Note that many masculine first names ending in *-o* have an equivalent feminine first name ending in *-a*.

Listen and repeat each name after your instructor. Look for the Italian equivalent of your name and the names of family members, friends, and acquaintances. If no Italian equivalent of your name is listed, ask your instructor if there is one.

Italians frequently use the diminutive forms of names: *Antonio* = *Toni* or *Tonio; Giovanni* = *Gianni* or *Vanni; Giuseppe* = *Beppe, Peppe,* or *Pino; Luigi* = *Luigino* or *Gino; Guilia* = *Giulietta; Elisabetta* = *Betta, Bettina,* or *Elisa; Giovanna* = *Gianna* or *Vanna,* etc.

| *Nomi maschili* | | | *Nomi femminili* | | |
|---|---|---|---|---|---|
| Alberto | Giovanni | Paolo | Angela | Elisabetta | Maria |
| Antonio | Giuseppe | Pietro | Anna | Franca | Marisa |
| Carlo | Lorenzo | Renato | Antonella | Francesca | Paola |
| Emilio | Luigi | Roberto | Bettina | Giovanna | Patrizia |
| Enrico | Marcello | Stefano | Carla | Giulia | Rosanna |
| Franco | Mario | Tommaso | Caterina | Lisa | Silvia |
| Giacomo | Massimo | Valerio | Daniela | Loretta | Teresa |
| Giorgio | Michele | Vittorio | Elena | Luisa | Valeria |

# Customary greetings

In Italy it is customary to shake hands when greeting good friends as well as acquaintances, regardless of age. Italians (and many other Europeans) shake hands with only one or two short up-and-down motions, not a series of them as Americans do. Close friends tend to greet each other with a light kiss on both cheeks or a hug, especially if they have not seen each other for a long time.

— Arrivederci. Ci vediamo domani.
— Sì, a domani. Buona giornata!

# *Pronuncia*

## L'alfabeto italiano

The Italian alphabet consists of twenty-one letters and five additional letters that appear only in foreign words. Accent marks (´ and `) occur on the vowels **a, e, i, o,** and **u** under certain circumstances. Listen and repeat each letter of the alphabet after your instructor.

The grave accent (`) is more common than the acute accent (´) in Italian. The latter is generally used to indicate the closed sound of /e/ in words such as *perché, ventitré, benché,* etc.

| Italian alphabet | | | Foreign letters | Capital and lowercase letters | Accents and punctuation |
|---|---|---|---|---|---|
| **a** = a | **h** = acca | **q** = cu | **j** = i lunga | **C** = ci maiuscola | ´ = accento acuto |
| **b** = bi | **i** = i | **r** = erre | **k** = cappa | **c** = ci minuscola | ` = accento grave |
| **c** = ci | **l** = elle | **s** = esse | **x** = ics | | . = punto |
| **d** = di | **m** = emme | **t** = ti | **y** = ipsilon | | , = virgola |
| **e** = e | **n** = enne | **u** = u | **w** = vu doppia | | ? = punto interrogativo |
| **f** = effe | **o** = o | **v** = vu | | | ! = punto esclamativo |
| **g** = gi | **p** = pi | **z** = zeta | | | |

**A.** You are making an international call to a hotel in Venice to make reservations. Spell your name for the receptionist who answers the phone.

➤ Lina De Paolis    Lina: *elle maiuscola, i, enne, a*
De Paolis: *di maiuscola, e, pi maiuscola, a, o, elle, i, esse*

**B.** You are in Italy trying to get the phone number of a friend from the operator. Spell out your friend's name and city. (See page 14 for some names of Italian cities.)

➤ Marco Giuliani    Marco: *emme maiuscola, a, erre, ci, o*
Forlì    Giuliani: *gi maiuscola, i, u, elle, i, a, enne, i*
Forlì: *effe maiuscola, o, erre, elle, i con l'accento grave*

## I suoni delle vocali

Because English and Italian have their own sets of sound-spelling correspondences, the pronunciation sections of this text use a few of the special symbols developed by the International Phonetic Association to represent sounds. Each symbol, given between slash lines (for example, /**a**/), represents a specific sound. A complete list of symbols, together with the Italian spelling correspondences, appears in Appendix A.

There are five basic vowel sounds in Italian. The sounds /**a**/ (spelled **a,** as in **Anna**), /**i**/ (spelled **i,** as in **Milano**), and /**u**/ (spelled **u,** as in **studente**) are stable; they are always pronounced the same. The sounds /**e**/ (spelled **e,** as in **bene**) and /**o**/ (as in **sono**) may vary slightly.

Ex. C & D: Have students imitate your pronunciation. Tell them that word stress in Italian most often falls on the next-to-last syllable and that they'll learn more about stress in *Lezione* 1. You may want to point out special sounds (*chi, che,* etc.) as they come up or if students ask.

**C.** Listen and repeat the following words after your instructor.

| americana | bene | medicina | sono | Ugo |
|---|---|---|---|---|
| Anna | come | italiano | Torino | studente |
| pratica | lezione | signore | Roberto | università |

**D.** **Proverbio.** Repeat the following Italian proverb to practice the pronunciation of vowel sounds.

**Un bel gioco dura poco.**
Fun doesn't last long.

# I numeri da 0 a 20

Write the numbers 0–20 on the board (or use a poster). Point to numbers at random and ask students to say them aloud. Practice pairs: 1/11, 4/14, 5/15, etc.

Listen to your instructor pronounce the numbers from 0 to 20 (**da zero a venti**) and repeat them after him/her.

| | | | |
|---|---|---|---|
| 0 = **zero** | | | |
| 1 = **uno** | 6 = **sei** | 11 = **undici** | 16 = **sedici** |
| 2 = **due** | 7 = **sette** | 12 = **dodici** | 17 = **diciassette** |
| 3 = **tre** | 8 = **otto** | 13 = **tredici** | 18 = **diciotto** |
| 4 = **quattro** | 9 = **nove** | 14 = **quattordici** | 19 = **diciannove** |
| 5 = **cinque** | 10 = **dieci** | 15 = **quindici** | 20 = **venti** |

Dictate ten numbers at random. Have students write the corresponding numerals.

On the board, write simple arithmetic problems like 1 + 1 = ?, 3 - 2 = ?, and ask students to respond in Italian. *Uno più uno fa... ? Tre meno due fa... ?*

Ex. E: Ask students to give you the results of the poll. Encourage students to add to the list other reasons for studying Italian.

**E.** In pairs: What are your reasons for learning Italian? Ask your partner to rate on a scale from 0 to 10 (*da zero a dieci*), how important it is for him/her to:

➤ speak Italian when you visit Italy          *dieci*

1. read Italian newspapers or magazines
2. understand printed signs when you are in Italy
3. order food in an Italian restaurant in this country
4. learn more about Italian culture
5. cook lasagna from an Italian recipe
6. understand what the characters in Italian movies are saying
7. read literary classics in Italian
8. sing Puccini's *Madama Butterfly* in Italian

Ex. F: Before doing Ex. F, write Italian addresses on the board and have students read them: *Via Dante 10, 50129 Firenze; Corso Vittorio 7, 00196 Roma; Piazza Garibaldi 11, 20122 Milano.* Elicit from students the differences from U.S. addresses. Then have pairs do Ex. F, using the Italian style for addresses. Tell students that they can give numbers in hundreds digit by digit.

Explain *via* and *corso* by mentioning well-known streets in town: *Boylston è una via, Madison è un corso.*

**F.**  In pairs: Exchange addresses with a classmate. Say your street number and zip code as in the model.

➤ Via Manzoni, diciotto (18)
zero, zero, uno, nove, sette (00197) Roma

## Parole analoghe

Italian is a Romance language, which means that it derives from Latin, the language of the ancient Romans. Other Romance languages are French, Portuguese, Spanish, Romanian, Catalan, and Provençal. English is a Germanic language, but it contains thousands of words derived from Latin that resemble their Italian equivalents. These words are called *cognates* (**parole analoghe**). Most cognates are easily recognizable in print, though their pronunciation may be different. For example:

Learn to recognize cognates to help you understand Italian more easily.

| | | | | | |
|---|---|---|---|---|---|
| **studente** | student | **possibile** | possible | **studiare** | to study |
| **professore** | professor | **famoso** | famous | **arrivare** | to arrive |
| **lezione** | lesson | **interessante** | interesting | **entrare** | to enter |

Say a few sentences containing cognates to increase students' confidence in their understanding of spoken Italian: *Lo studente studia all'università. La lezione è interessante.*

Other cognates form groups of words with easily recognizable patterns. For example:

| *-tà* | *ty* | *-ale* | *-al* | *-zione* | *-tion* |
|---|---|---|---|---|---|
| **città** | city | **nazionale** | national | **informazione** | information |
| **difficoltà** | difficulty | **originale** | original | **modificazione** | modification |
| **università** | university | **speciale** | special | **tradizione** | tradition |

Model the pronunciation of the cognates as students follow along in the text.

Luckily, there are relatively few false cognates in Italian. False cognates resemble English words, but their meanings are different. An example of a false cognate is **collegio,** which generally means *boarding school*, not *college*. Context will usually help you recognize false cognates.

Mention a few other false cognates: *parente* = relative; *fattoria* = farm; *libreria* = bookstore; *facoltà* = university department; *lettura* = reading; *attuale* = present-day.

Ex. G: Before doing Ex. G, have students complete the following sentences: _____ è famoso; _____ è una grande città; _____ e _____ sono università americane.

Have students look at the map of Europe. First model the pronunciation of *Italia* and *Roma,* then the names of some other countries and their capitals.

**G.**  Complete the following sentences, choosing from the following list of cognates.

| | | |
|---|---|---|
| città | interessante | lezione |
| speciale | possibile | studente |

1. Giacomo studia la _____ due.
2. La _____ di Venezia è bella.
3. La lingua italiana è _____ .
4. Lo _____ arriva all'università.
5. Non è _____ entrare.

# L'Italia nell'Europa

## Carta d'Europa

Point out that most western European nations belong to the European Union (EU or UE). In 1993 all tariffs and barriers were abolished, and professionals and workers can now freely work in any member country.

Italy, located in southern Europe, is a peninsula stretching into the Mediterranean Sea. Rome is its capital, and Italian is the language spoken by more than 57 million people living in Italy.

Italian is also spoken by residents of the Canton Ticino in Switzerland, and by Italians around the world. In the United States and Canada, for example, there are millions of American and Canadian citizens who speak Italian as a first or second language and who retain close ties with their relatives in Italy.

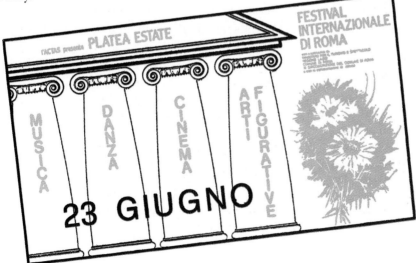

How many cognates can you find in this ticket? What is the ticket for?

## Carta fisica d'Italia

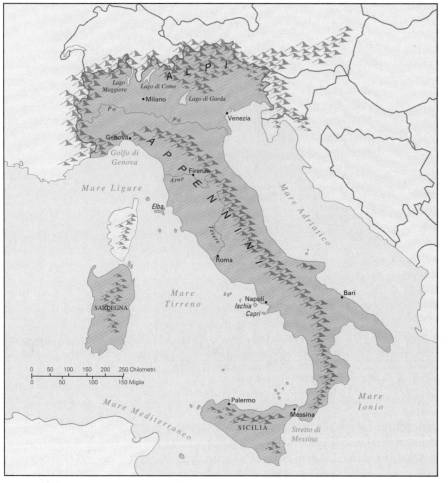

Have students name and locate the following on the map: *due catene di montagne, la capitale d'Italia, un fiume, tre golfi, cinque isole, cinque mari, tre laghi, una penisola, uno stretto, sette città.*

Ex. H: With books closed, challenge students to recall as many of the geographical terms as they can. Give them a word with which to associate it. For example: *Mississippi—il fiume; Kilimanjaro—la montagna.*

**H.**  Many geographical terms are cognates. Pronounce after your instructor each of the terms listed below. Note that **il, la, l', lo, gli,** and **le** all mean *the.*

**le Alpi**   the Alps
**gli Appennini**   the Apennines
**la montagna**   the mountain
**la catena di montagne**   the mountain chain
**l'isola**   the island
**il lago**   the lake
**il mare**   the sea
**la città**   the city
**il fiume**   the river
**il Po**   the Po (river)

**la baia**   the bay
**il porto**   the port
**lo stretto**   the strait
**il paese**   the country; the small town
**la regione**   the region
**la provincia**   the province
**la capitale**   the capital
**il golfo**   the gulf
**la penisola**   the peninsula

Ex. I: Pronounce the points of the compass, with particular emphasis on the difference between *est* and *ovest*.

Have students use the points of the compass to tell you the locations of certain places in Italy or in relation to Italy: *Sicilia/sud; le Alpi/nord,* etc.

**I.** Learn the eight points of the compass shown below. Note how closely they resemble their English cognates. Listen to your instructor pronounce each one, paying particular attention to the difference between *est* and *ovest*.

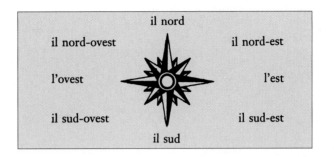

Ex. J: Have students quiz each other using similar items.

**J.** Complete the following statements in Italian, using the points of the compass and the map of Europe on page 11. Note that **al** means *to the*.

1. La Svizzera è al _____ dell'Italia.
2. La Grecia è al _____ dell'Italia.
3. La Germania è al _____ dell'Italia.
4. L'Inghilterra è al _____ dell'Italia.
5. La Francia è al _____ dell'Italia.

Positano: pittoresco paese sul mare vicino a Napoli.

## Carta politica d'Italia

Have students consult the political map of Italy while doing Ex. K.

Assign each student a city or region of Italy. Have them gather basic information from an encyclopedia or a travel book, and explain that they will be the experts on these cities or regions for the rest of the term.

**K.** Repeat after your instructor the names of the Italian regions listed below. Then locate each one on the map on page 14.

gli Abruzzi (l'Abruzzo)
la Basilicata
la Calabria
la Campania
l'Emilia-Romagna
il Friuli-Venezia Giulia
il Lazio
la Liguria
la Lombardia
le Marche
il Molise
il Piemonte
la Puglia
la Sardegna
la Sicilia
la Toscana
il Trentino-Alto Adige
l'Umbria
la Valle d'Aosta
il Veneto

Veduta panoramica del golfo di Napoli con la città, il porto e il Vesuvio.

# Vocabolario

Be sure you know the meaning and use of the following words and expressions before you proceed to *Lezione 1*.

### Greetings

**buon giorno**   hello, good morning
**buona sera**   good evening
**ciao**   hi (*informal*)
**salve**   hello

### Farewells

**arrivederci**   good-bye
**arrivederla**   good-bye (*formal*)
**a più tardi**   till later
**a domani**   till tomorrow
**a presto**   see you soon
**buona giornata**   have a good day
**ci vediamo domani**   see you
   tomorrow
**ciao**   bye (*informal*)

### Asking and giving names

**come si chiama lei?**   what's your
   name? (*formal*)
**come ti chiami?**   what's your name?
   (*informal*)
**mi chiamo ...**   my name is . . .

### Expressions involving time

**fra cinque minuti**   in five minutes
**fra poco**   soon
**già**   already
**sono in ritardo**   I'm late
**sono puntuale**   I'm on time
**sono in anticipo**   I'm early

### Names of courses

**l'inglese**   English

**l'italiano**   Italian
**la matematica**   mathematics
**la storia**   history

**Numbers  See p. 9.**
**Geographical terms  See p. 12.**

### Asking how someone is

**come sta?**   how are you (*formal*)
**come stai?**   how are you? (*informal*)
**bene, grazie**   fine, thanks
**benissimo!**   just great!
**così così**   so-so
**male**   bad
**non c'è male**   not too bad
**abbastanza bene**   quite well
**molto bene**   very well

### Persons

**il dottore**   doctor
**il professore**   (male) professor
**la professoressa**   (female) professor
**lo studente**   (male) student
**la studentessa**   (female) student

### Courtesy titles

**signore**   sir; **signor** + *last name*
   Mr.
**signora**   Ma'am; **signora** + *last name*
   Mrs.
**signorina**   Miss

### Other words and expressions

**che peccato!**   what a shame! too
   bad!

Names of languages are not capitalized in Italian.

Introduce *buon pomeriggio* as an alternative greeting. Make sure students understand the difference between *buon giorno* and *buona giornata*.

**con**  with
**di** (**d'** before vowels)  of, from
**e**  and
**ecco**  there is, there are
**grazie**  thanks, thank you
**hai lezione?**  do you have a class?
**io**  I
**lei**  you (*formal*)

**ma**  but
**mah**  oh
**no**  no
**piacere!**  how do you do!
**scusa**  excuse me (*informal*)
**sì**  yes
**sono**  I am
**tu**  you (*informal*)

# Lei come si chiama?

**COMMUNICATIVE OBJECTIVES**

- Describe yourself and others by age and place of origin
- Make negative statements
- Indicate possession (of basic objects)

Use the photographs in the book to discuss cultural differences and similarities.

Explain the objectives of each section in the lessons. Also point out the appendices and index at the end of the book.

Due studenti liceali parlano prima delle lezioni.

● ● ● ● ● ● ● ● ● ● ● ● ● ● ● ● ● ● ● ● ● ● ● ● ● ● ● ● ● ● ● ● ● ● ● ● ● ● ● ● ● ●

Two Italian students introduce themselves.

Have students listen to monologues with their books closed.

Mi chiamo Marco Casciani e sono italiano.
Sono di Verona.
Ho venti anni e sono uno studente universitario.
Frequento l'università di Bologna e studio medicina.
Ho un fratello e una sorella.

Mi chiamo Lucia Savini e anch'io sono italiana.
Ho sedici anni.
Sono una studentessa liceale.
Frequento il liceo scientifico a Napoli.
Non ho un fratello, ma ho una sorella.

● ● ● ● ● ● ● ● ● ● ● ● ● ● ● ● ● ● ● ● ● ● ● ● ● ● ● ● ● ● ● ● ● ● ● ● ● ●

The *università di Bologna,* founded in 1158, is one of the oldest Italian universities.

Have students listen with books open while you model the questions and answers. Then repeat the questions and have students provide the answers. Depending on your class, you may have students cover the questions, skip modeling phase, and accept short answers. Help students with responses from 6 to 11.if necessary.

## Domande

Point out that pronouns aren't always needed in Italian because verb endings indicate the subject.

1. Marco Casciani è italiano? (Sì, Marco è ...)
2. Marco Casciani è professore? (No, Marco non è ...)
3. Marco frequenta l'università di Bari? (No, Marco non frequenta ...)
4. Marco studia medicina o legge? (Marco studia ...)
5. Marco ha venti anni? (Sì, Marco ha ...)
6. Marco è di Verona o di Bologna?
7. Marco ha un fratello? Ha una sorella?
8. Lucia Savini è italiana o americana?
9. Lucia frequenta il liceo o l'università?
10. Quanti anni ha Lucia?
11. Lucia ha un fratello o una sorella?

Personalize the *Domande: Lei è di Verona? Lei frequenta l'università di Bologna? Lei ha venti anni?*

## Domande Personali

1. Lei come si chiama, signore/signora/signorina?
2. Lei è studentessa, signora/signorina?
3. Lei è una professoressa italiana, signora/signorina?
4. Lei è uno studente americano, signor (Brown)?
5. Lei frequenta il liceo o l'università?
6. Lei studia medicina?
7. Quanti anni ha lei?
8. Di dov'è lei?
9. Lei ha un fratello o una sorella?

## Situazioni

1. In groups of three: Find out how old some of your classmates are.

— Quanti anni hai?
— Ho (diciotto) anni.

2. In groups of three: Ask the same classmates where they are from.

— Di dove sei?
— Sono di (Columbus/Dallas/Boston).

# Vocabolario

• • • • • • • • • • • • • • • • • • • • • • • • • • • • • • • • • • • • • • •

You will find the rest of the lesson easier if you learn the *vocabolario* before proceeding.

### Parole analoghe

| la medicina | scientifico/a | l'università | universitario/a |
|---|---|---|---|

### Nomi

**l'anno** year
**il fratello** brother
**la legge** law
**il liceo** high school (*see cultural note, p. 23*)
**la sorella** sister

### Verbi

**avere** to have
**essere** to be
**frequentare** to attend
**studiare** to study

### Aggettivi

**americano/a**   American
**italiano/a**   Italian
**liceale**   high school

### Altre parole ed espressioni

**a** (*frequently* **ad** *before a vowel*)   at, to
**anche**   also, too
**anch'io**   I too, me too
**e** (*frequently* **ed** *before a vowel*)   and
**o**   or

**avere + ... anni**   to be . . . years old;
  **ho venti anni**   I'm twenty years
  old; **ha sedici anni**   he/she is
  sixteen years old; you (*formal*) are
  sixteen years old
**di dov'è?**   where is he/she from?
  where are you (*formal*) from?
**di dove sei?**   where are you
  (*informal*) from?
**quanti anni ha?**   how old is he/she?
  how old are you (*formal*)?
**quanti anni hai?**   how old are you
  (*informal*)?

> Adjectives of nationality are not capitalized in Italian.

## Pratica

Prat. B: Tell pairs of students that they are strangers meeting in a formal setting. Remind them that in formal settings one should use *lei*. Remind them to use *buon giorno* or *buona sera* as a greeting, rather than *ciao*. Have them compare this situation with that in Prat. A.

**A.** In pairs: Introduce yourself in Italian to another student, and say where you are from. Then ask him/her for the same information.

➤ — Ciao, mi chiamo _____ . Sono di Bologna. E tu, come ti chiami?
   — Mi chiamo _____ e sono di _____ .

**B.** In pairs: You are at a party and are meeting another guest. Shake hands, then ask what his/her name is, if he/she attends the university or the *liceo*, whether he/she is Italian or American, and where he/she is from. Then trade roles.

# *Pronuncia*

## Sillabazione (Syllabication)

Most Italian syllables end in a vowel sound. A syllable usually contains one or more consonants plus a vowel sound. Grammatically, the division of a word into syllables follows these rules:

1. A single consonant between two vowels belongs with the following vowel or diphthong (two vowels pronounced as a single syllable).

   Ca-ro-li-na    stu-dia-re    ma-te-ma-ti-ca
   le-zio-ne      co-me         Mi-la-no

2. Double consonants are always divided.

   cit-tà    Mar-cel-lo    dot-to-re    pro-fes-so-re

> Use familiar words from the previous lesson to practice syllabication and stress. Point out to students that knowing how to divide a word is particularly important when writing or typing letters or compositions and a word has to be broken into syllables at the end of a line. Point out that certain monosyllabic words take an accent mark to distinguish them from identically spelled words: *sì* (yes)/*si* (himself/herself); *dà* (he/she gives)/ *da* (from), etc.

3. A combination of two different consonants belongs with the following vowel, unless the first consonant is **l, m, n,** or **r.** In this case the two consonants are divided.

| | | | |
|---|---|---|---|
| so-pra | pre-sto | si-gno-ra | li-bro |
| *But:* fre-quen-ta-re | gior-no | ar-ri-ve-der-ci | tar-di |

4. When three consonants are combined, the first belongs with the preceding syllable, except **s,** which belongs with the following syllable.

| | | | |
|---|---|---|---|
| al-tro | en-tra-re | in-gle-se | sem-pre |
| *But:* mi-ni-stro | e-spres-sio-ne | ma-e-stro | a-stro-nau-ta |

5. Unstressed **i** and **u** are not separated from the vowel they combine with.

| | | | | |
|---|---|---|---|---|
| uo-mo | pia-no | Gio-van-ni | Eu-ro-pa | |
| *But:* mi-o | zi-o | po-e-**si**-a | far-ma-**ci**-a | pa-**u**-ra |

## Accento tonico (Stress)

1. Italian words are usually stressed on the second-to-last syllable. Most of the exceptions are stressed on the third-to-last syllable.

| | |
|---|---|
| stu-den-**tes**-sa | **a**-bi-to |
| a-me-ri-**ca**-no | **dia**-lo-go |
| cul-tu-**ra**-le | be-**nis**-si-mo |

Emphasize the need to stress words properly in Italian because the meaning of some words changes if the stress is placed on the wrong syllable; the meaning of other words can be lost if they are not pronounced correctly.

2. Words stressed on the last syllable have a written accent mark on the final vowel.

| | | | |
|---|---|---|---|
| u-ni-ver-si-**tà** | pos-si-bi-li-**tà** | at-ti-vi-**tà** | cit-**tà** |

3. A few words (mostly verb forms) are stressed on the fourth-from-last syllable.

| | | |
|---|---|---|
| te-**le**-fo-na-no | **a**-bi-ta-no | de-**si**-de-ra-no |

Ex. A: For more practice, have students work with a partner to divide the following words: *dottore, domani, peccato, lezione, Francesca, Patrizia, italiano, ritardo, inglese.*

**A.** Listen and repeat the following words after your instructor. Be sure to stress the correct syllable:

| | | |
|---|---|---|
| pe-**ni**-so-la | cit-**tà** | an-**ti**-ci-po |
| **Mar**-co | me-di-**ci**-na | To-**sca**-na |
| co-**sì** | stu-**den**-te | fre-**quen**-ta |
| mi-**ni**-stro | si-gno-**ri**-na | pro-fes-**so**-re |

Ex. B: Dictate the following words and have students underline the stressed syllable: *Massetti, male, arrivederci, minuti, matematica, nazionale, capitale, originale.*

**B.** Divide the following words into syllables.

| | | | |
|---|---|---|---|
| arrivederla | legge | golfo | grazie |
| università | benissimo | scientifico | signorina |
| abbastanza | presto | cinque | ritardo |

Studenti di una scuola privata aspettano l'inizio delle lezioni.

# La scuola in Italia

Education in Italy is compulsory up to the age of fourteen. Elementary education (*scuola elementare*) is followed by three years of middle school (*scuola media*); students may then choose to continue their education for five years in a *liceo* or an *istituto*.

The *liceo classico* offers courses in the classics, while the *liceo scientifico* stresses scientific courses. One can specialize in fine arts at a *liceo artistico* or in foreign languages at a *liceo linguistico*. An *istituto* prepares students for elementary school teaching as well as technical, commercial, and industrial careers. Students must pass a government exam (*gli esami di maturità*) to graduate from a *liceo* or *istituto* and to receive the *diploma di maturità*.

Today, the Italian educational system is undergoing major changes. With the implementation of the new system, presently waiting for parliamentary approval, compulsory education is mandatory from age five to age fifteen. This primary cycle is followed by a three-year period characterized by flexible educational experiences that also aim at helping students make better career choices for their future.

SESTO LICEO ARTISTICO

Assign the cultural note as outside reading. At the next class meeting, have students answer questions or compare the American and Italian educational systems.

**C.** **Proverbio.** Read the following proverb aloud. Then dictate it to another student, syllable by syllable.

**Tutte le strade portano a Roma.**
All roads lead to Rome.

# Ampliamento del vocabolario

## I numeri da 21 a 100

| | | |
|---|---|---|
| 21 = **ventuno** | 31 = **trentuno** | 50 = **cinquanta** |
| 22 = **ventidue** | 32 = **trentadue** | 60 = **sessanta** |
| 23 = **ventitré** | 33 = **trentatré** | 70 = **settanta** |
| 24 = **ventiquattro** | 34 = **trentaquattro** | 80 = **ottanta** |
| 25 = **venticinque** | 35 = **trentacinque** | 90 = **novanta** |
| 26 = **ventisei** | 36 = **trentasei** | 100 = **cento** |
| 27 = **ventisette** | 37 = **trentasette** | |
| 28 = **ventotto** | 38 = **trentotto** | |
| 29 = **ventinove** | 39 = **trentanove** | |
| 30 = **trenta** | 40 = **quaranta** | |

*Tre* always has a written acute accent when added to another number: *ventitré, settantatré.*

The numbers **venti, trenta, quaranta,** etc., drop the final vowel (**-i** or **-a**) when combined with **uno** and **otto: ventuno, ventotto, trentuno, trentotto, quarantuno, quarantotto,** etc.

**A.** Read aloud the following groups of numbers.

➤ 2/20/22     *due/venti/ventidue*

1. 3/30/33
2. 4/40/44
3. 5/50/55
4. 6/60/66
5. 7/70/77
6. 8/80/88
7. 9/90/99
8. 1/10/100

**B.** Read these numbers and then give the numbers that precede and follow each one.

➤ 37     *trentasette, trentasei, trentotto*

1. 47
2. 53
3. 34
4. 72
5. 29
6. 66
7. 98
8. 81
9. 77

**C.** In pairs: Take turns asking the ages of the following people. Make educated guesses.

➤ il professore/la professoressa
— *Quanti anni ha il professore/la professoressa?*
— *Ha trentotto anni.*

1. Tom Cruise
2. Candice Bergen
3. Michael Jackson

Ex. A & B: Write some random numbers from 21 to 100 on the board. Have students say them aloud as you point. Have them say and write numbers with double consonants, such as *ventisette, trentotto, sessanta,* and *ventiquattro.* Challenge them to some addition and subtraction problems: *Undici più dodici fa... ? Dodici meno undici fa... ?*

Dictate about ten random numbers and have students write them in Arabic numerals.

Ex. C: Encourage pairs to ask about people in the news. Follow up by asking what ages different pairs guessed.

4. Michael Jordan
5. il presidente degli Stati Uniti
6. il rettore (*president*) dell'università
7. Tom Brokaw
8. Diane Sawyer

**D.** In pairs: You are in Rome and need some telephone numbers. Call the operator and ask for the numbers of each of the following places.

➤ dell'aeroporto Leonardo da Vinci/60.21.1.    — *Qual è il numero (di telefono)*
                                                  *dell'aeroporto Leonardo da Vinci?*
                                                — *È 60.21.1.*

| *Places* | *Numbers* |
|----------|-----------|
| 1. dei Musei Capitolini | 67.82.86 |
| 2. del Museo Keats-Shelley | 67.84.23 |
| 3. del Teatro dell'Opera | 46.17.55 |
| 4. della Stazione Termini | 47.75 |
| 5. dell'Alitalia | 46.88 |
| 6. dell'Università di Roma | 49.91 |
| 7. dello Stadio Olimpico | 39.94.50 |
| 8. dell'Ambasciata degli Stati Uniti | 46.74 |

Dope le lezioni all'università alcuni studenti passeggiano e mangiano il gelato.

# Cose utili

un libro

un quaderno
e un foglio di carta

un CD (ciddì)

un calendario

un motorino

un giornale

un televisore

un videoregistratore
e una videocassetta

una penna

una matita

una rivista

un registratore ed
un'audiocassetta

una calcolatrice

una radio

un orologio

una sedia

un tavolo

un computer

uno stereo

un telefono

uno zaino

una bicicletta

Ex. E. & F: After introducing the vocabulary, have students close their books. Point to the clock (books, etc.) and ask *Che cos'è?* Make sure students use the indefinite article.

Point out that *orologio* can mean both watch and clock.

**E.** In pairs: Ask another student if he/she has these objects in his/her room.

➤ giornale    — *Hai un giornale?*
              — *Sì, ho un giornale.*
                *No, non ho un giornale.*

1. una calcolatrice
2. uno zaino
3. un videoregistratore
4. un registratore
5. un motorino
6. una penna
7. una radio
8. un telefono

Expand Ex. E by having students add another item to their question whenever possible.
— *Hai un giornale o una rivista?*
— *Ho un giornale.*

Expand Ex. F by asking students what objects they associate with reading, writing a letter, etc.

**F.** Name the objects you associate with the following.

➤ IBM, Macintosh    *un computer*

1. 18 marzo
2. *Time* and *Newsweek*
3. $20 + 50$; $79 - 33$; $18 \times 3$
4. *Oggi in Italia*
5. 1-800-785-3799
6. musica
7. NBC, CBS, ABC
8. 9:45 A.M.

# Struttura ed uso

## Pronomi personali

— **Voi** siete americani?
— **Lui** sì, ma **io** no.

1. A personal or subject pronoun (**un pronome personale**) is used as the subject of a verb. The following chart shows the forms of the subject pronouns in Italian.

The traditional subject pronoun forms *egli, ella, esso, essa, essi,* and *esse* appear in supplementary readings. Their use can be explained at that point.

Make sure students understand the different situations that call for different levels of formality, and that they use the correct personal pronoun and verb forms in each case.

| Singular | | Plural | |
|---|---|---|---|
| **io** | I | **noi** | we |
| **tu** | you (*informal*) | **voi** | you (*informal*) |
| **lui** | he | **loro** | they (*m.* or *f.*) |
| **lei** | she / you (*formal*) | | you (*formal*) |

2. When speaking to someone in Italian, there are four ways to express the English *you*, according to how many people are being addressed (singular or plural) and the level of formality.

a. Use **tu** when addressing a member of your family, a friend, a child, or in general, a person of your own age in an informal setting.

b. Use **voi** when addressing more than one person except in very formal situations.

c. Use **lei** when addressing a person you do not know well, or a person to whom you wish to show respect or courtesy.

d. Use **loro** when speaking to more than one person to whom you wish to show respect.

When you are speaking to an Italian and aren't sure whether to use *tu* or *lei*, use the latter. If the person says, *Puoi darmi del tu!*, that means you may use the informal *tu* form.

Explain to students that *loro* meaning *you* is used very rarely and that they can confidently use *voi* even in formal situations.

After doing Ex. A, have students identify the subject pronouns in Italian phrases they have learned so far: *Mi chiamo ... La professoressa si chiama ...* etc.

**A.** Which subject pronoun would you use to talk *about* the following?

1. what your name is
2. what your teacher's name is
3. how your parents are feeling
4. how old your brother is
5. what you and your friends did last night
6. why your friend Anita is late for an appointment

Ex. B: Encourage students to discuss factors that would require more or less formal means of address, i.e., age difference, previous acquaintance, etc. For example, the doctor's assistant could be a friend, or very young.

It is a good idea to state whether you expect to be addressed as *tu* or *lei*. In Italy, professors often use *tu* with their students but expect to be addressed as *lei*.

**B.** Which pronoun meaning "you" would you use to speak *directly to* the following people? More than one answer could be appropriate in some of these situations.

1. your father
2. your mother and father
3. your father's boss
4. your doctor
5. your doctor's assistant
6. your doctor and his/her assistant together
7. another student in your class
8. your teacher

Ex. C: Have students change the stimulus to agree with the incorrect responses: (*Sandra e Marina*) *Ho venti anni, e voi?*

**C.** Determine who is being asked the following questions, choosing from the possibilities indicated in parentheses.

1. Ho venti anni, e tu?
   (Sandra, Sandra e Marina, Enzo e Massimo)
2. Lei come si chiama?
   (la sorella, la mamma, una professoressa)
3. Di dove sono loro?
   (un professore, una signorina, due signori)
4. Frequento l'università di Bologna, e voi?
   (un dottore, una studentessa, due studenti americani)

## Presente di *essere*

— **Siete** di Milano?
— Paolo **è** di Milano, ma io **sono** di Siena.

1. **Essere** (*to be*) is one of the most commonly used verbs in Italian. **Essere** is an infinitive, the form that tells the meaning of a verb. Italian infinitives end in **-are**, **-ere**, or **-ire**.

   **studiare**   to study
   **essere**   to be
   **finire**   to finish

Point out to students that *essere* is used to describe (nationality, profession, characteristics, etc.) and to indicate location.

For practice with infinitives and recognition of cognates, have students give the English equivalents of these infinitives: *continuare, esagerare, immaginare, ritornare, discutere, convincere, decidere, distribuire, preferire, servire.*

2. The conjugated forms of a verb give more specific information about the verb, including *who* is doing the action and when. The following chart shows the conjugated present tense forms of **essere.**

| | | essere | to be | | | |
|---|---|---|---|---|---|---|
| **Singular** | | | | **Plural** | | |
| io | **sono** | I am | | noi | **siamo** | we are |
| tu | **sei** | you (*informal*) are | | voi | **siete** | you (*informal*) are |
| lui/lei | **è** | he/she is | | loro | **sono** | ⎰ they are |
| lei | **è** | you (*formal*) are | | | | ⎱ you (*formal*) are |

Read the example to the class and ask what pronoun is implied by *ha* and *studia*. Ask them why the pronoun *lei* is given in the last sentence. Refer them also to the drawing at the beginning of the section.

3. In Italian, the subject pronoun can be omitted from a sentence. The pronoun is generally used only for stress or clarity.

   Massimo è italiano. Ha venti anni e studia medicina. Ha una sorella e anche **lei** è studentessa.

4. To make a sentence negative, use the word **non** before the verb.

   — Siete di Milwaukee?                    — Are you from Milwaukee?
   — No, **non** siamo di Milwaukee,        — No, we're not from
      siamo di Madison.          Milwaukee, we're from Madison.

Model the correct pronunciation of *non* several times and have students repeat after you. Have students read the monologues on page 19 and make all the statements negative. They could also give alternative affirmative statements: *Non mi chiamo Marco Casciani: mi chiamo Emilio Valle.*

Ex. D: Have students do Ex. D in pairs, taking turns with each new subject. When finished, review with the whole class by asking questions: *Di dove sono Marta e Laura?* Encourage students to answer without the subjects: *Sono di Bologna.*

**D.** Replace the subject of each sentence with the new subjects indicated in parentheses. Be sure to use the correct form of the verb with each new subject.

1. Noi siamo di Bologna. (Marta e Laura / tu / la signora Ermini / Francesco)
2. Io sono all'università. (voi / la professoressa / lo studente / noi)
3. Sei in ritardo? (io e Tina / tu e Giovanna / Marcella / Marcella e Luisa)

Ex. E: Remember: a subject pronoun is usually unnecessary since the verb form tells you *who*.

**E.** How would the following paragraph be different if you were talking (1) about yourself instead of Lorenzo? (2) about yourself and some friends? (3) about Lorenzo and Pina? Change the sentences to agree with the new subjects.

Lorenzo è di Reggio Calabria. È studente all'università di Padova, ma adesso (*now*) non è all'università. È in ritardo.

Io ...

Ex. E: Make sure that students are able to give the appropriate form of *studente*. Write the forms on the board and point to students as you say: *Lui è studente ma lei è studentessa. Loro sono studenti.*

After completing Ex. F, have the whole class correct the incorrect sentences in a logical manner: *Oggi in Italia è un libro d'italiano.*

**F.** With a partner: Take turns reading the following sentences. If the sentence is true, go on to the next one. If you disagree, make the sentence negative with the word *non*.

➤ David Letterman è professore d'italiano. *No, non è professore d'italiano.* (*Sì, è professore d'italiano.*)

1. *Oggi in Italia* è un libro di matematica.
2. Io sono uno studente del liceo classico.

Expand Ex. F by having pairs create absurd sentences like 7 and 8. Individuals then read their sentences and the class negates the sentences in unison, with feeling.

Before doing Ex. G, model questions with both a male and a female student. Encourage these students to answer in full sentences. With each response, tell the class what you heard: *—Sei italiano? —No, non sono italiano.* (To class): *—Lui non è italiano.*

3. Il professore/la professoressa è italiano/a.
4. La Sicilia è una città.
5. Gli Appennini sono montagne.
6. Cristoforo Colombo è spagnolo.
7. Bob Dole è presidente degli Stati Uniti d'America.
8. Hillary Clinton e Tipper Gore sono studentesse liceali.

**G.** Interview three or four other students in your class. Find out if they are Italian, where they are from, and if they are freshmen (*del primo anno*). Pay attention to the answers you hear and be ready to tell in Italian what you have learned about your classmates.

## Presente di *avere*

1. You are already familiar with some of the present tense forms of the verb **avere** (*to have*). Here is a chart showing all the forms:

|  |  | **avere** | to have |  |  |  |
|---|---|---|---|---|---|---|
| **Singular** |  |  |  | **Plural** |  |  |
| io | **ho** | I have | | noi | **abbiamo** | we have |
| tu | **hai** | you (*informal*) have | | voi | **avete** | you (*informal*) have |
| lui/lei | **ha** | he/she has | | loro | **hanno** | they have |
| lei | **ha** | you (*formal*) have | | | | you (*formal*) have |

The *h* that begins several forms of *avere* is always silent.

— **Avete** lezione oggi?
— Sì, **abbiamo** lezione di fisica più tardi. E tu?
— No, io non **ho** lezione.

— Do you have class today?
— Yes, we have physics class later. How about you?
— No, I don't have class.

2. The verb **avere** indicates possession. It also means *to be* in many idiomatic expressions such as **avere ... anni** (*to be . . . years old*). You will learn other expressions of this type in Lezione 3.

Pietro **ha** solo sette anni e **ha** già un computer!

Pietro is only seven years old and he already has a computer!

Point out to students that *avere* is used to express possession and age. Ask them what these phrases mean: *Hai un computer? Ho venti anni. Quanti anni ha lei? Hai lezione d'italiano?*

COMUNE DI VENEZIA
Assessorato alla cultura e alle belle arti

SOVRINTENDENZA
AI BENI ARTISTICI E STORICI DI VENEZIA

MOSTRA
«GIORGIONE A VENEZIA»

Gallerie dell'Accademia

N° 14294

INGRESSO UNICO INTERO

Have students do Ex. H in pairs, taking turns. Then check by having an individual from each pair read a sentence to the class. Follow up by asking the class, *Cosa hanno Marco e Lucia? Cosa non hanno?*, etc.

**H.** Say that the people in column A have one of the things in column B but not another.

➤ Marco e Lucia hanno una radio ma non hanno uno stereo.

| A | B |
|---|---|
| mia sorella | una videocassetta |
| gli studenti | un CD |
| voi | un computer |
| io e Lucia | un motorino |
| Marco e Lucia | un giornale |
| tu | un televisore |
| il professore | una penna |
| | uno stereo |
| | una rivista |
| | un videoregistratore |
| | una radio |

Before doing Ex. I, review vocabulary by asking volunteers to say what things Marco has in his room. Or, ask the class to look at the drawing for thirty seconds. Then, books closed, quiz them by asking: *Carlo ha un orologio? Ha un computer? Ha un libro? Ha una calcolatrice? Ha una bicicletta? Ha un giornale?* When students work in pairs, have them switch roles with every item discussed.

**I.** In pairs: Look at the drawing of Marco's bedroom. Tell a partner which of the things Marco has in his room you also have. Then find out if your partner has them.

➤ S1: Marco ha un calendario, e anch'io ho un calendario. E tu?
S2: Sì, anch'io ho un calendario. / No, io non ho un calendario.

**La camera di Marco**

Before doing Ex. J, model with the whole class. Refer students to p. 26. Ask students: *Chi ha un computer?* Take answers from volunteers or direct questions toward individuals. Then review by saying: *Lui, lei e lei hanno un computer. Lui non ha ...* etc. Be sure to check after group work is completed.

**J.** In groups of three or four: Take turns asking each other who has some of the objects shown on page 26. When you ask a question, keep track of the answers so you can report this information to the class.

➤ S1: Chi ha uno zaino?
S2: Io ho uno zaino.
S3: Io non ho uno zaino.
What to report: Dave e io abbiamo uno zaino. Stacy non ha uno zaino.

Ex. K: Have one partner cover the birthdate column while asking how old each person is.

**K.** In pairs: Ask a partner how old the following Italians and Italian-Americans are. The right-hand column shows the year each person was born.

➤ Bernardo Bertolucci       1940
S1: Quanti anni ha Bernardo Bertolucci?
S2: Ha cinquantotto anni.

1. Mario Cuomo              1932
2. Sophia Loren             1934
3. Madonna Ciccone          1958
4. Robert De Niro           1943
5. Francis Ford Coppola     1939
6. Sylvester Stallone       1946
7. Cecilia Bartoli          1966

**L.** With a partner: Make a list of items you could use in the following situations. Then tell each other which items you have and which you don't have.

➤ You want to write a letter.
List: una penna, una matita, un foglio di carta
S1: Ho una penna e un foglio di carta. Non ho una matita.
S2: Ho una penna ma non ho un foglio di carta.

1. You need to take some notes in class.
2. You need to finish a research paper that is due tomorrow.
3. You are having a party and need some music.
4. You want to find out the results of last night's game.
5. You need to contact a friend who lives two miles away.

## Genere dei nomi e l'articolo indeterminativo

1. Italian nouns are either masculine or feminine. Generally, nouns ending in **-o** or a consonant are masculine, and those ending in **-a** are feminine. Nouns ending in **-e** can be either masculine or feminine and should be memorized as you learn them.

| Masculine | Feminine |
| --- | --- |
| tavolo | penna |
| computer | studentessa |
| registratore | lezione |

Most nouns ending in -ore are masculine: signore, registratore. Most nouns ending in -ione are feminine: lezione, regione. Nouns ending in consonants are of foreign origin and are generally masculine: un bar, uno sport.

Explain to students that nouns ending in -tà are feminine and that many of them have English cognates ending in -ty. Città = city; università = university.

2. The indefinite article, which means *a* or *an*, has different forms in Italian according to the sound that follows and the gender of the noun modified. Here are the forms of the indefinite article in Italian:

| Masculine | | Feminine |
|---|---|---|
| un | $\begin{cases} \text{libro} \\ \text{orologio} \end{cases}$ | una rivista |
| uno | $\begin{cases} \text{stereo} \\ \text{zaino} \end{cases}$ | un'università |

*Uno* is used to avoid a group of too many consonant sounds and for more flowing pronunciation. *Un'* is used to avoid too many vowel sounds together.

a. **Un** is used with a masculine noun beginning with most consonants or with a vowel.
b. **Uno** is used with a masculine noun beginning with **s** + *a consonant*, or **z.**
c. **Una** is used with a feminine noun beginning with a consonant.
d. **Un'** is used with a feminine noun beginning with a vowel.

**M.** Provide the correct form of the indefinite article.

1. Lucia Savini ha _____ fratello ma non ha _____ sorella.
2. Nella classe ci sono _____ studentessa e _____ studente.
3. A casa ho _____ televisore e _____ videoregistratore, ma non ho _____ stereo.
4. Nella mia città ci sono _____ università e _____ museo.
5. Marco frequenta _____ università americana e Lucia frequenta _____ liceo a Bari.
6. Luigi non ha _____ bicicletta; ha _____ motorino.

Say familiar nouns (from p. 20 and *Lezione preliminare*) to class and have students identify the gender. Or have students raise their hands for feminine (or masculine) nouns only.

You may want to tell students that *uno* is also used with masculine nouns beginning with *gn* and *ps* (uno gnomo, uno psicologo).

**N.** In pairs: You are in a *cartoleria* (stationery store). With your partner playing the salesperson, ask for the items from the list below.

➤ orologio
S1: Un orologio, per favore.
S2: Ecco un orologio.

1. matita
2. quaderno
3. libro d'inglese
4. calcolatrice
5. penna
6. calendario
7. zaino

Ex. O: Refer to the maps in the *Lezione preliminare* if needed.

Ex. O: Review geographical terms from p. 12 orally with students.

**O.** In pairs: Take turns asking each other what the following things are. If the answer you receive is wrong, correct your partner.

➤ il Po
S1: Che cos'è il Po?
S2: È una città.
S1: No, non è una città; è un fiume.

1. Capri
2. la Francia
3. la Sicilia
4. il Tevere
5. il Garda
6. il Mediterraneo
7. Bari
8. Genova
9. la Lombardia

You may want to do Ex. P as a class activity. Ask for volunteers or have all students stand up and allow each to sit down after offering a sentence.

**P.  Un gioco circolare.** In small groups and with your books closed, take turns pointing out any object in the room that you know how to say in Italian, using *Ecco una/un*. The game ends when no one can think of any more words.

# Parliamo un po'

Act. A: Model the activity before beginning. After most students have talked to two classmates, have individuals tell the class about someone they spoke to.

**A.  Come ti chiami?** Introduce yourself to at least two classmates you haven't met yet and find out the following information:

his/her name
how he/she is
how old he/she is
where he/she is from
if he/she has a brother or a sister

The *Parliamo un po'* sections contain communicative activities for pair and group work. Depending on class objectives and time constraints, you may want to do only some of these activities.

Write down the information you learn so that you can tell your instructor or another student about at least one person you talked to.

Assign Act. B as homework or as a quick in-class writing assignment. Have students read their letters to the class, or collect them all, redistribute at random, and after giving them time to read the new letter, ask individuals about the information in the letter.

**B.  Una lettera.** You are going to spend a semester studying in Italy. Write a short letter to your host family giving them as much information about yourself as you can in Italian. You might want to ask them some questions too. Begin your letter with *Gentili signori* and close it using *Cordiali saluti*.

**C.  Quattro amici, un appartamento.** Daniele, Davide, Dario, and Donato have decided to share an apartment at the *università di Reggio Calabria*. Each one is a different age; each one studies a different subject; each is from a different Italian city, and each brought a different piece of electronic equipment to the apartment. Read the clues to find out the age, major, hometown of each, and the electronic equipment each person owns. Then write the information in the chart on page 36.

Lo studente con il videoregistratore ha venti anni; lo studente con il computer ha ventun anni.

Davide ha un televisore, ma non è lo studente che studia medicina.

Daniele è di Messina e Dario è di Napoli. Donato non è di Bari.

Lo studente di Torino ha ventidue anni. Non ha un computer.

Dario studia chimica e ha un videoregistratore.

Lo studente di medicina ha uno stereo.

Lo studente di arte non è lo studente che ha ventitré anni.

Una persona studia architettura.

Ex. C: Daniele, 21 anni, arte, Messina, computer; Davide, 23 anni, architettura, Bari, televisore; Dario, 20 anni, chimica, Napoli, videoregistratore; Donato, 22 anni, medicina, Torino, stereo.

|  | *Anni* | *Studia* | *È di* | *Ha un/uno* |
|---|---|---|---|---|
| Daniele | ___ | ___ | ___ | ___ |
| Davide | ___ | ___ | ___ | ___ |
| Dario | ___ | ___ | ___ | ___ |
| Donato | ___ | ___ | ___ | ___ |

**D. Un titolo appropriato.** Read the following description and then choose an appropriate title from the list that follows.

Mario Corsetti e Gabriella Armani sono due studenti italiani. Mario ha ventidue anni ed abita a Salerno, in via Mazzini 12. Frequenta l'università di Napoli e studia legge. Gabriella è di Napoli ed abita in via Caracciolo 34. Ha diciassette anni e frequenta il liceo scientifico.

1. Napoli e Salerno
2. Due studenti italiani
3. Due città italiane

Before beginning Act. E, elicit possible questions. Encourage students to find out as much as they can. The students playing Mario and Gabriella can ask questions as well. Review greetings and introductions if needed.

**E. Sul treno.** You are on a train going from Naples to Rome. Mario Corsetti and Gabriella Armani are sitting across from you in the compartment. Introduce yourself and find out as much as you can about them. Two other students will play Mario and Gabriella.

# *In giro per°l'Italia*    Going around

This section is linked to the *Parliamo italiano!* video, which has 12 modules. Each module focuses on a particular city or region of Italy. This reading may be assigned either before or after watching the video segment. This section may also be assigned to develop reading skills.

Remind students to look for cognates, which will help them understand the readings.

Tell students that in this section they are going to learn more about the geography of Italy and some of its cultural aspects.

Ask students to look at the photos and read the captions. Then discuss them.

**A.** Un po' di geografia. Refer to the map on p. 14 while doing this exercise.

1. Il _____ è una regione d'Italia.
   (nord, Piemonte, Milano)
2. Torino è una _____ del Piemonte.
   (montagna, regione, città)
3. Roma è la _____ d'Italia.
   (capitale, città, regione)
4. Il Piemonte è nel _____ Italia.
   (est, sud, nord)
5. Roma è nella regione _____.
   (Lombardia, Lazio, Toscana)
6. Il Colosseo è a _____.
   (Torino, Firenze, Roma)
7. Il Lazio è nel _____ Italia.
   (nord, centro, sud)

**B.** Read the following brief passages.

**Due giovani italiani.** Piero e Gabriella sono due giovani italiani. Lui è fotografo e lei lavora in una casa editrice[1]. Essi sono al nord, nel Piemonte, e precisamente a Torino. Ora devono[2] preparare una nuova[3] guida d'Italia. I due giovani preparano un itinerario e lasciano[4] Torino. Vanno a visitare prima di tutto[5] Roma e noi viaggiamo insieme a[6] loro.

1. publishing house   2. they have to   3. new   4. they leave   5. first of all
6. together with

Il Colosseo è sempre una grande attrazione per i turisti che visitano Roma.

Roma è una città ricca di fontane artistiche. Questa è la splendida fontana di Trevi.

Gianlorenzo Bernini (1598–1680) was an Italian sculptor, painter, and architect of the Baroque period. He also designed the colonnade in St. Peter's Square in Rome. (The definite article is used when referring to artists and authors by their last names only: *il Bernini, del Bernini.*)

Point out and explain the use of the pronoun *essi.* Have students look at the map on p. 14 and locate Piemonte, Torino, and Roma.

**Roma.** La capitale d'Italia è nella regione Lazio, al centro del paese. La città eterna è chiamata anche con il nome latino di "caput mundi"[1]. A Roma ci sono monumenti antichi, chiese[2], piazze, fontane e palazzi molto belli[3]. Il Colosseo, il Pantheon, la Basilica di San Pietro, Piazza di Spagna e Piazza Navona, con le splendide fontane del Bernini, sono alcuni luoghi[4] caratteristici di questa città. Molti turisti italiani e stranieri[5] visitano Roma per ammirare le sue bellezze[6].

1. center of the world   2. churches   3. very beautiful   4. places   5. foreign   6. beauties

**C.** **Domande.** In pairs: Ask your partner the first three questions, and your partner then will ask you the last three questions. Two- or three-word answers are acceptable. If your partner makes a mistake, give the correct answer.

1. Come si chiamano i due giovani?
2. Dove sono essi?
3. Che cosa (*what*) devono preparare i due giovani?
4. Dove vanno?
5. Dov'è Roma?
6. Come si chiamano tre luoghi caratteristici di Roma?

# E lei chi è?

## COMMUNICATIVE OBJECTIVES

- Give some personal information
- Tell time (and tell at what time events take place)
- Talk about course subjects
- Identify the owners of basic objects

Elicit comments on the photograph.

Ti piace il parmigiano? Parma e tutta l'Emilia-Romagna sono zona di produzione del famoso formaggio.

● ● ● ● ● ● ● ● ● ● ● ● ● ● ● ● ● ● ● ● ● ● ● ● ● ● ● ● ● ● ● ● ● ● ● ● ● ● ● ● ● ●

T̲wo professionals introduce themselves.

Sono Raffaele Ferroni.
Ho quarantasette anni.
Sono sposato e ho un figlio.
Sono professore di informatica e insegno
  all'università di Roma.
Abito con mia moglie e mio figlio in una piccola
  villa fuori città.
Abbiamo anche un cane e un gatto.

Io mi chiamo Lisa Ferroni Melani.
Sono la sorella di Raffaele.
Ho trentadue anni.
Anch'io sono sposata, ma non ho figli.
Sono architetto e lavoro con mio marito.
Abito in un appartamento al centro di Roma.

With books closed, have students listen to the monologues. You may read them yourself or play the recording.

Tell about yourself, using new structures and vocabulary from the monologues. Then ask students to do the same, making all necessary changes.

Treat verb forms as vocabulary for now. Conjugation of -are verbs is in Lezione 3.

## Domande

1. Quanti anni ha Raffaele? È sposato o non è sposato?
2. Quanti figli ha?
3. Che cosa insegna? Dove?
4. Dove abita Raffaele?
5. Come si chiama la sorella di Raffaele? Quanti anni ha?
6. Quanti figli ha Lisa?
7. Lisa è architetto o dottoressa? Lavora con
   il fratello o con il marito?
8. Dove abita Lisa?

Tell students that while some professional titles have a masculine and feminine form (professore/professoressa; dottore/dottoressa), others have only the masculine form, used for both males and females (architetto, ingegnere, presidente, etc.).

Ask additional questions with cognates: Raffaele è un esperto di computer o di film? L'appartamento di Lisa è in città? Raffaele ha trentatré anni? etc.

Ask individual students: *Lei abita in un dormitorio?* Ask the same questions using the third-person singular and pointing to different students: *Quanti anni ha (Paolo)? Lavora (Maria)?* etc.

Whenever the exercises allow, encourage students to move around the room and interact. Provide new vocabulary if requested. Follow up by asking individuals to report: *Dove abita (Charles)? Chi ha un cane?*

## Domande personali

1. Quanti anni ha lei?
2. Lei lavora o studia?
3. Abita in una villa, in una casa o in un appartamento? È grande o piccolo/a?
4. Abita con la famiglia o abita da solo/a?
5. Ha un cane o un gatto? Come si chiama?

Have students go over the *Domande personali* again, working in pairs and using the *tu* form of the verbs. Provide the *tu* form: *hai, sei, lavori, studi, abiti.*

## Situazioni

1. In groups of three: Find out where your classmates live and if they live alone.

— Dove abiti?
— Abito a (San Francisco).
— Abiti da solo/a?
— Sì, abito da solo/a.
  No, abito con (mia madre/mio padre/un amico/un'amica).

2. In groups of three: Ask your classmates if they have a dog (or cat) and what its name is.

— Hai un cane (un gatto)?
— Sì, ho un cane.
  (No, non ho un cane.)
— Come si chiama?
— Si chiama (Nero).

# Vocabolario

**Parole analoghe**

**l'appartamento**
**l'architetto**

**Nomi**

**l'amica**   (female) friend
**l'amico**   (male) friend
**il cane**   dog
**la casa**   house
**la città**   city
**la dottoressa**   (woman) doctor
**la famiglia**   family

**i figli**   children
**il/la figlio/a**   son/daughter
**il gatto**   cat
**l'informatica**   computer science
**la madre**   mother
**il marito**   husband
**la moglie**   wife
**il padre**   father
**la villa**   country house

*Figli* also means "sons."

**Aggettivi**

**grande** big
**mio/a** my
**piccolo/a** small
**sposato/a** married

**Verbi**

**abitare** to live
**insegnare** to teach
**lavorare** to work

**Altre parole ed espressioni**

**che cosa?** what?
**da solo/a** alone
**dove?** where
**fuori** outside
**in** in
**al centro** downtown
**all'università** at the university

## Pratica

Assign pairs and roles, then model with a capable student. Help students as needed while they work.

**A.** In pairs: You have just met Raffaele Ferroni at a party in Rome. Introduce yourself and ask him if he is a professor and what he teaches. Also find out if he is married, if he has children, and where he lives.

**B.** In pairs: You are conversing with Lisa Ferroni Melani at the same party. She asks how old you are, whether you work or study, and where and with whom you are living. Respond appropriately.

# *Pronuncia*

## Il suono /t/

In English, the sound /t/ is aspirated, that is, it is pronounced with a little puff of air, which you can feel on the back of your hand as you say /t/. In Italian, /t/ is never aspirated. The tip of the tongue is pressed against the back of the upper front teeth. Compare the /t/ in the English and Italian words *too* and **tu,** *telephone* and **telefono.** The sound /t/ is represented in writing by **t** or **tt.**

Text exercises, except proverbs, as well as additional exercises, are recorded in the tape program. Depending on available class time, you may want to assign the *Pronuncia* sections and use class time to focus on troublesome sounds.

Ex. A: Have students repeat minimal pairs to contrast single and double consonants: *sete/sette; fato/fatto; bruto/brutto; pena/penna; ero/erro; vale/valle; eco/ecco; papa/pappa.* Have students repeat the following sentences: *Tommaso è architetto; Renata ha trentasette gatti; Tina abita a Torino; Tonio e Teresa sono in città.*

**A.** Listen and repeat the following words after your instructor.

| | | |
|---|---|---|
| telefono | italiano | sette |
| Toscana | venti | trentotto |
| Teresa | abitare | gatto |

**B.** **Proverbio.** Repeat the following Italian proverb after your instructor. Then dictate it to another student, letter by letter.

**Chi trova un amico, trova un tesoro.**
A friend in need is a friend indeed.
*(Literally: Find a friend and you find a treasure.)*

# L'università italiana

Italy has very few private universities. The handful that exist are excellent, expensive, and competitive; the most prestigious are the Bocconi in Milan and the Luiss in Rome. Several new private universities specializing in business administration and management are now being created. The majority of Italian universities are public and run by the state. All students with a *diploma di maturità* are admitted to a public university.

Students choose their major when they register, and enroll in a specific department (*facoltà*). In order to obtain a university degree (*laurea*), students need from four to six years of study and must pass between twenty and thirty exams, depending on their major. The highest degree attainable is the *dottorato di ricerca*, which corresponds to an American Ph.D.

Italy is making strides in upgrading and modernizing its university system. The first important change resulting from recently approved laws and regulations is the *autonomia universitaria*. It gives each university the power of self-administration and the freedom to seek cooperation and financial support from public organizations and private companies. The second major change is the implementation of the *laurea breve* or *minilaurea*, which qualifies students, after three years of specialized courses, for many careers and professions opening up in today's world economy, such as physical therapy and social work.

L'università è anche un piacevole luogo d'incontro per gli studenti italiani.

## Il suono /d/

The sound of the letter **d** in Italian, /**d**/, is pronounced more delicately than in English. The tip of the tongue touches the edge of the gum ridge just behind the upper front teeth, instead of being pressed against the back of the upper front teeth. The sound /**d**/ is spelled **d** or **dd.**

**C.** Listen and repeat the following words.

| | | |
|---|---|---|
| **di** | ma**d**re | fre**dd**o |
| **di**eci | stu**d**iare | a**dd**izione |
| **d**omani | me**d**icina | ci**dd**ì |

**D.** **Proverbio.** Read the following proverb aloud. Then dictate it to another student.

**Dimmi con chi vai e ti dirò chi sei.**
Tell me who your friends are and I will tell you who you are.

**Corsi di:**

Disegno/ Pittura
Pittura con l'areo-
grafo/ Ceramica

# Ampliamento del vocabolario

## Materie d'insegnamento

Here is a list of some courses of study at the *liceo* or *università*. As you can see,
they are mostly cognates, and thus easy to remember, although their
pronunciation differs from English.

| | |
|---|---|
| **l'antropologia** anthropology | **il giapponese** Japanese |
| **l'architettura** architecture | **l'inglese** (*m.*) English |
| **l'arte** (*f.*) art | **l'italiano** Italian |
| **la biologia** biology | **il russo** Russian |
| **la chimica** chemistry | **lo spagnolo** Spanish |
| **l'economia** economics | **il tedesco** German |
| **la filosofia** philosophy | **la matematica** mathematics |
| **la fisica** physics | **la musica** music |
| **la geologia** geology | **la psicologia** psychology |
| **l'informatica** computer science | **le scienze naturali** natural |
| **la letteratura** literature | science |
| **le lingue straniere** foreign | **le scienze politiche** political |
| languages | science |
| **il cinese** Chinese | **la sociologia** sociology |
| **il francese** French | **la storia** history |

A number of Italian nouns ending in **-ia** have English equivalents ending in *-y*,
as in **biologia** (*biology*). Note that the letters *ph* in some English words become
the letter **f** in their Italian counterparts, as in *philosophy* (**filosofia).**

**A.** Judging from the content of their courses, guess what subject each professor teaches.

➤ la professoressa Giuliani: le poesie di Petrarca e la *Divina Commedia*
*Insegna letteratura.*

1. il professor Fraschi: le sculture di Michelangelo e i dipinti (*paintings*) di Raffaello
2. la signora Papini: numeri, divisioni, addizioni ed equazioni
3. il professor Gaetani: le teorie di Freud e di Jung
4. la professoressa Sansoni: Platone, Aristotele, San Tommaso d'Aquino, Kant e l'esistenzialismo
5. il dottor Manna: i prodotti, il mercato e il capitalismo
6. il signor Scalari: vocabolario (nomi, aggettivi e verbi) e grammatica

**B.** Give the English equivalent of the following Italian nouns.

1. astronomia     4. anatomia      7. fotografia
2. cardiologia    5. filosofia     8. criminologia
3. ecologia       6. antropologia  9. astrologia

**C.** What subjects does a person who is preparing for the following professions study?

➤ psichiatra      *Studia biologia e psicologia.*

1. dottore in medicina           5. direttore d'orchestra
2. interprete alle Nazioni Unite 6. professore d'inglese
3. ingegnere civile              7. farmacista
4. programmatore di computer

# Che ora è? Che ore sono?

Italian digital clocks run on the twenty-four-hour system.

È l'una.

Sono le tre.

Sono le dieci.

È l'una e un quarto.
È l'una e quindici.

Sono le quattro e venti.

Sono le undici e mezzo.
Sono le undici e trenta.

Sono le sei meno un quarto.

Sono le otto meno cinque.

È mezzogiorno.
È mezzanotte.
Sono le dodici.

1. **Che ora è?** and **Che ore sono?** (*What time is it?*) are used interchangeably. **Sono le** + *the number of hours* is used to tell what time it is.

   **Che ora è? Sono le due.**      It's two o'clock.
   **Che ore sono? Sono le dieci.**   It's ten o'clock.

   But:

   **È l'una.**          It's one o'clock.
   **È mezzogiorno.**      It's noon.
   **È mezzanotte.**      It's midnight.

2. For fractions of an hour, Italian uses **e** + *minutes*.

   Sono le due **e venti.**      It's twenty after two.
   Sono le tre **e quaranta.**    It's three-forty.

   Times after the half-hour are usually expressed by subtracting minutes from the next full hour, using **meno** (*minus*).

   Sono le cinque **meno dieci.**    It's ten to five.

   **Un quarto** (*a quarter*) and **mezzo** (*half*) often replace **quindici** and **trenta.**

   Sono le nove e **mezzo.**      It's half-past nine.
   È l'una meno **un quarto.**    It's a quarter to one.

3. Italians often use the twenty-four-hour clock for official times, such as schedules and appointments.

   Le banche sono aperte **dalle 8.30**      Banks are open from 8:30 A.M. to
      **alle 13.30.**                              1:30 P.M.

   The expressions **di mattina** (*in the morning*), **del pomeriggio** (*in the afternoon*), and **di sera** (*in the evening*) are sometimes used for clarity when not using the twenty-four-hour clock.

   Sono le quattro **di mattina.**      It's 4 A.M.
   Sono le quattro **del pomeriggio.**   It's 4 P.M.
   Sono le dieci **di sera.**          It's 10 P.M.

4. **A che ora?** (*At what time?*) is used to ask at what time an event or action takes place. **Alle** + *time* is used in the response (**alle due, alle otto,** etc.). The only exceptions are **a mezzogiorno, a mezzanotte,** and **all'una.**

   — **A che** ora arriva Anna?      — At what time does Anna arrive?
   — Arriva **alle dieci e mezzo.**    — She arrives at 10:30.
   — **A che ora** mangi?            — At what time do you eat?
   — Mangio **a mezzogiorno.**        — I eat at noon.

---

Practice telling time as you do different things throughout the day. For example, as you shower, *Sono le sette e cinque.*

Draw a clock on the board or bring one to class.

Practice times beginning with times on the hour, then the half-hour, etc.

Explain that *mezzo* and *mezza* are used interchangeably to indicate the half-hour.

Write digital clock times on the board and have students read them aloud.

You may want to explain the use of the period instead of the colon when writing the time.

Practice *A che ora?* by asking students at what time the Italian class begins and ends: *A che ora comincia (finisce) la lezione d'italiano?* Also ask them about the schedules of other classes, TV shows, school events, etc.

Contrast *Che ora è?* and *A che ora?* by writing times on the board and asking the time or *A che ora arriva lei all'università?*

**D.** In pairs: Take turns asking and telling the time, using the clocks below.

— Scusa, che ora è/ore sono?
— Sono (le sette e dieci).

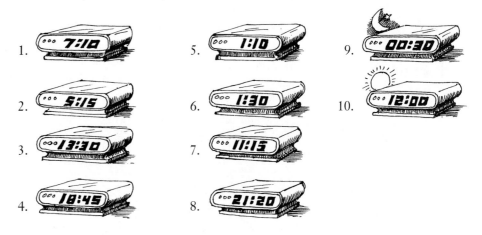

1. 7:10    5. 1:10    9. 00:30

2. 5:15    6. 1:30    10. 12:00

3. 13:30   7. 11:15

4. 18:45   8. 21:20

**E.** In pairs: Ask another student at what time he/she does the following things. Then reverse roles.

➤ hai lezione d'italiano    — *A che ora hai lezione d'italiano?*
                             — *Alle dieci.*

1. mangi (*eat*) la sera      4. hai lezione d'inglese
2. sei all'università domani  5. sei a casa oggi pomeriggio
3. studi

**F.** In groups of three or four: You work at the information desk at the train station in Naples. Tell travelers at what time trains are arriving and whether each is early (*in anticipo*), on time (*puntuale*), or late (*in ritardo*).

— Scusi, a che ora arriva il treno da Bari?
— Alle undici. È puntuale.

| Luogo di origine | Orario di arrivo | Commento |
|---|---|---|
| Bari | 11.00 | 11.00 |
| Roma | 7.15 | 7.30 |
| Palermo | 9.00 | 10.00 |
| Bologna | 12.00 | 11.45 |
| Genova | 14.00 | 14.00 |

# Struttura ed uso

•••••••••••••••••••••••••••••••••••••••••••

## Plurale dei nomi

un uomo e un **piccione**          un uomo e cinquanta **piccioni**

1. Italian has different endings for plural nouns according to the final letter of the singular form. Regular nouns in Italian form their plurals as follows:

| If the singular form ends in: | The plural ends in: | Examples |
|---|---|---|
| -o | -i | tavolo → tavoli |
| -io | -i | calendario → calendari |
| -a | -e | studentessa → studentesse |
| -e | -i | dottore → dottori |
| a consonant | no change | bar → bar |
| an accented vowel | no change | città → città |

2. Many nouns ending in **-co, -go, -ca,** and **-ga** add **h** in the written plural to preserve the sound of the **c** or **g.**

| lago | la**ghi** | | amica | ami**che** |
|---|---|---|---|---|
| tedesco | tede**schi** | *But:* | amico | ami**ci** |

Point out singular objects in the classroom (*sedia, tavolo, libro, zaino, signorina,* etc.) and have students give the plural. Group nouns according to gender and ending so that students become familiar with singular and plural sounds. Include *calendario* and *orologio,* and make sure students are aware that the plural is written with one *i.*

*Amico* is probably the only noun ending in *-co* with a plural in *-ci* that students will need at this point. You may want to point out other less common words with plurals in *-ci* or *-gi: greco, porco, nemico,* and masculine nouns stressed on the third-to-last syllable: *meccanico, medico,* and *psicologo.*

Have students do Ex. A in pairs, alternating the items. Encourage them to use two different numbers in each phrase. For more practice, have one student in each pair say the plural form of the nouns while the partner, book closed, gives the singular form.

**A.** Give the plural of the following phrases. Replace the indefinite article with any number higher than one.

➤ un'isola e una montagna      *tre isole e cinque montagne*

   1. un dottore e un architetto
   2. un fratello e una sorella
   3. un cane e un gatto
   4. un figlio e una figlia
   5. un caffè e un cappuccino

   6. una penna e una matita
   7. un registratore e una cassetta
   8. un computer e una calcolatrice
   9. un mare e un lago
  10. un liceo e un'università

After completing Ex. B, hold a contest among the groups to form the plurals of more difficult words or cognates from a list that you have prepared in advance. Read a word to the first group. They gain a point if someone in the group can give the correct plural. If no one can, the team loses a point and another group tries.

**B.** In groups of three or four: With books closed, quiz each other on plural forms. One person starts by saying a noun. The first person in the group to give the correct plural of that noun gives the next noun.

**C.** In pairs: You and a partner are helping to take inventory in an electronics store. Count how many of each item you see in the display case.

➤ Una calcolatrice, due calcolatrici …

Ex. C. Have students take turns counting items.

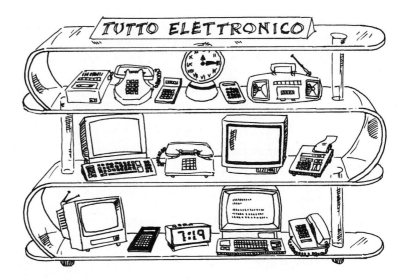

Ex. D. Review vocabulary for *Cose utili* (p. 26) if needed before splitting the class into pairs. Ask students what things they need while at school, then ask for the plural of each noun volunteered.

**D.** In pairs: You are going away to school and want to stock up on certain items before leaving home. Tell your partner what you will need and how many of each item. Use the phrase **avere bisogno di** (*to need*).

➤ Ho bisogno di un … , di dieci …

**E.** What can you buy with the following amounts of money? Tell what you can buy with the amounts indicated, and how many of each item. Use words that you know in Italian and the verb **comprare** (*to buy*).

➤ cinque dollari      *Con cinque dollari compro un quaderno e dieci penne.*

un dollaro          cento dollari
dieci dollari        un milione di dollari

## L'articolo determinativo

Che bella **la** natura: **le** montagne, **il** fiume, ... **gli** animali!

Tell students that the definite articles for masculine nouns beginning with *gn* or *ps* are *lo* for the singular, and *gli* for the plural.

*Lo* is used to avoid too many consonant sounds clustered together.

The sound at the beginning of the word *gli* is similar to the *lli* in the English *million*.

1. In Italian, the definite article (*the*) agrees in number and in gender with the noun it modifies. The following chart shows the singular and plural forms of the definite article:

| Singular | | | | | |
|---|---|---|---|---|---|
| **Masculine** | | | **Feminine** | | |
| **il** | before most consonants | il dottore | **la** | before consonants | la casa |
| **lo** | before **s** + *consonant*, and **z** | lo studente, lo zaino | **l'** | before vowels | l'università |
| **l'** | before vowels | l'architetto | | | |

| Plural | | | | | |
|---|---|---|---|---|---|
| **Masculine** | | | **Feminine** | | |
| **i** | before most consonants | i gatti | **le** | before all feminine | le finestre, |
| **gli** | before **s** + *consonant*, and **z** | gli spaghetti, gli zaini | | plural nouns | le amiche |
| **gli** | before vowels | gli appartamenti | | | |

2. The definite article is used to talk about specific persons, places, or things. In a series, it is used before each noun.

Non ho **i giornali**.    I don't have the newspapers.
Dove sono **il libro e la rivista?**    Where are the book and magazine?

3. Nouns used in a general sense also take the definite article.

**L'arte** è interessante, ma **le scienze** sono anche importanti.    Art (in general) is interesting, but science (in general) is also important.

4. The definite article is generally used with the names of languages, except after **parlare.**

| | |
|---|---|
| Studio **il francese** e **il russo; il russo** è molto difficile. | I study French and Russian; Russian is very hard. |
| Non parlo russo. | I don't speak Russian. |

5. The definite article is used with the courtesy titles **signora, signorina,** and **signore,** and with professional titles such as **dottore** and **professore/ professoressa** when talking *about* a person. It is not used when speaking directly *to* the person.

| | |
|---|---|
| **La signora Albinone** è un'amica di mia madre. | Mrs. Albinone is a friend of my mother's. |
| *But:* Buona sera, signora Albinone. | Good evening, Mrs. Albinone. |

Have students do Ex. F and G in pairs, taking turns with each item.

**F.** Give the singular form of the definite article for each noun as in the example.

➤ fiume / lago      *il fiume e il lago*

1. città / università
2. mare / isola
3. signore / signorina
4. amico di papà / amica di mamma
5. appartamento / villa
6. montagna / casa
7. centro / scuola
8. studente / studentessa

**G.** Read the list of nouns in Ex. F again, giving the plural form of each one. Be sure to use the correct definite article.

➤ fiume / lago      *i fiumi e i laghi*

**H.** In pairs: Alternate with a partner, saying whether you are or aren't studying the following subjects this semester.

➤ chimica      *(Non) Studio la chimica.*

1. informatica
2. musica
3. scienze politiche
4. storia
5. arte
6. italiano
7. matematica
8. scienze naturali
9. spagnolo
10. fisica
11. economia
12. cinese

**I.** You have just returned from Italy and are describing the family you stayed with. Complete the description with the correct forms of the definite article.

_____ famiglia Tedeschi abita in una villa fuori Firenze. _____ signor Tedeschi è avvocato e _____ professoressa Tedeschi insegna all'università. Hanno due figli, Renzo e Patrizia. _____ figli sono grandi e non abitano con _____ signori Tedeschi. Patrizia è sposata. Lei e _____ marito hanno tre figli. _____ figli si chiamano Angelo, Gianna e Daniela. Anche Renzo è sposato, ma non ha figli. _____ moglie di Renzo si chiama Rosa.

Assign Ex. J. as homework. Have students write out the entire exercise and underline the articles.

**J.** Complete the conversations with the correct definite articles where necessary.

— Dove sono _____ matita e _____ quaderno?
— Sono nello zaino.
— E _____ libri e _____ riviste?
— Sono sul tavolo.

— Che cosa studia questo semestre?
— _____ storia orientale e _____ cinese.
— Ah, parla _____ cinese?
— No, non parlo _____ cinese; parlo _____ giapponese.

— Claudia, ti presento _____ professor Ferroni.
— Buon giorno, _____ professor Ferroni, molto piacere.
— E lei come si chiama?
— Mi chiamo Claudia. Sono _____ sorella di Laura.

Remember that in some cases the definite article is not used.

## _Di + nome_ per esprimere possesso

1. The preposition **di** + _a noun_ is used to express possession or relationship.

| | |
|---|---|
| Dov'è la radio **di Gabriele?** | Where is Gabriele's radio? |
| La capitale **d'Italia** è Roma. | The capital of Italy is Rome. |
| Sono il padre **di Gina.** | I'm Gina's father. |
| Sono le sorelle **di Giacomo.** | They are Giacomo's sisters. |

_Di_ + a name is equivalent to _'s_ in English. Literally, _la radio di Gina_ means _the radio of Gina._

2. The interrogative **di chi?** means _whose?_

| | |
|---|---|
| **Di chi** è l'appartamento? | Whose apartment is it? |
| **Di chi** sono le riviste? | Whose magazines are they? |

Before doing Ex. K, pick up items from students' desktops (pens, pencils, books, backpacks, etc.). With each item, ask questions such as: _Di chi è la penna? È di Heather o di Gianni?_

**K.** Point out the people and things indicated in the sentences below as in the example.

➤ Marco ha un televisore.    _Ecco il televisore di Marco._

1. Laura ha una sorella.
2. Pietro ha uno stereo.

3. Raffaele ha due figli.
4. Lisa ha un appartamento.
5. Raffaele e sua moglie hanno una villa.
6. Valeria ha due biciclette.

Before doing Ex. L, go through the list of items with the class to assure comprehension and correct pronunciation of new vocabulary.

**L.** In pairs: Maria Luisa, Alessandra, and Giovanna are three students who share an apartment. Read the following description and then take turns with a partner asking and telling to whom each item belongs.

Maria Luisa ha molto talento nel campo musicale: studia musica al Conservatorio. Alessandra studia le lingue straniere e in particolare l'inglese e il tedesco. Giovanna è molto brava nella tecnologia: studia informatica.

➤ pianoforte
S1: Di chi è il pianoforte?
S2: È di ...

1. pianoforte
2. liste di vocabolario
3. libri di giapponese e di russo
4. calcolatrice
5. cassette di Pavarotti
6. computer
7. dizionario di verbi irregolari
8. chitarra
9. poster di Beethoven

**M.** From the pictures and the information given below, can you determine to whom each dog belongs?

Ex. M: Both Cesare (Caesar) and Nerone (Nero) were Roman emperors. They are also popular names for dogs in Italy.

Ex. M: If students are unable to figure out the logic of this game, start them off by telling them: *Il cane di Sandra ha il collare e ha un nome italiano. Il cane di Sandra non è Fido e non è Cesare (non hanno il collare), e non è Killer (non ha un nome italiano). Allora il cane di Sandra è Nerone.* (Solution: Sandra + Nerone, Roberta + Fido, Alessio + Killer, Giuseppe + Cesare)

I cani di Sandra e Alessio hanno il collare (*collar*).
Il cane di Sandra ha un nome italiano.
Il cane di Roberta ha una macchia (*spot*).
Il cane di Giuseppe ha il nome di un imperatore romano.

➤ Nerone è il cane di ...

# *Parliamo un po'*

**A. L'orario.** Ask another student what classes he/she has today and what time each class meets. Take notes and be ready to report what you find out to the class.

➤ S1: Che lezioni hai oggi?
S2: Ho lezione di ...
S1: A che ora hai lezione di (filosofia)?
S2: Alle (due del pomeriggio).
S1: Oggi (Alessio) ha lezione di filosofia alle due. Ha lezione di ...

Lezione _____ Ora _____
Lezione _____ Ora _____
Lezione _____ Ora _____

Act. B: Alitalia is the national airline of Italy.

Model the example before students do Act. B. Have students stand and use a desk as the airline counter. Only the Alitalia employee should use the flight schedule. The passengers can jot down departure and arrival times and check them after completing the activity.

**B. All'aeroporto.** In groups of three: One person works at the Alitalia flight information desk at Leonardo da Vinci Airport in Rome. The others are passengers seeking departure and arrival times of the following flights. Refer to the schedule for flight times.

➤ il volo per Bologna
S1: Scusi, a che ora parte il volo per Bologna?
S2: Parte alle nove.
S1: E a che ora arriva a Bologna?
S2: Arriva alle dieci meno cinque.
S1: Grazie.

1. il primo (*first*) volo per Bruxelles
2. il volo della mattina per Brindisi
3. il volo per Boston
4. l'ultimo (*last*) volo per Bologna
5. il primo volo per Bombay
6. il volo per Brazzaville

## DA/FROM ROMA

| Validità/Validity | | Frequenza | Partenza | Arrivo | Volo |
|---|---|---|---|---|---|
| dal/from | al/to | Days | Departure | Arrival | Flight |
| **A/TO BOLOGNA** - BLQ - GMT+1 | | | | | |
| ⊕ G. MARCONI KM. 6,4 | | △ 25' | | | |
| | | 1234567 | 09.00 | 09.55 | AZ 0232 |
| | | 1234567 | 11.30 | 12.25 | AZ 0242 |
| | | 1234567 | 13.15 | 14.10 | AZ 0234 |
| | | 1234567 | 15.00 | 15.55 | AZ 0230 |
| | | 1234567 | 18.20 | 19.15 | AZ 0238 |
| | | 1234567 | 21.05 | 22.00 | AZ 0236 |
| **A/TO BOMBAY** - BOM - GMT+5,30 | | | | | |
| ⊕ SAHAR KM. 35 | | △ 75' | | | |
| | | 3 | 01.00 | 12.50 | AZ 1766 |
| | | 6 | 18.00 | 09.30G1 | AI 0130 |
| | | 3 | 18.00 | 09.35G1 | AI 0164 |
| | | 7 | 20.55 | 12.30G1 | AI 0152 |
| | | 4  7 | 22.55 | 10.45G1 | AZ 1760 |
| **A/TO BOSTON** - BOS - GMT-5 | | | | | |
| ⊕ LOGAN ITL. KM. 5 | | △ 60' | | | |
| | | 1  34 6 | 10.10 | 15.35 | TW 0807 |
| **A/TO BRAZZAVILLE** - BZV - GMT+1 | | | | | |
| ⊕ MAYA MAYA KM. 4 | | △ 45' | | | |
| 11FEB | | 3 | 22.50 | 06.45G1 | RKAZ0055 |
| | 10FEB | 3 | 22.50 | 07.45G1 | RKAZ0055 |
| **A/TO BRINDISI** - BDS - +1 | | | | | |
| ⊕ PAPOLA C. KM. 6 | | △ 25' NAZ.30' INT. | | | |
| | | 1234567 | 11.05 | 12.10 | BM 0402 |
| | | 1234567 | 16.55 | 18.00 | BM 0064 |
| | | 1234567 | 21.10 | 22.15 | BM 0310 |
| **A/TO BRUXELLES** - BRU - GMT+1 | | | | | |
| ⊕ BRUSSELS NATIONAL KM. 12 | | △ 30' | | | |
| | | 4 | 07.30 | 09.30 | QC 0004 |
| | | 5 | 07.50 | 09.50 | SQ 0034 |
| | | 1234567 | 09.10 | 11.15 | AZ 0274 |
| | | 7 | 10.40 | 12.55 | SN 0816 |
| | | 12  456 | 11.35 | 13.50 | SN 0812 |
| | | 3 | 11.35 | 13.50 | SN 0812 |
| | | 1234567 | 16.00 | 18.05 | AZ 1274 |
| | | 12345 7 | 19.00 | 21.15 | SN 0814 |

Raffaele    Lidia

Angelo    Gianna    Daniela

**C. L'albero genealogico.** With a partner: Ask who the people are in the drawings. Your partner will answer by naming as many relationships as he/she can. Switch roles for each family member.

➤ S1: Chi è Lidia?
S2: Lidia è la moglie di Raffaele, ed è anche la madre di ...

*Act. D: Students have already seen the possessive mio/mia. Point out that it must agree in gender with the noun. You may want to write the forms mio padre, mia madre, mio fratello, mia sorella on the board for students as a reference.*

*Ask students to bring in photos of their families to the next class. Show some photos to the class and ask about each family member.*

**D. La mia famiglia.** Prepare a family tree diagram similar to the preceding drawing, showing your own immediate family. Show it to a partner, and point out each family member, telling the person's name and age.

➤ Ecco mio fratello. Si chiama Giorgio e ha quindici anni.

*To check Act. E, ask individuals to tell the class what they learned about their partner's family. Avoid possessive pronouns by modeling with la sorella di Pam instead of sua sorella.*

**E. Chi è?** With the same partner as in Activity D: Choose one family member from your partner's family tree. Find out as much information as you can about that person: his/her name and age, where he/she lives, if he/she studies or works, if he/she is married or has children, if he/she has pets, etc.

## *In giro per l'Italia*

*Remind students that the readings correlate with the Parliamo italiano video, Module 2.*

**A. Vocabolario.** Study the following vocabulary. Then choose the appropriate word to complete each sentence.

**il capoluogo**  capital of a region
**caro/a**  expensive
**la cucina**  cooking
**il formaggio**  cheese
**il negozio**  store
**il parmigiano**  Parmesan cheese

**i portici**  arcades
**il prosciutto**  cured ham
**il ragù**  meat sauce
**i tortellini**  type of stuffed pasta
**la trattoria**  inexpensive restaurant

1. L'Emilia-Romagna è una regione del nord e Bologna è il suo ... . (negozio, capoluogo, trattoria)
2. A Bologna ci sono molti ... . (ragù, cucina, negozi)
3. Ci sono anche molte ... . (trattorie, formaggio, cucina)
4. La ... italiana è molto buona. (capoluogo, tortellini, cucina)
5. Oggi mangiamo in una trattoria sotto (*under*) i ... . (negozio, portici, prosciutto)

Point out how valuable cognates are for understanding meaning when reading. As a prereading activity, have students skim the passages to find ten cognates. In pairs, have them compare their lists and write the English meaning of each word.

Have students read the passages and then respond to these questions with books closed: *Dov'è Bologna, nel nord o nel sud d'Italia? Perché Bologna è chiamata "la dotta"? Quali sono tre caratteristiche della città? Quali sono tre cose buone da mangiare nella cucina emiliana?*

Have students comment on the photographs.

Bologna: La Torre degli Asinelli è un caratteristico monumento medievale della città.

6. La trattoria non è molto ... . (cucina, parmigiano, cara)
7. Io mangio i ... al ragù. (formaggio, tortellini, cucina)
8. E tu mangi prosciutto e ... . (trattoria, caro, formaggio)

**B.** Read the following passages and then do the exercise that follows.

Locate Emilia-Romagna and Bologna on the map on p. 14.

In the thirteenth century, there were about ten thousand students at the University of Bologna.

Tell students that the University of Padova is also very old; it was founded in 1221.

**Bologna.** Continuando a viaggiare in Italia con Piero e Gabriella, arriviamo a Bologna, il capoluogo dell'Emilia-Romagna. Bologna, chiamata "la dotta"[1], è un importante centro di studi; qui c'è una delle università più antiche d'Europa, fondata nel 1158. Bologna è una città elegante e moderna anche se[2] nella sua architettura conserva molte caratteristiche medievali. Le strade della città sono fiancheggiate[3] da portici che permettono di passeggiare[4] anche quando fa cattivo tempo[5]. I negozi di Bologna sono molto belli ma abbastanza cari. E infine, di grande importanza per la città sono i ristoranti e le trattorie, che sono rinomati[6] perchè a Bologna si mangia molto bene.

1. "the learned one"  2. even if  3. flanked  4. take walks  5. it's bad weather  6. renowned

Anche i funghi, le castagne e i frutti di bosco fanno parte della cucina emiliana.

The name *parmigiano* comes from Parma, a city in Emilia-Romagna.

**La cucina emiliana.** L'Emilia-Romagna è una regione molto ricca e, per molti aspetti, all'avanguardia[1] nei settori sociali e culturali. Ma essa è famosa principalmente per la sua cucina. I tortellini e il ragù bolognesi sono noti a tutti. Il parmigiano, il formaggio che grattugiamo[2] sugli spaghetti o che mangiamo a tocchetti[3], è molto buono ed è conosciuto anche all'estero[4]. Un altro prodotto squisito di questa zona è il prosciutto di Parma, chiamato dolce[5] perché è poco salato[6].

1. in the forefront   2. we grate   3. in small chunks   4. abroad   5. sweet   6. salty

**C.  Vero o falso?** In pairs: Take turns identifying the following statements as true (*vero*) or false (*falso*) based on the reading.

1. Bologna è il capoluogo del Lazio.
2. L'università di Bologna è molto antica.
3. Una caratteristica delle strade di Bologna sono i portici.
4. I negozi di Bologna non sono cari.
5. La cucina emiliana è molto buona.
6. Il parmigiano è un formaggio romano.

# Che cosa fai di bello?

**COMMUNICATIVE OBJECTIVES**

- Talk about leisure time
- Make plans to do something
- Express wants and needs
- Specify locations

Discuss the photograph with students.

Fabio chiama la sua amica Paola da un telefono pubblico.

• • • • • • • • • • • • • • • • • • • • • • • • • • • • • • • • • • • • • • • • • • •

Fabio Salvati desidera telefonare a Paola Bellini. Entra nel bar Savoia e compra una carta telefonica. Poi va al telefono pubblico e telefona a Paola.

*Have students refer to the cultural note about bars on p. 61.*

| | |
|---|---|
| PAOLA: | Pronto, chi parla? |
| FABIO: | Ciao, Paola, sono Fabio. Come stai? |
| PAOLA: | Bene, grazie. E tu? |
| FABIO: | Bene. Senti°, Paola, che cosa fai di bello oggi? |

*Listen*

5    PAOLA: Niente di speciale. Perché?

FABIO: Hai voglia di fare due passi questo pomeriggio? Magari° andiamo anche a prendere un gelato alla gelateria Ranieri vicino al parco.

*Maybe*

PAOLA: È una buona idea. A che ora vieni a prendermi?

FABIO: Penso di passare a casa tua verso le sei, va bene?

10    PAOLA: Sì, così io studio un paio° d'ore. Domani ho l'esame di chimica.

*a couple*

FABIO: D'accordo. Allora, a più tardi!

PAOLA: A presto.

• • • • • • • • • • • • • • • • • • • • • • • • • • • • • • • • • • • • • • • • • • •

Another word for *il bar* is *il caffè*, but *il bar* is more commonly used.

## Domande

*Review telling time before introducing the dialogue: A che ora ha lezione d'italiano? A che ora va all'università domani?*

1. A chi desidera telefonare Fabio?
2. Dove entra?
3. Che cosa compra?
4. Che cosa dice Paola quando risponde al telefono?
5. Che cosa fa di bello oggi Paola?
6. Che cosa ha voglia di fare Fabio questo pomeriggio?
7. Dov'è la gelateria?
8. A che ora Fabio passa a prendere Paola?
9. Che cosa fa Paola fino alle (*until*) sei?

Note the two meanings of *prendere: prendere* (to have) *un gelato,* and *vieni a prendermi* (pick me up).

*Prepare a cloze version of the dialogue and have students supply the missing words. You may want to prepare a version in which Fabio's lines are missing, and have students supply them as logically as they can.*

## Domande personali

To make calls from public phones in Italy, you can use coins (*monete*) or cards (*carte telefoniche* or *schede*).

1. Quando lei telefona ad un amico o ad un'amica, da dove chiama?
2. Di solito chi risponde al telefono a casa sua?
3. Quando ha gli esami, lei studia a casa o in biblioteca? Perché?
4. Che fa di bello oggi? Ha voglia di prendere un gelato?
5. Dove va lei quando ha voglia di fare due passi? Con chi va?

Sit. 1: Assign some waiters/waitresses to go up to students and take their orders. Expand by supplying additional vocabulary.

## Situazioni

1. You are at the bar Savoia. Order something to drink or eat from the waiter.

— Desidera ordinare qualcosa, signorina (signora/signore)?
— Un'aranciata (Un cappuccino/Un espresso/Un gelato), per favore.

Sit. 2: Practice *avere voglia di* when you want various things during the day: *Ho voglia di un'aranciata. Adesso non ho voglia di studiare.*

2. Find out what some of your classmates feel like doing now.

— Che cosa hai voglia di fare adesso?
— Ho voglia di fare due passi (andare al bar/prendere un gelato/telefonare ad un amico/un'amica).

Sit. 2: Have students circulate and write down responses. Encourage them to give other responses and follow up by asking what different students want to do.

# Vocabolario

● ● ● ● ● ● ● ● ● ● ● ● ● ● ● ● ● ● ● ● ● ● ● ● ● ● ● ● ● ● ● ● ● ● ● ● ● ● ● ● ● ● ● ●

### Parole analoghe

| | | |
|---|---|---|
| **il bar** | **l'espresso** | **pubblico/a** |
| **il cappuccino** | **l'idea** | **telefonico/a** |
| **l'esame** (*m.*) | **il parco** | **il telefono** |

*Cappuccino* gets its name from the color of the habits worn by the Capuchins (Franciscan friars).

### Nomi

**l'aranciata**   orange soda
**la biblioteca**   library
**la carta**   card
**la gelateria**   ice-cream shop
**il gelato**   ice cream
**il pomeriggio**   afternoon

### Aggettivi

**buono/a**   good
**questo/a**   this

### Verbi

**andare** (*irreg.*)   to go; **va** he/she goes, you (*formal*) go; **andiamo** we go
**comprare**   to buy
**desiderare**   to wish, want
**entrare**   to enter
**fare** (*irreg.*)   to do; to make
**ordinare**   to order (*food*)
**parlare**   to speak, talk

**passare**   to come by
**pensare**   to think
**prendere**   to take; to have (*in the sense of* to eat or drink); to pick up
**rispondere**   to answer, respond
**telefonare**   to telephone

### Altre parole

**adesso**   now
**allora**   well, then; then
**chi?**   who?
**d'accordo**   agreed, OK
**domani**   tomorrow
**oggi**   today
**per**   for; **per me**   for me
**perché?**   why?; **perché**   because
**poi**   then
**pronto?**   hello? (*response on the phone*)
**qualcosa**   something
**quando**   when(ever)
**verso**   toward, around (*time*)

*la biblioteca* = library
*la libreria* = bookstore

*Pensare* is followed by *di* before an infinitive: *Cosa pensi di fare?*

# Il bar italiano

In an Italian *bar* one can buy a cup of *espresso*, a *cappuccino*, a sandwich, candy, ice cream, and mineral water, as well as beer and other alcoholic beverages. Customers typically stand at the counter to drink or eat, since doing so is less expensive than sitting at a table. When ordering at the counter, customers are expected to go to the cashier (*la cassa*), pay for what they order, and take the receipt (*lo scontrino*) to the barman/barmaid (*il/la barista*) at the counter. It is customary to leave a small tip (*la mancia*) on the counter with the receipt. Customers who sit at tables order from a waiter (*il cameriere*), who also receives the payment. In good weather, chairs and tables are placed outside. It is a favorite pastime of many Italians and tourists to watch passersby while enjoying a *cappuccino*, *aperitivo*, or *digestivo*.

Questa elegante gelateria di Bologna vende uno squisito gelato di produzione propria.

It is customary in Italy to drink an *aperitivo* such as Campari before a meal to enhance the appetite, and a *digestivo* such as Fernet Branca or Amaro Averna after a meal to aid digestion.

### Altre espressioni

**a casa tua**  at/by your house
**avere voglia di**  ( + *infinitive or noun*) to feel like (doing or having something)
**che cosa fai di bello oggi?**  what are you up to today?
**a chi?**  to whom?
**con chi?**  with whom?

**di solito**  usually
**fare due passi**  to go for a walk
**fino alle sei**  until six o'clock
**niente di speciale**  nothing special
**per favore**  please
**va bene?**  OK? is that all right?
**vicino a**  near
**vieni a prendermi?**  are you coming to pick me up?

## Pratica

Prat. A: Have students practice phone calls in pairs. The caller identifies himself/herself on the phone and asks for a friend: — *Pronto?* — *Sì, pronto. Buon giorno. Sono Marta Collins. C'è Corrado?* — *No, non c'è. Mi dispiace. Vuole lasciare un messaggio? ecc.*

Prat. B: Have each student go over his/her dialogue with a partner before role-playing it.

**A.** In pairs: Prepare a dialogue dramatizing the following situation: Laura phones Renato and wants to know what he is doing. He's not doing anything special, but he has an English exam tomorrow (*domani*) and has to study until six o'clock. Laura invites him to have a cappuccino at the bar Giuliani on Via Napoleone. He accepts and agrees to pick her up around six.

**B.** Prepare a second dialogue individually: While walking with a friend, you pass an ice-cream shop. Your friend says he/she feels like having an ice cream. You agree to stop, but you don't want one. Present the dialogue to the class with another student.

# *Pronuncia*

## Il suono /l/

In Italian, the sound of the letter **l**, /**l**/, is pronounced nearer to the front of the mouth than it is in English. Italian /**l**/ is formed with the tip of the tongue pressed against the gum ridge behind the upper front teeth. The back of the tongue is lowered somewhat. The sound /**l**/ is spelled **l** or **ll**.

Ex. A: Set a time limit and have pairs, with books closed, list as many words as they can that have the sounds of the letters *l* and *ll*. Each pair then alternates with another, pronouncing words from their lists without repeating any. The pair giving the most words wins.

**A.** Listen and repeat the following words after your instructor.

| legge | gelato | bello |
|-------|--------|-------|
| liceo | solito | allora |
| lezione | telefonare | sorella |

Ex. B: Write the following proverb on the board, read it, then explain it to the students: *L'abito non fa il monaco.* (Clothes don't make the man.) Challenge students to give you the literal meaning.

**B. Proverbio.** Repeat the following Italian proverb. Then dictate it to another student, letter by letter.

**Ad ogni uccello il suo nido è il più bello.**
There's no place like home.
*(Literally: To each bird, his/her nest is best.)*

## Il suono /p/

Italian /**p**/ is not aspirated (that is, not accompanied by a puff of air), in contrast to English /*p*/. The sound /**p**/ is represented in writing by **p** or **pp**.

Ex. C: Ask students to list at least 15 Italian words, other than those in Ex. C, with the sound *p* or *pp*. Then have them take turns dictating their words to a partner.

**C.** Listen and repeat the following words after your instructor.

| padre | Alpi | giapponese |
|-------|------|------------|
| parola | Napoli | appartamento |
| piccolo | anticipo | cappuccino |

Ex. D: Write on the board the proverb *Chi va con lo zoppo impara a zoppicare.* (Birds of a feather flock together.) Then have individual students read it back, letter by letter.

**D. Proverbio.** Repeat the following Italian proverb. Then dictate it to another student, letter by letter.

**Chi va piano va sano e va lontano.**
Slowly but surely.
*(Literally: He/She who goes slowly goes safely and goes far.)*

# Ampliamento del vocabolario

## La città

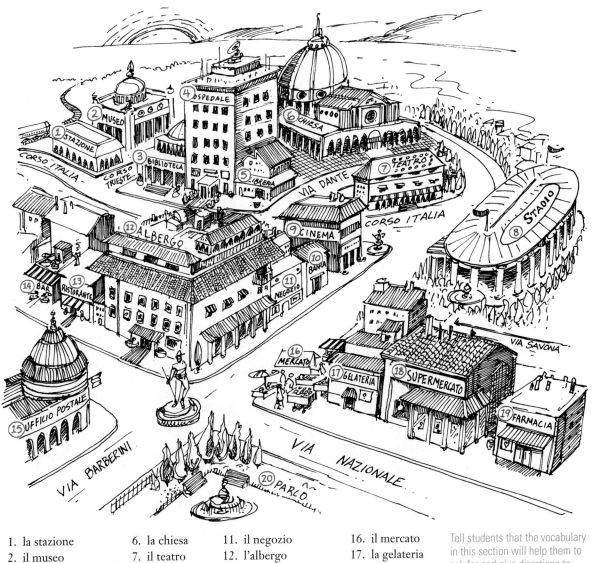

| | | | | |
|---|---|---|---|---|
| 1. la stazione | 6. la chiesa | 11. il negozio | 16. il mercato | Tell students that the vocabulary in this section will help them to ask for and give directions to specific buildings and places in a city, and to use expressions indicating hunger, thirst, cold, etc. |
| 2. il museo | 7. il teatro | 12. l'albergo | 17. la gelateria | |
| 3. la biblioteca | 8. lo stadio | 13. il ristorante | 18. il supermercato | |
| 4. l'ospedale (*m.*) | 9. il cinema | 14. il bar | 19. la farmacia | |
| 5. la libreria | 10. la banca | 15. l'ufficio postale | 20. il parco | |

**A.** In pairs: Take turns giving directions to the following places in the city on page 63. Use *tra* (between) to pinpoint their locations.

➤ ristorante — *Dov'è il ristorante?*
              — *È in via Nazionale. È tra il bar e l'albergo.*

1. l'ospedale      4. la biblioteca
2. la banca        5. il supermercato
3. la gelateria

**B.** In pairs: You are at the park shown in the drawing on p. 63. Ask a passerby if the following places are nearby (*qui vicino*).

➤ una farmacia — *Scusi, c'è una farmacia qui vicino?*
                — *Sì, c'è una farmacia in via Nazionale.*

1. un ufficio postale      4. un mercato
2. una libreria          5. un bar
3. uno stadio           6. un ristorante

**C.** In pairs: Ask another student to name the place (*luogo*) he/she associates with the following things or people.

➤ il gelato — *Con quale luogo associ il gelato?*
          — *Con la gelateria.*

1. il cappuccino      6. gli spaghetti alla marinara
2. i libri            7. i dollari e le lire
3. il dottore        8. Sophia Loren
4. la medicina      9. lo sport
5. le banane e le patate

# Espressioni con *avere*

1. avere caldo    2. avere freddo    3. avere fame    4. avere sete    5. avere sonno

Point out that in these expressions *avere* is followed by a noun. Contrast them with their English equivalents in which "to be" is followed by a predicate adjective ("She is *sleepy*").

Give students other expressions with *avere*, such as *avere pazienza* (to be patient) and *avere fretta* (to be in a hurry).

Other common expressions with **avere** are:

**avere bisogno di** (+ *noun or infinitive*)    to need, have need of
**avere paura di** (+ *noun or infinitive*)    to be afraid of

You have already learned **avere ... anni**  and **avere voglia di.**

Ex. D: Practice the expressions by asking several students if they are hungry, thirsty, cold, etc.: — *Lei ha fame adesso?* Encourage them to respond according to how they feel: — *Non ho fame, ma ho sete,* etc.

Encourage students to expand their responses: *Ho fame. Hai voglia di andare al ristorante I Tre Fratelli?*

**D.** What would you be likely to say in the following circumstances? Use an expression with *avere*.

➤ You're looking for something to eat.    *Ho fame.*

1. You're putting on a heavy sweater.
2. You're turning on the air conditioner.
3. You didn't have breakfast this morning and it's almost noon.
4. You're looking for something to drink.
5. It's late and you can hardly keep your eyes open.
6. You can't sleep because you keep hearing strange noises outside your window.

ASSOCIAZIONE ITALIANA
ALBERGHI PER LA GIOVENTÙ

INTERNATIONAL YOUTH HOSTEL'S
FEDERATION

HOSTELLING
INTERNATIONAL

Ex. E. Have pairs alternate, expressing as many desires as possible using *avere voglia di* + infinitive.

**E.**    Move around the class and ask your classmates about some of their needs.

➤    calendario        — *Hai bisogno di un calendario?*
                         — *Sì, ho bisogno di un calendario.*
                            ( *No, ho bisogno di un orologio.* )

   1. calcolatrice
   2. studiare oggi
   3. lavorare
   4. bicicletta
   5. registratore
   6. orologio
   7. andare al supermercato
   8. zaino
   9. telefonare a tuo padre
  10. parlare con il professore

Ex. F: Expand by asking who's afraid of horror movies (*film di orrore*) or ghosts in the closet (*dei fantasmi nell'armadio*), or let students offer other ideas.

Expand by letting students say what they are afraid of.

Point out that the preposition *di* contracts with the definite article that directly precedes the noun.

Roma: I cittadini usano molto la metropolitana e il servizio di autobus.

**F.**    Find out from two or three classmates if they are afraid of the following.

➤    dei cani        — *Hai paura dei cani?*
                       — *Sì, ho paura dei cani.*
                          (*No, non ho paura dei cani; ho paura dei gatti.*)

   1. di abitare da solo/a
   2. del professore/della professoressa d'italiano
   3. di andare al parco la sera
   4. dei dottori
   5. di volare (*fly*)

# Struttura ed uso

· · · · · · · · · · · · · · · · · · · · · · · · · · · · · · · · · · ·

## Presente dei verbi regolari in *-are*

Filomena **canta** mentre le amiche **ascoltano**.

You may want to tell students that there are a few verbs with infinitives in *-rre*, such as *porre*, *produrre*, and *tradurre*.

1. Italian infinitives are made up of a stem and an ending. You learned in *Lezione 1* that infinitives end in **-are, -ere,** or **-ire.**

| Infinitive | Stem + Ending | English equivalent |
|---|---|---|
| entrare | entr + **are** | *to enter* |
| prendere | prend + **ere** | *to take; to have* |
| sentire | sent + **ire** | *to hear; to feel* |

VEDERE

 VED+ERE

2. Infinitives in **-are** are the most numerous. The present tense of regular **-are** verbs is formed by adding the endings **-o, -i, -a, -iamo, -ate,** and **-ano** to the infinitive stem.

Practice *-are* verbs from the vocabulary list by having students complete sentences beginning with *Ho voglia di ...* (*ascoltare, mangiare, parlare, comprare, usare, visitare,* etc.)

| | parlare | to speak | | |
|---|---|---|---|---|
| **Singular** | | | **Plural** | |
| io parl**o** | I speak | | noi parl**iamo** | we speak |
| tu parl**i** | you (*informal*) speak | | voi parl**ate** | you (*informal*) speak |
| lui parl**a** | he speaks | | loro parl**ano** | {they speak |
| lei parl**a** | {she speaks | | | {you (*formal*) speak |
| | {you (*formal*) speak | | | |

3. The present tense in Italian is equivalent to the present indicative and the present progressive (is . . . -ing) in English.

| | |
|---|---|
| Paola **studia** chimica e biologia. | Paola studies chemistry and biology. |
| Oggi **studia** per l'esame di chimica. | She is studying for the chemistry exam today. |
| Fabio **telefona** a Paola. | Fabio calls (is calling) Paola. |
| **Pensano** di fare due passi insieme. | They are thinking of going for a walk together. |

Remember that subject pronouns are often omitted in Italian because the ending of the verb indicates the subject.

The present tense may also be used in Italian to express actions intended or planned for the near future.

| | |
|---|---|
| **Passi** a casa mia domani? | Are you coming by my house tomorrow? |
| No, mi dispiace. Domani **lavoro.** | No, I'm sorry. I'm working tomorrow. |

4. In "double-verb constructions," the first verb is conjugated and the second is a dependent infinitive.

| | |
|---|---|
| — **Desideri prendere** un gelato? | — Do you want to have an ice cream? |
| — No, grazie, **desidero andare** al parco. | — No, thank you. I want to go to the park. |

5. Verbs ending in **-care** and **-gare**, like **cercare** (*to look for*) and **pagare** (*to pay for*), add an **h** to the infinitive stem in the **tu** and **noi** forms so that the hard sounds of the **c** and **g** are retained.

*Practice* dimenticare *and* giocare. *Start by asking for an oral conjugation from the class. Then ask how each form is spelled in Italian.*

| **cercare** | to look for | **pagare** | to pay for |
|---|---|---|---|
| cerco | cer**chi**amo | pago | pa**ghi**amo |
| cer**chi** | cercate | pa**ghi** | pagate |
| cerca | cercano | paga | pagano |

6. Verbs ending in **-iare**, like **cominciare** (*to begin*), **mangiare** (*to eat*), and **studiare** (*to study*), drop the **i** from the infinitive stem in the **tu** and **noi** forms.

| **mangiare** | to eat |
|---|---|
| mangio | mang**i**amo |
| mang**i** | mangiate |
| mangia | mangiano |

7.  Here is a list of common regular **-are** verbs.

| | | |
|---|---|---|
| **abitare**   to live | **frequentare**   to attend; to | **parlare**   to speak |
| **arrivare**   to arrive | frequent | **passare**   to pass; to spend |
| **ascoltare**   to listen (to) | **giocare**   to play (a game) | (time) |
| **aspettare**   to wait (for) | **guardare**   to watch; to look (at) | **pensare (di)**   to think (of) |
| **cantare**   to sing | **guidare**   to drive | **portare**   to bring; to wear |
| **cercare**   to look (for) | **imparare**   to learn | **ricordare**   to remember |
| **chiamare**   to call | **incontrare**   to meet | **studiare**   to study |
| **cominciare**   to begin | **insegnare**   to teach | **telefonare**   to telephone |
| **comprare**   to buy | **lavorare**   to work | **tornare**   to return |
| **desiderare**   to want, wish | **mandare**   to send | **trovare**   to find |
| **dimenticare**   to forget | **mangiare**   to eat | **usare**   to use |
| **entrare**   to enter | **pagare**   to pay (for) | **visitare**   to visit |

Note: The verbs **ascoltare, aspettare, cercare, guardare,** and **pagare** do not require a preposition after the verb as their English equivalents often do.

To learn this list, first find all the verbs you already know, such as *studiare* and *insegnare*. Then look for the cognates.

Students can do Ex. A in pairs, acting out the dialogues.

**A.**  Complete the conversations, using the correct form of the verbs in parentheses.

1.  — Paola, dove _____ (lavorare) tuo padre?
    — _____ (insegnare) musica in una scuola elementare.
    — Bello! E cosa _____ (imparare) i bambini?
    — I bambini _____ (cantare) canzoni (*songs*) e _____ (ascoltare) cassette di musica folcloristica.

2.  — Massimo, che cosa fai nella classe d'italiano?
    — _____ (parlare) italiano con gli amici, e _____ (studiare) il vocabolario.
    — _____ (ricordare) i verbi regolari?
    — Sì, ma _____ (dimenticare) i verbi irregolari.

3.  — A che ora _____ (cominciare) il film?
    — Alle 7.45, ma noi _____ (incontrare) gli amici al bar vicino al cinema e _____ (entrare) alle 7.15. Così _____ (trovare) buoni posti (*good seats*).
    — E come _____ (arrivare) voi al centro?
    — Pietro _____ (guidare) l'Alfa Romeo di suo padre.

**B.** Form complete sentences using a subject from the first column, a verb from the second column, and a logical ending from the last column.

➤ La mamma aspetta una telefonata importante.

| | | |
|---|---|---|
| la mamma | ascoltare | una moglie italiana/un marito italiano. |
| voi | aspettare | l'autobus numero 64 |
| le studentesse | cercare | un film di Martin Scorsese |
| io | guardare | un appartamento nel centro |
| il presidente | | la radio |
| io ed un amico | | una telefonata importante |
| tu | | la musica di AC/DC |
| | | *Star Trek* |

**C.** You and a friend are asked the following questions. Answer as suggested, using the **noi** form of the verb.

➤ Chi aspettate? (un amico)      *Aspettiamo un amico.*

1. Cercate un ristorante? (no, un bar)
2. Cosa comprate oggi? (riviste italiane)
3. Studiate insieme più tardi? (no, domani)
4. Tornate a casa adesso? (no, più tardi)
5. Pensate di fare due passi adesso? (no, di prendere un gelato)
6. Cosa guardate alla televisione stasera? (un film)

**D.** In pairs: Take turns asking and answering the following questions. If your answer is negative, complete the answer in a logical way.

➤ S1: Desideri un caffè espresso?
S1: Sì, desidero un caffè espresso. / No, desidero un cappuccino.

1. Torni a casa alle otto stasera?
2. Compri un giornale oggi?
3. Desideri ascoltare un CD di Zucchero?
4. Lavori oggi?
5. Telefoni a tua madre più tardi?
6. Mangi al bar oggi?
7. Parli con il professore oggi?
8. Usi il computer IBM?

MOSTRA

# ANTIQUARIATO TODI

**21 MARZO - 6 APRILE**

Have students switch roles after completing Ex. E.

Ex. E: Let one or two pairs role-play the situation. Have them greet each other and exchange names, then act out the questions. To practice the third person, ask class about what they have just heard.

**E.** In pairs: On a subway in Rome, you meet an Italian university student who asks you several questions. With a partner playing the role of the Italian student, answer his/her questions with plausible responses.

➤ abitare a Roma
S1: Abiti a Roma?
S2: No, non abito a Roma. Abito a ...

1. frequentare il liceo
   o l'università
2. studiare molto
3. che lingua parlare a casa
4. imparare altre lingue

5. visitare molti musei a Roma
6. tornare in America fra poco
7. che cosa pensare di Roma
8. desiderare visitare il Colosseo
   con me domani

Do Ex. F as a class. Count off students by sevens. Then have students mingle and ask as many people as they can the question that corresponds to their number. Check by asking individuals: *A che ora arrivano all'università? / Due arrivano alle otto e mezzo, uno arriva alle,* etc.

**F.** In pairs: Find out from your partner at what time he/she does the following activities.

➤ arrivare all'università
S1: A che ora arrivi all'università?
S2: Arrivo alle otto e mezzo. E tu, a che ora arrivi?
S1: Arrivo alle dieci.

1. arrivare all'università
2. incontrare gli amici
3. mangiare
4. lavorare

5. tornare a casa
6. studiare le lezioni
7. guardare la televisione

Before doing Ex. G, ask students what they do on Saturdays and then on Sundays. Encourage them to use only words they know.

**G.** In pairs: Find out what your partner generally does on Saturday (*il sabato*) and Sunday (*la domenica*). When answering, use only verbs that you know.

➤ S1: Che cosa fai di solito il sabato?
S2: Di solito il sabato gioco a tennis, guardo la televisione, ecc.

After doing Ex. H, review by asking selected questions in the *voi* form and having individuals respond in the *noi* form.

**H.** In groups of three: Decide whether or not the following statements are generally true of the students at your university.

➤ Gli studenti desiderano imparare le          (*Non*) *È vero. Gli studenti (non)*
lingue straniere.                              *desiderano imparare le lingue straniere.*

1. Gli studenti pagano troppo (*too much*) per frequentare l'università.
2. Gli studenti frequentano sempre (*always*) le lezioni.
3. Gli studenti trovano lavoro dopo l'università.
4. Gli studenti portano vestiti (*clothes*) eleganti.
5. Gli studenti parlano molto di politica.
6. Gli studenti mangiano molti gelati.
7. Gli studenti ascoltano la musica classica.
8. Gli studenti arrivano alle lezioni in orario.
9. Gli studenti guardano molto la televisione.

## Preposizioni semplici

A preposition is a word used before a noun or pronoun to express its relation to another word. Here are some simple (one-word) Italian prepositions, some of which you have already learned.

| | |
|---|---|
| **a** | to, at, in |
| **con** | with |
| **da** | from, by |
| **di** | of, about, from |
| **fra** (or **tra**) | between, among |
| **in** | in, into, at |
| **per** | for |
| **su** | on |

*A* is used with a city or town to mean both *in* and *to*. *In* is used with larger geographical areas such as provinces, countries, etc. *In* is also used with the names of streets. *Tra* and *fra* are interchangeable.

Point out that *da* + a person's name or a noun referring to a person also means *at* someone's house or place of business. Tell students that many restaurants have names like *da Enzo*, etc.

The preposition **di** frequently becomes **d'** before a vowel, especially **i:**

Banca **d'**Italia, un corso **d'**informatica.

**I.** Complete the paragraph with appropriate prepositions.

Gina è _____ Trieste ma ora abita _____ Firenze. Piero è il fratello _____ Gina. Gina va a prendere un gelato _____ Piero. La gelateria è _____ via Cavour. Il gelato al cioccolato è _____ Gina e il gelato al limone è _____ Piero.

**J.** Answer the questions according to what you see in the drawing below.

Fabio                    Paola           Marisa

Marisa, è per te la telefonata.

1. Da dove telefona Fabio, da un ristorante?
2. Come si chiama la gelateria?
3. A chi telefona Fabio?
4. Con chi studia Marisa?
5. Per chi è la telefonata?
6. Di chi è il libro di economia?

Ex. M: Have students take turns asking and answering the questions. Then review the activity with the whole class and ask the same questions about places in your area: *Il cinema è vicino all'università?*

Ex. N: Circulate among students to listen to answers and to suggest other possibilities or needed vocabulary. Then review the activity, using answers you have heard from students. Ask questions like: *Dove incontrate gli amici? Al bar? A casa? In biblioteca? Chi incontra gli amici al bar?*

**M.** In pairs: Look at the drawing on page 63. Ask a partner if one place is near another. Your partner will tell you whether the two places are close to or far from each other.

➤ S1: Il supermercato è vicino al teatro?
   S2: No, è lontano dal teatro. / Sì, è vicino al teatro.

**N.** In pairs: Ask each other where you do the following things. Use articulated prepositions in your answers when appropriate.

➤ comprare cose da mangiare
   S1: *Dove compri cose da mangiare?*
   S2: *Al supermercato in via ...*

1. incontrare gli amici
2. lavorare
3. studiare per gli esami
4. parlare italiano
5. guardare la televisione
6. usare il computer
7. mangiare la pizza
8. pensare di fare due passi
9. mandare le lettere

## C'è, ci sono, ecco

— **Ci sono** ristoranti eleganti in questa città?
— Sì, **ecco** il mio preferito.

1. **C'è** (*there is*) and **ci sono** (*there are*) are used to talk about the existence or presence of things or people.

   **C'è** un telefono pubblico nel bar.    There is a public phone in the bar.
   **Ci sono** venti studenti in classe.    There are twenty students in class.

To show the difference between *c'è* and *ecco,* talk about objects in the classroom without looking at them; then point them out physically using *ecco: In questa classe ci sono due finestre. Ecco una finestra* (pointing or touching) *e ecco l'altra finestra: ecco le due finestre.* Or ask students where certain objects are:
— *Dov'è il tavolo? — Ecco il tavolo.*

2. **Ecco** (*here is/are, there is/are*) is used when drawing attention to or pointing out things or people. It is often used in exclamatory statements.

*Ecco generally calls for physical presence, signifying Look at this! or Hear this!*

**Ecco** un telefono pubblico.          Here's a phone booth.
**Ecco** Mario e Carlo!          Look! It's Mario and Carlo!

**O.** In pairs: Create a list of at least ten objects in your own room and specify the number of each item. Use words you have already learned in Italian. Then try to guess some things in your partner's room.

➤ S1: C'è un orologio?
S2: Sì, c'è un orologio/No, non c'è un orologio.

**P.** In pairs: Reveal to a partner some of the things that you have in your backpack, purse, or pockets. Show each item to your partner after identifying it.

➤ Ci sono due matite. Ecco le matite!

**Q.** In groups of three or four: Establish whether the following places are near your university. Then decide how many there are, and what their names are.

➤ gelateria
S1: C'è una gelateria vicino all'università?
S2: Sì, ci sono due gelaterie. C'è la gelateria Friendly's e c'è la gelateria Dairy Queen.

1. ospedale          4. ristorante          7. supermercato
2. cinema            5. parco               8. chiesa
3. albergo           6. museo               9. banca

# Vivere in Italia

Il centro di Bologna in una normale
giornata di lavoro.

**A.** **Una presentazione.** In groups of three: Introduce one group member to the other, saying something about him/her. Then decide whether to go to a café, a movie, or somewhere else.

Elicit from students where they
might go and what they can say
about the person introduced
(where he/she is from, what
he/she does, whether he/she is
visiting, etc.).

> **S1:** (Paolo), ti presento …
> **S2:** Piacere.
> **S3:** Il piacere è mio.
> **S1:** (Laura) è di … Studia (arte) …

Firenze: In primavera la mostra dei fiori abbellisce la Piazza della Santissima Annunziata.

La gestione del ristorante/pizzeria **La Grotta Rustica** di Via Manzoni, 75, invita a gustare, oltre alle Specialità Marinare della casa,

**OTTIMA PIZZA**

e Crostini[1] e Calzoni sfornati da un favoloso forno a legna.

- *Prezzi modici*
- *Ampio parcheggio*
- *Aperto fino a tarda notte*
- *Lunedì chiuso per riposo*

Telefono: 85.53.891

# B.

**Un'intervista.** In pairs: Interview your partner to find out some things he/she wants to do someday. Then report what you find out to the class.

- Quale città desideri visitare?
- Dove desideri abitare?
- Quale persona famosa desideri incontrare?
- Quale automobile desideri comprare?
- Quale lingua straniera desideri imparare?

# C.

**Com'è la tua citta?** In pairs: Describe your city or town. Tell your partner where you are from, and mention the names of one or two interesting buildings or places there. Say whether you live near or far from these places. Then find out about your partner's hometown or city.

➤ Sono di … / È vicino a …

# D.

**Andiamo in pizzeria?** In pairs: A friend asks you if you'd like to eat at "La Grotta Rustica." Using the information in the ad, find out:

- where the restaurant is located.
- what there is to eat.
- how the prices *(prezzi)* are.
- when the restaurant closes.

Then decide on a time to go there.

1. toasted bread served with liver or vegetable spread

# E.

**Dov'è … ?** In pairs: You have just arrived in Florence and want to find out where the following places are.

Teatro Verdi
Ristorante Giubbe Rosse
Biblioteca Nazionale
Mercato del Porcellino
Museo del Bargello
Chiesa di Santa Croce

➤ **S1:** Scusi (signore/a, signorina), dov'è (il museo) … ?
  **S2:** Il …

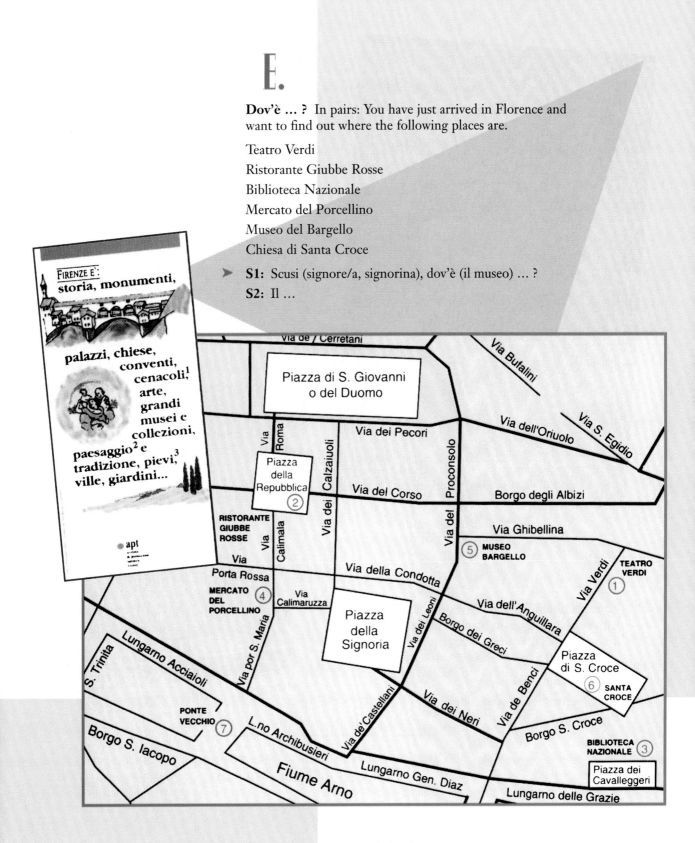

1. meeting place for intellectuals and artists   2. landscape   3. parish churches

Dalla stazione ferroviaria di Roma
Alessandra e Valentina telefonano ai
loro amici.

**Una telefonata.** In pairs: You have just arrived in
Italy. You telephone an Italian friend who greets you
and wants to know the following things.

- il nome dell'albergo dove lei sta
- l'indirizzo dell'albergo
- il numero di telefono dell'albergo
- dove lei mangia stasera
- a che ora torna in albergo stasera

**La carta telefonica**

The telephone card (*carta* or *scheda telefonica*) is
an electronic way of paying when using public
phones. The card, which costs 5,000 or 10,000
lire, can be purchased at Telecom offices, tobacco
shops (*tabaccherie*), newsstands (*edicole di giornali*), post offices, or automatic machines in many
public places such as railroad stations, airports,
hospitals, etc. It is useful for both long-distance
calls and local calls.

## G.

**La carta telefonica.** In groups of three: You're
with a friend at a bar in Naples and decide to go to
a discotheque. One of you suggests inviting another
friend and offers a *carta telefonica* to call him/her.

➤ **S1:** Invitiamo … ?
  **S2:** Sì, certo. È una buona idea …
  **S1:** Pronto? …
  **S3:** …

L'Albergo del Giardino

Via Della Colonna, 29
50121 Firenze

Tel (055) 214.053

The business card of the hotel
where you are staying.

# Cosa prendono i signori?

**COMMUNICATIVE OBJECTIVES**

- Order a snack at a restaurant
- Talk about and make plans for specific days of the week and times of day
- Accept and refuse invitations
- Talk about a variety of activities

Lorenzo e Bettina bevono un caffè in un bar all'aperto.

• • • • • • • • • • • • • • • • • • • • • • • • • • • • • • • • • • • • • • • • • •

È giovedì pomeriggio. Lorenzo Genovesi e Bettina Marinaro sono seduti° seated
ad un bar all'aperto°. Desiderano ordinare qualcosa da mangiare outdoor
e da bere, ma il cameriere non arriva. Dopo una lunga attesa°, Lorenzo perde la wait
pazienza e chiama il cameriere.

LORENZO: Cameriere, scusi, possiamo ordinare qualcosa, per favore?

CAMERIERE: Sì, subito. ... Bene, che cosa prendono i signori?

BETTINA: Un'aranciata e un tramezzino al tonno.

LORENZO: Io invece prendo un panino al prosciutto e un tè freddo.

5 CAMERIERE: Molto bene. Torno subito.

LORENZO: Allora, Bettina, che cosa fai sabato sera? Sei libera?

BETTINA: Credo di sì. Perché?

LORENZO: Ho due biglietti per il teatro tenda°. Ti piace assistere ad un in a tent
programma di musica e danza folcloristica della Sardegna?

10 BETTINA: Sì, mi piace molto. Magari dopo lo spettacolo possiamo anche
andare a fare due salti in discoteca.

LORENZO: Perché no? La discoteca Luna chiude dopo la mezzanotte e
possiamo ballare per qualche ora°. for a few hours

BETTINA: Ah, ecco il cameriere.

15 CAMERIERE: Signori, ecco il cappuccino e il gelato.

LORENZO: Ma no! Avevamo ordinato° un'aranciata, un tè freddo, un We asked for
tramezzino al tonno e un panino al prosciutto.

CAMERIERE: Oh, mi dispiace, c'è un po' di confusione. Torno subito.

> A *panino* is a sandwich generally made with a roll, while a *tramezzino* is made with sliced bread cut diagonally.

> Ask students what *Sardegna* is and where it is located.

• • • • • • • • • • • • • • • • • • • • • • • • • • • • • • • • • • • • • • • • • •

## Domande

> *Teatro tenda* is very popular in Italy, especially during the summer months. It offers a wide range of cultural, musical, and folkloristic events.

1. Dove sono Lorenzo e Bettina?
2. Perché perde la pazienza Lorenzo?
3. Che cosa ordina Bettina? E Lorenzo?
4. Perché Lorenzo domanda a Bettina se è libera sabato sera?
5. Che cosa è in programma al teatro tenda?
6. Cosa ha voglia di fare Bettina dopo lo spettacolo?
7. Cosa porta il cameriere quando torna?

> Have students read the dialogue silently. Then, after oral presentation with books closed, ask them the *Domande* and additional questions such as *Chi perde la pazienza? C'è molta gente al caffè?*

## Domande personali

> Have students work in pairs. Be sure they use first names and the *tu* form of the verb.

1. Lei va spesso ad un caffè? Con chi va? Quando va: la mattina, il pomeriggio o la sera?
2. Cosa prende di solito ad un caffè?

Directions are in Italian and English in *Lezione* 4, but will be in Italian only in the lessons that follow. Point out imperative forms and tell students to look at the stem for meaning. They only need to recognize forms, not produce them. Tell them they will learn the commands later on. If you use the familiar commands with students, point out the different endings.

Sit. 1: Have students answer affirmatively and continue the exchange:
— *Ti piace andare a prendere un gelato al bar Savoia?*
— *D'accordo. È una buona idea,* etc.

Sit. 2: Practice vocabulary items before grouping students.

Have students vary the dialogue by changing the setting to *una pizzeria* and using different names and expressions from the *Situazioni*. Have them order food, such as *pizza, crostini, calzoni, prosciutto,* or *formaggio,* and drinks.

3. Prende spesso il caffè espresso, il cappuccino o il caffè americano? O prende il tè?
4. Cosa fa lei se il cameriere non arriva subito?
5. Le piace vedere uno spettacolo di danza moderna o di danza folcloristica?
6. Dove va a ballare lei? Quando? Con chi?

## Situazioni

1. Risponda ad un amico/un'amica che domanda se lei è libero/a giovedì sera. (*Answer a friend who asks if you are free Thursday night.*)

— Sei libero/a giovedì sera?
— Sì, perché? (No, mi dispiace./Credo di no./No, sono impegnato/a.)

2. Lei è ad un caffè all'aperto con gli amici che ordinano cose diverse. Al cameriere, che domanda se lei prende un caffè come il suo amico/la sua amica, risponda che prende un'altra cosa. (*You are at an outdoor café with friends who order various things. To the waiter, who asks if you will have coffee like your friend, answer that you will have something else.*)

— Cosa prendono i signori (le signore/le signorine)?
— Un caffè (una Coca-Cola/un bicchiere d'acqua/un tramezzino al tonno), per favore.
— Un caffè anche per lei?
— No, per me un'aranciata (una limonata/acqua minerale/una spremuta d'arancia).

| | | |
|---|---|---|
| **giovedì** | | |
| **27 GIUGNO** | *ore 12.00* T. Caio Melisso | Concerto di mezzogiorno |
| | *ore 15.30* Piaggia | Marionette Colla - *Prima 1  prog.* |
| | *ore 20.30* Teatro Nuovo | Bishop/Sebastian - *familiare* |
| | *ore 21.30* Teatro Romano | Uccelli - *Prima* |
| | *ore 24.00* S. Eufemia | Ora mistica |

SPOLETO FESTIVAL

LUGLIO

# Vocabolario

## Parole analoghe

la confusione    folcloristico/a    il programma
la danza         moderno/a
la discoteca     la pazienza

## Nomi

**l'acqua (minerale)**   (mineral) water
**il bicchiere**   (drinking) glass
**il biglietto**   ticket
**il caffè**   café; coffee
**il cameriere**   waiter
**la limonata**   lemon soda, lemonade
**il panino al prosciutto**   ham sandwich
**lo spettacolo**   show
**la spremuta d'arancia**   freshly squeezed orange juice
**il tè**   tea;   **il tè freddo**   iced tea
**il tramezzino al tonno**   tuna sandwich

## Aggettivi

**impegnato/a**   busy, engaged
**libero/a**   free
**lungo/a**   long
**nostro/a**   our

## Verbi

**assistere**   to attend
**ballare**   to dance
**bere**   to drink
**chiudere**   to close
**credere**   to believe, think
**domandare**   to ask
**perdere**   to lose
**possiamo**   we can, are able
**potere**   to be able, can

## Altre parole ed espressioni

**dopo**   after
**invece**   instead
**magari**   maybe
**preferisce... ?**   do you prefer . . . ?
**qui**   here
**scusi**   excuse (me) (*formal*)
**se**   if
**spesso**   often
**subito**   right away, immediately
**che cosa è in programma?**   what's playing?
**credo di no**   I don't think so
**credo di sì**   I think so
**fare due salti**   to dance (a little)
**giovedì pomeriggio**   Thursday afternoon
**perché no?**   why not?
**mi dispiace**   I'm sorry
**mi piace** (+ *singular noun or infinitive*) I like
**le piace ... ?**   do you like . . . ? (*formal*)
**ti piace ... ?**   do you like . . . ? (*fam.*)
**un po' di**   (+ *noun*) a little bit of
**qualcosa da mangiare e da bere**   something to eat and drink
**sabato sera**   Saturday evening

---

*il caffè = il bar*

---

Fruit juice is *il succo di frutta.* The term *la spremuta d'arancia* (*di limone, di pompelmo*) refers only to freshly squeezed juice.

# I cognomi italiani

Last names came into use in Italy in the ninth century, and by the time of the Renaissance they were fully established. Originally, many last names were descriptive, and a number of these names remain in use today. For instance:

names based on a family's place of origin: *Genovesi* (from Genoa), *Lombardi* (from Lombardy), *Siciliani* (from Sicily).

names drawn from an ancestor's trade or occupation: *Ferrari* (blacksmith), *Pastore* (shepherd), *Vaccaro* (cowherd), *Sarti* (tailor), *Marinaro* (sailor), *Pellegrino* (pilgrim).

names based on a father's first name, common before last names came into use: *Di Giovanni, Di Giacomo, Di Pietro.*

names that describe physical features or characteristics: *Biondi* (blond), *Calvino* (bald), *Grasso* (plump), *Mancini* (left-handed).

Until 1975, an Italian woman had to take her husband's last name when she got married. Through reforms in Italian family law, a married woman now has the right to keep her family's last name, to which she adds the husband's last name.

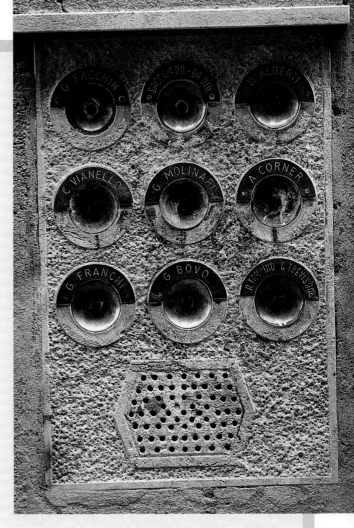

Nelle città i cognomi delle famiglie che abitano negli appartamenti appaiono sul citofono.

## Pratica

Have students stand and act out *Pratica A* and *B*.

**A.** In groups of three: You meet a friend at a bar in Siena. Shake hands, greet one another, and find out what your friend wants to eat or drink. Call the waiter and order for both of you.

Prat. B: Encourage students to vary the situation by changing the play to a rock concert and by changing the day of the performance.

**B.** Call a friend to find out if he/she is free next Saturday. Your friend is free and wants to know why. Explain that you have two tickets for the "theater under a tent"; invite your friend, who accepts gladly and asks what's playing. Tell him/her that the name of the play is *Una lunga attesa*.

# *Pronuncia*

## La lettera h

The letter **h** is silent in Italian. It is used in some forms of the verb **avere** (**ho, hai, ha, hanno**) and in some interjections, (such as **ah, oh,** and **eh**). It is also present, though never pronounced, in some foreign words currently used in Italian (for example, *hobby, habitat,* and *hotel*).

In **ch** and **gh,** the letter **h** helps to form the hard sound of **c** and **g** before the vowels **e** and **i** (**che, chi, analoghe, laghi**).

**A.** Legga le seguenti frasi. Non pronunci la lettera **h.** (*Read the following sentences. Do not pronounce the letter **h**.*)

1. Quanti anni hai?
2. Oh, che peccato!
3. Dov'è l'Hotel Pilato?
4. Non ho un hobby.
5. Chiamo il cameriere?
6. Che cosa fai oggi?

## Il suono /kw/

The sound **/kw/,** as in **quando,** is usually spelled **qu.**

Explain that when *qu* is preceded by a *c*, as in *acqua, acquistare,* the sound is lengthened slightly, as with a double consonant. Point out that the words *cuore* and *scuola* are spelled with a *c*, despite the *kw* sound. Dictate these sentences; then have students work in pairs to check for spelling: *Chi ha qualcosa da mangiare? Quando e perché studi scienze politiche? Ecco le quattro parole analoghe. Di chi è questo bicchiere?*

**B.** Ascolti l'insegnante e ripeta le seguenti parole. (*Listen to your instructor and repeat the following words.*)

| | |
|---|---|
| **qu**alcosa | **qu**indici |
| **qu**ando | cin**qu**e |
| **qu**attro | li**qu**ido |
| **qu**aderno | fre**qu**entare |

Ex. C: Have one student dictate the proverb to the other students.

**C.** **Proverbio.** Legga ad alta voce il seguente proverbio. (*Read the following proverb aloud.*)

**Quando a Roma vai, fa' come vedrai.**
When in Rome, do as the Romans do.
(*Literally: When you go to Rome, do as you see.*)

## Dittonghi e trittonghi

1. A *diphthong* is a combination of two vowels pronounced as a single syllable.

ha**i**   f**i**glio   q**ua**le   se**i**   p**iù**   g**ue**rra

Explain that a diphthong is a phonetic group formed by a semi-vowel (unstressed *i* or *u*) plus a vowel (*a, o,* or *e*). Stressed *i* or *u* combined with *a, o,* or *e* does not constitute a diphthong. A triphthong—uncommon in Italian—is composed of two semi-vowels and one vowel. Point out to students that *miei* and *tuoi* are possessive adjectives.

2. A *triphthong* is a group of three vowels pronounced as a single syllable.

**miei    tuoi    guai    vuoi**

Ex. D: Write the following words on the board or dictate them. Then have students divide them into syllables and check as a class: *Luciana, dispiace, Bar-bieri, tuoi, aranciata, voglia, ufficio, quale.*

**D.** Ascolti l'insegnante e ripeta le seguenti parole. (*Listen and repeat the following words after your instructor.*)

| | | | |
|---|---|---|---|
| grazie | Pietro | Siena | vuoi |
| buono | stadio | fai | puoi |
| vuole | piano | sei | aiutare |

Ex. E: For spelling practice, have students take turns dictating a proverb to a partner.

**E.** **Proverbio.** Legga ad alta voce il seguente proverbio. (*Read aloud the following proverb.*)

**Natale con i tuoi e Pasqua con chi vuoi.**
Spend Christmas with your family and Easter with whomever you wish.
(*Literally: Christmas with yours and Easter with whom you wish.*)

# Ampliamento del vocabolario

## I giorni della settimana

Tell students that learning the days of the week helps them to talk about routines, work schedules, and leisure activities; and that knowing common expressions of time allows them to describe events today, tomorrow, and in the near future.

Begin teaching the days of the week by asking: *Oggi è giovedì? Che giorno è oggi?*

Have students, in pairs, tell their class schedules for the week: *Lunedì alle nove ho lezione di storia, alle undici ... E tu?*, etc.

The days of the week in Italian, starting with Monday, are **lunedì, martedì, mercoledì, giovedì, venerdì, sabato,** and **domenica.**

*Lunedì* (not *domenica*) is the first day of the week on Italian calendars.

1. The days of the week are not capitalized in Italian.

2. All the days of the week except **domenica** are masculine.

3. The definite article is used with days of the week to describe repeated occurrences (*on Mondays, on Tuesdays*). The definite article is omitted when referring to only one specific day. Contrast:

**Il venerdì** vado al cinema.      On Fridays (Every Friday) I go to the movies.

**Venerdì** vado al cinema.      On (this) Friday I'm going to the movies.

The invariable adjective **ogni** is frequently used with the days of the week in the sense of *every single*.

**Ogni martedì** vado al caffè.      Every single Tuesday I go to the café.

Announce that Luciano Pavarotti will meet students in the cafeteria on Wednesday afternoon. Find out who can come and why others cannot. — *Mercoledì pomeriggio alle quattro c'è un incontro con Luciano Pavarotti. Siete liberi?* Expect questions and comments such as *Che giorno? A che ora? Ma io il mercoledì lavoro. Io non sono libero/a mercoledì alle quattro. Chi è Luciano Pavarotti?*, etc.

Ex. A: Have students mingle, asking and answering one question per person. Set a time limit.

**A.** In gruppi di tre o quattro: Domandi a due o tre studenti cosa fanno in un determinato pomeriggio di questa settimana. Usi la forma **io** dei verbi in **-are** a p. 69. (*In groups of three or four: Ask two or three students what they are doing on a particular afternoon this week. Use the **io** form of **-are** verbs on p. 69.*)

➤ — Che cosa fai (lunedì/mercoledì/sabato) pomeriggio?
— Lunedì pomeriggio (studio in biblioteca).

Ex. B: Have a few students report to the class: *Antonella lavora il lunedì e il venerdì*, etc.

**B.** In coppia: Domandi ad un altro studente/un'altra studentessa in quali giorni lavora o studia e qual è il suo orario. (*In pairs: Ask another student which days of the week he/she works or studies and what his/her schedule is.*)

➤ S1: In quali giorni lavori (studi)?
S2: Lavoro (Studio) (il lunedì e il mercoledì).
S1: Qual è il tuo orario?
S2: Il lunedì lavoro (studio) dalle (due) alle (sei del pomeriggio), il mercoledì dalle (quattro) alle (dieci di sera).

Ex. C: Have a few students report to the class what others are doing: *Carlo studia in biblioteca il lunedì; Lucia non va al cinema venerdì*, etc.

**C.** In gruppi di tre o quattro: Domandi a tre o quattro studenti se fanno o desiderano fare certe cose in determinati giorni di questa settimana. (*In groups of three or four: Ask two or three students if they are doing or wish to do certain things on specific days this week.*)

➤ sabato: lavorare      — *Lavori sabato?*
      — *Sì, lavoro sempre il sabato.*
      (*No, di solito il sabato sono libero/a.*)

1. lunedì: avere lezione all'università
2. martedì pomeriggio: prendere un cappuccino con me
3. domenica mattina: avere voglia di fare due passi con me
4. giovedì sera: pensare di andare al cinema
5. mercoledì: avere lezione d'italiano
6. venerdì sera: desiderare fare due salti in discoteca

## Alcune espressioni di tempo

Here is a list of some useful time expressions that you can use to refer to events that occur today, tomorrow, and in the near future.

**oggi**   today
**stamattina**   this morning
**oggi pomeriggio**   this afternoon
**stasera**   this evening
**stanotte**   tonight

**la mattina**   (in) the morning
**il pomeriggio**   (in) the afternoon
**la sera**   (in) the evening
**la notte**   (at) night

**domani**   tomorrow
**domani mattina (domattina)**   tomorrow morning
**domani pomeriggio**   tomorrow afternoon
**domani sera**   tomorrow night
**dopodomani**   the day after tomorrow

**lunedì mattina**   Monday morning
**martedì pomeriggio**   Tuesday afternoon
**mercoledì sera**   Wednesday evening
**giovedì notte**   Thursday night

*Stamattina, stasera,* and *stanotte* are shortened forms of *questa mattina, questa sera,* and *questa notte.* Both forms are used.

Choose four or five time expressions and tell a classmate what you plan to do or usually do at those times. Then ask what his/her plans are for those times.

Encourage students to use their imaginations for Ex. D and E. Supply new words and expressions if requested.

**D.** In coppia: Spieghi ad un amico/un'amica quello che lei deve fare da oggi a dopodomani. (*In pairs: Explain to a friend all the things you have to do from today until the day after tomorrow.*)

➤   — Oggi sono molto impegnato/a.
Stamattina ...
Oggi pomeriggio ...
Stasera ...
Domani mattina ... , ecc.

Ex. E: Expand by having students ask about another day.

**E.** In coppia: Domandi ad un amico/un'amica cosa fa di solito il sabato. (*In pairs: Ask a friend what he/she usually does on Saturdays.*)

➤   — Cosa fai di bello il sabato?
— Di solito la mattina ...

Ex. F: Have one student ask two other students these questions, using the *voi* form of the verb. One of the two should respond using the *noi* form.

**F.** Faccia le seguenti domande a due o tre studenti. (*Ask two or three students the following questions.*)

1. Come stai oggi?
2. A che ora hai lezione domani mattina?
3. Che cosa fai domani? E dopodomani?
4. Che lezione hai lunedì?
5. Hai voglia di assistere ad un concerto oggi pomeriggio?
6. Cosa guardi stasera alla televisione?
7. Che cosa fai di bello domani mattina? E domani pomeriggio?
8. Compri il giornale la mattina?

# Struttura ed uso

## Presente dei verbi regolari in *-ere*

Drill *-ere* verbs by having students change the subjects of these model sentences: *1. Anna legge molto ma scrive poco.* (*tu / gli studenti / io / tu e Orazio / noi*) *2. Prendono un caffè mentre discutono di sport.* (*noi / i ragazzi / tu e gli amici / Bettina e Lisa*) *3. Vedo il problema e perdo la pazienza.* (*Alba / loro / tu / Carlo e Giacomo / lui*)

Il turista **legge** la guida e non **vede** il Colosseo.

1. The present tense of regular **-ere** verbs is formed by adding the present tense endings **-o, -i, -e, -iamo, -ete,** and **-ono** to the infinitive stem.

Note that the endings for the *io, tu,* and *noi* forms are the same as for *-are* verbs.

| **prendere**   to take | |
| --- | --- |
| prend**o** | prend**iamo** |
| prend**i** | prend**ete** |
| prend**e** | prend**ono** |

2. The following **-ere** verbs are regular in the present tense.

Read the list of infinitives to the class so that they can hear how the stress differs from that of *-are* verbs. Point out that only in *vedere* is the stress like that of the infinitives of *-are* verbs.

| | |
|---|---|
| **assistere**   to attend | **mettere**   to put, place |
| **chiedere**   to ask for | **perdere**   to lose |
| **chiudere**   to close | **prendere**   to take; to have (to eat or drink) |
| **conoscere**   to know (a person or a place); to meet | **ricevere**   to receive |
| **credere**   to believe | **rispondere**   to answer |
| **decidere di**   (+ *infinitive*) to decide to do something | **scrivere**   to write |
| | **spendere**   to spend (money) |
| **discutere (di)**   to discuss (something) | **vedere**   to see |
| **leggere**   to read | **vendere**   to sell |

| | |
|---|---|
| Bettina e Lorenzo **perdono** la pazienza. | Bettina and Lorenzo are losing their patience. |
| **Decidono** di chiamare il cameriere. | They decide to call the waiter. |
| Il cameriere **prende** l'ordinazione. | The waiter takes the order. |
| — Il bar **chiude** alle dieci? | Does the bar close at ten? |
| — **Credo** di sì. | I believe (think) so. |

Ex. A: Students can act out these two-part exchanges in pairs.

**A.** Completi i dialoghi con la forma corretta dei verbi indicati. (*Complete the dialogues with the correct form of the verbs given.*)

1. credere, leggere, ricevere, rispondere, scrivere

   — Tu _____ molte lettere dagli amici?
   — Sì, perché ogni volta che io _____ una lettera, _____ la lettera e _____ subito. _____ con il computer.
   — È più facile così?
   — Sì, _____ di sì.

2. chiudere, discutere, perdere, prendere, spendere

   — Tuo marito _____ molti soldi al bar?
   — Sì, e _____ anche molto tempo.
   — Ma cosa fa lì?
   — Lui e i suoi amici _____ di sport e _____ il caffè.
   — Quando _____ il bar?
   — Alle undici.

Guida alla *Tartufesta*
*Itinerari di Paesi e Borghi per cultura e gastronomia*

Ex. B: Have students find other logical ways to complete the sentences.

**B.** Completi le seguenti frasi con la forma appropriata del verbo. (*Complete the following sentences with the appropriate form of the verb.*)

➤  io / chiudere / lo zaino        *Io chiudo lo zaino.*

1. Marina / mettere / i libri sul tavolo
2. Tonio ed Alberto / conoscere / una persona famosa
3. tu / vendere / la bicicletta
4. Alba ed io / scrivere / agli amici italiani
5. il professore / rispondere / alle domande
6. voi / discutere / di sport
7. loro / decidere di / ordinare una pizza
8. io / chiedere / qualcosa al professore

**C.** Formuli frasi di senso compiuto per ogni soggetto della colonna A, usando le parole nelle colonne B e C. (*Create coherent sentences about each subject in column A using words from columns B and C.*)

➤  Io scrivo sul quaderno.

| A | B | C |
|---|---|---|
| io | chiedere | due biglietti per il concerto di |
| i ragazzi | ricevere |     Hootie and the Blowfish |
| i miei fratelli | perdere | sempre la pazienza |
| la studentessa | leggere | al telefono |
| tu | vendere | informazioni al poliziotto |
| io ed un'amica | assistere | libri di fantascienza |
| tu e lui | rispondere | Sylvester Stallone |
|  | spendere | una telefonata dal presidente |
|  | conoscere | cento dollari a Wal-Mart |
|  |  | ad una dimostrazione di karatè |

Ex. D: Make sure students take turns asking and answering each question. When paired work is completed, review the questions with the whole class in a conversational manner.

**D.** In coppia: A turno chieda e risponda a queste domande con frasi complete. (*In pairs: Take turns asking and answering the following questions with complete sentences.*)

1. Chi risponde al telefono a casa tua?
2. Ricevi molte lettere? Rispondi subito?
3. Di che cosa discuti con gli amici? Di sport? Di politica? Di scuola?
4. C'è una cosa che tu perdi spesso? Che cosa?
5. Che cosa prendi di solito a colazione? Caffè? Tè? Latte?
6. Leggi molto? Che cosa leggi? Giornali? Libri?
7. Come scrivi i compiti per i corsi? Con la penna? Con la macchina da scrivere (*typewriter*)? Con il computer?
8. Vedi molti film? Dove? A casa o al cinema?
9. Conosci una persona famosa? Chi?

Ex. E: Have students work in pairs to come up with a description of the drawing. When paired work is completed, ask questions like: — *Cosa fa questa signora?* — *Legge.* — *Cosa legge?*, etc. Encourage students to give names to the people in the drawing, or to identify the relationship: *la nonna,* etc.

**E.** La famiglia Giuliani è a casa martedì sera. Dica quello che fa ognuno, usando i verbi indicati in basso. (*The Giuliani family is at home Tuesday evening. Say what each person is doing, using the verbs listed below.*)

| | |
|---|---|
| chiedere | rispondere |
| discutere | scrivere |
| leggere | vedere |
| prendere | |

## Formulare le domande

— **Dove** vai? **Con chi? Quando** torni?
— **Perché** tante domande?

1. Questions that can be answered *yes* or *no* often use the same phrasing and word order as declarative sentences.

| **Desidera qualcosa da mangiare.** | He wants something to eat. |
|---|---|
| **Desidera qualcosa da mangiare?** | Does he want something to eat? |

There are three possible ways to signal that such sentences are questions:

a. by using rising intonation at the end of a question.

**Possiamo ordinare qualcosa?**

**Preferisci un caffè?**

b. by adding a tag phrase like **non è vero?** or **no?**

Paola prende una spremuta d'arancia, **non è vero?**

Il caffè chiude a mezzanotte, **no?**

c. by naming the subject (noun or pronoun) at the end of the question instead of in its normal position at the beginning of the sentence.

Prendono qualcosa **i signori?**
Assiste allo spettacolo anche **Bettina?**

2. Questions that ask for specific information are introduced by interrogative words. The subject, if stated, usually follows the verb.

| | | |
|---|---|---|
| **come?** | how? | **Come** stai? |
| **che (cosa)?** | what? | **Che cosa** fai sabato sera? |
| **chi?** | who? | **Chi** va al cinema? |
| **dove?** | where? | **Dove** vai con gli amici? |
| **quando?** | when? | **Quando** comincia lo spettacolo? |
| **quale/i?** | which? | **Quale** film desideri vedere? |
| **quanto/a?** | how much? | **Quanto** costano i biglietti? |
| **quanti/e?** | how many? | **Quanti** anni hai? |
| **perché?** | why? | **Perché** non andiamo insieme? |

3. The interrogative adjectives **quale?** and **quanto?** agree in gender and number with the nouns they modify.

**Quanto** tempo abbiamo?
**Quanti** studenti ci sono nella tua classe?
**Quale** università frequenti?
**Quali** corsi segui?

*Che?, che cosa?,* and *cosa?* are interchangeable. They all mean *what?*

Point out that interrogative pronouns *quale?* and *quanto* agree with the noun they replace in gender and number. *Vuoi l'acqua? Quanta? / I panini? Quali vuoi?*

Tell students that *quale?* (which one?) becomes *qual?* before *è. Qual è il tuo libro?*

Tell students that prepositions such as **a, di, con,** and **per** precede the interrogative words **chi, che,** and **che cosa.** *Con chi parlano? / Di che cosa parlano?*

Have paired students reread the dialogue on page 82 and then ask each other questions about it.

**F.** Trasformi ciascuna delle seguenti frasi in domande, usando gli schemi indicati. (*Transform each of the following statements into questions, using the patterns indicated.*)

➤ Maria lavora oggi.  *Maria lavora oggi?*
*Maria lavora oggi, non è vero?*
*Lavora oggi Maria?*

1. Franco parla con lo zio.
2. Paola e Nicola sono a Roma.
3. Andrea cerca un telefono.
4. Tina è libera oggi.
5. La nonna sta bene.
6. Lei è italiano.
7. Carlo e Cesira hanno lezione.

**G.** Formuli delle domande logiche per le seguenti risposte. (*Ask logical questions for the answers below.*)

➤ Marco va al cinema.     *Dove va Marco? / Chi va al cinema?*

1. Gli studenti di arte sono al museo.
2. Arrivano al museo con la metropolitana.
3. Tornano dal museo più tardi.
4. Guardano le sculture medievali.
5. Uno studente compra una guida al museo.
6. La professoressa arriva alle due.
7. È in ritardo perché c'è molto traffico.
8. Parla con il direttore del museo.
9. Incontra gli studenti alla porta.
10. Discutono di arte.

Ex. H: If you normally do some of these things by yourself, say *Studio da solo/a.*

Have students alternate asking and answering the questions in Ex. H.

**H.** In coppia: Domandi ad un altro studente/un'altra studentessa con chi fa le seguenti cose. (*In pairs: Find out from another student with whom he/she does the following things.*)

➤ S1: Con chi studi?
S2: Studio con ...

1. studiare per gli esami
2. giocare a tennis
3. abitare
4. discutere di sport o di politica
5. guardare la televisione
6. mangiare
7. passare le vacanze
8. parlare al telefono

Ex. I: If a student does not happen to have a photograph in his/her wallet or purse, use an appropriate photo from the text and let S2 improvise the answers. Or bring in magazine or newspaper photos of famous people.

**I.** In coppia: Faccia vedere una fotografia di un/una parente o di un amico/un'amica. Risponda ad almeno sei domande sulla persona nella foto. (*In pairs: Show a photograph of a relative or friend to a partner. Your partner will ask at least six questions about the person in the photograph. Answer the questions.*)

➤ S1: Come si chiama?     S1: Dove abita?
S2: Si chiama ...         S2: Abita a ...

**J.** Risponda alle seguenti domande con frasi complete. (*Answer the following questions with complete sentences.*)

1. Qual è il suo indirizzo? E qual è il suo numero di telefono?
2. Qual è la data del suo compleanno (*birthday*)? Qual è la data di oggi?
3. Qual è la capitale dell'Italia? E qual è la città italiana più popolata?
4. Quali lingue parlano in Svizzera?
5. Quante sono le regioni italiane? Sapete quante sono le province?
6. Quali sono i principali fiumi italiani?
7. Quanti giorni ci sono in un anno? E quante settimane? E mesi?
8. Quanti capitoli ci sono in questo libro? Quale lezione studiate adesso?

Ex. K: Have students prepare questions and answers for homework.

**K.** In coppia: Legga la cartolina scritta da un giovane americano che viaggia in Europa. Poi faccia ad un altro studente/un'altra studentessa cinque domande basate sulle informazioni scritte sulla cartolina. (*In pairs: Read the postcard below written by a young American traveling in Europe. Then ask a partner five questions about the information in the postcard.*)

Have students close their books when doing this activity to see what information they remember from the postcard.

Caro Giuseppe (Joe),

Come stai? Io sto benissimo. Ora siamo a Venezia e ti scrivo dall'ufficio postale. Sono qui con Stefano e con altri amici. Stiamo nell'Albergo Canaletto. Non è molto elegante, ma costa poco. Ogni giorno visitiamo musei, chiese, ecc. La sera frequentiamo le discoteche, perché desideriamo conoscere ragazze italiane! Domani partiamo per l'Austria. Arriviamo a Chicago l'8 agosto.

A presto,
Michele

750

Joe Cardarelli
700 Plains Ave
Arlington Heights,
IL 60005

U.S.A.

## Verbi irregolari: *dare, fare, stare*

1. **Dare, fare,** and **stare** are irregular in some forms of the present tense.

| **dare** | to give | **fare** | to do; to make | **stare** | to stay; to be |
|---|---|---|---|---|---|
| do | diamo | **faccio** | **facciamo** | sto | stiamo |
| **dai** | date | **fai** | fate | **stai** | state |
| **dà** | **danno** | fa | **fanno** | sta | **stanno** |

Notice the patterns in the *tu* forms and in the *loro* forms: *dai, fai, stai; danno, fanno, stanno.*

— A chi **dà** il cappuccino?
— **Do** il cappuccino al signore seduto al bar.

— Che cosa **fate** stasera?
— Non **facciamo** niente di speciale.

— Come **stanno** le tue sorelle?
— Clara **sta** molto bene, ma Mariella **sta** un po' male.

Point out the written accent on the verb *dà*, explaining that this accent differentiates the verb *dà* from the preposition *da*. Ask them if they know a similar pair of words (*è* and *e*).

2. **Fare** is used in many common idiomatic expressions.

| | |
|---|---|
| **fare bel tempo**  to be nice (*weather*) | Oggi **fa bel tempo?** |
| **fare caldo**  to be hot (*weather*) | Sì, stamattina **fa caldo.** |
| **fare freddo**  to be cold (*weather*) | Ma più tardi **fa freddo.** |
| **fare una passeggiata**  to go for a walk | Desideri **fare una passeggiata?** |
| **fare due passi**  to go for a short walk | Sì, perché non **facciamo due passi?** |
| **fare una gita**  to take a short trip | Gli studenti **fanno una gita** scolastica domani. |
| **fare un viaggio**  to take a longer trip | A dicembre **fanno un viaggio** in Italia. |
| **fare una domanda**  to ask a question | Lorenzo **fa una domanda** a Bettina. |
| **fare colazione**  to eat breakfast (or lunch) | **Facciamo colazione** al bar? |
| **fare una fotografia**  to take a picture | Sì, ma prima **faccio alcune fotografie** della piazza. |

3. **Stare** in the sense of *to be* is used primarily with expressions of health.

— Come **state?**    How are you (feeling, doing)?
— **Stiamo** bene, grazie.    We're fine, thank you.

Many Italians use **stare** to mean *to be in a place* or *to stay.*

— Dove **sta** il papà?    Where's Dad?
— **Sta** ancora in ufficio.    He's still at the office.

4. **Dare** is also used in the expression **dare un esame** (*to take a test.*)

— Quando **dà** gli esami?
— **Do** l'esame di storia giovedì, e **do** quello d'inglese fra due settimane.

    **L.**  Sostituisca il soggetto delle seguenti frasi con quelli indicati, coniugando il verbo nella forma appropriata. (*In the following sentences, replace the subject with those given in parentheses, changing the verb accordingly.*)

        1. Che cosa fate domani? (tu / loro / la professoressa / noi)
        2. Sto abbastanza bene. (il professor Massi / tu e Sergio / gli studenti / noi)
        3. Diamo l'esame di storia domani. (lui / Margherita / tu / io e tu / loro)

Ex. M: Have students alternate asking and answering questions. S2 can give plausible answers pretending to be the person indicated. Encourage students to use their imaginations when answering.

**M.** In coppia: Domandi alle seguenti persone come stanno e cosa fanno stasera. (*In pairs: Ask the following people how they are and what they are doing this evening.*)

➤ Paolo      *Paolo, come stai? Che cosa fai stasera?*

1. la principessa Diana
2. Barney
3. i ragazzi di "Friends"
4. i signori Clinton
5. Madonna
6. la professoressa

Ex. N: Have students offer guesses of what the gifts are: *I nonni danno un orologio a Francesca.*

**N.** Guardi il disegno dei regali che Francesca riceve per il suo compleanno. Dica chi dà un regalo a Francesca. (*Look at the drawing of the gifts that Francesca is receiving for her birthday. Say who is giving a gift to Francesca.*)

➤ I nonni (*grandparents*) danno un regalo a Francesca.

**O.** Cerchi di sapere qualcosa di un altro studente/un'altra studentessa, facendogli/le le seguenti domande. (*Find out more about your partner by asking him/her the following questions.*)

1. Fai spesso fotografie? Di che cosa?
2. Cosa fai giovedì mattina? E giovedì sera?
3. Stai a casa quando fa bel tempo?
4. Cosa dai a mamma e a papà per il compleanno (*birthday*)?
5. Fai una passeggiata se fa freddo?
6. Fai una gita questa fine-settimana? Con chi? Dove andate?
7. Come stai oggi? Come sta la tua famiglia?
8. Fai colazione ogni mattina? A che ora?
9. Quando dai l'esame d'italiano?

Before doing Ex. P, brainstorm
with the class to come up with
activities that are likely during
good weather, etc. Have students take turns asking and
answering the questions.

**P.** Domandi ad un altro studente/un'altra studentessa che cosa fa quando fa
bel tempo, quando fa caldo e quando fa freddo. (*Ask another student what
he/she does when the weather is nice, when it is hot, and when it is cold.*)

➤ S1: Che cosa fai quando fa bel tempo?
   S2: Gioco a tennis, faccio una passeggiata. ...

# *Parliamo un po'*

**A. Un sondaggio.** In gruppi di quattro: Faccia un sondaggio su tre compagni
di scuola per sapere cosa leggono. Prenda appunti e poi riferisca i risultati
alla classe. (*In groups of four: Conduct a survey with three other students to find
out what they read. Take notes and then report the results to the class.*)

Act. A: You may want to practice
the questions with the class
before doing the activity. Have
students ask questions in complete sentences: *Quali giornali
leggi?* Ask students to move
around the room, and encourage
them to speak to people they
don't usually work with.

|  | Studente | | |
| --- | --- | --- | --- |
|  | 1 | 2 | 3 |
| Nome | _____ | _____ | _____ |
| Legge i giornali? | _____ | _____ | _____ |
| Quali? | _____ | _____ | _____ |
| Quante volte alla settimana? | _____ | _____ | _____ |
| Riviste? | _____ | _____ | _____ |
| Quali? | _____ | _____ | _____ |
| Libri? | _____ | _____ | _____ |
| Quanti all'anno? | _____ | _____ | _____ |
| Libri scolastici o romanzi (*novels*)? | _____ | _____ | _____ |

Act. B: Review time expressions
in the *Ampliamento del vocabolario* section of this chapter if
necessary.

**B. Il progetto.** In coppia: Lei deve fare insieme a un compagno/una
compagna di classe un progetto che richiede almeno quattro ore. Domandi
al compagno/alla compagna qual è il suo orario per i prossimi sette giorni.
Cercate di trovare un periodo di tempo libero per completare il progetto.
(*In pairs: You and a classmate are doing a project together that will take at least
four hours. Ask your classmate what his/her schedule is for the next seven days. Try
to find a time when you are both free to complete the project.*)

➤ S1: Io sono libera domani mattina dalle nove all'una. E tu?
   S2: Io non sono libero. Ho lezione di chimica a mezzogiorno. E mercoledì
       pomeriggio che fai?
   S1: Mercoledì lavoro. E giovedì mattina?...

It is common for bars in Italian cities to deliver coffee and sandwiches to nearby workplaces. Office workers can call their orders in by telephone.

Act. C: Extend dialogue by having the *barista* arrive with the order. The order can go smoothly or may have to be rectified.

**C. Ordinazioni per telefono.** In coppia: Telefoni al bar vicino all'ufficio dove lei lavora e ordini qualcosa da bere e da mangiare per se stesso/a e per altre due persone che lavorano con lei. Collabori con un altro studente/un'altra studentessa (il proprietario del bar) che risponde alla sua telefonata. (*In pairs: Phone the bar near the office where you work and order something to eat and drink for yourself and for two other people who work with you. Create a dialogue with another student who will play the part of the bar owner.*)

## Il Gabbiano
### 94.90.78

| | |
|---|---|
| Panini e tramezzini | 4.500 |
| Pizzette | 4.000 |
| Salatini | 1.500 |
| Paste | 1.800 |
| | |
| Caffè | 2.000 |
| Cappuccino | 4.000 |
| Acqua minerale | 1.500 |
| Succo di frutta | 2.500 |
| Bibite in lattina | 3.000 |

drinks in a can

Act. D: Once students have all expressed their opinions and made a decision, encourage them to be specific in their plans and then tell the class what they plan to do.

**D. Dove andiamo?** In gruppi di tre: Lei è ad un caffè all'aperto con un gruppo di amici dopo le lezioni. Domandi ad ognuno degli amici cosa ha voglia di fare dopo. Tra di voi, decidete dove andare e cosa fare. (*In groups of three: You are at an outdoor café with a group of friends after classes. Ask the others what they feel like doing later. Decide together where to go and what to do.*)

*Possibili attività*

vedere un film italiano
fare due salti in discoteca
assistere ad un concerto
prendere qualcosa da bere

fare una passeggiata
mangiare una pizza
tornare a casa

**E. Al concerto.** A lei piace la musica rock e desidera andare ad uno degli spettacoli che seguono. Decida quale concerto preferisce vedere, e poi inviti un amico/un'amica ad andare con lei. Discutete anche quando e dove ha luogo il concerto, e se volete fare qualcosa prima o dopo il concerto. (*You like rock music and would like to go to one of the following shows. Decide which concert you prefer to see, and then invite a friend to go with you. Discuss with your friend when and where the concert will take place, and if you want to do anything before or after the concert.*)

**SABATO**

**Chaka Khan**
*(Teatro Tenda
Pianeta, ore 21)*

**Joe Pass**
*(Saint Louis
Music City, ore 22)*

**DOMENICA**

**Patsy Kensit &
Eight Wonder**
*(Tenda Pianeta,
ore 18,30)*

**Bryan Ferry**
*(Palaeur, ore 21)*

**LUNEDÌ**

**Ivano Fossati**
*(Teatro Olimpico
ore 21)*

**Pino Daniele**
*(Teatro Tenda
Pianeta, ore 21)*

**MARTEDÌ**

**Pino Daniele**
*(Tenda Pianeta,
ore 21)*

**Paul Motian,
Bill Frisell**
*(Big Mama, ore 22)*

**MERCOLEDÌ**

**I Per Trio**
*(Blue Lab,
ore 22)*

**Zaire Choc**
*(Life 85,
ore 22)*

**GIOVEDÌ**

**Roberto Gatto**
*(Big Mama,
ore 22)*

**Invasione Rock**
*(Uonna Lamiera,
ore 22)*

**VENERDÌ**

**Frank Christian**
*(Folkstudio,
ore 21,30)*

**Litfiba**
*(Teatro Tenda
a Strisce, ore 21,30)*

# *In giro per l'Italia*

**A. La lingua parlata.** Completi le seguenti frasi con una parola appropriata della lista. Ci sono due parole in più nella lista. (*Complete the following sentences with an appropriate word from the list. There are two extra words on the list.*)

| | | | |
|---|---|---|---|
| Calabria | Toscana | dialetto | la Sicilia |
| Bologna | Roma | la Sardegna | |

1. La città dove si parla il romanesco è ... .
2. Michele è di Napoli e parla il ... napoletano.
3. L'isola dove si parla il siciliano è ... .
4. Un abitante della regione ... parla il calabrese.
5. Le persone che parlano con accento toscano abitano in ... .

**I dialetti e gli accenti.** Legga il seguente brano. (*Read the following passage.*)

L'italiano è la lingua ufficiale d'Italia ma in varie città e regioni molti italiani parlano il dialetto. Alcuni[1] dialetti cittadini[2] sono il romanesco, il napoletano e il veneziano. Alcuni dialetti regionali sono il siciliano, il veneto, il piemontese e il calabrese. Di solito la gente[3] parla il dialetto solo in famiglia o con gli abitanti della propria[4] città o regione perché le persone di altri luoghi non lo[5] capiscono. La caratteristica della maggior parte delle persone che parlano italiano è l'accento. L'accento rivela spesso il luogo d'origine del parlante[6]; gli accenti più facilmente riconoscibili[7] sono il toscano, il romano, il siciliano, il milanese e il napoletano. Più generalmente si parla[8] anche di un accento del nord e di un accento del sud. Per esempio, Gabriella e Piero, i giovani protagonisti del video, hanno un accento del nord. Ma la zia di Palermo che risponde alla telefonata di Gabriella ha chiaramente[9] un accento siciliano.

1. Some   2. city   3. people   4. their own   5. it   6. speaker   7. easily recognizable
8. one talks about   9. clearly

**B. Vero o falso?** In coppia: A turno identificate le seguenti frasi come vere o false secondo la lettura. (*In pairs: Take turns identifying the following statements as true or false based on the reading.*)

1. Il dialetto è la lingua ufficiale delle regioni.
2. L'accento permette di capire di dov'è una persona.
3. Il dialetto è usato per parlare con persone della propria città.
4. Gabriella e Piero parlano con un accento del sud.
5. La zia di Gabriella parla con l'accento siciliano ed è impossibile capirla.

Taormina: Il teatro greco
(III secolo a.C.) e sullo sfondo,
l'Etna.

Practice pronunciation by asking
individual students to read parts
of the paragraphs aloud.

Have students find at least
seven cognates in this paragraph.

Have students refer to the map
on p. 14 and locate the places
mentioned in the reading.

As you look at the map of Italy
on p. 14, notice that the shape of
Italy resembles that of a boot
(*uno stivale*).

On the map on p. 14, locate the
major cities of Sicily.

The other two active volcanos in
Italy are Mount Vesuvius, near
Naples, and Stromboli, on one of
the Eolian Islands near Sicily.

The Normans were ancient
Scandinavian people who settled
in northern France in the tenth
century and later moved on to
conquer Sicily.

**C.   Un po' di geografia.** Completi le seguenti frasi con una parola appropriata
della lista indicata. Ci sono due parole in più nella lista. (*Complete the
following passage with an appropriate word from the list. There are two extra
words on the list.*)

| arance | paese | greci | città |
|--------|-------|-------|-------|
| mare | storia | isola | regione |

1. L'Italia è un ... .
2. La Sardegna è un'... .
3. Genova è una ... .
4. Il Mediterraneo è un ... .
5. I ... sono gli abitanti della Grecia.
6. L'Abruzzo è una ... del centro Italia.

**La Sicilia.** Legga il seguente brano. (*Read the following passage.*)

La Sicilia è un'isola vicino alla punta dello "stivale"[1] italiano ed è una delle più
belle e pittoresche regioni del paese. Ricca[2] di storia, tradizioni e cultura, la
Sicilia ha molte costruzioni artistiche di origini diverse. In questa regione ci
sono anche monumenti antichi molto belli che ricordano[3] la presenza dei greci,
dei romani, degli arabi e dei normanni.

    Circondata dal mare Mediterraneo, la Sicilia ha spiagge[4] stupende. Le
città principali della Sicilia sono Palermo, il capoluogo, Catania, Messina e
Siracusa. Vicino a Catania c'è il monte Etna, uno dei tre vulcani attivi d'Italia.
Grazie al suo clima mite[5], la Sicilia produce molta frutta, specialmente arance,
mandarini[6], limoni e mandorle[7].

1. the tip of the "boot"   2. Rich   3. call to mind   4. beaches   5. mild climate   6. tangerines
7. almonds

**D. Domande.** Risponda alle seguenti domande basate sulla lettura. (*Answer the following questions based on the reading.*)

1. Dov'è la Sicilia?
2. Di che cosa è ricca la Sicilia?
3. Che cosa ricordano i monumenti antichi siciliani?
4. Quali sono le città principali della Sicilia?
5. Che cosa è l'Etna?
6. Che cosa produce la Sicilia?

# Ad una festa mascherata

**COMMUNICATIVE OBJECTIVES**

- Talk about costumes and costume parties
- Describe people, places, and things
- Express preferences
- Talk about where you and others are going

Venezia: Stupende maschere abbelliscono il Carnevale.

**È** la settimana di Carnevale e in tutta la città c'è un'atmosfera di allegria. Giulia Magrini e Francesca Cipriani passeggiano per le vie del centro. Mentre guardano le vetrine dei negozi, incontrano il loro amico Massimo Damiani.

| | | |
|---|---|---|
| MASSIMO: | Salve, ragazze, come mai° siete qui? Dove andate? | how come |
| GIULIA: | Siamo qui per fare acquisti. Cerchiamo un costume originale. | |
| MASSIMO: | Venite anche voi alla festa mascherata a casa di Roberto? | |
| FRANCESCA: | Certo, anche noi conosciamo Roberto. Ma tu, hai già un costume particolare°? | special |
| MASSIMO: | Sì, penso di indossare un costume semplice ed economico, una bella toga romana. Capite bene che non ho voglia di spendere molto. Voi invece quali costumi avete in mente?° | in mind |
| GIULIA: | Io, un costume elegante. Desidero vestire come una bella donna dell'alta società del secolo° scorso. Il problema è che il vestito è molto caro. | century |
| MASSIMO: | E tu, Francesca, chi desideri essere? | |
| FRANCESCA: | Ancora non lo so. Giulia mi suggerisce d'indossare un'uniforme militare. | |
| MASSIMO: | Davvero? Ti piace per caso° la carriera militare? | by chance |
| FRANCESCA: | No, ma per una sera posso° dare ordini a tutti gli invitati. | I can |
| MASSIMO: | Allora, agli ordini, signor generale! Ora però vado perché è tardi. Ci vediamo alla festa. Ciao. | |

## Domande

Have students read the opening paragraph of the dialogue. Explain that *Carnevale* is celebrated the week before Ash Wednesday, when Lent, the 40 days of penitence and fasting before Easter, begins. Children wear costumes and parade in the city center with their parents. Young people go to all-night costume parties and play jokes on their friends. According to an old saying, *Di Carnevale, ogni scherzo vale.* "All jokes are allowed (*anything goes*) at Carnival."

1. Perché c'è un'atmosfera di allegria nelle vie della città?
2. Perché sono in centro le due ragazze?
3. Perché hanno bisogno di costumi i tre amici?
4. Cosa pensa di indossare Massimo per la festa mascherata?
5. Perché preferisce questo costume?
6. Com'è il costume che Giulia pensa di indossare?
7. Cosa pensa di indossare Francesca?

*Carnevale* is the week before Ash Wednesday, when Lent begins. People wear costumes and attend masked parties and balls. The word *Carnevale* comes from the Latin *carne* (meat) and *vale* (farewell); that is, "farewell to meat" during Lent.

After students have responded to the *Domande,* challenge them to retell what happens in the dialogue.

# Dove fare gli acquisti

Di solito i negozi più cari ed eleganti delle città italiane sono situati nella zona del centro. Le belle vetrine dei negozi attraggono[1] facilmente l'attenzione dei passanti[2]. Generalmente però la gente fa gli acquisti nei negozi di quartiere[3] che sono meno pretenziosi e meno cari. Oltre[4] ai negozi, quasi tutte le città hanno grandi supermercati e mercati all'aperto dove tutti i giorni o più volte alla settimana è possibile fare la spesa[5] o altri acquisti. È in questi mercati che la gente acquista di solito i generi alimentari[6] ed altri prodotti personali e per la casa.

Una caratteristica particolare di alcune città sono invece i mercati dell'usato[7], come quello di Porta Portese a Roma. Situato in una zona lungo[8] il fiume Tevere, il mercato di Porta Portese prende il nome dalla Porta Portese, una delle porte esistenti[9] nelle mura che circondavano[10] la Roma antica. Questo mercato ha luogo ogni domenica. È un'attrazione non solo per i romani, ma anche per i turisti italiani e stranieri, sempre pronti ad acquistare a buon mercato[11] prodotti di ogni genere ed oggetti d'arte e di antiquariato[12].

1. attract  2. passersby  3. neighborhood  4. In addition
5. to shop for groceries  6. groceries  7. secondhand markets
8. along  9. existing  10. surrounded  11. inexpensive
12. antiques

Desidera acquistare un cappello caratteristico? Il mercato di Porta Portese a Roma offre un po' di tutto.

The Tevere (Tiber) is the river that flows through Rome.

## Domande personali

1. Dove passeggia lei di solito? Quando? Con chi?
2. Di solito dove va a fare gli acquisti?
3. Lei va a feste mascherate? Quando? Dove? Con chi?
4. Lei preferisce indossare un costume tradizionale o moderno?
5. Preferisce un costume semplice ed economico o un costume caro ed elegante?

## Situazioni

1. Domandi ad un amico/un'amica dove va.

   — Dove vai questo pomeriggio?
   — Vado al centro a fare acquisti (a guardare le vetrine/a prendere un gelato con gli amici/a fare due passi).

2. Lei desidera sapere come sono i negozi vicino all'università.

   — Come sono i negozi vicino all'università?
   — Sono cari (economici, grandi, piccoli, eleganti).

# Vocabolario

### Parole analoghe

| | | |
|---|---|---|
| l'atmosfera | militare | romano/a |
| la carriera | l'ordine (*m.*) | la società |
| il costume | originale | la toga |
| elegante | il problema | l'uniforme (*f.*) |
| il generale | | |

### Nomi

| | |
|---|---|
| l'acquisto | purchase |
| l'allegria | joy |
| la donna | woman |
| la festa | party; **la festa mascherata** costume party |
| l'invitato/a | guest |
| la ragazza | girl |
| il vestito | dress |
| la vetrina | store window |
| la via | street |

### Verbi

| | |
|---|---|
| capire | to understand |
| conoscere | to know |
| indossare | to wear |
| passeggiare | to walk; to take a walk |
| preferire | to prefer |
| suggerire | to suggest |
| venire (*irreg.*) | to come |
| vestire | to dress |

### Aggettivi

| | |
|---|---|
| bello/a | beautiful |
| caro/a | expensive |
| economico/a | cheap, inexpensive |
| scorso/a | last, past |
| semplice | simple |

### Altre parole ed espressioni

| | |
|---|---|
| ancora | yet |
| benissimo | very well |
| certo | certainly |
| che | that; who |
| davvero? | really |

**mentre**   while
**molto**   very, much, a lot
**molti/e**   many
**però**   but

**tardi**   late
**tutto/a**   all
**fare acquisti**   to make purchases
**non lo so**   I don't know

## Pratica

**A.** In coppia: Lei organizza una festa mascherata a casa sua. Telefoni ad un amico/un'amica e lo/la inviti. L'amico/amica desidera sapere il giorno e l'ora della festa, e domanda se lei ha bisogno di qualcosa da bere o da mangiare per gli invitati.

**B.** In gruppi di tre: C'è una festa di Halloween all'università. Dite quale costume indossa ciascuno (*each*) di voi e perché.

— Io penso di indossare il costume (di Arlecchino) perché è un costume allegro. E tu?
— Io ...

# *Pronuncia*

## I suoni /k/ e /c/

The sounds of the letters **c** and **ch** in Italian differ from English. **Ch** is always pronounced /**k**/, as in *chemistry*. When the letters **c** and **cc** appear before *a*, *o*, or *u*, they are always pronounced /**k**/, as in *cold*. Before *e* and *i*, however, **c** and **cc** are pronounced /**c**/, as in *ancient*.

**A.** Ascolti l'insegnante e ripeta le seguenti parole.

| | | | |
|---|---|---|---|
| per**ch**é | **c**aro | ri**c**evere | die**c**i |
| mas**ch**era | pi**cc**olo | pia**c**ere | fa**c**ile |
| **ch**i | Fran**c**o | li**c**eo | vi**c**ino |
| **ch**iamo | **c**ostume | **c**entro | so**c**ietà |
| ve**cch**io | ri**cc**o | **c**appu**cc**ino | fa**cc**ia |

**B.** **Proverbio.** Legga ad alta voce il seguente proverbio. Poi lo detti (*dictate it*) ad un altro studente/un'altra studentessa.

**Patti chiari, amici cari.**
Clear agreements make good friends.

# Ampliamento del vocabolario

## Caratteristiche personali

Note that an adjective that ends in **-o** usually refers to a male, one that ends in **-a** to a female. An adjective that ends in **-e** may refer to either a male or a female.

Anna è **bassa.** Paola è **alta.**

Enrico è **grande.** Carlo è **piccolo.**

Laura è **divertente.** Marisa è **noiosa.**

Dino è **grasso.** Aldo è **magro.**

La signora Baschi   La signorina
è **ricca.**                   Donato è **povera.**

Luisa è **allegra.** Giulietta è **triste.**

Il diavolo          L'angelo è
è **cattivo.**          **buono.**

Pietro è **giovane.** Il nonno è **vecchio.**

Giorgio è **calmo.** Alberto è **nervoso.**

## Altre caratteristiche personali

| | |
|---|---|
| **bello/a**  beautiful, handsome | **brutto/a**  ugly |
| **dinamico/a**  dynamic, energetic | **pigro/a**  lazy |
| **disinvolto/a**  carefree, self-possessed | **timido/a**  shy, timid |
| **cortese**  kind, courteous, polite | **scortese**  unkind, rude |
| **ingenuo/a**  naive | **furbo/a**  shrewd |
| **simpatico/a**  nice, pleasant | **antipatico/a**  unpleasant |
| **gentile**  kind, courteous | **sgarbato/a**  rude |
| **onesto/a**  honest | **disonesto/a**  dishonest |
| **generoso/a**  generous | **egoista**  selfish |
| **sincero/a**  sincere | **falso/a**  insincere |
| **intelligente**  intelligent | **stupido/a**  stupid |
| **prudente**  careful, cautious | **audace**  bold, daring |

*Ex. A: Ask students what some well-known people are like: Com'è il presidente degli Stati Uniti? E Bill Cosby? E Wynona Ryder? etc.*

**A.** In coppia: A turno (*in turn*) descrivete le persone rappresentate nel disegno (*drawing*). Usate almeno (*at least*) quattro aggettivi in ogni descrizione.

➤ Maria Montesi

— *Com'è Maria Montesi?*
— *È ricca, ed è anche ...*

Stefano Pastore

Valentino De Santis

Antonio Calvino

Maria Montesi

*Ex. B: Challenge students to add a comment that is plausibly related to the first. For example, after È molto ricca, they may say Abita in una grande villa fuori Roma.*

**B.** Descriva le seguenti persone con un aggettivo appropriato.

➤ — La signora Fanti ha molti soldi e fa sempre molti acquisti.
— È molto ricca.

1. Il dottor Valenti non lavora. Ha novantadue anni.
2. Marina adora ballare e cantare.
3. Mio fratello ha quindici anni e frequenta il liceo.
4. Mia sorella guarda sempre la televisione e non studia molto.
5. Tiziana non presta i libri agli amici.
6. Luigi non offre il gelato a nessuno.
7. Sandro non ha paura di parlare in classe. Parla italiano senza esitare (*without hesitating*).

Ex. C: Elicit other roles and activities and the characteristics students think they call for.

**C.** In gruppi di tre o quattro: Domandi quali caratteristiche devono avere le seguenti persone. Usi due o tre aggettivi per persona.

➤ un amico   — *Quali caratteristiche deve avere un amico?*
   — *Un amico deve essere sincero, buono e generoso.*

Have students take turns asking and answering. Follow up by asking a few groups about one or two of the people listed.

1. un dottore/una dottoressa
2. un attore/un'attrice
3. un professore/una professoressa
4. uno studente/una studentessa
5. un cameriere/una cameriera
6. un/un'atleta (*athlete*)

Ex. D: Give students one minute to jot down all the qualities they can think of. Have students play both roles.

**D.** In coppia: Lei cerca lavoro come animatore/animatrice (*entertainer*) in un campeggio per ragazzi. Descriva se stesso/a al direttore del campeggio, dicendo di dov'è, quale scuola frequenta, la sua età, le sue caratteristiche fisiche e alcuni aspetti della sua personalità.

➤ — Allora, signore (signorina), mi parli un po' di lei.
   — Bene, mi chiamo ...

# Struttura ed uso

## Concordanza degli aggettivi qualificativi

1. In Italian, descriptive adjectives (**aggettivi qualificativi**) agree in number and gender with the nouns they modify. There are two main types of descriptive adjectives: those with four forms and those with two forms.

   a. Adjectives whose masculine singular form ends in **-o** have four forms.

|  | **alto** | tall |
|---|---|---|
| m. sing. | alt**o** | Quel signore tedesco è **alto**. |
| f. sing. | alt**a** | Anche sua moglie è **alta**. |
| m. pl. | alt**i** | I figli del signore sono **alti**. |
| f. pl. | alt**e** | Anche le sorelle sono **alte**. |

*Note:* Adjectives ending in **-io** drop the second **i** in the masculine plural: **vecchio / vecchi.**

Remember, it is the gender and number that agree, not necessarily the final letter: *una festa elegante.*

Ask students to determine to which group the adjectives on pages 110 and 111 belong. Highlight those with two endings, which are fewer in number and may be overlooked.

Adjectives with four endings are more numerous, but many common adjectives, such as *giovane* and *grande,* have two endings.

b.  Adjectives whose masculine singular form ends in **-e** have two forms.

|  | **elegante** | elegant |
|---|---|---|
| m. sing. | elegant**e** | È un costume **elegante.** |
| f. sing. | elegant**e** | Ritorno da una festa **elegante.** |
| m. pl. | elegant**i** | In questa città i negozi sono **eleganti.** |
| f. pl. | elegant**i** | Guardiamo solo le vetrine **eleganti.** |

Talk about people in the class, using the adjectives *giovane, intelligente, divertente: Mark è giovane; ha solo diciotto anni. Anche Mara è giovane. Tutti e due sono giovani.*

If students use the adjective *egoista,* tell them that it belongs to another class of adjectives with three endings: *-ista, -isti,* and *-iste.*

Students will learn forms of nouns and adjectives ending in *-co / -ca* in Lez. 10. In the meantime, you may want to present the plural forms of *simpatico, antipatico,* and *dinamico.*

2.  When an adjective modifies two or more nouns of different gender, the masculine plural form is always used.

Francesca e il suo ragazzo sono **simpatici.**

Francesca and her boyfriend are nice.

La signora e il signore sono molto **generosi.**

The woman and the man are very generous.

3.  Adjectives of nationality may also have either four forms or two forms.

| | |
|---|---|
| americano, -a, -i, -e | canadese, -i |
| italiano, -a, -i, -e | cinese, -i |
| messicano, -a, -i, -e | francese, -i |
| russo, -a, -i, -e | giapponese, -i |
| spagnolo, -a, -i, -e | inglese, -i |
| tedesco, a, -hi, -he | irlandese, -i |

Before doing Ex. A, elicit opposite adjectives from the class: *Antonella è allegra; non è ...* Have students reverse the subjects and make necessary changes: *Antonella è triste. Luigi e Filippo sono allegri.*

**A.** Completi la seconda frase con un aggettivo di significato opposto a quello della prima frase.

➤ Antonella è allegra. Luigi e Filippo _____ .    *Luigi e Filippo sono tristi.*

1.  Alberto è povero. Anna e Nino _____ .
2.  Laura è buona. Le sorelle di Laura _____ .
3.  Teresa è intelligente. Claudio _____ .
4.  Gianni è giovane. Alfredo _____ .
5.  Le figlie di Paolo sono piccole. I figli di Ennio _____ .
6.  Luisa è grassa. Angelo ed io _____ .
7.  La sorella di Elena è bella. I fratelli di Elena _____ .
8.  Io sono alto. Tu e Riccardo _____ .

**B.** Dia la nazionalità delle seguenti persone.

➤ Celine Dion è del Canadà.    *Celine Dion è canadese.*

1. Charles abita in Inghilterra.
2. Il re (*king*) Juan Carlos abita in Spagna.
3. Gerard Dépardieu è della Francia.
4. Boris Becker e Katerina Witt sono della Germania.
5. Boris e Natascia abitano in Russia.
6. Gli U2 abitano in Irlanda.
7. Hillary e Chelsea Clinton sono degli Stati Uniti d'America.
8. L'imperatore Akihito abita in Giappone.

**C.** In coppia: Simona e suo fratello Pietro sono totalmente diversi. Ecco tre disegni (*drawings*) di Simona e tre di Pietro. Con un altro studente/un'altra studentessa, dica quali sono le qualità opposte dei due ragazzi. Usate la forma corretta degli aggettivi della lista a pagina 111.

➤ Simona è piccola ma Pietro è _____ .

**D.** Descriva i luoghi indicati nella sua città, usando la forma appropriata di aggettivi come *nuovo, moderno, grande, vecchio, piccolo, buono,* ecc.

➤ le chiese     *Le chiese della mia città sono vecchie ( grandi, ecc.)*

1. i ristoranti
2. l'ufficio postale
3. gli alberghi
4. l'ospedale
5. il museo
6. le scuole
7. l'università

## Posizione degli aggettivi con i nomi

— Guarda! Ho una **nuova macchina.**
— Scusa, ma questa non è una **macchina nuova!**

1. In Italian, most descriptive adjectives follow the noun they modify.

— Penso di indossare una **toga romana.**
— Ecco un **costume semplice!**
— Io invece porto un'**uniforme militare.**
— Che **idea geniale!**

— I think I'll wear a Roman toga.
— Now that's an easy costume!
— I'm wearing a military uniform.
— What a smart idea!

CARNEVALE DI VIAREGGIO

2. Certain common descriptive adjectives, such as **bello, buono, nuovo,** and **piccolo,** ordinarily precede the noun they modify. When they follow the noun, it is usually for emphasis or contrast.

— Abitano in una **piccola villa** fuori Roma.

— They live in a small villa outside Rome.

— Ma non è una **villa piccola.** È grande!

— But it's not a small villa at all. It's big!

Using these adjectives after the noun tends to emphasize the meaning of the adjective. For example, *una nuova macchina* means that the car is new to the speaker, but not necessarily new. *Una macchina nuova* means that the car is brand new.

Here is a list of some common descriptive adjectives that generally precede the noun.

| | | | |
|---|---|---|---|
| **bello/a** | beautiful; nice | **grande** | large; great |
| **bravo/a** | good; capable | **lungo/a** | long |
| **brutto/a** | ugly; unpleasant | **nuovo/a** | new |
| **buono/a** | good | **piccolo/a** | small |
| **caro/a** | dear | **stesso/a** | same |
| **cattivo/a** | bad | **vecchio/a** | old |
| **giovane** | young | **vero/a** | true |

The word *caro* before a noun means *dear: un caro amico.* After a noun it means *expensive: un costume caro.*

3. When **buono** precedes a singular noun, it has shortened forms similar to those of the indefinite articles **un/uno/una/un'.**

Tonio è un **buon** ragazzo. È anche un **buono** studente.

Tonio is a good boy. He's also a good student.

Maria è una **buona** persona. È una **buon'**amica di Tonio.

Maria is a good person. She's a good friend of Tonio.

4. When **bello** precedes the noun it modifies, it has forms similar to the definite article.

Quickly review the forms of the indefinite article and what they are dependent on. Practice by asking the class: *Come si dice "friend"? E come si dice "a friend"? E "a good friend"?* Do the same with *studente, studentessa, fratello, sorella, gatto, sport.* The students can answer in chorus.

Practice the forms of *bello* as well, using the definite article rather than the indefinite and including plurals. Point out that these irregular forms are used only when *buono* and *bello* precede the noun. If they follow the noun or the verb *essere,* they have four regular forms.

Explain to students that *molto,* when used as an adjective, has four forms and precedes the noun: *molto tempo, molta fame, molti amici, molte cose.* When used as an adverb, it is invariable: *È una ragazza molto intelligente.*

| Masculine | | Feminine | |
|---|---|---|---|
| **Singular** | **Plural** | **Singular** | **Plural** |
| il **bel** museo | i **bei** musei | la **bella** città | le **belle** città |
| il **bello** stadio | i **begli** stadi | la **bell'**isola | le **belle** isole |
| il **bell'**albergo | i **begli** alberghi | | |

*But:* Gli alberghi sono **belli.**

**E.** Completi la descrizione con la forma appropriata degli aggettivi indicati tra parentesi. Metta gli aggettivi nella posizione corretta.

➤ Frequento una (grande) _____ università _____ .    *Frequento una grande università.*

Abito in una (piccola) _____ casa _____ per (internazionale) _____ studenti _____ . Quest'anno ci sono quattro (nuovo) _____ studenti _____ . Ilsa è una (bravo) _____ ragazza _____ tedesca. Laure e Mireille sono due (giovane) _____ studentesse _____ che sono dello (stesso) _____ paese _____ della Francia. Ivano è un _____ (russo) ragazzo _____ . È una (simpatica) _____ persona _____ e un (vero) _____ amico _____ .

**F.** In coppia: Lei e un amico/un'amica avete opinioni differenti su quasi (*almost*) tutto. Quando lei dice che una cosa è bella, l'amico/a dice che è brutta, e viceversa. Esprimete il vostro punto di vista sulle seguenti cose, secondo l'esempio.

➤ la città di Los Angeles
S1: Che bella città!
S2: Che brutta città!

1. i libri di Danielle Steele
2. la lingua tedesca
3. la famiglia di Al Bundy
4. i negozi di Rodeo Drive
5. la musica di Frank Sinatra
6. le idee di Al Gore
7. la tradizione di Carnevale
8. il giorno di San Valentino

**G.** In coppia: Chieda ad un amico/un'amica se ha le seguenti cose. Se risponde di sì, domandi se sono belle.

➤ orologio
S1: Hai un orologio?
S2: Sì, ho un orologio.
S1: È bello l'orologio?
S2: Sì, è un bell'orologio.

1. cane
2. macchina (*car*)
3. bicicletta
4. radio
5. televisore
6. stereo
7. appartamento

**H.** In gruppi di tre o quattro: Fate una lista di persone famose che voi associate con le seguenti qualità.

➤ bello
S1: Kevin Costner è bello.
S2: Cindy Crawford è bella, ecc.

1. ricco
2. intelligente
3. vecchio
4. alto
5. basso
6. brutto
7. divertente
8. antipatico

## Presente dei verbi regolari in *-ire*

Make sure students are aware of the changes in the *-sc* sound in present tense verbs like *capire*. Write the endings *-isco, -isci, -isce, -iamo, -ite, -iscono* on the board and conjugate several *-ire* verbs like *capire* with the class. Point to the letters and highlight the *-sc* sounds so students can make a connection between the written and spoken forms of the verbs.

— Ti **offro** un passaggio?
— No, grazie. **Preferisco** fare due passi.

1. The present tense endings for regular **-ire** verbs are **-o, -i, -e, -iamo, -ite,** and **-ono.** These verbs follow two patterns: that of **dormire** (*to sleep*) and that of **capire** (*to understand*). The endings are the same for both groups, but verbs like **capire** insert **-isc** between the stem and the ending in all forms except the **noi** and **voi** forms.

Notice that verbs like *dormire* have the same endings as the *-ere* verbs, except for the *voi* form.

| **dormire**  to sleep | | **capire**  to understand | |
|---|---|---|---|
| dormo | dormiamo | capisco | capiamo |
| dormi | dormite | capisci | capite |
| dorme | dormono | capisce | capiscono |

2. The following **-ire** verbs are regular in the present tense.

Practice forms of the *-ire* verbs by having students change the subjects of these sentences: *Io dormo fino a tardi.* (*la madre / le sorelle / voi / Gianni*) *Mio fratello pulisce la macchina.* (*le ragazze / io / io e Marco / tu*) *Tu senti le parole ma non capisci l'idea.* (*Loredana / tu ed Alberto / gli amici / io*)

| *Verbs like* **dormire** | | *Verbs like* **capire** | |
|---|---|---|---|
| **aprire** | to open | **finire** | to finish |
| **offrire** | to offer | **ubbidire** | to obey |
| **partire** | to leave, depart | **preferire** | to prefer |
| **seguire** | to follow; to take (courses) | **pulire** | to clean |
| **sentire** | to hear; to feel | **restituire** | to give back |
| **servire** | to serve; to be useful | **riferire** | to report, relate |
| **soffrire** | to suffer | **spedire** | to send |
| | | **suggerire** | to suggest |

As you learn new *-ire* verbs, conjugate them in your head so that you will remember whether they are like *dormire* or *capire*. To determine to which group a particular *-ire* verb belongs, count backwards from the last letter of the infinitive. If the fifth-to-the-last letter is a consonant, it is probably conjugated like *dormire;* if it is a vowel, it is probably conjugated like *capire* (notice the exception *restituire*).

*Note:* The verbs **finire** and **suggerire** require the preposition **di** before an infinitive. English uses the *-ing* form to express the same idea.

— Quando **suggerisci di** partire?  — When do you suggest leaving?
— Quando **finiamo di** studiare.  — When we finish studying.

3. Remember that in a double-verb construction, the first verb is conjugated and the second verb is an infinitive.

— **Preferisci prendere** l'autobus dell'una?  — Do you prefer to take the one o'clock bus?
— No, veramente **preferisco partire** ora.  — No, actually I prefer to leave now.

Have students do Ex. I in pairs, taking turns asking and answering questions.

**I.** Risponda alle domande con una frase appropriata della lista indicata. Metta il verbo nella forma corretta.

➤ Cosa fa il professore?  *Insegna all'università.*

| | |
|---|---|
| dormire molto | seguire corsi di anatomia |
| spedire lettere | partire e arrivare |
| capire tutto | aprire la porta alla mamma |
| servire il pranzo | soffrire di malinconia |
| ubbidire | |

1. Cosa fanno le persone pigre?
2. Cosa fa una persona intelligente?
3. Cosa fanno i viaggiatori (*travelers*)?
4. Cosa fanno i cani buoni?
5. Cosa fa il ragazzo cortese?
6. Cosa fa una persona triste?
7. Cosa fanno i camerieri?
8. Cosa fanno gli studenti di medicina?

**J.** Aldo descrive una sua giornata di scuola. Completi la descrizione in maniera appropriata con la forma corretta di uno dei verbi indicati. Usi ogni verbo una volta sola.

| | |
|---|---|
| restituire | dormire |
| aprire | offrire |
| preferire | pulire |
| seguire | prendere |
| spedire | |

Di solito, la mattina io non _____ fino a tardi perché _____ andare a scuola presto. Vado a scuola alle otto, ma prima _____ un po' il mio appartamento. Poi incontro Giuseppe al bar e lui mi _____ un caffè. _____ il caffè e poi andiamo a lezione di storia. Di solito noi non _____ i libri quando il professore parla per tutta l'ora. Alla fine della lezione _____ la penna a Giuseppe e lo saluto. Io resto a scuola perché _____ un corso di matematica. Torno a casa all'una e poi _____ una lettera ad un'amica di Pisa.

**K.** In gruppi di tre o quattro: Domandi agli altri studenti del gruppo quale delle due cose indicate preferiscono.

➤ ascoltare la musica / guardare la televisione
S1: Preferite ascoltare la musica o guardare la televisione?
S2: Io preferisco guardare la televisione.
S3: Io invece preferisco ascoltare la musica. / Anch'io preferisco ...

1. studiare la mattina presto / studiare la sera tardi
2. le persone disinvolte / le persone timide
3. i cani / i gatti
4. le audiocasette / i CD
5. la cucina italiana / la cucina cinese
6. i gelati al cioccolato / i gelati alla vaniglia
7. avere caldo / avere freddo
8. i film di orrore (*horror*) / i film romantici
9. la Coca-Cola / la Pepsi

Ex. L: Be sure students take turns asking and answering. Encourage them to respond as they like and to volunteer other information.

**L.** In coppia: Faccia le seguenti domande ad un altro studente/un'altra studentessa.

1. Capisci l'italiano? E il francese? E il tedesco?
2. A che ora comincia la lezione d'italiano? A che ora finisce?
3. Di solito, a che ora finisci di studiare la sera?
4. Quanti corsi segui? Quali sono i corsi che segui? Quale preferisci?
5. Fino a che ora dormi il sabato mattina? E la domenica mattina?
6. Preferisci andare al cinema o al teatro?
7. Chi pulisce la tua camera (*room*)? Quando?
8. Soffri di malinconia? Di allergie? Di insonnia?

## Verbi irregolari: *andare* e *venire*

1. The verbs **andare** and **venire** are irregular in some forms of the present tense.

Make sure students understand that the construction *andare + a* + infinitive expresses movement rather than the future tense as in English. Ask them questions like: *Dove va a mangiare? Dove va a comprare vestiti? Dove va a ballare?* Make sure they know what is being asked.

| **andare**  to go | | **venire**  to come | |
|---|---|---|---|
| **vado** | andiamo | **vengo** | veniamo |
| **vai** | andate | **vieni** | venite |
| **va** | **vanno** | **viene** | **vengono** |

2. **Andare** and **venire** require the preposition **a** before an infinitive.

Oggi non **andiamo a mangiare** al ristorante.

Today we aren't going to the restaurant to eat.

Gli amici di mio fratello **vengono a fare** colazione con noi.

My brother's friends are coming to have breakfast with us.

**M.** Completi i dialoghi con le forme appropriate di *andare* e *venire*.

— Ciao, Simona. Da dove _____ ?
— _____ dal lavoro.
— Desideri _____ con me ad una festa?
— Sì! Ma prima _____ a casa a cambiarmi (*change*) il vestito.

— Dove _____ la tua famiglia in vacanza (*on vacation*)?
— Mamma e papà _____ in Florida.
— E tu non _____ con loro?
— No, io preferisco _____ a sciare con gli amici.

**N.** Dopo le vacanze in Italia, alcuni turisti europei cambiano treno alla stazione di Roma. Dica da dove vengono e dove vanno.

➤ Partenza da: Rimini    Destinazione: Copenaghen    il signore danese
Il signore danese viene da Rimini e va a Copenaghen.

FERROVIE DELLO STATO

Partenza da:    PALERMO
Destinazione:   LIONE

FERROVIE DELLO STATO

Partenza da:    NAPOLI
Destinazione:   LONDRA

1. il signore francese

4. la signorina inglese

FERROVIE DELLO STATO

Partenza da:    SORRENTO
Destinazione:   AMBURGO

FERROVIE DELLO STATO

Partenza da:    AGRIGENTO
Destinazione:   AMSTERDAM

2. la famiglia tedesca

5. i giovani olandesi

FERROVIE DELLO STATO

Partenza da:    SPERLONGA
Destinazione:   BARCELONA

FERROVIE DELLO STATO

Partenza da:    TAORMINA
Destinazione:   LUCERNA

3. gli studenti spagnoli

6. la signora svizzera

Ex. O: Circulate to supply needed vocabulary. Make sure both partners answer all three questions: where, what, with whom.

**O.** In coppia: Indichi ad un altro studente/un'altra studentessa tre luoghi dove lei va questa fine-settimana. Dica anche che cosa va a fare e con chi va.

➤ S1: Dove vai questa fine-settimana?
S2: Vado al parco a fare una passeggiata con Gina. E poi vado ...

**P.** In coppia: Un amico/un'amica decide di fare le seguenti cose questa fine-settimana. Dica dove va per fare queste attività. Le destinazioni possibili sono indicate nella lista di destra.

➤ ballare con gli amici
S1: *Vado a ballare con gli amici.*
S2: *Tu vai alla nuova discoteca.*

1. vedere un bel film                        al parco
2. studiare per un esame                     all'ufficio postale
3. comprare un vecchio costume               in centro
4. vedere la partita di calcio (*soccer game*)   a Porta Portese
5. spedire una lettera                       alla gelateria
6. mangiare un bel gelato                     in biblioteca
7. vedere i negozi eleganti                   allo stadio
8. fare due passi                            al cinema

# *Parliamo un po'*

**A.  Una descrizione.** In coppia: Ecco una fotografia delle vacanze di un suo amico/una sua amica. Domandi all'amico/a chi sono le persone nella foto, come si chiamano, come sono, di dove sono, e com'è il luogo rappresentato nella foto. L'amico/a deve usare la fantasia nelle risposte.

➤ S1: Chi è questa ragazza?
S2: Si chiama Luli. È una ragazza spagnola ...
S1: Com'è?
S2: È dinamica, ...

Vuoi venire con noi? Un gruppo di giovani aspetta altri amici.

**B.** **Una festa mascherata.** In coppia: S1: Lei ha ricevuto (*received*) questo invito per una festa mascherata. Telefoni a S2 e lo/la inviti alla festa. Poi risponda alle domande dell'amico/a.

S2: Un amico/un'amica le telefona per invitarla ad una festa mascherata. Lei accetta, ma vuole sapere quando e dove è la festa, se ha bisogno di mettere un costume, e quale costume pensa di indossare l'amico/a.

Venite ad una
Festa mascherata
venerdì, 31 ottobre
alle 21:00
Via Appia Pignatelli 62, Roma

Costume obbligatorio!!!

Perché non porti anche un amico o un'amica?

**C.** **Una persona che ammiro.** Scriva una breve descrizione di una persona che lei ammira (*admire*): un amico, un membro della sua famiglia o una persona famosa. Dica com'è questa persona e perché l'ammira.

**D.** **L'uomo/La donna ideale.** In gruppi di tre o quattro: Secondo voi, com'è la donna/l'uomo ideale? Quali sono le sue qualità? Indicate sei caratteristiche che ha e due o tre che non ha.

➤ L'uomo ideale è alto, ma non molto alto. È intelligente …

**E.** **Le preferenze.** Intervisti un altro studente/un'altra studentessa per sapere quali sono le sue preferenze. Prenda appunti e riferisca le informazioni alla classe. Ecco alcuni suggerimenti per fare le domande:

— dove andare la fine-settimana? ad una festa? al cinema? ecc.
— che tipo di film? di fantascienza? di orrore? romantico? comico? ecc.
— che tipo di ristorante? elegante? semplice? italiano? francese? ecc.
— che tipo di persone? intelligenti? allegre? ecc.
— dove fare acquisti? in quali negozi?

➤ S1: Dove preferisci andare la fine-settimana?
  S2: Preferisco andare …

Perugia: La gente passeggia tranquillamente; in fondo c'è il Palazzo dei Priori e la Fontana Maggiore.

## In giro per l'Italia

Write the list on the board and go over the meaning of each word. Then, with books closed, have students complete the sentences as you read them aloud.

Have students locate Umbria, Perugia, and the Tiber River on the map on p. 14.

**A.** **Un po' di geografia.** Completi le seguenti frasi con la forma appropriata di una parola della lista indicata. C'è una parola in più nella lista.

| monte | capoluogo | città | lago | penisola |
|-------|-----------|-------|------|----------|
| fiume | cittadina | valle | abitante | palazzo |

1. Il Po è un ... molto grande.
2. Firenze è una grande ... ma Fiesole è una ... .
3. Il ... Bianco (Blanc) è tra l'Italia e la Francia.
4. La ... del Po è nel nord Italia.
5. Anche il ... di Garda è nel nord Italia.
6. Firenze è il ... della Toscana.
7. L'Italia e la Spagna sono due ... .
8. Gli ... della città di Roma sono più di tre milioni.

Remind students to look for cognates. Then point out the false cognate *fabbrica* (factory).

**L'Umbria.** Legga questo brano.

Situata nel centro d'Italia, questa regione è molto bella. Essa è chiamata "Umbria verde"[1] per il colore dei monti e delle valli dell'Appennino umbro[2], ricchi di boschi e di pascoli[3]. In questa regione, che non ha il mare, scorre[4] il fiume Tevere mentre va verso Roma. Qui c'è anche il lago Trasimeno, il più grande della penisola dopo i laghi del nord Italia.

L'Umbria è una regione tranquilla; non ha città molto grandi e i suoi abitanti sono poco meno di[5] un milione. Il capoluogo è Perugia, città importante fin dall'[6] epoca degli Etruschi. L'altra città grande è Terni, conosciuta per le sue industrie e le sue fabbriche[7].

The Etruscans (*Etruschi*) were an ancient people (100 to 200 B.C.) who lived in the region of Etruria, which included parts of present-day Umbria, Tuscany, and Lazio.

Ma sono le varie cittadine medievali che caratterizzano l'Umbria. In esse ci sono belle chiese romaniche[8], conventi e palazzi storici[9] e ancora oggi sono circondate da mura[10] antiche. Orvieto, Spoleto, Gubbio, Todi e Assisi sono alcune di queste cittadine che molti turisti italiani e stranieri visitano continuamente.

1. green   2. Umbrian   3. woods and pastures   4. flows   5. a little less than   6. since
7. factories   8. romanesque   9. historical   10. walls

**B. Informazioni.** Dia le seguenti informazioni basate sul brano precedente.

1. Nome particolare di questa regione ...
2. Fiume che scorre nell'Umbria ...
3. Lago umbro ...
4. Il capoluogo dell'Umbria ...
5. Altre città importanti dell'Umbria ...
6. Numero di abitanti dell'Umbria ...
7. Caratteristiche delle cittadine medievali dell'Umbria ...
9. Tre cittadine umbre ...

**C. Definizioni.** Prima di leggere il seguente brano, abbini (*match*) le definizioni con una parola della lista di destra. Cerchi di indovinare il significato delle parole che non sono familiari.

1. due periodi della storia
2. persone che visitano città e paesi
3. aggettivo derivato da *arte*
4. ingrediente della cucina italiana
5. un prodotto artistico
6. una celebrazione
7. un artista
8. luoghi di concerti e di spettacoli

a. artistico
b. l'olio di oliva
c. il musicista
d. la ceramica
e. Medioevo e Rinascimento
f. i teatri
g. i turisti
h. una festa

Queste artistiche ceramiche sono in mostra in un negozio di Città di Castello in Umbria.

DERUTA

UFFICIO INFORMAZIONI TURISTICHE - LOCAL TOURIST OFFICE
Piazza dei Consoli, 4 - 06053 DERUTA (PG) - tel. (075) 9711559
4ª EDIZIONE - 1996 A CURA DELL'ASSOCIAZIONE "PRO DERUTA"

**Le attrazioni dell'Umbria.** Legga questo brano.

L'Umbria ha molte attrazioni. La cucina umbra, per esempio, è molto buona. I prodotti principali della regione sono il vino, il tartufo[1], l'olio di oliva, il prosciutto e le salsicce[2]. Poi c'è l'artigianato[3] che ha antiche tradizioni ed è ancora praticato in molti centri. Le ceramiche artistiche di Deruta, Orvieto, Gubbio e Città di Castello e i tessuti e i ricami[4] di Assisi sono alcuni esempi più conosciuti.

Ma sono le attività folcloristiche, le sagre[5] popolari e i vari festival che attirano l'attenzione di molti turisti. Alcune feste folcloristiche hanno le loro origini nel Medioevo e nel Rinascimento[6] e i partecipanti vestono antichi costumi multicolori. Le sagre celebrano i rinomati[7] prodotti locali. Ci sono la sagra del tartufo, la sagra degli asparagi, la sagra dei funghi[8], la sagra delle ciliege[9] ed altre. I festival di maggiore importanza sono l'Umbriajazz e il festival dei Due Mondi. All'Umbriajazz partecipano musicisti di jazz di fama internazionale, e i loro concerti sono presentati nei bei teatri di varie cittadine tipiche. Ma il festival più conosciuto è quello dei Due Mondi che da quaranta anni e più ha luogo[10] a Spoleto. In questo festival di tre settimane d'estate sono rappresentati spettacoli sperimentali e innovativi e concerti di famosi artisti internazionali. Gente italiana e straniera va a Spoleto in questo periodo e trasforma la tranquilla cittadina in un centro internazionale di arte e cultura.

1. truffle  2. sausages  3. handicrafts  4. fabrics and embroidery  5. feasts  6. Renaissance
7. renowned  8. mushrooms  9. cherries  10. takes place

**D. Vero o falso?** In coppia: A turno identificate le seguenti frasi come vere o false secondo il brano precedente. Correggete (*Correct*) le frasi false.

1. Due prodotti usati nella cucina italiana sono il tartufo e l'olio di oliva.
2. In Umbria l'artigianato non ha una lunga tradizione ed è poco praticato.
3. Le cittadine di Deruta e di Città di Castello sono conosciute per le loro ceramiche.
4. La sagra del tartufo celebra questo importante prodotto regionale.
5. Una cittadina umbra conosciuta per i suoi ricami è Gubbio.
6. Umbriajazz è un festival dedicato al jazz locale.
7. Il Festival dei Due Mondi ha luogo a Orvieto.

# In pizzeria con gli amici

**COMMUNICATIVE OBJECTIVES**

- Describe past actions and events
- Talk about vacations and vacation plans
- Express dates
- Tell when past actions took place

Before presenting the dialogue, ask students to formulate questions about the opening photo, using interrogatives such as *chi, quando, come, perché,* etc.

Per i giovani che usano la moto, il casco di protezione non è comodo, ma è necessario.

• • • • • • • • • • • • • • • • • • • • • • • • • • • • • • • • • • • • • •

Edoardo Filippini e Valerio Marotta sono seduti ad un tavolo della
pizzeria Il Marinaio. Mentre mangiano una pizza, loro parlano.

**EDOARDO:** Giovedì scorso sono andato dal meccanico per un controllo ai
freni della mia macchina e ho visto Sergio Pellegrini.

**VALERIO:** Ma che dici? Non è partito a giugno per gli Stati Uniti?

5 **EDOARDO:** No, ha cancellato la sua vacanza all'estero. Comunque° ho visto
il suo ultimo acquisto.

**VALERIO:** Che cosa ha comprato?

**EDOARDO:** Una bella moto di marca giapponese.

**VALERIO:** Accidenti! Ma allora non va più in vacanza?

**EDOARDO:** Oh, sì, ma ha cambiato programma°. Intanto°, beviamo
10 qualcosa? Hai ordinato la birra o il vino?

**VALERIO:** Ho ordinato una bottiglia di vino rosso. Questa pizza è buona,
ma mette molta sete°.

**EDOARDO:** (*alla cameriera*) Signorina, il vino, per favore.

**LA CAMERIERA:** Va bene, subito.

15 **VALERIO:** Dunque, dove va in vacanza Sergio?

**EDOARDO:** Ha deciso di andare in Sicilia. Parte il due agosto. Va con la sua
moto nuova.

**VALERIO:** Anch'io sono stato in Sicilia l'estate scorsa. E lì ho visto belle
città, molte spiagge stupende e panorami favolosi.

20 **EDOARDO:** Ah, ecco il vino. Salute°!

Explain briefly the use of *da* (*dal
meccanico*) when followed by
someone's house or place of
business. This use is presented
formally in *Lezione 13*.

However

Point out that the verb *vedere*
has two past participles: *visto*
and *veduto*. *Visto* is more commonly used.

(his) plans; In the meantime

it makes one very thirsty

Review *avere sete*, and ask
some students: *Ha sete? Che
cosa beve quando ha sete?
Quali cibi* (foods) *di solito mettono sete?*

To your health!

• • • • • • • • • • • • • • • • • • • • • • • • • • • • • • • • • • • • • •

## Domande

The *moto* and *motorino* (motor
scooter) are the preferred means
of transportation of many young
people in Italy. They are exciting,
fast, and parking is easy.

*La moto* is feminine, even
though it ends in *-o,* because it
is the shortened form of *la
motocicletta.*

1. Dove sono Edoardo e Valerio?
2. Dov'è andato Edoardo giovedì scorso? Perché?
3. Che cosa ha comprato Sergio Pellegrini?
4. Che cosa ordinano i due giovani? Perché?
5. Che cosa ha deciso di fare Sergio?
6. Quando è stato in Sicilia Valerio? Che cosa ha visto?

Have students substitute the
names of three female classmates for Edoardo, Valerio e
Sergio; change the vacation date
and destination; keep the motorcycle or replace it with a silver
(*metallizzata*) Alfa Romeo car,
and order mineral water instead
of wine.

## Domande personali

Have students ask each other
the *Domande* and the *Domande
personali,* using the *tu* form of
the verbs.

1. Dove va lei quando ha voglia di mangiare una pizza?
2. Che cosa preferisce bere quando mangia una pizza?
3. Lei ha la moto, la macchina o la bicicletta? Di che marca è? Quale marca
preferisce?

# I giovani italiani

I giovani italiani non sono molto diversi dai loro coetanei[1] americani. Molti di loro frequentano la scuola secondaria superiore e, dopo aver ottenuto la maturità[2], alcuni incominciano a lavorare mentre altri si iscrivono[3] all'università o ad istituti di studi superiori come l'Accademia delle Belle Arti o il Conservatorio di Musica. Durante le vacanze estive, molti giovani vanno al mare o in montagna. Alcuni vanno all'estero[4] in vacanza e per imparare una lingua straniera.

Firenze: Un gruppo di amici si incontra e socializza in Piazza Santa Maria Novella.

Spesso i giovani italiani che studiano all'università vivono a casa con i loro genitori[5]. Le università sono presenti nelle maggiori città italiane e quindi non è necessario trasferirsi[6] in un'altra parte del paese. Anche per ragioni economiche e per la mancanza[7] di adeguati appartamenti a buon mercato, è più conveniente vivere in famiglia.

I giovani passano il tempo libero in modi diversi. Praticano lo sport, ascoltano la musica, vanno a ballare in discoteca, organizzano feste e spesso fanno gite in macchina o in motocicletta. Amano anche passeggiare con gli amici per le vie del centro, e i loro luoghi d'incontro preferiti sono le paninerie[8], i bar e le pizzerie.

Most Italian universities are government-operated. There are very few private universities in Italy.

1. people of the same age   2. after receiving their high school diploma   3. enroll
4. abroad   5. parents   6. to move   7. lack   8. sandwich shops

4. Come guida, lentamente o velocemente?
5. Preferisce le macchine americane, giapponesi o italiane? Perché?

## Situazioni

Sit. 1: Encourage students to name places where they actually have been. Expand by having students ask *Dove sei andato/a stamattina* (*ieri, ieri sera*)?

1. Domandi ad un amico/un'amica dov'è andato/a il mese o l'anno scorso.

   — Dove sei andato/a il mese (l'anno) scorso?
   — Sono andato/a in Italia (a Roma/in Canadà/a Londra/al mare/in montagna).

Sit. 2: Have students ask *E tu, sei mai andato/a in Italia?*

2. Risponda ad un compagno/una compagna di scuola che domanda che cosa lei ha deciso di fare durante le prossime vacanze.

   — Che cosa hai deciso di fare durante le prossime vacanze?
   — Ho deciso di fare una gita (rimanere in città/andare in Europa/non fare niente di particolare).

# Vocabolario

### Parole analoghe

| | | |
|---|---|---|
| il Canadà | il panorama | la pizzeria |
| cancellare | la pizza | stupendo/a |
| il meccanico | | |

Point out that *panorama* and some other words of Greek origin ending in *-a* are masculine: *problema, tema, dramma*, etc.

### Nomi

**agosto**   August
**la birra**   beer
**la bottiglia**   bottle
**la cameriera**   waitress
**il controllo**   check, inspection
**l'estate** ( *f.* )   summer
**il freno**   brake
**giugno**   June
**la macchina**   car
**la marca**   make, brand name
**la moto(cicletta)**   motorcycle
**la spiaggia**   beach
**la vacanza**   vacation
**il vino**   wine

### Aggettivi

**favoloso/a**   fabulous
**giapponese**   Japanese
**rosso/a**   red
**ultimo/a**   latest, last ( *in a series* )

### Verbi

**cambiare**   to change
**dire**   to say, to tell
**deciso**   decided (p.p. of **decidere**)

**visto** or **veduto**   seen (p.p. of **vedere**)
**stato**   been *past participle of* **essere**

### Altre parole ed espressioni

**accidenti!**   my goodness!
**come**   as, like
**dunque**   well then
**lentamente**   slowly
**lì**   there
**sempre**   always
**velocemente**   fast
**all'estero**   abroad
**in vacanza**   on vacation
**non ... più**   no longer
**gli Stati Uniti**   the United States

Illustrate use of *non ... più* by giving examples such as *Enzo non lavora più qui.*

## Pratica

Personalize by letting students make up excuses. Help students brainstorm excuses before doing *Pratica*.

You may assign *Pratica* for the next day. If done in class, model and then give groups a few minutes to prepare.

**A.** In coppia: Lei pensa di comprare una moto o un motorino e desidera andare a vedere alcuni modelli. Telefoni ad un amico/un'amica e gli/le chieda di accompagnarla. L'amico/a risponde che non può (*cannot*) e dice perché.

**B.** In gruppi di tre: Lei è con un amico/un'amica in una pizzeria. Prima chiamate il cameriere e ordinate una pizza e qualcosa da bere; poi parlate di una gita in campagna per la fine-settimana. Lei preferisce andare con la moto, e l'amico/a con la macchina. Alla fine prendete una decisione sul mezzo (*means*) da usare.

RISTORANTE
NUOVA GROTTA DEL GALLO NERO
SIENA - Via del Porrione, 65-67 - Tel. 220.446
**A tavola con piatti tipici toscani**

# *Pronuncia*

## I suoni /r/ e /rr/

Italian **/r/** (spelled **r**) and **/rr/** (spelled **rr**) are pronounced differently from English **/r/**. Italian **/r/** is "trilled" once—that is, pronounced with a single flutter of the tip of the tongue against the gum ridge behind the upper front teeth. This produces a sound similar to the *tt* in the English words *bitter, better, butter* when they are pronounced rapidly. The sound **/rr/** is produced with a multiple flutter of the tip of the tongue.

Ex. A: In groups of three with books closed, have students write as many words with the letters **/r/** and **/rr/** as they can recall from previous lessons. Then check for correct spelling.

Ex. A: First have students repeat the following sentences; then dictate them and check for spelling: *Roberto non ha fortuna. Parto per l'Inghilterra fra poco. Sergio, perché provi la marca russa?*

**A.** Ascolti l'insegnante e ripeta le seguenti parole.

| | | | | |
|---|---|---|---|---|
| rosso | Marotta | marca | birra | arrivederci |
| ragione | dire | corso | terra | Corrado |
| cameriera | freni | Edoardo | arrivare | carriera |

**B. Proverbio.** Legga ad alta voce il seguente proverbio e poi lo detti ad un altro studente/un'altra studentessa.

**Rosso di sera bel tempo si spera.**
Red sky at night, sailor's delight.
(*Literally: Red in the evening, good weather is expected.*)

# Ampliamento del vocabolario

•••••••••••••••••••••••••••••••••••••••••••••••••••••••••••

## Le stagioni e i mesi dell'anno

| la primavera | l'estate (f.) | l'autunno | l'inverno |
|---|---|---|---|
| aprile | luglio | ottobre | gennaio |
| maggio | agosto | novembre | febbraio |
| giugno | settembre | dicembre | marzo |

1. The months of the year are not capitalized in Italian.

   **aprile**   April
   **luglio**   July

2. The preposition **a** is generally used with names of the months to express *in*.

   **A febbraio** vado in Italia.   In February I'm going to Italy.

   The prepositions **in** and **di** (**d'**) are used with names of the seasons to express *in*.

   **in primavera**   in spring   **d'estate**   in summer
   **in autunno**   in fall   **d'inverno**   in winter

Practice dates you consider important, such as your birthday, your parents' anniversary, etc.

Ask students in what season they were born: *In quale stagione è nato/a lei?* Then ask *Quando è nato/a lei?* or *Qual è la sua data di nascita?* Practice dates using a calendar or by writing numerical dates on the board. Explain that in Italian the day precedes the month.

3. In English, days of the month are usually expressed in ordinal numbers (the first, the nineteenth). In Italian, only the first day of the month is expressed with an ordinal number; the other days are expressed with cardinal numbers.

| | |
|---|---|
| È il **primo** (**di**) novembre. | It's the first of November. (It's November 1.) |
| È il **due** (**cinque, diciassette, ecc.**) (**di**) dicembre. | It's the second (fifth, seventeenth, etc.) of December. |

*Note:* The definite article **il** is always used before the number to express dates. The preposition **di** between the day and the month is optional.

4. The adjectives pertaining to the four seasons are: **primaverile, estivo/a, autunnale,** and **invernale.**

| | |
|---|---|
| È una bella giornata **primaverile.** | It's a beautiful spring day. |
| Ho un bel vestito **estivo.** | I have a beautiful summer dress. |

Ex. A: Have students jot down their dates and destinations first so the activity can proceed smoothly and quickly.

**A.** In gruppi di tre: Immaginate di avere abbastanza tempo e soldi (*money*) per fare quattro vacanze all'anno. Dite dove andate quest'anno, quando partite e quando tornate.

➤ In primavera vado in vacanza in Italia. Parto il 20 aprile e torno il 28 maggio… . E tu?

Ex. B: Have students ask you these questions using the *lei* form of the verbs.

**B.** In coppia: Faccia alcune domande ad un compagno/una compagna per avere le seguenti informazioni. Prenda appunti per poi (*to then*) riferire i risultati alla classe.

➤ cosa fa durante i mesi estivi        — *Che cosa fai durante i mesi estivi?*
                                        — *A luglio vado …*

1. quale stagione dell'anno preferisce e perché
2. quale mese preferisce di più (*the most*) e perché
3. quale mese preferisce di meno (*the least*) e perché
4. quali sport invernali o estivi preferisce
5. in quale mese preferisce visitare l'Italia e perché
6. qual è il mese in cui (*in which*) studia di più

Ex. C: Be sure students take turns.

**C.** In coppia: Domandi ad un compagno/una compagna la data o almeno (*at least*) il mese di questi giorni importanti.

➤ — Quando è il giorno di San Valentino?     — È il 14 febbraio.

1. la giornata (*day*) della mamma
2. il compleanno di George Washington
3. la giornata di Cristoforo Colombo
4. la festa del Lavoro (*Labor*)
5. il giorno del Ringraziamento (*Thanksgiving*)
6. il giorno delle elezioni politiche nazionali
7. il giorno dell'Anno Nuovo (*New Year*)
8. il giorno dell'Indipendenza degli Stati Uniti

Ex. D: Read the rhyme with appropriate rhythm and have students repeat it. Elicit English. Explain *ce n'è* and *ne han*.

**D.** Impari (*Learn*) i seguenti versi rimati sui mesi.

Trenta giorni ha novembre,
con aprile, giugno e settembre,
di ventotto ce n'è uno,
tutti gli altri ne han trentuno.

## Alcune espressioni di tempo al passato

Here is a list of some common expressions used to refer to events in the recent and the more distant past.

| *Espressioni con* **ieri** | *Espressioni con* **fa** |
|---|---|
| **ieri**   yesterday | **un'ora fa**   one hour ago |
| **ieri mattina**   yesterday morning | **due giorni (settimane, mesi, anni) fa**   two days (weeks, months, years) ago |
| **ieri pomeriggio**   yesterday afternoon | |
| **ieri sera**   last night | **molto tempo fa**   a long time ago |
| **l'altro ieri**   the day before yesterday | **poco tempo fa**   not long ago, a little while ago |
| *Espressioni con* **scorso** | **qualche tempo fa**   some time ago |
| **sabato scorso**   last Saturday | **quanto tempo fa?**   how long ago? |
| **la settimana scorsa**   last week | *Altre espressioni* |
| **il mese scorso**   last month | **già**   already |
| **l'anno scorso**   last year | **mai**   ever (never) |

Practice these expressions by applying them to things you have done: *Ho visto un film ieri sera.*

Ex. E: Before doing this exercise, practice some questions. Use the same question for various students. Avoid requiring past tense. If questions arise on the past tense forms, tell students they'll study them later in the lesson.

**E.** In coppia: Domandi ad un amico/un'amica quanto tempo fa ha fatto le seguenti cose. L'amico/a risponde usando un'espressione di tempo appropriata.

➤ — Quando hai finito la scuola media?   — (*Cinque*) *anni fa.*

1. Quando sei andato/a al bar con gli amici?
2. Quando hai ordinato una pizza a domicilio (*home delivery*)?
3. Quando hai comprato il computer?
4. Quando sei arrivato/a all'università?
5. Quando hai deciso di studiare l'italiano?

Ex. F: Have class list some favorite places to use here: *al ristorante* (+ name), *a ballare in discoteca*, etc.

**F.** In coppia: Domandi ad un compagno/una compagna quando è andato/a ai seguenti posti (*places*).

➤ — Quando sei andato/a al cinema?   — *Ieri pomeriggio.*

1. Quando sei andato/a in biblioteca?
2. Quando sei andato/a in vacanza?
3. Quando sei andato/a al mare?
4. Quando sei andato/a dal dentista?
5. Quando sei andato/a a teatro?

Il Presidente del Centro Culturale degli Artisti, Cav. Maurizio Bisantis,
ha il piacere di invitare la S.V. all'inaugurazione della Mostra Antologica del

*Centro Culturale
degli Artisti
Roma*

### Maestro Manuel Campus
*" La Non Violenza - Emigrazione Immigrazione "*

Opere dal 1950 al 1996

Mercoledì 30 aprile 1997 ore 18,30
Reggia di Caserta Cappella Palatina

la mostra resterà aperta dall'1 al 31 maggio - h. 9-13
è gradito l'abito scuro - ingresso libero

seguirà il ricevimento presso
l'Hotel Europa, via Roma 19 CASERTA

*Qual è la data di inaugurazione della mostra d'arte? Dove ha luogo? Quanto tempo dura (lasts) la mostra? Qual è l'orario (hours) della mostra? In quale giorno della settimana non è possibile vedere la mostra?*

# Struttura ed uso
• • • • • • • • • • • • • • • • • • • • • • • • • • • •

## Passato prossimo con *avere*

— **Hai ordinato** il vino?
— No, **ho cambiato** idea.

1. The **passato prossimo** (present perfect) is used to describe actions and events that have occurred in the past, particularly in the recent past. It is often accompanied by an expression specifying a particular time, such as **ieri, domenica scorsa,** or **un'ora fa.**

Tell students that the *passato prossimo* is similar in form to the English present perfect, but is quite different in usage.

| | |
|---|---|
| — Sai, **siamo tornati** ieri dalle vacanze in Sicilia. | — You know, we just got back yesterday from a vacation in Sicily. |
| — Cosa **avete veduto** lì? | — What did you see there? |
| — **Abbiamo visitato** tutti i musei dell'isola. | — We visited every museum on the island. |
| — Bravi! Anch'io **sono stata** in Sicilia l'anno scorso. | — Great! I've been to Sicily too, last year. |

2. The **passato prossimo** is a compound tense that consists of two parts: the present tense form of an auxiliary verb, either **avere** or **essere,** and the past participle of the main verb. Most Italian verbs form the **passato prossimo** with the auxiliary **avere.** These verbs are mostly transitive, that is, they take a direct object that answers the question *what?* or *whom?*

Review present tense forms of *avere* with the class. Review the written forms as well, especially the silent *h*.

| | | |
|---|---|---|
| Hanno mangiato | (che cosa?) | una pizza. |
| Ha passato | (che cosa?) | le vacanze in America. |
| Abbiamo ordinato | (che cosa?) | i panini e l'aranciata. |
| Ho veduto | (chi?) | Sergio. |
| Hanno incontrato | (chi?) | Edoardo. |

3. The past participle of regular verbs is formed by adding:

**-ato** to the stem of **-are** verbs: (comprare) **compr + ato** = comprato
**-uto** to the stem of **-ere** verbs: (vendere) **vend + uto** = venduto
**-ito** to the stem of **-ire** verbs: (capire) **cap + ito** = capito

4. Here is the **passato prossimo** of the regular verbs **comprare, vendere,** and **capire.**

| comprare | vendere | capire |
|---|---|---|
| ho comprato | ho venduto | ho capito |
| hai comprato | hai venduto | hai capito |
| ha comprato | ha venduto | ha capito |
| abbiamo comprato | abbiamo venduto | abbiamo capito |
| avete comprato | avete venduto | avete capito |
| hanno comprato | hanno venduto | hanno capito |

5. The **passato prossimo** is equivalent to either the present perfect or the simple past in English.

| | |
|---|---|
| **Hanno finito** i compiti. | They have finished their homework. They finished their homework. |

**Ho incontrato** Sergio.   {I have met Sergio.
                            {I met Sergio.

*Note:* The form of the **passato prossimo** is the same in a question and in a negative statement, unlike English past tenses.

**Hanno finito** i compiti?    Have they finished (Did they finish) their homework?

Non **ho incontrato** Sergio.    I haven't met (didn't meet) Sergio.

6. The adverbs of time **già** (*already*), **ancora** (*yet*), **mai** (*ever, never*), and **sempre** (*always*) come between the auxiliary verb and the past participle.

— Avete **già** pagato?         — Have you already paid?
— No, non abbiamo **ancora**    — No, we haven't ordered yet!
   ordinato!

In a question, the adverb **mai** with the **passato prossimo** means *ever.* In a negative sentence it means *never.*

— Hai **mai** guidato una       — Have you ever driven a
   motocicletta?                   motorcycle?
— No, non ho **mai** avuto      — No, I've never had the
   l'occasione.                    opportunity.

Ex. A: Expand by asking students what else might have happened at the party, and have them change the endings of the sentences to personalize them.

**A.** Lei è andato/a recentemente ad una festa con il suo ragazzo/la sua ragazza. Racconti (*Tell*) che cosa è successo alla festa secondo i suggerimenti indicati.

➤ io / ricevere un invito alla festa    *Io ho ricevuto un invito alla festa.*

1. noi / guidare la macchina di papà
2. tu / portare molte persone alla festa
3. gli amici / servire panini e Coca-Cola
4. noi / ascoltare la musica rock
5. un amico / cantare canzoni di Elvis Presley
6. noi / ballare fino a tardi
7. il mio ragazzo (la mia ragazza) / mangiare troppo
8. tutti / parlare delle elezioni universitarie

Ex. B: If there is confusion between the two tenses, have students identify the present tense verb and the subject.

Have individuals say the new sentences aloud. Then ask another student what the first student said: s1: *Ho comprato una macchina usata.* t: *Che cosa ha comprato?* s2: *Ha comprato una macchina usata.*

**B.** Metta le frasi nel passato prossimo.

➤ Compro una macchina usata.    *Ho comprato una macchina usata.*

1. Ho un problema con la macchina.
2. Porto la macchina dal meccanico.
3. Il meccanico guarda attentamente la macchina.
4. Ascolta il motore.
5. Controlla i freni.
6. Prova l'acceleratore.
7. Trova il problema.
8. Finisce di ripararla (*fix it*) dopo poco tempo.
9. Pago il meccanico con la carta di credito.

**C.** Dica che cosa hanno fatto due giorni fa le persone della colonna A. Formuli frasi logiche usando i verbi della colonna B e finendo con le parole della colonna C.

➤ Due giorni fa io ed un amico abbiamo pulito la macchina.

| A | B | C |
|---|---|---|
| noi | passare | la macchina |
| tu e tua sorella | giocare | una A nel corso d'italiano |
| il meccanico | ricevere | con i videogiochi |
| la professoressa | ordinare | Graceland |
| tu | pulire | una moto giapponese |
| un amico ed io | visitare | un CD di Barry Manilow |
| i dottori | comprare | la pizza con il salame |
| io | ballare | le vacanze a Las Vegas |
| | ascoltare | la "macarena" |

**D.** Trovi nella classe una persona che ha fatto una delle seguenti cose. Quando ha trovato la persona, scriva il suo nome vicino all'attività.

➤ visitare l'Europa
S1: Hai mai visitato l'Europa?
S2: No, non ho mai visitato l'Europa.
    Sì, ho visitato l'Europa.

1. trovare dieci dollari per strada    _____
2. mangiare i calamari    _____
3. frequentare un liceo privato    _____
4. studiare una lingua orientale    _____
5. sentire Pavarotti ad un concerto    _____
6. giocare a Nintendo    _____
7. incontrare una persona famosa    _____
8. seguire un corso di antropologia    _____

**E.** In coppia: Domandi ad un altro studente/un'altra studentessa se ha fatto le seguenti cose in questo mese. Se risponde di sì, chieda più informazioni.

➤ avere un esame difficile
S1: Hai avuto un esame difficile in questo mese?
S2: Sì, ho avuto un esame difficile nel corso di …
    No, non ho ancora avuto un esame difficile.

1. ricevere una lettera
2. studiare in biblioteca
3. vedere un bel film
4. viaggiare fuori degli Stati Uniti
5. trovare un nuovo amico/una nuova amica

Before doing Ex. D, you may want to elicit the past participle of each verb from the class.

Have students move around the room, speaking to as many people as possible. After one question-answer exchange, they can move on to new partners. Set a five-minute time limit; then see who has the most names filled in.

*Calamari* (squid) is a popular dish in Italy, often fried.

Ex. E: Circulate around the class to help students with needed vocabulary. Ask a few students to report what their partners did.

6. cercare un lavoro

7. dimenticare un appuntamento importante

**F.** In coppia: Chieda ad un amico/un amica tre cose che ha fatto sabato scorso. Domandi anche a che ora ha fatto ogni cosa.

➤ S1: Che cosa hai fatto sabato scorso?
S2: Ho mangiato al ristorante.
S1: A che ora hai mangiato?
S2: Alle …

## Passato prossimo con *essere*

È **entrato** qua …
ed è **uscito** là.

Remind students that the verbs in the previous section, *Passato prossimo con avere,* nearly always had an expressed direct object. Refer them to point 2 on page 136. Read the examples and stress the objects. Read other examples and ask who or what is the object.

1. The **passato prossimo** of some Italian verbs is formed with the auxiliary verb **essere.** These verbs are intransitive; they do not take a direct object. Many of them involve movement.

Review present tense forms of *essere* with the class.

| | |
|---|---|
| Sergio **è partito** lunedì. | Sergio left on Monday. |
| **È andato** in Sicilia. | He went to Sicily. |
| **È tornato** venerdì. | He returned on Friday. |

2. The past participle of verbs conjugated with **essere** must agree with the subject of the sentence in gender and number.

To remember gender and number agreement, think of the past participle of an intransitive verb as an adjective like *bello: Marisa è bella, Marisa è uscita,* etc.

| | |
|---|---|
| **Tutti** sono partiti per le vacanze. | Everyone left for vacation. |
| **Valerio** è andato in America. | Valerio went to America. |
| **Gina e Flavia** sono andate in Grecia. | Gina and Flavia went to Greece. |
| Solo **Maria** è restata a casa. | Only Maria stayed at home. |

3. Here is a list of some common regular verbs that form the **passato prossimo** with the auxiliary **essere**.

Point out that most intransitive verbs are verbs of movement, but that others denote lack of movement or a change of state. Go through the list of intransitive verbs and ask students which category each verb belongs to.

| | | |
|---|---|---|
| **andare** | *to go* | I giovani sono andati all'estero. |
| **arrivare** | *to arrive* | L'aeroplano è arrivato in ritardo. |
| **diventare** | *to become* | Silvia è diventata nervosa. |
| **entrare** | *to enter* | Siamo entrati in un bar. |
| **partire** | *to depart, leave* | Gloria è partita per la Sicilia. |
| **restare** | *to stay, remain* | Io sono restato in albergo. |
| **tornare** | *to return* | Siete tornati in un momento difficile. |
| **uscire** | *to go out* | Il papà è uscito due minuti fa. |

**G.** Cambi il soggetto della descrizione quattro volte, usando *Marco, io, Gina e Daria* e *i ragazzi*. Faccia i cambiamenti necessari al participio passato dei verbi.

Ieri Melissa è andata alla Biblioteca Vaticana. È uscita di casa presto. È arrivata al Vaticano alle nove meno un quarto. È entrata in biblioteca quindici minuti dopo. È restata lì fino all'una. È tornata a casa con l'autobus.

**H.** Dica dove sono andate in vacanza l'anno scorso queste persone e che cosa hanno fatto lì.

➤ Mia sorella è andata ad Aspen e ha sciato.

| | | |
|---|---|---|
| io | a New York | visitare le piramidi |
| tu ed un amico | alle isole Bahama | giocare con i canguri |
| mia sorella | ad Aspen | (*kangaroos*) |
| mamma e papà | a Parigi | frequentare le discoteche del |
| tu | in Egitto | luogo |
| | in Australia | incontrare Topolino (*Mickey* |
| | a EuroDisney | *Mouse*) |
| | | sciare |
| | | dormire sulla spiaggia |
| | | comprare molti vestiti |
| | | eleganti |

Ex. I: Have students circulate and talk to as many others as they can. Follow up by asking a few students to report what they learned to the class, or by having them write out their findings in full sentences as homework.

**I.** Domandi a cinque studenti dove sono andati in vacanza recentemente. Prenda appunti per poi riferire le informazioni alla classe.

➤ S1: Dove sei andato/a in vacanza recentemente?
S2: Sono andato/a a …

S1: Michele è andato a Disneyworld, Ruben è andato a New York, Carla ed io siamo restate a casa …

Sicilia: La bellisima Valle dei Templi; in distanza il Tempio di Giunone.

Ex. J: Point out the use of the imperfect in the sentence that begins the story. You may want to finish the story with the entire class, helping out with needed vocabulary.

**J.** In coppia: Ricordate la storia di Cenerentola (*Cinderella*)? Raccontate la storia, con l'aiuto dei suggerimenti indicati e usando il passato prossimo.

*Vocabolario utile*

| | | | |
|---|---|---|---|
| **la sorellastra** | stepsister | **il topolino** | mouse |
| **la fata madrina** | fairy godmother | **il cavallo** | horse |
| **il vestito** | dress | **la scarpetta** | slipper |
| **la carrozza** | carriage | | |

Cenerentola era (*was*) una povera ragazza che abitava con le sorellastre cattive. Un giorno …

1. arrivare / l'invito al ballo
2. le due sorellastre / andare al ballo / senza Cenerentola
3. la fata madrina / creare / un vestito bellissimo
4. i topolini / diventare / cavalli
5. Cenerentola / andare al ballo / in carrozza
6. Cenerentola / incontrare / il principe
7. loro / ballare / insieme
8. Cenerentola / tornare a casa / a mezzanotte
9. il principe / seguire / Cenerentola
10. Cenerentola / perdere / la scarpetta
11. Cenerentola / arrivare a casa / prima delle sorellastre

E poi… ? (Completi la storia.)

**K.** Metta in contrasto quello che le seguenti persone fanno di solito con quello che hanno fatto due giorni fa (l'anno scorso, ieri, ecc.).

➤ Di solito arrivo in ritardo alla lezione d'italiano, ma due giorni fa …

*Di solito arrivo in ritardo alla lezione d'italiano, ma due giorni fa sono arrivato/a in anticipo.*

1. Di solito parto per l'Europa a febbraio, ma l'anno scorso …
2. Di solito torniamo a casa alle dieci, ma ieri sera …
3. Di solito non beviamo Coca-Cola, ma sabato scorso …
4. Di solito loro ascoltano cassette, ma domenica …
5. Di solito Luisa esce con Orazio, ma venerdì sera …
6. Di solito preferiscono la pizza, ma la settimana scorsa …
7. Di solito finisco i compiti (*homework*) in anticipo, ma lunedì …
8. Di solito puliamo l'appartamento il sabato, ma questa settimana …

◆ RISTORANTI, PIZZERIE, ROSTICCERIE
- Ristorante Pizzeria "Il Patio" - Via Tiberin, 188/190 - tel. 9711564
- Ristorante Pizzeria "Fontanina" - Via Solitaria, 14A/1 - tel. 9710500
- Rosticceria, Pizzeria, Tavola Calda "Il Ghiotto Beccaria"
  Borgo Garibaldi, 67 - tel. 972171

## Participi passati irregolari

— Cosa **hai detto,** papà?
— **Ho detto** di fare attenzione al fuoco!

1. Many Italian verbs, particularly **-ere** verbs, have irregular past participles. Here is a list of common verbs with irregular past participles. A more complete list appears in Appendix E. Asterisks indicate that the **passato prossimo** is formed with **essere.**

| | |
|---|---|
| aprire (*to open*) | **aperto** |
| bere (*to drink*) | **bevuto** |
| chiedere (*to ask for*) | **chiesto** |
| chiudere (*to close*) | **chiuso** |
| decidere (*to decide*) | **deciso** |
| dire (*to say*) | **detto** |
| discutere (*to discuss*) | **discusso** |
| *essere (*to be*) | **stato** |
| fare (*to do, to make*) | **fatto** |
| leggere (*to read*) | **letto** |
| mettere (*to put*) | **messo** |
| *morire (*to die*) | **morto** |
| *nascere (*to be born*) | **nato** |
| offrire (*to offer*) | **offerto** |
| perdere (*to lose*) | **perso (perduto)** |
| prendere (*to take*) | **preso** |
| *rimanere (*to remain*) | **rimasto** |
| rispondere (*to answer*) | **risposto** |
| *scendere (*to descend*) | **sceso** |
| scrivere (*to write*) | **scritto** |
| soffrire (*to suffer*) | **sofferto** |
| spendere (*to spend*) | **speso** |
| vedere (*to see*) | **visto (veduto)** |
| *venire (*to come*) | **venuto** |
| vincere (*to win*) | **vinto** |

Tell students that *scendere* also means to get off a bus or train.

— Cosa **hai fatto** ieri sera?
— Niente di speciale. **Sono stato** con alcuni amici al bar.
— Fino a che ora **siete rimasti** lì?
— Fino a tardi! **Abbiamo discusso** di politica.

— What did you do last night?
— Nothing special. I was with some friends of mine at a bar.
— How long did you stay there?
— Late! We discussed politics.

2. **Perdere** and **vedere** have both regular and irregular past participles.

— Ieri ho **visto** Sergio.
— Hai **veduto** anche il suo ultimo acquisto?

3. **Stato** is the past participle of both **essere** and **stare.** Their forms are identical in the **passato prossimo,** but their meaning is usually clear from the context.

— Maura **è stata** a scuola ieri?
— No, **è stata** a casa tutta la giornata.

— Was Maura at school yesterday?
— No, she stayed at home all day.

**L.** Dia il contrario del verbo nel passato prossimo.

➤ Sergio ha vinto dieci dollari. *Sergio ha perso dieci dollari.*

1. La professoressa ha aperto la finestra.
2. Abbiamo mangiato poco a mezzogiorno.
3. Chi ha scritto l'articolo sul giornale?
4. Niccolò Machiavelli è nato a Firenze.
5. Hai trovato la penna?
6. Cosa hanno chiesto al professore?
7. Sono andati con il treno delle dieci e un quarto.

**M.** In coppia: Qui ci sono due liste di cose da fare per lei e per un suo amico/una sua amica. A turno, chiedete se ognuno (*each*) ha fatto le cose della sua lista.

➤ S1: Hai fatto una passeggiata con il cane?
S2: Sì, ho già fatto una passeggiata con il cane. / No, non ho (ancora) fatto una passeggiata con il cane.

| *S1* | *S2* |
|---|---|
| fare una passeggiata con il cane | mettere la macchina nel garage |
| leggere il giornale | pulire l'appartamento |
| rispondere al telefono | fare i letti (*beds*) |
| bere il caffè | portare le bottiglie al supermercato |
| dormire un po' nel pomeriggio | chiudere tutte le finestre |

**N.** In coppia: Un compagno/Una compagna le domanda se recentemente lei ha fatto le seguenti cose. Se risponde di sì, dica quando le ha fatte.

➤ scrivere una lettera
S1: Hai scritto una lettera recentemente?
S2: No, non ho scritto una lettera recentemente.
    Sì, ho scritto una lettera domenica scorsa.

1. vedere un bel film
2. dire una bugia (*lie*)
3. fare una passeggiata
4. leggere un libro noioso
5. spendere più di $100 ad un ristorante
6. venire a scuola in ritardo
7. essere fuori degli Stati Uniti
8. prendere un mezzo pubblico (*public transportation*)
9. rimanere in casa 24 ore
10. perdere una cosa preziosa

**O.** In coppia: Guardate i due disegni (*drawings*) a pagina 145. Il primo mostra (*shows*) com'era ieri pomeriggio la camera di Sergio. Il secondo disegno fa vedere com'è oggi la stessa camera. Dica al compagno/alla compagna tre o quattro cose che Sergio ha fatto fra ieri e oggi. Vocabolario utile: *letter:* la lettera; *door:* la porta; *bed:* il letto.

➤ S1: Sergio ha/è …
S2: Ha/È anche …

## Verbi irregolari: *bere, dire, uscire*

1. The verbs **bere** (*to drink*), **dire** (*to say*), and **uscire** (*to go out*) are irregular in the present tense. Here are their forms.

| bere | | dire | | uscire | |
|------|------|------|---------|--------|---------|
| bevo | beviamo | dico | diciamo | esco | usciamo |
| bevi | bevete | dici | dite | esci | uscite |
| beve | bevono | dice | dicono | esce | escono |

— Cosa **bevete?**
— Noi **beviamo** acqua minerale,
   ma Sergio **dice** che preferisce
   non **bere** niente.
— **Esci** ancora con Laura?
— No, non **usciamo** più insieme.
   Lei **dice** che sono noioso!

— What are you drinking?
— We're drinking mineral water,
   but Sergio says he prefers not
   to drink anything.
— Do you still go out with Laura?
— No, we don't go out together
   anymore. She says I'm boring!

*Uscire* means both "to go out" (of a building) in the literal sense and "to go out" in the sense of dating.

2. The past participles of **bere** and **dire** are irregular: **bevuto** and **detto**.
**Uscire** is regular in the **passato prossimo** but is conjugated with **essere**.

**Siamo usciti** ieri sera per festeggiare il compleanno di Paolo.
Gli **abbiamo detto** "Auguri!" e
   **abbiamo bevuto** alla sua
   salute.

Last night we went out to celebrate Paolo's birthday.
We said "Best wishes!" and drank
   to his health.

**P.** Dica che le persone tra parentesi fanno le seguenti cose.

1. Gabriella beve un caffè ed esce di casa. (io / Gabriella e Valeria / voi / tu)
2. Dice "buongiorno" al direttore dell'ufficio. (la segretaria / noi / i ragazzi)
3. Dopo il lavoro esce con due amiche. (Tu e Gabriella / io / Gabriella e sua madre / Marco)
4. Dice alle amiche che oggi non beve niente. (Francesco / noi / tu / i due giovani)

**Q.** In coppia: Un sondaggio sull'alcol. Domandi ad un compagno/una compagna:

1. se beve alcolici
2. che cosa beve
3. quando e quanto beve
4. se i suoi genitori bevono alcolici
5. se gli amici bevono alle feste o quando escono
6. se gli studenti della vostra università bevono poco o molto
7. se l'uso eccessivo di bevande alcoliche è un problema serio nella vostra università

**R.** Intervisti un altro studente/un'altra studentessa per sapere:

— se esce spesso
— dove va quando esce
— con chi preferisce uscire
— cosa fa quando esce
— se è uscito/a sabato scorso; dov'è andato/a

➤ S1: Esci spesso?
  S2: Sí, abbastanza spesso: due o tre volte alla settimana.
  S1: Dove vai …

# Vivere in Italia

Capri. Gente del luogo e turisti passeggiano nella piazza principale dell'isola.

## A.

**La fine-settimana.** Chieda a due o tre amici/amiche che cosa fanno di solito il sabato e la domenica. Prenda appunti e poi riferisca le informazioni alla classe.

➤ **S1:** Che cosa fai di solito il sabato?

**S2:** …

**S1:** E la domenica?

**S2:** …

Elicit questions students can ask: *Con chi? Dove?*, etc.

Ecco le attività preferite dagli europei durante le ore libere di un giorno lavorativo *(working)*: guardano la televisione, ascoltano la radio, leggono un libro, incontrano gli amici, ecc. Le persone che guardano la televisione dedicano in media *(on the average)* tre ore e ventisette minuti a quest'attività; quelle che ascoltano la radio spendono in media tre ore e quattordici minuti in quest'attività, ecc.

- A quali di queste attività lei dedica le sue ore libere in un giorno normale?
- Quanto tempo dedica a ciascuna di queste attività?

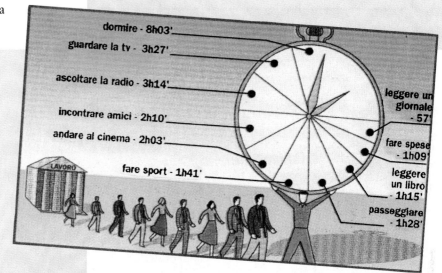

dormire - 8h03'
guardare la tv - 3h27'
ascoltare la radio - 3h14'
incontrare amici - 2h10'
andare al cinema - 2h03'
fare sport - 1h41'
leggere un giornale - 57'
fare spese - 1h09'
leggere un libro - 1h15'
passeggiare - 1h28'
LAVORO

# Vacanze all'estero

Andare in vacanza dopo un anno di lavoro è per l'italiano una grande necessità. In attesa[1] dei mesi di luglio e agosto, egli prepara il programma per una memorabile e lunga vacanza.

**B.** È ovvio che bisogna andare fuori dall'Italia in luoghi lontani[2] ed esotici. Oggi è di moda[3] fare il trekking nel Nepal o il safari nel Kenya, prendere il sole[4] sulle spiagge delle isole Seychelles o sorvolare[5] il Grand Canyon negli Stati Uniti. I meno avventurosi preferiscono l'Europa, e con il camper visitano un paese dopo l'altro.

E così, con la manìa di andare in vacanza all'estero, una gran parte degli italiani d'estate lascia[6] il paese. Questo piace molto ai numerosi turisti stranieri che possono godere[7] meglio le bellezze artistiche e naturali dell'Italia.

- Ai suoi amici piace fare le vacanze all'estero?
- Dove preferiscono andare?
- I suoi amici preferiscono fare una vacanza lunga o varie vacanze brevi durante l'anno? Perché?

1. While waiting   2. far away   3. fashionable   4. to sunbathe   5. to fly over   6. leaves   7. enjoy

# Il mese di agosto

Italiani e stranieri in vacanza sulla spiaggia di Amalfi situata non molto lontano da Napoli.

In Italia il mese di agosto è sinonimo di vacanza. All'inizio del mese il settore automobilistico chiude i propri stabilimenti[1] e ad esso si uniscono[2] le altre fabbriche[3] minori. Milioni di lavoratori[4] vanno in vacanza tutti insieme, milioni di macchine intasano[5] le autostrade, milioni di persone affollano[6] le spiagge e i luoghi di villeggiatura[7]. È una vera vacanza?

Peggio[8] ancora sta la gente che rimane nelle città semideserte. Non ci sono molti servizi pubblici, i negozi sono quasi tutti chiusi e c'è sempre un'afa[9] insopportabile. Che incubo[10] il mese di agosto!

1. plants  2. are joined  3. factories  4. workers  5. jam
6. crowd  7. vacation  8. Worse  9. mugginess  10. nightmare

- Nel suo paese c'è un mese particolare per le vacanze?

- Nel suo paese le fabbriche e i negozi chiudono per vacanza per lunghi periodi di tempo? Quando? Di solito, per quanto tempo chiudono?

## C.

**Una gita.** In coppia: Descriva ad un amico/un'amica una gita che lei ha fatto recentemente. Dica dov'è andato/a, con chi, perché, quanto tempo è rimasto/a là, che cosa ha fatto, cosa è successo e quando è tornato.

➤ (Domenica) scorsa sono andato/a a (in) …

# Una ragazza dinamica

Mi chiamo Cristina. Sono una ragazza molto attiva e non sono mai in casa. Ogni settimana vado al cinema, a teatro o a qualche festa. A fine-settimana lascio[1] spesso la mia famiglia e vado per qualche giorno in montagna. Ogni tanto vado all'estero, e quest'estate, dopo un mese di vacanze al mare, sono stata tre settimane a Londra. "È vero che non ti mancano[2] i soldi," mi dice spesso mio padre, "ma quando dai qualche esame[3] all'università? È già passato un anno e non ne hai dato ancora uno[4]!"

1. leave    2. you aren't lacking    3. do you take an exam    4. you still haven't taken one

Explain that in Italian state universities, exams are scheduled several times a year and that students choose when to take them.

Un motorino e lo zaino sono due cose utili e necessarie per spostarsi facilmente in città.

# D.

**Il mio tempo libero.** Scriva cinque o sei frasi per parlare del suo tempo libero. Usi come guida il brano (*passage*) precedente.

Have students compare their activities with those of Christina. Do they do the same things as Christina? Why or why not?

# Il mercato all'aperto

**COMMUNICATIVE OBJECTIVES**

- Describe your daily routine and ask others about their routines
- Inquire about and express prices
- Talk about food and food preferences
- Make requests and suggestions; give advice

Refer students to the photo and ask if they know of any outdoor markets. Ask if they think prices are more or less expensive at an outdoor market than at a supermarket.

Il mercato all'aperto è ancora oggi una caratteristica di molte città italiane.

● ● ● ● ● ● ● ● ● ● ● ● ● ● ● ● ● ● ● ● ● ● ● ● ● ● ● ● ● ● ● ● ● ● ● ● ● ● ● ● ● ● ● ● ●

È sabato mattina. Sono le dieci e Gabriella Marcantonio si sveglia. Si alza dal letto, si lava e si veste. Poi esce per andare a fare la spesa. Spesso Gabriella fa la spesa in un supermercato vicino all'ufficio dove lavora. Questa mattina, invece, va al mercato all'aperto del suo quartiere, perché lì c'è una scelta migliore° di frutta e verdura.

better

Quando arriva al mercato di piazza Re di Roma, Gabriella si ferma alla bancarella di un fruttivendolo.

|  |  |  |
|---|---|---|
| FRUTTIVENDOLO: | (*ad alta voce*°) Comprate queste belle arance! Guardate che bell'uva! È una delizia°. | loudly<br>delight, delicious |
| | (*A Gabriella*) Buon giorno, signorina, mi dica°. | may I help you? |
| GABRIELLA: | Quanto costano questi spinaci? | |
| 5   FRUTTIVENDOLO: | Tremila lire al chilo. | In Italy, weight is measured in kilograms (*un chilo*); liquids are measured in liters (*un litro*). A *chilo* equals 2.2 pounds. |
| GABRIELLA: | Un chilo, per favore. | |
| FRUTTIVENDOLO: | Subito. | |
| GABRIELLA: | E quell'uva, quanto costa? | |
| FRUTTIVENDOLO: | Cinquemila. È dolce come il miele°. Desidera | honey |
| 10 | assaggiarla°? | taste it |
| GABRIELLA: | Sì, grazie. ... Veramente buona, ma mi sembra un po' cara. | |
| FRUTTIVENDOLO: | Signorina, in tutto il mercato non c'è di meglio. | |
| GABRIELLA: | Se lo dice lei. ... Allora faccia° anche un chilo d'uva, per favore. | give me |
| 15   FRUTTIVENDOLO: | Bene, desidera qualche altra cosa? | Vendors at open-air markets generally give herbs (*odori*) to their customers for free. |
| GABRIELLA: | No, grazie. Per oggi è tutto. | |
| FRUTTIVENDOLO: | Allora, sono ottomila lire. (*Alla moglie*) Maria, sii gentile, da' anche un po' di odori° alla signorina! | herbs |
| GABRIELLA: | Grazie, ecco i soldi. Arrivederci. | |

● ● ● ● ● ● ● ● ● ● ● ● ● ● ● ● ● ● ● ● ● ● ● ● ● ● ● ● ● ● ● ● ● ● ● ● ● ● ● ● ● ● ● ● ●

## Domande

After students answer the *Domande*, write a few key phrases on the board and challenge them to summarize the action. Prompt them with questions as necessary.

1. A che ora si sveglia Gabriella Marcantonio?
2. Che cosa fa quando si sveglia?
3. Perché Gabriella esce sabato mattina?
4. Dove fa spesso la spesa Gabriella? E questa mattina?
5. Cosa compra Gabriella dal fruttivendolo? Quanto costano gli spinaci? Quanto costa l'uva?

Read the dialogue or play the recording while students listen with books open. Then have students role-play the dialogue.

Describe your own typical Saturday morning, using the present tense *io* form and reflexives where possible. Ask a few students to do the same.

# Il mercato rionale[1]

I mercati rionali all'aperto o coperti sono opportunamente[2] distribuiti in varie zone centrali e periferiche delle città italiane. Essi hanno una funzione importante nella vendita di ortaggi[3], frutta, carne e pesce[4]. Alcuni di questi mercati una volta erano[5] specializzati nella vendita di prodotti particolari che hanno dato il nome al mercato stesso[6]. Un esempio è Campo de' Fiori a Roma, dove, molti decenni fa, ogni martedì le donne arrivavano[7] in città dalla campagna per vendere fiori[8].

Con lo sviluppo[9] del supermercato, l'importanza del mercato rionale è diminuita. La donna moderna, che è entrata nel mondo del lavoro, non ha più tempo per andare al mercato ogni giorno ed ha trovato più conveniente fare la spesa al supermercato una volta alla settimana. Ma per molta gente il mercato rionale, oltre[10] ad esercitare un certo fascino folcloristico, rimane il luogo dov'è ancora possibile comprare alimentari freschi[11] e a buon mercato[12].

Particolare invitante di una salumeria di Courmayeur nella Valle d'Aosta.

1. local, neighborhood   2. conveniently   3. vegetables   4. meat and fish   5. were
6. itself   7. used to arrive   8. flowers   9. development   10. besides   11. fresh food
12. inexpensive

## Domande personali

Model the reflexive *io* form before the *Domande personali*.

Have students ask each other the *Domande personali* using *tu.* Encourage them to ask additional questions and to use other verbs: *Che cosa mangi la mattina? Che cosa compri al mercato? Vai a fare la spesa da solo/a? Preferisci il mercato all'aperto o il supermercato?*

1. Lei a che ora si sveglia la mattina? A che ora si alza?
2. Si alza presto o tardi? E il sabato? E la domenica?
3. Che cosa beve la mattina? Latte? Caffè? Tè? Spremuta d'arancia?
4. Lei quando va a fare la spesa? Ogni giorno? Una volta alla settimana? Due o tre volte alla settimana?
5. C'è un mercato all'aperto o un supermercato vicino a casa sua?
6. Lei esce a fare acquisti il sabato? Quali acquisti fa? Dove?

## Situazioni

Sit. 1: Expand by having pairs of students ask *A che ora fai colazione (esci da casa, ecc.) la mattina?*

1. In coppia: Domandi ad un amico/un'amica a che ora si alza il sabato.

   — A che ora ti alzi il sabato?
   — Mi alzo alle dieci (presto/molto tardi/a mezzogiorno).

2. In coppia: Suggerisca qualcosa al suo compagno/alla sua compagna che desidera sapere cosa fare stasera.

   — Che facciamo stasera?
   — Usciamo con gli amici (Andiamo al cinema/Guardiamo la televisione/Studiamo).

# Vocabolario

### Parole analoghe

**la frutta**     **gli spinaci**

### Nomi

**l'arancia**   orange
**la bancarella**   stall
**il fruttivendolo**   fruit vendor
**il letto**   bed
**la lira**   lira (*Italian currency*)
**gli odori**   herbs
**la piazza**   square
**il quartiere**   neighborhood
**la scelta**   choice
**i soldi**   money
**l'ufficio**   office
**l'uva**   grape(s)
**la verdura**   green vegetables

### Aggettivi

**cinquemila**   five thousand
**dolce**   sweet
**ottomila**   eight thousand

Prat. B: Set prices with students before beginning. Tell students they must start with a greeting, then ask if the fruit is fresh and how much it is. Give pairs two to three minutes to prepare. Allow notes but discourage writing out dialogues in full.

Prat. B: Point out the plural of nouns like *arancia* (*arance*) and *ciliegia* (*ciliege*).

**quello/a**   that
**tremila**   three thousand

### Verbi

**alzarsi**   to get up
**assaggiare**   to taste
**costare**   to cost
**dare**   to give; **da'**   give
**fermarsi**   to stop
**lavarsi**   to wash (oneself )
**svegliarsi**   to wake up
**vestirsi**   to get dressed

### Altre parole ed espressioni

**presto**   early
**tardi**   late
**tutto**   whole
**veramente**   really
**al chilo**   per kilo (metric weight)
**fare la spesa**   to shop (for food)
**mi sembra**   it seems to me, I think
**quanto costa (costano)?**   How much is it (are they)?

*Soldi* is the most common way to say "money." Other words are *il denaro* and *la moneta*, which also mean "coin" and "currency."

Have students make up sentences using *presto, tardi, tutto*.

Prat. A: You may want to have students write a brief description.

## Pratica

**A.** Dica cosa fa una persona che abita con lei da quando si sveglia la mattina fino a quando esce di casa. A che ora si sveglia? È di buon umore (*mood*) o di cattivo umore? Come si veste? Legge il giornale? Ascolta la radio?

**B.** In coppia: Lei è ad un mercato all'aperto di Roma. Lei chiede al fruttivendolo un chilo di patate, un chilo d'uva e due chili di arance. Preparate un dialogo appropriato e presentatelo alla classe.

Una colorita varietà di frutta è in vendita in una bancarella del mercato all'aperto.

# *Pronuncia*

## I suoni /s/ e /z/

The letter **s** has two sounds in Italian, **/s/** as in *sing* and **/z/** as in *rose*. The sound **/s/** is represented by the letters **s** and **ss.** The sound **/z/** is represented by the letter **s**. In standard Italian, **s** is pronounced **/z/** when it appears between two vowels (intervocalic **s**) and before **b, d, g, l, m, n, r,** and **v.**

Remember that in most common Italian words the intervocalic *s* is pronounced /z/.

Have students create three logical or absurd sentences using as many words as possible containing *s* or *ss*. Then have pairs compare sentences with another pair, reading the sentences aloud.

Ex. A: Have one or two students spell these words aloud while you write them on the board.

**A.** Ascolti l'insegnante e ripeta le seguenti parole.

| | | | |
|---|---|---|---|
| **s**abato | a**ss**aggiare | co**s**a | me**s**e |
| **s**oldi | e**ss**ere | **s**pe**s**a | ca**s**a |
| ve**s**te | **s**te**ss**o | confu**s**ione | **s**vegliare |
| **s**pinaci | indo**ss**are | de**s**idera | **s**garbato |

Ex. B: Encourage students to explain what the proverbs mean to them or to describe simple situations to which they apply.

**B.** **Proverbi.** Legga ad alta voce i seguenti proverbi e poi li detti ad un altro studente/un'altra studentessa.

**Sbagliando s'impara.**
One learns by one's mistakes.

**Non c'è rosa senza spine.**
Life is not a bed of roses.
(*Literally: There is no rose without thorns.*)

# Ampliamento del vocabolario

## I numeri da 100 in poi

| | |
|---|---|
| 100 = **cento** | 1.000 = **mille** |
| 101 = **centouno** | 1.100 = **millecento** |
| 120 = **centoventi** | 1.420 = **millequattrocentoventi** |
| 150 = **centocinquanta** | 2.000 = **duemila** |
| 200 = **duecento** | 3.000 = **tremila** |
| 300 = **trecento** | 4.000 = **quattromila** |
| 400 = **quattrocento** | 5.000 = **cinquemila** |
| 500 = **cinquecento** | 10.000 = **diecimila** |
| 600 = **seicento** | 15.000 = **quindicimila** |
| 700 = **settecento** | 100.000 = **centomila** |
| 800 = **ottocento** | 200.000 = **duecentomila** |
| 900 = **novecento** | 1.000.000 = **un milione** |

Point out 1420 in the list of numbers and explain that numbers are written as one word in Italian.

Ask students for the number of students at their school or college and the populations of their hometowns.

A period is used instead of a comma in numbers in the thousands: *English: 10,500; Italian: 10.500.*

A comma is used instead of a decimal point to express fractional amounts: *English: 1.5; Italian: 1,5.*

1. The plural of **mille** is **mila.** It is attached to the preceding number.

   **duemila**     two thousand
   **tremila**      three thousand

2. **Milione (milioni)** requires **di** plus a noun when no other number follows **milione (milioni).**

| | |
|---|---|
| un milione **di lire** | a million lire |
| due milioni **di persone** | two million people |
| *But:* un milione duecentomila dollari | one million two hundred thousand dollars |

**A.** Legga ad alta voce.

➤ 150 biglietti    *centocinquanta biglietti*

1. 365 giorni
2. 1.000 dollari
3. 400 orologi
4. 15.000 persone
5. 950 negozi
6. 1.000.000 di lire
7. 2.000 anni
8. 1.420 studenti

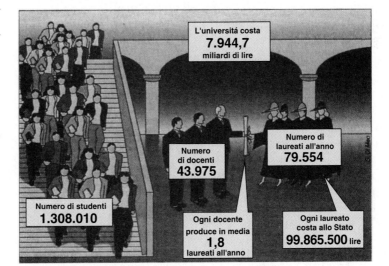

L'università costa
**7.944,7**
miliardi di lire

Numero di docenti
**43.975**

Numero di laureati all'anno
**79.554**

Numero di studenti
**1.308.010**

Ogni docente produce in media
**1,8**
laureati all'anno

Ogni laureato costa allo Stato
**99.865.500** lire

**B.** In coppia: Risponda ad un compagno/una compagna che le domanda quanto costano queste cose in Italia. Usi i prezzi suggeriti per rispondere alle domande.

➤ un televisore / Lit. 800.000    — *Quanto costa un televisore?*
    — *Costa ottocentomila lire.*

1. un motorino Piaggio / Lit. 3.500.000
2. una macchina Fiat / Lit. 18.000.000
3. un biglietto per il teatro / Lit. 40.000
4. una bottiglia di acqua minerale / Lit. 1.800
5. un litro di vino / Lit. 2.700
6. un gelato / Lit. 2.500
7. una spremuta d'arancia / Lit. 2.500
8. un cappuccino / Lit. 1.500

## Gli alimentari, la verdura e la frutta

Practice food vocabulary when eating and shopping.

### Gli alimentari (*Food products*)

l'aceto   vinegar
il burro   butter
la carne   meat
il formaggio   cheese
il latte   milk
l'olio d'oliva   olive oil
il pane   bread
la pasta   pasta
il pepe   pepper
il pesce   fish
il prosciutto   cured ham
il riso   rice
il salame   salami
il sale   salt
l'uovo (*m.*), le uova (*f. pl.*)   egg
lo zucchero   sugar

### La verdura

gli asparagi   asparagus
i broccoli   broccoli
il carciofo   artichoke
la carota   carrot
la cipolla   onion
i fagiolini   string beans
i funghi   mushrooms
la lattuga   lettuce
la melanzana   eggplant
la patata   potato
il peperone   green pepper
i piselli   peas
il pomodoro   tomato
gli spinaci   spinach
gli zucchini   zucchini squash

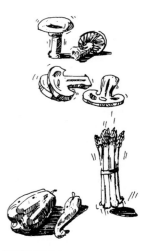

*Gli zucchini* can also be feminine, *le zucchine*.

### La frutta

l'albicocca   apricot
l'ananas (*m.*)   pineapple
l'arancia   orange
la banana   banana
la ciliegia   cherry
la fragola   strawberry

il limone   lemon
la mela   apple
la pera   pear
la pesca   peach
il pompelmo   grapefruit
l'uva   grape(s)

Before doing Ex. C, review words students already know (*panini, spremuta d'arancia, prosciutto,* etc.).

**C.** In coppia: Domandi ad un amico/un'amica cosa preferisce mangiare e bere a pranzo e a cena (*at lunch and dinner*). Prenda appunti e poi riferisca le informazioni alla classe.

➤ S1: Cosa preferisci mangiare e bere a pranzo?
S2: A pranzo preferisco …
S1: E a cena?

Ex. D: Have students supply five more questions to ask each other.

Have students ask you the questions, using *lei*.

**D.** In coppia: Faccia le seguenti domande personali ad un altro studente/un'altra studentessa.

1. Preferisci la carne o il pesce?
2. Mangi la verdura? Che verdura preferisci?
3. Che frutta mangi di solito? Mangi la frutta ogni giorno?
4. Preferisci la spremuta d'arancia o di pompelmo?
5. Se stai a dieta per un giorno, che cosa mangi?
6. Di solito usi il burro, la margarina o l'olio d'oliva?
7. Ti piace il formaggio? Quali formaggi preferisci?

*Quante calorie ci sono in un cucchiaino di zucchero? E in una fetta di crostata con marmellata? E in una lattina di* *aranciata? Dove sono più calorie, in quattro biscotti secchi o in una una fetta di crostata con marmellata?*

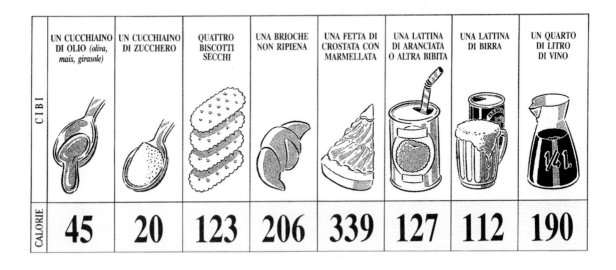

| | UN CUCCHIAINO DI OLIO (*oliva, mais, girasole*) | UN CUCCHIAINO DI ZUCCHERO | QUATTRO BISCOTTI SECCHI | UNA BRIOCHE NON RIPIENA | UNA FETTA DI CROSTATA CON MARMELLATA | UNA LATTINA DI ARANCIATA O ALTRA BIBITA | UNA LATTINA DI BIRRA | UN QUARTO DI LITRO DI VINO |
|---|---|---|---|---|---|---|---|---|
| **CIBI** | | | | | | | | |
| **CALORIE** | 45 | 20 | 123 | 206 | 339 | 127 | 112 | 190 |

8. Preferisci il pane italiano o il pane americano?
9. Quante uova mangi alla settimana?
10. Sui cibi (*food*) usi il sale o il pepe?

**E.** In gruppi di tre: Preparate una cena a due persone che avete conosciuto in Italia. Decidete il menù includendo l'antipasto, il piatto principale, il dolce, la frutta e le bevande (*drinks*). Poi fate una lista delle cose da comprare.

# Struttura ed uso

## Aggettivi e pronomi dimostrativi *questo* e *quello*

1. The demonstratives **questo** (*this/these*) and **quello** (*that/those*) can function as either adjectives or pronouns. As adjectives, they modify nouns. As pronouns, they replace the nouns and stand alone. In either case, they agree with the noun in gender and number.

— **Questa mela** è bella.
— Anche **questa** è bella.
— **Quelle arance** sono dolci.
— Sì, ma **quelle** no.

— This apple is nice.
— This one (apple) is nice too.
— Those oranges are sweet.
— Yes, but those are not.

2. The adjective **questo** has the four regular forms of an adjective ending in **-o.** It can be shortened to **quest'** before singular nouns beginning with a vowel.

— Per favore, mezzo chilo di **questo** prosciutto, una dozzina di **queste** uova e una bottiglia di **quest'**olio d'oliva.
— Tutte **queste** cose fanno 34.000 lire.

— Half a kilo of this ham, please, a dozen of these eggs, and a bottle of this olive oil.
— All these things come to 34,000 lire.

3. The adjective **quello** follows the same pattern of agreement as the adjective **bello.**

| Demonstrative adjective *quello* | |
|---|---|
| **Singular** | **Plural** |
| **quel** ragazzo | **quei** ragazzi |
| **quello** studente | **quegli** studenti |
| **quell'**amico | **quegli** amici |
| **quella** ragazza | **quelle** ragazze |
| **quell'**amica | **quelle** amiche |

**Quella** signora è la moglie dell'ambasciatore francese.
**Quegli** americani sono amici di Gianni Agnelli.
**Quel** ragazzo è il figlio del primo ministro.
**Quei** giovani sono giornalisti.

That woman is the wife of the French ambassador.
Those Americans are friends of Gianni Agnelli's.
That boy is the prime minister's son.
Those young people are journalists.

4. As pronouns, **questo** and **quello** each have four regular forms.

| Demonstrative pronouns *questo* and *quello* | | | |
|---|---|---|---|
| **Singular** | **Plural** | **Singular** | **Plural** |
| questo | questi | quello | quelli |
| questa | queste | quella | quelle |

Quel televisore è buono, ma preferisco **quello.**
Questa moto è italiana, ma **queste** sono giapponesi.

That television set is good, but I prefer that one.
This motorcycle is Italian, but these are Japanese.

Remind students that when *bello* precedes a noun, its forms are similar to those of the definite article (*Lezione 5*).

Point to several nearby things/people in the classroom (*tavolo, studentessa*, etc.), saying: *il tavolo qui*, etc., and have students provide the correct form of *questo* (*questo tavolo*). Do the same for *quello* with more distant objects/people, saying: *i ragazzi là*. Exaggerate the closeness or distance with your actions. Then review silently, pointing to the same things but mixing up *questo* and *quello* phrases.

Quest'orologio è di marca svizzera, ma **quello** è un Timex.
Quel CD è nuovo, ma **questo** è
uscito due anni fa.

This watch is a Swiss brand,
but that one is a Timex.
That CD is new, but this one
came out two years ago.

**A.** In coppia: Lei (S1) è alla bancarella rappresentata in questo disegno.
Domandi al fruttivendolo (S2) quanto costano le seguenti verdure e frutta.

➤ fragole
S1: Quanto costano quelle fragole?
S2: Queste fragole costano cinquemilacinquecento lire al chilo.

| | |
|---|---|
| 1. funghi | 5. mele |
| 2. pompelmi | 6. banane |
| 3. limoni | 7. carote |
| 4. zucchini | 8. asparagi |

Ex. B: Soap operas are known for
their absurd scenarios, so allow
students freedom in completing
the sentences. Give Ex. B as
written homework and let students read their solutions to the
class.

**B.** In coppia: Mentre guarda un teleromanzo (*soap opera*) con un amico/
un'amica, spieghi (*explain*) chi sono i personaggi (*characters*) secondo il
modello.

➤ Questa ragazza è buona ma *quella è cattiva.*
Quel signore è ricco ma *questo ha perduto tutti i soldi.*

1. Quel giovane è simpatico ma
2. Questa donna è sposata ma
3. Quei bambini abitano con la madre ma
4. Quell'uomo è molto generoso ma
5. Queste ragazze lavorano in un ospedale ma
6. Quella signora soffre di amnesia ma
7. Quel ragazzo è il figlio di quella signora ma

Ex. C: Model the example with a student, acting out and exaggerating *these* and *those*. Then have paired students stand to do the exercise, pointing appropriately for *questo* and *quello*. If possible, provide pictures of food items listed on page 158 and let pairs extend the exercise using these pictures.

**C.** In coppia: Lei è al mercato all'aperto e desidera comprare le seguenti cose. Con un compagno/una compagna che fa la parte del fruttivendolo, dica che cosa desidera secondo il modello.

➤ ciliege / mezzo chilo
S1: Mezzo chilo di ciliege, per favore.
S2: Queste ciliege o quelle?
S1: Queste, per favore.

1. fagiolini / un chilo
2. prosciutto / un etto (*100 grams*)
3. spinaci / mezzo chilo
4. uva / due chili
5. pane / un po' di
6. funghi / un cestino (*basket*)
7. pere / due chili
8. pomodori / tre chili

**D.** In coppia: Domandi ad un altro studente/un'altra studentessa dove ha comprato almeno quattro cose che lui/lei ha.

➤ S1: Dove hai comprato quello zaino?
S2: Questo? Alla libreria.

Ex. E: Ask students at the end of the previous class to bring in a photograph of family or friends and prepare four to five sentences explaining who the people are and using demonstratives when possible. Or use magazine photos or photos from the book. Encourage other students in the group to ask questions: *Quanti anni ha quella signora?*

**E.** In gruppi di quattro: Faccia vedere agli altri studenti del gruppo una fotografia di famiglia o di amici. Dica chi sono le persone nella foto, usando i dimostrativi dove possibile, e risponda alle domande degli altri studenti.

➤ — Ecco una foto di tre amici. Questo ragazzo si chiama Franco e quello si chiama Tim. Questo abita nella mia città ma quello adesso abita in California. . . .
— E chi è questa ragazza?, ecc.

## Verbi riflessivi

La mamma prima veste il suo bambino e poi **si veste.**

1. A reflexive verb is a verb whose action refers back to the subject, such as *I hurt myself* or *They enjoyed themselves.* Reflexive verbs are always accompanied by a reflexive pronoun: **mi, ti, si, ci, vi, si.** The verb itself is conjugated according to the tense and the subject. Here is the present tense of the verb **divertirsi.**

| **divertirsi**  to enjoy oneself, have fun | |
|---|---|
| io **mi diverto** | noi **ci divertiamo** |
| tu **ti diverti** | voi **vi divertite** |
| lui/lei **si diverte** | loro **si divertono** |

— **Vi divertite** in classe?      — Do you enjoy yourselves in class?
— **Ci divertiamo** quando      — We have fun when we talk.
  parliamo.

2. Reflexive verbs are more common in Italian than in English. Many Italian reflexives express ideas that are not normally expressed reflexively in English.

Gianni **si alza** alle otto.      Gianni gets up (raises himself ) at eight o'clock.
Poi **si veste.**      Then he gets dressed (dresses himself).
Poi **si mette** a studiare.      Then he begins to study.

Practice the reflexive verbs as you go about your daily routine: *Sono le otto; mi alzo. Adesso mi lavo,* etc.

3. Here is a list of some common reflexive verbs in Italian.

| | |
|---|---|
| **addormentarsi**   to fall asleep | **mettersi a** + *infinitive*   to begin |
| **alzarsi**   to get up | to, start to |
| **annoiarsi**   to be bored | **preoccuparsi (di)**   to worry |
| **chiamarsi**   to be called (call | (about) |
| oneself), be named | **prepararsi per** + *infinitive*   to |
| **divertirsi**   to enjoy oneself, have | prepare oneself to, get ready to |
| fun | **sentirsi**   to feel |
| **fermarsi**   to stop | **svegliarsi**   to wake up |
| **lavarsi**   to wash (oneself) | **vestirsi**   to get dressed |
| **mettersi**   to put on (clothing) | |

Point out to students that many verbs have both a nonreflexive and a reflexive use. *Chiamare,* for instance, means to call someone or something, but *chiamarsi* means to call oneself (be called). Give *alzare* and *alzarsi* as another example.

— Come **si sentono** i tuoi      — How are your grandparents
  nonni?      feeling?
— **Si sentono** benissimo, grazie.      — They're feeling fine, thank
  Ieri sono partiti per un viag-      you. They left for a trip
  gio all'estero.      abroad yesterday.
— Non **ti preoccupi** di loro?      — Aren't you worried about them?
— Perché devo **preoccuparmi?**      — Why should I be worried?
  Loro stanno bene e **si**      They're fine and they're hav-
  **divertono!**      ing fun!

4. The reflexive pronoun generally comes before the conjugated verb. In the infinitive form, it is usually attached to the end of the infinitive, which drops the final **-e.**

**Mi vesto** adesso.                    I'm getting dressed now.
Preferisco **vestirmi** da solo.        I prefer to get dressed alone.
**Vi addormentate** presto?             Do you fall asleep early?
Cercate di **addormentarvi** presto.    Try to fall asleep early.

5. In the **passato prossimo,** reflexive verbs always take the auxiliary verb **essere.** The past participle agrees with the subject.

Paola **si è svegliata** alle sei.      Paola woke up at six.
Le ragazze **si sono lavate.**          The girls washed themselves.
**Ci siamo messi** a studiare.          We started studying.

To prepare for Ex. F, read the paragraph aloud and ask students to identify and give an English equivalent for the reflexive verbs.

**F.** Cambi il soggetto della seguente descrizione tre volte, prima a *Piero,* poi a *noi* e poi ai *fratelli Paolini.* Faccia tutti i cambiamenti necessari ai verbi e ai pronomi riflessivi.

Ogni giorno mi alzo alle sette. Mi lavo e mi vesto velocemente: mi metto i jeans e una T-shirt e mi preparo per uscire. Torno a casa alle quattro e mi metto a studiare. La sera mi diverto a guardare la televisione. Vado a letto (*bed*) alle dieci e mi addormento subito.

Have students do Ex. G in pairs, taking turns saying logical sentences. Then have them put the sentences in the *passato prossimo.*

**G.** Formuli frasi originali nel presente con le parole ed espressioni delle colonne A, B e C.

➤ Mio padre si annoia a casa.

| A | B | C |
|---|---|---|
| mio padre | svegliarsi | prima di uscire |
| un'amica ed io | vestirsi | un appuntamento importante |
| tu | annoiarsi | comprare il latte |
| voi | addormentarsi | a mezzogiorno |
| io | dimenticarsi di | i jeans di Armani |
| gli amici | prepararsi per | rapidamente |
|  | mettersi | a casa |
|  | sentirsi | dopo David Letterman |
|  |  | in cucina |
|  |  | male dopo la festa |

Review the meaning and forms of *divertirsi* and *annoiarsi* before doing Ex. H. Ask several students where they went last week and if they had fun. Encourage pairs to ask each other why they had fun or were bored.

**H.** In coppia: Dica ad un compagno/una compagna tre luoghi dove lei è andato/a la settimana scorsa (a una festa, al cinema, ad un concerto, a casa, ecc.). Poi dica se si è divertito/a o annoiato/a là.

➤ S1: La settimana scorsa sono andato/a in discoteca.
S2: Ah sì? Ti sei divertito/a?
S1: Sì, mi sono divertito/a molto! / No, mi sono annoiato/a.

Remember that *divertirsi* means "to have fun." *Ti sei divertito/a?* means "Did you have fun?"

**I.** In coppia: Dica ad un compagno/una compagna a che ora di solito lei fa le seguenti cose, e a che ora le ha fatte ieri. Poi chieda al compagno/alla compagna le stesse informazioni.

➤ svegliarsi
S1: Di solito mi sveglio alle …
    Ieri mi sono svegliato/a alle … E tu, a che ora ti svegli?
S2: Di solito …

1. svegliarsi
2. lavarsi
3. vestirsi
4. fare colazione
5. mettersi a studiare
6. tornare a casa
7. addormentarsi

*Ex. J: Allow students a minute to refer to the dialogue on page 152 and make some notes before describing their activities.*

**J.** Dica ad un compagno/una compagna che cosa lei fa di solito il sabato mattina. Cerchi di usare i verbi riflessivi dove appropriato.

➤ Il sabato mattina mi sveglio alle… , mi alzo …

*Assign Ex. J as written homework. Students can tell what they normally do on Saturday mornings and what they did last Saturday.*

**K.** In coppia: Rispondete alle seguenti domande personali.

1. Come si chiamano tua madre e tuo padre? Hai sorelle o fratelli? Come si chiamano?
2. Ti addormenti sempre facilmente? Cosa fai se non puoi (*if you can't*) addormentarti?
3. Ti senti bene quando ti alzi presto? A che ora ti alzi normalmente?
4. Ti annoi o ti diverti quando stai solo/a?
5. Ti metti i jeans ogni giorno? Gli studenti di quest'università si mettono spesso i jeans?
6. Ti piace vestirti elegantemente? Quando? Ogni giorno, o in occasioni speciali?
7. Come ti prepari per un esame importante? Per un appuntamento importante?

## Imperativo dei verbi regolari (*tu, noi, voi*)

1. The imperative is used for commands, pleas, and appeals. In the imperative, the **tu, noi,** and **voi** forms of regular verbs are identical to the corresponding present tense forms with one difference: the final **-i** of the **tu** form of **-are** verbs changes to **-a.**

| | Affirmative commands | | |
| --- | --- | --- | --- |
| | **tu** | **noi** | **voi** |
| **-are** verbs | **Guarda!** | **Guardiamo!** | **Guardate!** |
| **-ere** verbs | **Prendi!** | **Prendiamo!** | **Prendete!** |
| **-ire** verbs | **Finisci!** | **Finiamo!** | **Finite!** |

2. Negative **tu** commands are formed with **non** + *infinitive*. Negative **noi** and **voi** commands use the present tense, as in affirmative commands.

| | Negative commands | | |
|---|---|---|---|
| | **tu** | **noi** | **voi** |
| **-are** verbs | **Non guardare!** | **Non guardiamo!** | **Non guardate!** |
| **-ere** verbs | **Non prendere!** | **Non prendiamo!** | **Non prendete!** |
| **-ire** verbs | **Non finire!** | **Non finiamo!** | **Non finite!** |

Gabriella, **compra** un chilo di spinaci, ma non **comprare** gli asparagi.

— **Andiamo** a prendere una videocassetta.

— Sì, ma non **prendiamo** un film di orrore.

Ragazzi, **ascoltate** attentamente. Non **parlate!**

Gabriella, buy a kilo of spinach, but don't buy any asparagus.

— Let's go pick up a video.

— Yes, but let's not get a horror film.

Guys, listen closely. Don't talk!

*Prodotti della nostra terra*

3. When a reflexive verb is used in a command, the reflexive pronoun follows and is attached to the verb. In negative **tu** commands of reflexive verbs, the infinitive drops the final **-e** before the pronoun **ti**.

Adesso **lavati** e poi **mettiti** la giacca!

Giulia, **non metterti** quel vestito! Mi piace più questo.

Wash now and then put on your jacket.

Giulia, don't put on that dress! I like this one more.

**Girate** a destra; **continuate** per mezzo chilometro. **Prendete** l'autobus e **scendete** al Colosseo. Poi **chiedete** a un poliziotto!

**L.** Dica alle persone indicate fra parentesi di fare le azioni che seguono.

➤ (la sua amica Marta)        guardare questa rivista    *Marta, guarda questa rivista!*

    1. (il suo amico Sandro)      venire alla festa mascherata con noi
                                           arrivare verso le otto
                                           metterti un bel costume
                                           portare Lidia con te

    2. (lei e due amici [noi])     fare una gita domani
                                             andare ai Castelli Romani
                                           mangiare in un ristorante caratteristico
                                           bere il vino locale

    3. (i suoi fratelli)            pulire bene l'appartamento
                                           preparare la cena
                                           mettere in ordine la cucina
                                           aspettare la telefonata di papà

    4. (sua sorella Marina)     non uscire senza l'ombrello
                                           non stare fuori tutta la notte
                                           tornare prima delle undici
                                           telefonare se ci sono problemi

---

Before doing Ex. M, review command forms with the class. Encourage students to give other positive and negative commands. Repeat the exercise with one student giving commands to the other two (in *voi*).

**M.** In gruppi di tre: S1 dice a S2 di fare le cose indicate. Poi, S3 dice di non fare quelle cose.

➤ scrivere la data di oggi
  S1: (Cristina), scrivi la data di oggi!
  S2: (comincia a scrivere)
  S3: (Cristina), non scrivere la data di oggi!
  S2: (non scrive più)

    1. parlare italiano              5. venire qua
    2. prendere la penna da …    6. mettersi a leggere
    3. restituire la penna a …     7. aprire le finestre
    4. alzarsi subito               8. aspettare qui

---

Before doing Ex. N, model with a student so that class hears several types of answers: *Molto bene! Non fumare mai! / Male! Non mangiare carne! Mangia pesce o pollo!*, etc.

**N.** Lei fa delle domande e dà dei consigli a un amico/un'amica che desidera perdere peso (*to lose weight*).

➤ mangiare le verdure
  S1: Tu mangi le verdure?
  S2: No, non mangio le verdure.
  S1: Male! Mangia molte verdure!

    1. mangiare la frutta fresca / le verdure / la carne / il salame
    2. bere il latte / gli alcolici / la birra / l'acqua minerale
    3. fumare
    4. usare lo zucchero / l'olio / il sale / il burro
    5. praticare lo sport
    6. dormire poco/molto

Have students do Ex. O in small groups to generate a variety of ideas. One student in each group can write down ideas. Then ask a representative from each group to advise the class on how to get a job. Make sure they use the *voi* form of the verb.

**0.** Domani lei s'incontra con alcuni studenti liceali che desiderano trovare lavoro. Qui in basso sono indicati gli argomenti (*topics*) che lei vuole discutere. Dia consigli a questi giovani su come trovare lavoro, usando la forma *voi* dell'imperativo.

1. Dove cercare lavoro? (leggere giornali? quali? andare ad un'agenzia? telefonare alle ditte (*companies*) della città? chiedere aiuto a... ?)
2. Come scrivere il curriculum vitae? (usare l'assistenza di servizi specializzati? non fare errori?)
3. Come prepararsi per l'intervista (come vestirsi? cosa mettersi? fare una lista di domande? portare il curriculum, lettere di referenze, che altro?)
4. L'intervista (quando arrivare? cosa dire? cosa non dire?)

## Imperativo di sette verbi irregolari

**Essere** and **avere** are irregular in the **tu** and **voi** forms of the imperative. Five other verbs — **andare, dare, dire, fare,** and **stare** — have irregular **tu** imperatives. The other imperative forms of these verbs are regular, including the negative forms.

| | | | |
|---|---|---|---|
| andare | **va'** (vai) | essere | **sii** |
| | andiamo | | siamo |
| | andate | | **siate** |
| avere | **abbi** | fare | **fa'** (fai) |
| | abbiamo | | facciamo |
| | **abbiate** | | fate |
| dare | **da'** (dai) | stare | **sta'** (stai) |
| | diamo | | stiamo |
| | date | | state |
| dire | **di'** | | |
| | diciamo | | |
| | dite | | |

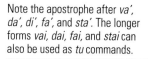

Note the apostrophe after *va', da', di', fa',* and *sta'*. The longer forms *vai, dai, fai,* and *stai* can also be used as *tu* commands.

Bring some plastic or real fruit and vegetables to class. Have students complete commands like *Bruno, da' questa mela a Suzi. Metti la pera sul tavolo,* etc. Have students make up other commands for their classmates using the props.

Nerone, **sta'** fermo!

**Da'** la scarpa a papà!

Nerone, **sii** buono!

**P.** Dica ad un amico/un'amica di fare le seguenti cose, usando la forma *tu* dell'imperativo dei verbi indicati.

➤ fare presto     *Fa' presto* ( *Fai presto*)*!*

1. essere generoso/a
2. andare a sciare
3. stare zitto (*quiet*)
4. dare un dollaro ad un amico/un'amica
5. avere pazienza
6. andare a giocare
7. fare colazione
8. dire qualcosa in italiano

**Q.** In gruppi di tre: Una persona del gruppo fa la parte di uno studente/una studentessa che è recentemente arrivato/a alla vostra università e vuole sapere come comportarsi (*to behave*). Date consigli al nuovo studente/alla nuova studentessa, usando l'imperativo.

➤ S1: Dove devo mangiare?
S2: Mangia a …
S3: No, non mangiare a… , mangia a… !

1. Dove devo mangiare?
2. Quali corsi devo seguire?
3. Cosa devo fare nella fine-settimana?
4. Dove posso studiare?
5. Dov'è possibile trovare un lavoro a tempo parziale?
6. Cosa devo fare per prendere buoni voti (*to get good grades*)?
7. Dove devo fare gli acquisti?
8. Come posso conoscere (*to meet*) nuovi amici?

**R.** In coppia: Dica ad un compagno/una compagna di fare una serie di tre cose specifiche. Se esegue (*carries out*) bene i suoi ordini, tocca a lui/lei (*it's his/her turn*) dare ordini a lei!

➤ Judy, prendi questa fotografia. Metti la fotografia nello zaino di Francesco, e poi va' fuori.

# *Parliamo un po'*

**A. Un sondaggio.** Faccia una breve intervista a tre studenti per sapere:

Act. A: Model some of the questions before having students conduct their survey. Have them stand up and talk to classmates in different parts of the room. Then tally the results of favorite and least favorite fruits, vegetables, etc., on the board.

| | Studente | | |
|---|---|---|---|
| | 1 | 2 | 3 |
| la frutta che preferiscono | ____ | ____ | ____ |
| quella che non mangiano | ____ | ____ | ____ |
| le verdure che preferiscono | ____ | ____ | ____ |
| quelle che non mangiano | ____ | ____ | ____ |
| la cucina (cinese, italiana, ecc.) che preferiscono | ____ | ____ | ____ |
| i cibi che non mangiano | ____ | ____ | ____ |
| i piatti (*dishes*) che preferiscono | ____ | ____ | ____ |
| quelli che non piacciono | ____ | ____ | ____ |

Act. B: Circulate to provide needed vocabulary. If enough time remains, have representatives from one or two groups tell, in the *passato prossimo*, what their group decided to buy.

**B. Una festa fra amici.** In gruppi di quattro: Voi desiderate organizzare una festa per dodici amici. Volete offrire panini, insalata, pizza e bibite analcoliche (*nonalcoholic drinks*). Fate una lista della quantità di cose necessarie per tutte le persone.

➤ (panini) un chilo di prosciutto, 24 panini …

| panini | pizza | insalata | bibite |
|---|---|---|---|
| ____ | ____ | ____ | ____ |
| ____ | ____ | ____ | ____ |
| ____ | ____ | ____ | ____ |
| ____ | ____ | ____ | ____ |

After pairs have worked on Act. C, follow up by asking volunteers for commands that might be given in each situation.

**C. Agli ordini!** In coppia: Con un compagno/una compagna, dia almeno tre forme dell'imperativo per ogni situazione indicata.

➤ Una madre parla al bambino cattivo.     *Finisci gli spinaci!*
                                          *Non parlare!, ecc.*

1. Una madre parla al bambino cattivo.
2. Una professoressa parla agli studenti.
3. Lei parla agli amici. È venerdì sera e desiderate uscire.
4. I genitori parlano alla figlia che parte per l'università.
5. Lei parla al compagno/alla compagna di camera (*roommate*) molto pigro/a.

Make sure that Act. C has been completed and reviewed before going on to Act. D. Have students act out their dialogues for the class. Situations 2, 3, and 4 would also work well in groups of three.

**D. Agli ordini (cont.).** In coppia: Con lo stesso compagno/la stessa compagna, scegliete una delle situazioni dell'attività C e create un dialogo incorporando gli imperativi dell'attività C.

➤ La madre parla al bambino cattivo.
Bambino: Mamma, posso andare a giocare?
Madre: Pippo, finisci gli spinaci!
Bambino: Ma non ho fame!
Madre: Non parlare!… , ecc.

Model Act. E with one or two students before splitting into groups. Encourage the "private investigator" to ask each "suspect" as many questions as possible. Encourage overacting and extravagant answers. After activity is completed, have groups decide who, if anyone, committed the robbery.

**E. Un furto misterioso.** In gruppi di quattro: C'è stato un furto (*robbery*) nella casa di una famiglia ricca della sua città. Il furto è accaduto (*took place*) tra le otto e le dieci di ieri sera. Create la scena dell'interrogatorio secondo i suggerimenti indicati.

S1: È l'investigatore privato che interroga le tre persone sospette. Domanda ad ognuna delle tre persone dov'è stata ieri sera, con chi e che cosa ha fatto.
S2: È andato/a ad una festa con un compagno/una compagna, ma si è sentito/a male ed è andato/a via presto senza il compagno/la compagna.
S3: È rimasto/a a casa a lavorare su un articolo e si è addormentato/a presto.
S4: È andato/a a vedere un film con un amico. È tornato/a a casa dopo mezzanotte.

➤ S1: E lei che cosa ha fatto ieri sera?
S2: Sono andata ad una festa a casa di amici.
S1: È andata sola? ecc.

## *In giro per l'Italia*

Ask these questions: 1. *Quali sono alcune caratteristiche geografiche di questa zona?* 2. *Com'è il terreno in questa regione? È collinoso, montuoso o pianeggiante* (flat)? 3. *Ci sono fiori o piante tropicali in questa zona? Perché?* 4. *Ci sono attrazioni turistiche in questa regione? Quali sono?*

**A. In cerca di aggettivi.** Nel brano che segue, cerchi l'aggettivo derivato da ciascuna delle parole indicate. Poi inserisca nella frase la forma appropriata dell'aggettivo.

➤ (collina)    Questo paese è molto… .
Questo paese è molto *collinoso*.

1. (Liguria) Il golfo di Genova è nel Mare… .
2. (fama) Uno dei personaggi … della Liguria è Cristoforo Colombo.
3. (geografia) Gli aspetti … di questa regione sono interessanti.
4. (tropico) Qui ci sono molti fiori… .
5. (costa) Le cittadine … della regione sono spettacolari.
6. (monte) I terreni … sono difficili da coltivare.
7. (turismo) La zona è ricca di attrazioni… .

Piazzetta e porticciolo di Portofino, pittoresca cittadina della Liguria.

**La Liguria.** Legga questo brano.

La Liguria è una regione con caratteristiche geografiche molto particolari. Essa ha la forma di un arco che a sud è costeggiato[1] dal Mare Ligure; ad ovest confina[2] con la Francia, a nord con il Piemonte e ad est con l'Emilia-Romagna e la Toscana. In questa regione la catena delle Alpi si unisce con gli Appennini così che il territorio ligure è molto montuoso e collinoso. Coltivato a terrazze[3], il terreno dà prodotti di tipo mediterraneo. Sulle terrazze si coltivano ulivi, vigneti[4], frutta e agrumi[5]. Sulla costa invece c'è la coltivazione di una grande varietà di fiori[6] e di piante tropicali.

La zona costiera della Liguria è stretta[7] e piena di scogli[8]. Genova, il capoluogo regionale, divide la costa in Riviera di Levante e Riviera di Ponente[9]. Con le sue spiagge sabbiose[10] e i suoi golfi pittoreschi, la riviera ligure è una delle più famose località turistiche d'Italia. Il clima mite[11] della zona favorisce il turismo anche nei mesi invernali. Portofino, Portovenere, Rapallo e Sanremo sono cittadine liguri che attraggono sempre molti visitatori. Portofino è un promontorio molto suggestivo, con i suoi piccoli porti e strade panoramiche. Sanremo, con i suoi fiori, grandi alberghi e bellissime ville, grazie al suo clima favorevole, è il luogo di villeggiatura[12] preferito di molti europei. Il mare è certamente la ricchezza della Liguria; rende il clima della regione mite e attrae annualmente milioni di turisti. Inoltre[13] il Mare Ligure è un'eccellente via di comunicazione ed è molto ricco di pesce[14].

1. bordered   2. borders   3. terraces   4. vineyards   5. citrus fruit   6. flowers   7. narrow   8. cliffs   9. Eastern Riviera and Western Riviera   10. sandy   11. mild   12. vacation   13. In addition   14. fish

Ask students the questions with their books closed. Then challenge students to summarize the reading on Liguria.

**B.  Domande.** Risponda alle seguenti domande basate sulla lettura.

1. Quale mare costeggia la Liguria?
2. Come si chiamano le catene montuose che si uniscono in Liguria?
3. Qual è il capoluogo della Liguria?
4. Che cosa si coltiva sulle terrazze liguri? E sulla costa?
5. Quali sono le caratteristiche della zona costiera ligure?
6. Quali sono alcune cittadine pittoresche della costa ligure?
7. Quale cittadina di villeggiatura preferiscono molti europei? Perché?
8. Perché è caratteristica Portofino?
9. Che cosa rappresenta il mare per la Liguria? Perché?

**C.  Definizioni.** Prima di leggere il seguente brano, abbini le definizioni con una parola della lista di destra. Ci sono due parole in più nella lista.

1. aggettivo di Genova
2. persone che praticano il commercio
3. un periodo della storia
4. persone che si occupano di finanza
5. una forma geometrica
6. persone che vanno per mari e oceani
7. persone che possiedono banche
8. gli abitanti di Genova
9. un'erba aromatica
10. un tipo di formaggio

a. il triangolo
b. il basilico
c. i navigatori
d. il condimento
e. i genovesi
f. il Medioevo
g. i banchieri
h. genovese
i. l'oliva
j. i finanzieri
k. il parmigiano
l. i commercianti

The term "blue jeans" may derive from the blue cloth trousers that Genoese sailors used to wear.

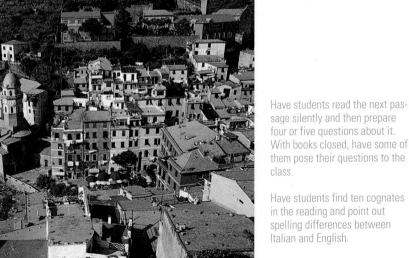

Vernazza è una delle caratteristiche cittadine della costa ligure.

Have students read the next passage silently and then prepare four or five questions about it. With books closed, have some of them pose their questions to the class.

Have students find ten cognates in the reading and point out spelling differences between Italian and English.

Have students locate the three cities of the industrial triangle on the map of Italy on p. 14.

**Un grande porto di mare.** Legga questo brano.

Genova, chiamata "la Superba"[1], ha una gloriosa tradizione storica legata[2] principalmente alla sua posizione geografica. La fortuna e il prestigio di Genova sono associati con il mare. Fin dai tempi antichi[3] i genovesi sono gente di mare[4] e nel Medioevo hanno già una grande flotta[5] navale e diventano bravi navigatori, commercianti, finanzieri e banchieri. Oggi Genova è il più importante porto di mare d'Italia ed è anche un centro commerciale e industriale di rilievo[6]. Essa, insieme a Milano e a Torino, fa parte del grande triangolo industriale italiano. Genova è la città natale[7] di molti personaggi famosi quali Simone Boccanegra, Cristoforo Colombo, Goffredo Mameli, Giuseppe Mazzini, Eugenio Montale e Niccolò Paganini.

La Liguria, e Genova in particolare, hanno contribuito anche alla bontà[8] e alla varietà della cucina italiana. Un contributo particolare è il pesto alla genovese[9]. Questo condimento è fatto di foglie di basilico, pinoli e aglio pestati[10] ai quali si aggiungono[11] il formaggio pecorino[12], il parmigiano e l'olio di oliva. Il pesto è utilizzato principalmente per condire i piatti di pasta[13]. Quando Piero e Gabriella, i due personaggi del video "Parliamo italiano", visitano la Liguria, essi mangiano un piatto squisito di trofie[14] al pesto alla genovese.

1. "the Proud One"   2. tied   3. Since ancient times   4. seafaring people   5. fleet
6. importance   7. birthplace   8. goodness   9. Genoese style   10. basil leaves, pine nuts, and garlic pounded together   11. are added   12. sheep's milk cheese   13. to dress pasta dishes
14. type of pasta

**D.** **Che cosa ricorda?** Dia il nome o la descrizione delle seguenti caratteristiche di Genova.

1. nome dato a Genova
2. a che cosa è legata la storia genovese
3. lo sono i genovesi
4. attività dei genovesi fin dal Medioevo
5. le tre città del triangolo industriale italiano
6. tre personaggi famosi nati a Genova
7. condimento tipico di Genova e come viene utilizzato
8. quattro ingredienti del pesto alla genovese

# Una cena in famiglia

**COMMUNICATIVE OBJECTIVES**

- Express wants and obligations
- Describe and talk about your family
- Talk about travel wants and plans
- Express possession

Una famiglia italiana a tavola. Lei mangia spesso con la sua famiglia?

• • • • • • • • • • • • • • • • • • • • • • • • • • • • • • • • • • • • • • • • • • • • • • • • • •

S ono le otto di sera e la famiglia Orlandi è a cena. Sono seduti a tavola il padre Carlo, la madre Luciana e i due figli Stefano e Alessandra. Stefano ha appena° ottenuto il diploma di maturità scientifica e Alessandra frequenta il liceo classico.

|  |  |
|---|---|
| ALESSANDRA: | Papà, ti devo dire una cosa. L'ho già detta alla mamma e lei è d'accordo. |
| IL PADRE: | Di che cosa si tratta? |
| ALESSANDRA: | Della mia amica Giuliana. Tu la conosci, non è vero? A luglio Giuliana parte con la macchina per la Calabria e mi ha chiesto di andare con lei. |
| IL PADRE: | Ma la tua amica Giuliana non ha preso la patente e guida solo da qualche mese? No, non se ne parla proprio°! |
| LA MADRE: | Ma, Carlo, Giuliana è una brava ragazza ed è molto responsabile! |
| IL PADRE: | Luciana, ti prego. Alessandra viene in montagna con noi. E tu, Stefano, hai già scelto la facoltà universitaria che vuoi frequentare? |
| STEFANO: | Veramente no, non l'ho ancora scelta. Anzi°, a dire la verità, penso di non iscrivermi per quest'anno. |
| IL PADRE: | Che cosa hai detto? Ho sentito bene? |
| STEFANO: | Sì, papà. Voglio andare un anno in Inghilterra per imparare meglio l'inglese. |
| LA MADRE: | Stefano, questa idea è nuova. Tu sei sempre stato in famiglia e non sei mai andato all'estero. Sei sicuro di poter stare da solo e lontano da casa per un anno intero? |
| IL PADRE: | E poi come pensi di pagare tutte le spese? |
| STEFANO: | Ho già messo da parte° un bel po' di soldi e poi posso sempre cercare lavoro. |
| LA MADRE: | Stefano, ti sembra proprio una buona idea? |
| IL PADRE: | Ma sì, Luciana, non è un'idea cattiva. Vivere all'estero per un anno, il contatto con altri giovani e un'esperienza di lavoro gli faranno certamente bene°. |

Line numbers: 5, 10, 15, 20, 25

Have students role-play the dialogue.

just

In Italy the main meal (*il pranzo*) is eaten between 1 and 2:30 P.M. *La cena* is a lighter meal eaten between 8 and 10 P.M.

Look at the map of Italy on p. 14 and locate the region of *Calabria*.

Let's forget it!

Review the cultural note *La scuola in Italia* in *Lezione 1*, p. 23.

Indeed

Help students to describe the personalities of the characters in the dialogue and to take sides with the mother, the father, or the children. Put a few phrases on the board to stimulate conversation: *avere ragione, avere voglia di, avere bisogno di, simpatico, antipatico, egoista*, etc.

I've already saved

Have students describe how their parents might respond in similar circumstances.

will certainly do him good

• • • • • • • • • • • • • • • • • • • • • • • • • • • • • • • • • • • • • • • • • • • • • • • • • •

Have pairs of students ask each other the *Domande* and *Domande personali*, using *tu* when appropriate. Have them add a few questions of their own.

## Domande

1. Dov'è la famiglia Orlandi?
2. Cosa fanno i figli?
3. Dove vuole andare Alessandra? Con chi vuole andare?

# La famiglia italiana

La famiglia tradizionale italiana con i suoi forti legami affettivi[1] è ancora viva nelle piccole città di provincia e nei paesi. Spesso generazioni diverse abitano nella stessa casa o appartamento e i nonni, le zie e gli zii non sposati fanno parte del nucleo familiare. In questa famiglia tradizionale, il padre ha il ruolo più importante perché di solito da lui dipendono finanziariamente tutti gli altri componenti della famiglia. I figli, sia studenti che lavoratori[2], rimangono con i genitori fino a quando[3] non si sposano.

Invece[4], nei centri industriali e nelle grandi città del centro-nord d'Italia, la situazione è diversa. Là è più facile trovare lavoro e la famiglia tradizionale è oggi pressoché scomparsa[5]. La coppia sposata[6] vive da sola e il marito e la moglie lavorano a tempo pieno. Oggi in Italia le famiglie numerose non esistono più come un tempo. A causa del lavoro e dell'alto costo della vita, molte giovani coppie sposate decidono di non avere figli o al massimo[7] di avere un solo figlio. Questa tendenza ha causato la cosiddetta crescita zero[8] della popolazione italiana.

1. strong emotional ties   2. whether students or workers   3. until   4. On the other hand   5. has almost disappeared   6. married couple   7. at the most   8. the so-called zero growth

Venezia: Una giovane famiglia passeggia tra la gente in Piazza San Marco.

4. Che cosa pensa di fare Stefano? Perché?
5. Il padre è d'accordo con i programmi dei figli? Perché?
6. E che cosa pensa la madre?

## Domande personali

Point out that *discutere* means both "to argue" and "to discuss."

1. Lei lavora durante l'anno accademico? Dove? Perché?
2. Cosa fa di solito durante l'estate?
3. Che programma ha fatto lei per l'estate prossima? E per l'anno prossimo?
4. I suoi genitori che cosa dicono dei suoi programmi?
5. Lei discute spesso con i suoi genitori? Di che cosa discute?

## Situazioni

Sit. 1: Provide new vocabulary for evening activities if requested.

1. Domandi ad un amico/un'amica cosa vuole fare stasera.

   — Cosa vuoi fare stasera?
   — Voglio andare al cinema (fare due passi/fare acquisti/fare due salti in discoteca).

2. Reagisca a quello che dice un suo compagno/una sua compagna di scuola sui suoi programmi.

   — Penso di non lavorare quest'estate (lavorare un anno in Italia/non finire l'università/cambiare facoltà).
   — Che cosa hai detto? (Ho sentito bene?/Sei sicuro/a di poterlo fare?/Perché?)

# Vocabolario

• • • • • • • • • • • • • • • • • • • • • • • • • • • • • • • • • • • •

### Parole analoghe

il contatto      la mamma      responsabile
l'esperienza

### Nomi

la cena    supper
la cosa    thing
la facoltà    school (of medicine, law)
i genitori    parents
il programma    plan
la spesa    expense
la tavola    table

### Verbi

discutere    to argue, discuss
dovere    to have to, must
iscriversi    to enroll
ottenere    to obtain, get
pensare di    to intend to, to think to
scegliere (*p.p.* scelto)    to choose
trattarsi (di)    to be about
vivere (*p.p.* vissuto)    to live

### Aggettivi

intero/a    entire, whole
prossimo/a    next
suo/a    your (formal)
tuo/a    your (informal)

### Altre parole ed espressioni

meglio    better
troppo    too
essere d'accordo    to agree
con lei    with her
lontano da    far from
in montagna    to the mountains
la patente di guida    driver's license
non ... ancora    not ... yet
non ... mai    never
un bel po' di    quite a lot of
ti prego    I beg you

*La tavola* refers mainly to the dinner table; *il tavolo* refers to the object itself: *La famiglia è a tavola* but *Il tavolo è troppo piccolo.*

Have students make up questions or statements using the expressions *essere d'accordo, lontano da,* and *un bel po' di soldi.*

Point out how *non ... ancora* and *non ... mai* are used by giving examples such as *Non ho ancora scelto il ristorante; Non discuto mai con lei.*

## Pratica

**A.** In coppia: Domandi ad un amico/un'amica perché ha scelto questa università e quale facoltà ha scelto o pensa di scegliere. Poi si prepari a spiegare i motivi (*reasons*) delle sue scelte.

**B.** In coppia: Reagisca alla notizia (*news*) di un amico/un'amica che ha appena trovato un lavoro come bagnino (*lifeguard*) e che la invita a cercare un lavoro estivo. Preparate un dialogo appropriato.

➤ S1: Ho appena …
S2: Davvero? Sono …
S1: Perché non cerchi …
S2: …

# *Pronuncia*

## I suoni /ʃ/ e /sk/

**Sc** is pronounced in two ways, depending on the vowel that follows it: soft /ʃ/, as in **pesce**, before **e** and **i**; and hard /**sk**/, as in **pesca**, before **a**, **o**, and **u**. **Sch** is always pronounced hard /**sk**/, as in **freschi**. Thus some words have an **h** in the plural to retain the hard pronunciation: **tedesco** → **tedeschi**.

**A.** Ascolti l'insegnante e ripeta le seguenti parole.

| | | | | |
|---|---|---|---|---|
| **sci**entifico | **sci**are | a**sc**oltare | di**sc**utere | di**sch**i |
| **sc**elta | na**sc**ere | **sc**usa | cono**sc**o | tede**sch**e |
| cono**sc**ere | preferi**sc**e | **sc**ortese | i**sc**riversi | pe**sch**e |

**B. Proverbio.** Legga ad alta voce il seguente proverbio e poi lo detti ad un altro studente/un'altra studentessa.

**Da cosa nasce cosa.**
One thing leads to another.
(*Literally: From something, something is born.*)

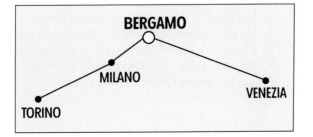

# Ampliamento del vocabolario

## La famiglia e i parenti

| | |
|---|---|
| **i genitori**   parents | **la nipote**   granddaughter; niece |
| **il nonno**   grandfather | **il patrigno**   stepfather |
| **la nonna**   grandmother | **la matrigna**   stepmother |
| **i nonni**   grandparents | **il suocero**   father-in-law |
| **i parenti**   relatives | **la suocera**   mother-in-law |
| **lo zio**   uncle | **il genero**   son-in-law |
| **la zia**   aunt | **la nuora**   daughter-in-law |
| **il cugino**   (male) cousin | **il cognato**   brother-in-law |
| **la cugina**   (female) cousin | **la cognata**   sister-in-law |
| **il nipote**   grandson; nephew | |

*Note:* Masculine plural nouns such as **gli zii** and **i cugini** may refer to all-male groups or to a mixed group of males and females. Context usually makes the meaning clear.

### Altre espressioni utili

| | |
|---|---|
| **la coppia**   couple | **essere separato/a**   to be separated |
| **innamorarsi**   to fall in love | **divorziare**   to divorce |
| **fidanzarsi**   to become engaged | **essere divorziato/a**   to be divorced |
| **sposarsi**   to get married | |
| **vivere insieme**   to live together | |
| **essere sposato/a**   to be married | |

Ask students about the relationship (*parentela*) of members of the Orlandi family (p. 176). *Qual è la parentela fra il signor Orlandi e Alessandra? E fra Stefano ed Alessandra? E fra Alessandra e la signora Orlandi?*

Give students the equivalent of stepsister (*sorellastra*) and stepbrother (*fratellastro*).

Tell students that "to be single" is widely expressed with *essere single*. The Italian expressions *essere celibe/scapolo* (for men) and *essere nubile* (for women) are used only in legal and bureaucratic communication.

After doing the exercises, assign Act. A in the *Parliamo un po'* section on page 194. Have students prepare to explain their family tree to a partner during the next class.

Ex. A: Have pairs of students ask each other the questions using *tu*.

**A.** Risponda alle seguenti domande personali.

1. Lei è fidanzato/a? È sposato/a?
2. Pensa di sposarsi?
3. Secondo lei, è bene sposarsi molto giovane? Perché?
4. Ha un cognato? Quando si è sposata sua sorella?
5. Ha una cognata? Quando si è sposato suo fratello?
6. Ha uno zio/una zia? Dove abita? È single o sposato/a?
7. Lei ha cugini? Quanti? Dove abitano?

Ex. B: Remind students that since 1975, married women keep their maiden names as their legal name.

**B.** In coppia: Assuma il ruolo di Marisa o di Luigi ed indichi al suo compagno/alla sua compagna il grado di parentela (*relationship*) con gli altri membri della famiglia, secondo l'albero genealogico che segue.

Maria Salvatorelli e Paolo Martinelli

Franca Baresi e Mario Martinelli

Matilde Ratiglia e Giuseppe Martinelli

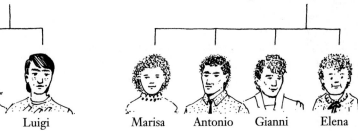

Silvia    Luigi          Marisa    Antonio    Gianni    Elena

**La famiglia Martinelli**

➤    Paolo Martinelli è mio nonno.

**C.** In coppia: Immagini di conoscere Matilde Ratiglia e di rispondere al suo compagno/alla sua compagna che fa alcune domande sulla famiglia di Matilde. Cerchi le risposte nell'albero genealogico presentato nell'esercizio B.

1. Come si chiama il marito di Matilde?
2. Chi sono i suoi figli?
3. Chi è Paolo Martinelli?
4. Chi sono Silvia e Luigi?
5. Chi è Franca Baresi? E Mario Martinelli?
6. Chi è Marisa? E Maria Salvatorelli?
7. Com'è la famiglia di Matilde, piccola o grande?

**Morlupo**
Nello stemma campeggia un lupo moro in campo rosa, simbolo di forza, furbizia e vittoria.

**Giotti**
Il nome deriva dai Goti invasori che di passaggio a Foligno.

# Lei viaggia?

### La guida

**guidare (velocemente/lentamente)**   to drive (fast/slowly)
**l'agenzia di autonoleggio**   car rental agency
**noleggiare un'automobile, una macchina**   to rent a car
**parcheggiare**   to park
**il parcheggio a pagamento**   pay parking
**la stazione di servizio**   gas station
**la benzina**   gasoline
**fare controllare l'olio (le gomme, i freni)**   to have the oil
  (tires, brakes) checked
**fare il pieno**   to fill it up

### Viaggiare

**l'agenzia di viaggi**   travel agency
**fare le prenotazioni (prenotare)**   to make reservations
**il biglietto aereo (ferroviario)**   airline (train) ticket
**il passaporto**   passport
**il volo**   flight
**la valigia**   suitcase
**i bagagli**   luggage
**fare le valige**   to pack the suitcases

Ask students: *C'è una stazione di servizio (un'agenzia d'autonoleggio) qui vicino? Se lei viene all'università (a scuola) in macchina tutti i giorni, dove parcheggia? Quante volte alla settimana fa il pieno? Quanto costa al gallone la benzina? Come guida lei?*

Usage of *macchina/automobile* is comparable to that of car/automobile.

In Italy *la benzina* is sold by the liter (*il litro*). It costs almost four times as much as in the U.S.

Point out that the plural of *la valigia* is *le valige.*

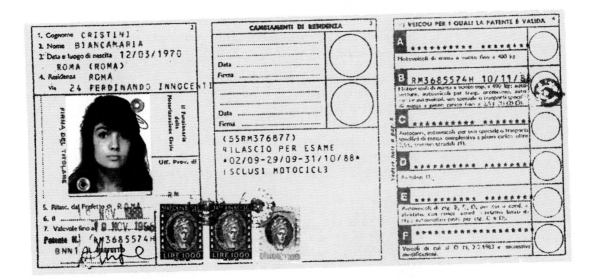

Ex. D: Have students ask for *una camera per una o due persone* and indicate the number of days. Have them include dates in their reservations. Give additional vocabulary if requested.

**D.** In coppia: Lei va in montagna per tre giorni con un amico/un'amica. Telefoni all'albergo Stella Alpina e faccia le prenotazioni.

➤ S1: Albergo Stella Alpina, buon giorno.
   S2: Buon giorno. Desidero fare …

**E.** In coppia: Lei è arrivato/a in macchina in un albergo di Pisa. Domandi al portiere dov'è una stazione di servizio perché deve fare il pieno. Poi vuole anche sapere dove può parcheggiare la macchina. Il portiere risponde che c'è una stazione di servizio vicino all'albergo e il parcheggio a pagamento è tra la chiesa e l'ufficio postale. Preparate un dialogo appropriato.

➤ — Scusi, mi può dire …
   — C'è …

**F.** In coppia: Lei deve andare all'estero. Telefoni ad un'agenzia di viaggi per prenotare un volo diretto per Roma. L'agente le risponde che solo il sabato c'è un volo diretto per Roma e le domanda se lei ha già il passaporto. Prima di fare le valige, lei vuole sapere quanti bagagli può portare e se può noleggiare una macchina in anticipo.

➤ — Buon giorno, signore (signora, signorina). Mi dica.
   — Buon giorno. Ho bisogno di …

# Struttura ed uso

• • • • • • • • • • • • • • • • • • • • • • • • • • • • • • • • • •

## *Dovere, potere* e *volere*

**Dobbiamo** pulire la casa.          Ma non **vogliamo!**

1. The verbs **dovere** (*to have to*), **potere** (*to be able*), and **volere** (*to want*) are modal verbs; that is, they are usually followed by a dependent infinitive.

   — Papà, ti **dobbiamo dire** una cosa.
   — Cosa **dovete dirmi?**

   Alessandra **può venire** in montagna con noi.
   Stefano **può andare** a studiare in Inghilterra.

   — Tu **vuoi andare** a lavorare?
   — Sì, **voglio lavorare** in un campeggio in Calabria.

   *Practice the verb forms by doing verb-substitution drills. Use the examples given and new subjects, including names of people in the class. Model pronunciation of puoi and vuoi.*

2. **Dovere, potere,** and **volere** have irregular forms in the present tense.

   *Ask students to tell the class what they have to do today and what they want to do next weekend.*

| | **dovere** must, to have to, ought | **potere** can, to be able | **volere** to want, wish |
|---|---|---|---|
| io | devo | posso | voglio |
| tu | devi | puoi | vuoi |
| lui/lei | deve | può | vuole |
| noi | dobbiamo | possiamo | vogliamo |
| voi | dovete | potete | volete |
| loro | devono | possono | vogliono |

*Remember that triphthongs, as in vuoi and puoi, are pronounced as a single syllable. Notice that può has a written accent.*

3. The past participles of **dovere, potere,** and **volere** are regular. The **passato prossimo** of **dovere, potere,** and **volere** is formed with either **avere** or **essere,** depending on the infinitive that follows. If the infinitive is transitive (can take a direct object), use **avere.** If it is intransitive (cannot take a direct object), use **essere** and make the past participle agree with the subject.

Practice the *passato prossimo.* Have students transform sentences from the present to the past: *T: Linda non può dormire molto. S: Linda non ha potuto ...*

| | |
|---|---|
| Maria **ha dovuto finire** i compiti. | Maria had to finish her homework. |
| **È dovuta stare** a casa. | She had to stay (at) home. |
| Non **hanno voluto pagare** i biglietti. | They didn't want to pay for the tickets. |
| Non **sono voluti uscire** con noi. | They didn't want to go out with us. |

Ex. A: Have students complete the sentences with reasons why the wishes cannot be fulfilled. *Vuole uscire ma non può perché è tardi.*

**A.** Dica che le seguenti persone non possono fare certe attività. Usi la forma appropriata del presente di *potere.*

➤ Vogliono uscire ...    *ma non possono.*
Vuole mangiare ...    *ma non può.*

1. Voglio fare una passeggiata ...
2. Vuoi comprare una moto ...
3. Vuole andare a piedi in centro ...
4. Le sorelle vogliono fare colazione ...
5. Mia cugina vuole visitare Venezia ...
6. Volete vedere un film ...

Assign Ex. B as written homework. Tell students to refer to the dialogue to formulate appropriate sentences.

**B.** Formuli frasi logiche con un soggetto dalla prima colonna, un verbo modale dalla seconda e una frase dipendente dall'ultima.

➤ Alessandra vuole passare le vacanze con un'amica.

| Stefano | volere | passare le vacanze con un'amica |
|---|---|---|
| Alessandra | non volere | scegliere una facoltà universitaria |
| i figli | potere | andare in Calabria da sola |
| la madre | non potere | chiedere un favore al papà |
| il padre | dovere | venire in montagna con i genitori |
| i genitori | non dovere | iscriversi all'università |
| Giuliana | | imparare l'inglese |
| | | permettere ad Alessandra di viaggiare |
| | | prendere una decisione |
| | | pagare le spese del viaggio |
| | | vivere all'estero |

Ex. C: Have students identify all the modal verbs in the paragraph; then ask whether each dependent verb is transitive or intransitive. Then have them complete entire exercise.

**C.** Metta tutto il paragrafo al passato prossimo.

Giuliana non vuole passare l'estate a casa. Vuole lavorare in un campeggio per bambini in Calabria. Può andare da sola o può viaggiare con un gruppo di altri studenti. Deve chiedere il permesso al papà. Deve avere anche il permesso della mamma.

Follow up Ex. D by asking pairs to tell the class about their projected trip, using *noi.*

**D.** In coppia: Parlate di un viaggio che volete fare in Italia. Decidete:

quando potete partire
come volete viaggiare (in treno? in aereo? quale linea? noleggiare una macchina?)
le città che volete visitare in Italia
cosa volete vedere (musei? monumenti? come vivono gli italiani?)
cosa volete fare (mangiare? comprare? andare a trovare parenti?)
quando dovete tornare negli Stati Uniti

Dopo, riferite i vostri progetti alla classe.

➤ Noi vogliamo andare in Italia. Vogliamo partire il 3 marzo con l'Alitalia …

**E.** In coppia: Dica ad un altro studente/un'altra studentessa:

tre cose che ha dovuto fare la settimana scorsa e quando le ha fatte
tre cose che non ha potuto fare l'anno scorso e perché

➤ La settimana scorsa ho dovuto ascoltare le cassette d'italiano. Ho ascoltato le cassette mercoledì sera …
L'anno scorso non sono potuto/a andare in California perché …

Alcuni squisiti prodotti gastronomici dell'Emilia-Romagna.

## Aggettivi possessivi

1. The Italian possessive adjectives **mio** (*my*), **tuo** (*your*), **suo** (*his/her*), **nostro** (*our*), **vostro** (*your*), and **loro** (*their*) are nearly always preceded by a definite article. The article and the possessive adjective agree in gender and in number with the thing possessed.

— È il quaderno di Luigi?                — Sì, è **il suo** quaderno.
— Sono le cassette di Marilena?          — Sì, sono **le sue** cassette.
— È il computer dei ragazzi?             — Sì, è **il loro** computer.
— E di chi è la rivista? di Elena?       — No, è **la nostra** rivista.

2. The following chart shows the forms of the possessive adjective.

| Masculine | | Feminine | |
|---|---|---|---|
| **Singular** | **Plural** | **Singular** | **Plural** |
| il **mio** amico | i **miei** amici | la **mia** amica | le **mie** amiche |
| il **tuo** amico | i **tuoi** amici | la **tua** amica | le **tue** amiche |
| il **suo** amico | i **suoi** amici | la **sua** amica | le **sue** amiche |
| il **nostro** amico | i **nostri** amici | la **nostra** amica | le **nostre** amiche |
| il **vostro** amico | i **vostri** amici | la **vostra** amica | le **vostre** amiche |
| il **loro** amico | i **loro** amici | la **loro** amica | le **loro** amiche |

Notice that, unlike English, Italian does not specify the gender of the possessor.

Marisa cerca **il suo** ombrello.        Marisa is looking for *her* umbrella.
Marco cerca **il suo** ombrello.         Marco is looking for *his* umbrella.

Substitute other nouns for those given in the examples: e.g., *È la matita di Luigi? / Sì, è la sua matita; Sono le cassette di Luigi?*, etc.

3. A possessive adjective referring to a relative is not preceded by a definite article when it occurs before a singular, unmodified noun.

**Nostro zio** abita in Italia.          Our uncle lives in Italy.
**Sua sorella** abita con noi.           His sister lives with us.
**Mia madre** è professoressa.           My mother is a professor.
**Tuo padre** insegna francese.          Your father teaches French.

Plural nouns, modified nouns, and the nouns **mamma** and **papà** always take a definite article, as does **loro** + *noun.*

**I nostri zii** abitano in Italia.      Our uncle and aunt live in Italy.
**La sua sorellina** abita con noi.      His little sister lives with us.
**La mia mamma** è professoressa.        My mom is a professor.
**Il loro padre** insegna francese.      Their father teaches French.

**F.** Formuli nuove frasi con le parole tra parentesi.

➤ Hai visto la mia penna? (quaderni)    *Hai visto i miei quaderni?*

1. Conosci la mia amica? (amico / professoressa / cugine / genitori)
2. Parlano del loro lavoro. (corsi / problemi / famiglia / viaggio)
3. Vieni a vedere la nostra casa. (macchina / fotografie / computer / bambini)
4. Ecco i vostri cappuccini! (vino / birre / panini / insalata)
5. Come si chiama suo cugino? (nonna / fratelli / genitori / papà)

Ex. G: Have students do this exercise in pairs, each student reading one of the paragraphs and taking the role of the person described. Then have individuals tell the class about their partners: *Si chiama Luigi e la sua famiglia abita …*

**G.** Due studenti parlano delle loro famiglie. Completi le descrizioni che seguono con la forma appropriata degli aggettivi possessivi.

1. Sono Luigi Castaldo e abito a Firenze. _____ madre insegna musica e _____ padre è architetto. _____ fratelli Carlo e Stefano lavorano a Roma. _____ sorella è sposata ed abita in un appartamento a Napoli con _____ marito e con _____ figli.
2. Mi chiamo Stefania Volsi e _____ famiglia abita a Bari. _____ fratello studia legge ma _____ sorella frequenta ancora il liceo. _____ nonno e _____ nonna abitano con noi come anche _____ zia.

**H.** In coppia: Domandi ad un compagno/una compagna come si chiamano queste persone.

➤ suo padre    S1: *Come si chiama tuo padre?*
              S2: *Mio padre si chiama Brad.*

1. sua madre
2. le sue sorelle
3. i suoi fratelli
4. il suo compagno/la sua compagna di camera (*roommate*)
5. i suoi attori preferiti
6. il suo dentista

Ex. I: Encourage students to use other adjectives to describe the school. Then ask the whole class for their opinion using *voi* forms: *La vostra università è grande?*

**I.** In gruppi di tre: Dite cosa pensate della vostra università, usando le parole suggerite.

➤ università / grande    *La nostra università è grande/non è grande.*

1. università / famosa, piccola …
2. professori / simpatici, giovani …
3. esami / difficili, lunghi …
4. lezioni / interessanti …
5. mensa (*cafeteria*) / buona, moderna …
6. biblioteca / vecchia, abbastanza grande …

*Bocconcini* are small ball-shaped pieces of fresh mozzarella cheese.

**J.** Al mercato all'aperto lei va sempre alle stesse due bancarelle perché i venditori sono simpatici e i prezzi sono modici (*reasonable*). Dica quanto costano i vari prodotti delle due bancarelle.

Ecco la bancarella della signora Antonietta. Qui compro sempre le verdure e la frutta. I suoi spinaci costano …

Ecco la bancarella dei signori De Marchi. Qui invece compro i generi alimentari. Il loro olio d'oliva costa …

## Pronomi diretti

1. The direct object of a verb is the thing or person directly affected by the action of the verb. It answers the question *what?* or *whom?* The direct object can be replaced by a pronoun to avoid repetition.

— Luciana, conosci **Angelo?**      — Luciana, do you know Angelo?
— Sì, **lo** conosco.      — Yes, I know him.

— Stefano ordina **la pizza?**      — Is Stefano ordering the pizza?
— Sì, **la** ordina.      — Yes, he's ordering it.

— Chi invita **i parenti?**      — Who is inviting the relatives?
— Mariella **li** invita.      — Mariella is inviting them.

2. This chart shows the forms of the direct object pronouns.

| Singular | | Plural | |
|---|---|---|---|
| **mi** | me | **ci** | us |
| **ti** | you | **vi** | you |
| **lo** | him, it | **li** | them (*m.*) |
| **la** | her, it, you (*formal*) | **le** | them (*f.*) |

3. The direct object pronoun usually precedes a conjugated verb.

— **Mi** aspetti dopo la lezione?      — Will you wait for me after class?
— Sì, **ti** aspetto.      — Yes, I'll wait for you.

However, when a direct object pronoun is used in an infinitive phrase, the infinitive drops its final **-e** and the pronoun is attached.

La televisione? La guardo spesso.      Television? I watch it often. I like
   Mi piace **guardarla.**      to watch it.
I genitori? Li chiamo spesso. Ho      My parents? I call them often. I
   voglia di **chiamarli** adesso.      feel like calling them now.

When direct object pronouns are used with the modal verbs **dovere, potere,** or **volere** followed by an infinitive, the pronoun may either precede the conjugated verb or be attached to the infinitive.

Ho studiato l'inglese, ma **lo**
   voglio imparare meglio.
Ho studiato l'inglese, ma voglio    }    I've studied English, but I want
   imparar**lo** meglio.      to learn it better.

Ho sentito le parole, ma non **le**
   posso capire.    }    I heard the words, but I can't
Ho sentito le parole, ma non      understand them.
   posso capir**le.**

> Both positions are common, but current usage seems to favor the pronoun before the verb: *Ti devo dire una cosa.*

Direct object pronouns are attached to the end of **tu, noi,** and **voi** imperatives and the word **ecco.**

Dove sei? Ah, ecco**ti!**      Where are you? Oh, there you are!
Vuoi il panino? Prendi**lo!**      Do you want the sandwich? Take it!
Ascoltate**mi!**      Listen to me!

— Ma dove ho messo gli occhiali? Non **li** posso trovare.
— Ecco**li,** professore.

4. The pronouns **lo** and **la** usually contract before verbs that begin with a vowel sound. **Li** and **le,** however, never contract.

| | |
|---|---|
| — Ami Roberto? | — Do you love Roberto? |
| — Sì, **l'**amo. | — Yes, I love him. |
| — Incontri gli amici stasera? | — Will you meet your friends tonight? |
| — Sì, **li** incontro alle otto. | — Yes, I'm meeting them at eight. |

Before doing Ex. K, model with a student, exaggerating the inability to find these things. Review possessive adjective forms with the nouns.

Encourage students to act out the exchanges: S1 really can't find these objects and S2 points to them. Have students answer with the phrases *Non la vedo.* or *Non la posso trovare.* (*Non posso trovarla.*)

Ex.L: After paired work is completed, check with individual students. Encourage them to expand their answers: *Mangi gli spinaci? / Sì, li mangio. / Ti piace mangiarli? / Sì, mi piace mangiarli.* or *No, non posso mangiarli.*

**K.** In coppia: Un suo amico/Una sua amica è molto distratto/a (*absent-minded*) e non sa dove ha messo le sue cose. Quando domanda dove sono queste cose, risponda con la parola *ecco* e un pronome diretto.

➤ matita          S1: *Dov'è la mia matita?*
                  S2: *Eccola!*

| | |
|---|---|
| 1. quaderni | 5. orologio |
| 2. zaino | 6. calcolatrice |
| 3. penne | 7. libro d'italiano |
| 4. compiti | |

**L.** Domandi ad un compagno/una compagna se mangia o beve le seguenti cose.

➤ gli spinaci     S1: *Mangi gli spinaci?*
                  S2: *Sì, li mangio. / No, non li mangio.*

   il caffè       S1: *Bevi il caffè?*
                  S2: *Sì, lo bevo. / Non, non lo bevo.*

1. la carne
2. il tè
3. il pesce
4. il latte
5. gli asparagi
6. la birra messicana
7. i carciofi

Ex. M: Read the paragraphs to the class. The absurd repetition of the object phrase will illustrate the usefulness of object pronouns.

**M.** Nei seguenti paragrafi, il complemento diretto è ripetuto molte volte. Lo sostituisca con il pronome diretto dove appropriato per evitare (*avoid*) questa ripetizione inutile.

1. Giuliana è una mia amica. Conosci Giuliana? Chiamo Giuliana ogni giorno. Incontro Giuliana sempre all'università. Vedo Giuliana ogni pomeriggio dopo la lezione d'inglese. Quando esco la sera, invito sempre Giuliana. A volte trovo Giuliana piuttosto noiosa, ma considero Giuliana una buona amica.

2. Ogni giorno Piero mangia due tramezzini al tonno. Prepara i tramezzini al tonno prima di uscire. Mette i tramezzini al tonno nello zaino e porta i tramezzini al tonno a scuola. Mangia i tramezzini al tonno a mezzogiorno e quando finisce di mangiare i tramezzini al tonno, si sente soddisfatto.

**N.** Il giovane poeta Dante ama Beatrice ma, come sempre in amore, ci sono problemi. Qui Dante parla con un suo amico dei suoi problemi amorosi. Legga tutto il dialogo per vedere cosa dicono. Poi completi la conversazione con i pronomi appropriati.

— Non so che cosa succede a Beatrice. Non _____ ama più. Non _____ chiama più. Ogni volta che _____ incontro per strada, lei non _____ saluta. E io _____ amo tanto!

— Dante, Dante! Certo che Beatrice _____ ama. Forse (*Maybe*) suo padre non le permette di chiamar _____ . E forse non vuole salutar _____ per strada perché è sempre in compagnia delle amiche. Perché non scrivi una poesia e _____ mandi a Beatrice?

— Buona idea!

Ex. O: Vary by having students use imperatives followed by object pronouns for their answers: *Invitali!*

**O.** In coppia: Voi organizzate una festa per il prossimo sabato e dovete dividere il lavoro. Una persona chiede all'altra se può fare le seguenti cose. L'altra risponde sì o no, usando un pronome diretto.

➤ invitare gli amici   S1: *Puoi invitare gli amici?*
  S2: *Sì, li posso invitare. / Sì, posso invitarli.*
    *No, non li posso invitare. / No, non posso invitarli.*
    *Invitali tu.*
  S1: *Allora li invito io.*

1. comprare le bibite
2. preparare i panini
3. portare un registratore
4. portare le audiocassette
5. decorare la casa
6. organizzare i giochi

## Concordanza del participio passato con i pronomi diretti

Vedi quella statua? **L'ho fatta** io!

1. When the direct object pronouns **lo, la, li,** and **le** precede a verb in the **passato prossimo**, the past participle of the verb agrees with the direct object pronoun.

The direct object pronouns *la* and *lo* normally elide with forms of the auxiliary verb *avere*. *Le* and *Li* do not.

| | |
|---|---|
| Ha scritto la lettera e **l'**ha spedit**a**. | She wrote the letter and she sent it. |
| Ha cercato lavoro e **l'**ha trovat**o**. | He looked for a job and he found it. |
| Abbiamo visto le amiche e **le** abbiamo salutat**e**. | We saw our friends and we greeted them. |
| Hanno preparato gli spaghetti e **li** hanno mangiat**i**. | They prepared spaghetti and they ate it. |

Note that *spaghetti*, considered singular in English, is plural in Italian and requires a plural pronoun.

2. Agreement of the past participle is optional with the direct object pronouns **mi, ti, ci, vi.**

— Ragazzi, **vi** ha { **invitato** / **invitati** } Filippo?

— Sì, **ci** ha { **invitato.** / **invitati.** }

**P.** Lei ed un compagno/una compagna siete in partenza per un breve viaggio. Chieda al compagno/alla compagna se ha preso le seguenti cose necessarie per il viaggio.

➤ la valigia    S1: *Hai preso la valigia?*
       S2: *Sì, l'ho presa.*

1. il biglietto
2. il passaporto
3. i panini
4. la guida turistica
5. le videocassette
6. i bagagli
7. la macchina fotografica

**Q.** In coppia: Domandi ad un altro studente/un'altra studentessa se ha fatto le seguenti cose. Dica la verità!

➤ studiare i verbi irregolari    S1: *Hai studiato i verbi irregolari?*
       S2: *Sì, li ho studiati. / No, non li ho studiati.*

1. imparare il vocabolario
2. leggere la nota culturale
3. capire il dialogo
4. ripetere i pronomi
5. fare gli esercizi
6. finire i compiti

*Le quattro stagioni* are four violin concertos by Venetian composer Antonio Vivaldi (1678–1741), each representing a different season. *Cinema Paradiso* by Giuseppe Tornatore won an Academy Award in 1990. Its Italian title is *Nuovo Cinema Paradiso.*

**R.** Piccolo quiz su italiani famosi.

1. Chi ha scritto la *Divina Commedia?*
2. Chi ha scoperto (*discovered*) l'America?
3. Chi ha inventato la radio?
4. Chi ha inventato il telescopio?
5. Chi ha portato gli spaghetti dall'Oriente?
6. Chi ha scritto la musica dell'*Aida?*
7. Chi ha dipinto gli affreschi (*painted the frescoes*) della Cappella Sistina?
8. Chi ha scoperto la fissione atomica?

**S.** Trovi nella sua classe una persona che ha fatto le seguenti cose.

➤ studiare la storia dell'arte

S1: *Hai mai studiato la storia dell'arte?*
S2: *Sì, l'ho studiata. / No, non l'ho mai studiata.*

1. ascoltare *Le quattro stagioni* di Vivaldi
2. mangiare la pizza bianca
3. vedere il film *Cinema Paradiso*
4. visitare le isole Hawaii
5. leggere la *Divina Commedia* di Dante
6. conoscere Tom Cruise

Ex. S: Have students circulate. Set a time limit (2–3 minutes) and see who can collect the most positive responses.

# *Parliamo un po'*

Remind students to use the phrase *è morto/a* about people who have died. Have students ask each other where and when family members were born. Encourage students to add an interesting fact about each family member.

**A. La famiglia.** In coppia: Prepari un albero genealogico come a pagina 181 con tre generazioni della sua famiglia (con zii, cugini, ecc.). Poi dica ad un compagno/una compagna il nome e l'età di ogni membro della famiglia.

➤ Questo è mio nonno. Si chiama Paolo e ha sessantadue anni.

**B.   Conoscere un amico/un'amica.** In coppia.

S1
Lei lavora per il giornale della sua università e deve intervistare uno studente straniero. Lei vuole sapere:

  il suo nome
  dove abita la sua famiglia
  il numero di fratelli e sorelle
  nomi ed età di fratelli e sorelle
  che lavoro fanno i suoi genitori
  da quanto tempo è negli Stati Uniti
  perché è venuto a quest'università
  se gli piace essere qui

S2
Lei è uno studente italiano venuto negli Stati Uniti per mezzo di un programma di scambio (*exchange*) culturale. Una giornalista vuole farle alcune domande per un articolo che scrive sul giornale dell'università. Risponda con le informazioni indicate.

nome: Francesco De Sia
abita a: Verona
famiglia: padre, presidente di banca
          madre, farmacista
          un fratello, Dante, 20 anni
          due sorelle, Eugenia e Bettina, 16 e
          15 anni
negli Stati Uniti da: settembre
perché?: studiare informatica, praticare
          l'inglese

Act. B. Have students cover up their partner's prompts. Encourage more in-depth questions and original answers from those who finish quickly. Have students switch roles and invent new answers.

Act. C: Give students a few minutes to prepare. Have individual groups act out their scenes in front of the class and solicit other possible responses or arguments.

Act. D: Have students circulate. Follow up by finding out which travel destinations are the most popular.

**C.   Un viaggio all'estero.** In gruppi di tre: Una persona del gruppo è uno studente/una studentessa che vuole passare l'estate all'estero. Le altre due sono i genitori, che non sono d'accordo con il figlio/la figlia.

**Studente/Studentessa:** Dica dove vuole andare e spieghi ai genitori perché vuole fare questo viaggio, cosa vuole fare esattamente e i vantaggi del viaggio. Deve convincere i genitori a dare il loro permesso.

**Genitori:** Volete sapere tutti i dettagli di questo viaggio, anche se non vi piace l'idea. Se quello che vi dice vostro figlio/vostra figlia non vi piace, dovete convincere il figlio/la figlia a rimanere a casa per l'estate.

**D.   Vi piace viaggiare?** Parli con altri tre studenti per sapere:

| | | | |
|---|---|---|---|
| se viaggiano spesso o raramente | ___ | ___ | ___ |
| dove preferiscono viaggiare | ___ | ___ | ___ |
| come preferiscono viaggiare | ___ | ___ | ___ |
| con chi viaggiano | ___ | ___ | ___ |
| se portano molti bagagli | ___ | ___ | ___ |
| la destinazione dell'ultimo viaggio fatto | ___ | ___ | ___ |

**E. Fotografie di un viaggio.** In coppia: Ecco alcune fotografie che voi avete fatto durante un recente viaggio, ma non sono in ordine cronologico. Trovate l'ordine corretto, e poi raccontate alla classe cos'è successo durante il vostro viaggio.

Vocabolario utile: le camicie (*shirts*), la piscina (*pool*)

➤ Recentemente noi siamo andati/e in vacanza a Cocoruba. Abbiamo viaggiato in ...

# *In giro per l'Italia*

**A. Definizioni.** Abbini le definizioni con una parola della lista di destra. Ci sono due parole in più nella lista.

1. abitante di una città
2. persone che visitano città e paesi stranieri
3. aggettivo derivato da *mare*
4. una forma di governo
5. un animale feroce
6. un tipo di chiesa
7. sinonimo di *bar*
8. sinonimo di *ricco*
9. nome derivato da *bello*
10. disegno decorativo di vari colori

a. la repubblica
b. la bellezza
c. la basilica
d. splendido/a
e. marinaro/a
f. il mosaico
g. il cittadino
h. prospero/a
i. i turisti
j. il canale
k. il leone
l. il caffè

Piazza San Marco, il salotto di Venezia, è sempre affollato da turisti italiani e stranieri.

Have students read the passage silently and prepare five questions about it. Then, with books closed, have them answer their own questions.

Locate Venezia on the map of Italy on p. 14.

Giacomo Casanova (1725–1798) was a Venetian adventurer and libertine whose last name has become synonymous with "don Juan." (*Quel ragazzo è un vero casanova.*)

**Venezia.** Legga questo brano e poi faccia l'esercizio che segue.

Venezia, una delle più belle e affascinanti città del mondo, è costruita su centodiciotto isole. In questa città non ci sono automobili, autobus o motorini. Le vie di comunicazione sono i canali dove passano barche[1], motoscafi[2], battelli e vaporetti[3] e bellissime e romantiche gondole. Sono questi i mezzi[4] che portano la gente da una parte all'altra della città. A Venezia ci sono centocinquanta canali e quattrocento ponti[5]. I veneziani chiamano il canale "rio", la piazza "campo", una piccola piazza "campiello" e la via "calle". Il ponte più famoso è l'elegante Ponte del Rialto che attraversa il Canal Grande, il più largo[6] canale della città. C'è poi il Ponte dei Sospiri[7] che collega il Palazzo Ducale con il Palazzo delle Prigioni[8]. In questo palazzo è stato prigioniero Giacomo Casanova.

   Chiamata "la Serenissima"[9], o la città di San Marco o del Leone alato[10], Venezia è stata una delle più prospere repubbliche marinare del Medioevo. Oggi questa città attrae molti turisti e visitatori italiani e stranieri che vengono a vedere le sue bellezze artistiche e a partecipare alle varie attività culturali che vi si svolgono[11]. Il centro della vita veneziana è Piazza San Marco, uno splendido salotto[12] all'aria aperta, dove i cittadini e i turisti vanno a socializzare e ad ammirare la meravigliosa architettura della città. In questa piazza sono situati la basilica di San Marco con i suoi bei mosaici, il Campanile[13] e il Palazzo Ducale. In Piazza San Marco ci sono molti bei negozi e caffè. Sotto i portici[14] della piazza c'è il Caffè Florian, famoso perché nel passato è stato frequentato da artisti e scrittori stranieri.

1. boats   2. motorboats   3. steamboats   4. means   5. bridges   6. wide   7. sighs
8. prisons   9. the most Serene   10. winged   11. take place there   12. living room
13. belltower   14. arcades

**B.** **Vero o falso?** Indichi se le seguenti frasi sono vere o false secondo il brano precedente. Corregga le frasi false.

1. Le città italiane sono costruite sull'acqua.
2. A Venezia ci sono molte automobili.
3. La gondola è un tipo di barca usata a Venezia.
4. A Venezia ci sono molti ponti.
5. Le vie di Venezia si chiamano "campi".
6. Un nome di Venezia è "la Superba".
7. Una bella basilica veneziana è dedicata a San Marco.
8. Il Caffè Florian è famoso.

**C.** **La parola giusta.** Prima di leggere il seguente brano, completi le seguenti frasi con le parole appropriate fra quelle indicate tra parentesi.

1. In questo territorio ci sono … e colline.
   (industriale, pianure)
2. Questi vigneti danno un … speciale.
   (vino, agricoltura)
3. C'è solamente una … di petrolio in questa zona.
   (collina, raffineria)
4. I … delle industrie locali sono esportati in tutto il mondo.
   (prodotti, nomi)
5. Le industrie … danno ricchezza agli abitanti della regione.
   (turisti, venete)
6. Nel Veneto ci sono belle località… .
   (montagne, montane)

Verona: Interno dello splendido anfiteatro romano (I secolo d.C.).

Locate the Veneto on the map of Italy on p. 14. *Con quali regioni confina il Veneto? Con quale paese straniero confina? Come si chiama il mare a sud-est del Veneto? Che cos'è il Po? Dov'è il Po, nel nord o nel sud del Veneto?*

Murano and Burano are two small islands in the Venetian lagoon.

Locate Verona and Padova on the map of Italy on p. 14.

**Andrea Palladio** (1508–1580) was a Renaissance architect, greatly admired by Thomas Jefferson. **Sant'Antonio** (1195–1231) was a Franciscan monk from Lisbon who died near Padova. **Giotto** (1267–1337) was a painter whose frescoes can be admired also in Florence, Rome, and Assisi. **Andrea Mantegna** (1431–1506) was a Renaissance painter.

The **Dolomiti** are a characteristic group of Alpine mountains.

Have students read this passage silently and identify seven or eight cognates. Then, with books closed, ask them to name six features of the Veneto.

**Una regione ricca.** Legga questo brano e poi faccia l'esercizio che segue.

Il Veneto è una delle regioni più ricche d'Italia. Nella pianura[1] del Po domina l'agricoltura e sulle colline venete si producono vini famosi quali[2] il Valpolicella, il Soave e il Bardolino. Vicino a Venezia, sulla terra ferma[3], si trovano molte industrie chimiche e siderurgiche[4] e raffinerie di petrolio. Altre industrie venete producono tessuti[5] e abbigliamento[6], calzature[7] e articoli in pelle[8]. Missoni e Benetton, due nomi molto conosciuti nel mondo della moda[9] internazionale, sono veneti. Nel Veneto sono fabbricati anche mobili[10] e occhiali di marca[11] venduti in tutto il mondo. Negli ultimi venti anni molte piccole aziende[12] sono nate nel Veneto e i loro prodotti sono esportati in paesi europei ed extraeuropei. Anche gli articoli dell'artigianato[13] veneto, come i vetri[14] di Murano e i merletti[15] di Burano, sono molto ricercati[16].

Un'altra fonte di ricchezza per la regione veneta è il turismo; ogni anno il Veneto riceve un gran numero di italiani e stranieri. Fra le città, non solo il capoluogo, Venezia, ma anche Verona, Vicenza e Padova richiamano l'attenzione dei turisti. Gli eroi shakespeariani, Giulietta e Romeo, e l'Arena, il meraviglioso anfiteatro romano, sono le due maggiori attrazioni di Verona. I numerosi capolavori architettonici[17] di Andrea Palladio invece sono le attrazioni di Vicenza, chiamata anche la città palladiana. A Padova poi c'è il Santuario[18] di Sant'Antonio; in questa città si possono anche ammirare gli stupendi affreschi di Giotto e di Mantegna. Infine non si può ignorare il fascino[19] delle spiagge e delle montagne venete; il Lido di Venezia è la spiaggia più elegante dell'Adriatico. Cortina d'Ampezzo, centro di villeggiatura invernale ed estiva delle Dolomiti, è una delle più belle località montane d'Italia.

1. plain  2. such as  3. mainland  4. ironworking  5. textiles  6. clothing  7. footwear  8. leather  9. fashion  10. furniture  11. brand-name eyeglasses  12. companies  13. craftsmanship  14. glassworks  15. laces  16. sought after  17. architectural masterpieces  18. shrine  19. charm

**D. Informazioni.** Dia le seguenti informazioni basate sul brano precedente.

1. si produce sulle colline venete
2. importanti industrie venete
3. due personaggi veneti del mondo della moda
4. alcuni prodotti fabbricati nel Veneto
5. attrazioni di Verona
6. attrazioni di Vicenza
7. attrazioni di Padova
8. una spiaggia elegante del Veneto
9. un famoso e importante centro di villeggiatura delle montagne venete

# Un anno all'estero

**COMMUNICATIVE OBJECTIVES**

- Describe the weather
- Describe your past
- Tell how often you do certain activities
- Indicate ownership

Perugia: Veduta parziale della città circondata ancora oggi dalle antiche mura etrusche.

• • • • • • • • • • • • • • • • • • • • • • • • • • • • • • • • • • • • • • • • • • • •

Susan Palmer è una studentessa americana che studia pittura all'Accademia di Belle Arti° di Perugia. Adesso scrive una lettera al suo amico Roberto, un giovane di Milano.

Perugia, 10 novembre

Caro Roberto,

    Sono a Perugia da due settimane e ti scrivo per farti sapere° che sono in Italia. Pensavo di scriverti prima, ma finora° sono stata molto occupata. Adesso
5  la situazione è più tranquilla, anche perché le lezioni all'Accademia non sono ancora iniziate.

    Io sto bene e sono contenta di essere qui. Perugia è una città molto bella e la gente è simpatica. Qui ci sono moltissimi stranieri che come me studiano all'Accademia o all'università. Spesso fa bel tempo, anche se è autunno
10  inoltrato°. Di notte però fa abbastanza freddo.

    E tu come stai? Lavori sempre° a Milano? Che tempo fa lì? Ieri ricordavo con piacere il tempo trascorso con te a New York e provavo una certa nostalgia. ... A proposito, tu non mi hai ancora mandato le foto fatte° l'estate scorsa; perché non vieni a trovarmi° e le porti con te? Vicino a Perugia ci sono molte
15  piccole città ricche di opere d'arte e di monumenti medievali. Io avevo in mente di visitare una o due di queste città, ma non ho ancora avuto il tempo di farlo.

    Per ora ti lascio e ti saluto con affetto. Un abbraccio.

Susan

Fine Arts Academy

Locate Perugia on the map of Italy on p. 14.

to tell you

until now

Remember that *la gente* takes a singular verb: *La gente è simpatica.*

middle of autumn

still

the pictures taken

to visit me

Challenge students to work together in class on Roberto's reply to Susan, telling her what he is doing and responding to her request for photographs.

• • • • • • • • • • • • • • • • • • • • • • • • • • • • • • • • • • • • • • • • • • • •

Tell students that in formal letters *gentile* and *egregio/a* are used as salutations. Formal closings are *Distinti saluti, In fede,* and *Con ossequio.*

Choose three students to retell the contents of Susan's letter in narrative form, one paragraph each. Provide help with indirect object pronouns.

Have students ask you the *Domande personali* and encourage them to pose related questions: *Scrive spesso lettere? Le scrive con la penna, con la macchina da scrivere o con il computer? Lei manda messaggi attraverso la posta elettronica? A chi? Lei ha un indirizzo elettronico? Qual è?*

## Domande

1. Chi è Susan e che cosa fa a Perugia?
2. Chi è Roberto?
3. Secondo Susan, com'è Perugia? E la gente di Perugia?
4. Che tempo fa a Perugia quando Susan scrive a Roberto?
5. Come sono le piccole città vicino a Perugia?
6. Perché Susan non ha potuto visitarle finora?

## Domande personali

1. Lei scrive mai lettere? A chi?
2. Riceve spesso lettere? Da chi?
3. Lei scrive in italiano qualche volta? Cosa scrive?
4. Conosce una città antica e bella? Quale?
5. Oggi fa bel tempo o cattivo tempo?
6. A volte lei prova nostalgia? Di chi o di che cosa?

## Situazioni

1. Domandi ad un amico/un'amica che tempo fa nella sua città in ogni stagione dell'anno.

   — Che tempo fa nella tua città in primavera (d'estate/in autunno/d'inverno)?
   — Fa fresco (freddo/cattivo tempo/caldo/bel tempo).

2. Domandi ad un amico/un'amica che cosa pensava di fare ieri sera.

   — Che cosa pensavi di fare ieri sera?
   — Pensavo di fare una passeggiata nel parco (fare due passi con gli amici/fare quattro salti in discoteca/prendere un gelato con te), ma dovevo studiare.

# Vocabolario

Elicit or point out word families, such as *fotografo, fotografare, fotografia; pittore, pittoresco, pittura.*

Like *la moto, la foto* is a feminine noun. It is a shortened form of *fotografia.*

*ph = f* in many Italian words: *fotografia, filosofia, Filadelfia,* etc.

### Parole analoghe

| | | |
|---|---|---|
| l'accademia | medievale | la situazione |
| la foto(grafia) | il monumento | tranquillo/a |
| la lettera | occupato/a | |

### Nomi

l'abbraccio  hug
l'affetto  affection
il/la giovane  young person
il piacere  pleasure
la pittura  painting
lo straniero  foreigner
il tempo  weather; time

### Aggettivi

antico/a  old, ancient
certo/a  certain
contento/a  glad
moltissimi/e  very many

### Verbi

iniziare  to begin, start
lasciare  to leave (behind)
provare  to feel; to experience
salutare  to greet
trascorrere ( *p.p.* trascorso)  to spend (time)

### Altre parole ed espressioni

anche se  even though
però  however
prima  before
avere in mente  to intend, to have in mind
che tempo fa lì?  what's the weather like there?
fa abbastanza freddo  it's quite cold
fa bel tempo  it's nice weather
fa caldo  it's hot
fa cattivo tempo  it's bad weather
fa fresco  it's cool
le foto fatte  the pictures taken
di notte  at night
l'opera d'arte  work of art
a proposito  by the way
provare nostalgia di  to be homesick
a volte  sometimes

Ask for synonyms or antonyms of *contento, molto,* and *iniziare.*

Explain the meaning of the suffix *-issimo.* Then elicit some other uses of it by asking: How would you say "very cold," "very old," and "very ugly"?

Have students create questions or statements using *avere in mente, di notte, a proposito,* and *provare nostagia (di).*

*-issimo = very*

Remind students that to take pictures is *fare le foto.* Ask: *Lei ama fare le foto? In quali occasioni fa le foto? A chi o a che cosa fa le foto?* Also point out that *fare le foto* is a synonym of *fotografare.*

# Imparare l'italiano in Italia

Per chi studia una lingua straniera non c'è di meglio del[1] contatto diretto con la gente del paese dove la lingua viene parlata[2]. Imparare l'italiano in Italia è un'esperienza simpatica e interessante. In molte città esistono accademie ed istituti riservati all'insegnamento dell'italiano agli stranieri.

Anche, molte università italiane organizzano programmi di lingua, letteratura, arte e cultura per stranieri, specialmente d'estate. Giovani di tutte le parti del mondo approfittano ogni anno di questa occasione per imparare la lingua italiana. Allo stesso tempo hanno modo di conoscere meglio i costumi[3] e la vita sociale degli italiani e di trascorrere un soggiorno piacevole[4] in Italia.

Giovani studenti americani ammirano un'opera d'arte in un museo di Firenze.

1. there is nothing better than   2. is spoken   3. customs
4. pleasant stay

UNIVERSITA' PER STRANIERI
PERUGIA

CERTIFICAZIONE DI CONOSCENZA
DELLA LINGUA ITALIANA

A L T E

Alliance Française
Generalitat de Catalunya
Goethe Institut
Instituto Cervantes
University of Cambridge Local Examinations
Syndicate (UCLES)
Università per Stranieri di Perugia
Universidade de Lisboa
National Institute for Educational Measurement (CITO)
Danish Consortium

## Pratica

**A.** Lei frequenta un corso estivo all'università. Scriva ad un amico italiano/un'amica italiana e parli di queste cose nella sua lettera.

come sta
che cosa studia
che tempo fa
quello che fa di bello
di che cosa o di chi prova nostalgia
se ha conosciuto qualche persona interessante

**B.** Lei è in vacanza. Scriva una cartolina ( *postcard*) ad un amico italiano/un'amica italiana. Dica da quanto tempo è lì e racconti (*tell*) quello che ha visto e ha fatto finora.

# *Pronuncia*

## I suoni /g/ e /ğ/

The letter **g** (or **gg**) is pronounced hard (/g/), as in **gatto,** before the letters **a, o,** and **u.** The combination **gh** is always pronounced hard. Before **e** and **i, g** (or **gg**) is pronounced soft (/ğ/), as in **gennaio.**

**A.** Ascolti l'insegnante e ripeta le seguenti parole.

| | | | |
|---|---|---|---|
| inglese | righe | maggio | giovane |
| guardare | laghi | pomeriggio | gente |
| godere | paghiamo | suggerire | nostalgia |
| lingua | larghe | spiaggia | Perugia |

**B.** **Proverbio.** Legga ad alta voce il seguente proverbio e poi lo detti ad un altro studente/un'altra studentessa.

**Diligenza passa scienza.**
Persistence is sometimes more important than knowledge.
(*Literally: Diligence surpasses science.*)

# Ampliamento del vocabolario

## Che tempo fa?

È il primo maggio.
Fa bel tempo. C'è il sole
ed è sereno.

È il sette gennaio.
Fa freddo. Nevica e
tira molto vento.

È il quindici agosto.
Fa caldo.
È molto umido.

È il dieci ottobre.
Fa fresco ed è nuvoloso.

### Espressioni utili

**Che tempo fa?**   What's the
   weather like?
**Fa bel tempo.**   It's nice weather.
**Fa caldo.**   It's hot.
**Fa cattivo tempo.**   It's terrible
   weather.
**Fa freddo.**   It's cold.
**Fa fresco.**   It's cool.
**Fa molto caldo (freddo, fresco).**
   It's very hot (cold, cool).

**Nevica.**   It's snowing.
**Piove.**   It's raining.
**Tira (molto) vento.**   It's (very)
   windy.
**C'è la nebbia.**   It's foggy.
**C'è il sole.**   It's sunny.
**È afoso. C'è afa.**   It's sultry
   (muggy).
**È nuvoloso.**   It's cloudy.
**È sereno.**   It's clear.

**A.** In coppia: Un giovane italiano/Una giovane italiana che desidera visitare la
sua città vuole sapere com'è il clima (*climate*) lì. Gli/Le spieghi com'è.

1. Che tempo fa ad agosto nella tua città?
2. In quali mesi fa molto freddo?
3. Nevica spesso d'inverno?
4. Com'è l'estate lì?
5. Tira vento qualche volta?
6. In quali mesi c'è la nebbia?
7. In quali mesi piove di più?

**B.** In coppia: Domani il suo compagno/la sua compagna di camera va a fare una gita e vuole sapere la previsione del tempo. Gli/Le dica come sarà il tempo nei prossimi tre giorni.

➤ —Sai che tempo fa domani?
   —Sì, domani ...

Look up the names of five or six regions on the map of Italy on p. 14. Then describe the weather in each according to the weather map.

**C.** In coppia: Domandi ad un altro studente/un'altra studentessa che cosa fa in condizioni di tempo diverse.

➤ — Cosa fai quando (fa bel tempo)?
   — Quando fa bel tempo ...
   — E quando (piove)?

| TEMPO | SOLE | NUVOLOSO | COPERTO | PIOGGIA | ROVESCI | TEMPORALI | NEVE | NEBBIA |

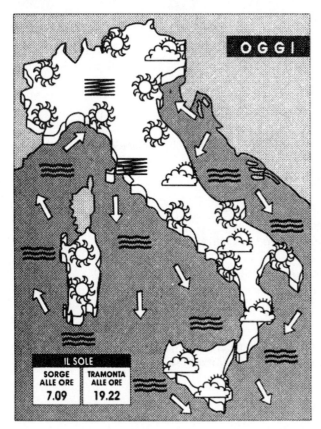

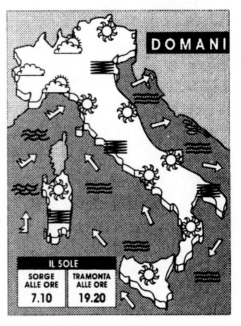

coperto = overcast
rovesci = showers
temporali = storms

Tell students that *sorgere* = to rise, and *tramontare* = to set. Then ask *Secondo la cartina del tempo, a che ora sorge il sole oggi? A che ora tramonta? E domani?*

## Alcune espressioni di tempo
### con *ogni, volta, di, tutti/e*

**Ogni**

**ogni anno (mese, settimana, giorno)**   each year (month, week, day)

**ogni estate (autunno, inverno, primavera)**   each summer (fall, winter, spring)

**ogni lunedì (martedì, ecc.)**   each Monday (Tuesday, etc.)

**ogni tanto**   once in a while

**Volta**

**a volte**   at times

**una volta al giorno (alla settimana, al mese, all'anno)**   once a day (a week, a month, a year)

**qualche volta**   sometimes

**Di**

**di quando in quando**   from time to time

**di rado**   seldom

**di solito**   usually

**di tanto in tanto**   every now and then

**Tutti/Tutte**

**tutti i giorni (i mesi)**   every day (month)

**tutte le sere (le settimane)**   every evening (week)

> To remember these expressions, name things you do *una volta al giorno, di rado, ogni estate, tutte le sere, ogni sabato,* etc.

**D.** In coppia: Risponda brevemente alle domande che le fa un altro studente/un'altra studentessa. Nelle risposte usi un'espressione di tempo appropriata come *volta, di, ogni* o *tutti/e*.

➤ fare la spesa        —*Fai la spesa?*
                       —*Sì, ogni settimana./No, non la faccio mai.*

1. studiare in biblioteca
2. alzarsi presto la domenica
3. andare allo stadio con i tuoi amici
4. telefonare ai tuoi genitori
5. guardare la televisione
6. ascoltare la musica
7. leggere il giornale
8. fare gite con gli amici

*la* neve
❄
*la* natura

# Struttura ed uso

......................................................................................

## Imperfetto

Quando **ero** bambina, **abitavo** in una bella casa ed **avevo** un gatto e un cane.

1.  The imperfect is a past tense used to talk about things that used to **happen** or that were going on over a period of time in the past. The following chart shows the imperfect forms of regular verbs in **-are, -ere,** and **-ire.**

|  | provare | scrivere | sentire |
|---|---|---|---|
| io | provavo | scrivevo | sentivo |
| tu | provavi | scrivevi | sentivi |
| lui/lei | provava | scriveva | sentiva |
| noi | provavamo | scrivevamo | sentivamo |
| voi | provavate | scrivevate | sentivate |
| loro | provavano | scrivevano | sentivano |

*Be sure to model the forms of the imperfect orally and have students repeat them before doing exercises. Concentrate on the stress changes in the* noi *and* voi *forms.*

2. The vebs **essere, bere, dire,** and **fare** are irregular in the imperfect. Here are their forms:

| essere | bere | dire | fare |
|--------|------|------|------|
| ero | bevevo | dicevo | facevo |
| eri | bevevi | dicevi | facevi |
| era | beveva | diceva | faceva |
| eravamo | bevevamo | dicevamo | facevamo |
| eravate | bevevate | dicevate | facevate |
| erano | bevevano | dicevano | facevano |

Note that *essere* is really the only verb that is irregular in the imperfect. *Bere, dire,* and *fare* use irregular stems that you have already seen.

3. The imperfect is used to describe:

a. the way things or people were.

Lisa **era** una bella bambina.
Non **aveva** problemi a scuola.
**Aveva** i capelli lunghi.

Lisa was a beautiful child.
She had no problems at school.
She had long hair.

Point out the various ways that the imperfect is expressed in English: *used to, would, was + . . . ing, past tense + time expression indicating repetition.* Tell students that they will learn more about the use of the imperfect in *Lezione 10.*

b. habitual actions in the past.

**Andavamo** ogni anno al mare.

**Facevamo** passeggiate con la mamma mentre papà **si addormentava** sulla spiaggia.
A volte **venivano** anche i nostri cugini.
**Ci divertivamo** molto insieme.

We used to go to the shore every year.
We would take walks with Mom while Dad would fall asleep on the beach.
Sometimes our cousins would come as well.
We used to have a lot of fun together.

Reflexive pronouns precede reflexive verbs conjugated in the imperfect.

c. actions in progress in the past when something else happened or while something else was happening.

**Dormivamo** quando è entrato.
**Pensavo** al nostro viaggio quando mi hai chiamato.
Susan **leggeva** mentre lui **faceva** fotografie.

We were sleeping when he came in.
I was thinking about our trip when you called me.
Susan was reading while he was taking pictures.

Point out the use of *quando* and *mentre.* Be sure students understand that the actions in the last example were happening simultaneously.

d. weather, time of day, age, health, and mental and psychological states in the past.

**Faceva** bel tempo ieri.
**Erano** le otto e mezzo quando è tornata a casa.
**Avevo** diciannove anni quando ho cominciato gli studi universitari.
**Si sentiva** male ieri sera.
I genitori **si preoccupavano** per una cosa senza importanza.

The weather was nice yesterday.
It was eight-thirty when she came home.
I was nineteen years old when I started college.

He felt sick last night.
The parents were worried about something unimportant.

**A.** Il nonno descrive com'era la vita quando lui era giovane. Faccia la parte del nonno, sostituendo il soggetto delle frasi con i nuovi soggetti indicati tra parentesi.

1. Ai miei tempi, i treni arrivavano in orario. (la posta / gli studenti)
2. La gente aveva pochi soldi. (noi / la mia famiglia / io)
3. I generi alimentari non costavano tanto. (la scuola / le case / le macchine)
4. I politici non dicevano bugie (*lies*). (il governo / noi bambini / io)
5. Le donne stavano in casa. (mia madre / i ragazzi piccoli)
6. La vita era più semplice allora. (le cose / l'amore)

**B.** In coppia: Domandi ad un compagno/una compagna dov'era e cosa faceva ieri nelle ore indicate.

➤ alle 8.45 di sera    S1: *Dov'eri e cosa facevi alle nove meno un quarto ieri sera?*
                        S2: *Ero al cinema con il mio ragazzo. Guardavo un film.*

1. alle 6.50 di mattina
2. alle 9.00 di mattina
3. a mezzogiorno in punto
4. alle 4.06 del pomeriggio
5. alle 11.10 di sera
6. a mezzanotte

**C.** In coppia: Chieda ad un altro studente/un'altra studentessa se faceva le seguenti cose quando aveva tredici anni.

➤ amare la scuola    S1: *Quando avevi tredici anni amavi la scuola?*
                     S2: *Sì, amavo la scuola./No, non amavo la scuola.*

1. frequentare il liceo
2. dovere pulire la tua camera
3. avere un amico preferito/un'amica preferita
4. discutere con i tuoi genitori
5. mangiare volentieri le verdure
6. bere il latte
7. uscire con i ragazzi/le ragazze
8. ubbidire sempre ai genitori

**D.** Intervisti un altro studente/un'altra studentessa per sapere com'era e cosa preferiva fare quando aveva sei anni. Prenda appunti e poi riferisca le informazioni alla classe. Lei vuole sapere:

se era timido/a o disinvolto/a; pigro/a o energico/a; gentile o sgarbato/a, ecc.
se aveva molti o pochi amici e come si chiamavano
se gli/le piaceva la scuola e quale materia preferiva
quali trasmissioni televisive guardava
come si divertiva e se aveva un giocattolo (*toy*) preferito

➤ Com'eri quando avevi sei anni? Eri timida?
—No, non ero timida. Non avevo paura di niente ...

**E.** In coppia: Susan è andata a Perugia per un corso intensivo all'Università per Stranieri. È arrivata a Perugia una settimana prima dell'inizio delle lezioni. Guardate i disegni in basso e a turno dite che cosa faceva Susan durante quella piacevole settimana.

**F.** Ricorda la sua prima settimana all'università? Com'era? Descriva ad un amico/un'amica questa prima settimana. Gli dica:

quanti anni aveva
dove abitava
che tempo faceva
se conosceva altri studenti
cosa faceva nel tempo libero
se era contento/a e perché
se aveva paura e di che cosa
se provava nostalgia per la famiglia

## Espressioni negative

**Non** dirlo a **nessuno, neanche**
al tuo ragazzo!

**Non** dirlo a **nessuno, nemmeno**
a tua sorella!

1. The following chart shows some commonly used negative expressions in Italian. You have already learned some of them.

| | | |
|---|---|---|
| **non ... affatto**   not at all | **Non** mi piace **affatto** questa città. | |
| **non ... mai**   never | **Non** parliamo **mai** inglese in classe. | |
| **non ... niente (nulla)**   nothing | E **non** capisco **niente.** | |
| **non ... nessuno**   nobody | **Non** conosco **nessuno** qui a Perugia. | |
| **non ...** { **neanche** **nemmeno** **neppure** }   not even | **Non** c'è stata **nemmeno (neanche, neppure)** una giornata di sole. | |
| **non ... più**   not any more | **Non** provo **più** nostalgia degli Stati Uniti. | |
| **non ... ancora**   not yet | **Non** ho **ancora** ricevuto la tua lettera. | |
| **non ... né ... né**   neither . . . nor | **Non** fa **né** caldo **né** freddo qui. | |

Tell students that **nessuno** can function as a pronoun or an adjective. As a pronoun it means *nobody.* As an adjective it has the same endings as the indefinite article **uno** and means *not any, not a single;* e.g., *Non c'è nessuna possibilità.*

2. **Non** + *verb* + *second negative* is the usual construction for a negative expression.

| | |
|---|---|
| **Non** hai capito **nulla!** | You didn't understand anything! |
| **Non** arrivi **mai** in orario. | You never arrive on time. |

3. **Niente** or **nessuno** can precede the verb. When they do, **non** is omitted.

| | |
|---|---|
| **Niente** è impossibile. | Nothing is impossible. |
| **Nessuno** vuole venire. | Nobody wants to come. |

**G.** Le cose possono cambiare molto nel corso di un anno. Legga il seguente brano che parla di come andavano una volta le cose per Daniela, e di come le vanno adesso. Poi rilegga il brano, dando l'espressione negativa appropriata.

Quest'anno le cose vanno bene per Daniela, ma l'anno scorso non andavano _____ bene. Recentemente ha trovato un lavoro, ma l'anno scorso non lavorava _____ . Adesso può uscire sempre, ma prima non usciva _____ . Adesso ha un televisore e un videoregistratore, ma l'anno scorso non aveva _____ il televisore _____ il videoregistratore. Adesso si compra anche vestiti alla moda, ma l'anno scorso non si comprava _____ . Adesso tutti la chiamano, ma l'anno scorso _____ la chiamava. Prima aveva molti problemi e preoccupazioni, ma quest'anno non ha _____ problemi: _____ preoccupazioni. Prima era sempre sfortunata (*unlucky*), ma adesso non è _____ sfortunata.

ASSOCIAZIONE ARTE LINGUA E CULTURA

**Studio Giambo**

CORSI PROFESSIONALI E D'ARTE

Disegno, Pittura, Scultura
Ceramica, Terracotta, Scultura in Terracotta
Carta Marmorizzata, Oggettistica in Carta e Cartone,
Legatoria

A RICHIESTA
PROGETTAZIONE E REALIZZAZIONE PROTOTIPI PER
LA PRODUZIONE E PEZZI UNICI

via Giano della Bella 22 - 50124 FIRENZE
tel. & fax 055/22.44.47

Before doing Ex. H, go through the items, asking for appropriate negative expressions for each. *Dare un esame* is explained in *Lezione 4*.

**H.** Lei ha ricevuto una lettera da un'amica che studia questo semestre a Perugia, e che le fa le seguenti domande. Risponda in maniera negativa ad ogni domanda.

➤ — Cosa fai per le vacanze di Natale?                    *Non faccio niente.*
— Sono arrivate le fotografie che ti ho mandato?    *Non sono ancora arrivate.*

1. Vedi i nostri amici?
2. Hai già dato l'esame d'italiano?
3. Vai spesso alle feste?
4. Studi ancora filosofia?
5. Esci con Monica o con Daria?
6. Fa ancora bel tempo là?
7. Quante partite ha vinto la squadra (*team*) di hockey?
8. Quando puoi venire in Italia?

Have students expand negative answers by saying *Una volta vivevo con i miei genitori, ma adesso non vivo più con loro,* etc.

Have students do Ex. I in pairs, taking turns asking and answering questions. Encourage them to expand the list of things they don't do anymore.

**I.** Dica se lei fa ancora queste cose o se non le fa più.

➤ Vive con i suoi genitori?    *No, non vivo più con i miei genitori. / Sì, vivo ancora con i miei genitori.*

1. Va in vacanza con la famiglia?
2. Guarda i cartoni animati (*cartoons*)?
3. Dorme con l'orsacchiotto (*teddy bear*)?
4. Vede gli amici della scuola elementare?
5. Frequenta ancora il liceo?
6. Usa ancora la macchina del papà?
7. Crede a Babbo Natale (*Santa Claus*)?

**J.** In coppia: Decidete se le seguenti frasi descrivono accuratamente la vostra classe d'italiano. Se una frase non è vera, cambiatela.

➤ Parlate sempre inglese durante la lezione.    *Sì, parliamo sempre inglese durante la lezione. / No, non parliamo sempre inglese durante la lezione. / No, non parliamo mai inglese durante la lezione.*

1. Tutti hanno paura di parlare durante la lezione.
2. Gli studenti trovano molto facili (*easy*) le lezioni.
3. Finite sempre tutti gli esercizi della lezione.
4. Ascoltate canzoni e poesie durante la lezione.
5. Avete visto film italiani durante la lezione.
6. Avete finito la lezione undici.
7. Avete carte geografiche e poster turistici nell'aula (*classroom*).
8. C'è uno studente che parla perfettamente l'italiano.

**K.** In coppia: Intervisti un altro studente/un'altra studentessa per sapere due cose

che non fa mai
che non fa più
che non ha mai fatto ma che vuole fare

## Pronomi personali di forma tonica

1. Disjunctive or stressed pronouns are used as objects of prepositions. They are also used instead of direct object pronouns for emphasis or clarity.

> — È per **me** la telefonata?
> — No, non è per **te;** è per **me.**

> — Vuoi uscire con **noi?**
> — No, mi dispiace. Arriva una mia amica e devo parlare con **lei.**

> — Mi hai visto ieri con Claudio?
> — No, ho visto **lui,** ma non ho visto **te.**

Notice that except for *me* and *te,* the disjunctive pronouns are identical to subject pronouns.

Point out the position of the pronoun in the examples *Mi hai visto* and *Non ho visto te.*

—Vuoi ballare con **me?**
—No, preferisco ballare con **lui.**

2. The following chart shows the disjunctive pronouns with the preposition **con.**

| Singular | | Plural | |
|----------|----------------|----------|----------------------|
| con **me** | with me | con **noi** | with us |
| con **te** | with you | con **voi** | with you |
| con **lui** | with him | con **loro** | with them, with you |
| con **lei** | with her, with you | | |

3. **Da** + *disjunctive pronoun* can mean *on one's own* or *by oneself.*

| | |
|---|---|
| Devo fare tutto **da me.** | I have to do everything by myself. |
| Fa' i compiti **da te.** | Do the homework on your own. |

The disjunctive pronoun **sé** is used instead of **lui/lei** and **loro** to mean *himself/herself/themselves* and the formal *yourself.*

| | |
|---|---|
| Il bambino si veste **da sé.** | The child gets dressed on his own. |
| Signorina Luzzi, faccia l'esercizio **da sé.** | Miss Luzzi, do the exercise yourself. |

Personalize Ex. L by using names of people in the class: *È vero che abiti vicino a Sandy?*

**L.**  Risponda alle domande con pronomi di forma tonica.

➤  È vero che abiti vicino al professore?    *Sì, abito vicino a lui.*

1. È vero che vieni con noi?
2. È vero che hai ricevuto una lettera dal tuo ragazzo?
3. È vero che vai in montagna con i tuoi genitori?
4. È vero che pensavi a me?
5. È vero che lavori con mia zia?
6. È vero che non ci sono altri studenti come te?
7. È vero che arrivi prima dei tuoi compagni?
8. È vero che hai comprato qualcosa per me?

Italian educator and psychiatrist Maria Montessori (1870–1952) developed a method of preschool and elementary education that stresses physical freedom and individual initiative.

**M.**  I ragazzi della Scuola Elementare Maria Montessori sono tutti molto indipendenti. Uno studente descrive cosa facevano gli studenti della scuola la settimana scorsa. Faccia la parte dello studente e dica che i bambini facevano le varie attività da sé.

➤  Carlo: studiare la matematica    *Carlo studiava la matematica da sé.*

1. Angelina: pulire la lavagna
2. Gilda e Susi: imparare l'inglese
3. io: fare i disegni
4. i bambini: preparare da mangiare

5. Tonino: usare il computer
6. tu: giocare con i videogiochi
7. noi: fare tutto

**N.** In coppia: Domandi al compagno/alla compagna se conosce queste persone. Il compagno/La compagna risponde con pronomi tonici.

➤ Marcello Mastroianni / Sophia Loren

S1: *Conosci Marcello Mastroianni e Sophia Loren?*
S2: *Conosco lui ma non lei / lei ma non lui / loro. / Non conosco né lui né lei.*

1. Cecilia Bartoli / Luciano Pavarotti
2. Federico Fellini / Liliana Cavani
3. Melissa Etheridge / i Cavalieri della Notte
4. Giancarlo Giannini / Mariangela Melato
5. Hillary Clinton / Gianni Agnelli
6. Tom Brokaw / Mike Bongiorno

## Pronomi possessivi

Quale quadro preferite, **il suo** o **il mio?**

1. Possessive pronouns take the place of noun phrases with possessive adjectives.

| | |
|---|---|
| Hai letto la sua lettera o **la mia?** | Did you read her letter or mine? |
| Guardiamo prima le mie fotografie e poi vediamo **le vostre.** | Let's look at my pictures first and then we'll see yours. |
| Questo è il mio indirizzo. Adesso mi devi dare **il tuo.** | This is my address. Now you have to give me yours. |
| I miei vestiti vanno bene ma preferisco **i suoi.** | My clothes are all right but I prefer hers. |

Siena: Artistica facciata del Duomo.

2. Possessive pronouns are identical in form to the possessive adjectives. They agree in gender and number with the thing possessed, not the possessor. The following chart shows the forms of the possessive pronouns.

|  | Masculine | | Feminine | |
|---|---|---|---|---|
|  | **Singular** | **Plural** | **Singular** | **Plural** |
| *mine* | il mio | i miei | la mia | le mie |
| *yours* (tu) | il tuo | i tuoi | la tua | le tue |
| *his, hers, its, yours* (lei) | il suo | i suoi | la sua | le sue |
| *ours* | il nostro | i nostri | la nostra | le nostre |
| *yours* (voi) | il vostro | i vostri | la vostra | le vostre |
| *theirs, yours* (loro) | il loro | i loro | la loro | le loro |

3. Possessive pronouns are generally preceded by the definite article. Use of the definite article is optional after **essere.** The possessive pronoun **loro,** however, always requires the article.

— Sono i suoi biglietti?
— No, non sono **(i) miei.**

— È la loro macchina?
— Sì, è **la loro.**

**O.** Completi le frasi in maniera logica usando dei pronomi possessivi.

1. Io pago il mio biglietto e tu paghi _____ .
2. Marcello parlava con il suo avvocato mentre Franco e Daria parlavano con _____ .
3. Noi scriviamo ai nostri genitori e voi scrivete a _____ .
4. Tu scrivi la tua lettera in italiano e io scrivo _____ in inglese.
5. Le nostre vacanze sono finite; come avete passato _____ ?
6. Tu studi per i tuoi esami, ma i tuoi amici non studiano per _____ .
7. Ecco alcune fotografie che ho fatto; quando mi mandi _____ ?

**P.** In coppia: Lei fa un complimento ad un amico/un'amica che risponde con lo stesso complimento, usando un pronome possessivo.

➤ amiche: simpatiche     S1: *Le tue amiche sono molto simpatiche.*
                         S2: *Grazie, anche le tue sono simpatiche.*

1. parenti: generosi
2. casa: elegante
3. fratelli: divertenti
4. famiglia: gentile
5. ragazzo/a: bello/a
6. paese: ricco di cose interessanti
7. idee: originali

Ex. Q: Circulate to help with needed vocabulary. Make sure that S3 does not see to whom the items belong. Point out omission of the definite article in the model.

Enhance the game-like flavor of Ex. Q by awarding a point for every correct guess. Find out who made the most correct guesses and ask him/her to show the class the owners of the items: *Gli occhiali sono suoi* (points at S1), *Il dollaro è suo,* etc.

**Q.** Un gioco da fare in gruppi di tre: S1 e S2 mettono sul tavolo almeno sei oggetti personali mentre S3 guarda da un'altra parte. Poi, S3 deve indovinare di chi è ogni oggetto. Le altre due persone rispondono se ha indovinato o no.

➤ S3: (a S1) Questo dizionario è tuo?
   S1: Sì, è mio. / No, non è mio, è suo (indicando S2).

**R.** In coppia: Trovate due o tre oggetti che avete in comune (due libri d'italiano, due orologi, due fotografie ecc.). Parlate delle differenze tra i due oggetti come nel modello.

➤ Ecco il mio zaino ed ecco il tuo. Il mio è vecchio ma il tuo è nuovo. Nel mio ci sono molti libri, ma nel tuo non c'è quasi niente. Ho comprato il mio a Marshalls; dove hai comprato il tuo?

# *Vivere in Italia*

**A.**

**Che cosa prendi?** In gruppi di cinque: Lei è al ristorante "Da Amina" con alcuni amici. Prima indichi le sue preferenze per una cena speciale e poi domandi agli amici che cosa prendono. Usate il menù indicato.

➤ **S1:** Io prendo …. E tu, (Caterina), che cosa prendi?

**S2:** Io …

**S1:** E tu, (Andrea) … ?

**S3:** Non so. Forse …

**S1:** E tu, (Gianna) … ?

**S4:** Vediamo un po' …. Che cosa ha ordinato (Caterina)? …

Have fifth student be the waiter and take the orders.

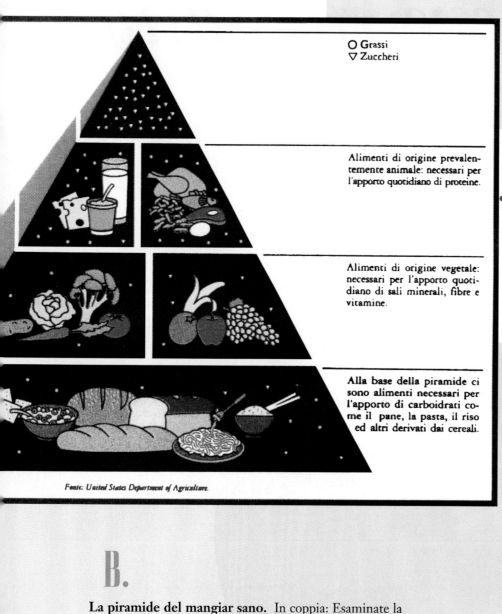

O Grassi
▽ Zuccheri

Alimenti di origine prevalentemente animale: necessari per l'apporto quotidiano di proteine.

Alimenti di origine vegetale: necessari per l'apporto quotidiano di sali minerali, fibre e vitamine.

Alla base della piramide ci sono alimenti necessari per l'apporto di carboidrati come il pane, la pasta, il riso ed altri derivati dai cereali.

Fonte: United States Department of Agriculture.

## B.

**La piramide del mangiar sano.**  In coppia: Esaminate la piramide e a turno dite quello che generalmente mangiate a pranzo o a cena per ogni categoria di cibo.

➤ **S1:** Fra i carboidrati a pranzo (a cena) di solito io mangio ....
E tu?

**S2:** Io invece preferisco ...

**S1:** Fra le verdure .... Come frutta ...

**S2:** ...

## C.

**Pasti equilibrati.**  In gruppi di tre o quattro: Facendo riferimento alla piramide del mangiar sano, preparate un menù di pasti equilibrati *(balanced)* per una giornata. Confrontate il vostro menù con quello di altri gruppi.

# D.

**Un'inchiesta.** In gruppi di tre o quattro: Discutete i risultati di questa inchiesta e poi indicate quali sono, secondo voi, i tre luoghi o modi migliori (*best*) e peggiori (*worst*) per incontrare un/una partner. Comparate i vostri risultati con quelli dell'inchiesta, preparate un sommario del vostro paragone e presentate il risultato alla classe.

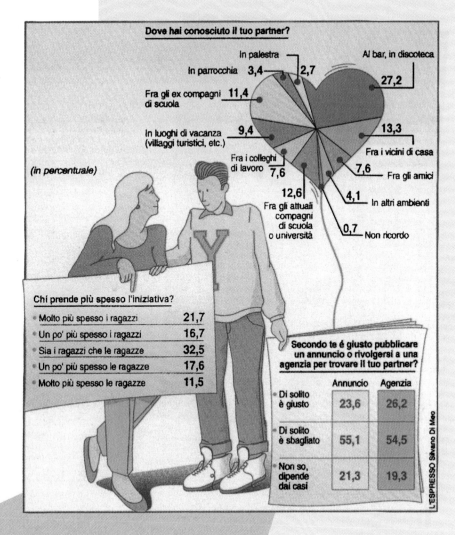

**Dove hai conosciuto il tuo partner?**

(in percentuale)

- In palestra 2,7
- In parrocchia 3,4
- Al bar, in discoteca 27,2
- Fra gli ex compagni di scuola 11,4
- In luoghi di vacanza (villaggi turistici, etc.) 9,4
- Fra i vicini di casa 13,3
- Fra i colleghi di lavoro 7,6
- Fra gli amici 7,6
- Fra gli attuali compagni di scuola o università 12,6
- In altri ambienti 4,1
- Non ricordo 0,7

**Chi prende più spesso l'iniziativa?**

| | |
|---|---|
| • Molto più spesso i ragazzi | 21,7 |
| • Un po' più spesso i ragazzi | 16,7 |
| • Sia i ragazzi che le ragazze | 32,5 |
| • Un po' più spesso le ragazze | 17,6 |
| • Molto più spesso le ragazze | 11,5 |

**Secondo te é giusto pubblicare un annuncio o rivolgersi a una agenzia per trovare il tuo partner?**

| | Annuncio | Agenzia |
|---|---|---|
| • Di solito è giusto | 23,6 | 26,2 |
| • Di solito è sbagliato | 55,1 | 54,5 |
| • Non so, dipende dai casi | 21,3 | 19,3 |

L'ESPRESSO Silvano Di Meo

# E.

**Curiosità.** In gruppi di tre o quattro: Faccia ai suoi amici le stesse domande dell'inchiesta riportata nell'esercizio D per sapere se e dove hanno conosciuto il loro partner/la loro partner.

➤ **S1:** Tu hai il ragazzo/la ragazza?

**S2:** Sì, certo. (No, non ancora.)

**S1:** Dove lo/la hai conosciuto/a? (Sei mai andato/a in un luogo particolare per conoscere un ragazzo/una ragazza? Dove?)

**S2:** …

# La tabaccheria

Una tipica tabaccheria italiana.

In Italia la tabaccheria è il negozio dove, oltre ai prodotti tipici per fumatori *(smokers)* come tabacco, pipe, sigari e sigarette, si vendono anche molte altre cose. Si possono trovare oggetti da regalo e di cartoleria *(stationery)*, biglietti dell'autobus e della metropolitana, giochi e passatempi *(games and pastimes)* e francobolli. È molto comodo comprare francobolli in tabaccheria dato che l'unico altro posto che li vende è l'ufficio postale, che non è sempre vicino casa ed ha un orario piuttosto limitato.

## F.

**In tabaccheria.** In coppia: Lei è in una tabaccheria del centro di Firenze per comprare cartoline illustrate *(postcards)*, francobolli e i biglietti per l'autobus.

➤ **S1:** Buon giorno. Desidera?

**S2:** Vorrei cinque cartoline illustrate.

**S1:** Ci sono cartoline da settecento lire e da mille lire. Quali desidera?

**S2:** …

Tell students to use more than one courtesy expression on each card.

## G.

Have students switch roles.

Scriva cartoline di auguri a tre persone: a Cristina che si sposa la settimana prossima; ad Enrico che fa il compleanno e compie venti anni; a Paola che sabato parte per una vacanza all'estero. Può cominciare a scrivere con *Caro/a*, oppure *(or)* può usare l'espressione *Ciao* + il nome della persona.

**Alla salute! (Salute!)** To your health! Cheers!

**Salute!** Bless you! *(when someone sneezes)*

**Attenzione!** Careful!

**Auguri!** Best wishes!

**Bravo/a!** Bravo! Well done!

**Congratulazioni!** Congratulations!

**In bocca al lupo!** Good luck! *(literally:* In the mouth of the wolf! *The response is:* **Crepi il lupo!** May the wolf die!)

**Buon Anno!** Happy New Year!

**Buon appetito!** Enjoy your meal!

**Buon compleanno!** Happy birthday!

**Buon divertimento!** Have a good time!

**Buona fortuna!** Good luck!

**Buona giornata!** Have a good day!

**Buon lavoro!** Have a good day at work!

**Buone vacanze!** Have a nice vacation!

**Buon viaggio!** Have a good trip!

Encourage students to come up with statements that would elicit courtesy statements, such as *Domani è il mio compleanno* and have other students respond appropriately.

# Una via elegante

**COMMUNICATIVE OBJECTIVES**

- Talk about fashion and clothing
- Describe the color, size, and fabric of clothing
- Narrate and describe events in the past
- Talk about people and places
- Talk about things you know how to do

Milano: A questa sfilata di moda, l'attenzione della gente è rivolta più al vestito o alla modella che lo indossa?

• • • • • • • • • • • • • • • • • • • • • • • • • • • • • • • • • • • • • • • •

Patrizia, Simona e Giancarlo sono in via della Spiga a Milano, dove ci sono negozi eleganti ma costosi.

PATRIZIA: Vogliamo andare un momento alla Bottega Veneta? Ho bisogno di una borsa nuova.

A famous leather-goods chain based in Venice.

SIMONA: D'accordo. Dopo però andiamo da Krizia. Ieri mentre passavo con Lorenzo, ho visto in vetrina un bell'abito da sera. Voglio provarlo e avere anche la vostra opinione.

5

Clothes designer Maiuccia Mandelli, whose professional name is Krizia.

PATRIZIA: Com'è il vestito?

SIMONA: È di seta nera, corto, con le maniche lunghe.

GIANCARLO: Ma è possibile che ogni volta che esco con voi dobbiamo andare in giro per i negozi?

10  SIMONA: Giancarlo, non ti lamentare°. Dopo, se vuoi, ti accompagniamo a Moda Giovane. È un negozio nuovo dove puoi trovare giacche e pantaloni da uomo alla moda.

don't complain

GIANCARLO: Ma avete forse dimenticato che la moda non mi interessa?

PATRIZIA: Voi uomini dite sempre così. Ma non hai visto che in televisione mostrano spesso varie sfilate di moda maschile?

15

Help students summarize the dialogue by asking leading questions. *Perché i tre amici vanno alla Bottega Veneta? Che cosa vuole provare Simona?*

GIANCARLO: No, non ho visto niente. A me bastano solo un paio di jeans e una camicia di cotone.

SIMONA: Va bene. Intanto andiamo a questi negozi e poi ci sediamo ad un bar. E mentre ci gustiamo un gelato, parliamo di moda e della sua importanza per le donne e anche per gli uomini.

20

Encourage students to talk about fashions in clothing. Ask if they feel they have to dress a certain way: *È importante la marca dei jeans che deve mettere? E delle scarpette da ginnastica?*

• • • • • • • • • • • • • • • • • • • • • • • • • • • • • • • • • • • • • • • •

## Domande

1. Dove sono Patrizia, Simona e Giancarlo?
2. Di che cosa ha bisogno Patrizia?
3. Cosa vuole provare Simona? Perché?
4. Che cosa non interessa a Giancarlo?
5. Che cosa mostrano spesso in televisione?
6. Quali articoli di abbigliamento preferisce Giancarlo?

## Domande personali

1. Secondo lei, è importante la moda? Perché?
2. A lei piace spendere molto o poco per vestire? Dove compra i suoi vestiti?
3. Lei preferisce i vestiti eleganti o la moda casuale?
4. Cosa pensa della moda che cambia continuamente?
5. Secondo lei, chi segue di più la moda, gli uomini o le donne? Perché?

## Situazioni

1. Domandi ad un amico/un'amica se gli/le piace seguire la moda.

   —Ti piace seguire la moda?
   —Sì, molto. (No, non molto. / No, la moda non mi interessa affatto.)

2. Domandi ad un compagno/una compagna che cosa indossavano ieri alcuni professori.

   —Che cosa indossava ieri (la professoressa d'inglese)?
   —Indossava una gonna e una giacca molto semplici (un vestito elegante / i pantaloni e la camicetta / la maglia e i jeans).

# Vocabolario

## Parole analoghe

| | | |
|---|---|---|
| accompagnare | il cotone | i jeans |
| l'articolo | l'importanza | l'opinione (*f.*) |
| casuale | interessare | |

## Nomi

**l'abbigliamento**  clothing
**l'abito**  dress; suit
**la borsa**  handbag, purse
**la camicetta**  blouse
**la camicia**  shirt
**la giacca**  jacket
**la gonna**  skirt
**la maglia**  sweater
**la manica**  sleeve
**la moda**  fashion
**il paio (le paia)**  pair
**i pantaloni**  pants
**la seta**  silk
**la sfilata**  show, procession
**l'uomo (gli uomini)**  man
**il vestito**  dress; suit

## Aggettivi

**corto/a**  short
**costoso/a**  costly, expensive
**maschile**  male
**nero/a**  black

## Verbi

**bastare**  to be enough
**gustarsi**  to enjoy
**provare**  to try on
**sedersi**  to sit
**seguire**  to follow

## Altre parole ed espressioni

**dopo**  after; afterward
**andare in giro**  to go around
**alla moda**  fashionable
**bisogna**  it is necessary
**un vestito da sera**  evening dress

*l'abito = il vestito. L'abito* is more formal; *il vestito* is more commonly used.

*Ask students a few questions: Conoscete il nome di uno stilista famoso? Quale città è la capitale della moda negli Stati Uniti? Che cosa pensate degli annunci commerciali dei jeans alla televisione? Come attraggono l'attenzione dei giovani gli annunci di moda?*

## Pratica

*Prat. A: Assign as homework and call on some students to read their summaries the next day.*

**A.**  Scriva cinque o sei frasi basate su quello che dicono i tre amici nel dialogo a pagina 226. Per esempio:

➤  Patrizia vuole andare alla Bottega Veneta perché ...

*Prat. B: After the pairs have worked on it together, have some act it out in front of the class.*

**B.**  In coppia: Immagini di essere andato/a ad una sfilata di moda. Adesso racconti al suo amico/alla sua amica:

quando e dove si è svolta la manifestazione
con chi è andato/a lei
che cosa avete visto
se si è divertito/a

# La moda italiana

Da vari anni le creazioni della moda italiana hanno un grande successo in Italia e all'estero. Insieme ai famosi rappresentanti della moda come Gucci, Armani, Valentino e Biagiotti, da qualche anno sono conosciuti nel mondo anche i moderni stilisti Versace, Gattinoni e altri.

Lo sviluppo[1] della moda italiana come industria risale[2] agli anni cinquanta quando sarti[3] e disegnatori hanno iniziato a presentare al pubblico ogni anno le loro creazioni. Firenze è stata da sempre il centro di queste manifestazioni di moda, ma in seguito anche Roma, Milano e Torino hanno presentato con successo interessanti sfilate di moda.

È bene anche ricordare che l'industria della moda dà un notevole contributo alla bilancia commerciale[4] italiana. Le esportazioni di scarpe, borse, valige, camicie e articoli di cuoio sono infatti alcuni dei prodotti più richiesti[5] sul mercato internazionale.

1. development   2. harks back   3. tailors   4. trade balance   5. sought after

In questo negozio di moda sono in evidenza le creazioni di un famoso stilista italiano.

# *Pronuncia*

## Il suono / ʎ /

The sound of the letters **gli** is like the *lli* in *million*. It is articulated with the top of the tongue against the hard palate or roof of the mouth.

Ex. A: Ask students to compose two or three sentences using words that contain the letters *gli*. Then have pairs dictate these sentences to each other.

**A.** Ascolti l'insegnante e poi ripeta le seguenti parole.

| | | |
|---|---|---|
| **gli** | bi**gli**etto | abbi**gli**amento |
| fi**gli** | ma**gli**a | botti**gli**a |
| a**gli** | me**gli**o | Ca**gli**ari |
| de**gli** | lu**gli**o | vo**gli**o |

Ex. B: Encourage students to invent a dialogue between two people (a mother and child, two friends, etc.) in which the last line is *Meglio tardi che mai.*

**B.** **Proverbi.** Legga ad alta voce i seguenti proverbi e poi li detti ad un altro studente/un'altra studentessa.

**Meglio tardi che mai.**
Better late than never.

**Il buono è buono, ma il migliore è meglio.**
Good is good, but the best is better.

# Ampliamento del vocabolario

## L'abbigliamento e i tessuti

### Articoli di abbigliamento

**le calze** (*f. pl.*)   stockings, hose
**i calzini**   socks
**i calzoncini**   shorts
**il cappello**   hat
**il cappotto**   (over)coat
**la cravatta**   tie
**il costume da bagno**   bathing suit

**i guanti**   gloves
**l'impermeabile** (*m.*)   raincoat
**la maglietta**   T-shirt
**i sandali**   sandals
**le scarpe**   shoes
**le scarpette da ginnastica**   sneakers, tennis shoes
**gli stivali**   boots

### I tessuti e i materiali

**il cuoio (la pelle)**   leather, hide
**la lana**   wool
**il lino**   linen

**il poliestere**   polyester
**il rayon**   rayon
**velluto a coste**   corduroy

### Espressioni utili

**calzare**   to fit (shoes, gloves)
**indossare**   to wear; to put on
**levarsi**   to take off (clothing)
**la misura**   size (clothing, shoes)
**spogliarsi**   to undress

**il numero**   size (shoes)
**portare**   to wear
**la taglia**   size (clothing)
**a quadri**   checked
**a righe**   striped
**a tinta unita**   solid-color

Practice clothing vocabulary by associating specific clothes with seasons and weather expressions.

Due to American influence, many English words related to fashion and clothing are used in Italy: "casual," "jeans," "top," "blazer," etc.

With books closed, ask questions such as *Si mette i sandali? Quando? Ha un impermeabile? Quando lo indossa? Quante cravatte ha lei? Ha un cappotto?*

Here is some optional vocabulary you may want to present: *la calzamaglia* (tights), *la sciarpa* (scarf), *la flanella* (flannel), *il velluto* (velvet). Tell students that the French word *collant* is used for "pantyhose."

Ask students to name articles of clothing in their closets that are *a quadri, a righe, a tinta unita, di cuoio*, etc.

The definite article is used with articles of clothing (not the possessive adjective, as in English).

Mi metto **la** camicia.       I put on my shirt.

The possessive adjective is used only when necessary to clarify ownership.

Scusa, quella è la **mia** giacca, non la tua!       Excuse me, that's my jacket, not yours!

When describing more than one person putting on or taking off the same article of clothing, the piece of clothing is in the singular.

Point out the difference between *Non ti metti il cappotto per uscire?* and *Vuoi metterti il mio cappotto per uscire?*

I ragazzi si levano **il cappotto.**
Maria e Giulia indossano **il costume da bagno.**

The boys take off their coats.
Maria and Giulia are wearing their bathing suits.

Ex. A: Ask students to name other occasions and describe what they might wear.

**A.** In coppia: Risponda ad un compagno/una compagna che vuole sapere che cosa lei preferisce mettersi nelle seguenti occasioni.

➤ per andare alla festa (di Elena)

— *Che cosa ti metti per andare alla festa di (Elena)?*
— *Mi metto un vestito di seta.*

1. domani quando vai a fare una gita al mare
2. questo pomeriggio se piove
3. stasera per andare a mangiare una pizza con gli amici
4. sabato sera per andare al concerto di musica classica
5. domenica per andare ad un concerto rock allo stadio

**B.** In coppia: A turno, identificate dieci articoli di abbigliamento riportati nel disegno.

➤ S1: 1: le sciarpa
S2: 18: i calzini

**C.** In coppia: A turno, identificate due o tre articoli di abbigliamento che indossate oggi.

➤ Io porto una gonna di cotone ed una camicetta di lino.

## I colori

**arancione**  orange
**azzurro/a**  sky-blue
**bianco/a**  white
**blu**  blue
**giallo/a**  yellow
**grigio/a**  gray
**marrone**  brown
**nero/a**  black
**rosa**  pink
**rosso/a**  red
**verde**  green
**viola**  purple

Adjectives of color whose masculine singular form ends in **-o** agree in number and gender with the noun they modify. The adjectives **arancione, blu, marrone, rosa,** and **viola** are invariable.

**D.** In gruppi di tre o quattro: Domandi a ciascuno studente di che colore è l'abbigliamento degli altri studenti del gruppo.

➤ — (Jennifer), di che colore è la camicia di (John)?
— È (azzurra).

**E.** In coppia: Lei ha bisogno di scarpe e stivali ed entra in un negozio di calzature. Insieme ad un compagno/una compagna completi il seguente dialogo fra lei e il commesso/la commessa (*salesclerk*), usando le seguenti parole o espressioni. Ci sono due parole in più nella lista.

| metto | scarpe | nere |
| la misura | 42 | lana |
| i pantaloni | pelle | la borsa |
| marrone | un paio | |

LEI: Buon giorno!

COMMESSO/A: Buon giorno. Desidera?

LEI: Ho bisogno di un paio di _____ di _____ .

COMMESSO/A: Di che colore?

5  LEI: Mah, _____ . Il nero va bene con tutto.

COMMESSO/A: E _____ ?

LEI: Il 42.

COMMESSO/A: Vuole altro?

LEI: Sì, _____ di stivali _____ .

10 COMMESSO/A: Sempre il numero _____ ?

LEI: No, il 42 e mezzo perchè con gli stivali _____ sempre i calzini di _____ .

COMMESSO/A: Bene. Si accomodi, prego. Torno subito.

Ex. F: Have students refer to dialogue in Ex. E (as needed). Remind students to use appropriate expressions of courtesy.

**F.** In coppia: Lei è in un negozio per comprare un vestito. Insieme a un compagno/una compagna prepari un dialogo appropriato fra lei e il commesso/la commessa. Ricordate di includere la taglia, il tessuto, il colore e il prezzo.

➤ Commesso/a: Buona sera! In che cosa posso servirla?
  Lei: Buona sera. Ho bisogno di ...

# Struttura ed uso

• • • • • • • • • • • • • • • • • • • • • • • • • • • • • • • • • • • • • • • • • • •

## Contrasto fra l'imperfetto ed il passato prossimo

1. The imperfect and the **passato prossimo** describe two different types of past actions. Compare the sentences on the left, which use the imperfect, and those on the right, which use the **passato prossimo.**

Ogni anno **andava** alle sfilate di moda.

Qualche volta **comprava** qualcosa.

La settimana scorsa **è andata** a una sfilata di moda.

Questa volta **ha comprato** un abito da sera.

Explain that the sentences on the left refer to unspecific events. Those on the right refer to specific events that took place last week.

2. The imperfect describes habitual, recurring, or ongoing actions, whereas the **passato prossimo** describes specific completed actions. Time expressions such as **ogni anno, sempre, spesso,** and **di solito** often signal recurring actions. Expressions such as **la settimana scorsa, ieri sera, due ore fa,** and **stamattina** often signal specific past actions.

| | |
|---|---|
| Si alzavano **sempre** presto. | They always used to get up early. |
| **Spesso** guardavo la televisione. | I often watched television. |
| **Stamattina** si sono alzati tardi. | This morning they got up late. |
| **Ieri sera** ho guardato un bel programma alla televisione. | Last night I saw a good program on television. |

3. When both tenses occur in the same sentence, the imperfect describes an action in progress when another event happened. The other event is expressed in the **passato prossimo.**

Point out to students the use of English *was . . . ing* to express interrupted or ongoing action.

| | |
|---|---|
| **Guardava** la manifestazione quando **ha sentito** la notizia. | She was watching the demonstration when she heard the news. |
| Giancarlo **leggeva** la posta elettronica quando le amiche **sono arrivate.** | Giancarlo was reading his e-mail when his friends arrived. |

La commessa **ha aperto** la porta mentre mi **spogliavo!**

4. In narratives, the imperfect describes the characters' qualities and habitual actions, the setting, time, weather, and other background. The **passato prossimo** is used to relate specific events or actions that took place.

Cappuccetto Rosso (*Little Red Riding Hood*) **era** una brava bambina che **andava** spesso a trovare la nonna che **abitava** dall'altra parte della foresta. Un giorno **ha preparato** un cestino con dei panini ed **è partita** di buon'ora ...

Ex. A: Have students take turns asking and answering questions. Have them mention a specific time of day and ask for real answers: S1: *Cosa facevi quando ti ho telefonato alle dieci ieri sera?* S2: *Studiavo per ...*

**A.** In coppia: Domandi ad un compagno/una compagna che cosa faceva quando gli/le ha telefonato. Il compagno/La compagna risponde secondo i suggerimenti.

➤ spogliarsi        S1: *Cosa facevi quando ti ho telefonato?*
                    S2: *Mi spogliavo quando mi hai telefonato.*

1. leggere un romanzo emozionante
2. discutere con mia sorella
3. fare la doccia
4. vestirsi
5. guardare un bel programma alla televisione
6. dormire tranquillamente
7. parlare con il mio ragazzo/la mia ragazza
8. prepararsi per la lezione di storia

**B.** In coppia: Dica ad un compagno/una compagna una o due cose che sono successe ieri mentre lei faceva le seguenti attività.

➤ lavorare        *Ieri mentre lavoravo ho visto Marco e Paola.*

1. uscire di casa            4. mangiare
2. studiare                  5. guardare la televisione
3. guidare la macchina       6. dormire

**C.** Dia la forma appropriata del passato prossimo o dell'imperfetto del verbo indicato tra parentesi, secondo il contesto.

Ieri sera noi (assistere) _____ ad una sfilata di moda veramente originale. La manifestazione (avere) _____ luogo all'aperto a Piazza di Spagna. (Fare) _____ molto caldo, e c'(essere) _____ gente da tutto il mondo. (Essere) _____ le otto e quarantacinque quando (entrare) _____ la prima modella. (Portare) _____ una pelliccia (*fur coat*) e (soffrire) _____ a causa del caldo intollerabile. Finalmente (levarsi) _____ la pelliccia e noi (vedere) _____ che sotto la pelliccia la modella (portare) _____ un costume da bagno in cuoio bianco.

Follow up Ex. D by asking students to report to the class. If one topic elicits a lot of discussion in pairs, ask students to elaborate, describing further background (imperfect), how they felt (imperfect), and related specific actions (*passato prossimo*).

**D.** In coppia: Dica ad un amico/un'amica quanti anni aveva quando ha fatto le seguenti cose.

➤ cominciare a frequentare la scuola        S1: *Quanti anni avevi quando hai cominciato a frequentare la scuola?*
                                            S2: *Avevo quattro anni quando ho cominciato a frequentare la scuola.*

1. imparare ad andare in bicicletta
2. innamorarsi (*to fall in love*) per la prima volta
3. uscire per la prima volta con un ragazzo/una ragazza
4. andare al primo ballo
5. prendere la patente di guida
6. viaggiare da solo/a per la prima volta

Ex. E: If students are familiar with the story of Pinocchio, have them finish the story as a written assignment.

As a short in-class writing assignment, have students write the first paragraph of an invented fairy tale, using the imperfect to describe characters and setting. Have them begin the second paragraph with *Un giorno...* . Then have them exchange stories with class-mates and finish each other's stories with actions in the *passato prossimo*.

Ex. F: Allow students instead to describe the worst or most embarrassing moment in their lives. Be ready to assist with needed vocabulary. Encourage students to create simple sentences. Assign as written homework, and let students read their stories to each other or to the class.

Ex. G: Have students read only their own part and cover up their partner's. Encourage students to resolve the problem in different ways: the object is found where expected or somewhere else; the object is not found and S1 must recall what else he/she had done the day before?, etc.

**E.** Racconti la storia di Pinocchio, completando le frasi con la forma appropriata dell'imperfetto o del passato prossimo del verbo in corsivo.

1. C'era una volta un uomo di nome Geppetto che *volere* avere un figlio.
2. Desiderava tanto questo figlio che un giorno *fare* un burattino di legno (*wooden puppet*).
3. Amava il burattino di legno, ma purtroppo il burattino non *essere* un vero bambino.
4. Una notte, mentre Geppetto dormiva, *venire* la fata azzurra (*blue fairy*).
5. La fata azzurra voleva aiutare Geppetto, e *dare* vita a Pinocchio.
6. Geppetto era contentissimo quando *alzarsi* quella mattina e *vedere* un vero bambino al posto del burattino.
7. Pinocchio era un bravo ragazzo, e ogni mattina *uscire* di buon'ora per andare a scuola.
8. Un giorno, mentre Pinocchio andava a scuola, (Pinocchio) *incontrare* il Gatto e la Volpe (*fox*).

**F.** In coppia: Ricorda il giorno più bello della sua vita? Forse era una gita fatta con la famiglia, un appuntamento con una persona speciale o una vittoria sportiva. Prepari almeno sei frasi per descrivere quest'avvenimento, e poi racconti la storia ad un altro studente/un'altra studentessa. Lei può parlare di:

quanti anni aveva
dove e con chi era
che tempo faceva
cosa è successo
perché era contento/a

**G.** In coppia.

S1:
Ieri mattina alle 8.45 lei si è fermato/a ad un bar vicino al suo posto di lavoro per prendere un espresso. Si è seduto/a ad un tavolino vicino alla porta. Quando più tardi è arrivato/a al lavoro, ha notato che non aveva più i guanti. Erano guanti di pelle nera e molto costosi. Ora, torni al bar e chieda al barista se ha trovato i suoi guanti. Risponda alle sue domande.

S2:
Lei lavora in un bar del centro. Questa mattina, una persona entra e dice che ha perso i guanti nel bar. Aiuti questa persona e domandi com'erano i guanti, dov'era seduto/a quando li ha perduti, come li ha perduti e che ora era.

➤ S1: Scusi, ieri ho lasciato qui qualcosa.
   S2: ...

## Plurale di alcuni nomi ed aggettivi

1. Feminine nouns and adjectives that end in **-ca** and **-ga** form the plural in **-che** and **-ghe.**

   —Che bella **giacca bianca!** Ma non è molto **pratica.**
   —È vero. Le **giacche bianche** non sono **pratiche.**

   —Guarda! Una **manica** è più **lunga** dell'altra.
   —È vero! Ma tutt'e due le **maniche** sono troppo **lunghe.**

2. Feminine nouns ending in **-cia** and **-gia** whose stress falls on the **i** form the plural in **-cie** and **-gie.**

   —La **farmacia** è aperta?
   —No, tutte le **farmacie** sono chiuse.

   —Hai detto una **bugia** (*lie*)?
   —No, non dico mai **bugie.**

Feminine nouns ending in **-cia** and **-gia** that are stressed on any other syllable generally drop the **i** and form the plural in **-ce** and **-ge.**

| | |
|---|---|
| la **faccia grigia** | le **facce grige** |
| la lunga **spiaggia** | le lunghe **spiagge** |
| Exception: la **camicia** | le **camicie** |

> The *i* in words like *faccia* or *spiaggia* is not pronounced: it is included to give a soft *c* or *g* sound. In the plural (*-ce, -ge*) the *i* is no longer necessary and is generally dropped.

Una **faccia simpatica.**

Alcune **facce** meno **simpatiche.**

3. Some masculine nouns and adjectives ending in **-co** form the plural in **-chi,** and others form the plural in **-ci.** If the stress is on the next-to-last syllable, use **-chi.**

| | |
|---|---|
| un **parco tedesco** | i **parchi tedeschi** |
| il **gioco** divertente | i **giochi** divertenti |
| il bambino **stanco** (*tired*) | i bambini **stanchi** |

If the stress is on the third-to-last syllable, use **-ci.**

| | |
|---|---|
| un **medico simpatico** | due **medici simpatici** |

Exceptions to this rule are:

| | |
|---|---|
| un amico | tre amici |
| il greco (*Greek*) | i greci |
| il nemico (*enemy*) | i nemici |
| un porco (*pig*) | molti porci |

4. Masculine nouns and adjectives ending in **-go** generally form the plural in **-ghi,** regardless of stress.

| | |
|---|---|
| Questo **dialogo** è **lungo.** | Questi **dialoghi** sono **lunghi.** |

But nouns ending in **-ologo,** referring to professions, form the plural in **-ologi.**

| | |
|---|---|
| il **radiologo** | i **radiologi** |
| uno **psicologo** | molti **psicologi** |

**H.** Dia il plurale delle seguenti espressioni.

➤ il pacco bianco     *i pacchi bianchi*

1. la farmacia moderna
2. la spiaggia italiana
3. la biblioteca magnifica
4. il viaggio lungo
5. la ciliegia dolce
6. lo psicologo tedesco
7. la conversazione telefonica
8. l'unico luogo

**I.** Completi le seguenti osservazioni con la forma appropriata dei nomi o aggettivi in **-go** e in **-co** della lista in basso.

| | | | |
|---|---|---|---|
| lungo | psicologo | nemico | albergo |
| analogo | biologo | lago | simpatico |

1. Quegli _____ seguono le teorie (*theories*) di Freud.
2. Quei _____ lavorano nello stesso laboratorio.
3. I _____ italiani sono magnifici!
4. *Sistema* e *system* sono parole _____ .
5. Tutti gli _____ della città sono vicino alla stazione.
6. — Ti piacciono i miei amici? —Sì, sono molto _____ .

7. A volte cari amici possono diventare (*become*) _____ .
8. È ottobre e le notti diventano più _____ .

**J.** In coppia: S1 formula frasi con le cose e gli aggettivi che seguono. S2 risponde che per S1, tutte quelle cose sono come dice lui/lei.

➤ luogo / romantico    S1: *Questo luogo è romantico.*
                        S2: *Per te, tutti i luoghi sono romantici!*

1. giornata / lungo
2. spiaggia / bello
3. medico / tipico
4. gioco / simpatico
5. domanda / logico
6. film / artistico

Use the word *paio* (pair) for pants and shoes. The plural of *paio* is *paia: Ho un paio di jeans e tre paia di pantaloni di lana.*

**K.** Domandi ad un compagno/una compagna se ha le seguenti cose.

➤ giacca / di lino    S1: *Hai una giacca di lino?*
                      S2: *Sì, ho due giacche di lino. / No, non ho nessuna giacca di lino.*

1. pantaloni / bianco
2. un abito / da sera
3. una camicia / con le maniche lunghe
4. una camicia / con le maniche corte
5. jeans / classico
6. calzini / a righe
7. una maglia / di poliestere
8. una cravatta / eccentrico

## *Sapere* e *conoscere*

— **Conosci** mio fratello?
— Siete fratelli? Non lo **sapevo!**

1. The verbs **conoscere** and **sapere** both mean *to know* in Italian, but they describe different types of knowledge. **Conoscere** means *to be acquainted* or *familiar with* someone or something. It is often used with people or places, and can also be used with languages. **Conoscere** used in the **passato prossimo** means *to meet*.

Point out to students that *sapere* and *conoscere* have different meanings in the imperfect and the *passato prossimo*. This is a good illustration of the use of these two tenses: *Già lo sapevo.* (I already knew it.) *L'ho saputo ieri.* (I found out yesterday.)

| | |
|---|---|
| — **Conosci** l'Inghilterra? | — Do you know England? (Have you been there?) |
| — Sì, la **conosco** molto bene. Purtroppo non **conosco** l'inglese. | — Yes, I know it very well. Unfortunately I don't know English. |
| — I tuoi genitori **conoscono** Valeria? | — Do your parents know Valeria? |
| — No, non l'**hanno** ancora **conosciuta.** | — No, they haven't met her yet. |

2. **Sapere** means *to have knowledge of something* or *to know certain information.*

| | |
|---|---|
| — **Sapete** dov'è l'Afghanistan? | — No, non lo sappiamo. |
| — **Sapete** qual è la capitale del Cile? | — No, non lo sappiamo. |
| — Che cosa **sapete** allora? | — Beh, non sappiamo nulla. |

**Sapere** + *infinitive* means *to know how to do something.*

| | |
|---|---|
| — Mio figlio ha solo tre anni e già **sa leggere** e **scrivere.** | — My son is only three and he already knows how to read and write. |

Notice that there is no word corresponding to the English *how* in *to know how*. All you need is *sapere* + infinitive.

3. **Sapere** is irregular in the present tense. Here are its forms:

| sapere | |
|---|---|
| so | sappiamo |
| sai | sapete |
| sa | sanno |

Have students do Ex. L in pairs. Then have them practice the minidialogues and act them out in front of the class. Students could personalize the dialogues to talk about who won a sporting event or arts award, whether one of their friends knows a foreign language, etc.

**L.** Scelga la forma corretta di *conoscere* o *sapere* secondo il contesto.

1. — (Conosci/Sai) chi ha vinto il premio alla manifestazione di moda?
   — Sì, lo (conosco/so). Giuliano Forini l'ha vinto.
   — Fantastico!
   — Perché fantastico? Lo (conosci/sai)?
   — Sì che lo (conosco/so); è un mio amico.

2. — È vero che tutti i giovani italiani (conoscono/sanno) l'inglese?
   — Beh, molti lo studiano. Spesso (conoscono/sanno) leggere e scrivere l'inglese.
   — E lo (conoscono/sanno) parlare?
   — Questo è il problema. (Conoscono/Sanno) la grammatica, ma pochi lo (conoscono/sanno) parlare.

3. — Scusi, per caso lei (conosce/sa) il ristorante Il Gabbiano?
   — Sì, è qui vicino. Ma Il Gabbiano è chiuso il lunedì.
   — Ah, non lo (conoscevo/sapevo). Lei (conosce/sa) un altro buon ristorante qui vicino?
   — Sì, c'è il ristorante Zi' Luisa, ma non (conosco/so) se è aperto.

Restaurants in Italy are required by law to be closed one day a week for what is called a *riposo settimanale.*

Ex. M works best if students know one another quite well by this point. If this is not the case, allow students to ask the questions about a variety of people in the class.

Encourage students to expand their answers as in the examples.

**M.** In coppia: Parlate di un'altra persona nella vostra classe. Domandi al compagno/alla compagna se ha queste informazioni sull'altra persona, se conosce i suoi amici, ecc.

➤ come si chiama    S1: *Sai come si chiama quel ragazzo?*
                     S2: *No, non lo so. / Sì, lo so. Si chiama Jeff.*

i suoi amici         S1: *Conosci i suoi amici?*
                     S2: *No, non li conosco. / Sì, li conosco. Sono tutti simpatici.*

1. dove abita
2. il suo numero di telefono
3. se ha il ragazzo / la ragazza
4. che cosa studia
5. se ha sorelle
6. la sua famiglia
7. il suo migliore amico / la sua migliore amica (*best friend*)
8. che fa questa fine-settimana

**N.** Intervista: Scriva se lei conosce le seguenti persone, cose o luoghi, o se sa fare le seguenti attività. Poi, domandi ad altri tre studenti se sanno fare le stesse cose o conoscono le stesse persone. Alla fine, confrontate le liste per vedere quale delle tre persone ha il maggior numero di risposte uguali alle sue.

➤ ballare il valzer    S1: *Sai ballare il valzer?*
 S2: *Sì, so ballare il valzer, ma non troppo bene. / No, ma voglio saperlo ballare, ecc.*

|  | io | 1 | 2 | 3 |
|---|---|---|---|---|
| 1. suonare la chitarra | _____ | _____ | _____ | _____ |
| 2. molte persone italiane | _____ | _____ | _____ | _____ |
| 3. il francese | _____ | _____ | _____ | _____ |
| 4. giocare a scacchi (*chess*) | _____ | _____ | _____ | _____ |
| 5. una pittura di Botticelli | _____ | _____ | _____ | _____ |
| 6. un paese europeo | _____ | _____ | _____ | _____ |
| 7. usare un computer | _____ | _____ | _____ | _____ |
| 8. una persona famosa | _____ | _____ | _____ | _____ |

**O.** In coppia: Dica ad un compagno/una compagna tre cose che lei sa fare molto bene, tre cose che non sa fare, e tre cose che lei vuole imparare a fare.

➤ Io so guidare molto bene la macchina.
Non so parlare cinese.
Voglio imparare a sciare.

# *Parliamo un po'*

**A.** **La moda cambia.** In gruppi di tre: La moda cambia di generazione in generazione. Fate una lista di tutti gli articoli di abbigliamento tipici degli studenti della vostra scuola. Poi fate un'altra lista di cose che indossavano i vostri genitori quando frequentavano la scuola. Create una descrizione dei due tipi di moda e delle differenze tra le due generazioni.

➤ *I nostri genitori indossavano ...*
*Noi invece ci mettiamo ...*

---

Model Ex. N for the whole class before splitting up for group work. Encourage students to circulate and speak to people they don't normally work with.

Sandro Botticelli (1445–1510) was a Florentine painter. Two of his most famous works are *Primavera* and *The Birth of Venus*.

Ex. O: Have students write three answers for each category, then share with a partner. Follow up by asking individuals to name something their partners do or do not know how to do. Ask: *Ah, Bob sa... . Chi altro sa.... ?* and take a show of hands.

Prompt students by asking whether the following items of clothing are more typical of their own or their parents' generation: *le scarpette da ginnastica, i jeans, gli orecchini per gli uomini, le camicie di flanella, le camicie di poliestere, le magliette,* etc.

Have students describe clothes typical of specific eras: the disco clothes of the early 1970s, the punk look of the late 1970s, the grunge look of the 1990s. Have them describe the typical dress of students at your university.

Act. B: Encourage students to be original in their creations. If they seem interested in this exercise, have them make labeled drawings at home and present their creations to the class.

**B.  Gli stilisti.** In coppia: Voi siete due stilisti abbastanza moderni ed eccentrici. Per una grande festa a Washington, quattro persone vi hanno chiesto di creare vestiti originali. Sono:

Il presidente degli
Stati Uniti

La moglie del
presidente

Un attore
popolare

Una cantante
popolare

Create nuovi "look" per i vostri clienti famosi. Indicate abbigliamento, tessuti e colori.

È il periodo di carnevale e c'è un atmosfera di allegria nella Galleria di Milano.

Act. C: Have students read only
their own part and cover up their
partner's.

**C.  La liquidazione.** In coppia.

> **S1**
>
> Lei ha ricevuto il seguente annuncio pubblicitario di una liquidazione da
> un negozio di abbigliamento. Sa che un suo amico/una sua amica ha
> bisogno di comprare alcune cose prima di andare in vacanza. Telefoni a
> questa persona per vedere se le interessa la liquidazione, e risponda alle
> sue domande.

> **S2**
>
> Fra pochi giorni, lei parte per una settimana di vacanze nelle isole
> Hawaii. Ha bisogno di calzoncini, di un costume da bagno e di due o tre
> magliette di cotone. Un amico/Un'amica le telefona per invitarla ad
> andare ad una liquidazione di abbigliamento. Lei vuole sapere come si
> chiama il negozio e dov'è, se hanno gli articoli che le servono e quanto
> costano.

**SUPER OFFERTA!!!**    **PREZZI RIDOTTISSIMI!!!**

*Assortimento eccezionale di
fine stagione/invernale.*

| | |
|---|---|
| Maglie di lana | da 15.000 |
| Giacche di pelle | da 275.000 |
| Jeans - Levis - Jesus - altri | a prezzi ridotti |
| Magliette in tutti i colori | solo 5.500 |
| Cappotti e impermeabili | da 99.000 |

**Appena arrivato** - grande assortimento di articoli
estivi: costumi da bagno e polo

**BANANA BLU**
Via del Corso 128

**D.  Che cosa indossava?** In coppia: Descriva ad un compagno/una compagna i
vestiti che lei indossava l'ultima volta che

ha studiato in biblioteca
è uscito/a con gli amici
è andato/a ad un matrimonio

➤  L'ultima volta che ho studiato in biblioteca indossavo i calzoncini di cotone, una
maglietta bianca e le scarpette da ginnastica ...

**E.** **Un quadro falso.** Ecco una riproduzione di un bellissimo quadro (*painting*) fatto a Firenze nel 1485. Ma cosa dice? È falso (*counterfeit*)? Cosa c'è nel quadro che indica una data più recente?

# *In giro per l'Italia*

**A.** **Definizioni.** Abbini le definizioni con una parola della lista di destra. Ci sono due parole in più nella lista.

| | |
|---|---|
| 1. aggettivo derivato da *Lombardia* | a. il museo |
| 2. nome da cui deriva l'aggettivo *famoso* | b. il teatro |
| 3. il contrario di *brutto* | c. costoso/a |
| 4. luogo dove si rappresentano commedie, tragedie e opere | d. il paese |
| 5. una scuola di belle arti | e. il negozio |
| 6. sinonimo di *nazione* | f. le sfilate |
| 7. luogo dove si possono ammirare pitture e altre opere d'arte | g. bello/a |
| 8. manifestazioni di moda | h. lombardo/a |
| 9. sinonimo di *via* | i. la strada |
| 10. sinonimo di *caro* | j. la fama |
| 11. persona che crea articoli di abbigliamento | k. lo stilista |
| 12. sinonimo di *molto* | l. l'accademia |
| | m. estremamente |
| | n. splendido/a |

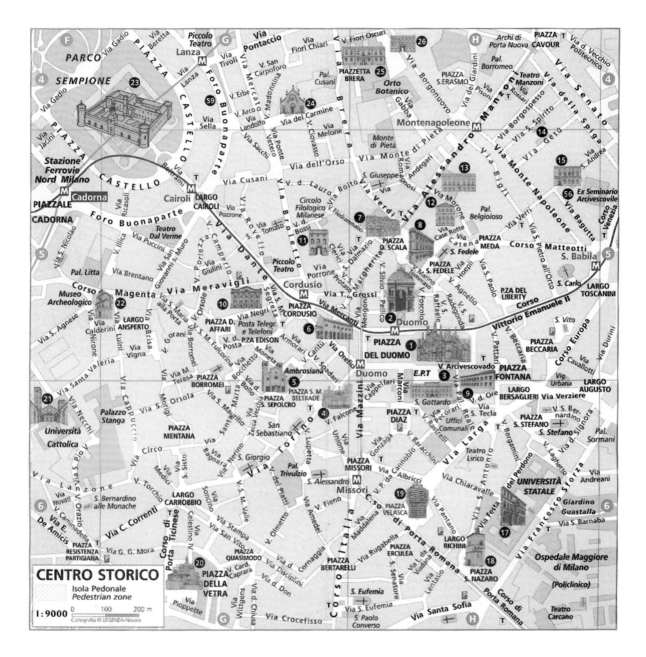

Have students locate Milan on the map of Italy on p. 14. Then ask *Con quale paese straniero confina la Lombardia? Con quali regioni confina? Come si chiama il fiume che attraversa il sud della Lombardia?*

Have students prepare five questions based on the reading. Then have groups of four ask each other their questions.

**Milano.** Legga il seguente brano e poi faccia l'esercizio che segue.

Milano è il capoluogo della Lombardia. Con quasi due milioni di abitanti, è la città più popolosa d'Italia dopo Roma. Milano è il centro commerciale, industriale e bancario d'Italia e allo stesso tempo svolge un ruolo[1] molto importante nell'arte e nella cultura del paese. L'attrazione artistica più bella di Milano è il Duomo, un capolavoro di architettura gotica. Brera, una delle migliori[2] accademie di belle arti d'Italia è a Milano. Nel palazzo dell'accademia c'è la Pinacoteca[3] di Brera, una delle collezioni di dipinti[4] più ricche d'Italia. In questo museo si possono ammirare, oltre alle opere[5] di Tintoretto, Mantegna, Tiepolo, Caravaggio ed altri, anche i dipinti di pittori[6] più moderni come Modigliani, Boccioni, Carrà e Morandi. A Milano si trova anche il Teatro alla Scala, il più famoso teatro lirico[7] del mondo.

Ma il capoluogo lombardo è anche la capitale della moda italiana. A Milano hanno luogo sfilate di moda che sono prestigiose come quelle di Parigi. Nella zona milanese intorno a via Monte Napoleone, conosciuta con il nome di "Montenapo," si trovano negozi di moda che sono tra i più belli del mondo. Altre eleganti strade di questa zona sono via della Spiga, via Sant'Andrea e via Alessandro Manzoni. In queste strade sono situati i negozi di stilisti di fama internazionale come Gianfranco Ferré, Gianni Versace, Giorgio Armani, Krizia e molti altri. Le creazioni vendute in questi negozi sono veramente splendide, ma esse sono anche estremamente costose.

1. plays a role   2. best   3. art gallery   4. paintings   5. works   6. painters   7. opera house

**B. Informazioni.**   Dia le seguenti informazioni basate sul brano precedente.

1. vari aspetti di Milano
2. la più bella attrazione artistica di Milano
3. il nome dell'accademia di belle arti di Milano
4. tre pittori le cui opere sono nella Pinacoteca di Brera
5. il nome del teatro lirico milanese
6. come sono le sfilate di Milano
7. vie milanesi dove ci sono eleganti negozi di moda
8. tre stilisti italiani di fama internazionale

L'elegante via Monte Napoleone nel centro di Milano.

Una giovane coppia italiana parla con due turisti di fronte ai grandi magazzini "La Rinascente."

C. **La parola giusta.** Completi le seguenti frasi con le parole appropriate fra quelle indicate tra parentesi.

1. A Tiziana piace _____ elegantemente.
   (preferire, vestire)
2. Va spesso nei negozi di _____ .
   (abbigliamento, alimentari)
3. Legge anche molte riviste di _____ .
   (cultura, moda)
4. Gli _____ al suo modo di vestire sono sempre costosi.
   (cambiamenti, accessori)
5. I suoi _____ preferiti sono il giallo e il rosso.
   (articoli, colori)
6. Devo dire che Tiziana ha molto _____ .
   (gusto, attenzione)

Have students prepare three questions based on the reading. Then have them answer their own questions.

**Vestire bene.** Legga questo brano e poi faccia gli esercizi che seguono.

Per quasi tutti gli italiani, vestire bene è molto importante. Essi prestano molta attenzione allo stile del loro abbigliamento, alla qualità della stoffa e degli accessori e alla combinazione dei colori.

Gli uomini e le donne di una certa età[1] vestono con un gusto classico e raffinato che non segue molto i cambiamenti stagionali della moda.

I giovani invece vivono con la moda e la seguono di pari passo[2]. Ad ogni cambiamento di stagione, nuovi articoli d'abbigliamento, nuove linee e nuovi colori appaiono sul mercato. I giovani li accettano subito e talvolta (*sometimes*) aggiungono alcune variazioni più o meno personali. Infatti non dobbiamo dimenticare che la moda giovanile rimane pur sempre[3] una moda semplice, spigliata[4] e sportiva.

1. middle-aged   2. keep up with it   3. always   4. carefree

**D.  Un titolo adatto.** Fra i seguenti scelga il titolo adatto al brano appena letto.

1. La moda giovanile
2. Gli stilisti italiani
3. L'importanza del vestire
4. La moda e le donne

**E.  Vero o falso?** Indichi se le seguenti frasi sono vere o false secondo il brano che lei ha appena letto.

1. In Italia la gente presta molta attenzione alla moda.
2. Quasi tutti gli italiani seguono la moda.
3. La moda sportiva è la moda degli anziani.
4. La moda interessa molto ai giovani italiani.
5. Ai giovani piacciono i vestiti classici e raffinati.

# La settimana bianca

## COMMUNICATIVE OBJECTIVES

- Make plans for recreation
- Refer to parts of the body
- Express likes and dislikes
- Make polite requests and commands

Discuss photo with students:
*Dov'è questo paese? Che tempo fa in questo paese? Come lo sappiamo? Quali sport si praticano lì?*

Courmayeur: Famosa località sciistica della Valle d'Aosta.

• • • • • • • • • • • • • • • • • • • • • • • • • • • • • • • • • • • • • • •

Flavia Mellini e Patrizia Carboni, due ragazze torinesi, programmano un breve soggiorno sulla neve.

FLAVIA: Patrizia, perché non ci prendiamo qualche giorno di riposo e andiamo a sciare?

PATRIZIA: Buona idea! Ma ho bisogno di un nuovo paio di sci.

FLAVIA: Ti posso mostrare i miei sci? Se ti piacciono, puoi andare a comprarli
5        in un negozio in corso Regina Margherita.

PATRIZIA: Se sono a poco prezzo e se sono di marca°, vanno bene anche per me. Non mi dispiace risparmiare qualche lira.

FLAVIA: Allora sei d'accordo per una settimana bianca al Sestriere?

PATRIZIA: Certo. In quale albergo andiamo a stare?

10  FLAVIA: Non mi piace andare in albergo.

PATRIZIA: Ma trovare un altro posto a buon prezzo non è facile.

FLAVIA: Lo so. Tutta la zona è molto cara, ma ho un'idea. Recentemente mio zio ha comprato un appartamento non molto lontano dalle piste. Forse possiamo stare lì per una settimana.

15  PATRIZIA: Che fortuna! Perché non gli telefoni allora? Ecco, prendi il mio telefonino.

FLAVIA: Ma come andiamo, in treno o in macchina?

PATRIZIA: Forse possiamo prendere la macchina di mio fratello. Stasera gli chiedo se ci presta la sua Alfa Romeo. Lui, poverino°, si è rotto un
20        braccio due giorni fa e non può guidare.

FLAVIA: Mi dispiace, non lo sapevo.

PATRIZIA: Niente di grave, sono cose che capitano. Ma adesso telefona a tuo zio, così possiamo definire tutto il programma.

FLAVIA: D'accordo. Dammi il tuo telefonino.

• • • • • • • • • • • • • • • • • • • • • • • • • • • • • • • • • • • • • • •

**Young Italians customarily spend *una settimana bianca* in the Alps or Apennines during the winter.**

**Locate Torino on the map on p. 14.**

of good quality

**Sestriere, an internationally famous mountain resort, is not far from Torino.**

Have students create a dialogue in the form of a phone call from Flavia to her uncle asking if she and Patrizia can spend a week at his apartment.

Point out *Che fortuna!* and have students replace *fortuna* with words such as *casa, appartamento, piste, bella macchina.*

poor thing

Explain that *che* means "What a (an) . . . !" and that the indefinite article is not used in Italian: *Che casa! Che appartamento!* etc.

## Domande

After students have answered the questions, have them summarize the dialogue in five or six sentences with their books open, using their responses to the questions as a guide.

1. Che cosa programmano Flavia e Patrizia?
2. Di che cosa ha bisogno Patrizia?
3. Dove ha comprato gli sci Flavia?
4. Dove decidono di andare a sciare le due amiche?
5. Dove pensano di andare a stare?
6. Perché pensano di potere prendere la macchina del fratello di Patrizia?

## Domande personali

1. Lei è andato/a a sciare qualche volta? Dove? Con chi?
2. Lei preferisce gli sport estivi o invernali?
3. Lei pensa di andare a sciare presto? Ha bisogno di comprare qualche cosa prima di partire? Che cosa?
4. Le piace andare in montagna o preferisce andare al mare? Perché?
5. Ha la macchina o la moto? Lei presta volentieri la sua macchina o la sua moto a suo fratello, a sua sorella o ad un amico/un'amica?
6. Si è mai rotto/a un piede (*foot*) o un braccio? Quando? Dove?

Val di Fassa is a mountain resort in Trentino-Alto Adige. Locate this region on the map on p. 14. *Con quali paesi stranieri confina questa regione? Con quali altre regioni italiane confina il Trentino-Alto Adige?*

# Lo sci in Italia

In Italia moltissimi giovani praticano lo sci. D'inverno, intere famiglie approfittano[1] della fine-settimana e di periodi di vacanza per passare con piacere qualche giorno sulla neve.

Molte sono le località italiane famose e conosciute all'estero. Sulle Alpi, hanno fama internazionale il Sestriere, Madonna di Campiglio e Cortina d'Ampezzo. Nel 1956 Cortina fu[2] anche la sede delle Olimpiadi invernali. I continui successi sportivi di atleti italiani alle Olimpiadi e in gare[3] internazionali hanno contribuito a far diventare lo sci uno sport di massa. Nuovi centri di sci sono così sorti sulle Alpi e sugli Appennini. Nell'Italia centrale i centri di sci più frequentati sono Campo Felice, Roccaraso e Campo Imperatore, che è situato alle pendici[4] del Gran Sasso, la vetta[5] più alta degli Appennini.

Anche la scuola incoraggia[6] lo studente verso lo sci. Durante l'inverno, "settimane bianche" sulla neve sono organizzate per gli studenti più giovani. In speciali centri sportivi e sotto la guida[7] di maestri di sci[8], questi giovani vengono a contatto con la neve ed imparano a sciare.

1. take advantage   2. was   3. competitions   4. slopes
5. peak   6. encourages   7. guidance   8. ski instructors

La settimana bianca sulla neve è anche una buona occasione per incontrarsi con gli amici.

After reading the Nota Culturale, have students locate *le Alpi* and *gli Appennini* on the physical map of Italy on p. 12. Then have them look at the political map on page 14 and tell them that Sestriere is in Piemonte; Madonna di Campiglio in Trentino Alto-Adige; Cortina d'Ampezzo in Veneto; and Campo Felice, Roccaraso, and Campo Imperatore in Abruzzo.

Sit. 1: Tell students that *piacciono* is used with a plural subject and *piace* with a singular subject or an infinitive.

Make sure that students use *E tu?* with the last response.

## Situazioni

1. Domandi ad un amico/un'amica se gli/le piacciono gli sport.

   — Ti piacciono gli sport?
   — Sì, mi piace sciare e nuotare. (Sì, mi piacciono tutti gli sport./No, non mi piacciono gli sport./No, non sono molto sportivo/a.) E a te?

2. Risponda ad un compagno/una compagna che vuole sapere quando lei telefona ad un vostro amico che non sta bene.

   — Quando gli telefoni?
   — Gli telefono più tardi. (Appena torno a casa./Appena posso./Domani./Stasera.)

# Vocabolario

### Parole analoghe

**definire**  **sportivo/a**  **usare**
**lo sport**

### Nomi

**il braccio (le braccia)**  arm(s)
**la fortuna**  luck, fortune
**la lira**  lira (Italian currency)
**la neve**  snow
**la pista**  trail
**il posto**  place
**il prezzo**  price
**il riposo**  rest
**lo sci**  ski, skiing
**il soggiorno**  stay
**il telefonino**  cellular phone
**la zona**  area

### Verbi

**capitare**  to happen
**nuotare**  to swim
**piacere**  to like
**prestare**  to lend, loan
**programmare**  to plan; to program
**risparmiare**  to save
**rompere** ( *p.p.* **rotto**)  to break
**rompersi** (**un braccio**, ecc.)  to break (an arm, etc.)

**sciare**  to ski
**stare**  to stay

### Aggettivi

**breve**  short
**facile**  easy
**grave**  serious
**qualche**  some
**torinese**  from Turin

### Altre parole ed espressioni

**appena**  as soon as
**ci**  to us
**forse**  perhaps
**gli**  to him
**recentemente**  recently
**ti**  to you
**volentieri**  gladly
**dammi**  give me
**fare una telefonata**  to make a phone call
**Che fortuna!**  What luck!
**a poco prezzo**  at a low price

SKI AREA
**VIGO-PERA**
**CATINACCIO**
**/ROSENGARTEN**
**VAL DI FASSA – DOLOMITI**

Buon Divertimento

Gustav Thöni

Impianto d'innevamento su tutta la ski area

## Pratica

**A.**  In coppia: Componete un dialogo basato sulle seguenti informazioni. È una giornata molto calda di agosto a Roma. La temperatura è di 34 gradi centigradi e lei vuole andare alla spiaggia di Ostia. Lei telefona ad un amico/un'amica per sapere se viene al mare con lei. Non avete la macchina e quindi decidete di andare al mare con la metropolitana (*subway*). Partite alle 11.30 e arrivate ad Ostia alla 12.00. La sera tornate a casa alle 20.00. Presentate il vostro dialogo alla classe.

**B.** Usi la fantasia per descrivere in dieci frasi quello che può essere successo a Flavia e Patrizia quando sono andate al Sestriere. Dica come sono andate, per quanto tempo, dove hanno dormito, che tempo faceva, chi hanno conosciuto e se si sono divertite facendo qualche cosa.

# *Pronuncia*

## Il suono /ɲ/

In Italian, the letters **gn** are pronounced with a nasal palatal sound much like *ny* in *canyon*. Most English speakers are familiar with this sound, /ɲ/, in the word **lasagne.**

**A.** Ascolti e ripeta le seguenti parole.

| | | | |
|---|---|---|---|
| o**gn**i | monta**gn**a | co**gn**ome | compa**gn**o |
| si**gn**orina | biso**gn**o | giu**gn**o | Spa**gn**a |
| si**gn**ora | o**gn**uno | ma**gn**ifico | compa**gn**a |

**B. Proverbi.** Legga ad alta voce i seguenti proverbi e poi li detti ad un altro studente/un'altra studentessa.

**Al bisogno si conosce l'amico.**
A friend in need is a friend indeed.
*(Literally: In need one recognizes a friend.)*

**Ogni medaglia ha il suo rovescio.**
There are two sides to every coin.
*(Literally: Every medal has its other side.)*

# Ampliamento del vocabolario

•••••••••••••••••••••••••••••••••••••••••••••••

## Il corpo umano

la testa
la spalla
il gomito
il braccio
lo stomaco
la gamba
la mano
il dito
il ginocchio
la caviglia
il piede

i capelli
l'occhio
il viso (la faccia)
il naso
i denti
la bocca
le labbra
l'orecchio
la gola
il collo

Note that **il braccio** and **il dito** are irregular in the plural.

il braccio      le braccia
il dito         le dita

Although the noun **mano** ends in **-o,** it is feminine. The plural ending is: **-i: la mano, le mani.** The noun **capelli** (*hair*) is used in the plural in Italian:

Ho **i capelli** biondi.        I have blond hair.

Other words like il *braccio* are *il ciglio/le ciglia, il labbro/le labbra*. The plural of *il ginocchio* can be *i ginocchi* or *le ginocchia.*

Practice the vocabulary by having students associate clothing with parts of the body: *il cappello/la testa, le scarpe/i piedi,* etc.

Using a drawing or overhead projection of a person, have students call out parts of the body as you point to them.

## Altre parole ed espressioni

**Ti (Le) fa male la testa?**  Do you
have a headache?
**Mi fa male la gola.**  My throat
hurts.
**Mi fanno male i piedi.**  My feet
hurt.
**Mi sono fatto male al piede sinistro
(destro).**  I hurt my left (right)
foot.

**Ho la febbre.**  I have a fever.
**i capelli biondi (castani, neri,
grigi)**  blond (brown, black, gray)
hair
**i capelli lunghi (corti)**  long (short)
hair
**gli occhi blu (verdi, castani)**  blue
(green, brown) eyes

Point out the difference between
*fare male* (to hurt) and *farsi male*
(to get hurt). Tell students that
*fare male* has a construction
similar to that of *piacere*.

Ask students *Di che colore sono
i capelli (gli occhi) del tuo
ragazzo (della tua ragazza)? Il tuo
amico (La tua amica) ha i capelli
lunghi o corti? A te piacciono i
capelli lunghi (biondi) o corti
(castani)?* etc.

**A.**  In coppia: Domandi ad un altro studente/un'altra studentessa quali parti del
corpo associa con le seguenti attività fisiche. L'articolo appropriato deve
essere usato con le parole.

➤  giocare a pallone (*soccer*)

— *Quale parte del corpo associ con il giocare a pallone?*
— *il piede (i piedi/la gamba/le gambe)*

1. ascoltare la musica
2. suonare la chitarra
3. pensare agli esami
4. vedere uno spettacolo
5. fare una passeggiata

6. parlare con gli amici
7. giocare a tennis
8. mangiare una pizza
9. odorare (*to smell*) un profumo
10. salutare un amico

Ex. B: Briefly explain the use of
*gli* and *le. Paolo (Sandra) non è
venuto/a a lezione perché gli (le)
faceva male la testa.* Then check
by having students report some
of the excuses they heard.

**B.**  In coppia: Domandi al suo amico/alla sua amica perché ieri ha o non ha
fatto alcune cose.

➤  — Perché ieri non hai potuto pensare a niente?
— Perché mi faceva male la testa.

1. Perché ieri non sei venuto/a a lezione?
2. Perché ieri non hai mangiato niente?
3. Perché ieri non hai fatto una passeggiata nel parco?
4. Perché ieri sei dovuto/a andare dal dentista?
5. Perché ieri non hai potuto cantare?
6. Perché ieri non hai fatto i compiti?
7. Perché ieri sei stato/a a letto tutto il giorno?
8. Perché ieri non sei andato/a a sciare?

Ex. C: Have some pairs challenge
the whole class with their
descriptions.

**C.**  In coppia: Preparate la descrizione di un personaggio storico o celebre
usando solo le sue caratteristiche fisiche e personali. Sfidate (*Challenge*)
un'altra coppia ad identificarlo.

➤  Non era molto giovane. Aveva i capelli neri ed era alto e magro. Aveva un aspetto
serio e intelligente. È stato presidente degli Stati Uniti più di cento anni fa.
(*Abraham Lincoln*)

## Oggetti personali utili

Point out that *asciugacapelli* and *asciugamano* are compound nouns of *asciugare* (to dry) + *capelli* (*mano*).

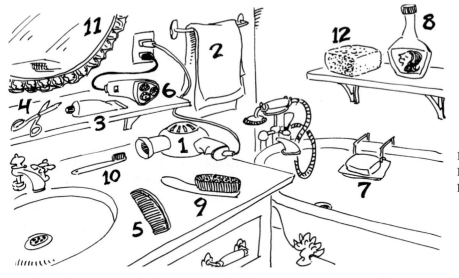

1. l'asciugacapelli (*m.*)
2. l'asciugamano
3. il dentifricio
4. le forbici
5. il pettine
6. il rasoio (elettrico)
7. il sapone
8. lo shampoo
9. la spazzola per capelli
10. lo spazzolino da denti
11. lo specchio
12. la spugna

### Espressioni utili

**asciugarsi le mani (la faccia)** to dry one's hands (face)

**fare/farsi il bagno** to take a bath

**fare/farsi la doccia** to take a shower

**guardarsi allo specchio** to look at oneself in the mirror

**lavarsi i denti** to brush one's teeth

**lavarsi le mani (la faccia)** to wash one's hands (face)

**radersi (la barba)** to shave (one's beard)

**pettinarsi i capelli** to comb one's hair

**tagliarsi i capelli (le unghie)** to cut one's hair (nails)

Review briefly the reflexive verbs on p. 163, in *Lezione 7*. Then ask questions such as *Con che cosa si asciuga le mani? Ha fatto la doccia o il bagno sta-mattina? Quando si guarda allo specchio? Si rade la barba con il rasoio tradizionale o con il rasoio elettrico? Quanto tempo fa si è tagliato/a i capelli? Preferisce pettinarsi con il pet-tine o con la spazzola per capelli?*

Ex. D: Expand on exercise D. Call on some students and ask, *Per-ché* (Gina) *ha bisogno di un paio di forbici* (*dell'asciugacapelli, del sapone, ecc.*)?

**D.** Dica di che cosa lei ha bisogno in queste circostanze.

➤ Lei vuole tagliarsi le unghie perché sono molto lunghe.     *Ho bisogno delle forbici.*

1. Lei deve andare a mangiare e vuole lavarsi le mani.
2. Lei deve uscire subito, ma ha i capelli bagnati (*wet*).
3. Si è messo/a un vestito nuovo e vuole guardarsi per vedere come le sta.
4. Ha finito di mangiare e vuole lavarsi i denti.
5. Desidera tagliarsi i capelli che sono troppo lunghi.
6. Ha la barba lunga e ha bisogno di radersi.
7. Tira vento e i suoi capelli sono in disordine.
8. Ha fatto la doccia e desidera asciugarsi.

**E.** In coppia: Insieme ad un suo amico/una sua amica lei va a passare una fine-settimana di ottobre a New York. Per non portare oggetti uguali, decidete quali cose ognuno di voi porta nella borsa da viaggio (*travel bag*).

➤ — Allora, per questa fine-settimana a New York, io porto …
— Io invece porto …

# Struttura ed uso

## Pronomi indiretti

— Papà, **mi presti** cinquantamila lire?
— Perché?
— Domani è il compleanno della mamma e voglio **farle** un bel regalo.

Tell students that with verbs of giving, the thing given is the direct object and the person to whom it is given is the indirect object. With verbs of communication, the message is the direct object and the person to whom it is addressed is the indirect object.

Have students identify the direct and indirect objects in the examples.

1. The indirect object of a verb is a person or thing that indirectly receives the action of the verb. Many verbs of giving and doing (**dare, offrire, mandare, portare, preparare, regalare**) and verbs of communication (**parlare, dire, domandare, rispondere, telefonare, scrivere, insegnare**) take indirect objects.

Indirect objects in Italian always use a preposition: usually *a*, but sometimes *per*. Notice that English does not always use a preposition.

Regalo un paio di sci **a Gianluca** e do una camicetta **a Carla.**
Scrivo una lettera **a mio zio** per vedere se può prestare la macchina **a noi.**

I'm giving a pair of skis to Gianluca and I'm giving Carla a blouse.
I'll write my uncle to see if he can lend us his car.

2. An indirect object can be replaced by a pronoun. Here are the forms of the indirect object pronouns:

| Singular | | Plural | |
|---|---|---|---|
| **mi** | to/for me | **ci** | to/for us |
| **ti** | to/for you | **vi** | to/for you |
| **gli** | to/for him | **loro** or **gli** | to/for them |
| **le** | to/for her | **loro** | to/for you (*formal*) |
| **le** | to/for you (*formal*) | | |

3. Like direct object pronouns, indirect object pronouns generally precede a conjugated verb. In a phrase that includes an infinitive, they attach to the end of the infinitive. In a phrase with the modal verbs **dovere, potere,** or **volere,** the pronoun can either precede the conjugated verb or be attached to the infinitive.

| | |
|---|---|
| **Gli** telefono appena torno a casa. | I'll call him as soon as I get home. |
| Ho una cosa importante da chieder**gli.** | I have something important to ask him. |
| Forse **ci** può prestare la macchina. / Forse può prestar**ci** la macchina. | Maybe he can lend us his car. |

Indirect object pronouns follow and combine with **tu, noi,** and **voi** imperatives.

| | |
|---|---|
| **Datemi** una mano! | Give me a hand! |
| **Digli** la verità. | Tell him the truth. |

4. The indirect object pronoun **loro** always follows the verb. In conversational Italian, **gli** is used more commonly than **loro** to mean *to* (*for*) *them.*

| | |
|---|---|
| — Quando hai parlato ai tuoi genitori? | — When did you speak to your parents? |
| — Ho parlato **loro** (**Gli** ho parlato) sabato scorso. | — I talked to them last Saturday. |
| — Come risponde alle persone che le dicono "Buon appetito!"? | — How do you answer people who wish you "*Buon appetito!*"? |
| — Dico **loro** (**Gli** dico) "Grazie, altrettanto!" | — I tell them, "Thank you, same to you!" |

5. In the **passato prossimo,** the past participle does not agree with a preceding indirect object pronoun as it does with direct object pronouns.

| | |
|---|---|
| — Hai telefonato alla signora dell'ufficio per il turismo? | — Did you phone the woman at the tourist agency? |
| — Sì, **le** ho **telefonato.** | — Yes, I called her. |

Have students use the indirect object pronoun *loro* in writing, but let them use *gli* in conversation.

Italians often say *"Buon appetito!"* ("Enjoy your meal!") at the beginning of a meal. The usual response is *"Grazie, altrettanto!"*

Make sure students recognize that the second example involves a direct object pronoun, thus requiring agreement of the past participle.

— E avete prenotato i posti?     — And did you reserve the seats?
— Sì, **li** abbiamo **prenotati.**     — Yes, we reserved them.

6. The following verbs require indirect object pronouns to specify to whom or for whom something is done, said, etc. You know most of these verbs already.

| | | |
|---|---|---|
| **chiedere** | *to ask for* | Gli chiedo informazioni. |
| **consigliare** | *to advise* | Non le consiglio questo libro. |
| **dare** | *to give* | Mi ha dato un'audiocassetta per Natale. |
| **dire** | *to say* | Gli dico "Grazie." |
| **dispiacere** | *to be sorry; to mind* | Le dispiace andare da solo? |
| **domandare** | *to ask* | Domandiamo loro dove abitano. |
| **insegnare** | *to teach* | La professoressa ci insegna i pronomi. |
| **mandare** | *to send* | Mando loro una lettera. |
| **offrire** | *to offer* | Posso offrirvi un caffè? |
| **prestare** | *to lend* | Mio fratello ci presta la sua macchina. |
| **rispondere** | *to answer* | Non gli ha risposto ancora? |
| **scrivere** | *to write* | La mia ragazza mi scrive ogni giorno. |
| **spedire** | *to send* | Lei può spedirci il suo curriculum. |
| **spiegare** | *to explain* | Non le posso spiegare perché è così. |
| **telefonare** | *to call* | Gli telefono appena arrivo. |

Act. A: Make sure students note the subject changes: *Patrizia ha le mani sporche. Allora le presto ...*

**A.** Lei è molto gentile, ed è sempre pronto/a a prestare le sue cose agli altri studenti del suo dormitorio. Guardi quello che dicono gli altri, e poi offra loro uno degli articoli della colonna di destra.

➤ Devo radermi la barba.     *Allora ti presto il mio rasoio.*

1. Ho voglia di tagliarmi i capelli.
2. Andiamo a lavarci i denti.
3. Patrizia ha le mani sporche. Deve lavarle.
4. Sergio ha bisogno di fare la doccia.
5. Mi fa male la testa!
6. Abbiamo comprato un'audiocassetta e vogliamo ascoltarla.
7. Ho i capelli in disordine.
8. Mariangela ha freddo.

l'asciugamano
il dentifricio
il sapone
il rasoio
il registratore
la spazzola
la maglia di lana
le forbici
l'aspirina

**B.** Lei parte per una settimana bianca, ma ha bisogno di varie cose prima di partire. Dica che telefona alle seguenti persone, e che chiede loro le cose indicate.

➤ il mio amico/una maglia       *Telefono al mio amico e gli chiedo una maglia.*

1. mia sorella / un paio di sci
2. i genitori / 100.000 lire
3. la mia amica / una borsa da viaggio
4. un compagno di scuola / i pantaloni da sci
5. i miei amici / la macchina
6. lo zio / l'appartamento in montagna

Ex. C: Have students identify the sentences with direct objects and those with indirect objects. Point out the preposition *a* in sentences with indirect objects. Remind them that in nos. 6 and 7 the past participle agrees with the direct object.

**C.** Risponda alle domande usando pronomi diretti o indiretti.

➤ — Parli agli amici?        — *Sì, parlo loro. / Sì, gli parlo.*
— Vedi gli amici?        — *Sì, li vedo.*

1. Scrivi al tuo ragazzo?         5. Hai risposto alla professoressa?
2. Parli a me?                    6. Hai mandato le lettere?
3. Vedi gli altri ragazzi?        7. Hai fatto i compiti?
4. Usi il dentifricio Colgate?    8. Hai telefonato ai tuoi genitori?

Ex. D: Have students keep track of their partners' answers. Then have them give their partners 3 points for every "spesso," 2 for every "ogni tanto," and 1 for every "mai."

**D.** In coppia: Parli con un amico/un'amica per sapere se è generoso/a o no. Indichi se lui/lei fa le seguenti cose spesso, ogni tanto o mai.

➤ prestare la macchina a tua sorella    S1: *Presti la macchina a tua sorella?*
                                        S2: *Le presto la macchina ogni tanto. / Non le presto mai la macchina.*

| | | | |
|---|---|---|---|
| 1. regalare vestiti vecchi ai poveri | spesso | ogni tanto | mai |
| 2. scrivere lettere ai nonni | spesso | ogni tanto | mai |
| 3. telefonare regolarmente a tua madre | spesso | ogni tanto | mai |
| 4. offrire aiuto agli altri studenti | spesso | ogni tanto | mai |
| 5. prestare soldi agli amici | spesso | ogni tanto | mai |
| 6. dare soldi ai poveri | spesso | ogni tanto | mai |

You may want to do Ex. E in pairs, with students taking turns questioning (*Cosa rispondi quando le persone ti dicono ...*) and answering.

*"Salute"* is said to someone who sneezes. *"In bocca al lupo"* (in the wolf's mouth) is said to wish someone good luck on a test. The usual response is *"Crepi il lupo!"* (That the wolf die!)

**E.** Dica come lei risponde nelle seguenti situazioni.

➤ le persone le dicono "Grazie"    *Quando le persone mi dicono "Grazie," io rispondo loro "Prego."*

1. le persone le dicono "Buon appetito!"
2. le persone le domandano "Che ore sono?"
3. il professore le dice "Capisce?"
4. sua madre le domanda "Dove vai?"
5. un amico le dice "Salute!"
6. un'amica le chiede "Puoi prestarmi 20 dollari?"
7. gli amici le dicono "In bocca al lupo!"

*Baci* are chocolate-hazelnut candies made by the Perugina company. *Baci* also means *kisses.*

**F.** Lei è una persona romantica? Faccia il seguente quiz per scoprire se lei è molto o poco romantico/a in amore.

1. Per San Valentino:
   a. gli/le dà un libro di poesie.
   b. gli/le dà una scatola (*box*) di Baci.
   c. gli/le dà una cartolina con Snoopy.
2. Quando non siete insieme:
   a. gli/le telefona cinque volte al giorno.
   b. gli/le telefona una volta al giorno.
   c. gli/le manda un fax.
3. Quando siete usciti per la prima volta:
   a. gli/le ha parlato di arte e di viaggi.
   b. gli/le ha parlato di sport e della famiglia.
   c. gli/le ha parlato di Star Trek.
4. Quando lui/lei le chiede "Tu mi ami veramente?" lei:
   a. gli/le risponde, "Con tutto il cuore (*heart*)!"
   b. gli/le risponde, "Sì, perché?"
   c. gli/le risponde, "Sì, come una sorella/un fratello!"

## Costruzioni con *piacere*

1. The verb **piacere** expresses the English concept *to like,* but literally means *to be pleasing to* or *to give pleasure to.* In order to say that you like Italian fashion, for example, you must say that Italian fashion is pleasing to you. In the following sentence, **la moda italiana** is the subject of the verb. The person to whom it gives pleasure is the indirect object **mi.**

   **Mi piace** la moda italiana.    Italian fashion pleases me. (I like Italian fashion.)

   A plural subject requires a plural verb.

   **Mi piacciono** gli stilisti italiani.    Italian designers please me. (I like Italian designers.)

   **Ti piacciono** le mie scarpe?    Do my shoes please you? (Do you like my shoes?)

2. When the subject is an infinitive, the singular form of **piacere** is used.

   — **Vi piace partecipare** alle gare?    — Do you like to participate in competitions?
   — Sì, ma ogni tanto **ci piace** anche **vincere.**    — Yes, but we like to win once in a while too.

Notice that *piacere* is almost always used in the third person, singular or plural.

To tell someone you like him/her, you can use *Tu mi piaci.* It is more common to say *Tu mi sei molto simpatico/a.*

Practice using *piacere* with items you see around you: *Mi piace la televisione. Non mi piace la fotografia.* Then do the same with plural items: *Mi piacciono le tue scarpe,* etc.

3. When the indirect object of **piacere** is a noun or a disjunctive pronoun, the preposition **a** is used.

— **A Marisa** e **ad Angelo** piace l'albergo?

— Piace **a lui** ma **a lei** non piace affatto.

— Do Marisa and Angelo like the hotel?

— He likes it, but she doesn't like it at all.

4. **Piacere** is conjugated with **essere** in the **passato prossimo.** The past participle agrees with the subject.

— Signora, le **è piaciuta** la **sfilata** di ieri sera?

— Sì, alcuni **vestiti** mi **sono piaciuti** molto.

— Le **sono piaciute** le **creazioni** di Versace?

— A me no, ma a mia figlia **sono piaciute** molto.

— Did you enjoy the fashion show last night, ma'am?

— Yes, I liked some of the dresses very much.

— Did you like the designs by Versace?

— I didn't, but my daughter liked them a lot.

**Mi piace** gennaio …
e **mi piace** febbraio …
ma non **mi piacciono** i mesi estivi!

Expand Ex. G by using people in the news. Have paired students come up with new sentences of the same type.

**G.** In coppia: Dica se queste cose piacciono o non piacciono alle persone indicate.

➤ Elizabeth Taylor / i diamanti

S1: *A Elizabeth Taylor piacciono i diamanti?*
S2: *Sì, le piacciono. (No, non le piacciono.)*

1. Madonna / i vestiti tradizionali
2. John Kennedy, Jr. / la vita pubblica
3. Braccio di Ferro (*Popeye*) / gli spinaci
4. Alberto Tomba / sciare
5. Roseanne / mangiare
6. Steven Spielberg / i film spettacolari
7. Wayne Newton / Las Vegas
8. gli studenti universitari / gli esami

**H.** Dica perché le persone non hanno fatto le attività indicate secondo il modello.

➤ Gli amici non sono andati in discoteca …    *Gli amici non sono andati in discoteca perché a loro non piace (non gli piace) ballare.*

1. Mia nonna non ha viaggiato in aereo perché …
2. La tua amica non ha visitato i musei perché …
3. I genitori non hanno sciato perché …
4. Gli studenti non hanno usato il computer perché …
5. Tu non sei andato/a al ristorante cinese perché …
6. La zia non ha comprato la camicia di lino perché …
7. Io non ho preparato la cena perché …

**I.** In coppia: Ieri sera un amico/un'amica ha preparato una cena favolosa per lei. Oggi vuole sapere se le sono piaciute tutte le cose che ha servito durante la cena. Formulate domande e risposte come nel modello.

➤ l'antipasto    S1: *Ti è piaciuto l'antipasto?*
                 S2: *Sì, mi è piaciuto molto.*

carciofi    S1: *Ti sono piaciuti i carciofi?*
            S2: *Sì, mi sono piaciuti.*

1. le lasagne
2. la carne
3. il pane
4. i piselli
5. le patate
6. l'insalata
7. il dolce
8. il caffè

**J.** In gruppi di tre: Uno di voi lavora in un'agenzia di viaggi e deve capire i gusti dei suoi clienti. Gli altri due sono marito (S3) e moglie (S2) che non sono mai d'accordo. Domandate e rispondete come nel modello.

➤ gli alberghi di lusso    S1: *Vi piacciono gli alberghi di lusso?*
                           S2: *A me piacciono,  ma a lui no.*

viaggiare in treno    S1: *Vi piace viaggiare in treno?*
                      S3: *A me non piace,  ma a lei sì.*

1. viaggiare in Europa
2. i paesi del Mediterraneo
3. i grandi musei
4. i monumenti storici
5. prendere il sole su una spiaggia tranquilla
6. le crociere (*cruises*)
7. la cucina esotica
8. sciare

Ex. K: If you think that students will have trouble coming up with ideas in pairs, divide the class into five groups and assign one situation to each group. Have groups brainstorm likes and dislikes, and then read them to the class, using *piacere* correctly.

**K.** In coppia: Con un compagno/una compagna, dica quattro cose che piacciono (o non piacciono) alle persone indicate.

1. Pina è una ragazza molto romantica e sentimentale. Legge sempre libri tristi ed è sempre con la testa fra le nuvole.
2. Daria è una ragazza che ama le avventure e il pericolo (*danger*). Non rimane mai in un posto per molto tempo. Preferisce essere sempre in movimento.
3. Giorgio e Nadia sono due vegetariani che mangiano sempre prodotti naturali e genuini. Pensano spesso all'ambiente (*environment*).
4. Antonio è un signore molto tradizionale e non vuole mai vedere cambiamenti e innovazioni. Preferisce il mondo di cinquant'anni fa.
5. Pit e Gigi sono due ragazzi moderni e trasgressivi (*rebellious*) che amano solo le cose più recenti e scandalose. Odiano (*They hate*) tutte le cose del passato.

# Imperativo con i pronomi *lei* e *loro*

**Scusi,** mi **dia** una mano, per favore.

1. You have already learned the familiar imperative forms for **tu, noi,** and **voi.** The following chart shows the forms for formal commands with **lei** and **loro.**

| -are verbs | -ere verbs | -ire verbs | -ire verbs (with -isc) |
|---|---|---|---|
| Ascolti! | Risponda! | Senta! | Finisca! |
| Ascoltino! | Rispondano! | Sentano! | Finiscano! |

Add **-h** to the stem of **-care** and **-gare** verbs in order to retain the hard sound of the **c** and **g** when forming the **lei** and **loro** commands.

**Paghi** alla cassa, signorina!    Pay the cashier, miss!
Mi **spieghino** che cosa hanno    Please explain to me what you
   visto, per favore.                  saw.

2. Most verbs that are irregular in the present indicative also have irregular formal command forms. To form the imperative of irregular verbs, drop the final **-o** from the present tense **io** form, and add **-a** for the **lei** command and **-ano** for **loro.**

|            | **Present indicative** | **Formal imperative** |          |
|------------|------------------------|-----------------------|----------|
| infinitive | io                     | lei                   | loro     |
| andare     | vado                   | **vada**              | **vadano** |
| fare       | faccio                 | **faccia**            | **facciano** |
| venire     | vengo                  | **venga**             | **vengano** |
| dire       | dico                   | **dica**              | **dicano** |

**Venga** da noi, signora.         Please come to our home, ma'am.
**Facciano** quello che vogliono,  Do whatever you want, gentlemen.
   signori.
**Vada** via, per favore!          Go away, please!

3. The following verbs have special forms for the **lei** and **loro** commands.

|        | **lei**    | **loro**   |
|--------|------------|------------|
| avere  | **abbia**  | **abbiano** |
| dare   | **dia**    | **diano**  |
| essere | **sia**    | **siano**  |
| sapere | **sappia** | **sappiano** |
| stare  | **stia**   | **stiano** |

**Siano** gentili, per favore!     Please be kind!
Mi **dia** una mano, per piacere.  Give me a hand, please.

4. Object pronouns and reflexive pronouns always precede the formal commands, except for the indirect object pronoun **loro.**

Tocchi il naso!       **Lo** tocchi!
Alzi le braccia!      **Le** alzi!
Non dica questo!      Non **lo** dica!

Non **si** alzino ancora!
**Si** vestano!

To practice formal imperatives, give students *lei* and *loro* commands to act out: *Si alzino, per favore! Tocchino la testa. Tocchino i piedi! Larry, vada alla porta e l'apra! Angela, si pettini!,* etc. Have students hold poses until they are instructed to do something else.

**L.** Assuma il ruolo del professore d'italiano e dia ordini appropriati alle persone indicate.

➤ al signor Solari: aprire la finestra     *Apra la finestra, per favore.*

1. al signor Colavita: chiudere la porta
2. alla signorina Di Stefano: discutere il compito
3. alla signora Pucci: spiegare la lezione agli studenti
4. ai fratelli Piovanelli: prepararsi per gli esami
5. alla signorina Cristini: suggerire qualcosa di nuovo
6. a due studentesse: venire a lezione presto domani mattina
7. a due studenti: finire di leggere il brano

**M.** In coppia: Lei è dal medico e vuole sapere le cose che può e non può fare per mantenersi in salute (*health*). Come le risponde il dottore?

➤ — Posso bere il caffè?          — *No, non beva il caffè.*
  — Devo camminare molto?       — *Sì, cammini molto!*

1. Posso andare a sciare?
2. Devo dormire otto ore al giorno?
3. Devo fare l'aerobica?
4. Posso bere la birra?
5. Posso mettere il burro sul pane?
6. Devo mangiare la frutta?
7. Devo fare il bagno con l'acqua fredda?
8. Devo alzarmi presto la mattina?
9. Devo tornare fra un mese?

**N.** In coppia: Lei ha cominciato a lavorare in uno studio legale, e non sa esattamente quello che deve fare. Chieda al/alla capoufficio se deve fare certe cose o no. Il/La capoufficio (S2) risponde con pronomi diretti e indiretti.

➤ fare le telefonate     S1: *Devo fare le telefonate?*
                         S2: *Sì, le faccia, per favore. / No, non le faccia.*

1. parlare con i clienti                5. preparare il caffè
2. sapere i nomi di tutti i clienti     6. portare i panini
3. scrivere all'avvocato                7. pettinarmi nello studio
4. organizzare i documenti              8. essere puntuale

**O.** Scriva almeno tre imperativi che lei può dire nelle seguenti situazioni.

1. Lei è in un ristorante, e ordina la cena al cameriere.
2. Lei è dal barbiere/dal parrucchiere (*hairdresser*) perché ha un appuntamento importante.
3. Lei è appena arrivato/a in una nuova città e chiede informazioni ad un ufficio per il turismo.

# *Parliamo un po'*

Model questions for Act. A, asking individual students to name specific products and explain why they choose them. Review vocabulary, if necessary, using mime (*radersi, lavarsi i denti,* etc.). After students have conducted their surveys, ask them to report their findings to the class.

**A.  Un sondaggio.** In coppia: Lei lavora per una grande ditta ( *firm*) che produce prodotti igienici, e fa un sondaggio per sentire le opinioni dei consumatori. Intervisti un altro studente/un'altra studentessa per sapere i prodotti che preferisce.

Quali prodotti usa:

    per lavarsi i capelli                  _____
    per lavarsi i denti                     _____
    per radersi (la barba o le gambe)     _____
    quando fa il bagno/la doccia         _____

Altri commenti: perché sceglie questi prodotti particolari? _____
_____

Act. B: Allow students a moment to write down qualities and interests of three relatives or friends before asking for gift-giving advice. Review *tu* imperative forms, especially for *dare* and *regalare*.

**B.  Che cosa regalare?** In gruppi di tre: Arriva il periodo di Natale, e lei deve fare regali ( *gifts*) a tre amici o a tre parenti. Dica al gruppo le caratteristiche e gli interessi di ognuno, e il gruppo le suggerisce i regali appropriati per ciascuna di queste persone.

| | *Nome, rapporto, età* | *Caratteristiche* | *Gli/le piace/ piacciono* | *Regali appropriati* |
|---|---|---|---|---|
| 1 | ___ ___ | ___ | ___ | ___ |
| 2 | ___ ___ | ___ | ___ | ___ |
| 3 | ___ ___ | ___ | ___ | ___ |

➤ S1: *Il mio fratellino Pino ha cinque anni ed è molto intelligente. Gli piace la matematica.*
   S2: *Puoi regalargli una calcolatrice!*
   S3: *Dagli il gioco di Jeopardy!*

| Pino | intelligente | la matematica | una calcola- |
|---|---|---|---|
| fratello | | | trice, il gioco |
| 5 anni | | | di Jeopardy |

Model Act. C with one student. Ask the class to guess if he/she likes the things listed. Then ask him/her if the class guessed correctly.

**C.**  **Conosce bene gli amici?** In coppia: Prima, indichi se le piacciono o no le cose della lista. Poi, pensi al suo compagno/alla sua compagna, e cerchi di indovinare se a lui/lei piacciono o no.

Poi, chieda se ha indovinato o no.

➤  sciare      S1: *Ti piace sciare.*
                 S2: *Sì, hai ragione. Mi piace. / No, non mi piace per niente.*

|  | *io* | *lui/lei* |
|---|---|---|
| sciare | sì / no | sì / no |
| le motociclette | sì / no | sì / no |
| la musica classica | sì / no | sì / no |
| i campeggi | sì / no | sì / no |
| viaggiare in aereoplano | sì / no | sì / no |
| i vestiti firmati | sì / no | sì / no |
| alzarsi presto la mattina | sì / no | sì / no |
| il caldo | sì / no | sì / no |
| il pesce | sì / no | sì / no |
| guidare velocemente | sì / no | sì / no |
| la neve | sì / no | sì / no |

*Vestiti firmati:* Designer-label clothing, both American and Italian, is very popular among Italian young people.

**D.**  **Tutto sullo sci in Italia.** In coppia: Un suo amico/Una sua amica vuole andare a fare una settimana bianca in Italia e desidera informazioni sulle stazioni sciistiche (*ski resorts*) italiane. Lei gli/le suggerisce la guida riportata nell'annuncio che segue. Risponda alle domande dell'amico/a utilizzando le informazioni dell'annuncio. Collabori con un altro studente/un'altra studentessa che le domanda:

il nome della guida
chi la pubblica
di che cosa parla
se è lunga o breve
se ci sono illustrazioni
dove si può comprare

"Sci in Italia"
La nuova guida allo sci pubblicata dal Touring Club Italiano
- Località, valori ambientali, notizie storiche sulle stazioni sciistiche in Italia
- Più di duecento pagine illustrate per essere sempre informati
- Acquistabile esclusivamente presso gli uffici succursali del Touring Club Italiano

## E. Alla stazione sciistica.

**S1**

Lei è appena arrivato/a alla stazione di una famosa località sciistica. Vada all'ufficio infomazioni della stazione e

chieda una piantina (*map*) del paese
domandi come trovare l'Albergo Gardena Palace
come arrivare alle piste di sci
se possono consigliare un buon ristorante caratteristico

**S2**

Lei lavora all'ufficio informazioni della stazione di una località sciistica. Un turista arriva e le fa varie domande. Risponda alle sue domande, usando la piantina (*map*) in basso. Alcune espressioni utili:

girare a destra/a sinistra    *to turn right/ left*

andare dritto    *to go straight*
prendere l'autobus    *to take the bus*

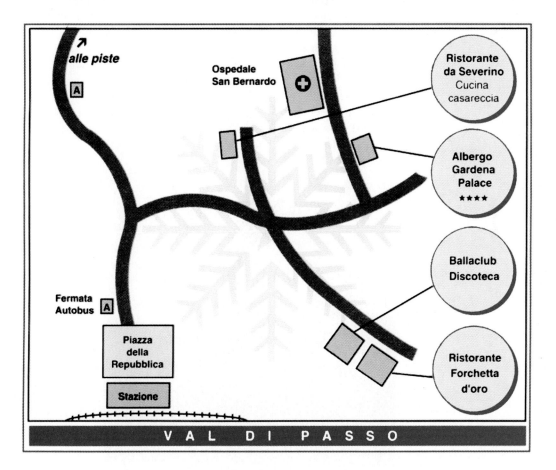

# In giro per l'Italia

**A. Definizioni.** Abbini le definizioni con una parola della lista di destra. Ci sono due parole in più nella lista.

1. aggettivo che si riferisce alla *città*
2. abbreviazione di *automobile*
3. viene dopo *primo/a*
4. nome derivato da *abitare*
5. nome che comprende vestiti, gonne, giacche, ecc.
6. aggettivo derivato da *industria*
7. luogo dove ci sono piante verdi e fiori
8. un nome derivato da *importante*
9. una grande città
10. le persone che vivono a Torino

a. la metropoli
b. i torinesi
c. l'abitante
d. industriale
e. secondo/a
f. l'importanza
g. la struttura
h. l'abbigliamento
i. l'auto
j. urbano/a
k. enorme
l. il parco

La città di Torino con l'imponente Mole Antonelliana.

**Torino.** Legga questo brano e poi faccia l'esercizio che segue.

Locate Piemonte and Torino on the map on p. 14.

Torino, capoluogo del Piemonte, è il secondo centro industriale italiano dopo Milano. La città, situata nel nord-est d'Italia, ha oggi più di un milione di abitanti. Antica colonia romana, Torino ha una struttura urbana moderna, ampliata e perfezionata dai Savoia nel XVI (sedicesimo) secolo[1]. Grandi vie, ampie[2] piazze e molti parchi verdi sono le caratteristiche di questa metropoli elegante e ricca di attività lavorative e culturali. I negozi più belli e raffinati[3] si trovano sotto i portici di via Roma. E piazza San Carlo, a metà di[4] via Roma, è il luogo dove i torinesi preferiscono incontrarsi.

The Savoia royal family ruled in Italy from 1860 to 1946.

Have students prepare five questions based on the reading. Then have groups of four ask each other their questions.

Dopo la seconda guerra mondiale[5], Torino ha avuto uno sviluppo industriale enorme. Dire Torino è dire Fiat (Fabbrica italiana automobili Torino). L'automobile italiana è nata proprio in questa città nel 1899. Oggi la Fiat ha più di duecentomila dipendenti[6] e produce circa il 75% (per cento) delle auto italiane. Di notevole importanza è anche l'industria tessile e dell'abbigliamento. A Torino, città colta[7], ci sono numerose case editrici[8]. C'è anche una buona università e un altrettanto[9] buon conservatorio musicale. A Torino è pubblicato il giornale "La Stampa," uno dei più autorevoli quotidiani[10] d'Italia.

1. century   2. wide   3. refined   4. halfway along   5. world war   6. employees   7. learned
8. publishing houses   9. just as   10. influential dailies

**B.  Vero o falso?** Indichi se le seguenti frasi sono vere o false secondo il brano precedente.

After doing Ex. B, have students correct the false statements without rereading the passage.

1. La prima città industriale d'Italia è Torino.
2. La struttura urbana del capoluogo del Piemonte è moderna.
3. Torino è una città elegante e piena di attività.
4. La Fiat è una grande fabbrica di automobili di Torino.
5. A Torino c'è solo l'industria delle automobili.
6. Il giornale pubblicato a Torino si chiama "la Repubblica."

**C.  Definizioni.** Abbini le definizioni con una parola della lista di destra. Ci sono due parole in più nella lista.

| | |
|---|---|
| 1. aggettivo derivato da *Alpi* | a. lo spumante |
| 2. sinonimo di *ostacolo* | b. piemontese |
| 3. passaggio sotterraneo sinonimo di *tunnel* | c. la fontina |
| 4. aggettivo derivato da *Piemonte* | d. grande |
| 5. sinonimo di *essere umano* | e. lungo/a |
| 6. tipo di formaggio | f. l'uomo |
| 7. un cereale | g. alpino/a |
| 8. un tipo di vino | h. il riso |
| 9. contrario di *corto/a* | i. accessibile |
| 10. contrario di *piccolo/a* | j. la barriera |
| | k. il fiume |
| | l. la galleria |

Al lavoro in una risaia del Piemonte.

Can you guess the meaning of Piemonte? (Piemonte is a compound of two words: *piede* and *monte*.)

On the map on p. 12, follow the course of the Po River to the Adriatic.

On the same map, find Lake Maggiore.

On a more detailed map of Italy, locate Vercelli, Novara, Asti, and Alba. Alba is famous for its truffles.

*Bagna cauda* is a sauce used as antipasto.

Have students read this passage silently and identify seven or eight cognates. Then, with books closed, ask them to name six features of Piemonte.

**Il Piemonte.** Legga questo brano e poi faccia l'esercizio che segue.

Ad ovest e a nord, il Piemonte è circondato dall'arco alpino che divide questa regione dalla Francia e dalla Svizzera. In questa zona, le Alpi rappresentano una grande barriera, ma valichi[1] più o meno accessibili e gallerie scavate[2] dall'uomo permettono il passaggio dal Piemonte ai paesi oltralpe[3]. La galleria ferroviaria[4] del Frejus, lunga più di 13.000 metri, unisce l'Italia con la Francia, e quella del Sempione, lunga più di 19.800 metri, la unisce con la Svizzera.

Sulle Alpi nascono molti fiumi che attraversano[5] il Piemonte. Il più importante è il Po, lungo 652 km (chilometri). Questo fiume che passa per Torino, dopo il Piemonte, bagna[6] anche la Lombardia, l'Emilia-Romagna e il Veneto, e sbocca[7] poi nel mare Adriatico. Uno dei laghi alpini, il pittoresco lago Maggiore, separa il Piemonte dalla Lombardia.

La ricchezza delle acque rendono la terra piemontese molto fertile. Le risaie[8] intorno a Vercelli e Novara danno la maggiore produzione di riso in Europa. Il Piemonte produce anche buoni vini di fama internazionale. Il Barbera, il Barolo e lo spumante d'Asti sono alcuni dei vini prodotti sulle colline piemontesi.

Questi e altri vini pregiati[9] accompagnano spesso i piatti[10] tipici della regione come la bagna cauda, la fonduta[11] con fontina e il riso con i costosissimi e rinomati tartufi[12] bianchi di Alba.

1. mountain passes  2. dug  3. beyond the Alps  4. railroad  5. cross  6. runs through
7. flows into  8. rice fields  9. rare  10. dishes  11. fondue  12. truffles

**D.** **Informazioni.** Dia le seguenti informazioni basate sul brano precedente.

1. Paesi stranieri che confinano con il Piemonte …
2. Due gallerie ferroviarie che uniscono il Piemonte con i paesi oltralpe …
3. Il fiume che passa per Torino …
4. Il lago che divide il Piemonte dalla Lombardia …
5. Città piemontesi intorno alle quali ci sono molte risaie …
6. Tre vini piemontesi …
7. Tre piatti tipici del Piemonte …

# Chi gioca?

**COMMUNICATIVE OBJECTIVES**

- Talk about sports
- Express preferences related to sports
- Talk about future plans and actions
- Express probability in the future
- Discuss past events in more complex ways

Roberto Baggio, un campione del calcio italiano, in azione durante una partita.

● ● ● ● ● ● ● ● ● ● ● ● ● ● ● ● ● ● ● ● ● ● ● ● ● ● ● ● ● ● ● ● ● ● ● ● ● ● ● ● ●

Alberto Manzini e Daniela Poli fanno programmi per la fine-settimana.

ALBERTO: Daniela, vieni allo stadio con me domenica? Andiamo a vedere una bella partita di calcio.

DANIELA: Non so se posso. Chi gioca?

ALBERTO: Roma e Napoli. Fa' la brava e vieni. Sono sicuro che sarà un
5           incontro interessante e spettacolare.

DANIELA: D'accordo. Verrò. Ma verranno allo stadio anche Luciano e i suoi amici?

ALBERTO: Non lo so. Perché?

DANIELA: Sono un gruppo di ragazzi molto simpatici e durante la partita fanno
10           sempre un tifo tremendo per la Roma. È proprio° un divertimento     *really*
           andare allo stadio con loro.

ALBERTO: Sì, però qualche volta esagerano. Fare il tifo per la propria squadra è bello, ma non è necessario insultare o litigare con i tifosi dell'altra squadra.

15 DANIELA: Hai ragione. Ma dimmi°, a che ora dovremo essere allo stadio?     *tell me*

ALBERTO: Verso l'una. I posti non sono riservati e ci saranno quasi centomila persone.

DANIELA: Allora bisogna comprare subito i biglietti!

ALBERTO: Eh°, sì. L'avevo pensato anch'io. Posso comprarli oggi pomeriggio     *Well*
20           da un rivenditore vicino a casa mia.

DANIELA: Va bene. Però adesso non ho il denaro con me. Ti darò i soldi domenica pomeriggio.

ALBERTO: Non essere sciocca. Li pagherò io per tutti e due.

DANIELA: Grazie. Sei sempre molto gentile.

25 ALBERTO: Allora, questa sera telefono a Luciano e poi ti farò sapere se anche lui verrà allo stadio con noi.

Every major Italian city has a professional soccer team, and large cities such as Turin, Milan, and Rome have two teams.

Ask students to use their imaginations to describe Alberto, Daniela, and Luciano's ages, interests, and personalities.

● ● ● ● ● ● ● ● ● ● ● ● ● ● ● ● ● ● ● ● ● ● ● ● ● ● ● ● ● ● ● ● ● ● ● ● ● ● ● ● ●

Tell students that nouns ending in **-ma,** like *programma, problema, tema, dramma, sistema,* are masculine. Point out that the final **a** changes to **i** in the plural: *programmi, problemi,* etc. These nouns have easily recognizable English cognates.

## Domande

1. Dove andranno domenica Alberto e Daniela? Chi gioca?
2. Come sono Luciano e i suoi amici?
3. Cosa fanno durante la partita?
4. A che ora dovranno essere allo stadio gli amici? Perché?
5. Chi comprerà i biglietti? Dove li comprerà?
6. Che cosa farà stasera Alberto?

## Domande personali

1. Che programma ha fatto lei per la fine-settimana?
2. Si giocano (*Are played*) partite di calcio o di football nella sua città?
3. Preferisce assistere ad un incontro di calcio, ad una partita di tennis o ad una di baseball?
4. A lei piace andare allo stadio o preferisce vedere le partite alla televisione?
5. Per quale squadra di calcio (pallacanestro/hockey/baseball) fa il tifo lei?

## Situazioni

1. Inviti un compagno/una compagna ad andare con lei ed altri amici in qualche luogo.

   — Verrai allo stadio (in discoteca/a mangiare una pizza/alla partita di pallacanestro) con noi?
   — Sì, volentieri. (Mi dispiace, ma non posso./Forse. Vi telefonerò./ Dipende dai miei impegni./Perché no?)

2. Domandi ad un amico/un'amica se ha fatto programmi per la fine-settimana.

   — Hai fatto programmi per la fine-settimana (le vacanze/l'estate prossima?)
   — Sì, uscirò (farò una gita/andrò al mare) con gli amici.

# Vocabolario

· · · · · · · · · · · · · · · · · · · · · · · · · · · · · · · · · · · · · · · · · · · · · ·

### Parole analoghe

| | | | |
|---|---|---|---|
| dipendere (da) | il gruppo | insultare | spettacolare |
| esagerare | interessante | riservato/a | tremendo/a |

### Nomi

il calcio   soccer
il denaro   money
il divertimento   fun
l'impegno   commitment, obligation
l'incontro   game, match (sports)

### Altre parole ed espressioni

fare il bravo/la brava   to be good
fare programmi   to make plans
fare (il) tifo   to root
fare sapere   to let know
per tutti e due   for both

la partita   game
le persone   people, persons
il posto   seat
il rivenditore   dealer, seller
la squadra   team
il tifoso   fan

### Verbi

litigare   to quarrel, fight

### Aggettivi

avversario/a   opposing
proprio/a   one's own
sciocco/a   foolish

*Partita* and *incontro* can be used interchangeably when talking about sports: *una partita (un incontro) di calcio.*

*Il denaro = i soldi.* Both terms are used, but *i soldi* is more common.

Ask students to create two-line dialogues using expressions such as *fare programmi, fare il tifo,* and *fare sapere.*

# Gli sport in Italia

In Italia parlare di sport significa discutere spesso di calcio. Il calcio è lo sport e il passatempo nazionale per nove mesi all'anno, da settembre a giugno. Durante questo periodo molti italiani passano la domenica pomeriggio allo stadio o davanti al televisore per vedere la partita e fare il tifo per la propria squadra. Il calcio è stato sempre uno sport per uomini, ma oggi molte donne seguono con interesse questo sport e vanno spesso allo stadio. Da qualche anno si sono formate anche squadre di calcio femminili, che a livello semiprofessionale ricevono molta attenzione da parte del pubblico italiano.

Il secondo sport più popolare è il ciclismo[1]. I giovani specialmente praticano questo sport con passione durante i mesi caldi dell'anno, fra maggio e settembre. Ogni anno poi il Giro d'Italia[2] attrae[3] l'interesse della gente e della stampa[4] nazionale ed estera[5]. Molti ciclisti italiani e stranieri partecipano a questa corsa[6] ciclistica, che inizia verso la metà di maggio e dura circa venti giorni. Facendo tappa[7] in differenti città italiane, ogni anno il Giro attraversa tutta la penisola e porta con sé un'atmosfera di allegria e di gioventù.

1. bicycle racing   2. Tour of Italy   3. attracts   4. press
5. foreign   6. race   7. pausing

Ciclismo: Giovani dilettanti pronti a partire in una gara di biciclette.

Have students talk about sports in the United States by asking *È popolare il calcio negli Stati Uniti? Che cosa è più popolare, il baseball o il football?*

## Pratica

Call on some pairs to act out their dialogues.

**A.** In coppia: Lei ha intenzione di andare alla partita di calcio con un amico/un'amica, ma ancora non ha potuto comprare i biglietti. Chieda all'amico/a di comprarli e dica che gli/le darà i soldi quando lo/la vedrà.

**B.** In coppia: Lei ha due biglietti per la partita di domenica prossima, ma altri impegni non le permettono di andare allo stadio. Allora lei telefona ad un amico/un'amica, gli/le offre i biglietti e gli/le spiega perché non può andare a vedere la partita.

# *Pronuncia*

## I suoni /ts/ e /ds/

The sound of the letters **z** and **zz** is pronounced in two ways in Italian: **ts** as in the English word *cats*, and **ds** as in *fads*. As the first letter of a word, **z** is pronounced like **ds**. In any other position, when followed by **-ia, -ie,** or **-io, z** is pronounced like **ts**. When not followed by these combinations, **z** is pronounced in some words like **ts** and in other words like **ds**. Double **zz** is generally pronounced as **ts**.

**A.** Ascolti l'insegnante e ripeta le seguenti parole.

| | | | |
|---|---|---|---|
| zio | piazza | zero | azzurro |
| pazienza | bellezza | zaino | mezzo |
| zucchero | ragazzo | marzo | pizza |
| attenzione | prezzo | zona | mezzogiorno |

**B.** **Proverbi.** Legga ad alta voce i seguenti proverbi e poi li detti ad un altro studente/un'altra studentessa.

**L'ozio è il padre dei vizi.**
Laziness is the root of all evil.
(*Literally: Idleness is the father of the vices.*)

**Dal dire al fare c'è di mezzo il mare.**
Easier said than done.
(*Literally: Between saying and doing there's an ocean.*)

# Ampliamento del vocabolario

## Gli sport

### Espressioni utili per gli sport

**correre**   to run
**nuotare (al lago, al mare, in piscina)**   to swim (in the lake, in the sea, in a pool)
**pattinare**   to skate
**sciare**   to ski
**andare a cavallo**   to go horseback riding
**andare in barca**   to go sailing
**andare in bicicletta**   to ride a bike

**fare dello sport**   to engage in sports
**fare dell'alpinismo**   to go mountain climbing
**giocare al calcio (a pallone)**   to play soccer
**giocare a pallacanestro (a pallavolo, a baseball, a hockey)**   to play basketball (volleyball, baseball, hockey)

Practice the vocabulary by asking students about their activities and preferences: *Chi va in bicicletta? Chi sa andare a cavallo? (Ann), le piace nuotare? Preferisce correre o pattinare?* etc.

Describe what the people in the drawings are doing, using the *Espressioni utili.*

lo sci

il pattinaggio

il nuoto

la vela

il ciclismo

il tennis

la pallacanestro

il calcio

l'equitazione

la corsa

Firenze: In una domenica di primavera le strade della città ospitano una gara di maratona.

**A.** In coppia: A turno domandate quali sport possono essere associati con le seguenti cose.

➤ — Quale sport associ con la piscina?
— Il nuoto.

1. la montagna
2. il cavallo
3. il mare
4. la neve

5. il lago
6. lo stadio
7. il freddo e il ghiaccio (*ice*)
8. le gomme (*tires*), i freni e i pedali

**B.** Domandi ad alcuni studenti se e quando praticano i seguenti sport.

➤ — Pratichi il ciclismo?
— Sì, lo pratico. / No, non ...
— Quando lo pratichi?
— In primavera e d'estate.

1. l'equitazione
2. il nuoto
3. l'alpinismo
4. il pattinaggio

5. la vela
6. lo sci
7. il calcio
8. la pallavolo
9. il tennis
10. la pallacanestro

Ex. C: Follow up by having students write five sentences describing what they learned about their partners. Also have students ask you these questions using *lei*.

**C.** In coppia: Intervisti un compagno/una compagna e gli/le chieda quali sono i suoi interessi sportivi.

1. Fai qualche sport? Quali sport pratichi?
2. Quale sport preferisci? Perché?
3. Ti piace pattinare? Dove vai a pattinare?
4. Sei andato/a a cavallo qualche volta? Dove?
5. Preferisci nuotare al lago, al mare o in piscina?
6. Sei mai andato/a a vedere una partita di calcio? Dove?
7. Vai in barca qualche volta? Dove? Vai da solo/a o con gli amici?
8. Hai mai scalato una montagna? Quale?

**D.** In gruppi di tre o quattro: Scrivete brevi descrizioni di cinque personaggi sportivi. Poi, leggendo ogni descrizione, fate identificare i personaggi da un altro gruppo di studenti.

# Struttura ed uso

• • • • • • • • • • • • • • • • • • • • • • • • • • • • • • • • • •

## Futuro semplice

Cristoforo Colombo dalla Maga Circe

—**Incontrerai** una buona regina, **farai** un lungo viaggio, **scoprirai** un nuovo mondo, il tuo nome **sarà** famoso in tutto l'Ohio.

1. The future tense is used to talk about future actions and intentions. In English the future is usually expressed with the auxiliary *will* or with *to be going to*. In Italian the simple future tense consists of one word.

Point out that the term *futuro semplice* indicates that the form consists of one word.

| | |
|---|---|
| Daniela e Alberto **andranno** alla partita di calcio. | Daniela and Alberto are going to go to the soccer game. |
| Alberto **dovrà** comprare i biglietti una settimana prima. | Alberto will have to buy the tickets a week ahead. |
| Come al solito **sarà** un incontro spettacolare. | As usual, it will be a spectacular match. |

Remember that in Italian the present tense is also used to talk about future events, especially if they are about to happen.

| | |
|---|---|
| Comprami il biglietto e ti **do** i soldi domani. | Buy me the ticket and I'll give you the money tomorrow. |

2. The future is formed by dropping the final **-e** from the infinitive and adding the endings **-ò, -ai, -à, -emo, -ete, -anno**. In **-are** verbs, the **a** of the infinitive changes to **e.** Notice that the endings are the same for all verbs.

Provide plenty of oral practice with future forms so that students become used to the stress on the endings. Start with a substitution drill and progress to question-and-answer T: *Verrai a lezione venerdì?* S1: *Sì, verrò ...*

| | comprare | prendere | partire |
|---|---|---|---|
| io | comprerò | prenderò | partirò |
| tu | comprerai | prenderai | partirai |
| lui/lei | comprerà | prenderà | partirà |
| noi | compreremo | prenderemo | partiremo |
| voi | comprerete | prenderete | partirete |
| loro | compreranno | prenderanno | partiranno |

3. Verbs ending in **-care** and **-gare** add an **h** to the future tense stem after the **c** or **g** in order to retain the hard pronunciation. Verbs ending in **-ciare** or **-giare** drop the **i** from the ending.

Remember the spelling change necessary in present tense *-care* and *-gare* verbs.

| | |
|---|---|
| Le due squadre **giocheranno** con vigore. | The two teams will play with all their might. |
| Quando mi **ripagherai** le ventimila lire? | When are you going to pay me back the twenty thousand lire? |
| L'incontro **comincerà** all'una e mezzo. | The match will begin at one-thirty. |
| Dopo la partita **mangeremo** da Luciano. | After the game we are eating at Luciano's. |

4. Reflexive verbs follow the same pattern as regular verbs in the future.

| | |
|---|---|
| **Mi alzerò** fra poco. | I'll get up soon. |
| **Vi divertirete** alla partita. | You'll have fun at the game. |

5. The following twelve verbs have irregular future stems. Their endings are regular.

Notice that most of these verbs simply drop a vowel from their infinitive ending to form the future stem: *andare, andr-; avere, avr-;* etc.

| *Infinitive* | *Future stem* | *Future tense* |
|---|---|---|
| andare | **andr-** | andrò, andrai ... |
| avere | **avr-** | avrò, avrai ... |
| bere | **berr-** | berrò, berrai ... |
| dare | **dar-** | darò, darai ... |
| dovere | **dovr-** | dovrò, dovrai ... |
| essere | **sar-** | sarò, sarai ... |
| fare | **far-** | farò, farai ... |
| potere | **potr-** | potrò, potrai ... |
| sapere | **sapr-** | saprò, saprai ... |
| vedere | **vedr-** | vedrò, vedrai ... |
| venire | **verr-** | verrò, verrai ... |
| volere | **vorr-** | vorrò, vorrai ... |

*Remind students that dovere, potere,* and *volere* are usually followed by verbs in the infinitive. Ask students to name things they will have to do tonight, and that they will want to do during vacation.

*Ex. A: Ask if anyone is planning on practicing a sport this coming Sunday. Ask others what they are going to do Sunday.*

**A.** Dica quello che le seguenti persone faranno domenica.

➤ noi / andare a sciare     *Noi andremo a sciare domenica.*

1. i miei fratelli / giocare al calcio
2. un mio amico / pattinare nel parco
3. io / andare a cavallo
4. mia sorella / praticare la vela
5. voi / fare dell'alpinismo
6. tu / assistere ad un concorso di equitazione
7. mio padre ed io / vedere la partita alla televisione
8. mia zia / volere giocare a tennis

*Before doing Ex. B, quickly review direct object pronouns.*

*Ask students if they often put off tasks or errands. Elicit sentences like Oggi non voglio studiare la lezione. La studierò domani.*

**B.** È sabato, e oggi lei non ha voglia di fare niente. Farà tutto domani, o forse dopodomani o la settimana prossima. ... Risponda alle domande, e dica quando farà ogni cosa.

➤ Hai spedito le lettere?     *Non ancora. Le spedirò domani (dopodomani, ecc).*

1. Hai chiamato i tuoi genitori?
2. Hai letto l'articolo sulla rivista?
3. Hai studiato la lezione d'italiano?
4. Hai finito i compiti di matematica?
5. Sei andato/a al supermercato?
6. Hai fatto gli acquisti per la festa?
7. Hai dato le cassette agli amici?
8. Hai incontrato la professoressa d'inglese?

Ex. C: Make sure students ask and answer each question. Encourage them to ask for more information about interesting responses. Follow up by asking students to summarize their partners' summer plans.

**C.** In coppia: Domandi ad un compagno/una compagna se farà le seguenti cose la prossima estate.

➤ andare all'estero
    S1: *Andrai all'estero?*
    S2: *Sì, andrò in Messico. / No, non andrò all'estero. E tu? Andrai… ?*

1. lavorare
2. seguire corsi estivi
3. praticare uno sport
4. abitare con i suoi genitori
5. studiare l'italiano
6. vedere i vecchi amici
7. alzarsi presto la mattina
8. prendere il sole

Have students take notes and write three to five sentences about their partners' plans.

**D.** In coppia: Dica ad un compagno/una compagna le seguenti cose.

tre cose che lei farà la prossima fine-settimana
tre cose che lei farà durante le prossime vacanze
tre cose che lei farà dopo l'università

**E.** In coppia: Credete all'oroscopo? Prima chieda ad un compagno/ una compagna alcune cose che farà durante la prossima settimana. Poi crei un oroscopo appropriato per la settimana e lo faccia vedere al suo compagno/alla sua compagna.

➤ S1: Che cosa farai la settimana prossima?
S2: Darò un esame per il corso di psicologia. Uscirò con la mia ragazza. Andrò a una festa …
S1: (scrive) Non avrai problemi in una difficile situazione accademica. Alla fine della settimana incontrerai …

Ex. F: Ask students to think of other aspects of life that might be different in the next century.

**F.** In gruppi di tre: Secondo voi, come sarà il mondo del XXI secolo (*century*)? Discutete le seguenti domande nel vostro gruppo, usando il futuro dove appropriato.

1. Ci sarà la pace (*peace*) nel mondo o ci saranno più guerre (*wars*)? Dove? Fra quali paesi?
2. Quali saranno le nazioni più importanti del XXI secolo?
3. Le donne avranno più potere (*power*) politico ed economico nel prossimo secolo? Ci sarà una donna presidente negli Stati Uniti?
4. L'Europa sarà completamente unita? Quale sarà la lingua dominante?
5. Troveranno una cura per l'AIDS? Per il cancro (*cancer*)? Per il raffreddore (*cold*)?
6. La gente guiderà macchine elettriche? Ci saranno nuovi mezzi di trasporto?

7. Le persone si vestiranno come oggi? Come cambierà la moda?
8. Quale sarà lo sport più popolare?
9. Come cambierà la vostra università? Sarà più grande? Costerà di più?

## Usi del futuro

1. The future tense is often used in Italian to guess or conjecture about circumstances in the present. This use of the future is called future of probability.

Restate the examples in the present indicative, sounding certain of the answers. Then reread in the *usi del futuro*, sounding uncertain and using expressions such as *Non so* and *Non sono sicuro/a*. Have the students repeat, imitating your intonation.

Di chi è questo zaino?
**Sarà** di Fulvio.

Whose backpack is this?
It's probably Fulvio's.

Quanti anni ha il tuo professore?
Non so! **Avrà** almeno quarant'anni.

How old is your professor?
I don't know! He must be at least forty.

Che ore **saranno?**
**Saranno** le dieci.

What time do you think it is?
It must be around ten.

Quanto costano quelle scarpe?
**Costeranno** molto.

How much do those shoes cost?
They probably cost a lot.

2. The future tense is used after **quando** (*when*), **appena** (*as soon as*), and **se** (*if*) when the action of the main verb takes place in the future. In English, the present tense is used in parallel situations.

Quando **andremo** in montagna, staremo all'albergo Principe Vittorio.
Le telefonerò appena **arriveremo.**
Se gli altri **porteranno** i loro sci, io porterò i miei.

When we go to the mountains, we'll stay at the Hotel Principe Vittorio.
I'll call you as soon as we arrive.
If the others bring their skis, I'll bring mine.

Ex. G: Act out the example by showing that you have no watch and are just guessing at the time. Be sure students "guess" even if they know the answer.

**G.** In coppia: Risponda alle domande con il futuro di probabilità.

➤ S1: Che ore sono?
S2: Saranno le undici e mezzo.

1. Cosa c'è in quello zaino?
2. Quanti studenti ci sono nella classe di chimica?
3. Qual è la data di oggi?
4. Quanti dollari hai con te?
5. Quanti anni ha la professoressa/il professore?
6. Quando è il prossimo quiz?
7. Di chi è quella borsa?
8. Dove abita quel ragazzo?

Ex. H: Tell students that they don't need to understand every word in order to guess the type of program. After students have finished, you may want to go over sentences for meaning.

**H.** È domenica, e tutti i canali televisivi trasmettono programmi sportivi. Mentre lei cambia canale, sente alcune frasi. Lei si chiede: Che tipo di programma sarà? Sarà un programma sul tennis, sul pattinaggio? ...

1. Ecco! Finalmente siamo arrivati alla vetta ( *peak*)!
2. Siamo al diciottesimo giorno del Giro d'Italia e i partecipanti cominciano a sentire la fatica (*hardship*) di questa corsa tanto difficile.
3. Gol!!!
4. Appena finiranno le gare dello slalom gigante, Alberto Tomba arriverà in elicottero e farà vedere la tecnica che gli ha fatto vincere la medaglia d'oro.
5. Con il caldo inaspettato, il ghiaccio si scioglie (*the ice is melting*) e non ci sarà nessun record oggi.
6. Diecimila spettatori oggi qui a Las Vegas per vedere Martina Navratilova e Jimmy Connors nella battaglia dei sessi!
7. Fa il primo salto in perfetta forma. Ma il fantino cade. È caduto il fantino! Il cavallo continua a correre!
8. E la vincitrice esce dalla piscina. ...

Piazza Navona is a square in Rome built on the foundations of an ancient stadium. It is a prime spot for people-watching and a popular tourist attraction.

Ex. I: Ask students if they ever speculate about the lives of strangers they see, perhaps at the airport or on a bus. Make sure students understand that they are conjecturing about the present, not the future. After group work is completed, ask for consensus about the characters' ages, occupations, etc.

**I.** In coppia: Voi siete seduti a Piazza Navona e vedete passare alcune persone. Cercate di indovinare chi saranno le persone indicate nel disegno, dove andranno e cosa faranno. Usate il futuro di probabilità per indicare congettura e formulate almeno tre frasi per ogni persona.

➤ S1: Questa signora tornerà a casa dal lavoro. Sarà sposata.
S2: Avrà almeno quattro figli. Abiterà anche con i suoceri.
S1: Sì, e i suoceri saranno antipatici.

Ex. J: Have students give the English equivalent of the new sentences in the future. Highlight the English use of the present tense in the first clauses.

**J.** In coppia. Un compagno/Una compagna vuole sapere se lei farà le seguenti cose la prossima fine-settimana. Risponda che le farà se succederanno le cose indicate.

➤ andare alla partita / se trovare un biglietto
— Andrai alla partita?
— Sì, andrò alla partita se troverò un biglietto.

1. fare una passeggiata / se fare bel tempo
2. mangiare in un ristorante elegante / se avere i soldi
3. parlare con i miei genitori / se loro essere a casa
4. vedere un film / se tu venire con me al cinema
5. andare ad una festa / se gli amici invitarmi
6. divertirmi / se non dovere studiare troppo

Ex. K: If you have students who are planning trips to Italy, ask them what they will do there.

**K.** Il suo amico/La sua amica sarà in Italia la prossima estate. Domandi se farà queste cose quando sarà nel Bel Paese.

➤ visitare musei          S1: *Quando sarai in Italia, visiterai i musei?*
                          S1: *Sì, visiterò i musei. / No, non visiterò …*

1. fare molte fotografie
2. comprare vestiti alla moda
3. viaggiare in macchina
4. parlare italiano
5. vedere l'Italia meridionale
6. provare i cibi locali
7. spedire cartoline agli amici in America
8. portarmi un regalo

**L.** In coppia: Lei ha vinto 50 milioni di lire alla lotteria ma dovrà aspettare due mesi prima di ricevere i soldi. Dica ad un amico/un'amica cinque cose che farà appena avrà i soldi.

➤ Appena avrò i soldi, comprerò… , andrò… , darò… , ecc.

**M.** Completi le frasi in maniera logica.

1. Quando gli amici verranno a farmi visita, _____ .
2. _____ appena finirò gli studi universitari.
3. Se la nostra squadra di pallacanestro vincerà, _____ .
4. _____ quando finirà il semestre.
5. Appena arriverò a casa, _____ .
6. Se _____ , la professoressa sarà contenta.

# Trapassato

Quando gli altri sono arrivati al traguardo, … Alberto **era** già **arrivato** da cinque minuti!

1. The **trapassato** is used to talk about an action that *had taken place* before another past event. The more recent past event may be expressed in the **passato prossimo** or the **imperfetto.**

| | |
|---|---|
| Non voleva mangiare con noi perché **aveva** già **mangiato** a casa. | He didn't want to eat with us because he had already eaten at home. |
| Non mi **ero** ancora **svegliata** quando hai telefonato alle otto. | I hadn't woken up yet when you called at eight o'clock. |
| Già nel 1348 Giovanni Boccaccio **aveva scritto** vari libri. | In 1348 Giovanni Boccaccio had already written several books. |
| Quando Alberto Tomba aveva trent'anni, **aveva** già **vinto** tre medaglie olimpiche. | When Alberto Tomba was thirty, he had already won three Olympic medals. |

2. The **trapassato** is formed with the imperfect of the auxiliary verb **avere** or **essere** + *the past participle.* As in the **passato prossimo,** the past participle agrees with the subject when the verb is conjugated with **essere.**

| | dire | venire |
|---|---|---|
| io | avevo detto | ero venuto/a |
| tu | avevi detto | eri venuto/a |
| lui/lei | aveva detto | era venuto/a |
| noi | avevamo detto | eravamo venuti/e |
| voi | avevate detto | eravate venuti/e |
| loro | avevano detto | erano venuti/e |

Review the forms of the *passato prossimo,* including irregular past participles. Call out verbs and ask which auxiliary verb is needed. Then ask for imperfect forms of *avere* and *essere* from the whole class in chorus.

If your students are interested in grammar, you may want to explain at this point that every simple tense in Italian has a corresponding compound tense whose auxiliary is in the simple tense (present and *passato prossimo,* imperfect and *trapassato*). The action of the compound verb is always prior to the action of the simple verb.

**N.** Dica che le persone indicate non avevano mai fatto prima certe cose, come nel modello.

➤ Ieri mia sorella ha visto una partita di calcio.    *Non aveva mai visto prima una partita di calcio.*

1. Sabato scorso i miei genitori sono stati a teatro.
2. Ieri i due amici sono arrivati a lezione in orario.
3. Domenica io sono andato/a a cavallo.
4. Il mese scorso avete usato il computer.
5. Ieri il dentista mi ha fatto male.
6. Venerdì sera ci siamo annoiati ad una festa.
7. Stamattina hai giocato a pallavolo.
8. Una settimana fa gli studenti hanno visto un film italiano.

**O.** In coppia: Domandi ad un amico/un'amica se stamattina alle otto aveva già fatto queste cose.

➤ svegliarsi    S1: *Stamattina alle otto ti eri già svegliato/a?*
            S2: *Sì, mi ero già svegliato/a. / No, non mi ero ancora svegliato/a.*

1. alzarsi dal letto          5. vestirsi
2. fare la prima colazione    6. lavarsi i denti
3. prendere il caffè          7. uscire
4. parlare con qualcuno

**P.** Domandi ad un compagno/una compagna tre cose che aveva già fatto a quindici anni, e tre cose che non aveva ancora fatto.

➤ S1: Che cosa avevi già fatto a quindici anni?
   S2: Quando avevo quindici anni, avevo già imparato a guidare, ero già andato/a all'estero e avevo già finito la scuola media. Non avevo ancora …

**Q.** Completi la descrizione, mettendo i verbi tra parentesi nel passato prossimo o nel trapassato, secondo il contesto.

Ieri sera una mia amica (preparare) _____ una cena per alcuni amici che lei (conoscere) _____ all'università. Purtroppo, la cena (andare) _____ male perché tutti gli invitati (avere) _____ problemi durante il giorno. Francesco (arrivare) _____ di cattivo umore perché (discutere) _____ con la ragazza. Io (arrivare) _____ tardi perché (perdere) _____ l'orologio ieri mattina. Cecilia non (venire) _____ perché (rompersi) _____ un braccio mentre sciava.

Before doing Ex. R, you may want to run through the items and ask the class which event took place first. Then let paired students form sentences.

A few dates to help you: Dante Alighieri (1265–1321), Giuseppe Garibaldi (1807–1882), Benito Mussolini (1883–1945), Cristoforo Colombo (1451–1506), Marco Polo (1254–1324).

**R.** In coppia: Quale avvenimento storico è accaduto prima? Combini le due frasi mettendo un verbo al passato prossimo e l'altro nel trapassato, secondo le date degli avvenimenti.

➤ Cristoforo Colombo ha scoperto (*discovered*) il nuovo mondo. / È nato Michelangelo.
   S1: *Quando Cristoforo Colombo ha scoperto il nuovo mondo, Michelangelo era già nato.*
   S1: *Sì, quando Michelangelo è nato, Cristoforo Colombo non aveva ancora scoperto il nuovo mondo.*

1. Dante ha scritto la *Divina Commedia*. / Shakespeare ha scritto *Romeo e Giulietta*.
2. Garibaldi ha unificato l'Italia. / Gli Stati Uniti si sono separati dall'Inghilterra.
3. Il Presidente Kennedy è morto. / Neil Armstrong ha messo piede sulla luna.
4. È cominciata la seconda guerra mondiale. / Mussolini è morto.
5. Cristoforo Colombo ha portato i pomodori dalle Americhe. / Marco Polo ha portato gli spaghetti dalla Cina.

# *Vivere in Italia*

**PRENDI 3 PAGHI 2**

DAL 15 AL 27 GIUGNO
SCONTO 33% SU TANTI PRODOTTI DI MARCA

**STANDA**

**CASAMODA**

ULTIME NOVITÀ

PREZZI IMBATTIBILI

| Uomo | | Donna | |
|---|---|---|---|
| Vestito in pura lana | 240.000 | Cappotto in pura lana | 130.000 |
| Giacca | 85.000 | Tailleurs | 60.000 |
| Cappotto | 100.000 | Completi pura lana | 52.000 |
| Impermeabile | 110.000 | Giacche di cashemire | 105.000 |
| Pantaloni in pura lana | 35.000 | Gonne Jeans | 20.000 |
| Camicie puro cotone | 12.000 | Jeans di Marca | 20.000 |
| Maglioni | 35.000 | Maglie pura lana | 35.000 |
| Jeans | 20.000 | Camicette puro cotone | 15.000 |
| Jeans Firmati | 35.000 | Felpe | 22.000 |

AMPIA SCELTA DI MODELLI, COLORI, E DISEGNI

PREZZI BASSISSIMI

LE PIÙ FAMOSE MARCHE DI JEANS E DI ARTICOLI SPORTIVI

Have students role-play a buying scene. Have the class compare prices to U.S. prices.

**A.** **Annuncio pubblicitario.** Parli con un amico/un'amica di questo annuncio di CasaModa che ha ricevuto per posta. Gli/Le domandi se ha bisogno di comprare qualche cosa e se vuole venire con lei a fare alcuni acquisti.

➤ **S1:** (Anna/Antonio), ho appena ricevuto …

**S2:** …

**B.** **Un questionario.** In gruppi di due o tre: Faccia ai suoi amici domande sulla moda basate sulle seguenti informazioni. Prenda appunti e presenti poi i risultati alla classe.

la capitale della moda negli Stati Uniti

lo stilista americano più famoso

lo stilista straniero più popolare negli Stati Uniti

l'uomo americano più elegante

la donna americana più elegante

il tuo/la tua stilista preferito/a

se la moda è importante e perché

Roma: Trinità dei Monti è un luogo molto suggestivo per una sfilata di moda in una notte d'estate.

sci — 325,000 LIRE

scarponi — 300,000 LIRE

cappello — 20,000 LIRE

bastoncini — 60,000 LIRE

giacca a vento — 235,000 LIRE

pantaloni — 156,000 LIRE

tuta — 600,000 LIRE

guanti — 35,000 LIRE

occhiali da neve — 90,000 LIRE

attacchi — 175,000 LIRE

**C.**

**Andiamo a sciare!** In coppia: La settimana prossima lei va a sciare sulle Dolomiti e ha bisogno di alcuni articoli di abbigliamento. Adesso è in un negozio e parla con il commesso/la commessa *(clerk)*. Fate riferimento agli articoli e ai prezzi indicati in basso.

➤ *Commesso/a:* Buon giorno, signorina (signore). Desidera?

*Lei:* Buon giorno. Ho bisogno di …

## 5- LA TESTA É NEL PALLONE

|  | Maschi | Femmine |
|---|---|---|
| Calcio | 47,9 | 2,1 |
| Atletica leggera | 4,5 | 5,1 |
| Podismo[1], footing[2] | 2,2 | 3,7 |
| Ciclismo | 3,2 | 2,5 |
| Ginnastica, danza | 10,2 | 39,0 |
| Basket, pallavolo | 10,4 | 16,4 |
| Nuoto, tuffi[3] | 10,5 | 19,2 |
| Tennis | 19,5 | 13,6 |
| Sport invernali | 6,4 | 11,0 |
| Caccia | 1,2 | – |
| Pesca | 2,4 | – |
| Altri sport | 11,3 | 7,6 |
| Non indicato | 2,8 | 3,6 |

1. Walking   2. jogging   3. diving

I giovani italiani fanno attività sportive per mantenersi in forma e migliorare il loro aspetto fisico. Frequentano centri sportivi, palestre e piscine. Nei luoghi dove non ci sono molti impianti *(establishments)* pubblici o privati, come nel sud d'Italia, i giovani non si preoccupano più di tanto. C'è sempre il calcio, che è uno sport non difficile da praticare. Basta uno spazio aperto, un pallone, qualche amico e ... un po' d'ingegno.

In alto è riportata una statistica delle attività sportive praticate dai giovani uomini e donne italiani.

- Quale attività preferiscono i ragazzi? E le ragazze?
- E lei, quale attività preferisce? Perché?

Go over and then practice questions before doing activity.

# D.

**Sondaggio.** In gruppi di tre o quattro: Vada in giro per la classe e faccia un sondaggio sugli sport preferiti dai suoi compagni di scuola. Prenda appunti e riferisca le informazioni alla classe.

| Nome | 1 | 2 | 3 | 4 |
|---|---|---|---|---|
| Attività sportive che pratica | ___ | ___ | ___ | ___ |
| Sport preferito | ___ | ___ | ___ | ___ |
| Squadra preferita | ___ | ___ | ___ | ___ |
| Guarda lo sport alla TV | ___ | ___ | ___ | ___ |
| o va allo stadio | ___ | ___ | ___ | ___ |
| È partecipante | ___ | ___ | ___ | ___ |
| o è spettatore di avvenimenti sportivi | ___ | ___ | ___ | ___ |

Have students compare their findings about the most popular sports with the results of the Italian survey on the preceding page.

Giovani allo stadio che fanno il tifo per la squadra nazionale italiana.

# Cento di questi giorni!

**COMMUNICATIVE OBJECTIVES**

- Ask people what they like to eat and drink
- Talk more about food
- Express likes and dislikes of certain foods
- Discuss women's roles at work and at home
- Express wants and wishes politely

Discuss the opening photo: *Dove sono questi giovani? Cosa fanno? Come sono vestiti?*

Un gruppo di amici festeggia il compleanno di Giulio con una torta squisita.

• • • • • • • • • • • • • • • • • • • • • • • • • • • • • • • • • • • • • • •

Un gruppo di amici è da Luciana Giannelli per festeggiare il compleanno di Giulio Forattini, che oggi compie vent'anni. Franco Bresciani accompagna alla festa Paola Marullo, una sua cugina di Napoli. Appena si vedono, tutti si salutano con piacere.

*Ask students to use their imaginations to describe briefly what Franco, Luciana, Paola, and Marisa look like, what clothes they are wearing, what kinds of presents they brought Giulio, etc. Ask if they think Franco is really joking when he says that a woman's place is in the home.*

### Scena 1

FRANCO: Paola, ecco i miei amici. Te li presento. (*Agli amici*) Ragazzi, vi presento mia cugina Paola.

GLI AMICI: Ciao, Paola!

LUCIANA: Paola, io sono Luciana. Molto lieta di conoscerti. Vuoi bere o
5 mangiare qualcosa?

PAOLA: Mangerei qualcosa, grazie. Ho più fame che sete.

FRANCO: Io invece berrei qualcosa di fresco.

LUCIANA: Sul tavolo ci sono i panini al prosciutto e dei tramezzini; le bevande invece sono nel frigorifero. Potete servirvi da soli.

*Il pesto is a green sauce made with basil leaves, garlic, olive oil, pine nuts, and Parmesan cheese.*

10 PAOLA: Grazie, sei molto gentile.

LUCIANA: Più tardi mangeremo gli spaghetti al pesto.

FRANCO: Al solo pensiero mi viene l'acquolina in bocca°.

*Just thinking about it makes my mouth water.*

### Scena 2

Un'ora più tardi, i ragazzi e le ragazze sono seduti a tavola. Tutti mangiano, bevono e parlano allegramente.

FRANCO: Questi spaghetti sono davvero squisiti. Complimenti! Chi li ha cucinati?

15 GIULIO: Chi altro°, se non Luciana?

*Who else*

LUCIANA: Sì, però il merito è anche di Marisa, che mi ha aiutata in cucina.

FRANCO: L'ho sempre detto io! La donna italiana sta proprio bene a casa.

*Tell students that proprio (really) is used for emphasis here.*

LUCIANA: Eccolo, il solito maschio! Per molti uomini le donne devono restare a casa, cucinare, fare pulizie°, allevare° i figli. ...

*to do the cleaning / raise*

20 PAOLA: Io invece sono convinta che noi abbiamo successo anche nella società e nel mondo del lavoro.

FRANCO: Scusatemi, ma sto solo scherzando°. Non voglio fare polemica.

*I'm only joking*

LUCIANA: Sì, sì, la solita storia. Fai sempre lo spiritoso tu!

MARISA: Ragazzi, basta. Ecco la torta e lo spumante. Facciamo un bel brindisi a Giulio.

*In Italian the lyrics to "Happy Birthday" are "Tanti auguri a te, Tanti auguri a te, Tanti auguri a (Giulio), Tanti auguri a te."*

25 LUCIANA: Tanti auguri, Giulio! Buon compleanno!

PAOLA: Cento di questi giorni!

• • • • • • • • • • • • • • • • • • • • • • • • • • • • • • • • • • • • • • •

Call on some students to narrate
what happens in the dialogue,
using the questions as a guide.

## Domande

1. Perché si sono riuniti gli amici?
2. Chi è Paola?
3. Che cosa possono mangiare gli invitati?
4. Che dice Franco della donna italiana? Parla sul serio o scherza?
5. Come rispondono le donne?
6. Cosa ha portato Marisa per il brindisi?
7. Quali espressioni usano gli amici per fare gli auguri a Giulio?

Ask several students to describe
a birthday party they recently
gave or attended, using the
questions as a guide.

Ask students: *Conoscete qual-
cuno/a che preferisce non
festeggiare il proprio
compleanno?*

## Domande personali

1. Quando lei fa una festa, quante persone invita? Chi invita? Preferisce le feste
   con molta gente o con poca gente?
2. Quali sono le occasioni di queste feste—compleanni, visite di amici o
   parenti, o niente di speciale?
3. Che cosa serve lei ai suoi invitati?
4. Quando sarà il suo compleanno?
5. Le piace festeggiare il suo compleanno? Come lo festeggia? Invita gli amici
   a casa? Va a mangiare al ristorante con la sua famiglia o con i suoi amici?
6. Cosa le piace fare alle feste? Cantare? Ascoltare la musica? Ballare?

Ti invito con il presente
alla festa per il mio
18° Compleanno
che si terrà nella Discoteca
"El Cid"
Viale Tirreno, 164b
Giovedì 19 settembre alle ore 21.30
Ti aspetto!
                    Federica

Call on a student or two to read the sentences aloud, in order. Have other students make corrections if necessary.

## Esercizio di comprensione

Le seguenti frasi basate sul dialogo a pagina 298 sono in ordine sbagliato. Le metta in ordine per formare un brano di senso compiuto.

1. Luciana ha preparato molte cose da mangiare.
2. Franco presenta Paola ai suoi amici.
3. Oggi Giulio festeggia il suo compleanno.
4. Quindi gli amici fanno un bel brindisi e fanno tanti auguri di buon compleanno a Giulio.
5. I suoi amici vanno da Luciana per festeggiarlo.
6. Cucina anche gli spaghetti al pesto con l'aiuto di Marisa.
7. Ora ci sono la torta e lo spumante.
8. Luciana e Franco discutono del ruolo della donna.

# Vocabolario

· · · · · · · · · · · · · · · · · · · · · · · · · · · · · · · · · · · · · · · · · · · · · · · · · · · · · · · · · · · · ·

### Parole analoghe

accompagnare  
convinto/a  
il merito  
l'occasione (*f.*)  
il ruolo  

la scena  
gli spaghetti  
squisito/a  
la storia  
la visita  

Tell students that the adjective *squisito/a* is often used when speaking of food, and is not the same as "exquisite" in English.

### Nomi

**la bevanda**   drink  
**il brindisi**   toast (a drink in someone's honor)  
**il compleanno**   birthday  
**il frigorifero**   refrigerator  
**il maschio**   male  
**lo spumante**   sparkling wine  
**la torta**   cake  

### Aggettivi

**lieto/a**   glad  
**solito/a**   usual, same old  

### Verbi

**aiutare**   to help  
**compiere**   to complete  
**cucinare**   to cook  
**festeggiare**   to celebrate  
**presentare**   to introduce  
**riunirsi**   to get together  
**rivolgersi (a)**   to turn (to)  
**salutarsi**   to greet one another  
**scherzare**   to joke  
**scusare**   to excuse  
**servirsi**   to help oneself  
**vedersi**   to see one another  

Elicit or point out word families such as *aiutare, aiuto, aiutante; scherzare, scherzo, scherzoso; festa, festeggiare, festivo.* Use these words in complete sentences.

# La gastronomia italiana

Cucinare bene e mangiare meglio è una buona regola[1] di tutti gli italiani. Ogni regione d'Italia è famosa per le sue specialità gastronomiche, e visitando il paese si possono paragonare e gustare[2] molte cucine[3] diverse. Dalla carne al pesce, dalla pasta ai contorni[4], dall'antipasto al dolce, è tutta una serie di piatti[5] squisiti preparati con prodotti genuini.

Il tipico pranzo festivo italiano è molto lungo e laborioso. Di solito, il pranzo inizia con un antipasto di prosciutto, salame e sottaceti[6]. Poi arriva il primo piatto costituito da pastasciutta[7] o minestra. Segue il secondo piatto con carne o pesce e vari contorni di verdure crude o cotte[8]. Formaggio, frutta e dolce annunciano la fine del pranzo. Acqua minerale, vino bianco o rosso e qualche volta birra accompagnano questi piatti abbondanti e deliziosi. Chiude il pranzo un caffè espresso, spesso seguito da un digestivo[9], ... che a questo punto è veramente necessario.

Piatti prelibati sono in bella mostra in questo tipico ristorante italiano.

1. rule   2. compare and taste   3. cuisines   4. side dishes   5. dishes   6. pickled vegetables   7. pasta served with sauce   8. raw or cooked   9. liqueur

## Altre parole ed espressioni

**allegramente**   gaily, happily
**basta**   enough
**complimenti!**   (my) compliments! congratulations!
**buon compleanno!**   happy birthday!
**cento di questi giorni!**   many happy returns!
**fare gli auguri**   to wish someone well

**fare una festa**   to have a party
**fare polemica**   to start an argument; to be controversial
**fare lo spiritoso/la spiritosa**   to be a wise guy
**nel mondo del lavoro**   in the working world
**parlare sul serio**   to be serious
**tanti auguri!**   lots of good wishes!

A *digestivo* isn't just a liqueur, but one thought to aid in the digestion of rich meals. Some *digestivi* are *il Fernet Branca, la China Martini, l'Amaretto, la Sambuca,* etc.

Have students create two-line dialogues using the expressions *fare gli auguri, fare una festa, fare polemica,* and *fare lo/la spiritoso/a.*

## Pratica

Prat. A: Call on some pairs of students to act out their dialogues.

**A.** In coppia: È il compleanno di un amico/un'amica e sabato lei fa una festa a casa sua. Telefoni ad un compagno/una compagna per invitarlo/a. Poi risponda al suo compagno/alla sua compagna che vuole sapere a che ora è la festa, che cosa indossare, se può portare un amico/un'amica, se deve portare qualcosa da bere o da mangiare, ecc.

**B.** È l'anniversario di matrimonio dei suoi genitori. Prepari un piccolo discorso per fare il brindisi in onore della mamma e del papà. Usi alcune delle seguenti espressioni: **Buon anniversario! Auguri! Cento di questi giorni!** Reciti il suo discorso ad alta voce ad un amico/un'amica.

# Ampliamento del vocabolario

## Alimenti e pasti

Here are more terms related to food (**i cibi**) and meals (**i pasti**) to add to those you learned in *Lezione* 7.

### L'antipasto

**il prosciutto**   cured ham
**il salame**   salami
**i sottaceti**   pickled vegetables

### I secondi piatti
#### Carne

**l'agnello**   lamb
**la bistecca**   steak
**il maiale**   pork
**il pollo**   chicken
**il tacchino**   turkey
**il vitello**   veal

### I primi piatti

**la pastasciutta**   pasta dish (spaghetti, fettuccine, etc.) served with a sauce
**il brodo**   broth
**la minestra**   soup
**il minestrone**   vegetable soup (with or without noodles)

### Pesce

**l'aragosta**   lobster
**i calamari**   squid

**il merluzzo**   cod
**il polpo**   octopus
**gli scampi**   shrimp
**la sogliola**   sole
**il tonno**   tuna
**le vongole**   clams

### Dolci

**il dolce**   dessert
**la pasta**   pastry
**la torta**   cake
**la zuppa inglese**   trifle

### I pasti

**la (prima) colazione**   breakfast
**il pranzo**   dinner, lunch (main meal between noon and 2:00 P.M.)
**la cena**   supper (light meal in the evening)

### Un posto a tavola

**il bicchiere**   glass
**il cucchiaio**   spoon
**il cucchiaino**   teaspoon
**il coltello**   knife
**la forchetta**   fork
**il piatto**   plate
**la scodella**   bowl
**il tovagliolo**   napkin

It is customary in Italy to eat fresh fruit at the end of a meal. Sweet desserts are eaten mostly on special occasions.

The main meal (*il pranzo*) is eaten between 1 and 2 P.M. in most Italian households.

*fare colazione* = to have breakfast
*pranzare* = to dine, to have dinner or lunch
*cenare* = to have supper

Numerose specialità gastronomiche sono vendute in questo
magnifico negozio di alimentari.

**A.** In coppia: Faccia le seguenti domande ad un altro studente/un'altra
studentessa.

1. Ti piace la cucina (*cooking*) italiana? Quale altra cucina ti piace?
2. Ti piace cucinare o preferisci mangiare al ristorante?
3. Quale piatto tipico italiano e americano preferisci?
4. Mangi la carne? Se mangi la carne, che tipo di carne ti piace?
5. Mangi il pesce? Quale tipo?
6. Alla fine del pranzo, preferisci mangiare la frutta, il formaggio o il
   dolce?

**B.** Dica il nome degli oggetti che si usano per fare le seguenti cose.

➤ per mangiare il gelato     *Uso il cucchiaino.*

1. per bere il vino
2. per tagliare (*cut*) la carne
3. per mangiare la minestra
4. per pulirsi la bocca e le mani
5. per mangiare l'insalata
6. per portare il pesce a tavola

**C.** Domandi a due o tre studenti cosa hanno mangiato ieri a pranzo, ieri sera a
cena e stamattina a colazione.

**D.** In coppia: Pensi ad un pasto speciale che lei ha fatto con la sua famiglia o
con gli amici. Poi risponda alle domande di un amico/un'amica che vuole
sapere chi c'era a pranzo o a cena e quello che avete mangiato.

1. Quante persone c'erano a pranzo (a cena)?
2. Che tipo di antipasto avete mangiato?
3. Quale e com'era il primo piatto?
4. E il secondo piatto? C'era solo un secondo piatto?
5. Cosa avete bevuto durante il pranzo (la cena)?
6. Cosa avete mangiato alla fine del pranzo (della cena)? Cosa avete
   bevuto?
7. C'era il dolce? Che tipo?

As a follow-up to Ex. E, have groups of three or four students prepare original dinner menus and describe their menus to the class. Have the class select the most appealing and original one.

**E.** In gruppi di tre: Lei è in un ristorante italiano con un amico/un'amica. Chiamate il cameriere e ordinate un pranzo dal menù che segue. Ognuno ordina il proprio pranzo e non spende più di sessantamila lire.

---

### Ristorante "La gondola"

**Antipasto**
Antipasto locale   5.000
Antipasto di mare   9.000
Prosciutto e melone   8.000

**Carne**
Bistecca di vitello   18.000
Braciola di maiale   15.000
Arrosto misto   12.000

**Pasta**
Spaghetti alle vongole   8.000
Fettuccine ai funghi   10.000
Tortellini in brodo   9.000
Zuppa di pesce   12.000

**Pesce**
Sogliola al burro   20.000
Merluzzo al forno   16.000
Frittura di scampi   14.000
Aragosta   (a peso)

**Frutta e dolci**
Frutta di stagione   4.000
Torta della casa   6.000
Zuppa inglese   5.000

**Contorni**
Insalata mista   5.000
Fagiolini   7.000
Asparagi   6.000

**Bevande**
Acqua minerale   2.000
Vino (bottiglia)   9.000

Caffè espresso   2.000

---

## Rivenditori e negozi

Ancora oggi alcuni italiani preferiscono fare la spesa ogni giorno nei piccoli negozi del proprio quartiere. In questi negozi la gente riceve più attenzione e un miglior servizio da parte dei rivenditori.

| Rivenditori | | Negozi | |
|---|---|---|---|
| **il lattaio** | milkman | **la latteria** | dairy shop |
| **il macellaio** | butcher | **la macelleria** | butcher shop |
| **il panettiere** | baker | **la panetteria** | bakery |
| **il pasticciere** | confectioner | **la pasticceria** | pastry shop |
| **il pescivendolo** | fish vendor | **la pescheria** | fish market |
| **il salumiere** | delicatessen owner | **la salumeria** | delicatessen |

Name some products and have students tell you where they are sold and who sells them. For example, *latte: latteria, lattaio.*

The feminine forms of various *rivenditori* do exist (*la lattaia, la macellaia,* etc.) but are rarely used.

Ex. F: Explain that one says *dal macellaio* but *nella macelleria*.

**F.** Completi il seguente brano con una parola appropriata scelta dal precedente gruppo di parole.

Stamattina sono andata a vari negozi. Prima sono andata dal _____ per comprare il pane fresco. Mentre ero nella _____ ho incontrato la mia vicina e sono andata con lei in una _____ lì vicino per comprare il latte. Poi dal _____ ho comprato un chilo di carne. Mentre ero nella _____ , è entrato il _____ e mi ha detto che aveva del pesce fresco. Quindi sono andata con lui alla _____ dove ho comprato mezzo chilo di scampi e una sogliola. Dopo mi sono ricordata che avevo bisogno di prosciutto e sono andata alla _____ . Prima di rientrare a casa, sono andata nella _____ di mio cugino dove ho comprato mezza dozzina di paste. Mio cugino è un bravo _____ e fa delle paste squisite.

# Struttura ed uso

## Condizionale

— Che cosa **vorrebbe,** signore?
— **Vorrei** un polpo, per favore. È fresco oggi?

1. The conditional is used to express what would occur under certain conditions or circumstances.

Three useful forms:
*vorrei* = I would like
*potrei* = I could
*dovrei* = I should

| | |
|---|---|
| **Berrei** qualcosa di fresco. | I would drink something cold (if you have it). |
| **Sarebbe** una festa divertente. | It would be a fun party (if it were to take place). |
| Non **direi** quelle cose. | I wouldn't say those things (if I were you). |

2. The conditional is also used to add politeness to requests, offers, and advice.

| | |
|---|---|
| **Vorrebbe** un caffè? | Would you like a coffee? |
| **Vorremmo** vedere la casa. | We'd like to see the house. |
| **Dovreste** lavorare di più. | You should (ought to) work more. |
| Mi **aiuteresti** in cucina? | Would you help me in the kitchen? |
| **Potresti** darmi un passaggio? | Could you give me a ride? |

3. The conditional is formed with the future stem (see page 284) of the verb plus the conditional endings **-ei, -esti, -ebbe, -emmo, -este,** and **-ebbero.**

| | abitare | prendere | finire |
|---|---|---|---|
| io | abiter**ei** | prender**ei** | finir**ei** |
| tu | abiter**esti** | prender**esti** | finir**esti** |
| lui/lei | abiter**ebbe** | prender**ebbe** | finir**ebbe** |
| noi | abiter**emmo** | prender**emmo** | finir**emmo** |
| voi | abiter**este** | prender**este** | finir**este** |
| loro | abiter**ebbero** | prender**ebbero** | finir**ebbero** |

Be sure to pronounce the double consonants in the conditional forms. Pay particular attention to the *noi* form: future = *-emo*, conditional = *-emmo*.

4. The rules for the formation of the future that you learned in *Lezione 12* are also true for the conditional. Verbs ending in **-care** and **-gare** add **h** to the conditional forms. All verbs that have an irregular future stem use the same stem for the conditional.

Remember that most verbs with an irregular future stem drop a vowel from the infinitive ending: *andare* → *andr-*.

| | |
|---|---|
| — **Dimentichereste** la vostra promessa? | — Would you forget your promise? |
| — Non **potremmo** mai dimenticarla. | — We could never forget it. |
| — **Sarebbe** possibile rimandare l'appuntamento a domani? | — Would it be possible to postpone our appointment until tomorrow? |
| — Lo **farei** volentieri, ma domani sono occupato. | — I would do it gladly, but I'm busy tomorrow. |

For more practice with the conditional, ask students if they would do the following things for $1,000: *radersi la testa, mangiare polpi, mangiare cervelli di vitello* (calf's brains), *indossare vestiti da donna/da uomo al lavoro, telefonare al Papa al Vaticano, nuotare nell'Oceano Artico.*

Review the future tense of irregular verbs. Then compare the future forms with the conditional forms. Translate each verb into English, stressing the difference

**A.** Dica che queste persone farebbero le azioni indicate, e spieghi poi perché non le fanno.

➤ Enzo / giocare a pallacanestro     *Enzo giocherebbe a pallacanestro ma non ha tempo (ma deve lavorare, ma non è possibile, ecc.).*

between *he will go* and *he would go*. Emphasize the sound difference between *andremo* and *andremmo*, and the pronunciation of *andrebbero*.

1. Roberta / prendere un caffè
2. i bambini / servire le bevande
3. io / accompagnare Luciana alla festa
4. noi / passare dalla nonna
5. voi / essere con la famiglia ogni fine-settimana
6. mia sorella / aiutarmi in cucina
7. loro / fare una passeggiata
8. io / restare a casa con Piero

Ex. B: Point out that many of the less-polite sentences are commands, which can be softened by using the conditional in the form of a question.

**B.** Lei è in una trattoria della Costa Smeralda. Come potrebbe dire le seguenti frasi in maniera più cortese?

➤  Portami il pane!        Mi porterebbe il pane, per piacere?

1. Avete un tavolo per due con vista sul mare?
2. Venga qui un momento.
3. Mi porti il menù!
4. Che cosa vuol dire *polpo?*
5. Preferisco il vino rosso.
6. Voglio gli spaghetti alle vongole.
7. È possibile farmi il conto?
8. Dov'è il bagno?

Ex. C: Have students name other famous people and say what they would do with the money. Divide the class into groups of four or five and have the group decide what they would do with the money: *Noi compreremmo ... .*

**C.** Questa settimana la lotteria dello stato ha un montepremi ( *jackpot*) di trenta milioni di dollari. Le persone nella colonna A hanno comprato i biglietti, e pensano a quello che farebbero se vincessero (*if they were to win*). Formuli frasi logiche usando il condizionale.

| A | B | C |
|---|---|---|
| Madre Teresa | mandare | a Jenny Craig |
| Bill Gates | dare | un albergo a Las Vegas |
| Luciano Pavarotti | comprare | a Venezia |
| gli amici di *Seinfeld* | andare | i suoi orecchi |
| Babbo Natale | iscriversi | un aumento agli elfi |
| Homer e Marge Simpson | fare | i figli all'accademia |
| Mr. Spock | cambiare | militare |
| Gli studenti d'italiano | non cambiare | i soldi ai poveri |
|  | cenare | il modo di vita |
|  |  | spesso in ristoranti costosi |

E lei che cosa farebbe?

Ex. D: Make sure students understand that they are to say what they would do if there were no obstacles. Have students vary the questions by using *piacere* and *volere: Dove ti piacerebbe vivere? Quale macchina vorresti guidare?*

**D.** Intervisti un compagno/una compagna per sapere cosa farebbe se tutto fosse (*were*) possibile. Gli/Le chieda:

dove andare in vacanza                quale lavoro fare
quale macchina guidare              che tipo di persona sposare
quale università frequentare

➤  vivere        S1: *Dove vivresti?*
                S2: *Vivrei in California.*

Ex. E: Brainstorm responses to the first two or three situations with the whole class. Then have groups come up with several answers in the *noi* form: *prenderemmo un tassì, chiederemmo un passaggio ad amici,* etc. Have students report their decisions to the class. Then pose other conditions: *E se non arriva il tassì? Cosa fareste allora?*

Ex. F: Make sure students take turns asking and answering. Encourage them to expand on their answers, giving reasons.

**E.** In coppia: Cosa fareste voi in queste situazioni?

1. La macchina non funziona e dovete arrivare a scuola in tempo per un esame.
2. Non siete soddisfatti del vostro voto (*grade*) in un esame.
3. Non potete dormire perché il vostro compagno di camera russa (*snores*).
4. Avete tre esami e un lungo rapporto da finire lo stesso giorno.
5. Il vostro migliore amico parte per due anni per l'Australia.
6. In un ristorante, un piatto che avete ordinato non è buono.

**F.** In gruppi di tre: Chieda alle altre persone del gruppo se farebbero queste cose.

➤ dire che le piace un regalo anche se non è vero

S1: *Tu diresti che ti piace un regalo anche se non è vero?*
S2: *Sì, direi che mi piace.*
S3: *No, direi la verità: direi che non mi piace.*

1. uscire con la ragazza/il ragazzo del suo migliore amico/della sua migliore amica
2. prestare molti soldi al tuo compagno di camera/alla tua compagna di camera
3. sposarsi con una donna/un uomo molto ricca/o ma antipatica/o
4. andare a vivere all'estero da solo/a
5. dire una bugia per aiutare un amico
6. regalare una cosa che ha ricevuto in regalo
7. fare l'autostop (*hitchhike*) da solo/a
8. chiamare la polizia dopo avere visto un furto (*robbery*)

## Pronomi combinati

1. When direct and indirect object pronouns are both used in a sentence, the indirect object pronoun precedes the direct object pronoun, except for **loro.** The following chart shows the combined forms of direct and indirect object pronouns.

| Indirect object pronouns | Direct object pronouns | | | |
|---|---|---|---|---|
| | + lo | + la | + li | + le |
| mi | me lo | me la | me li | me le |
| ti | te lo | te la | te li | te le |
| gli } le } | glielo | gliela | glieli | gliele |
| ci | ce lo | ce la | ce li | ce le |
| vi | ve lo | ve la | ve li | ve le |
| loro | lo ... loro | la ... loro | li ... loro | le ... loro |

2. The indirect object pronouns **mi, ti, ci,** and **vi** become **me, te, ce,** and **ve** before **lo, la, li,** and **le.**

| | |
|---|---|
| Mi chiede un favore. | He asks me for a favor. |
| **Me lo** chiede. | He asks me for it. |
| | |
| Ti ha comprato il biglietto. | He bought you the ticket. |
| **Te l'**ha comprato. | He bought it for you. |
| | |
| Ci preparano i dolci. | They are preparing the desserts for us. |
| **Ce li** preparano. | They're preparing them for us. |
| | |
| Vi scrive le poesie. | He writes you poems. |
| **Ve le** scrive. | He writes them for you. |

The indirect object pronouns **gli** and **le** become **glie** when combined with the direct object pronouns **lo, la, li,** and **le.**

| | |
|---|---|
| Gli spedirò il questionario. | I'll send him the questionnaire. |
| **Glielo** spedirò. | I'll send it to him. |
| | |
| Le ho comprato il libro. | I bought her the book. |
| **Gliel'**ho comprato. | I bought it for her. |

L'agnello? Sì, **glielo** posso consigliare.

3. The combined object pronouns, like single pronouns, generally precede a conjugated verb. In infinitive constructions, the combined pronouns are attached to the end of the infinitive. In constructions with the modal verbs **dovere, potere, volere,** the pronouns may either precede the conjugated verb or attach to the infinitive.

> Remember that when pronouns attach to an infinitive, the infinitive drops its final *-e: dire → dirglielo.*

— Vendi la tua macchina a Giuliana?
— Sì, forse **gliela** vendo. Mi piacerebbe vender**gliela.** Voglio vender**gliela** (*or* **Gliela** voglio vendere).

— Are you selling your car to Giuliana?
— Yes, maybe I'll sell it to her. I'd like to sell it to her. I want to sell it to her.

4. The indirect object pronoun **loro** always follows the verb. It never attaches to the direct object pronoun or to an infinitive.

> Remember that *gli* is increasingly replacing *loro* in conversational Italian to mean "to them." You can express "I'm sending it to them" as *Lo mando loro* or *Glielo mando.*

Mando **loro** il pacco.        I'm sending them the package.
**Lo** mando **loro.**            I'm sending it to them.
Devo mandar**lo loro.**          I have to send it to them.

5. In **tu, noi,** and **voi** commands with two object pronouns, both pronouns follow the verb and are attached to it.

Porta**melo!**            Bring it to me!
Mandiamo**glieli!**       Let's send them to him/her!
Spedite**cela!**          Send it to us.

In negative **tu, noi,** and **voi** commands, the pronouns usually precede the verb, though many Italians attach them to the end of the verb.

Non **me lo** portare!    *or*    Non portar**melo!**
Non **ce la** spedite!    *or*    Non spedite**cela!**

**G.** In coppia: In un ristorante, lei chiede al cameriere le seguenti cose. Il cameriere dice che gliele porterà subito.

➤ il menù      S1: *Mi potrebbe portare il menù?*   S2: *Certo. Glielo porto subito.*

1. il sale
2. la lista dei vini
3. gli spaghetti alle vongole
4. un bicchiere d'acqua
5. una bistecca alla fiorentina
6. gli spinaci
7. un'altra forchetta
8. il conto (*check*)

Ex. H: Ask students where else the pronouns might be placed (before the conjugated verb).

**H.** Nelle seguenti conversazioni completi le risposte, usando le forme appropriate dei pronomi combinati.

1. — Mi puoi comprare i biglietti?
   — Sì, posso _____ .
2. — Vuole spiegare il dramma ai ragazzi?
   — No, non voglio _____ .

3. — Quando gli devi dare i CD?
   — Devo _____ più tardi.
4. — Potete preparare il caffè per Luigi?
   — Sì, possiamo _____ ora.
5. — Vogliono presentare Elena agli amici?
   — Sì, vogliamo _____ .

Have students expand Ex. I using their own possessions and acting out the sentences.

**I.** Lei è molto generoso/a, e ogni volta che una persona ha bisogno di una cosa sua, gliela presta volentieri. Finisca le frasi come nel modello.

➤ Avete bisogno di questo dizionario? *Allora, ve lo presterò.*
   Ha bisogno di queste cassette? *Allora, gliele presterò.*

1. Hai bisogno dello shampoo?
2. Avete bisogno del mio computer?
3. Ha bisogno delle forbici?
4. Hanno bisogno della macchina?
5. Avete bisogno dei miei libri di arte?
6. Ha bisogno di questo rasoio?
7. Hanno bisogno del registratore?

Have students repeat Ex. J using *voi/noi* instead of *tu/io*.

**J.** In coppia: Un suo amico/Una sua amica non vuole fare le cose che lei gli/le suggerisce. Ordini che le faccia, usando i pronomi con l'imperativo.

➤ S1: Da' il registratore a Roberto!    S2: *Non voglio darglielo.*
                                          S1: *Daglielo!*

1. Spiega il problema a noi!
2. Scrivi la lettera alla tua amica!
3. Spedisci i libri a Giorgio e a Tina!
4. Presenta tua sorella a me!
5. Chiedi le informazioni a Sandra!
6. Fa' la domanda al professore!
7. Prepara il pranzo ai ragazzi!

**K.** In coppia: Faccia le seguenti domande ad un altro studente/un'altra studentessa. Poi invertite i ruoli.

1. Fai molti regali a Natale? A chi? Fai regali agli amici? Che cosa regali loro? E alla ragazza/al ragazzo?
2. Lasci sempre la mancia (*tip*) al cameriere quando vai al ristorante? Anche quando il servizio è stato mediocre?
3. Scrivi lettere agli amici? Alla mamma?
4. Ti lavi i capelli ogni giorno? Quante volte al giorno ti lavi i denti?
5. Quando ti metti i guanti? E il cappotto? E il costume da bagno?

**L.** In coppia: Ecco una lista di tutte le cose che oggi lei doveva fare in ufficio, ma lei è riuscito/a a fare solo alcune cose. Quando alla fine della giornata il suo capoufficio (*boss*) le chiede se ha fatto le varie cose, risponda in maniera appropriata usando i pronomi.

➤ S1: Ha scritto la lettera all'avvocato?
   S2: Sì, gliel'ho scritta. / No, non gliel'ho ancora scritta.

1.) scrivere la lettera alla direttrice
2.) mandare il telegramma al signor Tonfi
3.) spedire i libri ai clienti ✓
4.) spiegare il problema alla signorina Campo ✓
5.) presentare l'amica al direttore
6.) chiedere le informazioni alle segretarie ✓
7.) portare il registratore a Tonino ✓
8.) preparare il caffè alla direttrice ✓

## Due significati speciali di *da* (tempo e luogo)

1. To indicate the duration of actions that began in the past and continue to the present, Italian uses the present tense with **da** + *expression of time*. Notice the different verb tenses used in the following Italian and English sentences.

   — **Sei** qui **da** molto tempo?           — Have you been here long?
   — No, **sono** qui **da** pochi              — No, I've been here for just a
     minuti.                                       few minutes.

   — **Da** quanto tempo **conosci**            — How long have you known
     Giulio?                                       Giulio?
   — Lo **conosco da** dieci anni!              — I've known him for ten years!

2. **Da** followed by a noun referring to a person means *to* or *at that person's house* or *place of business*.

   Oggi devo andare **dal** dentista.           Today I have an appointment at the dentist's.

   > Remember that when *da* precedes a definite article, it combines with the article: *da + il = dal*.

— **Da** quanto tempo dipingi la volta della Cappella Sistina?

— **Da** troppo tempo!

| | |
|---|---|
| Poi vado **dal** pasticciere e compro una torta. | Then I'm going to the confectioner's and I'll buy a cake. |
| Stasera mangiamo **dalla** zia. | Tonight we are eating at our aunt's house. |

**M.** Risponda alle domande.

1. Da quanto tempo abita in questa città?
2. Da quanto tempo frequenta quest'università?
3. Da quanto tempo studia l'italiano?
4. Da quanto tempo conosce il suo migliore amico/la sua migliore amica?
5. Da quanti anni ha la patente di guida?
6. Da quanti anni prende il caffè o il tè?
7. Da quanto tempo non vede la sua famiglia?
8. Da quanti minuti fa questo esercizio?

**N.** In coppia: Studente 1 dice che vorrebbe fare le cose della lista di sinistra. Studente 2 risponde che dovrebbe andare da una delle persone indicate a destra per farle.

➤ comprare una bella bistecca    S1: *Vorrei comprare una bella bistecca.*
    S2: *Dovresti andare dal macellaio.*

| | |
|---|---|
| 1. farmi pulire i denti | avvocato |
| 2. mangiare il prosciutto di Parma | pescivendolo |
| 3. comprare calamari e vongole | architetto |
| 4. costruire una casa nuova | parrucchiere |
| 5. farmi tagliare i capelli | professore |
| 6. avere un po' di aiuto con i verbi irregolari | salumiere |
| 7. risolvere un problema legale | dentista |

**0.** La signora Maria Katia organizza feste a casa delle sue amiche dove vende prodotti cosmetici. Guardi l'agenda della signora e dica dov'è ogni giorno della settimana.

➤ Lunedì alle tre organizza una festa da Mariangela.

## Verbi riflessivi con significato di reciprocità

1. To express reciprocal actions, expressed in English using *each other* and *one another*, Italian uses the reflexive pronouns **ci**, **vi**, and **si** with the plural forms of the verb. As with reflexive verbs, the pronoun generally precedes the verb or is attached to the end of an infinitive.

Review reflexive verbs, especially the placement of the reflexive pronoun and the construction of reflexives in the *passato prossimo*.

| | |
|---|---|
| Gina e Renato **si aiutano** a fare i compiti. | Gina and Renato help each other with their homework. |
| **Vi incontrate** spesso in biblioteca? | Do you often meet (each other) at the library? |
| Abbiamo bisogno di **vederci.** | We need to see each other. |

2. Reciprocal verbs are conjugated with **essere** in the **passato prossimo.** The past participle agrees with the subject of the verb.

— Dove **si sono conosciuti** i tuoi genitori?

— Ad una festa. **Si sono inna-morati** immediatamente.

— Where did your parents meet?

— At a party. They fell in love with each other immediately.

3. Here are a few common verbs that have reciprocal meaning.

Point out that many other verbs can have reciprocal meaning: *comprarsi, farsi regali, darsi del tu*, etc.

| | |
|---|---|
| **aiutarsi** | to help each other |
| **amarsi** | to love each other |
| **conoscersi** | to know each other, to meet (for the first time) |
| **incontrarsi** | to meet each other (at a place) |
| **innamorarsi** | to fall in love with each other |
| **odiarsi** | to hate each other |
| **parlarsi** | to speak to each other |
| **salutarsi** | to greet each other |
| **scriversi** | to write to each other |
| **sposarsi** | to marry each other |
| **vedersi** | to see each other |

Quando **ci siamo incontrati** la prima volta **ci odiavamo.**
Poi **ci vedevamo** piuttosto spesso e ad un certo punto **ci siamo innamorati. Ci sposiamo** a giugno.

When we met each other the first time, we hated each other. Then we used to see each other fairly often and at a certain point we fell in love with each other. We're getting married (to each other) in June.

Tell students that Gran Sasso is the highest peak of the Apennines, located near the city of l'Aquila in central Italy. Ask *Come si chiama la regione dov'è situata L'Aquila? Come si chiamano I due mari tra cui è situato il Gran Sasso?*

Tell students that on clear days both seas are visible from these very high mountains.

Have students repeat Ex. P in the *passato prossimo*; adjust time expressions accordingly.

**P.** Formuli frasi al presente con le parole indicate.

➤ noi / incontrarsi / questo pomeriggio     *Noi ci incontriamo questo pomeriggio.*

1. Paolo e Susanna / scriversi / spesso
2. tu ed io / amarsi / da un anno
3. voi / incontrarsi al bar / il venerdì
4. i nostri compagni / vedersi / al Caffè Italia
5. Franco e Mirella / non odiarsi / affatto
6. io ed Alberto / incontrarsi / a Milano
7. tu e Stefano / aiutarsi / a studiare la chimica
8. Carla e Vera / vedersi / ogni settimana

Ex. Q: Have students take notes while interviewing partners. Then ask individuals to tell the class what they found out.

**Q.** In coppia: Chieda ad un compagno/una compagna alcune informazioni sul suo migliore amico/sulla sua migliore amica.

1. Come si chiama il tuo migliore amico/la tua migliore amica?
2. Da quanto tempo vi conoscete?
3. Vi vedete spesso?
4. Vi telefonate ogni giorno?
5. Vi dite tutto quello che vi preoccupa?
6. Vi aiutate quando avete problemi?
7. Vi capite bene?

Ex. R: Have students relate the story in the present tense. Then have the whole class retell the story in the *passato prossimo*.

**R.** Guardi la serie di disegni in basso e racconti la storia di Enzo ed Emilia usando strutture reciproche.

# *Parliamo un po'*

**A. Un invito.** In coppia.

---

**S1**

Lei ha ricevuto in omaggio (*complimentary*) due biglietti per andare in discoteca. Telefoni ad un'amica e la inviti ad andare con lei. Prima di accettare l'invito, l'amica vorrebbe sapere alcune cose. Risponda alle domande, utilizzando il biglietto riportato sopra.

---

**S2**

Una sua amica le telefona per sapere se vuole andare ad una nuova discoteca. Le piace l'idea, ma prima domandi:

> come si chiama la discoteca
> dov'è
> quando potete andare
> a che ora
> se può portare anche un amico
> che cosa pensa di indossare l'amica

**B. Notizie liete.** Legga le notizie liete (*happy news*) negli annunci riportati in basso, e poi dia le informazioni indicate.

1. Compie diciotto anni:
2. Tipo di messaggio per Anna Maria:
3. A che ora e dove si sposano Tiziana e Renzo:
4. Lo festeggia Massimo:
5. Lo festeggiano Rosi e Roberto:
6. Sono appena nati:

**NOTIZIE LIETE**

**Anniversario**

★ *A Rosi e Roberto nel primo anniversario tanti auguri mamma papà Daniela Enrico zio Carlo e Anna.*

**Compleanno**

★ *Massimo tantissimi auguri Gabri Gianni e mamma Clelia bacissimi.*

**Compleanno**

★ *Patrizia Santolamazza. Oggi è un giorno da non dimenticare i tuoi meravigliosi 18 anni auguri Papà Mamma Catia.*

**Culla**

★ *Clelia e famiglia augurano tanta felicità alla piccola Claudia.*

**Culla**

★ *Finalmente è arrivato Andrea inondando il nostro cuore di gioia auguri gli amici di Licenza.*

**Messaggio**

*D'amore per Anna Maria. Non posso vivere senza di te.*

**Nozze**

★ *Oggi, alle ore 17, nell'Abbazia S. Nilo di Grottaferrata, Tiziana Simone e Renzo D'Alessandris coronano il loro sogno d'amore. A Tiziana e Renzo giungano gli auguri più sinceri.*

**C. Cosa servire?** Cosa farebbe lei in una delle seguenti situazioni? Ne scelga una, scriva un menù semplice e prenda appunti sulle altre cose da fare. Poi spieghi ad un compagno/una compagna che cosa farebbe.

1. Ha invitato dieci amici a festeggiare il compleanno della sua migliore amica. Quali cibi servirebbe loro? Quali bibite comprerebbe? Quali attività organizzerebbe?
2. Lei invita nel suo appartamento il suo ragazzo/la sua ragazza per una cena intima a due. Che cosa gli/le preparerebbe? Come sarebbe l'appartamento?
3. I suoi futuri suoceri vengono a cena. Quali cibi servirebbe loro? Come si vestirebbe? Inviterebbe altre persone?

Act. D: Make sure students reach a common decision. Follow up by asking individuals to tell the class which restaurant their groups chose and why.

**D.** **Scegliere un ristorante.** In gruppi di tre: Stasera avete voglia di uscire, e vorreste andare ad un nuovo ristorante. Guardate i menù in basso. Ognuno di voi sceglie il ristorante che gli/le interessa di più, poi decide con gli altri dove andare.

➤ S1: Mi piacerebbe andare ... perché mi piace ...
S2: No, io vorrei andare ... perché ...
S3: Io preferisco ...

---

**RISTORANTE BIBÒ**

P.za Santa Felicita 6/R - Tel. 2398554
Chiuso il martedì
*Prezzo fisso*: **L. 23.000**
1° Penne alla fiesolana o Zuppa verdura
  o Ravioli alla cardinale
2° Braciole alla fiorentina o Costola di
  maiale alla salvia o Trota al burro
3° Patate o Spinaci o Insalata
4° Frutta o Creme caramel o Gelato
*Bevande*: non comprese nel prezzo fisso

---

**RISTORANTE CINESE
CITTÀ IMPERIALE**

Via dei Banchi 30/R - Tel. 218368
Chiuso il lunedì
*Prezzo fisso*: **L. 16.000**
1° Involtini primavera o Ravioli al vapore
  o Wal-con fritti
2° Riso alla cantonese o con gamberetti
  o Pasta cinese
3° Maiale o Stufato con funghi cinesi e
  bambù o Pollo alla mandorle o Pollo
  in salsa piccante
4° Frutta mista cinese o Frutta fritta
*Bevande*: Acqua o Tè cinese o Vino
Tavoli all'aperto d'estate

---

**RISTORANTE PIZZERIA
CHARLIE'S**

Via T. Alderotti 87/R - Tel. 4360470
Chiuso il mercoledì
*Prezzo fisso*: **L. 25.000**
1° Antipasto toscano
2° Penne alla boscaiola o Strascicate o
  Rigatoni
3° Roast beef o Arista al forno o
  Milanese
4° Piselli o Insalata o Patate
5° Gelato o Macedonia
*Bevande*: Vino o Acqua
Aria condizionata

---

**TAVOLA CALDA DA ROCCO**

Interno mercato di Sant'Ambrogio
Chiuso la domenica
*Prezzo fisso*: **L. 14.000**
1° Pasta fredda o Lasagne o Spaghetti o
  Penne
2° Trippa o Cotolette o Crocchette di
  vitella
3° Verdura o Insalata o Sformati
4° Macedonia o Creme caramel o Pere o
  Mele cotte
*Bevande*: Vino o Minerale

---

Act. E: Encourage students to use the conditional when ordering. Have them ask the waiter about items on the menu they do not understand. Have the waiter write down the orders so that he/she can repeat them afterward.

**E.** **Al ristorante.** In gruppi di tre: Lei è con un amico/un'amica in uno dei ristoranti elencati sopra. Scegliete i piatti dal menù e fate le vostre ordinazioni al cameriere/alla cameriera.

➤ Cameriere: Mi dica, signorina.
S1: Dunque ... come primo piatto, vorrei ...
S2: Io invece prenderei ...
  ecc.

# *In giro per l'Italia*

Have students work in pairs. Then, with books closed, have one student in each pair supply the correct word for each definition.

**A. Definizioni.** Abbini le definizioni con una parola della lista di destra. Ci sono due parole in più nella lista.

1. gli abitanti della Sardegna
2. lo fa il vento
3. danno l'uva
4. la persona che scrive
5. aggettivo derivato da *Sardegna*
6. la lingua della Sardegna
7. alberi che danno olio
8. lavoro collegato al mare e ai pesci
9. gli abitanti della Spagna
10. una regione della Spagna

a. gli ulivi
b. gli spagnoli
c. il sardo
d. la pesca
e. la Catalogna
f. i monumenti
g. lo scrittore o la scrittrice
h. sardo/a
i. tira
j. i sardi
k. l'isola
l. i vigneti

Have students read the passage silently and prepare five or six questions based on its content. Then, with books closed, have some students answer their own questions.

**La Sardegna.** Legga questo brano e poi faccia l'esercizio che segue.

La Sardegna è, dopo la Sicilia, la seconda isola del Mediterraneo per quanto riguarda la superficie[1]. Essa è situata a 200 km dalla penisola italiana e a solo 12 km dalla Corsica. La Sardegna è una terra antichissima dove si trovano vari monumenti preistorici. I nuraghi, per esempio, sono grandi strutture in pietra[2] che risalgono[3] a quasi duemila anni avanti Cristo.

I paesaggi[4] sardi sono molto diversi. Le coste, tra le più belle d'Italia, sono frastagliatissime[5]. Il territorio presenta monti, valli, qualche pianura e massicci[6] isolati con poca vegetazione. L'isola è molto ventosa[7], e molti alberi crescono nella direzione in cui tira il vento. In Sardegna crescono querce di sughero[8], ulivi, vigneti e alberi da frutto. L'economia dell'isola si basa sull'agricoltura, la pastorizia[9], la pesca[10], l'industria mineraria[11], l'artigianato e il turismo.

Gli abitanti dell'isola sono più di un milione e mezzo. Essi hanno una propria lingua, il sardo, che comprende vari dialetti. Nel lessico sardo si possono distinguere elementi latini, prelatini, greci, spagnoli e catalani. Le città principali della Sardegna sono Cagliari, Sassari e Nuoro. Cagliari, sede[12] del governo regionale, ha l'aspetto di una città moderna con un bell'aeroporto e un porto molto attivo. A Cagliari è nato Antonio Gramsci (1891–1936), scrittore e figura politica di grande rilievo. Sassari, nel nord dell'isola, è una città con caratteristiche medievali. In questa città, dove è nato il pittore Mario Sironi (1885–1961), ogni anno si svolge un'importante mostra[13] dell'artigianato sardo. A Nuoro, una città della Sardegna centrale ai piedi del massiccio del Gennargentu, è nata la scrittrice Grazia Deledda (1871–1936), a cui fu assegnato il premio Nobel per la letteratura nel 1926.

Locate Sardegna on the map on p. 14. Then locate Corsica. *È vicina o lontana la Corsica dalla Sardegna? A quale paese straniero appartiene* (belongs) *la Corsica? Come si chiama il mare al nord della Corsica? E il mare ad est della Sardegna? È vicina o lontana la Sardegna dall'Italia? E dalla Sicilia?*

Finally locate Cagliari. *Cagliari è nel nord o nel sud dell'isola?*

On the political map of Italy on p. 14, locate Sassari and Nuoro.

If possible, have students see the film *Padre padrone,* for a fuller portrait of Sardegna.

Gennargentu (1,834 m) is the highest peak in Sardegna.

Remind students about masculine nouns ending in *-tore* whose feminine form ends in *-trice*: *scrittore/scrittrice; attore/attrice; pittore/pittrice; autore/autrice,* etc.

1. in terms of area   2. stone   3. date back to   4. landscapes   5. very winding   6. groups of mountain peaks   7. windy   8. cork trees   9. sheepherding   10. fishing   11. mining   12. headquarters   13. exhibit

Gruppi di turisti visitano gli antichi nuraghi della Sardegna.

After doing Ex. B, call on some students to correct false statements with books closed.

**B.  Vero o falso?** Indichi se le seguenti frasi sono vere o false secondo il brano precedente.

1.  La Sardegna è la più grande isola del Mediterraneo.
2.  La Sardegna è a 12 km dall'Italia.
3.  La Corsica è un'isola al nord della Sardegna.
4.  I nuraghi sono monumenti preistorici.
5.  Le coste sarde non sono molto frastagliate.
6.  In Sardegna tira sempre il vento.
7.  Il turismo è la sola industria dell'isola.
8.  Gli abitanti dell'isola parlano il sardo.
9.  Il capoluogo della Sardegna è Sassari.
10. Grazia Deledda è una scrittrice sarda.

**C.  La parola giusta.** Completi le seguenti frasi con le parole appropriate fra quelle indicate tra parentesi.

1.  D' ... fa molto caldo.
    (festa, estate)
2.  Molte persone ... in Sardegna.
    (sono ricchi, vanno in vacanza)
3.  Di solito i turisti prendono... .
    (l'aereo, l'estate)
4.  Per prendere l'aereo bisogna andare... .
    (alle linee marittime, all'aeroporto)
5.  I turisti ricchi vanno a stare in... .
    (macchina, alberghi di lusso)
6.  Quando fa caldo è bello stare... .
    (sulla spiaggia, in macchina)
7.  In Sardegna ci sono bei posti di... .
    (traffico, villeggiatura)

Sardegna: Veduta del porto di Cagliari con il faro.

**Una bella meta¹ turistica.** Legga questo brano e poi faccia l'esercizio che segue.

On the political map of Italy on page 14, locate Alghero and Porto Torres. Also locate Civitavecchia (*un porto vicino a Roma*) and Livorno (*un porto della Toscana*).

Con l'arrivo dell'estate molti turisti italiani e stranieri vanno in vacanza in Sardegna. Se non sono così ricchi da avere una barca² privata, essi vanno in traghetto³ o in aereo. Ci sono varie linee marittime con le quali si può raggiungere⁴ l'isola, con traghetti che partono per Cagliari da Civitavecchia, Napoli e Palermo. Porto Torres, vicino a Sassari, può essere raggiunto da Genova e Livorno. E bisogna prenotare⁵ con molto anticipo, altrimenti⁶ non si trova posto, specialmente se uno vuole portare con sé la macchina. Nei mesi estivi anche il traffico aereo diventa particolarmente intenso nei moderni aeroporti di Cagliari ed Alghero. Gabriella e Piero, i due giovani del video "Parliamo italiano," prendono l'aereo per andare a Cagliari.

1. destination   2. boat   3. ferry   4. to reach   5. to make reservations   6. otherwise

Un posto di villeggiatura molto esclusivo è la Costa Smeralda, nel nord-est della Sardegna. Questa zona ricca di alberghi di lusso, di porti turistici e di campi da golf[7] attrae turisti internazionali molto facoltosi[8]. Un'altra zona balneare[9] molto bella è Alghero, nel nord-ovest dell'isola. Alghero prende il nome dalla quantità di alghe che si accumulano sulle sue spiagge. In questo piccolo porto si pratica anche la pesca del corallo, usato per fare bellissimi gioielli[10]. Alghero ricorda[11] la Spagna. Infatti questo porto, occupato dai catalani[12] nel 1354, ha conservato la lingua e i costumi di quella regione spagnola. Per ricordare questo legame[13], ogni anno ha luogo uno scambio[14] fra gli abitanti di Alghero e della Catalogna.

Altri luoghi sardi molto visitati dai turisti sono le isole della Maddalena e di Caprera al sud della Corsica. A Caprera ci sono la casa e la tomba dell'eroe nazionale Giuseppe Garibaldi. Tutto sommato[15], il turismo è una grande industria per la Sardegna; i visitatori possono assistere anche a tante feste popolari dove i sardi indossano bei costumi regionali e cantano indimenticabili canti[16] tradizionali.

The strait that separates Corsica from Sardegna is called Bocche di Bonifacio.

On the political map of Italy on page 14, locate the islands Maddalena and Caprera.

Giuseppe Garibaldi fought for the unification of Italy during the second half of the nineteenth century.

7. golf courses   8. wealthy   9. bathing   10. jewelry   11. is reminiscent of   12. Catalonians   13. link   14. exchange   15. All told   16. unforgettable songs

**D.  Informazioni.** Dia le seguenti informazioni basate sul brano precedente.

1. Come si può raggiungere la Sardegna ...
2. Da dove partono i traghetti che vanno a Cagliari ...
3. Un bellissimo posto di villeggiatura della Sardegna ...
4. Da dove deriva il nome di Alghero ...
5. Pesca particolare praticata in Alghero ...
6. Una regione spagnola che ha contatti con Alghero ...
7. Due piccole isole vicino alla Sardegna ...
8. Un eroe italiano la cui casa e tomba si trovano su una di queste piccole isole ...

# Le notizie di oggi

**COMMUNICATIVE OBJECTIVES**

- Report on and react to news
- Name and locate European countries and capitals
- Express hopes, wants, demands, and opinions
- Give advice

È l'ora del telegiornale su Raitre, uno dei tre canali televisivi statali.

Have students listen to the recording with books open. Then have a pair of students play newscasters, taking turns presenting the news stories.

S ono le venti e il telegiornale della sera va in onda.

Look at the maps of Europe and Italy and locate all the places mentioned in the newscast.

ANNUNCIATRICE:  Buona sera! Questi sono i titoli del nostro giornale.

- Decisa dal governo la nuova manovra fiscale.
- A Bruxelles la Ue discute il problema etnico dell'est europeo.
- Il prossimo viaggio del Papa.
- Siccità e fame nell'Africa centrale.
- A Milano presentata la nuova moda per la primavera-estate.
- La preparazione della squadra nazionale di calcio per l'incontro con la Francia.

Ue = Unione europea

Buona sera!

- Il governo spera che la manovra fiscale riesca a ridurre il deficit per l'anno in corso°.

current

- Il problema etnico delle nazioni dell'est europeo è all'esame° dei ministri degli esteri della Ue. Si prevede° una riunione molto lunga e difficile.

is being examined
It is anticipated

- Il prossimo viaggio del Papa sarà in Russia. È possibile che il Santo Padre° incontri a Mosca i capi delle religioni ortodossa, ebrea e musulmana.

Holy Father

- Nell'Africa centrale la siccità sta causando distruzione e morte. La Croce Rossa ha già mandato aiuti ai paesi più colpiti dalla fame.

- A Milano le maggiori case di moda hanno presentato le ultime creazioni per la stagione primavera-estate. Ecco alcuni dei modelli di maggior successo.

- Per lo sport, abbiamo queste immagini sulla preparazione della nazionale di calcio per l'incontro con la Francia; sembra che tutti gli atleti siano in ottima forma.

Attenzione, questa notizia è appena° arrivata. A causa della° nebbia, c'è stato un grave incidente automobilistico sull'autostrada Bologna-Milano. Secondo un portavoce della polizia, è probabile che ci siano numerosi feriti. Notizie più precise le daremo nel telegiornale della notte.

just / Because of

*Il portavoce* (*porta* + *voce*) and *il telegiornale* (*tele* + *giornale*) are compound nouns.

Grazie per averci seguito°! Buona sera!

for being with us

## Domande

Have students recount each of
the news items in their own
words, using the questions as
a guide.

1. Perché l'annunciatrice annuncia i titoli del telegiornale?
2. Che cosa ha deciso il governo? Che cosa spera?
3. Che cosa è all'esame dei ministri degli esteri della Ue?
4. Dove farà il prossimo viaggio il Papa? Chi incontrerà?
5. Che succede nell'Africa centrale? Che ha fatto la Croce Rossa?
6. Che cosa hanno presentato le maggiori case di moda? Dove?
7. Con quale nazione si incontrerà la nazionale di calcio?
8. Che notizia è arrivata alla fine del telegiornale?

## Domande personali

Ask additional questions, such
as *Quanti televisori ci sono a
casa sua? Quali trasmissioni le
piace guardare? Quante radio
possiede? Ascolta la radio o le
cassette di canzoni mentre
guida?*

1. Lei ascolta il telegiornale? Quale? A che ora? Quale
   annunciatore/annunciatrice preferisce?
2. Quali problemi interni discute il Congresso in questi giorni?
3. Quali sono i maggiori problemi internazionali riportati in questi giorni dal
   telegiornale?
4. Qual è il suo sport preferito? Qual è la sua squadra preferita?
5. Ha mai avuto un incidente stradale (*traffic accident*)? Quando? Dove?

## IL BEL PAESE.

L'EUROPA CONTA SULL'ITALIA. L'ITALIA CONTA SU DI TE.

# La radio e la televisione in Italia

In Italia il settore della radio e della televisione è cambiato moltissimo negli ultimi anni. Di rilievo[1] è il fatto che è terminato finalmente il monopolio della RAI. Di proprietà dello stato e influenzata dai maggiori partiti politici, la RAI trasmetteva[2] su tutto il territorio con tre stazioni radiofoniche e tre canali televisivi. Il telespettatore, per poter seguire le trasmissioni RAI, ogni anno pagava e paga ancora oggi una tassa (canone televisivo).

Oggi la situazione è molto diversa e il settore radio-televisivo è più libero e competitivo. La RAI continua a dominare il settore con lo stesso numero di canali, ma con l'aiuto finanziario di numerosi sponsor sono sorte[3] moltissime stazioni radio e televisive private. Circa ottocento di queste stazioni sono piccole e trasmettono a livello regionale. Altre stazioni, più grandi e con adeguate attrezzature[4] tecniche e finanziarie, raggiungono con i loro programmi tutto il paese. In concorrenza[5] con la RAI, esse trasmettono una grande varietà di programmi, incluso il telegiornale. Tra i programmi popolari doppiati[6] sono molto seguiti le serie televisive americane *Beautiful* (*The Bold and the Beautiful*) e *Santa Barbara* e i telefilm *Hunter, ER, Melrose Place* ed altri.

1. Of importance   2. would broadcast   3. have sprung up   4. equipment
5. In competition   6. dubbed

## RAIDUE

**14.30–20.30**

| | |
|---|---|
| 14.40 | **SUPERSOAP** *14.40* SANTA BARBARA |
| 15.25 | **DETTO TRA NOI** La cronaca in diretta |
| 17.15 | ● **TG DUE** |
| 17.20 | **DAL PARLAMENTO** |
| 17.25 | **IL CORAGGIO DI VIVERE** Regia Franco Silvestri |
| 18.10 | ● **TGS Sportsera** |
| 18.20 | **HUNTER** Telefilm - Meteo due |
| 19.15 | **BEAUTIFUL** Soap Opera |
| 19.45 | ● **TG DUE** |

##  CANALE 5

**6.30–14.30**

| | |
|---|---|
| 6.30 | **PRIMA PAGINA** |
| 8.35 | **MAURIZIO COSTANZO SHOW** Regia Paolo Pietrangeli Conduce Maurizio Costanzo (Replica) |
| 10.30 | **LA CASA NELLA PRATERIA** Telefilm "Un caro ricordo" |
| 11.30 | **ORE 12** Conduce Gerry Scotti *Un protagonista al giorno racconta la sua storia drammatica. I telespettatori partecipano ad un'asta benefica e trasformano il programma in una di solidarietà.* |

## VIDEOMUSIC

| | |
|---|---|
| 8.30 | **CORNFLAKES** |
| 14.30 | ● **VM - GIORNALE** Flash |
| 14.35 | **HOT LINE** |
| 15.30 | ● **VM - GIORNALE** Flash |
| 15.35 | **ON THE AIR** |
| 16.30 | ● **VM - GIORNALE** Flash |
| 17.30 | ● **VM - GIORNALE** Flash |
| 18.00 | **METROPOLIS** |
| 18.30 | ● **VM - GIORNALE** Flash |
| 19.00 | **PINK FLOYD** Special |
| 19.30 | ● **VM - GIORNALE** |
| 20.30 | **MOKA CHOC LIGHT** |
| 22.00 | **WANTED** 1° parte |

## TELE

**1.00–23.00** ● **LE BAMBOLE**
Film Regia Risi, Comencini, Rossi e Bolognini (Comm, 1964) (Ogni due ore a partire dalle ore 1.00)

**12.50** ● **TELE PIU' TRE** News

## DAI SATELLITI

**EUTELSAT**

**23.00 SUPERCHANNEL**
(Inglese) Film: **Afsekeden's time** (Danimarca 1973)

## Esercizio di comprensione

Indichi se le seguenti frasi sono vere o false.

1. I ministri degli esteri della Ue si sono incontrati per discutere il prossimo viaggio nell'est europeo.
2. È possibile che la manovra fiscale non sia necessaria.
3. La Croce Rossa ha inviato i primi aiuti ai paesi dell'Africa centrale.
4. Il Santo Padre ha deciso di partire per gli Stati Uniti.
5. Le maggiori case di moda hanno presentato la nuova moda invernale.
6. Uno dei feriti dell'incidente automobilistico è un portavoce della polizia.

# Vocabolario

### Parole analoghe

| | | |
|---|---|---|
| l'atleta | europeo | numeroso/a |
| causare | fiscale | ortodosso/a |
| centrale | il governo | la polizia |
| il deficit | l'immagine | la preparazione |
| la distruzione | la manovra | probabile |
| etnico/a | nazionale | la religione |

*Elicit or point out word families such as governo, governare, governatore, governante; preparazione, preparare, preparato.*

### Nomi

**l'aiuto**  help
**l'annunciatore** (*m.*)**/l'annunciatrice** (*f.*)  newscaster
**l'autostrada**  superhighway
**il capo**  chief
**il ferito**  injured person
**l'incidente** (*m.*)  accident
**la morte**  death
**la notizia**  news item; news
**il portavoce**  spokesperson
**la riunione**  meeting
**la siccità**  drought
**il telegiornale**  TV news
**il viaggio**  trip, journey

### Aggettivi

**automobilistico/a**  car
**colpito/a**  hit
**ebreo/a**  Jewish
**musulmano/a**  Muslim

### Verbi

**ridurre**  to reduce

**riuscire (a)**  to succeed in, to manage to
**sperare**  to hope

### Continenti, nazioni e città

**l'Africa**
**la Francia**
**la Russia**
**Bruxelles**
**Mosca**

### Vocabolario non essenziale

**il Papa**  the Pope
**la Ue (Unione europea)**  European Union
**la Croce Rossa**  Red Cross
**il ministro degli esteri**  foreign minister

### Altre parole ed espressioni

**andare in onda**  to be broadcast, to go on the air
**in ottima forma**  in excellent shape

*Have students create original sentences using the words and expressions riuscire (a), il viaggio, and in ottima forma.*

*Point out that verbs ending in -urre (and -orre) such as ridurre (and proporre) belong to the second conjugation. You may want to give students the complete conjugation of the present tense: riduco, riduci, riduce, riduciamo, riducete, riducono; propongo, proponi, propone, proponiamo, proponete, propongono.*

Prat. A: Before doing the *Pratica*, have a few students tell you in simple Italian something unusual they heard or experienced recently. React with an appropriate expression and encourage the other students to do the same.

Model the list of expressions.

Have students ask questions to elicit more information or details.

## Pratica

**A.** In gruppi di tre o quattro: Ogni studente riferisce una breve notizia riportata recentemente dal telegiornale. Ecco alcune espressioni da usare per reagire alle notizie annunciate dagli studenti.

| | |
|---|---|
| **Ancora!**   Again! Still! | **Che disgrazia!**   What a disaster! |
| **Meno male!**   All the better! | **Può darsi!**   Maybe! |
| **Non ci credo proprio!**   I don't believe it! | **Sarebbe ora!**   It's about time! |
| | **Che buffo!**   How funny! |
| **Oh, mio Dio!**   Oh, my God! | **Che bello!**   How nice! |
| **Non mi dire!**   Don't tell me! | **Sarà vero?**   Could it be true? |

Prat. B: Call on some students to read their articles aloud.

**B.** Scriva un breve articolo per un giornale italiano basato sulla notizia presentata nell'esercizio A. È importante spiegare prima che cosa è successo e dopo chi sono i personaggi importanti, dove è successo l'avvenimento, quando, come e perché.

# Ampliamento del vocabolario

Review the geography terms in the preliminary lesson. Then ask *Quali paesi europei sono penisole? Quali sono isole? Quali paesi non sono bagnati dal mare? L'Italia è al nord o al sud della Germania?*, etc.

## Paesi e capitali d'Europa

Here is a partial list of European countries and their capitals.

l'Austria    Vienna
il Belgio    Bruxelles
la Danimarca    Copenaghen
la Francia    Parigi
la Germania    Berlino
la Grecia    Atene
l'Inghilterra    Londra
l'Irlanda    Dublino
l'Italia    Roma
l'Olanda    Amsterdam
la Polonia    Varsavia
il Portogallo    Lisbona
la Spagna    Madrid
la Svizzera    Berna
l'Ungheria    Budapest
la Russia    Mosca

Model the countries and their capitals for the students. Provide additional country and capital names that students might want to know. Ask about the origins of students' families.

1. The definite article is generally used with the names of countries. The article contracts with the preposition **di.**

**L'Italia** è un paese interessante.     Italy is an interesting country.
La capitale **del Portogallo** è     The capital of Portugal is Lisbon.
  Lisbona.
Parigi è la capitale **della Francia.**     Paris is the capital of France.

2. The definite article is not used with the preposition **in** + *name of country*, except before a plural or modified noun.

Vado **in Francia.**     I'm going to France.
I miei amici sono **in Spagna.**     My friends are in Spain.

*But:* Abito **negli** Stati Uniti.     I live in the United States.
    **Nella** Spagna centrale ci     In central Spain there are many
      sono molte belle città.       beautiful cities.

Ex. A: Have students answer the questions without looking at the map.

**A.** In gruppi di due o tre: Fate le domande ai vostri compagni basate sulle informazioni che seguono.

➤ la capitale dell'Italia     — *Qual è la capitale dell'Italia?*
                        — *Roma.*

1. la capitale dell'Inghilterra
2. dov'è Lisbona
3. le nazioni che confinano con l'Italia
4. le lingue ufficiali della Svizzera
5. dov'è Atene
6. la capitale e la lingua ufficiale della Francia
7. due isole del Nord Europa che sono nazioni importanti
8. tre paesi europei che non confinano con il mare
9. tre paesi europei sul Mediterraneo
10. due paesi europei con le coste sull'Atlantico e sul Mediterraneo

## La radio e la televisione

*Il GR* is pronounced *il gierre; la tv, la tivvù*

### Nomi

**l'annunciatore/l'annunciatrice**   newscaster
**il canale televisivo**   TV channel
**il giornale radio (GR)**   radio news program
**il/la giornalista**   journalist; reporter
**la pubblicità**   advertising, commercial ad
**la rete televisiva**   TV network
**il telecomando**   remote control

**il telegiornale**   TV news
**il telespettatore**   TV viewer
**la televisione a colori**   color TV
**la trasmissione televisiva**   TV program
**la tv**   TV
**la tv a pagamento**   pay-TV

Ask students to point out the compound nouns on the list (*telecomando* and *telespettatore*) and to identify the components of each.

| **Verbi** | **Altre parole ed espressioni** |
|---|---|
| **abbassare** to lower | **fare la pubblicità** to advertise |
| **accendere** ( *p.p.* **acceso**) to turn on | **in diretta** live |
| **alzare** to raise; turn up | **mandare in onda** to broadcast |
| **registrare** to record | |
| **spegnere** ( *p.p.* **spento**) to turn off (TV, radio) | |

**B.** In coppia: Intervisti un altro studente/un'altra studentessa sui suoi interessi televisivi.

1. Quale canale televisivo preferisci? Perché?
2. Quali trasmissioni televisive segui durante la settimana?
3. Che cosa fai quando alla televisione c'è la pubblicità?
4. Ti piace di più la pubblicità televisiva o quella radiofonica? Perché?
5. Preferisci guardare le reti televisive nazionali o quelle a pagamento? Perché?
6. Quali sono le reti televisive americane più importanti?
7. Hai un videoregistratore? Quali trasmissioni registri?
8. Quando ti svegli la mattina, accendi la radio o il televisore?

Ex. C: Call on some students to read their radio news reports to the class.

**C.** In coppia: Preparate un giornale radio molto breve usando i titoli dei giornali qui riportati.

---

Il popolare presentatore televisivo Filippo Bodoni sposa la famosa cantante Daniela.

---

Domani è in programma la finale di pallacanestro fra le due squadre campioni di Boston e Chicago.

---

# Struttura ed uso

## Congiuntivo presente: Verbi che esprimono desiderio, volontà e speranza

— Spero che questo film non **finisca** mai!
— Io invece voglio che **finisca** presto!

1. Verbs have both tense **(tempo),** which tells you when the action takes place relative to the present, and mood **(modo),** which tells you how the speaker perceives the statement. Most of the tenses you have learned so far are in the *indicative mood*, which is used for stating facts and certainties. Another mood in Italian is the subjunctive **(il congiuntivo),** which also has several tenses. English has a subjunctive mood as well, but it is used infrequently.

   We would prefer that you **be** prompt.
   I wish you **were** here.

2. The subjunctive is nearly always used in a subordinate clause introduced by **che.** Compare the verb forms in the pairs of sentences below. The verb in the first sentence is in the indicative mood: it states a fact. The verb in the **che** clause of the second sentence is in the subjunctive mood.

| *Indicativo* | *Congiuntivo* |
|---|---|
| Papà vede il telegiornale. | Voglio che papà **veda** il telegiornale. |
| Gli atleti sono in forma. | Sembra che gli atleti **siano** in forma. |
| Ci sono dieci morti. | È probabile che ci **siano** dieci morti. |
| Il governo manda i soldi. | Il Santo Padre insiste che il governo **mandi** i soldi. |

Have students identify the main clause and subordinate clause in each example.

3. Certain conditions expressed in the main clause of a sentence require the subjunctive in the subordinate clause. If the main clause expresses a desire, a demand, or a hope, the subordinate clause will be in the subjunctive. Some verbs of desire or hope that require the subjunctive in a dependent clause are:

| | | | |
|---|---|---|---|
| **desiderare** | to want, desire | **sperare** | to hope |
| **insistere** | to insist | **suggerire** | to suggest |
| **preferire** | to prefer | **volere** | to want |

| | |
|---|---|
| I Ministri **insistono che** i partiti **arrivino** ad un impegno preciso. | The Ministers insist that the parties reach an agreement. |
| Il Primo Ministro **preferisce che** **facciano** un accordo. | The Prime Minister prefers that they make peace. |
| **Desideriamo che cerchino** una soluzione valida. | We want them to look for an effective solution. |
| **Spero** che la **trovino** al più presto. | I hope that they find one as soon as possible. |

The subjunctive is used only when the main clause and the subordinate clause have two different subjects. An infinitive is used if there is no change of subject.

| | |
|---|---|
| Patrizia spera di **divertirsi** questo semestre. | Patrizia hopes to have fun this semester. |
| I genitori sperano che Patrizia **prenda** buoni voti questo semestre. | Patrizia's parents hope that she gets good grades this semester. |
| — Voglio che tu **pulisca** questa camera. | — I want you to clean this room. |
| — Ma non voglio **pulire** la mia camera! | — But I don't want to clean my room! |

Notice the use of *di* with *sperare* and an infinitive.

4. The following chart shows the present subjunctive of regular **-are**, **-ere**, and **-ire** verbs.

|  | **-are**<br>guardare | **-ere**<br>vedere | **-ire**<br>seguire | **-ire (-isc)**<br>capire |
|---|---|---|---|---|
| ... che io | guardi | veda | segua | capisca |
| ... che tu | guardi | veda | segua | capisca |
| ... che lui/lei | guardi | veda | segua | capisca |
| ... che noi | guard**iamo** | ved**iamo** | segu**iamo** | cap**iamo** |
| ... che voi | guard**iate** | ved**iate** | segu**iate** | cap**iate** |
| ... che loro | guard**ino** | ved**ano** | segu**ano** | capisc**ano** |

Suggerisco che vi **alziate** presto domani mattina.
Speriamo che loro **finiscano** fra poco.

5. Verbs ending in **-care** and **-gare** add **h** to all forms of the present subjunctive to retain the hard sound of the **c** or **g**.

— Non capisco perché voi **cerchiate** Mauro e Daniele.

— Perché vogliamo che ci **paghino**.

— I don't understand why you are looking for Mauro and Daniele.

— Because we want them to pay us back.

Point out to students that formation of the present subjunctive is quite simple if they remember these rules: all three singular forms are identical; the third person plural form is the same as the singular form + *-no;* the *noi* form is the same as the present indicative; the *voi* form is like the *noi* form but with *-iate* instead of *-iamo.*

Note that the singular forms of the present subjunctive are identical. If you need to clarify the subject of a subordinate clause, use a subject pronoun: *Spero che tu capisca.*

Reflexive pronouns in the subjunctive precede the verb as in the indicative.

Notice that the singular forms are identical to the *lei* commands you already know: *Io voglio che lei ascolti. Ascolti!*

Ex. A: Model the example with appropriate intonation. Circulate during paired work and encourage overacting. Make sure that students are dealing correctly with the reflexive pronouns.

Ask students if they have ever babysat or taken care of younger siblings. Ask them what other things children refuse to do, and how they might respond.

**A.** In coppia: Il suo fratellino non vuole fare certe cose. Con un compagno/ una compagna che fa la parte del fratellino, insista che il piccolo faccia tutto quello che non vuole fare.

➤ scrivere gli esercizi  S1: *Non voglio scrivere gli esercizi!*
    S2: *Insisto che tu scriva gli esercizi!*

1. pulire la camera
2. lavarsi le mani
3. aiutarti
4. leggere questo libro
5. ascoltarti
6. finire di giocare
7. prendere la medicina
8. ubbidire
9. addormentarsi subito

Ex. B: Have students replace the subjects of the subordinate clauses with new subjects.

Have students provide object pronouns where applicable: *Insisto che tu li scriva!*

**B.** Indichi quello che vogliono le seguenti persone.

➤ la mamma / volere / io / leggere la lettera  *La mamma vuole che io legga la lettera.*

1. papà / volere / tu / chiudere la porta
2. io / sperare / Laura e Gina / non perdere il treno
3. noi / sperare / i ragazzi / vincere alla lotteria

4. tu / insistere / Grazia / partire con noi
5. voi / insistere / i bambini / restare a casa
6. Giacomo / sperare / tu / telefonare domani sera
7. Roberto ed io / preferire / voi / ordinare una pizza
8. i genitori / desiderare / noi / interessarsi di politica

Ex. C: Ask paired students to come up with other conflicting wishes for Patrizia and her parents.

**C.** In coppia: Patrizia parte per l'università e spera di fare molte cose. I suoi genitori, però, sperano che lei faccia altre cose. Lei dice quello che spera di fare Patrizia, e il suo compagno/la sua compagna dice quello che i suoi genitori sperano.

➤ conoscere molti amici / conoscere buoni amici

S1: *Patrizia spera di conoscere molti amici.*

S2: *I genitori sperano che Patrizia conosca buoni amici.*

1. prendere una B in italiano / prendere una A in italiano
2. andare a molte feste / frequentare molte lezioni
3. uscire spesso / studiare spesso
4. trovare un ragazzo / trovare un lavoro
5. mangiare quello che vuole / mangiare bene
6. tornare a casa a Natale / tornare a casa ogni fine-settimana
7. studiare le lingue straniere / studiare informatica

**D.** Adesso dica al suo compagno/alla sua compagna cinque cose che lei spera di fare, e cinque cose che i suoi genitori sperano.

➤ Io spero di studiare filosofia. Mia madre (Mio padre) spera che io studi medicina.

**E.** Lei è il Presidente della Repubblica italiana. Ad una conferenza stampa (*press conference*), risponda alle domande dei giornalisti e dica quello che lei spera o vuole.

➤ —I paesi dell'est europeo sono arrivati ad un accordo?

— *Spero che arrivino ad un accordo fra qualche giorno.*

—Lei ha parlato con il Ministro delle Finanze?

— *Spero di parlare con lui fra poco.*

1. Il Presidente del Consiglio torna dalla Russia con buone notizie?
2. Il governo manda i soldi ai paesi africani?
3. Lei vincerà alle prossime elezioni?
4. Il Ministro del Tesoro ha trovato una soluzione al problema del deficit?
5. Lei parte presto per una visita al presidente americano?
6. Quando finiranno questi problemi in Africa?
7. Lei assisterà all'incontro di calcio Italia-Francia?
8. Secondo lei, cosa vuole il popolo italiano dal governo?

## Verbi irregolari nel congiuntivo presente

The following common verbs have irregular present subjunctive forms. Note that all the endings have the same characteristic vowel **a**, regardless of whether they are **-are, -ere,** or **-ire** verbs. For the present subjunctive of additional irregular verbs, see Appendix F.

Notice that the endings of irregular verbs are the same as the endings of regular *-ere* and *-ire* verbs.

Point out to students that many of these irregular verbs reflect the present indicative *io* form: *andare: io vado, che io vada.* These verbs are: *andare, bere, dire, fare, potere, rimanere, uscire, venire, volere.*

| Infinitive | Present subjunctive |
|---|---|
| **andare** | vada, vada, vada, andiamo, andiate, vadano |
| **avere** | abbia, abbia, abbia, abbiamo, abbiate, abbiano |
| **bere** | beva, beva, beva, beviamo, beviate, bevano |
| **dare** | dia, dia, dia, diamo, diate, diano |
| **dire** | dica, dica, dica, diciamo, diciate, dicano |
| **dovere** | debba, debba, debba, dobbiamo, dobbiate, debbano |
| **essere** | sia, sia, sia, siamo, siate, siano |
| **fare** | faccia, faccia, faccia, facciamo, facciate, facciano |
| **potere** | possa, possa, possa, possiamo, possiate, possano |
| **rimanere** | rimanga, rimanga, rimanga, rimaniamo, rimaniate, rimangano |
| **stare** | stia, stia, stia, stiamo, stiate, stiano |
| **uscire** | esca, esca, esca, usciamo, usciate, escano |
| **venire** | venga, venga, venga, veniamo, veniate, vengano |
| **volere** | voglia, voglia, voglia, vogliamo, vogliate, vogliano |

| | |
|---|---|
| Spero che **stiano** bene. | I hope that they're all right. |
| I professori insistono che io **faccia** più attenzione durante le lezioni. | My professors insist that I pay more attention during the lessons. |

Perfetto! Voglio che tu **rimanga** proprio così!

Ex. F: Ask students if their roommates do things they don't like.
Ask them what they prefer their
roommates do instead.

**F.** In coppia: Fino ad oggi voi avete sempre cercato di avere pazienza con il vostro compagno di camera/la vostra compagna di camera (*roommate*) che fa molte cose che non vi piacciono. Per esempio:

Va a dormire alle tre di mattina.
Non ha nessun senso di responsabilità.
Fa molte telefonate interurbane, ma non vi dà mai i soldi per pagare il telefono.
Ascolta la musica di Aerosmith.
Non vi dice quando qualcuno vi ha telefonato.
Esce sempre senza pulire la cucina.
È troppo generoso/a con le *vostre* cose: le presta a tutti i suoi amici.
Fa molte feste e invita molte persone sconosciute nel vostro appartamento.

Finalmente avete deciso di dirgli/le esattamente quello che volete che lui/lei faccia. Cosa gli/le dite?

Encourage students to elaborate
on their statements as in the
model.

➤ Vogliamo che tu vada a dormire più presto. Insistiamo che tu non faccia rumore dopo mezzanotte ...

Before doing Ex. G, brainstorm
wishes and expectations parents
have for their children. Follow up
by having individuals tell the
class what they would like their
children to do.

**G.** Forse *avere* un figlio o una figlia è ancora più difficile di *essere* un figlio o una figlia. Pensi a quando lei forse sarà una madre o un padre, e quello che lei vorrà che suo figlio faccia o non faccia. Scriva almeno cinque frasi utilizzando espressioni come *Insisto che mio figlio/mia figlia...* , *Preferisco che...* , *Voglio che...* , ecc.

➤ Voglio che mia figlia faccia molto sport, ma insisto che sia anche brava a scuola. Spero che abbia molti amici e preferisco che ...

**H.** Certe volte vivere in famiglia può essere difficile, specialmente quando gli altri membri della famiglia non la lasciano in pace, e vogliono sempre che lei faccia certe cose. Dica che cosa vuole ogni membro della famiglia, combinando gli elementi delle tre colonne.

➤ La mamma vuole che tu le dia un passaggio.

| *A* | *B* | *C* |
|---|---|---|
| Il fratello insiste | che io | fare i piatti |
| La mamma vuole | che tu | stare in casa stasera |
| Zia Rosa spera | che noi | potere aiutare in cucina |
| I nonni vogliono | che voi | non uscire con gli amici |
| Papà insiste | che i figli | dargli da mangiare |
| Le sorelle sperano | | darle una mano |
| Il cane vuole | | fare una passeggiata con lui |
| | | essere a casa prima delle dieci |

**I.** In coppia: Pensi ad una persona con cui ha un rapporto molto stretto (*close relationship*): un parente, un amico/un'amica, la ragazza o il ragazzo. Poi scriva:

tre cose che lei vuole che questa persona faccia
tre cose che questa persona vuole che lei faccia
due cose che voi sperate di fare insieme

Poi riferisca l'informazione ad un altro studente/un'altra studentessa.

➤ Voglio che lui sia sempre onesto. Voglio che mi aiuti a studiare, e non voglio che esca con il suo amico Mark che non mi piace.
Lui vuole che io ...
Noi speriamo di ...

Ex. J: Give students two minutes to make notes about at least six hopes for the trip. Encourage students to ask questions about their partners' desires.

**J.** In coppia: Pensi ad un viaggio che lei spera di fare. Dica ad un amico/un'amica quello che lei spera di fare e quello che lei spera che succeda durante il viaggio.

➤ Spero di partire per la Florida il 13 febbraio.
Spero che faccia bel tempo, ecc.

## Congiuntivo con espressioni impersonali

1. The subjunctive is used after certain expressions of necessity, possibility, probability, and opinion that indicate the speaker's attitude.

**È necessario che** i capi della Ue discutano il problema.
Ma non **è probabile che** trovino facilmente una soluzione.

Remind students that the indicative is the mood of certainty and fact.

These common impersonal expressions usually require the subjunctive.

| | | | |
|---|---|---|---|
| **è bene** | it's good | **è opportuno** | it's appropriate, suitable |
| **è giusto** | it's right | | |
| **è importante** | it's important | **è ora** | it's time |
| **è impossibile** | it's impossible | **è possibile** | it's possible |
| **è improbabile** | it's unlikely | **è preferibile** | it's preferable |
| **è inopportuno** | it's inappropriate, unsuitable | **è probabile** | it's probable |
| | | **sembra** } **pare** | it seems |
| **è meglio** | it's better | | |
| **è necessario** | it's necessary | | |

| | |
|---|---|
| **È possibile** che il Santo Padre incontri i capi della chiesa ortodossa. | It's possible that the Holy Father will meet with the heads of the Orthodox Church. |
| **Sembra** che gli atleti siano in ottima forma. | It seems that the athletes are in top form. |
| **È ora** che il governo riesca a ridurre il deficit. | It's time that the government succeed in reducing the deficit. |
| **È probabile** che ci siano numerosi feriti. | It's probable that there are several injured people. |

2. If no subject is specified, an infinitive is used after an impersonal expression.

| | |
|---|---|
| È importante **seguire** le notizie politiche. | It's important to follow the political news. |
| È importante **che tu segua** le notizie politiche. | It's important that *you* follow the political news. |
| È bene **sapere** quello che succede nel mondo. | It's good to know what's going on in the world. |
| È bene **che noi sappiamo** quello che succede nel mondo. | It's good that *we* know what's going on in the world. |

3. With impersonal expressions that indicate certainty, the indicative is used in the **che** clause.

| | |
|---|---|
| **È vero** che la siccità in Africa causa problemi. | It's true that the drought in Africa is causing problems. |
| **È certo** che molti non hanno da mangiare. | It's certain that many people have nothing to eat. |

— È bene che **pulisca** la casa.

— Sì, ma è impossibile che **sia** sempre così allegra!

**K.** In coppia: Con un compagno/una compagna, parlate di quello che voi e gli altri fate questa fine-settimana. Formulate frasi complete con gli elementi delle tre colonne.

➤ È meglio che tu stia a casa.

| | | |
|---|---|---|
| È necessario | che noi | uscire con Michele |
| È bene | che gli amici | andare ad una festa |
| È meglio | che tu | venire a casa mia |
| È possibile | che io | stare a casa |
| È preferibile | che tu e Gina | divertirsi |
| È importante | | assistere ad un concerto |
| È probabile | | giocare a pallavolo |
| | | guardare un vecchio film |
| | | lavorare |

**L.** Lei fa parte della squadra di pallavolo della sua università. Un suo amico/Una sua amica vorrebbe partecipare, ma prima vuole sapere che cosa deve fare. Gli/Le dica le regole (*rules*) di comportamento della squadra come indicato nel modello.

➤ È importante andare a dormire presto.    *È importante che tu vada a dormire presto.*

1. È necessario dormire otto ore.
2. È necessario alzarsi alle sei e mezzo ogni mattina.
3. È importante venire a tutti gli allenamenti (*practices*).
4. È necessario non arrivare in ritardo.
5. È importante fare ginnastica tre volte alla settimana.
6. È importante non mangiare troppo.
7. È necessario prendere voti buoni.
8. È importante avere molta pazienza.

**M.** Lei ha ascoltato il telegiornale, ma non molto attentamente. Riferisca ad un compagno/una compagna le notizie che ha sentito, usando espressioni quali *pare che*, *sembra che* ed *è possibile che*.

➤ Il consiglio dei ministri si riunisce domani.    *Pare che il consiglio dei ministri si riunisca domani.*

1. Il prezzo della benzina aumenta.
2. I ministri si incontrano per discutere la situazione economica.
3. Il Papa rimane a Roma per l'inverno.
4. Sabato le case di moda presentano le ultime creazioni.
5. La squadra nazionale di calcio si prepara per l'incontro di domenica.
6. C'è un grave incidente stradale a Roma.
7. Ci sono molti feriti e c'è anche un morto.
8. La situazione è molto confusa.

Have students do Ex. N in pairs, taking turns changing the sentences.

**N.** Finisca le frasi in maniera logica.

1. È bene che i giovani ...
2. È importante che gli studenti universitari ...

3. Sembra che il governo ...
4. Spero che i capi di tutti i paesi del mondo ...
5. È opportuno che il nostro presidente ...

**0.** **Signora Sapienza.** Lei scrive una rubrica (*column*) su un giornale in cui dà consigli alle persone che hanno problemi. Con un amico/un'amica, leggete le seguenti lettere e date risposte appropriate usando frasi quali *è necessario che, è opportuno che, non è giusto che*, ecc.

Cara signora Sapienza,

Sono una ragazza simpatica e ho sempre molti impegni e appuntamenti. Mia nonna, che abita dall'altra parte del bosco, insiste che io vada a trovarla ogni giorno, e che le porti qualcosa da mangiare. Io voglio bene alla nonna ma la sua casa è lontana e non ho la macchina: devo andare a piedi. E poi il bosco è pericoloso (*dangerous*) e sembra che ci siano i lupi (*wolves*). Mi dica cosa devo fare?

C. R.

Cara signora Sapienza,

Sono un principe allegro e disinvolto. Un mese fa, mentre camminavo nel bosco ho visto una principessa che dormiva sull'erba (*grass*). Era così bella che mi sono innamorato immediatamente. Ma questa principessa non mi parla, non mi guarda e non ascolta le mie canzoni d'amore. Dorme e basta. Cosa posso fare per farmi notare?

Disperato

Cara signora Sapienza,

Noi siamo sette piccoli fratelli e viviamo in una bella casetta nel bosco. Fino a due settimane fa, non avevamo problemi. Giorni fa, però, siamo ritornati dal lavoro e abbiamo trovato una signorina che puliva la nostra casa. Da quel giorno questa signorina è stata sempre con noi: canta, pulisce, balla e cucina. Signora Sapienza, noi preferiamo che la nostra casa sia sporca (*dirty*), e non vogliamo più sentirla. Cosa ci consiglia di fare, lei che sa tutto?

Scocciati (*Fed up*)

Did you recognize these traditional stories? In Italian they are called *Cappuccetto Rosso, La bella addormentata nel bosco,* and *Biancaneve e i sette nani.*

**P.** In gruppi di tre: Discutete le qualità di un buon professore o di una buona professoressa. Com'è? Cosa fa? Trovate almeno due modi di finire le seguenti frasi, e poi riferite le vostre opinioni alla classe.

È importante che un professore/una professoressa ...
È bene che ...
È possibile che ...
È necessario che ...
È preferibile che ...

## *Parliamo un po'*

**A. Noleggiare un video.** In coppia: È venerdì sera e lei vorrebbe noleggiare una videocassetta: ma dove? Chieda al compagno/alla compagna di casa se sa dov'è possibile noleggiarla. Lei vuole sapere:

dove andare
il nome del negozio
l'indirizzo
se il negozio è vicino o lontano dal vostro appartamento
che genere di film hanno

Il compagno/La compagna risponderà usando le informazioni indicate nell'annuncio in basso.

**B.** **Scegliere un film.** In gruppi di tre: Lei e due amici arrivate al Videoclub La Mela e trovate che sono rimaste solo quattro videocassette. Sono:

*Le nuove avventure dei Puffi* (Smurfs) *nello spazio.* Cartoni animati.
*Morte e distruzione.* Un film italiano degli anni cinquanta; in bianco e nero con sottotitoli in inglese.
*Venerdì tredici VII: Il terrore finale.*
*Baciami, cretino!* (Kiss me, stupid!). Film comico del 1964 con Doris Day e Rock Hudson.

Scelga uno dei quattro film e convinca i suoi amici a noleggiarlo.

**C.** **Guarda il telegiornale?** Lei vuole fare un sondaggio per sapere se gli altri studenti della classe guardano regolarmente il telegiornale. Parli con tre studenti, e prenda appunti.

| | 1 | 2 | 3 |
|---|---|---|---|
| guarda il telegiornale? | —— | —— | —— |
| quale canale? | —— | —— | —— |
| a che ora? | —— | —— | —— |
| quante volte alla settimana? | —— | —— | —— |
| annunciatore/annunciatrice preferito/a? | —— | —— | —— |
| È importante seguire regolarmente le notizie. | sì / no | sì / no | sì / no |
| È importante che i giovani sappiano quello che succede nel mondo. | sì / no | sì / no | sì / no |
| I giovani di oggi sono molto informati. | sì / no | sì / no | sì / no |
| Il telegiornale nazionale presenta il punto di vista dei giovani. | sì / no | sì / no | sì / no |

**D.** **Le ultime notizie.** In gruppi di quattro: Preparate un telegiornale su quello che è successo ieri nella vostra città, o la settimana scorsa nella vostra università. Siete tre annunciatori/annunciatrici (uno/a di sport) e un meteorologo.

**E.** **Un'intervista particolare.**

> S1
> Lei è un/una giovane giornalista che deve intervistare un annunciatore famoso/un'annunciatrice famosa della televisione americana. Lei vuole sapere da questa persona:
>
> > da quanti anni fa questo lavoro
> > come ha cominciato a lavorare in televisione
> > la persona più interessante che abbia mai intervistato
> > se ha avuto momenti comici con le trasmissioni in diretta
> > cosa consiglia a una persona giovane che desidera lavorare alla
> >     televisione

> S2
> Lei è un famoso annunciatore/una famosa annunciatrice della televisione americana e ha accettato un'intervista da parte di un/una giovane giornalista. Ecco alcune informazioni biografiche che l'aiutano a rispondere alle domande del/della giornalista.
>
> > Nato/a nel 1944 in Minnesota
> > Istruzione: B.A. in inglese, M.A. in giornalismo
> > Lavoro: radio locale in California (1967–70), WQTV a Boston
> >     (1970–77), NBC a New York (1977–)
> > Fatti interessanti: interviste con Boris Yeltsin, Saddam Hussein,
> >     Madonna e molti altri; autore di vari libri, il più recente: *Il mio*
> >     *mondo.*

# In giro per l'Italia

**A.** **Definizioni.** Abbini le definizioni con una parola della lista di destra. Ci sono due parole in più nella lista.

| | |
|---|---|
| 1. piccole montagne | a. la chiesa |
| 2. che ha lo stesso nome | b. la piazzetta |
| 3. la bella veduta di un posto | c. il golfo |
| 4. indica il tempo che fa in un determinato posto | d. il panorama |
| 5. statue e palazzi famosi | e. il fascino |
| 6. una piccola piazza | f. il clima |
| 7. il contrario di *pochi/e* | g. i monumenti |
| 8. il contrario di *vecchio/a* | h. antico/a |
| 9. luogo religioso | i. le colline |
| 10. il contrario di *moderno/a* | j. omonimo/a |
| | k. numerosi/e |
| | l. nuovo/a |

Interno dell'elegante Galleria Umberto I di Napoli

Have students prepare five questions based on the reading. Have some of them answer their own questions with books closed.

Have students find words in the reading related to *numero, popolo, governo, ricco, città, archeologia, amministrare.*

Locate Napoli on the map on p. 14. *In che regione si trova Napoli? Come si chiama un'altra città della stessa regione?*

Napoleon Buonaparte appointed his brother Giuseppe (1768–1844) king of Naples in 1806. Two years later he appointed his aide Gioacchino Murat (1767–1815), to succeed his brother as king of Naples.

The Normans were ancient Scandinavian people who settled in northern France in the tenth century. The Swabians (Schwaben) are from the historical region in southern Germany (today Bavaria and Baden-Württemberg) that belonged to the imperial house of the Hohenstaufen. The Angevins originated from the historical region and former province of Anjou, France.

**Napoli.** Legga questo brano e poi faccia l'esercizio che segue.

Napoli si estende ad anfiteatro[1] sulle colline di Posillipo e del Vomero e si affaccia[2] sul golfo omonimo. Questa città fu fondata nel secolo VIII (ottavo) avanti Cristo dai greci che la chiamarono "Neapolis," che vuol dire "nuova città." Conquistata poi dai romani, Napoli attraverso[3] i secoli è stata governata da famiglie reali[4] normanne, sveve, angioine, aragonesi, spagnole, borboniche e persino[5] da Giuseppe Buonaparte e Gioacchino Murat.

Napoli è una città incantevole[6] il cui fascino[7] deriva non solo dallo splendido panorama e dal clima mite della zona, ma anche dalla ricchezza di monumenti e musei e dalla caratteristica struttura della città. Dominato dal vulcano Vesuvio, il golfo di Napoli è uno dei più belli del mondo. Fra i monumenti ricordiamo il Teatro San Carlo, che ha un'acustica perfetta ed è uno dei più importanti teatri lirici italiani. Il Museo Archeologico Nazionale è uno dei più ricchi del mondo per quanto riguarda[8] l'arte della Grecia antica e l'arte romana. La vita cittadina si svolge nella bella piazza del Plebiscito e alla Galleria Umberto I. I vecchi quartieri[9] sono molto caratteristici, con numerose chiese, piazzette pittoresche e moltissimi vicoli[10] sempre pieni di vita.

Negli ultimi tempi, sotto la direzione della nuova amministrazione comunale[11], molte parti di Napoli sono state rimesse a nuovo[12]. Dopo tanti anni di trascuratezza[13], chiese barocche e bei palazzi sono stati ripuliti[14] e aperti al pubblico. La città è diventata di nuovo la meta turistica di molti italiani e stranieri. L'antico detto popolare "Vedi Napoli e ... poi muori," che suggerisce che non c'è al mondo città più incantevole di Napoli, è tuttora[15] valido.

1. like an amphitheater   2. looks out   3. through   4. royal   5. even   6. charming   7. whose charm   8. with regard to   9. neighborhoods   10. alleys   11. municipal   12. have been renovated   13. neglect   14. cleaned up   15. still

**B.** **Che cosa ricorda?** Dia il nome o la descrizione delle seguenti caratteristiche di Napoli.

1. il clima
2. due monumenti famosi
3. cosa rende spettacolare il panorama
4. alcuni aspetti dei vecchi quartieri
5. chi ha fondato la città e quando
6. significato della parola *Napoli*
7. il vulcano di Napoli
8. un vecchio detto popolare associato con Napoli

**C.** **Definizioni.** Abbini le definizioni con una parola della lista di destra. Ci sono due parole in più nella lista.

1. aggettivo derivato da *fascino*
2. sinonimo di *gente*
3. sinonimo di *atmosfera*
4. nome da cui deriva *generoso/a*
5. contrario di *buono/a*
6. una bevanda che eccita
7. il contrario di *sorella*
8. un cantante
9. composizione di musica e parole

a. la generosità
b. la canzone
c. cattivo/a
d. il fratello
e. l'ambiente
f. il tenore
g. affascinante
h. gli spaghetti
i. la partita di calcio
j. il popolo
k. il caffè

Napoli: Un'esibizione di Pulcinella, caratteristica maschera del teatro napoletano.

**Il popolo napoletano.** Legga questo brano e poi faccia l'esercizio che segue.

Un aspetto affascinante di Napoli sono i suoi abitanti, gente vivace e ricca di fantasia. Il genio napoletano nasce e cresce nell'atmosfera cittadina, esuberante e briosa[1]. L'arte del vivere dei napoletani si basa sull'improvvisazione, sulla poesia, sulla generosità e sul senso pratico. Il loro stile di vita ha caratteristiche particolari. Essi amano le feste sia popolari che religiose. Le partite di calcio della squadra napoletana diventano spesso manifestazioni di entusiasmo e di un irresistibile spirito di identità con la propria città. In esse compaiono[2] spesso i simboli associati alle tradizioni e alle credenze[3] popolari. I napoletani sono molto superstiziosi e fanno di tutto[4] per tenere[5] lontana la cattiva sorte[6].

Essi mangiano spesso la pizza e gli spaghetti al pomodoro. Nella cucina utilizzano i prodotti freschi che crescono nei fertili campi della Campania. Il caffè fatto nella tipica caffettiera[7] napoletana è qualcosa di cui non possono fare a meno.

I napoletani amano la musica, e alcune bellissime canzoni popolari come "O sole mio" sono conosciute in tutto il mondo. Il dialetto napoletano è colorito, musicale e molto espressivo. Esso ha dato vita a una tradizione letteraria molto vasta che va dalla poesia al teatro. La simpatica maschera di Pulcinella è una contribuzione napoletana alla commedia dell'arte. E non si possono ignorare i fratelli De Filippo, specialmente Edoardo (1900–1984), che hanno avuto un ruolo molto importante nel teatro napoletano di questo secolo. Napoli è anche la città di musicisti, cantanti, poeti, artisti e filosofi. In questa città sono nati il tenore Enrico Caruso (1873–1921), il compositore Ruggero Leoncavallo (1858–1919), lo scultore, pittore e architetto Gianlorenzo Bernini (1598–1680), e il filosofo Giambattista Vico (1668–1744).

1. full of life   2. appear   3. beliefs   4. do all they can   5. to keep   6. luck   7. coffeemaker

G. Bernini designed the beautiful colonnade in St. Peter's Square in Rome.

L'incantevole isola di Capri nel Golfo di Napoli.

Call on some students to correct the false statements with books closed.

**D. Vero o falso?** In coppia: A turno identificate le seguenti frasi come vere o false secondo il brano precedente. Correggete le frasi false.

1. Il popolo napoletano ha poca fantasia.
2. A Napoli non si fanno mai feste popolari.
3. La superstizione fa parte del carattere napoletano.
4. La pizza e gli spaghetti al pomodoro sono i piatti più popolari della cucina napoletana.
5. Le canzoni napoletane sono conosciute solo a Napoli.
6. Il napoletano è un dialetto monotono e poco comprensibile.
7. Arlecchino è una maschera del teatro napoletano.
8. A Napoli sono nati molti atleti famosi.
9. Enrico Caruso era un compositore.
10. Edoardo De Filippo è stata una figura di rilievo della canzone napoletana.

# Che cosa è in programma?

## COMMUNICATIVE OBJECTIVES

- Discuss various kinds of music
- Express personal preferences
- Express emotions, doubts, and beliefs about events in the present and the past
- Express opinions about past events

Gli spettacoli presentati nei maggiori teatri italiani richiamano sempre tanta gente.

●●●●●●●●●●●●●●●●●●●●●●●●●●●●●●●●●●●●●●●●●●●●●●●●●●●●

**M**ariella Vannini, Giuliana Liverani e Carlo Masina passeggiano per una via di Roma. Ad un tratto° Giuliana si ferma davanti ad un cartello pubblicitario.

> *Suddenly*

|   | GIULIANA: | Guardate, sabato prossimo c'è l'*Aida* di Verdi alle Terme di Caracalla. Vogliamo andare a vederla? |

> *Giuseppe Verdi* (1813–1901) was an Italian composer. Among his many operas are *Rigoletto, La Traviata,* and *Il Trovatore.*

MARIELLA: Mi sorprende che tu voglia andare all'opera. Non sai che sabato sera al Palazzo dello Sport c'è un concerto di musica leggera con il
5   famoso complesso *I Cavalieri della notte?* Perché non andiamo lì invece?

> Point out the use of *vogliamo?* (shall we?) in *Vogliamo andare a vederla?*

CARLO: Ma..., non so. Sebbene io sia già stato alcune volte a Caracalla, non ho mai visto l'*Aida*. Quindi penso che potrà essere una serata divertente.

> *Terme di Caracalla:* Ancient thermal baths in Rome built during the reign of the Emperor Caracalla. They were inaugurated in the year 216 A.D.

10   GIULIANA: È vero. Il dramma di *Aida*, i bellissimi costumi, la musica e le luci nello scenario di Caracalla sono qualcosa di indimenticabile.

MARIELLA: Sì, però al Palazzo dello Sport ci saranno anche altri cantanti eccezionali. Michele Orlandini suona la chitarra e canta divinamente e …

> *Palazzo dello Sport:* Sports Palace in Rome where sports events and many rock concerts are held.

15   CARLO: Mariella, io non credo che per una volta un po' di musica classica ti faccia male!

MARIELLA: E va bene! Benché io non m'intenda molto di musica classica o di opera, vediamo pure° quest'*Aida*.

> *let's see anyway*

GIULIANA: Brava, mi fa piacere che ti abbiamo convinta. Stasera stessa
20   telefonerò per prenotare i biglietti.

●●●●●●●●●●●●●●●●●●●●●●●●●●●●●●●●●●●●●●●●●●●●●●●●●●●●

> Have students suggest ways to change the ending of the dialogue. For example, Mariella refuses to go to the opera; Giuliana says if Mariella doesn't go, she'll invite Luigi, who likes classical music.

Ask students which performance they would choose and why.

Roma — Terme di Caracalla
Stagione d'Opera 1998
Sabato 18 luglio 1998 — Ore 20.30
A I D A
Opera in quattro atti

Musica di
**Giuseppe Verdi**

| *Personaggi* | *Interpreti* |
|---|---|
| Aida | Matilde Braga |
| Radames | Filippo Lambertini |
| Amneris | Eva Spini |
| Amonasro | Tiberio Ponzi |

| *Direttore d'orchestra* | *Scene e costumi* |
|---|---|
| **Alessandro Biasi** | Patrizia Selva |
| *Direttore del Coro* | *Regia* |
| **Luigi Abate** | Silvano Bravetta |

Informazioni e prenotazioni presso la biglietteria delle Terme:
tel. 6778705
Orario: dalle 14.00 alle 19.30.

Ask students what they think these words mean: *la regia, l'orario, la biglietteria, il Comune, nel quadro di,* and *il botteghino*. Help them with the meanings if necessary.

Ask a few questions about the musical programs described in the posters. *Quanti personaggi principali ci sono nell'*Aida? *Sapete in che paese si svolge l'*Aida?, etc.

**PALAZZO DELLO SPORT-EUR**
Sabato 18 luglio 1998 — Ore 21.00
Il Comune di Roma, nel quadro delle manifestazioni
folcloristiche e musicali dell'Estate Romana presenta
**CONCERTO DI MUSICA LEGGERA**

| Partecipano: | *Complessi* | *Cantanti* |
|---|---|---|
| | I Cavalieri della notte | Michele Orlandini |
| | Gli Scapestrati | Gustavo da Rieti |
| | I Melanconici | Marina Lattanzi |
| | Le Sorelle Nostrane | Daniela |
| | Lucia e i Compagni | Ettore Boni |

scapestrato = wild, dissolute

I biglietti sono in vendita presso i botteghini del Palazzo dello Sport tutti
i giorni dalle ore 10.00 alle ore 16.00.

Per informazioni telefonare al 5485100.

## Domande

1. Che cosa c'è sabato prossimo alle Tèrme di Caracalla?
2. Che cosa è in programma al Palazzo dello Sport?
3. Perché secondo Giuliana l'*Aida* è indimenticabile?
4. Chi preferisce andare al Palazzo dello Sport? Perché?
5. Di che cosa non s'intende Mariella? Alla fine cosa decide di fare Mariella?

## Domande personali

Ask a few students about a specific opera or concert they have attended. Find out where it took place, etc.

1. Ha mai visto un'opera? Dove?
2. A lei piace l'opera? Perché?
3. Quale opera conosce?
4. Conosce qualche tenore o soprano famoso? Quale?
5. Qual è il suo cantante o la sua cantante preferito/a? E il suo complesso preferito?
6. Ha mai visto uno spettacolo all'aperto? Quale? Dove?

## Esercizio di comprensione

Have students close their books and hand out the five incomplete sentences. Read the alternative completions aloud twice, and ask students to complete each sentence. Have pairs correct each other's papers with books open.

Scelga la risposta corretta.

1. L'*Aida* è
   a. un concerto di Puccini.
   b. un'opera di Giuseppe Verdi.
   c. un concerto di musica leggera.
2. Le Tèrme di Caracalla
   a. sono antiche costruzioni romane.
   b. è un teatro molto elegante.
   c. è un'opera di Verdi.
3. Il cartello pubblicitario annuncia
   a. le Tèrme di Caracalla.
   b. la presentazione dell'opera *Aida*.
   c. uno spettacolo di danza popolare.
4. Carlo è stato alle Tèrme di Caracalla
   a. raramente.
   b. alcune volte.
   c. spesso.
5. Al Palazzo dello Sport ci saranno
   a. cavalieri eccezionali.
   b. un tenore ed un soprano famosi.
   c. complessi e cantanti eccezionali.

# La musica e i giovani

I giovani italiani amano molto la musica. I concerti all'aperto o nei teatri, i festival della canzone, gli spettacoli dei cantanti e le discoteche sono i luoghi di ritrovo[1] di ragazzi e ragazze. Attraverso la musica, i giovani si incontrano, si conoscono e scoprono[2] interessi comuni.

La musica americana e anglosassone, trasmessa nei programmi della radio e della televisione, esercita una grande influenza sulla gioventù italiana. Per i giovani questa musica è il naturale complemento al fast-food, molto diffuso nelle maggiori città, e all'abbigliamento "casual," che caratterizza il vestire del giovane italiano.

Ma non è solo la musica leggera che va di moda in Italia. Molti giovani seguono anche la musica classica e l'opera, che hanno in Italia una lunga tradizione. Per avvicinare ancor più[3] i giovani alla musica classica e all'opera, molti spettacoli sono allestiti[4] in luoghi antichi e suggestivi. L'Arena di Verona e le Terme di Caracalla a Roma sono solo i due luoghi più conosciuti tra i tanti teatri che sono a disposizione[5] degli appassionati della musica italiana.

1. gathering places  2. they discover  3. to bring even closer  4. produced  5. at the disposal

Eros Ramazzotti è un cantante molto popolare non solo in Italia ma anche in altri paesi europei.

Locate Verona on the map on p. 14: *In che regione è situata Verona? Quali famosi personaggi shakespeariani sono di Verona?*

# Vocabolario

Elicit or point out word families such as *informazione, informare, informato/a; musicale, musica, musicista; dramma, drammatico, drammaturgo.* Define in Italian words like *soprano, tenore,* and *orchestra,* and ask students to identify the term defined.

**Parole analoghe**

| | | | |
|---|---|---|---|
| annunciare | la costruzione | l'informazione | la presentazione |
| classico/a | divinamente | musicale | lo scenario |
| il concerto | il dramma | l'opera | il soprano |
| convincere (*p.p.* convinto) | eccezionale | l'orchestra | il tenore |
| il coro | famoso/a | partecipare | |

### Nomi

**la biglietteria**   ticket office
**il/la cantante**   singer
**il cartello**   poster
**la chitarra**   guitar
**il complesso**   (musical) group
**l'interprete**   (*m.* or *f.*) interpreter; performer
**la luce**   light
**la manifestazione**   exhibition
**il palazzo**   building, palace
**il personaggio**   character
**la prenotazione**   reservation
**la serata**   evening

### Verbi

**intendersi (di)**   to be an expert in
**prenotare**   to reserve, to make reservations
**suonare**   to play (an instrument)

### Aggettivi

**contento/a**   happy, glad
**indimenticabile**   unforgettable
**leggero/a**   popular (pop), light
**preferito/a**   favorite
**pubblicitario/a**   advertising

### Altre parole ed espressioni

**benché**   even though
**sebbene**   even though
**che cosa è in programma?**   what's playing?
**fare piacere**   to please

Point out the difference between *la sera* and *la serata. Buona sera! / Abbiamo passato la serata all'aperto.*

## Pratica

Prat. A: Call on some pairs to act out the dialogue in front of the class.

Prat. B: Have three students each report on one of the characters in the dialogue.

**A.** In coppia: Domandi ad un amico/un'amica se vuole andare al Palazzo dello Sport. Risponda alle domande dell'amico/a che vuole sapere che cosa è in programma, dove e quando si possono comprare i biglietti e qual è il numero di telefono del Palazzo dello Sport.

**B.** Riassuma in cinque o sei frasi il dialogo a pagina 350, dichiarando (*stating*) dove vuole andare ogni persona, che cosa vuole vedere, quando e perché.

# Ampliamento del vocabolario

### Gli strumenti musicali

**l'armonica**   harmonica
**l'arpa**   harp
**la batteria**   drums
**la chitarra**   guitar
**il clarinetto**   clarinet

**la fisarmonica**   accordion
**il flauto**   flute
**l'oboe**   oboe
**l'organo**   organ
**il pianoforte**   piano

**il sassofono**  saxophone
**il tamburo**  drum
**la tromba**  trumpet
**il violino**  violin
**il violoncello**  cello

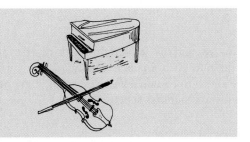

Ex. A: Before beginning the exercise, have students compose their own ads to sell a musical instrument or recordings. Then encourage them to use their own ads in addition to those in the exercise.

**A.** In gruppi di due o tre: Lei cerca una chitarra classica, dischi e cassette, o un organo elettronico da regalare a sua sorella per il suo compleanno. Legga i seguenti annunci e poi telefoni alle persone che vendono questi oggetti. Discuta la qualità e il prezzo, e poi decida quale oggetto comprare secondo il risultato della telefonata.

| | |
|---|---|
| Dischi e cassette originali anni 60 + opere Norma e Otello in 33 giri[1] + cofanetto[2] RCA 10 dischi 33 giri successi anni 60 vendo. Tel. 4964750 | Chitarra classica Eko lavorazione artigianale ottimo stato[3] permuto[4] con buona chitarra acustica con fodero[5]. Chiamare Gianluca. Tel. 534115 |
| Organo elettronico modello Kumar 198, 2 tastiere[6] pedaliera/bassi ritmi con accompagnamento e memoria. Ottimo stato L. 670.000. Chiamare Silvano. Tel. 813974 | Vendo collezione discografica completa del soprano Maria Callas comprendente tutte le incisioni[7] dal 1947. Per informazioni telefonare ore serali al 2137864. |

1. 33 rpm   2. boxed set   3. excellent condition   4. trade   5. case   6. keyboards
7. recordings

➤ — Pronto?
   — C'è Gianluca?
   — Sono io. Chi parla?
   — Sono ... (Ho letto ...). (Vorrei sapere ...)
   — Ah, sì, vediamo un po', ...

**B.** In coppia: Domandi ad un altro studente/un'altra studentessa:

1. se suona uno strumento musicale; quale?
2. se non lo suona, vuole imparare a suonare uno strumento musicale; quale? perché?
3. quale strumento musicale preferisce ascoltare; perché?
4. se conosce qualche musicista famoso; quale?
5. se è mai andato/a ad ascoltare un'orchestra sinfonica; quale? dove?

## I prefissi *in-*, *s-*, *dis-* e *ri-*

The addition of the prefixes **in-**, **s-**, and **dis-** to certain words reverses their meaning, just as *un-* and *dis-* do in English. **In-** is normally used only with adjectives; **s-** and **dis-** may be added to certain adjectives, verbs, and nouns. The prefix **ri-** added to certain verbs signifies repetition.

| | | | | | |
|---|---|---|---|---|---|
| **in-** | utile | *useful* | inutile | *useless* | |
| | felice | *happy* | infelice | *unhappy* | |
| **s-** | fortuna | *luck* | sfortuna | *bad luck* | |
| | consigliare | *to advise* | sconsigliare | *to advise against* | |
| | conosciuto/a | *known* | sconosciuto/a | *unknown* | |
| **dis-** | piacere | *pleasure* | dispiacere | *displeasure, misfortune* | |
| | fare | *to do* | disfare | *to undo* | |
| | organizzato/a | *organized* | disorganizzato/a | *disorganized* | |
| | occupato/a | *occupied, employed* | disoccupato/a | *unoccupied, unemployed* | |
| **ri-** | leggere | *to read* | rileggere | *to read again* | |
| | aprire | *to open* | riaprire | *to reopen* | |
| | fare | *to do* | rifare | *to do again* | |
| | aggiustare | *to fix* | riaggiustare | *to fix again* | |

Ex. C: Ask students for the antonyms of *credibile, dimenticabile, valido, solubile, separabile,* and *visibile,* using the prefix *in-*.

**C.** In coppia: Risponda alle domande o osservazioni di un altro studente/un'altra studentessa, usando il contrario delle parole indicate. Per ogni gruppo di frasi, usi il prefisso suggerito.

➤ — Sei *felice* adesso?    — No. Sono *infelice.*

*in-*

1. Sei *capace* di fare questo lavoro?
2. È *utile* quello che fai?
3. Sei *disciplinato/a?*
4. È *soddisfacente* la tua vita sociale?
5. Ti senti *soddisfatto/a* di te stesso/a?
6. È *sufficiente* quello che guadagni (*earn*)?

Ask students to create sentences with the antonyms of *comodo, cortese,* and *conosciuto/a,* using the prefix *s-*. Have a few students read their sentences aloud.

*s-*

7. Anna è *fortunata*, non è vero?
8. Sono *conosciute* le sue canzoni?
9. La critica le è sempre *favorevole?*
10. Il suo ultimo concerto è stato *piacevole*, non è vero?
11. Dovremmo *consigliarle* di fare un altro concerto?

Ask students to create sentences with the antonyms of *piacere*, *fare*, and *organizzato/a*, using the prefix *dis-*. Have a few students read their sentences aloud.

*dis-*

12. Siete in *accordo* adesso?
13. È *abitata* la casa che volete comprare?
14. È *organizzato/a* il tuo amico/la tua amica?
15. Sei una persona *ordinata?*
16. Avete una vita *agiata* (*comfortable*)?
17. C'è molta *armonia* fra voi due?

Ex. D: Ask questions whose responses require a word containing the prefix *ri-* (for example, *riaprire*, *rivedere*, *riscrivere*).

**D.** A lei piace rifare le cose che ha già fatto. Dica quello che vuole rifare, aggiungendo il prefisso *ri-* alle parole in corsivo. Poi esprima ogni frase in inglese.

➤ Vorrei *vedere* l'*Aida*.       *Vorrei rivedere l'*Aida.
                                 (I'd like to see *Aida* again.)

1. Vorrei *leggere Via col vento.*
2. Vorrei *provare* quel vestito.
3. Penso di *andare* in centro.
4. A me piace *fare* un viaggio in Italia.
5. Vorrei *vedere* un film di Fellini.

# Struttura ed uso
● ● ● ● ● ● ● ● ● ● ● ● ● ● ● ● ● ● ● ● ● ● ● ● ● ● ● ●

## Congiuntivo con espressioni di emozione, dubbio o convinzione

— **Credi** ancora che l'opera **sia** noiosa?

1. The subjunctive is used in dependent **che** clauses after expressions of emotion such as **essere contento/scontento, essere felice/infelice, piacere/dispiacere, avere paura, temere,** and **essere sorpreso/a,** when the subjects of the two clauses are different.

| | |
|---|---|
| Carla, sono contenta che tu **venga** con noi. | Carla, I'm happy that you are coming with us. |
| Sono felice che **possiamo** passare un po' di tempo insieme. | I'm pleased that we will be able to spend some time together. |
| Mi dispiace che non **possa** venire anche tuo fratello. | I'm sorry that your brother can't come as well. |
| Ho paura che lui non **ami** la compagnia degli altri. | I'm afraid that he doesn't enjoy other people's company. |

2. The subjunctive is used in a dependent **che** clause if the main clause expresses an opinion or belief. **Credere, immaginare, sembrare, parere,** and **pensare** take the subjunctive in the subordinate clause if the subjects of the two clauses are different.

| | |
|---|---|
| Noi giovani pensiamo che la musica classica **abbia** poco da dirci. | We young people think that classical music has little to offer us. |
| Ci sembra che la musica popolare **rifletta** il mondo attuale. | It seems to us that popular music reflects today's world. |
| Allora ti pare che Michele Orlandini **canti** meglio di Luciano Pavarotti? | So you think that Michele Orlandini sings better than Luciano Pavarotti? |

3. The subjunctive is also used after expressions of doubt, disbelief, and uncertainty. **Dubitare, non essere sicuro, non sapere se, non credere,** and **non pensare** take the subjunctive in the subordinate clause if the subjects of the two clauses are different.

| | |
|---|---|
| Dubito che tu **voglia** vedere l'opera alle Terme di Caracalla. | I doubt that you want to see the opera at the Baths of Caracalla. |
| Non sappiamo che cosa **sia** in programma. | We don't know what is on the schedule. |
| Non sono sicuro se **diano** l'*Aida* o *Rigoletto*. | I'm not sure if they're performing *Aida* or *Rigoletto*. |

Main clauses expressing certainty, however, take the indicative in the subordinate clause.

| | |
|---|---|
| Sappiamo che **presentano** un'opera di Verdi. | We know that they are doing an opera by Verdi. |
| Sono sicuro che ci **sono** ancora biglietti per lo spettacolo di domani. | I'm sure that there are still tickets for tomorrow's show. |

4. The infinitive is used when there is no change of subject. The preposition **di** is often required before the infinitive.

| | |
|---|---|
| È contenta **di essere** qui. | She's happy to be here. |
| È contenta che tu **sia** qui. | She's happy that you are here. |
| Credo **di capire** adesso. | I think I understand now. |
| Credo che voi **capiate** adesso. | I think you understand now. |

**A.** Reagisca alle seguenti asserzioni, usando le parole fra parentesi.

➤ Parlo con mia zia. (Sono felice che ...)    *Sono felice che tu parli con tua zia.*

1. Sua sorella arriva tardi. (Temo che ...)
2. Riceviamo tante telefonate. (Sono sorpreso/a che ...)
3. Non finiscono il progetto per domani. (Temo che ...)
4. Non possiamo andare in vacanza. (Mi dispiace che ...)
5. Ci sono almeno cento feriti. (Ho paura che ...)
6. Mi piacciono queste scarpe. (Sono contento/a che ti ...)
7. Vanno bene in quel corso di informatica. (Dubito che ...)
8. Mi sono fidanzata. (Sono felice che ...)

Ex. B: Extend the activity by having students mention other situations they are happy (or unhappy) about.

**B.** Dica che lei è contento/a delle seguenti cose.

➤ Oggi è venerdì.    *Sono contento/a che oggi sia venerdì.*
  Non ho lezioni domani.    *Sono felice di non avere lezioni domani.*

1. Stasera c'è il concerto.
2. Alcuni amici hanno i biglietti per il concerto.
3. Posso andare con loro.
4. Non lavoro domani.
5. I miei genitori vanno in montagna per la fine-settimana.
6. Voi venite a trovarmi nel pomeriggio.
7. Vi aiuto un po' a studiare la biologia.
8. Dopo andiamo a mangiare qualcosa in una pizzeria.

Ex. C: You may want to have pairs of students come up with several alternative endings. Then ask the pairs: *Di che cosa siete contenti voi? Di che cosa avete paura voi?*, etc.

**C.** Pensi alla vita che lei conduce: alle cose che fa, ai suoi amici, alla sua famiglia, ecc. Finisca le frasi in maniera logica, esprimendo opinioni e sentimenti su vari aspetti della sua vita. Poi riferisca l'informazione a un compagno/una compagna.

1. Io sono contento/a che ...
2. Sono contento/a di ...
3. Mi piace che ...
4. Mi dispiace che ...
5. A volte mi sembra che ...
6. Ho paura che ...
7. Sono sicuro/a che ...
8. Non so se ...

Ex. D: Have students alternate asking and answering questions. Follow up by asking the class who agrees and who disagrees with the statements and why.

**D.** In gruppi di tre: Chieda alle altre persone del gruppo se credono che le seguenti frasi siano vere.

➤ Il cinema hollywoodiano riflette i gusti del pubblico.

S1: *Voi credete che il cinema hollywoodiano rifletta i gusti del pubblico?*

S2: *Sì, io credo che rifletta i gusti di una società violenta.*

S3: *No, dubito che il cinema rifletta i gusti del pubblico in generale.*

1. Un titolo universitario è necessario nel mondo di oggi.
2. Un titolo universitario garantisce un buon lavoro.
3. Il matrimonio ha una funzione vitale nella società moderna.
4. I politici vogliono aiutare la gente.
5. Gli esseri umani sono buoni per natura.
6. Nel mondo siamo tutti fratelli.

Ex. E: Have students ask each other the questions using *tu* forms. Point out that *Le pare?* and *Le sembra?* become *Ti pare?* and *Ti sembra?* Encourage students to ask *Perché?* to encourage their partners to expand on their ideas.

**E.** Risponda alle seguenti domande.

1. Crede che il calcio sia uno sport interessante?
2. Pensa che la musica leggera sia migliore (*better*) della musica classica?
3. Le pare che oggi l'opera non abbia più successo?
4. Pensa che sia piacevole essere famoso?
5. Crede che i genitori di oggi capiscano i loro figli?
6. Crede che i politici siano onesti?
7. Le sembra che il telegiornale sia imparziale?

Before doing Ex. F, ask the class to identify some problems at their university/college. Ask what they like about the school, providing vocabulary where necessary.

**F.** In gruppi di tre: Discutete gli aspetti positivi e negativi della vostra università. Trovate:

tre cose che vi piacciono
tre cose che non vi piacciono
i tre problemi più gravi

Usate espressioni quali *ci piace che, siamo contenti che, non ci piace che, non è giusto che, ci sembra che, crediamo che*, ecc. Poi riferite le vostre opinioni al resto della classe.

Ex. G: After paired work is completed, divide the class into supporters and critics of the current president. Start a debate between the two groups, asking for personal statements from each participant.

**G.** In coppia: Dica ad un amico/un'amica cosa pensa dell'attuale presidente degli Stati Uniti. Pensa che faccia un buon lavoro? Crede che sia onesto? Intelligente? Le sembra che rappresenti gli interessi del popolo americano? Le pare che sia troppo liberale? Troppo conservatore?

## Congiuntivo passato

1. The past subjunctive is used in a dependent **che** clause to describe a past action when the verb in the main clause is in the present tense and calls for the subjunctive.

Non credo che tu **sia stata**
al Palazzo dello Sport.

È impossibile che tu **abbia**
mai **visto** un concerto così.

Sono contento che **abbiano**
**cantato** anche la mia canzone
preferita.

Penso che ci **siano stati** più di
ventimila spettatori.

I don't think you've been to the
Palazzo dello Sport.

It's impossible that you've ever
seen a concert like this one.

I'm glad (that) they sang my
favorite song too.

I think there were more than
20,000 spectators.

— Sembra che mi **abbiano riconosciuto!**

2. The past subjunctive is formed with the present subjunctive of the auxiliary
**avere** or **essere** and the past participle. The past participle of a verb
conjugated with **essere** agrees with the subject. The following chart shows
the past subjunctive of **trovare** and **partire.**

Follow the rules you already
know for the *passato prossimo*
to choose the auxiliary verb and
for agreement. Refer to
*Lezione 6* if you need a review.

|  | trovare | partire |
|---|---|---|
| ... che io | abbia trovato | sia partito/a |
| ... che tu | abbia trovato | sia partito/a |
| ... che lui/lei | abbia trovato | sia partito/a |
| ... che noi | abbiamo trovato | siamo partiti/e |
| ... che voi | abbiate trovato | siate partiti/e |
| ... che loro | abbiano trovato | siano partiti/e |

— Spero che Michele e Antonella **siano arrivati.**

— È possibile che Michele **sia**
già **arrivato,** ma credo che
Antonella **sia partita** più tardi
e che arrivi fra poco.

— I hope that Michele and
Antonella have arrived.

— It's possible that Michele has
already arrived, but I think
that Antonella left later and
will arrive soon.

Venezia: Una rappresentazione teatrale in atto a Piazza San Marco.

**H.** Ieri sera lei è andato/a a sentire un'opera lirica. Esprima un'opinione sulle seguenti frasi, secondo le parole fra parentesi.

➤ È stata un'*Aida* bellissima. (Sono contento/a)    *Sono contento/a che sia stata un'*Aida *bellissima.*

1. Lo spettacolo è cominciato un po' tardi. (Mi dispiace)
2. Matilde Braga ha cantato divinamente. (Credo)
3. Filippo Lambertini ha recitato la parte di Radames con energia. (Mi pare)
4. Eva Spina si è sentita male e non ha potuto cantare. (Mi dispiace)
5. Alla fine Aida e Radames sono morti insieme. (È triste)
6. È stata l'ultima rappresentazione della stagione estiva. (Penso che)
7. Anche voi vi siete divertiti all'opera. (Sono felice)

**I.** Le cose che succedono oggi sono successe anche ieri. Metta la frase subordinata al congiuntivo passato come nel modello.

➤ Non credo che il Napoli vinca la partita.    *Non credo che il Napoli abbia vinto la partita.*

1. La mamma dubita che io ritorni prima di mezzanotte.
2. Mi dispiace che il tuo amico non mangi con noi.
3. È bene che voi sentiate le notizie.
4. Sembra che tu non capisca.
5. Speriamo che non ti succeda niente.
6. È possibile che i nonni vengano dopo pranzo.
7. Siamo felici che Roberto e Sandra si sposino.
8. Pare che gli altri vadano a casa.

*Novella 2000* is a weekly magazine that specializes in celebrity gossip, scandals, and photographs taken by *paparazzi*.

Ex. J: Make sure students are aware that they are creating and reacting to absurd headlines. Have students invent their own ridiculous headlines and then read them to the class. Let the class express its disbelief.

**J.** In coppia: Si pubblicano le cose più strane sui giornali. S1 crea titoli per gli articoli pubblicati su *Novella 2000*, usando le parole ed espressioni indicate. S2 reagisce a queste cose, usando frasi come *dubito che...* , *è impossibile che...* , ecc.

➤ Silvestro Stallone / uscire / con la Principessa Diana

S1: *Silvestro Stallone è uscito con la Principessa Diana.*
S2: *Non è possibile che Silvestro Stallone sia uscito con la Principessa Diana.*

1. I romani / vendere / il Colosseo ai giapponesi
2. Io / sposarmi / con un extraterrestre
3. Noi / vedere Elvis / nel nostro frigorifero
4. Ted Turner / perdere / tutti i suoi milioni / e rimanere / senza un soldo
5. Bambina torinese / nascere / con tre teste
6. Tipper Gore / suonare la chitarra / per Guns & Roses

**K.** In coppia: Dica al suo compagno/alla sua compagna alcune cose che le sono successe durante il primo anno all'università. Il suo compagno/La sua compagna esprime un'opinione su quello che lei ha detto.

➤ S1: Ho incontrato alcuni buoni amici durante il primo anno qui.
S2: Sono contento che tu abbia incontrato buoni amici.

S1: Ho avuto una D in economia.
S2: Mi dispiace che tu abbia avuto una D in economia.

Before doing Ex. L, look for slight differences in individual students. Point them out to the class, asking for hypothetical responses as in the exercise: *Giovanni sembra molto stanco oggi. Perché? È possibile che ieri ... non abbia dormito ... abbia studiato fino a tardi.*

Have pairs come up with several possible explanations. Ask individuals to share their explanations with the rest of the class; then take a vote on the most plausible or most creative.

**L.** In coppia: È lunedì mattina, e alcune persone nella sua classe sembrano diverse da com'erano venerdì scorso. Con un compagno/una compagna dica quale possa essere il motivo di questa differenza.

➤ Gino sembra molto contento.

S1: *È possibile che abbia vinto alla lotteria.*
S2: *È anche possibile che sia uscito con la sua ragazza.*

1. Michele si è tagliato i capelli molto corti e porta la cravatta.
2. Pietro e Laura non sono in classe.
3. Quelle due ragazze sembrano molto stanche.
4. A Massimo fa male la gamba.
5. Margherita porta un anello (*ring*) con un diamante enorme.
6. Tre ragazzi che amano lo sport sembrano piuttosto tristi.

Ex. M: Encourage students to use their favorite singers and musicians.

**M.** In gruppi de tre o quattro: Una persona del gruppo dice il nome di una persona famosa nel mondo della musica. Le altre persone dicono tutto quello che sanno di questa persona, per esempio: dove e quando è nata, le cose che ha fatto, ecc.

➤ S1: Giacomo Puccini
S2: Credo che sia nato in Italia.
S3: Penso che abbia scritto *Tòsca*.
S4: Credo che sia morto negli anni venti.

## Congiuntivo dopo le congiunzioni

Va bene. Stasera andiamo al concerto che preferisci tu **a condizione che** domani tu **venga** a quello che preferisco io.

1. The subjunctive is used in dependent clauses introduced by the following conjunctions.

> A conjunction is a part of speech that joins two complete phrases.

| | | |
|---|---|---|
| affinché | | Lavora **affinché** i figli possano frequentare l'università. |
| di modo che | *so that, in order that* | Ci svegliamo **di modo che** voi possiate prendere il treno delle nove. |
| perché | | Parlate lentamente **perché** tutti vi capiscano. |
| benché | | Suona ancora il sassofono **benché** sia dopo mezzanotte. |
| sebbene | *although, even though* | Esce **sebbene** faccia molto freddo. |
| nonostante che | | Parte **nonostante che** stia male. |
| in caso che | *in case, in the event that* | Lascia il tuo numero di telefono **in caso che** io debba parlarti. |
| a meno che non | *unless* | Verremo da te **a meno che non** nevichi. |
| prima che | *before* | Telefono a Lina **prima che** tu venga. |
| a condizione che | *provided that, as long as* | Te lo presto **a condizione che** tu me lo ridia subito. |
| purché | | Verrà **purché** gli preparino un bel dolce. |
| senza che | *without* | Studiate **senza che** ve lo suggerisca la professoressa. |

2. The preceding conjunctions take the subjunctive in the subordinate clause even if the subject of the two clauses is the same.

| | |
|---|---|
| Paolo ha comprato un violino **benché** non **sappia** suonare. | Paolo bought a violin even though he doesn't know how to play. |

**Prima che** + *subjunctive* and **senza che** + *subjunctive*, however, are used only if the subjects are different. If the subjects are the same, **prima di** + *infinitive* and **senza** + *infinitive* are used.

| | |
|---|---|
| Ti parlerò **prima che tu esca.** | I'll speak to you before you leave. |
| Ti parlerò **prima di uscire.** | I'll speak to you before leaving (before I leave). |
| Tiziana parte **senza che** noi **la salutiamo.** | Tiziana is leaving without our saying good-bye to her. |
| Tiziana è partita **senza salutarci.** | Tiziana left without saying good-bye to us. |

*Ex. N: Make sure students know what each sentence means.*

**N.** Usi le congiunzioni tra parentesi per unire le due frasi.

➤ Spiego l'inglese a Tullio. Lo impara bene. (affinché)  *Spiego l'inglese a Tullio affinché lo impari bene.*

1. Voglio telefonare agli amici. Partono per le vacanze. (prima che)
2. Faccio questo lavoro. Il professore me lo chiede. (senza che)
3. Presto la macchina a Marisa. Mi presta la sua moto. (purché)
4. Vado a telefonare agli amici. Vogliono venire con me. (in caso che)
5. Vado in Grecia a settembre. Non ho molto denaro. (nonostante che)
6. Mangio a mezzogiorno. Ho fatto la prima colazione alle dieci. (sebbene)
7. Sandro mi aiuta. Posso finire i compiti. (di modo che)
8. Non ho trovato una soluzione. Ho studiato attentamente il problema. (benché)

*Ex. O: Have students replace sebbene with benché or nonostante che.*

**O.** Cambi le frasi, usando *sebbene* invece di *ma* come nel modello.

➤ Vado in centro ma è tardi.  *Vado in centro sebbene sia tardi.*

1. Compro una motocicletta ma costa molto.
2. Voglio uscire stasera ma fa freddo.
3. Cerco lavoro ma è difficile trovarlo.
4. Vado alla partita ma piove.
5. Do un passaggio a Marina ma sono in ritardo.

**P.** Completi il brano, usando le congiunzioni indicate.

| | | |
|---|---|---|
| sebbene | in caso che | prima che |
| nonostante che | purché | di modo che |

*The Italian singer-songwriter Lucio Dalla has been popular since the 1970s.*

Domani Lucio Dalla darà un concerto nel parco _____ faccia bel tempo. Hanno stabilito una data alternativa _____ piova. Lucio Dalla canta ancora divinamente, _____ non sia più troppo giovane. Offrono i biglietti a prezzi ridotti _____ tutti possano andare al concerto. Vado a comprare due biglietti _____ siano esauriti.

**Q.** Finisca le frasi in maniera logica.

1. I genitori lavorano molto affinché i loro bambini ...
2. Fanno molti sacrifici di modo che ...
3. Sperano che i figli ...
4. Mettono da parte (*They put aside*) molti soldi in caso che ...
5. Ci sono problemi in famiglia sebbene ...
5. I ragazzi vogliono essere indipendenti nonostante che ...

Before doing Ex. R, brainstorm reasons for taking various courses, and the difficulties they might present. Construct examples from elicited information, like *Alice studia storia sebbene debba leggere molto,* etc.

**R.** In coppia: Parli ad un amico/un'amica dei corsi che lei segue. Parli delle ragioni per cui li segue, e delle difficoltà che trova in questi corsi, usando espressioni quali *sebbene, di modo che, a meno che non,* ecc.

➤ Seguo un corso di informatica affinché possa usare i computer. Il corso mi piace benché sia piuttosto difficile. Prenderò una B a condizione che finisca presto un progetto di lavoro.

# *Vivere in Italia*

## A.

**La nostra città.** In gruppi di tre: Un suo amico/Una sua amica viene dall'Italia e lei non sa dove portarlo/la. Usando "Tre cose buone che so di lei" come guida, chieda ai suoi amici di suggerirle alcuni posti.

➤ **S1:** Dove potrei portare il mio amico/la mia amica a fare gli acquisti?

**S2:** Lo/La potresti portare …

**S3:** Forse è meglio …

### Tre cose buone che so di lei

RITORNO ALLA CAPITALE

Un vostro carissimo amico torna a Roma dopo 10 anni di assenza e siete voi ad ospitarlo…

1 In quale strada lo portereste a fare shopping? ★☆

2 In quale ristorante lo invitereste a cena? ★☆

3 In quale locale notturno gli fareste … ★☆

Ottimi acquisti sono possibili al mercato di San Lorenzo a Firenze.

Una veduta dei trulli di Alberobello, pittoresco paese della Puglia.

## B.

**Viva l'Italia.** Un sondaggio ha chiesto agli italiani se sono contenti di vivere in Italia e per quale motivo, e in quale altro paese vorrebbero vivere. Legga i risultati di questo sondaggio e poi risponda alle domande che seguono.

- Quanti italiani sono contenti di vivere in Italia?
- Quali sono i tre motivi principali per cui preferiscono vivere in Italia?
- Quanti italiani preferirebbero vivere in un altro paese?
- In quale altro paese vivrebbe più volentieri la maggior parte degli italiani?
- In quali altri paesi stranieri piacerebbe vivere agli italiani?

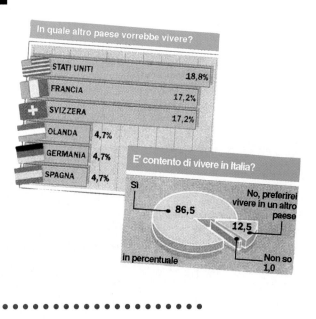

**In quale altro paese vorrebbe vivere?**

| STATI UNITI | 18,8% |
| FRANCIA | 17,2% |
| SVIZZERA | 17,2% |
| OLANDA | 4,7% |
| GERMANIA | 4,7% |
| SPAGNA | 4,7% |

**E' contento di vivere in Italia?**

Sì 86,5

No, preferirei vivere in un altro paese 12,5

Non so 1,0

in percentuale

**Per quale motivo si vive meglio in Italia che in un altro paese?**

| | |
|---|---|
| | 18,9 |
| 1) la libertà | 12,5 |
| 2) il clima | 11,5 |
| 3) il tenore di vita | 8,6 |
| 4) il carattere degli italiani | 6,8 |
| 5) il modo di vivere | 6,4 |
| 6) le bellezze naturali | 5,3 |
| 7) i rapporti tra le persone | 5,2 |
| 8) la tranquillità | 4,3 |
| 9) il patrimonio artistico | 2,9 |
| 10) la cucina | |

Go over vocabulary such as *tenore di vita* (standard of living), *il modo* (way), *la bellezza* (beauty).

Have students poll each other on their preferences: *Sei contento/a di vivere negli Stati Uniti (in Canadà)?*, etc.

## 6-TUTTO ROCK E MELODIA

| | |
|---|---|
| Rock | 46,6 |
| Canzone d'autore italiana | 39,9 |
| Discomusic | 38,6 |
| Tutta la musica moderna | 27,2 |
| Pop | 15,1 |
| Tutta (compresa la classica) | 13,0 |
| Classica e/o lirica | 11,9 |
| Jazz | 9,5 |
| Country/folk | 9,5 |
| Quello che capita | 8,2 |
| Altro tipo di musica | 5,6 |
| Non ascolta mai/quasi mai | 1,9 |

## C.

Come tutti i giovani del mondo, anche i giovani italiani amano molto la musica.
Un sondaggio ha rivelato quali sono le loro preferenze musicali. Questo è il risultato
del sondaggio.

- Che tipo di musica preferisce il 47% circa dei giovani italiani?

- A quanti di loro piace ascoltare la musica classica?

- Quanti di loro non ascoltano quasi mai la musica?

# D.

**Un'inchiesta.** Faccia un giro della classe e domandi a tre
o quattro dei suoi amici quali sono le loro preferenze musicali.
Lei vuole sapere:

- il loro/la loro cantante preferito/a
- il genere di musica che preferiscono
- il concerto più bello a cui abbiano mai assistito
- la stazione radio che ascoltano di più
- quante ore al giorno ascoltano la musica
- la loro canzone preferita

# E.

**Una canzone originale.** Scriva una
breve canzone in italiano usando la melodia
di una canzone popolare.

Giovani ammiratori a un concerto di Jovanotti,
un altro popolare cantante italiano.

# F.

**Una biografia.** In gruppi di tre o quattro: Mettete insieme la biografia
di un/una cantante o personaggio televisivo, cinematografico o politico,
usando informazioni generali note a tutti. Prendete appunti e poi scrivete
la biografia che avete messo insieme.

➤ **S1:** Madonna è una cantante conosciuta in tutto il mondo.

**S2:** È nata a ... ed ha ... (anni).

**S3:** Quando era bambina cantava ...

# E dopo la laurea?

**COMMUNICATIVE OBJECTIVES**

- Talk about job prospects and qualifications
- Express emotions, thoughts, and opinions about the past
- Describe hypothetical situations

Anche in Italia il computer è usato moltissimo dai giovani. È un loro buon amico sia a casa che all'università.

• • • • • • • • • • • • • • • • • • • • • • • • • • • • • • • • • • • • • • • • • • • • • • • •

Giovanni Conti, giornalista di una stazione radio privata di Milano, intervista tre studenti universitari.

GIORNALISTA: Amici ascoltatori, buona sera. Per la trasmissione "I nostri giovani" abbiamo qui con noi tre studenti che stanno per laurearsi: Giorgio Salviati, studente di scienze politiche, Patrizia Ranieri, studentessa d'architettura, e Claudia Massoni, studentessa d'ingegneria. Giorgio, tu pensi che una volta laureato° la tua preparazione accademica sia sufficiente per trovare un buon lavoro?

*upon graduation*

GIORGIO: No. Io sono convinto che noi potremmo avere una preparazione migliore e quindi più possibilità d'impiego se avessimo una migliore assistenza dai professori e se l'università avesse più soldi a disposizione°. Inoltre° sarebbe più facile trovare lavoro se esistessero contatti più stretti fra l'università e l'industria.

*See Lezione 2 to review names of academic subjects.*

*at (its) disposal / In addition*

GIORNALISTA: E tu, Patrizia, sei d'accordo con Giorgio?

PATRIZIA: Sì. A volte penso che avrei dovuto scegliere un'altra laurea. Penso che sarebbe stato più facile trovare lavoro se mi fossi specializzata in chimica o informatica. Ma a me piace l'architettura e sono sicura che prima o poi riuscirò a sistemarmi.

*Have a pair of students role-play a short radio interview. The interviewer asks the student about his/her daily routine at school and work, job possibilities, etc.*

GIORNALISTA: Sentiamo adesso il parere di Claudia.

CLAUDIA: Io non sapevo che ingegneria fosse una facoltà così difficile. Adesso però che sto per laurearmi, non mi lamento perché credo che per me sarà facile trovare un buon lavoro.

*Role-play a radio or TV reporter interviewing three or four students. Ask them about conditions at school and in the local job market. Have the other students take notes. Then ask for summaries.*

GIORNALISTA: Ragazzi, avete qualche suggerimento da dare ai giovani che sono in ascolto°?

*are listening*

GIORGIO: Sì. È vero che oggi abbiamo la possibilità di lavorare liberamente in tutti i paesi della Ue, ma c'è una forte concorrenza per ogni buon lavoro. Quindi è necessario avere un'ottima laurea.

*La Ue = Unione europea*

CLAUDIA: Però sarebbe bene che nel futuro i giovani si orientassero anche verso una preparazione interdisciplinare. Combinare la biologia con l'informatica, o le lingue straniere con l'economia è stimolante e molto utile per intraprendere le nuove professioni.

GIORNALISTA: Bene, ragazzi. È stato uno scambio di idee molto interessante. La prossima settimana inviteremo alcuni giovani liceali e ascolteremo le loro opinioni. Arrivederci e buona sera a tutti gli ascoltatori!

*Ask students to use their imaginations to describe the three students being interviewed (age, appearance, etc.).*

• • • • • • • • • • • • • • • • • • • • • • • • • • • • • • • • • • • • • • • • • • • • • • • •

# Gli studenti italiani e il lavoro

Nel sistema scolastico e universitario italiano non esiste ancora un centro di orientamento che aiuti i giovani a scegliere la loro professione futura. Spesso gli studenti scelgono e frequentano una facoltà universitaria solo per il prestigio del titolo accademico o per una tradizione di famiglia. Questo è vero specialmente per le facoltà di medicina e giurisprudenza[1], che hanno visto crescere[2] molto nell'ultimo decennio il numero dei loro studenti. Il risultato è che oggi in Italia ci sono moltissimi medici ed avvocati, ma solo pochi di loro riescono a trovare un buon lavoro. Per gli altri laureati inizia una ricerca lunga e difficile. Alla fine molti di loro devono adattarsi[3] ad un tipo di lavoro completamente diverso.

Da qualche anno però, la situazione va migliorando[4]. In molte città è già in atto[5] una cooperazione tra l'industria e le scuole medie superiori. Gli studenti visitano ditte[6] private e aziende pubbliche[7], mentre dirigenti[8] e professionisti si incontrano con gli studenti nelle scuole. Lo scopo[9] di questi incontri è di dare agli studenti una visione più realistica della vita e di facilitare più tardi il loro inserimento[10] nel mondo del lavoro.

1. law   2. grow   3. adjust   4. is improving   5. in place   6. firms   7. public companies   8. managers   9. purpose   10. entry

La ricerca di un lavoro è sempre una cosa lunga e difficile.

Have students compare Italian and American graduates as they face the working world.

Ask students *Quali sono le carriere più prestigiose negli Stati Uniti? Lei ha considerato le possibilità di lavoro quando ha scelto la sua facoltà? Sceglierebbe un indirizzo (major) con poche possibilità di lavoro?*

## Domande

1. Quale tema discutono il giornalista e gli studenti?
2. Quali sono le osservazioni che fa Giorgio?
3. Secondo Patrizia, in che cosa avrebbe dovuto specializzarsi per trovare subito lavoro?
4. Dove possono lavorare adesso i giovani italiani?
5. Quali suggerimenti dà Claudia ai giovani?

Ask students if they have ever been interviewed and, if so, what kinds of questions they were asked, if the interviewer expressed his/her opinion, and if they think an interviewer should express an opinion.

## Domande personali

1. Lei è contento/a dei suoi corsi e dei suoi professori? Perché?
2. Quale corso di laurea ha scelto lei? È soddisfatto/a della scelta? Perché?
3. Secondo lei, quale laurea offre immediate possibilità di lavoro?
4. Per i laureati è difficile trovare lavoro nella sua città o nel suo paese? Perché?
5. Come vede il suo futuro nel mondo del lavoro? Perché?

*Quando è possibile seguire
questi corsi? A che cosa
preparano? Quanto tempo
durano? Quali di questi corsi
le piacerebbe seguire?*

LE DISCIPLINE DEL DESIGN E DELLA COMUNICAZIONE INSEGNATE DA PROFESSIONISTI

# ISTITUTO EUROPEO DI DESIGN

**Istituto Superiore di Comunicazione**

**Da oltre vent'anni insegna creatività**

| GRAFICA | ARCHITETTURA | MARKETING |
| --- | --- | --- |
| COMPUTERGRAFICA | ARREDAMENTO | SCRITTURA CREATIVA |
| PUBBLICITÀ | TECNICA PUBBLICITARIA | PSICOLOGIA DEL LAVORO |
| ILLUSTRAZIONE | RELAZIONI PUBBLICHE | |
| DESIGN DEL GIOIELLO | GIORNALISMO STAMPA E TV | *CORSI DOPO LA MATURITÀ PER PROFESSIONI MODERNE INDIRIZZATE ALLA REALTÀ DEL LAVORO* |
| FOTOGRAFIA | | |

**Informazioni
programmi e iscrizioni
Piazza Colonna 355
Tel. 6786506/6792268
Roma**

*Al termine dei corsi
orientamento
al lavoro*

## Esercizio di comprensione

Il seguente brano è basato sull'intervista. Completi il brano con parole ed espressioni appropriate.

"I nostri giovani" è una _____ radiofonica settimanale presentata dal _____ Giovanni Conti. La trasmissione discute i problemi degli _____ universitari che _____ per laurearsi e si preparano a entrare nel mondo del _____ . Giorgio dice che è necessaria una migliore _____ dai _____ . Inoltre le università non hanno molti _____ a disposizione e non ci sono _____ stretti fra l'università e l'_____ . Patrizia dice che le piace l'_____ . Claudia pensa che la _____ di ingegneria sia _____ . Alla fine Giorgio dice ai giovani che è necessario avere un'ottima _____ , mentre Claudia dice che è importante avere una preparazione _____ .

# Vocabolario

• • • • • • • • • • • • • • • • • • • • • • • • • • • • • • • • • • • • • • • • • •

## Parole analoghe

| | | |
|---|---|---|
| accademico/a | l'industria | la professione |
| l'assistenza | interdisciplinare | specializzarsi |
| esistere | l'opinione (*f.*) | sufficiente |
| immediato/a | la possibilità | |

## Nomi

| | |
|---|---|
| la concorrenza | competition |
| il/la giornalista | journalist |
| l'impiego | job, employment |
| l'ingegneria | engineering |
| la laurea | degree |
| il parere | opinion |
| lo scambio | exchange |
| il suggerimento | suggestion |

## Verbi

| | |
|---|---|
| combinare | to combine |
| intervistare | to interview |
| intraprendere | to undertake |
| lamentarsi | to complain |
| laurearsi | to graduate |
| orientarsi | to orient oneself |
| sistemarsi | to get a job, get settled |

## Aggettivi

| | |
|---|---|
| migliore | better |
| stretto/a | close |
| stimolante | challenging |

## Altre parole ed espressioni

| | |
|---|---|
| liberamente | freely |
| il corso di laurea | (university) major |
| stare per + *infinitive* | to be about to |

*Accademia Raymond Riachi*

Scultura - Pittura - Disegno - Arte orafa

**CORSO TECNICO PROFESSIONALE DI ARTE ORAFA**
riconosciuto dalla Regione toscana. Corsi liberi di scultura e pittura.
Per informazioni Via dei Conti 4 Firenze tel. 055-263831.

# Pratica

**A.** In gruppi di tre o quattro: Lei è un/una giornalista della radio che intervista alcuni studenti. Chieda quali sono le loro opinioni sulla preparazione che ricevono all'università e se si sentono preparati per entrare nel mondo del lavoro.

**B.** In gruppi di tre o quattro: Domandi ai suoi amici quale lavoro pensano di svolgere una volta laureati e se pensano di trovare subito un posto (*job*). Prenda appunti e paragoni (*compare*) i suoi risultati con quelli di altri gruppi.

# Ampliamento del vocabolario

## Mestieri, professioni e altre occupazioni

1. Many nouns referring to occupations have both a masculine and a feminine form.

**l'impiegato** (male) clerk     **l'impiegata** (female) clerk
**l'operaio** (male) blue-collar     **l'operaia** (female) blue-collar
   worker                  worker

il/la pianista
il/la cantante

il medico

l'uomo d'affari        la donna d'affari        il/la regista        l'elettricista

2. Some masculine nouns that end in **-tore** have a feminine form that ends in **-trice.**

**l'attore** actor        **l'attrice** actress
**lo scrittore** (male) writer        **la scrittrice** (female) writer

3. Some masculine nouns form the feminine by dropping the final vowel and adding **-essa.**

**il dottore**   (male) doctor          **la dottoressa**   (female) doctor
**il professore**   (male) professor      **la professoressa**   (female) professor
**lo studente**   (male) student         **la studentessa**   (female) student

4. Some masculine nouns that end in **-ista, -ente,** or **-ante** can be feminine or masculine depending on the context.

**il/la dentista**   dentist          **il/la regista**   film director
**l'elettricista**   electrician       **l'agente**   agent
**il/la farmacista**   pharmacist      **il/la dirigente**   executive
**il/la pianista**   pianist          **il/la cantante**   singer

> Remember that nouns ending in *-ista* end in *-isti* in the masculine plural, and in *-iste* in the feminine plural: *i pianisti/le pianiste.*

5. Some nouns have only a masculine or only a feminine form.

*Masculine form only*

**l'architetto**   architect
**l'avvocato**   lawyer
**il meccanico**   mechanic
**il medico**   doctor
**l'uomo d'affari**   businessman

*Feminine form only*

**la casalinga**   homemaker
**la donna d'affari**   businesswoman

> Point out that professional titles such as *architetto, avvocato,* and *medico* are used for both men and women. *Lisa è architetto; la madre di Paola fa il medico.*

### Espressioni utili

**che lavoro fa (fai)?**   what work do you do?
**che mestiere fa (fai)?**   what is your occupation?
**esercitare (svolgere) una professione (un mestiere)**   to practice a profession (a skilled craft)

**faccio il meccanico (l'avvocato)**   I'm a mechanic (lawyer)
**scegliere una professione o un mestiere**   to choose a profession or occupation

> Ask students to define in Italian some of the occupations, including *l'impiegato/a, il/la farmacista, lo scrittore/la scrittrice.*

Ex. A: Divide the class into small groups and appoint an interviewer in each group to ask questions, using *lei.*

**A.** In coppia: Faccia le seguenti domande ad un altro studente/un'altra studentessa.

1. Quando finisci di studiare, quale professione ti piacerebbe svolgere o quale mestiere vorresti fare?
2. Che tipo di preparazione devi avere per svolgere la professione o fare il mestiere che hai scelto (*chosen*)?
3. Preferisci svolgere un lavoro che ti dia molti soldi, molta soddisfazione o molto tempo libero? Perché?
4. Quale professione o quale mestiere svolge tuo padre? Tua madre? Tuo fratello o tua sorella?

Ex. B: With books closed, reverse the order of cues and responses: Instructor: *L'architetto.* Student: *La persona che disegna palazzi e costruzioni.* Explain that *chi* in this exercise is used as a relative pronoun meaning *he/she who.*

**B.** In coppia: Lei chiede ad un altro studente/un'altra studentessa come si chiamano le persone che fanno i seguenti lavori.

➤ chi disegna palazzi e costruzioni   — *Come si chiama chi disegna palazzi e costruzioni?*
   — *L'architetto.*

1. chi scrive per un giornale
2. chi suona il pianoforte
3. quelli che vendono medicine
4. le donne che non lavorano fuori casa
5. chi aggiusta i motori delle macchine
6. chi dirige (*directs*) un film
7. la donna che scrive libri
8. chi lavora in una fabbrica
9. chi interpreta i personaggi di un film
10. quelli che lavorano in un ufficio

## Il mondo del lavoro

### Nomi

**il capo**   chief, boss
**la carriera**   career
**il colloquio**   job interview
**la fabbrica**   factory
**le ferie**   vacation
**la gestione**   management
**l'impiegato**   employee
**l'impiego**   job, employment
**il posto**   job, position
**la qualifica**   qualification
**il salario**   wage, pay
**lo stipendio**   salary

### Verbi

**assumere**   to hire
**gestire**   to manage
**guadagnare**   to earn
**licenziare**   to fire
**licenziarsi**   to quit (a job)
**richiedere**   to require, seek

### Altre parole ed espressioni

**guadagnarsi la vita**   to earn one's living
**sostenere un colloquio**   to have a job interview

Ask students to outline the steps involved in finding a suitable part-time or full-time job. Write the steps on the board.

**C.** In coppia: Intervisti un altro studente/un'altra studentessa per sapere se cerca lavoro per l'estate prossima e che tipo di lavoro vorrà fare.

1. Cerchi lavoro per l'estate prossima? Che tipo d'impiego pensi di trovare?
2. Cos'è più importante per te in questo impiego: lo stipendio o un'esperienza utile per fare carriera nel futuro?
3. Quanto ti piacerebbe guadagnare al mese?
4. Lavori adesso? Dove lavori?
5. Per quale lavoro sei qualificato/a?
6. Come ti vesti per andare a sostenere un colloquio per un posto di lavoro? Come ti prepari?
7. Quanti giorni di ferie all'anno ti piacerebbe avere?
8. C'è molta disoccupazione nella tua città o nel tuo paese, oppure (*or*) è abbastanza facile trovare lavoro?

Ex. D: Role-play an employer interviewing applicants for a job. Ask appropriate questions, referring occasionally to the CVs the students you are interviewing have prepared.

**D.** In coppia: Leggete i seguenti annunci. Poi a turno fate le domande che seguono e rispondete ad esse.

# OFFERTE DI LAVORO

## INDUSTRIA RICERCA

Laureato in chimica in possesso dei seguenti requisiti:
- età tra i 25 e 35 anni
- 2 o 3 anni di esperienza

Il candidato sarà responsabile per:
- lo studio e lo sviluppo di nuovi prodotti
- l'assistenza tecnica ai clienti.

Inviare dettagliato Curriculum vitae a: Agenzia Parini, Casella Postale 35, 22100 Como.

---

*Società[5] multinazionale americana cerca*

## GIOVANI DIPLOMATI E LAUREATI

per una carriera dinamica e stimolante nel mondo delle vendite. I candidati, massimo venticinquenni e militesenti, devono possedere:
- ✓ una forte aspirazione al successo personale
- ✓ elevato impegno[6]
- ✓ determinazione e solide motivazioni
- ✓ buon rapporto interpersonale

L'attività lavorativa si svolgerà nel Centro-Sud d'Italia. Inviare dettagliato curriculum con recapito telefonico[7] a: Selezione e Consulenza, Casella Postale 155, 20100 Milano

---

*Azienda[1] importanza nazionale cerca giovane laureato in*

## ECONOMIA E COMMERCIO

Si richiede:
- Militesente[2]
- Buona votazione[3] di laurea
- Ottima conoscenza ragioneria[4]
- Ottima conoscenza inglese
- Età massima 26 anni

Inviare dettagliato curriculum vitae a: Agir Selezione, Casella 70, 00100 Roma

---

Assumiamo GRAFICO/A[8] con esperienza di 2 o 3 anni presso agenzia di pubblicità. Età tra i 24 e 30 anni. Telefonare al (045) 2076935 di Verona.

---

1. firm   2. exempt from military service
3. grades   4. accounting   5. company
6. commitment   7. phone number   8. graphic designer

In Italy it is commonplace to indicate desired age range for jobs in newspaper ads. There are no antidiscrimination laws for age (or sex).

1. Quali sono le responsabilità di lavoro del candidato ricercato dall'industria chimica?
2. Chi cerca giovani laureati e diplomati?
3. Quali caratteristiche devono avere i candidati?
4. Che tipo di laurea è richiesta da un'azienda d'importanza nazionale?
5. Quale tipo di esperienza e quanti anni di attività nel ramo (*field*) deve avere il candidato/la candidata per l'impiego offerto a Verona? Secondo lei, sono sufficienti le informazioni sul lavoro offerto?

**E.** In coppia: Telefoni ad un amico/un'amica e gli/le parli di uno degli annunci di lavoro riportati in alto. Risponda all'amico/a che vuole sapere il nome della ditta, i requisiti (*qualifications*) necessari e dove può telefonare o scrivere per quest'impiego.

**F.** In coppia: Supponga di dover sostenere un colloquio per ottenere un lavoro presso un'agenzia di viaggi. Prepari un curriculum vitae riempiendo (*filling out*) il seguente modulo (*form*) e lo presenti al capo del personale.

Curriculum vitae

Titolo di studio: _____

Esperienza di lavoro: _____

_____

Caratteristiche personali: _____

Lingue straniere conosciute: _____

Altre qualifiche: _____

Referenze: _____

Poi risponda alle domande del capo che vuole sapere:

quando può cominciare a lavorare
se le piace viaggiare
quanto desidera guadagnare al mese

# Struttura ed uso

## Imperfetto del congiuntivo

— Mamma e papà volevano che io **avessi** una posizione importante nel mondo dello spettacolo!

1. The imperfect subjunctive is used in dependent **che** clauses when the verb in the main clause is in a past tense or in the present conditional.

Io non sapevo che ingegneria **fosse** così difficile.

I didn't know that engineering was so difficult.

Have students identify the tense of the main clause in each example.

Pensavo che **esistessero** più
possibilità di lavoro.
Sarebbe bene che io **scegliessi**
un'altra facoltà.
Vorrei che ci **fosse** più tempo
per pensarci.

I thought that there were more
employment possibilities.
It would be better if I chose
another field of study.
I wish there were more time to
think about it.

You may want to tell students
that most verbs and expressions
that require the subjunctive refer
to mental states or processes.
They would therefore be
expressed in the imperfect rather
than the *passato prossimo*.

2. To form the imperfect subjunctive of most verbs, drop the **-re** from the
infinitive and add the endings **-ssi, -ssi, -sse, -ssimo, -ste,** and **-ssero.** The
following chart shows the imperfect subjunctive of regular **-are, -ere,** and
**-ire** verbs.

Notice that both types of *-ire*
verbs — those that take *-isc* in
the present tense and those that
do not — are conjugated identi-
cally in the imperfect
subjunctive.

|              | studiare    | prendere    | capire      |
|--------------|-------------|-------------|-------------|
| che io       | studia**ssi**   | prende**ssi**   | capi**ssi**     |
| che tu       | studia**ssi**   | prende**ssi**   | capi**ssi**     |
| che lui/lei  | studia**sse**   | prende**sse**   | capi**sse**     |
| che noi      | studia**ssimo** | prende**ssimo** | capi**ssimo**   |
| che voi      | studia**ste**   | prende**ste**   | capi**ste**     |
| che loro     | studia**ssero** | prende**ssero** | capi**ssero**   |

3. The following verbs are irregular in the imperfect subjunctive.

Notice that some of these verbs
have the same irregular stem in
the imperfect indicative: *fare:
facevo/facessi; dire: dicevo/
dicessi; bere: bevevo/bevessi.*

**bere:** bevessi, bevessi, bevesse, bevessimo, beveste, bevessero
**dare:** dessi, dessi, desse, dessimo, deste, dessero
**dire:** dicessi, dicessi, dicesse, dicessimo, diceste, dicessero
**essere:** fossi, fossi, fosse, fossimo, foste, fossero
**fare:** facessi, facessi, facesse, facessimo, faceste, facessero
**stare:** stessi, stessi, stesse, stessimo, steste, stessero

**A.** Formuli frasi con le parole tra parentesi, come indicato nel modello.

➤ Giorgio studiava scienze politiche. (Era opportuno)    *Era opportuno che Giorgio studiasse scienze politiche.*

1. Voleva diventare giornalista. (Sembrava)
2. I suoi corsi erano difficili. (Gli pareva)
3. Ingegneria richiedeva una buona preparazione in matematica. (Pensava)
4. Si preoccupava per il suo futuro. (Era normale)
5. I suoi amici trovavano subito lavoro. (Era contento)
6. La sua ragazza andava in un'altra città. (Gli dispiaceva)
7. Lei rimaneva qui. (Giorgio preferiva)
8. Lui le diceva la verità. (Sarebbe meglio)

**B.** Completi la seguente descrizione di una settimana veramente difficile, usando l'imperfetto del congiuntivo dei verbi fra parentesi.

Benché io (dovere) leggere duecento pagine di storia, lunedì i miei amici hanno voluto che io li (aiutare) a studiare il latino. Martedì, la mia compagna di camera ha voluto che io le (dare) un passaggio con la macchina. Poi ho dimenticato che mercoledì ci (essere) l'esame di economia, e quindi non ho studiato. Ma il professore ha insistito che io (fare) l'esame lo stesso. Giovedì è stato necessario che io (parlare) con il professore. Poi i miei genitori hanno voluto che io (tornare) a casa venerdì per la fine-settimana. Sono andato a casa a condizione che loro mi (permettere) di fare una festa. Che settimana!

Before doing Ex. C, elicit from students things they had to do for classes last week. List the verbs on the board in the infinitive. Then have students form some sentences as in the model: *La professoressa di economia voleva che ...*

Ex. D: Have students use *credevo che* and *immaginavo che* as well as *pensavo che*. Encourage students to come up with ridiculous assumptions about the job: *Oh, ma io credevo che cominciasse a mezzogiorno!*

**C.** In coppia: Dica ad un compagno/una compagna cinque cose che i professori volevano la settimana scorsa.

➤ La settimana scorsa la professoressa d'inglese voleva che noi leggessimo *Antonio e Cleopatra* e che studiassimo per un esame. Il professore d'italiano voleva che io parlassi in classe della mia famiglia, ...

**D.** Lei è andato/a a sostenere un colloquio di lavoro per un posto in una fabbrica. Siccome lei non è ben preparato/a, risponde all'intervistatore dicendo che lei immaginava che le cose stessero in maniera diversa.

➤ Questa fabbrica produce asciugacapelli.  *Oh! Ma io pensavo che producesse videoregistratori!*

1. Il giorno lavorativo comincia alle sette e mezzo.
2. La fabbrica non offre l'assistenza sanitaria (*health insurance*).
3. La posizione richiede un titolo universitario.
4. Ci sono più di duecento impiegati nella fabbrica.
5. La fabbrica chiude ad agosto per le ferie.
6. Preferiamo assumere persone con molta esperienza.
7. Lo stipendio aumenta automaticamente ogni due anni.
8. Non abbiamo posizioni a tempo parziale (*part-time*).

**E.** In coppia: Dica ad un amico/un'amica cosa pensava prima di cominciare a frequentare questa università.

➤ Prima di venire qui    speravo di ...
  pensavo che ...         avevo paura che ...
  non sapevo che ...     avevo paura di ...
  speravo che ...

Don't forget to use an infinitive if the subject of both clauses is the same: *Speravo di specializzarmi in ingegneria.*

Before doing Ex. E, ask the class about mistaken impressions they had before entering as freshmen. Ask about their apprehensions and hopes. Follow up by asking individuals to report what their partners told them.

## Trapassato del congiuntivo

— Pensavo che tu **avessi prenotato** un tavolo.
— Io pensavo che l'**avessi fatto** tu!

1. Compare the forms of the verb in the following examples.

I genitori credevano che Maria Luisa **andasse** a scuola.
Her parents thought that Maria Luisa was going to school.

I genitori credevano che Maria Luisa **fosse andata** a scuola.
Her parents thought that Maria Luisa had gone to school.

Speravano che lei **aiutasse** il bambino.
They hoped that she would help the child.

Speravano che lei **avesse aiutato** il bambino.
They hoped that she had helped the child.

The verb in bold type in the second sentence in each pair is in the **trapassato del congiuntivo** (pluperfect subjunctive), which is used when the action of the dependent clause takes place before that of the main clause.

I genitori non sapevano (domenica) che Maria Luisa **fosse andata** ad una festa (sabato).
Her parents didn't know (on Sunday) that Maria Luisa had gone to a party (on Saturday).

Remind students that there are four subjunctive tenses. Summarize by writing four parallel examples on the board, such as: *Penso che venga. Penso che sia venuto. Pensavo che,* etc.

2. The **trapassato del congiuntivo** is a compound form consisting of an auxiliary verb (**avere** or **essere**) in the imperfect subjunctive and a past participle.

|  | **arrivare** | **finire** |
|---|---|---|
| che io | fossi arrivato/a | avessi finito |
| che tu | fossi arrivato/a | avessi finito |
| che lui/lei | fosse arrivato/a | avesse finito |
| che noi | fossimo arrivati/e | avessimo finito |
| che voi | foste arrivati/e | aveste finito |
| che loro | fossero arrivati/e | avessero finito |

Ci sembrava che i ragazzi **si fossero preparati** abbastanza e che **avessero risposto** bene alle domande.

Eravamo contenti che **avessero vinto** il concorso.

It seemed to us that the guys had prepared themselves enough and that they had answered the questions well.

We were happy that they had won the contest.

**F.** Formuli frasi che descrivono quello che è successo nella facoltà di lingue dell'università. Scelga gli elementi appropriati dalle tre colonne, e usi il trapassato del congiuntivo nella frase subordinata.

➤ Era importante che gli studenti fossero arrivati prima dei professori.

| Sembrava | la professoressa | fare i compiti |
|---|---|---|
| Era importante | noi | licenziarsi |
| Dubitavo | lo studente | usare il computer |
| Era meglio | gli studenti | uscire subito alla fine della |
| Temevo | i professori |    lezione |
| Era bene | io | guadagnare poco |
| | le segretarie | parlare bene l'italiano |
| | | lasciare i libri a casa |
| | | perdere il quaderno |
| | | arrivare prima dei professori |

Ex. G: Have students translate each sentence they form. Make sure they are aware that the action of the subordinate clause is prior to the action of the main clause.

**G.** Spesso quando i genitori partono per la fine-settimana, i figli fanno cose diverse da quelle che i genitori si aspettano. Dica quello che i genitori pensavano che i figli avessero fatto durante la loro assenza.

➤ Maria Luisa è andata ad una festa.　　*I genitori pensavano che Maria Luisa fosse andata in chiesa.*

1. Maria Luisa è ritornata alle tre di mattina.
2. Ha invitato alcuni amici a casa.
3. Maria Luisa e gli amici hanno giocato a poker.
4. Bruno ha preso la macchina della mamma.
5. È andato al centro con alcuni amici.

6. È tornato a casa domenica mattina.
7. Il fratellino non ha mangiato niente.
8. Maria Luisa e Bruno non hanno fatto attenzione al fratellino.

**H.** In coppia: Dica ad un amico/un'amica tre o quattro cose del suo passato (per esempio: dov'è nato/a, quale liceo ha frequentato, un luogo interessante che ha visitato, un corso che ha seguito, ecc.). L'amico/L'amica risponde che non sapeva queste cose, o credeva qualche altra cosa.

➤ S1: Sono nata in Florida.
S2: Sapevo che tu eri nata in Florida. / Non sapevo che tu fossi nata in Florida. / Credevo che tu fossi nata in Louisiana.

## Frasi introdotte da *se*

Se **fossi** architetto, ti **costruirei** due castelli.
Se **fossi** parrucchiere, ti **taglierei** i capelli.

1. When the word **se** (*if*) is used to talk about circumstances that are real or likely to occur, the indicative is used in the **se** clause and the indicative or the imperative is used in the main clause.

Point out to students that in real or likely situations, *se* can be replaced by *quando*.

| | |
|---|---|
| Se **ho** bisogno di soldi, **lavoro** con mio zio. | If I need money, I work for my uncle. |
| Se **hai** bisogno di soldi, **trova** un lavoro! | If you need money, find a job! |
| Se **andrai** all'ufficio di collocamento, **troverai** molte possibilità di lavoro. | If you go to the employment office, you'll find many job possibilities. |
| Se non **riusciva** a trovare un altro lavoro, mio nonno **vendeva** anche i giornali. | If he wasn't able to find any work, my grandfather would even sell newspapers. |

2. **Se** can also be used to talk about imaginary, unlikely, and impossible situations. In these cases the **se** clause is in the imperfect subjunctive and the main clause is in the conditional.

Review forms of the conditional with students. Finish by reviewing the conditional of *avere* and *essere*.

Point out that the position of the two clauses can be reversed, as in English. Read the four examples, transposing the clauses.

— Se **avessi** un milione di dollari, non **lavorerei** più.
— Io invece se **fossi** milionario, **continuerei** a lavorare.

— Se **potessero**, molti **si licenzierebbero**.
— Ma se tutti **fossero** ricchi e non **lavorassero**, chi **produrrebbe** per la società?

— If I had a million dollars, I wouldn't work anymore.
— If I were a millionaire, I'd continue to work.

— If they could, a lot of people would quit their jobs.
— But if everyone were rich and didn't work, who would produce for society?

After Ex. I is completed, ask individuals *Se fa freddo, che cosa fa?*, etc. Write *se, quando,* and *ogni volta che* on the board. Have students rephrase their sentences using these alternative introductions: *Quando fa freddo non esco.*

**I.** In coppia: Dica ad un altro studente/un'altra studentessa quello che lei generalmente fa nelle seguenti situazioni.

➤ Se fa freddo …    S1: *Se fa freddo non esco.*
S2: *Se fa freddo mi metto una maglia.*

1. Se ho molta fame …
2. Se non capisco una cosa in classe …
3. Se ho molti compiti da fare e poco tempo …
4. Se ho bisogno di parlare con qualcuno …
5. Se mi telefona un amico noioso …
6. Se non riesco a dormire …

Ex. J: Make sure students understand the difference between the original sentences and the transformations.

**J.** Trasformi queste frasi, usando il condizionale nella frase principale e l'imperfetto del congiuntivo nella subordinata, come nel modello.

➤ Se posso, lo faccio.    *Se potessi, lo farei.*

1. Se parli, ti ascolto.
2. Se mangiamo poco, ci sentiamo meglio.
3. Se abbiamo bisogno di soldi, li chiediamo a papà.
4. Se ho tempo, cucino qualcosa.
5. Se non corro ogni giorno, mi sento più stanco.
6. Se vuole parlare con te, ti telefona.
7. Se è possibile, veniamo.

You may want to have students do Ex. K in pairs. Have students alternate between creating and answering questions like *Se fossi una donna, che faresti/chi saresti?* Encourage students to expand on their answers.

**K.** Dica quello che lei farebbe nelle seguenti situazioni.

1. Se fossi donna/uomo …
2. Se potessi essere un personaggio storico …
3. Se adesso fossi in Italia …
4. Se avessi più tempo …
5. Se fossi invisibile …
6. Se potessi uscire con qualsiasi persona …

**L.** In gruppi di tre: Domandi alle altre persone del gruppo cosa farebbero se succedessero le seguenti cose. Poi riferisca l'informazione alla classe.

se vedessero un UFO
se cominciasse la terza guerra mondiale
se trovassero un portafoglio con mille dollari
se vedessero la ragazza del migliore amico con un altro uomo
se durante un esame vedessero un altro studente copiare da un
   compagno/una compagna
se si trovassero in montagna senza cibo

➤ se vedessero un UFO    S1: *Cosa faresti se vedessi un UFO?*
                         S2: *Io telefonerei ai giornali.*
                         S1: *E tu cosa faresti?*
                         S3: *Io ...*

## Condizionale passato

— Massimo, **avresti
dovuto** telefonare prima!

1. The past conditional is a compound form consisting of an auxiliary verb
   (**avere** or **essere**) in the present conditional plus a past participle. The
   following chart shows the forms of the past conditional.

|         | scegliere        | uscire            |
|---------|------------------|-------------------|
| io      | avrei scelto     | sarei uscito/a    |
| tu      | avresti scelto   | saresti uscito/a  |
| lui/lei | avrebbe scelto   | sarebbe uscito/a  |
| noi     | avremmo scelto   | saremmo usciti/e  |
| voi     | avreste scelto   | sareste usciti/e  |
| loro    | avrebbero scelto | sarebbero usciti/e |

2. The past conditional corresponds to *would have* (*done something*). It is also used to report a future action *as viewed from the past*, which English expresses with the simple conditional.

| | |
|---|---|
| Giorgio ha scelto ingegneria ma io **avrei scelto** matematica. | Giorgio chose engineering, but I would have chosen math. |
| Patrizia si è iscritta ad architettura ma noi **ci saremmo iscritti** a scienze politiche. | Patrizia enrolled in architecture, but we would have enrolled in political science. |
| Claudia ha detto che **avrebbe scelto** la facoltà l'anno dopo. | Claudia said that she would choose a major the following year. |

3. The past conditional of **dovere** + *infinitive* means *should have* (*done something*). Similarly, the past conditional of **potere** + *infinitive* means *could have* (*done something*).

| | |
|---|---|
| **Avrebbero dovuto parlare** prima con me. | They should have spoken to me first. |
| **Avresti potuto lavorare** a tempo parziale. | You could have worked part-time. |

4. To talk about a contrary-to-fact or imaginary situation entirely in the past, use **se** + **trapassato del congiuntivo** + *past conditional*.

> The order of the two clauses can be switched: *Non ci sarei andato se lo avessi saputo prima.*

| | |
|---|---|
| Se lo **avessi saputo** prima, non ci **sarei andato.** | If I had known sooner, I wouldn't have gone. |
| Se non **avessero incontrato** Gianni, non **avrebbero saputo** la buona notizia. | If they hadn't run into Gianni, they wouldn't have learned the good news. |

**M.** I signori Rosati hanno fatto recentemente un viaggio molto costoso a New York. Dica che lei non avrebbe fatto quello che hanno fatto loro.

➤ I signori Rosati sono andati a New York in aereo.      *Io sarei andato/a a New York con l'autobus.*

1. I signori hanno viaggiato in prima classe.
2. Hanno dormito al Ritz.
3. Hanno mangiato l'aragosta ogni sera.
4. Sono andati spesso a teatro.
5. La signora ha comprato cinque paia di scarpe.
6. Si è fatta tagliare i capelli da Monsieur Henri.
7. Dopo tre giorni i signori si sono annoiati e sono tornati a casa.
8. Hanno speso più di cinquemila dollari.

Ex. N: Make sure students state the second clause in the past conditional rather than the present conditional. Tell them this is the correct way to express a sentence like *Sandra said she would bring the drinks.*

**N.** In coppia: Riferisca all'amico/all'amica quello che le seguenti persone hanno detto riguardo alla festa che avrebbero organizzato.

➤ Sandra: Io porterò le bibite.      S1: *Cosa ha detto Sandra?*
                                                    S2: *Ha detto che avrebbe portato le bibite.*

1. Marcella: Arriverò un po' tardi.
2. Tina e Giuseppe: Noi aiuteremo con le decorazioni.
3. Tuo cugino: Porterò i CD e le cassette.
4. Massimo: Mio fratello non verrà.
5. Angela e Caterina: Prepareremo cinquanta panini.
6. Betti: Dovrò andare via presto.
7. Gli amici: Ci divertiremo tanto!

**O.** In coppia: Ieri lei non aveva molta voglia di lavorare. Quando il suo compagno/la sua compagna le chiede perché non ha fatto le seguenti cose, risponda con una scusa appropriata.

➤ fare i compiti
S1: Hai fatto i compiti?
S2: No. Li avrei fatti, ma ho perduto il mio libro d'italiano.

1. scrivere il tema
2. preparare la relazione per il corso d'ingegneria
3. andare al laboratorio
4. finire gli esercizi di grammatica
5. leggere due capitoli nel libro di storia
6. guardare il documentario per il corso di antropologia
7. dormire abbastanza

**P.** In gruppi di tre: Decidete che cosa avrebbero dovuto fare queste persone.

➤ Quando si è svegliata una vostra amica aveva la febbre. La sua temperatura era di 104 gradi F.

S1: *Avrebbe dovuto chiamare subito il dottore.*
S2: *Sarebbe dovuta andare all'ospedale.*
S3: *Avrebbe dovuto prendere due aspirine.*

1. Un vostro amico ha sostenuto un colloquio di lavoro. Ma non si è preparato bene per il colloquio, si è vestito in maniera un po' informale e non ha risposto bene alle domande. Quindi il colloquio è andato male.
2. Due amici che studiano poco hanno preso voti molto bassi in un esame importante.
3. Una vostra amica è uscita con un ragazzo che non conosceva e non si è divertita per niente.
4. La vostra compagna di camera non ha potuto trovare un lavoro per l'estate.
5. Un vostro amico ha dimenticato il compleanno della sua ragazza. Adesso la ragazza non vuole più parlare con lui.

Ex. Q: Have students ask each other the questions, using *tu* forms where appropriate. Any of these questions would make good short writing assignments, completed at home for presentation in class.

**Q.** Risponda alle seguenti domande.

1. Che cosa avrebbe fatto se la sua università non l'avesse accettato/a?
2. Quale università avrebbe frequentato se fosse stato possibile?
3. Cosa avrebbe fatto l'estate scorsa se avesse avuto i soldi?
4. Come sarebbe stato il mondo se gli europei non avessero scoperto il nuovo mondo?
5. Come sarebbe stato il mondo se lei non fosse nato/a?

# *Parliamo un po'*

**A.** **Un sondaggio.** Intervisti quattro studenti per sapere in che cosa vogliono specializzarsi e perché. Se una persona non ha ancora deciso, chieda quale sarà la sua specializzazione più probabile.

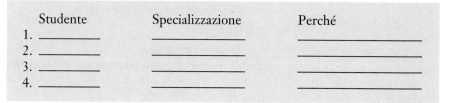

|   | Studente | Specializzazione | Perché |
|---|---|---|---|
| 1. | \_\_\_\_\_ | \_\_\_\_\_ | \_\_\_\_\_ |
| 2. | \_\_\_\_\_ | \_\_\_\_\_ | \_\_\_\_\_ |
| 3. | \_\_\_\_\_ | \_\_\_\_\_ | \_\_\_\_\_ |
| 4. | \_\_\_\_\_ | \_\_\_\_\_ | \_\_\_\_\_ |

**B.** **Il primo lavoro.** In coppia: Quale sarà il suo primo posto di lavoro quando uscirà dall'università? Dica ad un amico/un'amica come vorrebbe che fosse questo lavoro. Quando è possibile, usi espressioni quali *vorrei che*, *sarebbe bello se*, *preferirei che*, ecc.

➤ Sarebbe bello se potessi lavorare in una grande banca. Vorrei che il mio stipendio fosse ...

**C.** Lei è in cerca di lavoro e va all'ufficio di collocamento affinché l'aiutino nelle sue ricerche. La prima cosa che deve fare quando arriva è di compilare il modulo (*fill out the form*) in basso.

Data _____
  I. Informazioni personali
    Nome _____
    Indirizzo _____
    Numero di telefono _____
    Data e luogo di nascita _____
  II. Titoli di studio
    Istituto _____ Anno _____
    Specializzazione _____
    Lingue straniere _____
  III. Lavori precedenti

| Nome della ditta | Data d'impiego | Responsabilità |
|---|---|---|
| \_\_\_\_\_ | \_\_\_\_\_ | \_\_\_\_\_ |
| \_\_\_\_\_ | \_\_\_\_\_ | \_\_\_\_\_ |

You may want to do Act. D in groups of four. Each member chooses a candidate and says what he/she would do to get the job, and a fourth student (or the class) decides which he/she would choose and why. Make sure they use the forms *Se io fossi Cristina Fuller parlerei italiano*. Have the same group do Act. E.

**D.** **Alla società Bigbog.** In gruppi di tre: Leggete il seguente brano, e poi discutete quello che fareste se foste le persone menzionate.

Un direttore della società internazionale Bigbog deve assumere un/una rappresentante commerciale per promuovere i numerosi prodotti della Bigbog in Italia. Dopo alcuni colloqui preliminari, sono rimasti tre candidati che devono sostenere un ultimo colloquio. Tra questi tre, il direttore sceglierà la persona più appropriata per la posizione offerta.

**La prima candidata**
Ildegarda Pezzetti: una signora di cinquantadue anni con molta esperienza nel settore commerciale. Sa parlare un po' l'italiano. Ha alcuni amici importanti nella Bigbog.

**Il secondo candidato**
Michele Rufo: ventidue anni, appena laureato da Harvard con una specializzazione in marketing. È italoamericano, ma non parla italiano; parla solo il dialetto dei nonni. Non ha mai lavorato in vita sua, e non ha mai usato nessun prodotto della Bigbog.

**La terza candidata**
Cristina Fuller: ventidue anni e recentemente laureata da un'università statale in lingue romanze (specializzazione in francese e italiano). Lavora a tempo parziale in un supermercato. È stata in Italia per un semestre l'anno scorso.

Se voi foste uno di questi candidati, cosa fareste per convincere il direttore ad assumervi?

Se voi foste il direttore della Bigbog, quale candidato scegliereste per la posizione offerta? Perché?

Act. E: Tell the *direttori* that they can interview the *candidati* singly or as a group. Follow up by asking them to present their choices and reasons to the class.

**E.** **Quale candidato?** In gruppi di quattro: S1 fa la parte del direttore della società Bigbog che conduce i colloqui con i tre candidati descritti sopra. Prepara tre domande che vuole fare a tutti i candidati. Poi fa le sue domande a Ildegarda Pezzetti (S2), Michele Rufo (S3) e Cristina Fuller (S4). Dopo aver sentito le loro risposte, S1 prende una decisione.

# In giro per l'Italia

Have students locate Tuscany, Florence and Arezzo on the map on p. 14. Ask *Quali sono le altre città della Toscana? Come si chiama il fiume che passa per Firenze? Quale altra città importante della Toscana bagna questo fiume? In che mare sbocca questo fiume? Per quale monumento è famosa Pisa?*

**A. La parola giusta.** Completi le seguenti frasi con le parole appropriate fra quelle indicate tra parentesi.

1. All'università ho seguito un corso di _____ italiane.
   (famiglia, lingua e cultura)
2. Abbiamo letto due libri importanti di _____ contemporanea.
   (letteratura, gloria)
3. Abbiamo visto le statue più belle della _____ del Cinquecento.
   (scultura, parte)
4. Abbiamo ammirato i bellissimi palazzi dell'_____ italiana.
   (aiuto, architettura)
5. Abbiamo conosciuto le opere di molti _____ del Rinascimento.
   (civiltà, artisti)
6. Abbiamo studiato opere di stile _____ e di stile _____ .
   (gotico, comune / fiorentino, romanico)
7. Gli artisti fiorentini sono _____ in tutto il mondo.
   (famosi, studiosi)
8. A me piacciono soprattutto le _____ di Giotto.
   (chiese, pitture)

Firenze: Veduta parziale della Cupola e del Campanile del Duomo.

**Filippo Brunelleschi**
(1377–1446) was a Florentine architect and sculptor.

**Giotto** (1267–1337) was a painter of frescoes.

The *Duecento* is the thirteenth century. (See the *Ampliamento* on p. 450 of *Lezione 19* on how to refer to centuries.)

The *Rinascimento* (Renaissance) was a cultural and artistic move-ment that originated in Florence and flourished between the four-teenth and sixteenth centuries and had a profound influence on the rest of Europe.

The Medici were a great Floren-tine family who governed Florence from the fifteenth cen-tury until 1737. Lorenzo il Magnifico (1449–1492), a *signore* of Florence and member of the Medici family, was also a poet.

**Dante Alighieri** (1265–1321) was a Florentine poet and writer.

**Giovanni Boccaccio**
(1313–1375) was a Florentine writer.

**Niccolò Machiavelli** (see page 144) was the author of the political treatise *Il Principe*.

**Donatello** (1386–1466) was a Florentine sculptor.

**Firenze.** Legga questo brano e poi faccia l'esercizio che segue.

Firenze, capoluogo della Toscana, è una delle città d'arte più famose del mondo. Secondo un sondaggio[1] turistico, viene subito dopo Gerusalemme per il numero di visitatori che accoglie[2] annualmente. Fin[3] dal Medioevo, Firenze è stata un importante centro di cultura e civiltà. Già nel Duecento vi[4] cominciano a fiorire[5] le arti quali la letteratura, la pittura, la scultura e l'architettura. Nel Rinascimento poi, sotto la guida dei Medici, e in particolare di Lorenzo il Magnifico, Firenze raggiunge l'apice[6] della sua gloria. Poeti e scrittori quali Dante, Boccaccio e Machiavelli, e artisti quali Michelangelo, Leonardo e Donatello lasciano a Firenze e al mondo intero un enorme patrimonio artistico e culturale di immenso valore.

Fra i tanti monumenti della città, il più solenne è il Duomo[7] di Santa Maria del Fiore. Di stile gotico e decorato con marmi[8] di vario colore, esso è abbellito[9] dall'elegante cupola[10] del Brunelleschi, dall'alto e snello campanile[11] di Giotto e dal Battistero di stile romanico[12] ricoperto di marmi verdi e bianchi. Altri monumenti importanti sono il Palazzo della Signoria, oggi sede del comune della città, e la chiesa di Santa Croce, dove sono sepolti[13] alcuni grandi artisti e scrittori italiani.

Nei numerosi musei fiorentini sono raccolte[14] alcune delle opere d'arte più belle del mondo. Il famoso *David* di Michelangelo può essere ammirato nella Galleria dell'Accademia, mentre le più belle pitture italiane dipinte dal Duecento al Seicento[15] sono nella Galleria degli Uffizi. E questi sono solamente alcuni dei capolavori[16] che continuamente richiamano a Firenze studiosi[17], artisti e turisti italiani e stranieri.

1. survey   2. welcomes   3. Since   4. there   5. flourish   6. apex   7. cathedral   8. marble
9. embellished   10. dome   11. belltower   12. Romanesque   13. buried   14. gathered
15. seventeenth century   16. masterpieces   17. scholars

**B.  Definizioni.** Abbini le definizioni con una parola della lista di destra. Ci sono due parole in più nella lista.

1. la città più visitata del mondo dopo Gerusalemme
2. secolo in cui cominciano a fiorire le arti a Firenze
3. il periodo più importante della storia culturale di Firenze
4. lo stile architettonico del Duomo di Firenze
5. lo stile architettonico del Battistero di Firenze
6. può essere ammirato nella Galleria dell'Accademia

a. il Medioevo
b. il Seicento
c. gotico
d. Firenze
e. il *David*
f. il Duecento
g. il Rinascimento
h. romanico

Pisa: Piazza dei Miracoli con la Torre pendente.

**C. Definizioni.** Abbini le definizioni con una parola della lista di destra. Ci sono due parole in più nella lista.

1. sinonimo di *lingua*
2. opera principale di un artista
3. la persona che scrive opere letterarie
4. la persona che scrive poesie
5. il tredicesimo (*thirteenth*) secolo
6. linguaggio tipico di una regione o di una città diverso dalla lingua nazionale

a. lo scrittore
b. il dialetto
c. il Duecento
d. il linguaggio
e. l'origine
f. il Trecento
g. il capolavoro
h. il poeta

**Le origini della lingua italiana.** Legga questo brano e poi faccia l'esercizio che segue.

Oltre ad avere una storia artistica e culturale di grande importanza, Firenze è stata anche la culla[1] della lingua italiana. Infatti le origini dell'italiano risalgono[2] al dialetto fiorentino del '200 (Duecento) e del '300 (Trecento). Il

1. cradle   2. date back

Tell students that Dante's work on the Italian language is called *De vulgaris eloquentia,* which means "About the vernacular language."

Tell students that Boccaccio's beloved, the counterpart of Dante's Beatrice and Petrarca's Laura, was called Fiammetta.

*Decamerone* (from *deka,* Greek for "ten") means "book of ten days."

padre dell'italiano è Dante Alighieri. Grande poeta ma anche grammatico[3], Dante getta[4] le basi della lingua italiana. Egli scrive un'opera in latino dedicata allo studio del volgare[5], linguaggio che poi utilizza per scrivere la *Vita Nuova,* dove racconta il suo primo incontro con Beatrice. Dante si innamora di questa giovane donna che sarà l'ispiratrice del suo capolavoro letterario, la *Divina Commedia.*

Un altro padre della lingua italiana è Francesco Petrarca (1304–1374), che non è fiorentino, ma anch'egli è toscano in quanto[6] nato ad Arezzo. Uno dei più grandi poeti lirici italiani, il Petrarca è l'autore del *Canzoniere,* una raccolta[7] di poesie fra le quali domina il sonetto. Il poeta dedica questo capolavoro alla donna amata, Laura.

Il terzo gigante della letteratura e lingua italiane dell'epoca è Giovanni Boccaccio. L'opera principale di questo scrittore fiorentino è il *Decamerone,* una raccolta di cento novelle[8] raccontate nel giro[9] di dieci giorni da dieci giovani (sette donne e tre uomini) che si rifugiano[10] fuori Firenze durante la peste[11].

3. grammarian   4. lays   5. vernacular   6. by virtue of being   7. collection   8. short stories
9. in the course   10. take refuge   11. plague

Il grande poeta italiano Dante Alighieri sembra un po' pensieroso. Perché?

**D. La parola giusta.** Completi le seguenti frasi con le parole appropriate fra quelle indicate tra parentesi.

1. La _____ italiana è nata a Firenze.
   (dialetto, lingua)
2. Dante è il _____ della lingua italiana.
   (poeta, padre)
3. Oltre ad essere poeta, Dante era anche un _____ .
   (grammatico, scrittore)
4. La *Divina Commedia* è il _____ letterario di Dante.
   (capolavoro, opera)
5. Beatrice è l' _____ della *Divina Commedia*.
   (autrice, ispiratrice)
6. Francesco Petrarca è l' _____ del *Canzoniere*.
   (ispiratrice, autore)
7. Il *Decamerone* di Giovanni Boccaccio è una raccolta di cento _____
   (poesie, novelle)

# In cerca di un appartamento

## COMMUNICATIVE OBJECTIVES

- Discuss renting an apartment, its location, and cost
- Compare people, places, and things
- Describe rooms and their furnishings
- Talk about what you are/were doing

Have students describe the photo in their own words.

Balconi fioriti di appartamenti in un quartiere residenziale di Roma.

• • • • • • • • • • • • • • • • • • • • • • • • • • • • • • • • • • • • • • • • • • • •

Francesca Bellini è di Arezzo ma frequenta la Facoltà di Lettere°
all'università di Firenze. Invece di fare la pendolare, Francesca vuole
vivere a Firenze, ed è già in cerca di un alloggio.

Adesso Francesca è all'università, e sta leggendo i diversi annunci attaccati
alla bacheca della facoltà quando arriva la sua amica Roberta.

|   | ROBERTA: | Ciao, Francesca, cosa stai facendo? Cerchi qualcosa? |
|---|---|---|
|   | FRANCESCA: | Sto guardando questi annunci. Ho deciso di trasferirmi a Firenze e sto cercando casa. |
|   | ROBERTA: | Sei già andata ad una agenzia immobiliare? |
| 5 | FRANCESCA: | Oh, no, è troppo costosa. E poi non ho intenzione di prendere in affitto un appartamento. Mi basta condividere un alloggio con qualche altra ragazza. |
|   | ROBERTA: | Bene, leggiamo allora questi annunci. Chissà, forse potrai trovare qualcosa di buono. |
| 10 | FRANCESCA: | Lo spero proprio. Ci sono molti annunci. |
|   | ROBERTA: | Ecco, leggi un po' qua! Questo annuncio è più interessante degli altri e potrebbe fare al caso tuo°. |
|   |   | (*Francesca legge l'annuncio.*) |

> Cerco studentessa per condividere appartamentino
> grazioso con vista, zona tranquilla, non lontano
> 15   dall'università. Due camere, cucina, bagno, balcone e
> riscaldamento autonomo. 600.000 lire mensili escluse le
> utenze. Contattare Mariangela ore pasti. Tel: 4974521

|   | FRANCESCA: | Sembra proprio il posto che fa per me°, sebbene sia un po' caro. |
|---|---|---|
| 20 | ROBERTA: | Guarda che a Firenze trovare casa non è così semplice come ad Arezzo. Gli appartamenti dati in affitto sono pochi e molto costosi. Quindi ti conviene non perdere tempo e se puoi, prendi quest'appartamento. |
|   | FRANCESCA: | Sì, hai proprio ragione. E poi non voglio fare più la pendolare. |
| 25 |   | Perciò ti saluto e vado subito a telefonare. |

• • • • • • • • • • • • • • • • • • • • • • • • • • • • • • • • • • • • • • • • • • • •

*Margin notes:*

Department of Humanities

Arezzo: Tuscan city located about 60 km southwest of Florence.

Many students from towns and cities near major universities commute to the university by train, bus, or car. This is due to the scarcity of rental apartments and the expense of living away from home.

*chissà = chi sa*

could be right for you

*Appartamentino* is a diminutive of *appartamento*.

*La vista* also means "eyesight": *Se vedi quel segnale, hai una buona vista.*

is right for me

*la camera = la stanza*
*costoso = caro*

Have two students role-play the dialogue, but suggest changing it somewhat. For instance, Roberta is the author of the ad and would be happy to share her apartment with Francesca.

## Domande

1. Dove abita Francesca Bellini? Dove va all'università?
2. Che cosa vuole fare Francesca?
3. Che cosa cerca adesso Francesca?
4. Dove sono gli annunci che legge Francesca?
5. Che cosa dice l'annuncio che attrae l'attenzione di Francesca?
6. Com'è la situazione degli affitti a Firenze?

## Domande personali

1. Lei abita in un appartamento o in una villa? Com'è la sua casa?
2. Da quanto tempo lei abita lì? Le piacerebbe trasferirsi? Perché?
3. Lei abita vicino all'università o fa il/la pendolare?
4. Come sono gli affitti nella sua città?
5. Quanto costa al mese l'affitto di un appartamento vicino all'università?
6. Se lei fosse in cerca di un appartamento, lo cercherebbe sui giornali, presso le agenzie immobiliari o nelle bacheche dell'università? Perché?

## Esercizio di comprensione

Metta in ordine logico le seguenti frasi basate sul dialogo.

1. Ci sono tanti annunci attaccati alla bacheca della facoltà.
2. Francesca sta guardando gli annunci perché ha deciso di trasferirsi a Firenze.
3. Roberta vede un annuncio che sembra più interessante degli altri.
4. Francesca Bellini è di Arezzo.
5. Roberta domanda a Francesca se è andata ad un'agenzia immobiliare.
6. Francesca pensa che l'affitto sia un po' caro, ma Roberta le dice che trovare casa a Firenze non è così semplice come ad Arezzo.
7. Francesca preferisce non andare all'agenzia immobiliare perché è troppo cara.

# Vocabolario

### Parole analoghe

autonomo/a     tranquillo/a     usato/a
contattare

### Nomi

**l'affitto**  rent
**l'alloggio**  apartment, lodging
**l'annuncio**  ad(vertisement)
**la bacheca**  bulletin board
**il bagno**  bathroom
**il balcone**  balcony
**la camera**  room
**il compagno**  companion
**il gusto**  taste
**il pasto**  meal
**il/la pendolare**  commuter
**il riscaldamento**  heat
**la stanza**  room
**le utenze**  utilities
**la vista**  view

### Verbi

**bastare**  to be enough
**condividere**  to share
**convenire**  to be convenient
**trasferirsi**  to move

### Altre parole ed espressioni

**chissà**  who knows
**proprio**  really
**qua**  here
**l'agenzia immobiliare**  real estate agency
**in cerca di**  in search of
**dare in affitto**  to rent
**fare il/la pendolare**  to commute
**più ... di**  more . . . than
**prendere in affitto**  to lease, rent
**così ... come**  as . . . as

### Aggettivi

**attaccato/a**  attached
**costoso/a**  costly, expensive
**grazioso/a**  charming
**mensile**  monthly

# I giornali italiani

In Italia la stampa[1] è un mezzo d'informazione importante, nonostante la concorrenza[2] della televisione e della radio. Alcuni giornali sono indipendenti, ma molti sono finanziati da enti statali[3], gruppi privati, organizzazioni cattoliche e partiti politici. Ogni grande città italiana ha il suo quotidiano[4] e in alcune città si stampano[5] vari giornali. A Roma, per esempio, si pubblicano cinque importanti giornali: *Il Messaggero*, *Paese Sera*, *La Repubblica*, *L'Unità* e *Il Tempo*. Tra i giornali italiani più autorevoli[6] ricordiamo *Il Corriere della Sera* di Milano, *La Stampa* di Torino e *La Repubblica* di Roma.

Molto diffuse[7] sono anche le riviste illustrate settimanali, stampate quasi tutte a Milano, che è il principale centro editoriale italiano. Le più note riviste sono quelle di attualità[8] e varietà come *Oggi*, *Gente*, e quelle femminili come *Grazia*. Fra le riviste politiche, d'opinione e di cultura, le più lette sono *L'Espresso* e *Panorama*, che svolgono[9] una funzione di critica del costume[10] e di formazione[11] etico-politica.

1. press   2. competition   3. government agencies   4. daily newspaper   5. are published   6. authoritative   7. widespread   8. current events   9. perform   10. customs   11. development

L'edicola di giornali all'angolo della strada è una caratteristica delle città italiane.

## Pratica

**A.** In coppia: Assuma il ruolo di Francesca e telefoni a Mariangela che ha messo l'annuncio dell'appartamento nella bacheca. Lei vuole sapere l'indirizzo, se e quando può vedere l'appartamento, chi altro lo occupa e se lei deve condividere la camera con un'altra persona.

**B.** Lei abita in un appartamento che desidera condividere con una o due persone durante l'anno accademico. Prepari un annuncio da attaccare alla bacheca dell'università.

*Il quotidiano = il giornale*
*Come si chiama il giornale? A chi è diretto questo giornale? Quando e dove può essere comprato? Com'è questo giornale?*

# Ampliamento del vocabolario

## La casa

### Le stanze

1. **la camera da letto**   bedroom
2. **il bagno**   bathroom
3. **lo studio**   study, den
4. **la cucina**   kitchen
5. **la sala da pranzo**   dining room
6. **il salotto**   living room

### Fuori della casa

7. **il cortile**   courtyard

8. **il giardino**   garden
9. **il garage**   garage

### Altre parti della casa

a. **la soffitta**   attic
b. **il soffitto**   ceiling
c. **il camino**   fireplace
d. **la cantina**   cellar
e. **il pavimento**   floor
f. **le scale**   stairs
g. **la parete**   wall

Name objects and events and
have students tell which room(s)
they associate with each: *la*

Have students draw floor plans
of their houses and label the
rooms in Italian. Ask them about
their houses. Give them expressions such as *La mia casa è a un*
(*due, tre*) piano/i. *Al primo* (*secondo, terzo*) *piano ci sono...* ,
etc.

Poll the class to find out in which
room(s) students prefer to eat,
study, and watch television.

In Italian cities people live
mainly in apartments. Suburban
living is uncommon in Italy, and
single-family houses are found
mostly in small towns and in the
countryside.

*La parete* is the inside wall; the
outside wall is *il muro*.

*macchina, il televisore, la
cena*, etc.

**A.** In coppia: Faccia le seguenti domande ad un altro studente/un'altra studentessa.

1. Quante stanze ci sono nella tua casa?
2. Fa' una lista delle stanze della tua casa.
3. Dove mangi di solito, in cucina o nella sala da pranzo? E quando hai invitati, dove mangi?
4. C'è un giardino intorno (*around*) alla tua casa?
5. Dove studi e fai i compiti?
6. Dove guardi la televisione? Dove ascolti la radio?
7. Dove ti lavi?

**B.** In coppia: Chieda ad un altro studente/un'altra studentessa di descrivere la propria casa ideale.

➤ — Secondo te, come dovrebbe essere la casa ideale?
— Secondo me, la casa ideale ...

## I mobili e gli elettrodomestici

| **I mobili** | **Gli elettrodomestici** |
|---|---|
| **l'armadio** armoire, wardrobe, closet | **l'aspirapolvere** (*m.*) vacuum cleaner |
| **il comò** chest of drawers | **l'asciugatrice** (*f.*) clothes dryer |
| **la credenza** sideboard | **il ferro da stiro** iron |
| **il divano** sofa | **il forno (a microonde)** (microwave) oven |
| **il guardaroba** closet | **il frigo(rifero)** refrigerator |
| **la lampada** lamp | **la lavastoviglie** dishwasher |
| **la libreria** bookcase | **la lavatrice** washing machine |
| **la poltrona** armchair | |
| **il quadro** painting | |
| **lo scaffale** shelf | |
| **la scrivania** desk | |
| **il tavolo/la tavola** table | |
| **il tappeto** rug | |
| **la tenda** curtain | |

Point out compound nouns such as *il guardaroba, l'aspirapolvere,* and *la lavastoviglie.* Ask students to define the components of each word; e.g., *stoviglie* (*in lavastoviglie*) = dishes and cutlery.

*La libreria* can also mean "bookstore."

*Stoviglie* in *lavastoviglie* means "dishes and cutlery."

Ex. C: Have students take a minute to write two or three definitions; then have group members take turns. Provide new vocabulary if requested.

**C.** In gruppi di tre o quattro: A turno descrivete un mobile o un elettrodomestico che gli altri studenti devono indovinare.

➤ — Questa cosa serve per vedere meglio. Dà luce. Può essere nello studio, in camera da letto o in salotto.
— La lampada.

Ex. D: Ask some students to describe their rooms.

**D.** In coppia: Intervisti un altro studente/un'altra studentessa per sapere com'è la sua stanza. Gli/Le domandi:

1. se la stanza è grande o piccola e quante finestre ci sono
2. se ci sono sedie e poltrone e quante di esse
3. se ci sono quadri e di che tipo
4. dove sono i libri
5. quali oggetti sono sulla scrivania
6. se c'è un comò e che cosa c'è sul comò e dentro il comò
7. se c'è un frigo e che cosa c'è nel frigo
8. se c'è un guardaroba e che cosa c'è nel guardaroba

Ex. E: Remind students to use appropriate courtesy expressions and to ask for all the necessary personal information to fill out the bill of sale.

**E.** In coppia: Lei vuole comprare due o tre di questi articoli venduti in una televendita e telefona alla stazione televisiva. Collabori con un altro studente/un'altra studentessa che risponde al telefono e compila la sua fattura (*fills out your bill*).

➤ — Cosa desidera comprare?
— Desidero comprare ...

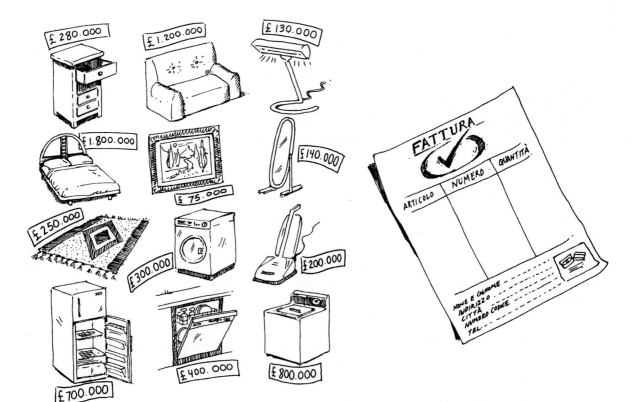

# Struttura ed uso

● ● ● ● ● ● ● ● ● ● ● ● ● ● ● ● ● ● ● ● ● ● ● ● ● ● ● ● ● ● ● ● ● ● ● ● ● ● ●

## Comparativo d'uguaglianza

Vedi, cara? Il salotto del Papa è quasi **così** grande **come** il nostro!

1. Comparisons of equality of adjectives and adverbs are expressed in Italian with **così ... come** or **tanto ... quanto.** In practice, **così** and **tanto** are often omitted.

   Il salotto è (**così**) grande **come** lo studio.

   The living room is as big as the office.

   La cucina è (**tanto**) moderna **quanto** il bagno.

   The kitchen is as modern as the bathroom.

   Paolo guida (**così**) lentamente **come** suo fratello.

   Paolo drives as slowly as his brother.

   See *Lezione 9* for disjunctive pronouns.

   Note that when the second part of a comparison contains a pronoun, a disjunctive form is used.

   Il fratello di Paolo guida (tanto) lentamente quanto **te.**

2. Comparisons of equality of nouns and verbs are expressed with the pattern **tanto ... quanto.** When **tanto** precedes a noun, it agrees with the noun.

| | |
|---|---|
| Mio fratello mangia **quanto** un elefante. | My brother eats as much as an elephant. |
| Ha **tanta** fame **quanto** un lupo. | He is as hungry as a wolf. |
| Mangia **tante** verdure **quanto** te. | He eats as many vegetables as you do. |

*Fame* (hunger) is feminine. Remember that *avere fame* means "to be hungry" (to have hunger).

When the quantity of two nouns is being compared, **tanto** and **quanto** agree with the nouns.

| | |
|---|---|
| Nel frigo ci sono **tante** patate **quanti** broccoli, e c'è **tanto** vino **quanta** birra. | There are as many potatoes as broccoli in the refrigerator, and there is as much wine as beer. |

Encourage students to expand Ex. A by making other statements about their families, using the sentences as models.

**A.** Parli dei membri della sua famiglia, usando elementi dalle tre colonne e formulando comparativi di uguaglianza.

➤ I miei nonni sono così religiosi come il Papa.
I miei nonni sono tanto religiosi quanto il Papa.

| | | |
|---|---|---|
| mio padre | alto | Babbo Natale |
| mia madre | intelligente | il Papa |
| mio fratello | bello | una fotomodella |
| mia sorella | spende tanti soldi | un giocatore di pallacanestro |
| i nonni | forte | un attore/un'attrice del cinema |
| lo zio | religioso | un professore universitario |
| la zia | buono | il Senato |
| i cugini | generoso | un Gladiatore Americano |
| | ha tanti vestiti | un santo/una santa |

**B.** Una vedova (*widow*) con tre figlie e un vedovo con tre figli si sono sposati. Hanno costruito una casa con due camere da letto uguali: la prima per le figlie e la seconda per i figli. Formulate comparativi di uguaglianza con le informazioni date.

➤ Nella prima camera ci sono tre letti. Anche nella seconda camera ci sono tre letti.     *Nella prima camera ci sono tanti letti quanti nella seconda.*

1. La camera dei ragazzi è molto grande, ma anche la camera delle ragazze è grande.
2. Ci sono due finestre nella prima camera. Anche nella seconda ci sono due finestre.
3. I mobili dei figli sono moderni. Quelli delle figlie sono anche moderni.
4. Ci sono tre scrivanie nella prima camera e tre scrivanie nella seconda.
5. Nella camera dei ragazzi ci sono dieci fotografie di giocatori di pallacanestro e dieci poster di cantanti rock.

Ex. C: Read the example to the students and remind them that *così* and *tanto* could be omitted.

**C.** In coppia: Usando la fantasia, dica ad un amico/un'amica com'è il suo ragazzo/la sua ragazza.

➤ allegro/a    *La mia ragazza è così allegra come Biancaneve./La mia ragazza è tanto allegra quanto Biancaneve.*

1. bello/a
2. intelligente
3. simpatico/a
4. divertente
5. ha molti amici
6. ha molta pazienza
7. buono/a

## Comparativo di maggioranza e di minoranza

—Aspetta! La mia parte del divano è **più** pesante **della** tua!

1. Comparisons of inequality between two different subjects are formed with the patterns **più ... di** and **meno ... di.** Such comparisons may pertain to adjectives, adverbs, nouns, or pronouns. When the second part of the comparison is a pronoun, the disjunctive form is used.

| | |
|---|---|
| La sala da pranzo è **più** grande **del** salotto. | The dining room is larger than the living room. |
| La cantina è **meno** fresca **del** giardino. | The cellar is less cool than the garden. |
| Quest'appartamento ha **più** elettrodomestici **dell'**altro. | This apartment has more appliances than the other. |
| Questa casa ha **meno** scale **della** mia. | This house has fewer stairs than mine. |

2. **Più di** and **meno di** are used with cardinal numbers in comparisons.

Abbiamo visto **più di** venti appartamenti.

We looked at more than twenty apartments.

L'affitto di quest'appartamento è **meno di** 800.000 lire al mese.

The rent for this apartment is less than 800,000 lire a month.

3. **Che** is used instead of **di** when comparing two adjectives or two nouns pertaining to the same subject.

Tell students that *che* is always used before a preposition.

Ho più amiche **che** amici.

I have more female friends than male friends.

Studio più in biblioteca **che** a casa.

I study more at the library than at home.

**D.** Formuli frasi comparative secondo i modelli proposti.

➤ Filippo / intelligente / Roberto        *Filippo è più intelligente di Roberto.*

1. la Francia / grande / l'Austria
2. Carlo / fortunato / me
3. mio fratello / alto / te
4. il professore / gentile / la direttrice
5. tu / simpatica / mia sorella

➤ Luisa / magro / me        *Luisa è meno magra di me.*

6. la nostra casa / elegante / la tua
7. salotto / elegante / la sala da pranzo
8. Franco e Antonietta / simpatico / Roberto e Magda
9. io / stanco / te
10. la lavatrice / costoso / l'asciugatrice

➤ Lui ha / coraggio / intelligenza        *Lui ha più coraggio che intelligenza.*

11. ho / cugine / cugini
12. vado / al cinema / a teatro
13. in aula ci sono / studenti / studentesse
14. mangiamo / prosciutto / salame
15. studio / a casa / in biblioteca

**E.** Esprima la propria opinione sulle seguenti cose e persone, usando la forma corretta del comparativo.

➤ storia / interessante / filosofia        *La storia è più (meno) interessante della filosofia.*

1. chimica / difficile / matematica
2. aerobica / faticoso / ciclismo
3. tennis / divertente / calcio
4. lasagne / buono / spaghetti
5. cinema / stimolante / teatro

6. appartamenti / comodo (*comfortable*) / case
7. amici / importante / famiglia
8. macchine giapponesi / costoso / macchine americane

F. Confronti alcuni aspetti della vita italiana con quelli della vita americana.
   Usi il comparativo di uguaglianza, di maggioranza o di minoranza.

   1. L'Italia ha quasi 58 milioni di abitanti. Gli Stati Uniti hanno più di 260
      milioni di abitanti.
   2. L'italiano medio (*average*) fuma tredici sigarette al giorno. L'americano
      medio fuma otto sigarette al giorno.
   3. L'italiano medio consuma dieci litri di benzina alla settimana.
      L'americano medio consuma ventuno litri di benzina alla settimana.
   4. L'italiano medio ha 0,73 figli. L'americano medio ha 1,02 figli.
   5. L'americano medio compra un libro all'anno e compra tre musicassette
      all'anno.
   6. L'americano medio compra venti tubetti di dentifricio all'anno e
      l'italiano medio compra venti tubetti di dentifricio all'anno.

G. In coppia: Voi siete andati a vedere due appartamenti e avete preso appunti
   su quello che avete visto. Adesso dovete scegliere quale appartamento
   preferite. Formulate frasi comparative con le informazioni indicate, e poi
   decidete quale appartamento prendere e perché.

Appartamento A
   vicino all'università
   la via è rumorosa
   affitto: 800.000 lire mensili
   metri quadrati: 84
   poca luce; solo tre finestre
   frigo, forno a gas, lavastoviglie, lavatrice, asciugatrice
   una camera da letto

Appartamento B
   lontano dall'università
   molto rumore
   affitto: 825.000 lire mensili
   metri quadrati: 90
   molta luce; cinque finestre e un balcone
   frigo, forno elettrico, lavatrice
   due camere da letto

**H.** In gruppi di due o tre: Confrontate l'italiano con un'altra lingua che conoscete.

1. Quale lingua è più facile da imparare?
2. Quale lingua è meno complicata?
3. Quale lingua ha più tempi verbali?
4. Quale lingua ha meno verbi irregolari?
5. Quale lingua è più utile?
6. Quale lingua è più popolare nella vostra università?

**I.** In gruppi di quattro: Ognuno di voi scrive su cartoncini (*cards*) separati i nomi di cinque personaggi famosi o della televisione. Mettete tutti i cartoncini in una busta (*envelope*). Poi, a turno, ognuno di voi prende due cartoncini dalla busta e formula una frase comparativa logica usando i due nomi che ha in mano.

➤ Homer Simpson / Charles Barkley     *Charles Barkley è più ricco di Homer Simpson.*

## Tempi progressivi

— Cosa **stai facendo?**
— **Sto aggiustando** il mio computer!

1. As you know, Italian often uses present or imperfect verb forms to talk about ongoing actions for which English uses progressive forms.

| | |
|---|---|
| — Che **fai?** | — What are you doing? |
| — **Guardo** questi annunci. | — I'm looking at these ads. |
| — Ti **disturbo?** | — Am I bothering you? |
| — No, non **facevo** niente di speciale. | — No, I wasn't doing anything special. |

Italian also has progressive tenses, which are used when the speaker wants to stress that the action is going on at the moment, or was going on when something else occurred.

— Cosa **stai facendo?**
— **Sto guardando** questi annunci.

— Ti **sto disturbando?**
— No, non **sto facendo** niente di speciale.

2. The progressive tenses are made up of **stare** plus the **-ando** or **-endo** form of the verb: **-ando** is added to the infinitive stem of **-are** verbs, and **-endo** to the infinitive stems of **-ere** and **-ire** verbs.

Review present and imperfect forms of *stare* with the class.

| | | |
|---|---|---|
| studiare: | **sto studiando** | *I am studying* |
| leggere: | **sto leggendo** | *I am reading* |
| dormire: | **sto dormendo** | *I am sleeping* |

The following chart shows the present and past progressive of **studiare.**

| | **Present progressive** | **Past progressive** |
|---|---|---|
| io | sto studiando | stavo studiando |
| tu | stai studiando | stavi studiando |
| lui/lei | sta studiando | stava studiando |
| noi | stiamo studiando | stavamo studiando |
| voi | state studiando | stavate studiando |
| loro | stanno studiando | stavano studiando |

3. The verbs **fare, bere,** and **dire** have irregular progressive forms.

| | |
|---|---|
| Sto **facendo** i compiti. | I am doing my homework. |
| Cosa stai **bevendo?** | What are you drinking? |
| Ieri stavo **dicendo** a Michele ... | Yesterday I was saying to Michele . . . |

4. Object and reflexive pronouns may precede **stare,** or they may follow and be attached to the gerund.

| | | |
|---|---|---|
| **Lo** stiamo finendo adesso. | *or* | Stiamo finendo**lo** adesso. |
| **Mi** stavo lavando i denti. | *or* | Stavo lavando**mi** i denti. |

**J.** Metta le frasi nel progressivo presente o passato.

➤ Che cosa fa Francesca?    *Che cosa sta facendo Francesca?*

1. Francesca cerca casa.
2. Legge tutti gli annunci.
3. Chiama tutti i suoi amici.
4. Noi la aiutiamo.
5. Aspettiamo la risposta da un'agenzia immobiliare.
6. Ma Francesca arriva alla fine della sua ricerca.
7. Ieri infatti Francesca andava ad Arezzo.
8. Prendeva il treno delle cinque.
9. Viaggiava con tre ragazze.
10. Una delle ragazze lascia il suo appartamento.

Vuoi comprare un appartamento
in un antico palazzo appena
ristrutturato?

**K.** Rivolga queste domande ad un altro studente/un'altra studentessa, che
risponderà usando i pronomi nelle risposte.

➤ Guardi la televisione?     *Sì, la sto guardando ora./Sì, sto guardandola ora.*

1. Leggi il giornale?        4. Ti prepari per uscire?
2. Ti diverti?               5. Ti alzi adesso?
3. Aspetti il treno?         6. Telefoni al tuo amico?

**L.** In coppia: Copra la lista del suo compagno/della sua compagna con un
foglio di carta. A turno, mimate (*act out*) le attività della vostra lista.
Ognuno di voi deve indovinare quello che il compagno/la compagna sta
mimando.

➤ cercare il portafoglio     S1: mima l'azione di cercare il portafoglio
                             S2: *Stai cercando qualcosa. Stai cercando il portafoglio!*

S1  telefonare a qualcuno
    guardare una partita di tennis
    aspettare un autobus
    sciare
    fare la doccia

S2  fare una fotografia
    giocare con un videogioco
    guidare una motocicletta
    mettersi un paio di jeans stretti
    mangiare gli spaghetti

Ex. M: You may want to bring in several photographs from magazines and distribute them.

**M.** In gruppi di quattro: Trovi nel libro una fotografia con alcune persone e attività diverse. Domandi ai suoi compagni cosa stanno facendo le persone della foto.

➤ S1: Cosa stanno facendo le persone in questa foto a pagina _____ ?
S2: L'uomo sta suonando la chitarra.
S3: Alcune persone stanno ascoltandolo.
S4: Queste persone stanno prendendo il caffè ...

**N.** In coppia: Dica ad un amico/un'amica che cosa stava facendo in determinati periodi.

➤ stamattina alle sette e mezzo

S1: *Che cosa stavi facendo stamattina alle sette e mezzo?*

S1: *Stamattina alle sette e mezzo stavo dormendo/ facendomi la barba/guidando ...*

1. ieri a mezzogiorno
2. sabato scorso alle dieci di sera
3. a mezzanotte in punto di Capodanno (*New Year's*)
4. il pomeriggio del giorno prima di Natale
5. la sera del suo compleanno

## Avverbi di tempo, luogo, modo e quantità

Mi scusi, ma deve proprio guidare così **velocemente?**

1. Adverbs are words that modify a verb, an adjective, or another adverb. They generally tell *when, where, how,* and *how often* something happens.

— Sono arrivati **ieri.**        — Quando?        — Ieri.
— Dormono **qui.**        — Dove dormono?        — Qui.
— Parlano **bene** l'inglese.        — Come lo parlano?        — Bene.
— Vogliono uscire **spesso.**        — Quanto?        — Spesso.

2. Adverbs ending in **-mente** correspond to English adverbs ending in *-ly*. They are formed by adding **-mente** to the feminine singular form of the adjective.

Ask students what the adjectives and adverbs are modifying in each example.

È una ragazza **allegra.** Canta **allegramente.**
È un treno **lento.** Va **lentamente.**
Sono studenti **attenti.** Studiano **attentamente.**
È una storia **triste.** Finisce **tristemente.**

Adjectives that end in a vowel + **-le** or **-re** drop the final **-e** before adding **-mente.**

È un corso **facile.** Capiamo **facilmente** i concetti.
È una giornata **particolare,** e siamo **particolarmente** nervosi.

3. Most adverbs immediately follow the verb.

Emilio si è svegliato **tardi.**    Emilio woke up late.
Mi ha telefonato **dopo.**    He called me afterwards.
Ci vediamo **raramente.**    We see each other rarely.

In sentences with compound verbs, the adverbs **già, mai, ancora,** and **sempre** generally occur between the auxiliary verb and the past participle.

— Hai **già** letto gli annunci?    — Have you read the announcements yet?

— No, non li ho **ancora** letti.    — No, I haven't read them yet.

Non ho **mai** usato un computer.    I have never used a computer.
Ho **sempre** scritto i componi-    I have always written my compo-
menti a penna o a matita.    sitions by hand.

**0.** Completi il seguente brano con gli avverbi suggeriti.

| | | | |
|---|---|---|---|
| bene | disperatamente | finalmente | lì |
| mai | prima | recentemente | sempre |
| spesso | rapidamente | vicino | troppo |

Giampaolo cercava _____ una casa. Leggeva _____ gli annunci sui giornali di Pisa e girava _____ la città in cerca di un appartamento in affitto. _____ abitava a Lucca perché la sua famiglia era _____ . Non è andato ad un'agenzia immobiliare perché diceva che costava _____ . _____ una persona che Giampaolo conosce _____ si è trasferita _____ in un'altra città, lasciando libero un appartamento _____ all'università.

**P.** Come fa certe cose Angela? Completi le frasi con gli avverbi derivati dagli aggettivi della prima parte della frase.

➤ Angela è una ragazza tranquilla; fa ogni cosa...    *Angela è una ragazza tranquilla; fa ogni cosa tranquillamente.*

1. Angela sta attenta quando parla il professore; lo ascolta ...
2. Ama le macchine veloci e ama guidare ...
3. Trova molto facile la chimica e finisce ... i suoi compiti.
4. Le sue parole sono sempre chiare; parla ...
5. È una persona cortese; saluta ... ogni persona che vede.
6. I suoi vestiti sono sempre eleganti; si veste ...
7. È una persona quasi perfetta, e lo sa ...

**Q.** Risponda alle domande personali.

1. Ha mai sostenuto un colloquio di lavoro?
2. Ha già compiuto ventun anni?
3. Si è già iscritto per votare?
4. Ha mai dovuto cercare casa?
5. Ha mai letto un giornale italiano?
6. È già andato/a dal dentista quest'anno?
7. Le è sempre piaciuto studiare le lingue straniere?
8. Ha già mangiato oggi?

# *Parliamo un po'*

Act. A: Encourage "clients" to use their imaginations in describing their ideal houses. They could even impersonate famous people. Encourage the "real estate agents" to use the polite conditional in their questions. Follow up by asking agents to describe the houses their clients want.

**A.  Dove le piacerebbe vivere?** In coppia.

> **S1**
> Lei è andato/a da un agente immobiliare (*real estate agent*) che l'aiuta a trovare la casa ideale. Prima, guardi i suggerimenti indicati e decida che tipo di casa vuole. Poi risponda alle domande dell'agente.

> **S2**
> Lei è un agente immobiliare (*real estate agent*). Un/Una cliente viene da lei perché lo/la aiuti a trovare la casa ideale. Faccia le domande basate sui suggerimenti indicati.

- Località: In quale città? Al centro della città o in periferia? Le piacerebbe vivere in campagna o in montagna?
- Tipo di abitazione: Lei preferirebbe abitare in un appartamento, in una villa o in un castello?
- Caratteristiche della casa: un garage? un giardino? una piscina? un campo da tennis? una vista panoramica? Quante stanze? Quanti bagni?
- Il prezzo della casa. Quanto vorrebbe pagare? Da affittare o comprare?

**B. Problemi nell'appartamento.** In coppia: Telefoni al proprietario dell'appartamento dove lei vive e si lamenti di quattro cose che non vanno bene. L'altro studente/L'altra studentessa fa la parte del proprietario che promette di risolvere i vari problemi.

Problemi possibili: un elettrodomestico non funziona, una finestra si è rotta, manca il riscaldamento o l'acqua calda, una porta non si chiude bene, ecc.

**C. Le vostre case.** In coppia: Prima ciascuno descrive la propria casa al compagno/alla compagna. Poi fate un confronto fra le due case e presentatelo alla classe. Confrontate:

il numero delle camere da letto, dei bagni, ecc.
l'anno in cui è stata costruita
qual è più vicina al centro
il numero di persone che ci abitano
i mobili

**D. L'appartamento svaligiato.** In coppia: Il disegno a sinistra fa vedere il vostro appartamento come l'avevate lasciato stamattina. Mentre stavate fuori, sono entrati i ladri (*thieves*) e i risultati si vedono nel disegno a destra. Descrivete alla polizia quello che è successo.

➤ I ladri hanno rotto la nostra lampada Romeo e Giulietta.

**E. Il liceo e l'università.** In coppia: Dica ad un compagno/una compagna cinque cose che faceva al liceo e che non fa più all'università. Poi, insieme fate una lista delle differenze tra la vita degli studenti liceali e la vita degli studenti universitari. Cercate di usare il comparativo dove possibile.

Trentino-Alto Adige: Bella veduta delle Alpi.

## In giro per l'Italia

**A. Definizioni.** Abbini le definizioni con una parola della lista di destra. Ci sono tre parole in più nella lista.

1. libro che descrive paesi e città
2. aggettivo derivato da *turista*
3. il contrario di *cominciato*
4. una regione italiana
5. una città italiana
6. il contrario di *completo*
7. il continente dove si trova l'Italia

a. turismo
b. Torino
c. incompleto
d. la guida
e. l'Europa
f. la Lombardia
g. turistico/a
h. la casa editrice
i. finito
j. l'America

**Una guida incompleta.** Legga questo brano e poi faccia l'esercizio che segue.

See the political map of Italy on p. 14 for the names of the other regions of Italy.

Gabriella e Piero, i due giovani del video "Parliamo italiano!," hanno finito il loro lavoro. Ora sono tornati a Torino e sono nella casa editrice per la quale hanno preparato la nuova guida turistica dell'Italia. Infatti la guida è già stampata[1] e pare che stia vendendo abbastanza bene. Adesso c'è un altro progetto in attesa[2]: una guida dell'Europa.

1. printed   2. expected

Have students use the political map of Italy on p. 14 to trace Piero and Gabriella's tour across Italy.

Assign the missing regions to individual students and have them report on their cities and other features.

Ma, per quel che ci riguarda[3], il loro giro per l'Italia non è stato esauriente[4] e la loro guida è incompleta. I due giovani ci hanno presentato solo undici delle venti regioni italiane. Ci hanno presentato città o aspetti del Lazio, dell'Emilia-Romagna, della Sicilia, dell'Umbria, della Liguria, del Veneto, della Lombardia, del Piemonte, della Sardegna, della Campania e della Toscana. Vi ricordate i nomi delle altre regioni che i due giovani non ci hanno presentato?

3. concerns us   4. thorough, complete

**B.  Vero o falso?** Indichi se le seguenti frasi sono vere o false secondo il brano precedente. Corregga le frasi false.

1. Gabriella e Piero ci hanno presentato tutte le regioni d'Italia.
2. Le regioni d'Italia sono venti.
3. La casa editrice che ha pubblicato la guida è a Milano.
4. La nuova guida sta avendo successo.
5. I due giovani non hanno nessun altro progetto.
6. Due delle regioni che i due giovani ci hanno presentato sono l'Abruzzo e la Valle d'Aosta.

Bruxelles: Interno del parlamento europeo.

**C.** **Definizioni.** Abbini le definizioni con una parola della lista di destra. Ci sono due parole in più nella lista.

1. nome derivato da *unire*
2. sinonimo di *nazione*
3. sinonimo di *est*
4. un colore
5. avverbio derivato da *libero*
6. un documento politico

a. blu
b. liberamente
c. il lavoro
d. il trattato
e. l'iniziativa
f. l'unione
g. orientale
h. il paese

**L'Italia e l'Europa.** Legga questo brano e poi faccia l'esercizio che segue.

Fin dal 1957, quando è stato firmato[1] il Trattato di Roma, l'Italia è entrata a far parte della Comunità economica europea (CEE). Insieme all'Italia, gli altri cinque paesi che hanno partecipato a questa iniziativa sono la Francia, la Germania, il Belgio, l'Olanda (i Paesi Bassi) e il Lussemburgo. Oggi la CEE ha cambiato nome. Si chiama Unione Europea (UE) e ad essa appartengono[2] tanti altri paesi europei, fra i quali la Gran Bretagna, l'Irlanda e la Spagna. Altri paesi, inclusi quelli dell'Europa orientale, stanno oggi facendo il possibile per entrare nell'Unione. L'Europa ha un suo Parlamento, situato a Bruxelles, e una sua bandiera[3], che su uno sfondo[4] blu mostra un cerchio di stelle[5], pari[6] al numero dei paesi membri.

Enorme progresso è stato fatto dal 1957, e oggi i paesi dell'Unione godono[7] di molti privilegi. Le dogane[8] sono state abolite e c'è la libera circolazione di merci[9] e di persone; è possibile anche cambiare nazione per cercare lavoro liberamente dentro l'Unione europea. Poi, nel 1991, è stato firmato il Trattato di Maastricht che tende a creare una moneta unica[10] europea dentro la fine del secolo, per arrivare infine all'unione politica dei paesi membri.

1. signed   2. belong   3. flag   4. background   5. circle of stars   6. equal   7. enjoy
8. customs   9. merchandise, goods   10. single currency

Have students find the names of other EU member countries. Or have them look at the realia on p. 420 or the map of Europe on p. 11 and give them the names. In addition to those mentioned, other member countries are *Danimarca, Svezia, Finlandia, Portogallo, Austria,* and *Grecia.* Have students tell you the exact locations of *Svezia, Finlandia,* and *Austria.*

Maastricht is a city in the Netherlands (*l'Olanda* or *i Paesi Bassi*).

**D. Informazioni.** Dia le seguenti informazioni basate sul brano precedente.

1. l'anno in cui è stato firmato il Trattato di Roma: _____
2. i sei paesi che hanno firmato il Trattato di Roma: _____
3. il nome dato all'inizio all'organizzazione europea: _____
4. il nome nuovo dell'organizzazione: _____
5. la città e il paese dove è situato il Parlamento europeo: _____
6. due caratteristiche della bandiera europea: _____
7. quando è stato firmato e a che cosa aspira il Trattato di Maastricht: ____

_____

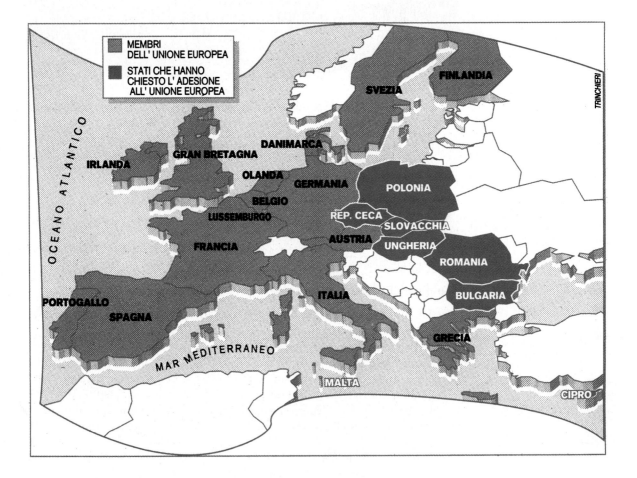

# Abiti sempre in città?

**COMMUNICATIVE OBJECTIVES**

- Talk about advantages and disadvantages of city living
- Discuss environmental problems
- Talk about means of transportation
- Compare people and things
- Describe distinctive traits of people and things

Non è salutare andare in bicicletta per il centro inquinato delle grandi città italiane.

Ask students to use their imaginations to describe the personalities of the characters in the dialogue. Provide new vocabulary if requested.

Sono le otto di mattina. Luca Rosati, un giovane laureato in informatica, è sulla metropolitana di Roma e incontra il suo amico Giuliano Moretti, laureando° in scienze politiche.

*who is about to graduate*

LUCA: Giuliano! È molto tempo che non ci vediamo. Dove stai andando?

GIULIANO: All'università. Ma tu, che fai qui? Dove vai?

LUCA: Io ho cominciato a lavorare da qualche mese e vengo in città ogni giorno. Adesso abito ad Albano, ma lavoro presso° la Banca di Roma.

*Albano:* picturesque town in the hills (*Castelli Romani*) outside Rome.

*at*

GIULIANO: Non ti piace più abitare in città?

LUCA: Roma è bellissima. Forse è la più bella città d'Italia, ma è diventata invivibile. Non c'è niente di peggio del traffico romano. Per non parlare poi° dell'inquinamento.

*Risorgimento:* Historical process that led to the unification of Italy in 1870.

*not to mention*

GIULIANO: È vero. Tutti vorremmo vivere meglio e il mio desiderio maggiore è di poter vivere una vita meno stressante.

LUCA: Ecco perché io vivo fuori città. Tu, invece, abiti sempre a Piazza Risorgimento?

Giuseppe Garibaldi (1807–1882) was an Italian general who fought for the independence of Italy.

GIULIANO: E dove vuoi che vada? Non è facile trasferirsi in un'altra città. Ormai mi sono abituato al traffico, ai rumori e all'inquinamento di Roma.

LUCA: Ma, dimmi, la statua di Garibaldi in mezzo alla° piazza è stata più pulita?

*in the middle of*

GIULIANO: Macché! Con il passare degli anni, da grigia che era, sta diventando sempre più nera. Penso che quanto prima comincerà a sgretolarsi°, se non saranno presi subito dei provvedimenti.

*to fall to pieces*

LUCA: Certo, il problema dell'inquinamento è oggi una cosa molto seria.

GIULIANO: Eh, sì, in città non respiriamo più. Hai fatto bene tu ad andare via da Roma. Ormai non ci rimane che° fuggire tutti verso il verde e la campagna.

Have students invent a narrative/dialogue in which either Luca or Giuliano describes their *there is nothing left for us but* encounter to a friend. Suggest using the *Domande* as a guide.

## Domande

Challenge some students to define words like *inquinamento* and *statua* in Italian. Ask them to supply antonyms of words like *vantaggio* (*svantaggio*), *meno* (*più*), *cominciare* (*finire*), and *peggio* (*meglio*).

1. Dove si incontrano Luca e Giuliano?
2. Dove va Giuliano?
3. Quando ha cominciato a lavorare Luca? Dove lavora?
4. Dove vive Luca?
5. Cosa dice di Roma Luca?
6. A che cosa si è abituato Giuliano?
7. Che effetto sta avendo l'inquinamento sulla statua di Garibaldi in Piazza Risorgimento?
8. Dove va ad abitare la gente per fuggire dall'inquinamento della città?

## Domande personali

1. Di solito quali mezzi pubblici usa lei?
2. In città preferisce usare la macchina, l'autobus o la metropolitana? Perché?
3. Preferisce vivere in una metropoli o in una cittadina? Perché?
4. Lei vivrebbe in campagna? Quali vantaggi e svantaggi offre la vita in campagna?
5. Secondo lei, quali sono gli svantaggi della vita in città? E quali i vantaggi?
6. Nella sua città o nel suo paese ci sono problemi di inquinamento? Quali sono?

## Esercizio di comprensione

Completi le seguenti frasi basate sul dialogo a pagina 422 con una parola o frase appropriata.

1. Luca si è laureato in _____ .
2. Il suo amico invece sta per laurearsi in _____ .
3. Luca _____ ad Albano, ma _____ a Roma.
4. Giuliano vorrebbe una vita meno _____ .
5. La statua di Garibaldi sta diventando _____ .
6. L'inquinamento è un problema _____ .
7. La gente non respira più e va verso _____ e _____ .

# Vocabolario

## Parole analoghe

| | | |
|---|---|---|
| l'autobus | la metropoli | il traffico |
| l'effetto | serio/a | |

## Nomi

**la campagna**   countryside
**il desiderio**   wish
**l'inquinamento**   pollution
**la metropolitana**   subway
**il provvedimento**   measure, precaution
**la statua**   statue
**lo svantaggio**   disadvantage
**il vantaggio**   advantage
**la vita**   life

## Aggettivi

**invivibile**   unlivable
**stressante**   stressful

## Verbi

**abituarsi (a)**   to get used to
**cominciare (a)**   to begin to
**fuggire**   to flee
**respirare**   to breathe

## Altre parole ed espressioni

**contro**   against
**macché**   of course not
**meno**   less
**peggio**   worse
**sempre**   still
**i mezzi pubblici**   public transportation
**quanto prima**   very soon

Point out the prefixes *in-* and *s-* in word pairs like *vivibile/invivibile* and *vantaggio/svantaggio*.

The adjective *stressante* derives from *lo stress*, borrowed from English.

## Pratica

Prat. A: Ask students about other pollution sources.

**A.** In gruppi di tre o quattro: Faccia un sondaggio per sapere quali sono, secondo i suoi compagni, i problemi ambientali più seri della vostra città. Servitevi della lista indicata per fare una graduatoria (*to make a rating scale*). Prenda appunti e riferisca alla classe i risultati del suo sondaggio.

il traffico intenso e disordinato
i fumi di scarico (*exhaust fumes*) delle auto
il rumore delle macchine
il rumore delle fabbriche
i rifiuti urbani (*solid waste*)
il fumo di scarico del riscaldamento dei palazzi
l'acqua inquinata dei fiumi, dei laghi e del mare

Prat. B: Brainstorm possible advantages and disadvantages and list them on the board.

**B.** In coppia: Intervisti un compagno/una compagna sui vantaggi e gli svantaggi della vita in città e della vita in campagna. Gli/Le chieda dove preferisce vivere e perché.

# Il traffico e l'ambiente nelle città italiane

L'automobile è il mezzo di trasporto più diffuso nelle città italiane. Lo sviluppo industriale, non solo automobilistico, degli ultimi quaranta anni ha trasformato completamente il paese. Da nazione essenzialmente agricola, l'Italia è oggi uno dei sette paesi più industrializzati del mondo.

Ma questo progresso ha anche portato un grande caos e l'inquinamento dell'ambiente, specialmente nelle grandi città. Le strade strette e irregolari, gli antichi palazzi addossati[1] l'uno all'altro e i monumenti storici delle città non sopportano[2] più il traffico causato principalmente dai mezzi di trasporto privati. In alcuni centri cittadini gli ingorghi[3] automobilistici durano tutto il giorno. I fumi di scarico[4] delle auto, i rumori assordanti dei clacson[5] e dei motori e l'eccessivo traffico causano danni[6] non solo alle strade, ai palazzi e ai monumenti ma anche alle persone.

Per far fronte a[7] questo problema ogni città ha provato soluzioni diverse. Sono nate così le isole pedonali[8], il centro storico è stato chiuso al traffico, sono state create corsie preferenziali[9] per autobus e taxi e si sono stabiliti giorni e ore in cui le automobili non possono circolare. Così sono tornate di moda le biciclette e le moto alle quali si aggiungono[10] tantissimi motorini. Questi mezzi possono circolare sempre e tranquillamente, ma essi creano spesso confusione, disordine e, in molti casi, anche inquinamento. In alcune grandi città come Roma, Milano e Torino, la metropolitana ha dato un po' di respiro[11] al movimento dei cittadini. Ma a tutt'oggi il problema del grande traffico nelle città italiane non è stato ancora risolto molto bene.

1. huddled  2. cannot withstand  3. traffic jams  4. exhaust  5. deafening car horns
6. harm  7. address  8. traffic-free zones  9. designated lanes  10. are added
11. respite

Firenze: Gente in attesa alla fermata dell'autobus.

Have students jot down three major points while reading the cultural note silently. Call on several students to report what they wrote.

*abbonamento mensile =* monthly pass
*A che cosa serve quest'abbonamento? In quale città può essere usato? Per quanto tempo è valido?*

**A** **GENNAIO 1997** 48

ABBONAMENTO MENSILE
metrebus Roma

COGNOME  *MARTINELLI*
NOME  *ANTONIO*
DATA DI NASCITA  *20.5.44*

L. 50.000
P. I. 01057861005

TESSERA N°  Intera rete integrato

AP038603

# Ampliamento del vocabolario

## I mezzi di trasporto

l'aereo

l'autobus

il treno

la motocicletta (la moto)

l'automobile (l'auto)/la macchina

il traghetto

la metropolitana

l'elicottero

il tassì (il taxi)

il tram

la nave

l'autocarro (il camion)

| | |
|---|---|
| **andare in macchina (in aereo, in autobus, in tram, in treno, in moto(cicletta), in traghetto, in elicottero, in tassì)** to go by car (by plane, by bus, by tram, by train, by motorcycle, by boat, by helicopter, by taxi) | **andare con la nave** to go by ship<br>**andare a piedi** to go on foot<br>**prendere la metropolitana** to take the subway |

*La metropolitana* is frequently referred to as *il metro*.

**A.** In coppia: Domandi ad un altro studente/un'altra studentessa cosa fa o farebbe in queste circostanze.

1. Se (tu) dovessi andare in Italia, quale mezzo di trasporto useresti? Perché?
2. Se (tu) abitassi a New York, prenderesti la metropolitana o l'autobus per andare a scuola o a lavorare? Quale? Perché?
3. Se devi andare dalla tua città a San Francisco, quale mezzo di trasporto preferisci prendere?
4. Secondo te, qual è il mezzo di trasporto più sicuro (*safe*)? Perché?
5. Pensi che la gente dovrebbe usare di più i mezzi pubblici? Perché?

**B.** In coppia: Preparate una lista dei mezzi di trasporto che si usano nella vostra città. Dite quali sono le zone della città che servono e quanto costano. Indicate se e quali altri mezzi di trasporto sarebbero necessari per servire meglio la gente che vive in città.

## L'ambiente

| | |
|---|---|
| **l'ambiente** (*m.*)   environment | **il riciclaggio** recycling |
| **l'ecologia**   ecology | **riciclare**   to recycle |
| **l'inquinamento**   pollution | **i rifuti**   (solid) waste, rubbish |
| **inquinare**   to pollute | **salvaguardare**   to save, |
| **la pioggia acida**   acid rain |   preserve |

Il riciclaggio di alcuni materiali viene fatto anche in Italia. Nella foto vediamo una campana per la raccolta della carta.

*Qual è il messaggio di quest'annuncio? Quale è uno degli oggetti che è possibile fabbricare con la plastica?*

*la panchina* = bench

Ex. C: Call on some students to report the results of their surveys. Help them compare the various results. Provide additional vocabulary for these types of questions, such as *Movimento dei Verdi, Lega per l'Ambiente,* etc.

**C.** In gruppi di tre o quattro: Faccia un sondaggio per sapere che cosa pensano i suoi compagni dell'inquinamento e quali provvedimenti sono necessari per salvaguardare l'ambiente naturale. Prenda appunti e paragoni i suoi risultati con quelli di altri gruppi.

1. Quali sono alcuni aspetti evidenti dell'inquinamento dell'ambiente naturale?
2. Secondo te, quali sono le principali cause dell'inquinamento dell'aria? E del mare? E della terra?
3. Quali provvedimenti aiutano a salvaguardare l'ambiente?
4. C'è l'inquinamento nella tua città? Da che cosa è causato?
5. A quale forma di riciclaggio partecipi? A quello della carta, del vetro (*glass*), dei metalli o della plastica? O a tutti e quattro?
6. Secondo te, quali sono i paesi più inquinati del mondo? Perché?
7. Nella tua città ci sono associazioni che difendono l'ambiente? Quali sono e che cosa fanno?
8. Sei iscritto/a a qualche associazione ambientalista? Quale? Di che cosa si occupa?
9. Pensi che l'effetto serra (*greenhouse effect*) sia una vera minaccia per la terra e per l'umanità? Perché?

# Struttura ed uso

## Superlativo relativo e superlativo assoluto

**il** mezzo **più** efficiente

**il** mezzo **più** tranquillo

1. The relative superlative is used to single out people or things from others in the same group or with similar characteristics. The superlative is formed by using a definite article + **più/meno** + *adjective* + **di. Di** contracts with a definite article in the usual prepositional contractions.

| | |
|---|---|
| Roma è forse **la** città **più bella** d'Italia. | Rome is perhaps the most beautiful city in Italy. |
| Trastevere è **il** quartiere **più caratteristico di** Roma. | Trastevere is the most picturesque neighborhood of Rome. |
| Bologna è fra **le** città **meno conosciute** d'Italia. | Bologna is among the least well-known cities in Italy. |
| Io abito nel**la** strada **meno tranquilla di** Napoli. | I live on the least quiet street of Naples. |

Have students compare classmates using the relative superlative. Ask them who is the tallest, shortest, oldest, youngest in the class; who has the longest hair, the shortest, etc.

2. The absolute superlative expresses the highest possible degree of a quality or characteristic. The absolute superlative can be expressed with **molto,** or by adding the suffix **-ssimo (-ssima, -ssimi, -ssime)** to the masculine plural form of adjectives.

Tell students that a more informal way of creating an absolute superlative is by repeating the adjective or adverb: *È una casa piccola piccola.*

| Adjective | Masc. pl. | Suffix | Superlative |
|---|---|---|---|
| bello | belli | + ssimo | bellissimo/a |
| grande | grandi | + ssimo | grandissimo/a |
| bianco | bianchi | + ssimo | bianchissimo/a |
| lungo | lunghi | + ssimo | lunghissimo/a |
| simpatico | simpatici | + ssimo | simpaticissimo/a |

— È **piccolo** il giardino?     — Sì, è **molto piccolo**; è **piccolissimo.**

— È **stressante** la vita?      — Sì, è **molto stressante**; è **stressantissima.**

— Sono **moderne** le case?      — Sì, sono **molto moderne**; sono **modernissime.**

3. The suffix **-issimo** can also be added to some adverbs after dropping the final vowel.

— Parlano bene l'italiano?     — Sì, lo parlano **benissimo.**

— Ti senti male?               — Sì, **malissimo.**

— Studiate molto?              — Sì, ma non **moltissimo.**

Mount Vesuvius is an active volcano on the Bay of Naples; it destroyed the city of Pompeii in A.D. 79. The Leaning Tower of Pisa was built in the thirteenth century as a belltower for the city's cathedral.

Ex. A: After students pair the phrases, ask them to describe each thing using an absolute superlative: T: *Come sono le scarpe di Ferragamo?* S: *Sono elegantissime.*

**A. Qual è?** Abbinate le cose o persone di sinistra con le frasi di destra.

| | |
|---|---|
| Il Vesuvio | il fiume più lungo d'Italia |
| La Ferrari e la Lamborghini | le città più industrializzate d'Italia |
| Giuseppe Garibaldi | il lago più grande d'Italia |
| La torre pendente (*leaning tower*) | le scarpe più eleganti del mondo |
| Il Lago di Garda | le macchine più veloci di tutte |
| Milano e Torino | il vulcano più famoso del mondo |
| Il Po | l'eroe più amato del Risorgimento italiano |
| Quelle di Ferragamo | la montagna più alta degli Appennini |
| Il Gran Sasso | il monumento più famoso di Pisa |

**B.** Lei non è d'accordo con quello che un amico/un'amica dice su alcuni aspetti della città. Reagisca alle sue osservazioni, usando il superlativo relativo come nel modello.

➤ piazza / bella     S1: *Questa è la piazza più bella della città!*
                     S2: *Non è vero, è la piazza meno bella della città!*

1. museo / importante
2. palazzi / alti
3. piazza / grande

4. chiese / antiche
5. negozi / eleganti
6. prezzi / cari
7. mercato / caratteristico
8. strada / trafficata

Ex. C: Have students alternate asking and answering questions. S1 may want to state an alternative answer. Check with the entire class after paired work is completed, especially the last two items.

**C.** In coppia: Parlate delle cose della vostra città secondo le categorie indicate.

➤ strada più importante      S1: *Qual è la strada più importante di questa città?*
                                      S2: *Main Street è la strada più importante della città.*

1. palazzo più alto
2. zona più caratteristica
3. negozio più elegante
4. negozio meno elegante
5. ristorante più costoso
6. ristorante meno costoso
7. aspetto più bello
8. aspetto meno bello

**D.** In coppia: Voi siete andati a vedere un film che è piaciuto molto all'uno, ma per niente all'altro. Rispondete alle domande, usando i superlativi assoluti come nel modello.

*Macché!* = You don't know what you're talking about!

➤ Il film era bello o brutto?     S1: *Era bellissimo!*
                                      S2: *Macché! Era bruttissimo!*

1. Il film era divertente o noioso?
2. Era buffo o triste?
3. La storia era originale o banale?
4. Gli attori recitavano bene o male?
5. La musica era piacevole o spiacevole?
6. Il film sembrava breve o lungo?

**E.** In coppia: Fate una lista di quattro film che avete visto e che hanno fatto una certa impressione su di voi. Poi preparate almeno tre commenti per ogni film, usando superlativi relativi e assoluti.

➤ *Guerre stellari* è un film bellissimo.
È il film più originale che io abbia mai visto.
È anche il film più popolare di tutti.

**F.**  In coppia: Voi lavorate in un'agenzia pubblicitaria e dovete creare degli slogan per i seguenti prodotti. Cercate di usare i superlativi negli slogan pubblicitari che create.

➤  Acecasa (un detersivo per i pavimenti)    *Usate Acecasa: il detersivo più efficace per pavimenti bellissimi!*

1. Ultrabrill (uno shampoo per signora)
2. Leggilux (un sistema di software per aiutare i bambini a leggere)
3. Snellabell (una linea di cibi dietetici)
4. Odorstop (un deodorante)
5. Autoflash (un olio per la macchina)
6. Cioccodent (un dentifricio al cacao)

**G.**  In gruppi di tre: Parlate della vostra università secondo i seguenti temi.

1. il corso più difficile
2. il corso meno difficile
3. la specializzazione più impegnativa (*challenging*)
4. la specializzazione più utile
5. la specializzazione più popolare
6. il luogo più tranquillo per studiare
7. il luogo meno tranquillo per studiare
8. i/le professori/esse più bravi/e dell'università

## Comparativi e superlativi irregolari

il **migliore** film dell'anno

il **peggiore** film dell'anno

1. The adjectives **buono, cattivo, grande,** and **piccolo** have both regular and irregular comparative and relative superlative constructions. The regular and irregular forms are often interchangeable, although the context sometimes determines when each should be used. The following chart shows the irregular forms.

| Adjective | Comparative | Irregular Superlative | | |
|---|---|---|---|---|
| buono | migliore/i | | migliore | migliori |
| cattivo | peggiore/i | il | peggiore | i peggiori |
| grande | maggiore/i | la | maggiore | le maggiori |
| piccolo | minore/i | | minore | minori |

> The irregular forms of *grande* and *piccolo* often refer to numbers rather than physical size: *È il maggiore della famiglia* (in years); *È il più grande della famiglia* (in size).

| | |
|---|---|
| Quest'ingorgo è **peggiore** di quello di ieri. | This traffic jam is worse than the one yesterday. |
| Il traffico qui è **migliore** di quello di Milano. | The traffic here is better than in Milan. |
| Milano ha un **maggiore** numero di automobili. | Milan has a larger number of cars. |
| Queste sono le ore **peggiori** della giornata per il traffico. | These are the worst hours of the day for traffic. |

**Maggiore** and **minore** are often used in the sense of *older/oldest* and *younger/youngest.*

| | |
|---|---|
| Giuseppe è il **minore** di quattro fratelli. | Giuseppe is the youngest of four brothers. |
| Chiede consigli ai suoi fratelli **maggiori.** | He asks his older brothers for advice. |

2. **Buono, cattivo, grande,** and **piccolo** also have regular and irregular absolute superlative forms. The irregular forms are not always interchangeable with the regular forms.

| | | | | |
|---|---|---|---|---|
| buono | buonissimo/a ottimo/a | grande | grandissimo/a massimo/a | |
| cattivo | cattivissimo/a pessimo/a | piccolo | piccolissimo/a minimo/a | |

| | |
|---|---|
| Queste torte sono **ottime** (buonissime)! | These cakes are excellent! |
| Quel vino è **pessimo** (cattivissimo)! | That wine is awful! |
| Oggi la temperatura **massima** è di 20° C. | Today the maximum temperature is 20° C. |
| Qual è stata la temperatura **minima** di ieri? | What was the minimum temperature yesterday? |

3. The adverbs **bene, male, poco,** and **molto** have irregular forms when used in comparative constructions.

Use the adjective *buono* in several examples with different endings. Then give some examples using *bene*, stressing that, as an adverb, it never changes. Then restate the examples in a comparative form: *Arturo's è un buon ristorante: è migliore di... ; Luciano Pavarotti canta bene: canta meglio di ...*

| Adverb | Comparative |
|--------|-------------|
| bene | meglio |
| male | peggio |
| molto | più |
| poco | meno |

— Oggi mi sento bene. Mi sento **meglio** di ieri.

— Io invece mi sento male. Mi sento **peggio** di ieri.

— Tu usi molto la macchina. La usi **più** di me.

— Sì, ma tu esci poco. Esci **meno** di me.

— I feel fine today. I feel better than yesterday.

— I feel badly. I feel worse than yesterday.

— You use the car a lot. You use it more than I do.

— Yes, but you don't go out much. You go out less often than I do.

Have students repeat Ex. H using the regular comparative forms. Point out differences in meaning where applicable, i.e., *maggiore/più grande*.

**H.** Paragoni (*Compare*) le seguenti persone. Formuli frasi complete, usando la forma *irregolare* del comparativo degli aggettivi indicati.

➤ Laura / grande / me      *Laura è maggiore di me.*

1. mio cugino / cattivo / tuo cugino
2. tu / piccolo / Luigi
3. i miei amici / buono / i suoi amici
4. mia sorella / grande / la sorella di Carlo
5. i miei fratelli / piccolo / i tuoi fratelli
6. voi / cattivo / loro
7. la signora Speroni / grande / il signor Dini
8. lui / buono / lei

Ex. I: Have students compare themselves to others in the class, using the sentences as models.

**I.** Completi le frasi con il nome di una persona della sua famiglia, di un amico/un'amica o di una persona famosa. Poi confronti se stesso/a con queste persone, come nel modello.

➤ scrivere bene      *Jane Austen scrive bene. Scrive meglio di me.*
parlare molto      *Mio fratello Giorgio parla molto, ma io parlo più di lui.*

1. studiare molto
2. cantare male
3. giocare bene a pallacanestro
4. cucinare male
5. mangiare poco
6. parlare bene l'italiano
7. uscire molto
8. guidare male

**J.** In coppia: Compilate una lista delle cose migliori e peggiori della vostra città. Categorie possibili:

migliore/peggiore pizza
migliore/peggiore gelato
migliore/peggiore club o discoteca
migliori/peggiori negozi (di scarpe, di vestiti, ecc.)
migliori/peggiori ristoranti (italiano, cinese, ecc.)

➤ La migliore pizza si mangia alla Pasquale's House of Pizza. La peggiore pizza si mangia alla mensa universitaria.

Ex. K: Have each group nominate a candidate for every category; then let the whole class vote. Let students compile a list of the worst film, worst actor, etc.

**K.** In gruppi di tre: Pensate ai film che avete visto l'anno scorso. Adesso viene il momento di dare i premi Oscar. Proponete un candidato per ogni categoria.

Migliore film dell'anno
Migliore attore
Migliore attrice
Migliore attore non protagonista
Migliore attrice non protagonista
Migliore regista
Migliore colonna sonora (*soundtrack*)

Ex. L: Follow up by having individuals tell the class about their partners' best friends, including comparisons to partners.

**L.** **Il migliore amico/La migliore amica.** Parli ad un compagno/una compagna del suo migliore amico o della sua migliore amica. Dica quanti anni ha, almeno tre delle sue caratteristiche e tre cose che fa bene. Poi confronti queste caratteristiche e attività con se stesso/a.

➤ Il mio amico migliore si chiama Todd. Ha diciannove anni. È più giovane di me. Todd è molto studioso, ma io sono più studioso di lui. Lui sa pattinare bene: pattina meglio di me ...

Un cartello pubblicitario invita a riciclare il vetro usato.

## Verbi che richiedono una preposizione

— Come **riusciamo a** andare via?

1. The following verbs require the preposition **a** before an infinitive.

| *Verb +* **a** *+ infinitive* | | | |
|---|---|---|---|
| aiutare a | *to help to* | imparare a | *to learn to* |
| andare a | *to go to* | insegnare a | *to teach to* |
| cominciare a | *to begin to* | mettersi a | *to begin to* |
| continuare a | *to continue to* | riuscire a | *to succeed at* |
| divertirsi a | *to have fun* | venire a | *to come to* |

| | |
|---|---|
| La banda **ha cominciato a** suonare alle nove. | The band started playing at nine o'clock. |
| E ha **continuato a** suonare fino a tardi. | And it continued playing until late. |
| **Ci siamo divertiti a** ballare. | We had fun dancing. |
| Chi ti **ha insegnato a** ballare così? | Who taught you to dance like that? |
| Non **sono** mai **riuscito a imparare a** ballare bene. | I've never managed to learn to dance well. |

2. The following verbs and expressions require the preposition **di** before an infinitive.

| *Verb* + **di** + *infinitive* | | | |
|---|---|---|---|
| avere bisogno di | *to need to* | dire di | *to say, to declare* |
| avere paura di | *to be afraid to* | finire di | *to finish* |
| cercare di | *to try to* | pensare di | *to think about* |
| chiedere di | *to ask to* | permettere di | *to allow to* |
| consigliare di | *to advise to* | promettere di | *to promise to* |
| credere di | *to believe* | ricordarsi di | *to remember to* |
| decidere di | *to decide to* | sperare di | *to hope to* |
| dimenticarsi di | *to forget to* | suggerire di | *to suggest to* |

| | |
|---|---|
| **Abbiamo bisogno di** trovare nuove fonti di energia. | We need to find new sources of energy. |
| **Cerchiamo di** riciclare quanto più possibile. | Let's try to recycle as much as possible. |
| **Speriamo di** salvaguardare l'ambiente. | We hope to save the environment. |
| Le leggi attuali **permettono di** inquinare i mari. | Current laws permit polluting of the seas. |
| Non **ci dimentichiamo di** usare i mezzi pubblici. | Let's not forget to use public transportation. |

3. The following verbs require no preposition before an infinitive.

| *Verb* + *infinitive* | | | |
|---|---|---|---|
| amare | *to love to* | preferire | *to prefer to* |
| desiderare | *to wish to* | sapere | *to know how to* |
| dovere | *to have to* | volere | *to want to* |
| potere | *to be able to* | | |

Have paired students create a story or dialogue using as many expressions from the charts as possible.

| | |
|---|---|
| I miei amici **amano** vivere in campagna. | My friends love living in the country. |
| Anch'io **vorrei** trasferirmi in un piccolo paese. | I'd like to move to a small town too. |
| Così non **dovremmo** mai usare la macchina. | That way we wouldn't ever have to use our car. |

Assisi: La vita è più tranquilla
nelle piccole città di provincia.

**M.** Formuli frasi di senso compiuto abbinando le espressioni delle tre colonne
e usando la preposizione appropriata.

➤ Mio fratello promette di rimanere a casa.

| | | |
|---|---|---|
| mio fratello | sperare | guardare la TV |
| la mamma | cominciare | mettere i bicchieri a tavola |
| Claudia | promettere | telefonare ad un cliente |
| io | dire | bere un caffè |
| mia zia | avere paura | rimanere a casa |
| mio padre | riuscire | trovare le mie cassette |
| mia nonna | continuare | chiudere la porta del garage |
| io e Gigi | chiedere | tornare a casa alle undici |
| mia sorella | | prestarmi la macchina |
| mio zio e mia zia | | cenare presto |
| mio cugino | | cucinare il mio piatto preferito |
| | | andare a letto tardi |

**N.** Completi le descrizioni, aggiungendo *a* o *di* dov'è necessario.

1. Durante la festa, Mario ed io abbiamo cominciato _____ cantare mentre gli altri continuavano _____ mangiare. Poi volevamo _____ suonare alcune canzoni nuove, ma ci siamo dimenticati _____ portare la chitarra. Allora ci siamo messi _____ ballare.

2. Nella classe di russo, non ho imparato _____ parlare bene. Quindi ho deciso _____ studiare con un maestro privato. Il maestro desiderava _____ darmi tre lezioni alla settimana, ma gli ho detto che dovevo _____ lavorare dopo la scuola. Allora abbiamo pensato _____ fare una lezione di tre ore ogni sabato mattina.

3. Gli studenti della nostra classe hanno promesso _____ riciclare il più possibile. Sperano _____ evitare la creazione di rifiuti eccessivi. Sono già riusciti _____ riciclare numerose tonnellate di giornali e riviste. Continuano _____ cercare modi alternativi per proteggere l'ambiente.

**O.** Racconti la vita di un famoso poeta italiano, formulando frasi complete con le parole ed espressioni indicate.

➤ il poeta / cominciare / scrivere / poesie / all'età di dodici anni

    *Il poeta ha cominciato a scrivere poesie all'età di dodici anni.*

1. la maestra / insegnargli / amare / buoni libri
2. lui / cercare / scrivere / poesie in stile classico
3. decidere / seguire / lo stile moderno
4. non dimenticarsi / aiutare / giovani poeti
5. a Parigi / lui / mettersi / insegnare corsi di poesia
6. non riuscire mai / guadagnare molti soldi
7. consigliare ai giovani / studiare i poeti antichi

Ex. P: Have students choose someone they know quite a bit about. If they are not sure about a particular item, have them invent a likely answer.

**P.** In coppia: Uno di voi fa la parte di un personaggio famoso dello sport o dello spettacolo (*show business*). L'altro fa la parte di un giornalista che intervista questa persona famosa per poi scrivere un articolo. Parlate delle seguenti cose.

quando ha cominciato a svolgere quest'attività
come e quando ha imparato a farlo
cosa desiderava fare da giovane
perché ha deciso di fare quest'attività
cosa spera di fare in futuro
cosa consiglia di fare ai giovani che vogliono svolgere quest'attività
cosa deve fare una persona per avere successo in questo campo (*field*)

➤ Signor King, quando ha cominciato a scrivere libri di orrore?
Ho cominciato a scrivere quando avevo sette anni ...

You may want to assign Ex. Q as written homework. The next day, call for several possible completions for each sentence. Make sure students are using verbs in the infinitive where necessary.

**Q.** Parli della sua vita, finendo le frasi in maniera logica con la preposizione appropriata e un verbo all'infinito.

1. Quando ero giovane i miei genitori non mi permettevano ...
2. Avevo sempre paura ...
3. Il mio migliore amico/La mia migliore amica mi ha insegnato ...
4. Non sono mai riuscito/a ...
5. Mi dimentico troppo spesso ...
6. Nel futuro vorrei continuare ...
7. Ho fatto bene quando ho deciso ...
8. I miei amici mi suggeriscono ...

# Vivere in Italia

(below) Vivere in città significa anche avere negozi, bar, ristoranti e appartamenti a portata di mano.

**A.** **Cosa farai nel futuro?** In gruppi di quattro o cinque: Intervisti i suoi amici per sapere cosa intendono fare quando, finiti gli studi, cominceranno a vivere nel "mondo reale". Prenda appunti e riferisca le informazioni alla classe.

**S1:** (Simone), tu che cosa farai nel futuro?

**S2:** Io diventerò (un cantante) di fama internazionale

**S1:** E tu, (Claudio), … ?

**S3:** …

Have some groups report their findings.

(right) In Toscana le verdi colline del Chianti producono dell'ottimo vino rosso.

**B.**

**Dove ti piacerebbe vivere?** In coppia: Risponda ad un amico/un'amica che le domanda dove le piacerebbe vivere e vuole sapere

- la località che preferisce
- il tipo di abitazione che preferisce
- le caratteristiche che dovrebbe avere questa casa o appartamento
- se le/gli piacerebbe vivere da solo o con qualcuno

**S1:** (Andrea), dove ti piacerebbe vivere?

**S2:** Mi piacerebbe vivere a/in …

**S1:** Preferiresti abitare al centro o in periferia?

**S3:** …

Have students exchange roles.

## Dove vivere

| 4-NON VADO A VIVERE DA SOLO | |
|---|---|
| Giovani e famiglia | 94,0 |
| Giovani che vivono con i genitori | 91,4 |
| Giovani soddisfatti dei rapporti familiari | 77,0 |
| Giovani che trovano l'accordo in famiglia | 7,8 |
| Giovani che hanno conflitti in famiglia | 65,0 |
| Giovani che hanno trovato lavoro grazie ai genitori | |
| Il ruolo dei genitori | 37,3 |
| Guide | 1,1 |
| Giudici | 2,1 |
| Esperti | 28,4 |
| Amici | 4,9 |
| Modelli da imitare | 25,6 |
| Figure di aiuto e di sostegno | 0,6 |
| Altro | |

Lo studente italiano che abita in una città lontana dall'università non ha una vita facile. Deve decidere se fare ogni giorno il pendolare con i mezzi di trasporto o se deve trasferirsi nella città dove è situata l'università. In questo caso lo studente deve prendere in affitto un appartamento per tutto l'anno accademico, e ciò non è una cosa semplice. Gli appartamenti da affittare sono pochi e spesso costano molto. Quindi una soluzione possibile è di mettersi insieme ad altri due o tre studenti, affittare un piccolo appartamento e dividere con loro le spese. Non è questa una situazione ideale per affrontare un lungo periodo di studio, ma bisogna avere pazienza e, come si dice, fare buon viso a cattivo gioco *(make the best of a bad situation)*.

È noto infatti che molti giovani italiani non amano vivere da soli e a loro non piace studiare o lavorare lontano da casa e dalla propria famiglia. L'indagine in alto è una conferma di questo modo di vivere e pensare.

- Quanti giovani italiani vivono con i genitori?

- Sono contenti di questa situazione? Perché?

- Cosa rappresentano principalmente i genitori per i giovani italiani?

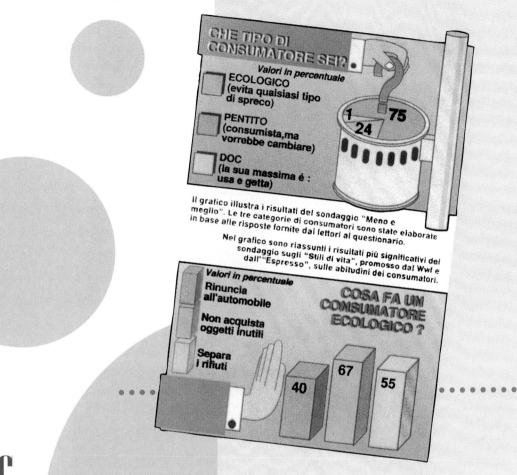

**CHE TIPO DI CONSUMATORE SEI?**

Valori in percentuale

ECOLOGICO
(evita qualsiasi tipo di spreco)

PENTITO
(consumista, ma vorrebbe cambiare)

DOC
(la sua massima é: usa e getta)

1 75
24

Il grafico illustra i risultati del sondaggio "Meno e meglio". Le tre categorie di consumatori sono state elaborate in base alle risposte fornite dai lettori al questionario.

Nel grafico sono riassunti i risultati più significativi del sondaggio sugli "Stili di vita", promosso dal Wwf e dall'"Espresso", sulle abitudini dei consumatori.

**COSA FA UN CONSUMATORE ECOLOGICO?**

Valori in percentuale

Rinuncia all'automobile

Non acquista oggetti inutili

Separa i rifiuti

40 67 55

# C.

**Il consumatore ecologico.** Analizzi questo sondaggio
sui tipi di consumatori e su cosa fa il consumatore ecologico.
Scriva in cinque o sei frasi un riassunto del sondaggio.

➤ Il 75% (per cento) dei consumatori sono i pentiti. Questi
consumatori sono ...

Go over new vocabulary such as *spreco* (waste) and *massima* (maxim).

DOC = *Denominazione di origine controllata*, the acronym used on genuine unadulterated food products. Explain to students that the term is used sarcastically here to refer to a "genuine" consumer.

Wwf = World Wildlife Federation

Non sa di plastica,
non sa di latta,
non sa di cartone
e non sa neanche di vetro,
il vetro.

Il vetro non ha paragoni.

*Sa di* is from *sapere di* = to taste like.

# D.

**Un'inchiesta.** Faccia un giro della classe e, con riferimento all'esercizio C, domandi a cinque o sei studenti che tipo di consumatori sono, e se e come partecipano alla riduzione dell'inquinamento.

➤ **S1:** (Alberto), che tipo … ?
**S2:** …
**S1:** Partecipi … ?
**S2:** …
**S3:** Come?

Call on some students to report on their analyses.

# Una poesia per me?

**COMMUNICATIVE OBJECTIVES**

- Express opinions about literature
- Specify dates, including years
- Narrate past events
- Express quantities
- Describe people and things

Have students use their imaginations to write a simple caption for the photo. Have each read his/her caption.

Studenti universitari ripassano gli appunti prima di un esame.

• • • • • • • • • • • • • • • • • • • • • • • • • • • • • • • • • • • • • • • • • • • •

Cristina Belli, studentessa di legge, è seduta nel cortile dell'università e sta scrivendo qualcosa. È così assorta nella scrittura che non vede arrivare il suo amico Luigi Restani.

LUIGI: Ciao, Cristina, cosa stai facendo?

CRISTINA: Sto scrivendo una poesia.

LUIGI: Una poesia? E a chi?

5  CRISTINA: A nessuno. Per me la poesia è un'espressione di idee, di emozioni e di esperienze. Non so, ... è una maniera di interpretare la realtà che mi circonda.

LUIGI: Posso leggere questa tua poesia?

CRISTINA: No, non è ancora finita.

LUIGI: È la tua prima poesia o ne hai già scritte altre?

10  CRISTINA: Ne ho scritta qualcuna. È il mio hobby. E poi a me piace anche leggere le poesie.

LUIGI: C'è un poeta moderno che preferisci di più? Chi è?

CRISTINA: Eugenio Montale. Ha scritto delle poesie meravigliose.

LUIGI: Ah, il poeta a cui fu conferito il premio Nobel.

15  CRISTINA: Sì. Lo ricevette nel 1975 e poi fu anche senatore a vita°. Adoro la sua poesia, che è molto descrittiva e ricca di simboli e di significato.

LUIGI: Io invece preferisco di più° i romanzi. Certo in essi non trovi spesso il sentimento e la passione tipica della poesia, ma un bel romanzo avvincente è una cosa piacevole da leggere.

20  CRISTINA: Sì, è vero, anch'io ho letto parecchi romanzi, ma la poesia è tutta un'altra cosa°.

LUIGI: Forse hai ragione tu, non lo so. Ma non vieni a lezione adesso?

CRISTINA: Sì, ci vengo fra poco. Ciao.

Eugenio Montale was born in Genoa in 1896 and died in Milan in 1981.

° for life

° the most

° something else

• • • • • • • • • • • • • • • • • • • • • • • • • • • • • • • • • • • • • • • • • • • •

## Domande

Ask students to summarize the dialogue, using the questions as a guide.

1. Che cosa sta scrivendo Cristina?
2. Secondo Cristina, che cos'è la poesia?
3. Chi è il poeta preferito di Cristina?
4. Che premio ricevette questo poeta? Quando?
5. Che incarico politico ebbe?
6. Che cosa preferisce leggere Luigi?

# Accenni[1] letterari

La letteratura italiana del Novecento, specialmente
quella del periodo successivo alla seconda guerra[2]
mondiale, è ricca di scrittori e poeti di fama
internazionale. Il decennio[3] 1930-1940 fu l'epoca
del neorealismo. Esso ebbe il merito di documentare
la realtà italiana di quel tempo e si presentò subito
come letteratura di opposizione al fascismo. Uno dei
romanzieri[4] più conosciuti di questo periodo fu
Alberto Moravia. Dopo la guerra, il neorealismo
mise in rilievo la cronaca[5] e il documento, usando
spesso un linguaggio popolare. I disastri della
guerra, il fascismo, la resistenza e la libertà sono
alcuni temi dei romanzi di Elio Vittorini, Giuseppe
Berto, Vasco Pratolini, Ignazio Silone, Giorgio
Bassani ed Elsa Morante. Negli ultimi decenni i
problemi della vita contemporanea sono stati
presentati con molta serietà e capacità descrittiva da
Italo Calvino, Pier Paolo Pasolini, Paolo Volponi,
Natalia Ginzburg ed altri.

Ma è nel campo della poesia che i letterati
italiani si sono distinti per la loro creatività e
originalità. Giuseppe Ungaretti, Eugenio Montale e
Salvatore Quasimodo rappresentano la poesia
italiana del ventesimo secolo. Le loro poesie hanno
un richiamo[6] universale per l'intensità, la purezza e
l'uso creativo della lingua. Due di loro, Quasimodo
e Montale, hanno ricevuto anche il premio Nobel per
la letteratura: il primo nel 1959 e il secondo nel 1975.

Libri di vario genere sono esposti in
questa bella libreria di Roma.

1. References  2. war  3. decade  4. novelists  5. events of the day  6. appeal

## Domande personali

Have pairs of students ask each
other these questions, using *tu.*
Ask some students to report
what they found out.

1. Le piace la poesia? Chi è il suo poeta preferito?
2. Sa qualche poesia a memoria? Quale?
3. Chi è il suo scrittore preferito o la sua scrittrice preferita?
4. Secondo lei, qual è l'opera letteraria più importante del suo paese? Perché?
5. Le piacerebbe essere scrittore o scrittrice? Che cosa scriverebbe lei —
   romanzi, racconti, poesia o saggi?
6. Ha mai letto in inglese la *Divina Commedia* o qualche opera italiana?

# Vocabolario

### Parole analoghe

| | | |
|---|---|---|
| adorare | politico/a | la passione |
| assorto/a | la realtà | il senatore |
| descrittivo/a | l'espressione (*f.*) | il sentimento |
| l'emozione (*f.*) | l'hobby (*m.*) | il simbolo |
| la poesia | interpretare | tipico/a |
| il poeta | letterario/a | |

Elicit or point out word families such as *interpretare, interprete, interpretazione; poesia, poema, poeta, poetessa.*

### Nomi

**il cortile**    courtyard
**l'incarico**    appointment
**l'opera**    (literary or artistic) work
**il premio**    prize
**il racconto**    short story
**il romanzo**    novel
**il saggio**    essay
**la scrittura**    writing
**il significato**    meaning

### Aggettivi

**avvincente**    charming
**meraviglioso/a**    wonderful
**parecchi/ie**    several
**piacevole**    pleasant

### Verbi

**circondare**    to surround
**conferire**    to award

### Altre parole ed espressioni

**ci**    there
**ne**    of them
**qualcuno/a**    someone
**a cui**    to whom
**fra poco**    shortly
**sapere a memoria**    to know by heart

*Un'opera* can be a work of art, a musical or literary work, or an opera.

## Pratica

Prat. A: Let students circulate.

**A.** In gruppi di due o tre: Domandi ai suoi compagni quali scrittori o poeti, romanzi o poesie, preferiscono e perché. Prenda appunti e riferisca le informazioni alla classe.

**B.** Cerchi delle informazioni su uno degli scrittori italiani indicati e scriva una breve sintesi della sua vita ricordando anche le sue opere principali. Poi presenti la sua relazione alla classe.

Alessandro Manzoni, Francesco Petrarca, Luigi Pirandello, Ludovico Ariosto, Torquato Tasso, Dante Alighieri

*Dov'è la libreria Reina? Quali sarebbero tre buone ragioni per andare a questa libreria?*

SE *cerchi un libro*

SE *vuoi un consiglio*

SE *pensi un regalo*

# LIBRERIA REINA
Via Masaccio, 262 - Tel. 055/588614

# Ampliamento del vocabolario

## Numeri ordinali

1. Ordinal numbers are used to rank things. The ordinal numbers from *first* to *tenth* are listed below.

| | | | |
|---|---|---|---|
| **primo/a** | first | **sesto/a** | sixth |
| **secondo/a** | second | **settimo/a** | seventh |
| **terzo/a** | third | **ottavo/a** | eighth |
| **quarto/a** | fourth | **nono/a** | ninth |
| **quinto/a** | fifth | **decimo/a** | tenth |

2. After **decimo,** ordinal numbers are formed by dropping the final vowel of the cardinal number and adding **-esimo** or **-esima.** Numbers ending in accented **-é** (**ventitré, trentatré,** etc.) retain the final **-e** without the accent.

| | | | |
|---|---|---|---|
| **undicesimo/a** | eleventh | **cinquantesimo/a** | fiftieth |
| **ventesimo/a** | twentieth | **centesimo/a** | hundredth |
| **ventitreesimo/a** | twenty-third | **millesimo/a** | thousandth |

Tell students that when an ordinal number is represented by a figure, a superscript letter [o] (for masculine) or [a] (for feminine) is used to signify agreement with the noun: *il 9[o] capitolo* (the ninth chapter); *Lezione 20[a]* (Lesson 20, i.e., the twentieth lesson).

3. Ordinal numbers agree in gender and number with the nouns they modify. They generally precede the noun.

| | |
|---|---|
| Lunedì è il **primo** giorno della settimana. | Monday is the first day of the week. |
| I **primi** mesi dell'anno sono gennaio e febbraio. | The first months of the year are January and February. |

4. Roman numerals are generally used as ordinals when referring to centuries, and to popes and royalty. The Roman numeral may precede or follow the noun when referring to centuries; it follows the noun when referring to popes and royalty.

| | |
|---|---|
| il **XX (ventesimo)** secolo<br>il secolo **XX (ventesimo)** } | the twentieth century |
| Papa Giovanni **XXIII (ventitreesimo)** | Pope John the Twenty-third |
| Umberto **I (primo)** | Umberto the First |

Ex. A: Have students supply five more questions to ask each other.

Ask students to give today's exact date, including the year: *Oggi è il* (numero) *di* (mese) *del* (anno).

**A.** In coppia: Faccia le seguenti domande ad un compagno/una compagna di scuola.

1. Qual è il secondo giorno della settimana?
2. Qual è il decimo mese dell'anno?
3. Quale lezione segue la nona?
4. Chi è stato il primo presidente degli Stati Uniti?
5. Quale lezione stiamo studiando adesso?
6. In che secolo viviamo?
7. Chi era Enrico VIII?

## L'anno, il decennio e il secolo

1. Calendar years are written as single words. The definite article usually precedes the calendar year.

| | |
|---|---|
| Carlo è nato **nel millenovecentosettantanove** (1979). | Carlo was born in 1979. |

2. Calendar years in the present century are sometimes shortened to **il (l')** + the last two digits.

| | |
|---|---|
| **L'ottantacinque** è stato un bell'anno. | '85 was a nice year. |
| Sono stato in Italia **nel novantasei.** | I was in Italy in '96. |

3. A decade **(decennio)** is normally expressed with **gli anni** + *numeral.*

| | |
|---|---|
| Mi piacciono le canzoni **degli anni sessanta.** | I like the songs of the sixties. |

4. Centuries **(i secoli)** from 1200 on can be referred to in two ways, which correspond to the interchangeable use in English of *the nineteenth century* and *the 1800s*.

1800–1899 = **il diciannovesimo secolo** or **l'Ottocento**
1200–1299 = **il tredicesimo secolo** or **il Duecento**

Think of important dates in your life and express them in Italian including the day, month, and year.

**B.** Legga ad alta voce in italiano gli anni e i decenni che seguono.

1. 1789
2. 1890
3. 1988
4. in '82
5. in '78
6. in '68
7. in the 70s
8. in the 80s
9. in the 90s

Ex. C: Check by asking students for their responses: (1) 1945 (2) 1776 (3) 1789 (4) 1865 (5) 1914 (6) 1963.

**C.** In coppia: Risponda alle domande del suo compagno/della sua compagna che vuole sapere la data di ciascuno dei seguenti eventi storici. Scelga la data corretta dall'elenco di destra.

➤ l'atterraggio (*landing*) sulla luna — *Quando c'è stato l'atterraggio sulla luna?*
— *Nel 1969.*

| | |
|---|---|
| 1. la fine della seconda guerra mondiale | 1776 |
| 2. l'indipendenza degli Stati Uniti | 1492 |
| 3. la Rivoluzione francese | 1963 |
| 4. la fine della guerra civile negli Stati Uniti | 1945 |
| 5. l'inizio (*beginning*) della prima guerra mondiale | 1865 |
| 6. la morte del presidente Kennedy | 1789 |
| | 1914 |

Ex. D: (2) Montessori, physician and educator, creator of the Montessori method of teaching; (3) Garibaldi, leader of Italian Independence; (7) Fermi, Nobel prize-winning physicist; (8) Morante, novelist.

**D.** In gruppi di due o tre: Domandi ad alcuni amici in che anno è nato ed è morto ciascuno dei seguenti famosi personaggi italiani.

➤ Leonardo da Vinci (1452–1519) — *Quando è nato Leonardo da Vinci?*
— *Leonardo da Vinci è nato nel millequattrocentocinquantadue.*
— *Quando è morto?*
— *È morto nel millecinquecentodiciannove.*

1. Dante Alighieri (1265–1321)
2. Maria Montessori (1870–1952)
3. Giuseppe Garibaldi (1807–1882)
4. Michelangelo Buonarroti (1475–1564)
5. Grazia Deledda (1871–1936)
6. Giuseppe Verdi (1813–1901)
7. Enrico Fermi (1901–1954)
8. Elsa Morante (1915–1985)

E.  In coppia: Domandi al suo compagno/alla sua compagna in quale secolo sono nati i personaggi indicati nell'esercizio D.

➤  — In quale secolo è nato (Leonardo da Vinci)?
    — (Leonardo da Vinci) è nato nel (Quattrocento).

## Nomi composti

Compound nouns are created by combining other words. The largest group of compound nouns combines a verb with a noun.

**l'asciugacapelli** (*asciugare* + *capelli*) = hair dryer

Other compound nouns combine two nouns, two verbs, or a noun with an adjective.

**l'arcobaleno** (*arco* + *baleno*) = rainbow
**l'acquaforte** (*acqua* + *forte*) = etching

Here are some common compound nouns, several of which you already know.

| | | | |
|---|---|---|---|
| **l'altoparlante** (*m.*) | loudspeaker | **la lavastoviglie** | dishwasher |
| **l'apriscatole** (*m.*) | can opener | **il marciapiede** | sidewalk |
| **l'asciugamano** (*m.*) | towel | **il paracadute** | parachute |
| **l'aspirapolvere** (*m.*) | vacuum cleaner | **il portafoglio** | wallet |
| **il camposanto** | cemetery | **il rompicapo** | puzzle |
| **il capoufficio** | manager, boss | **il tagliacarte** | letter opener |
| **il cavatappi** | corkscrew | **il telegiornale** | TV news |

*Offer definitions of some of the objects listed and have students supply their names. T: Lo uso per asciugarmi i capelli. S: È l'asciugacapelli.*

*Do you remember the meaning of these compound nouns? Il portavoce (spokesperson), il telespettatore (TV viewer), il videoregistratore (video recorder), and il guardaroba (closet).*

*Ex. F: Have S1 close his/her book after asking for the names of the items. Then have S2 ask for definitions: Che cos'è un cavatappi?*

F.  In coppia: Il suo compagno/La sua compagna deve indovinare ( *guess*) il nome degli oggetti che lei descrive.

➤  Serve per aprire una bottiglia di vino.      *Il cavatappi.*

1.  Serve per aprire una scatola di tonno.
2.  È usata per lavare i piatti.
3.  Lo usiamo per metterci i soldi.
4.  Luogo in cui ci sono le tombe dei morti.
5.  Lo usano i piloti quando si buttano ( *jump out*) dall'aereo.
6.  Parte della strada dove camminano i pedoni ( *pedestrians*).
7.  Persona che dirige il lavoro di un gruppo d'impiegati.
8.  Si dice di qualcosa che non si capisce facilmente.

# Struttura ed uso

•••••••••••••••••••••••••••••••••••••••••••••••••

## Passato remoto

Point out that the question in the last example is in the *passato prossimo* rather than the *passato remoto* because it still relates to the present. The answer is in the *passato remoto* because the action is considered long over.

Quando **incontrai** tuo padre in quella discoteca venticinque anni fa, **mi innamorai** subito di lui.

Southern Italians tend to use the *passato remoto* more than northern Italians, even when speaking of recent events.

1. The preterit **(passato remoto)** is a past tense used frequently in writing, especially in narratives, to recount past events unrelated to the present. It is sometimes called the *historical past*.

| | |
|---|---|
| Francesco Petrarca **nacque** ad Arezzo nel 1304. | Francesco Petrarca was born in Arezzo in 1304. |
| **Scrisse** sonetti in italiano e **fu** uno dei primi umanisti. | He wrote sonnets in Italian, and was one of the first humanists. |
| **Ricevette** la corona di alloro nel 1341, e la **mise** sulla tomba dell'Apostolo a San Pietro. | He received the laurel crown in 1341, and placed it on the Tomb of the Apostle at St. Peter's Basilica. |

Francesco Petrarca (1304–1374), known today for his lyric poems in Italian, was crowned poet laureate for his writings in Latin.

Petrarca's *Canzoniere* is a collection of lyric poems in Italian extolling his beloved Laura. Students in Italian schools often memorize poems.

The preterit is used in speaking when the speaker perceives the action described as unconnected to the present.

| | |
|---|---|
| — Hai mai letto una poesia di Francesco Petrarca? | — Have you ever read any of Francesco Petrarca's poems? |
| — **Lessi** tutto il *Canzoniere* quando ero al liceo. **Dovetti** imparare a memoria alcuni sonetti famosi. | — I read the whole *Canzoniere* when I was in high school. I had to memorize a few famous poems. |

You may want to present the preterit for recognition only.

2. The preterit is formed by adding the characteristic endings to the infinitive stem. The following chart shows the preterit forms of regular **-are**, **-ere**, and **-ire** verbs.

|          | **passare** | **ricevere**       | **finire**  |
|----------|-------------|--------------------|-------------|
| io       | pass**ai**  | ricev**ei** (**-etti**) | fin**ii**   |
| tu       | pass**asti** | ricev**esti**     | fin**isti** |
| lui/lei  | pass**ò**   | ricev**è** (**-ette**) | fin**ì**    |
| noi      | pass**ammo** | ricev**emmo**     | fin**immo** |
| voi      | pass**aste** | ricev**este**     | fin**iste** |
| loro     | pass**arono** | ricev**erono** (**-ettero**) | fin**irono** |

Note that regular **-ere** verbs have two different forms for the first and third person singular and for the third person plural.

3. Many verbs have irregular forms in the preterit. Here are some of the most common. A more complete list appears in Appendix F.

| | |
|---|---|
| avere | ebbi, avesti, ebbe, avemmo, aveste, ebbero |
| conoscere | conobbi, conoscesti, conobbe, conoscemmo, conosceste, conobbero |
| dare | diedi, desti, dette (diede), demmo, deste, dettero (diedero) |
| essere | fui, fosti, fu, fummo, foste, furono |
| fare | feci, facesti, fece, facemmo, faceste, fecero |
| leggere | lessi, leggesti, lesse, leggemmo, leggeste, lessero |
| nascere | nacqui, nascesti, nacque, nascemmo, nasceste, nacquero |
| prendere | presi, prendesti, prese, prendemmo, prendeste, presero |
| sapere | seppi, sapesti, seppe, sapemmo, sapeste, seppero |
| scrivere | scrissi, scrivesti, scrisse, scrivemmo, scriveste, scrissero |
| vedere | vidi, vedesti, vide, vedemmo, vedeste, videro |
| venire | venni, venisti, venne, venimmo, veniste, vennero |

Notice that many of the verbs are irregular in the *io, lui/lei,* and *loro* forms, but regular in the other forms.

Ex. A: Read through the paragraph with the class. Have students identify the verbs in the preterit. Ask them to name the infinitive of each verb.

**A.** Trascriva questo brano, cambiando il soggetto da *io* a *noi*, e poi a *loro*, usando il passato remoto dei verbi.

L'anno scorso preparai un questionario sui film italiani presentati a New York. Scrissi a molti registi italiani per avere le loro opinioni. Parlai anche con il professore che insegna un corso sul cinema italiano. Finii il lavoro dopo un mese e discussi il risultato del questionario con gli amici. Imparai molto da questa ricerca interessante.

**B.** Cambi i verbi di queste frasi dal *passato prossimo* al *passato remoto*.

1. Mio nonno è venuto in America negli anni venti.
2. Ha fatto un viaggio difficile in nave, ed è arrivato a New York dopo venticinque giorni.
3. Poi è andato a Detroit, dove aveva alcuni parenti.
4. Non ha avuto fortuna immediatamente.
5. Ha trovato lavoro in una fabbrica di elettrodomestici.
6. Ha conosciuto mia nonna alla scuola dove prendeva lezioni d'inglese.
7. Le ha chiesto di sposarlo dopo una settimana, ma lei ha detto di no.
8. Finalmente si sono sposati dopo sei anni di corteggiamento (*courtship*).
9. Mio nonno ha aperto un negozio di elettrodomestici.
10. Non è mai più tornato in Italia.

**C.** Quando successero i seguenti avvenimenti? Ogni data a sinistra corrisponde ad un avvenimento a destra. Abbinate date e avvenimenti con frasi complete.

➤ L'Italia diventò una repubblica nel ...

| | |
|---|---|
| nel 200 | L'Italia diventò una repubblica. |
| nel 300 | La chiesa condannò Galileo Galilei come eretico. |
| nel 400 | Dante Alighieri morì. |
| nel 500 | Milioni di italiani immigrarono nelle Americhe. |
| nel 600 | Marco Polo arrivò in Cina. |
| nel 700 | Cristoforo Colombo arrivò a San Salvador. |
| nell'800 | Michelangelo creò la famosa statua del *David*. |
| nel 900 | Antonio Vivaldi scrisse quasi 500 concerti per violino e altri strumenti. |

Firenze: Il *David* di Michelangelo è esposto nella Galleria dell'Accademia.

**D.** Chi fu Marco Polo? Completi il brano con il passato remoto dei verbi tra parentesi.

1. Marco Polo (nascere) nel 1254 a Venezia.
2. A 19 anni (partire) con lo zio Matteo per la corte del Gran Khan.
3. I due (fare) un viaggio lungo e faticoso e (incontrare) pericoli (*dangers*) di ogni genere.
4. (Vedere) i primi mongoli tre anni dopo la loro partenza.
5. Quando i Polo (arrivare) a Pechino, il Gran Khan li (ricevere) cortesemente.
6. Marco (imparare) a scrivere e a leggere il cinese.
7. Marco Polo e Kublaj Khan (fare) amicizia.
8. Marco e lo zio (tornare) a Venezia ventiquattro anni dopo.
9. Marco (scrivere) le sue avventure in un libro intitolato *Il milione*.

**E.** Chi fu quel grande scrittore? A quale dei seguenti scrittori si riferiscono le frasi?

Giovanni Boccaccio (1313–1375)
Ludovico Ariosto (1474–1533)
Alberto Moravia (1907–1991)

1. Scrisse *La ciociara*, da cui fu fatto un film con Sophia Loren.
2. Fu uno dei più grandi scrittori del Rinascimento.
3. Creò il *Decameron*, una collezione di cento racconti.
4. Vide morire moltissimi fiorentini durante la peste (*plague*) del 1348.
5. Visse a Roma durante il fascismo.
6. Presentò il suo *Orlando furioso* alla corte di Ferrara.
7. Fu grande amico di Francesco Petrarca.
8. Scrisse articoli sul cinema per la rivista *L'Espresso*.

# Partitivo con *di*

Ask students if they have ever had *tiramisù*. Explain that the principal ingredients are cookies, coffee or coffee liqueur, and *mascarpone* cheese.

— Nonna, cosa metti nel tiramisù?
— Ci metto **del** caffè, **dei** biscottini, **del** mascarpone e **degli** ingredienti segreti.

1. The concept *some* (known as the partitive) is usually expressed in Italian by **di** + *definite article.*

| | |
|---|---|
| Per la cena di stasera devo comprare **del** prosciutto, **dello** zucchero, **dell'**olio d'oliva, **della** carne, **dell'**insalata, **dei** piselli, **degli** spinaci e **delle** patate. | For dinner tonight I have to buy some ham, some sugar, some olive oil, some meat, some salad greens, some peas, some spinach, and some potatoes. |

Ask students the gender and number of each item, and what the definite article would be in each case.

The partitive is not used if the quantity is specified.

Devo comprare **mezzo chilo di** spinaci.
Mi serve **molta** insalata.

2. The partitive is never used in negative sentences and is often omitted in questions.

| | |
|---|---|
| Qui non vendono pane. | They don't sell bread here. |
| I miei amici non bevono vino. | My friends don't drink wine. |
| Vuoi **(dell')** acqua minerale? | Would you like some mineral water? |

3. The partitive can also be expressed with **un po' di** with singular nouns and **alcuni/e** with plural nouns.

Devo comprare **un po' di** frutta e **alcune** patate.

**F.** Cambi le seguenti frasi usando la costruzione partitiva *di + articolo determinativo* invece di *alcuni/e* o *un po' di*.

1. Ho scritto alcune lettere.
2. Volevo alcune magliette e alcuni calzini.
3. Ho passato un po' di tempo con la mamma.
4. Ho bevuto un po' di tè con lei.
5. Ho comprato alcuni CD di musica italiana.
6. E poi ho comprato anche alcune cassette.
7. Ho chiamato alcuni amici.
8. Abbiamo passato alcune ore insieme.

**G.** Completi la conversazione con la forma corretta del partitivo dove necessario.

— Per antipasto vorrei _____ prosciutto della casa. Poi come primo piatto prendo _____ spaghetti al sugo. Per secondo prendo _____ vitello. E che verdura avete?
— Abbiamo _____ insalata ...
— Avete _____ spinaci?
— No, mi dispiace. Non ci sono più _____ spinaci. Però abbiamo _____ broccoli e _____ carote.
— Allora no, non prendo _____ verdura.
— Da bere, vuole _____ vino rosso, signora?
— No, grazie. Non bevo _____ vino. Piuttosto mi porti _____ acqua minerale, per favore.

**H.** In coppia: Cosa vendono nella libreria della vostra università? A turno chiedete se vendono o non vendono queste cose in libreria. Usate il partitivo dove appropriato.

➤ riviste      S1: *Vendono (delle) riviste alla libreria?*
              S2: *Sì, vendono delle riviste. / No, non vendono riviste.*

1. libri di cucina
2. calendari
3. CD
4. magliette
5. cravatte
6. Coca-Cola
7. dizionari italiani
8. libretti *Cliff Notes*
9. spaghetti

**I.** Cosa le serve per preparare le seguenti cose?

➤ una buona pizza      *Mi servono del formaggio, dei pomodori, delle olive ...*

1. una buona pizza
2. un'insalata capricciosa
3. un panino enorme
4. un minestrone
5. una macedonia di frutta (*fruit salad*)
6. una sua specialità

*Un'insalata capricciosa* is a mixed salad with variable ingredients. If you see the word *capricciosa* on a menu, the ingredients are probably a result of both availability and the whim of the cook.

## Il pronome *ne* e l'avverbio *ci*

— Mi sono ricordato che ti piace il peperoncino piccante. **Ne** ho messo abbastanza?

1. The pronoun **ne** (*of it, of them*) is used when referring back to a phrase introduced by the partitive or the preposition **di.**

| | |
|---|---|
| — Avete comprato **del pane?** | — Did you buy some bread? |
| — Sì, **ne** abbiamo comprato. | — Yes, we bought some (of it). |
| — Desidera **delle carote?** | — Do you want some carrots? |
| — Sì, **ne** prendo. | — Yes, I'll take some (of them). |
| — Discutete spesso **di politica?** | — Do you often discuss politics? |
| — No, non ci piace parlar**ne.** | — No, we don't like to talk about it. |

*Point out the position of ne in each of the examples.*

*Point out that English often omits of it and of them, whereas Italian requires the use of ne.*

2. **Ne** is also used with a direct object introduced by a number or an expression of quantity.

| | |
|---|---|
| — Quanti **anni** ha lui? | — How old is he? |
| — **Ne** ha quasi **trenta.** | — He's almost thirty. |
| — Desidera **dei** fagiolini? | — Would you like some green beans? |
| — Sì, **ne** prendo un po'. | — Yes, I'll take some. |

*Remember that Quanti anni ha? means How many years does he have? The answer means literally He has almost thirty (of them).*

3. **Ne** has the same position in a sentence as a direct object pronoun. It combines with the indirect object pronouns **gli** or **le** to become **gliene.**

| | |
|---|---|
| — Le hai parlato del problema? | — Did you talk to her about the problem? |
| — Sì, **gliene** ho parlato. | — Yes, I spoke to her about it. |
| — Quante cassette gli avete dato? | — How many cassettes did you give him? |
| — **Gliene** abbiamo date due. | — We gave him two (of them). |

*Tell students that ne functions as a direct object pronoun with the passato prossimo; the past participle will agree with the noun it refers to, as in the example.*

*4.* The adverb **ci** (meaning either *here* or *there*) is used to refer to a previously mentioned place, particularly a phrase preceded by **a, da,** or **in.** Its position in a sentence is that of a direct object pronoun.

| | |
|---|---|
| — Vai spesso **dal dentista?** | — Do you often go to the dentist? |
| — Sì, **ci** vado tre volte all'anno. | — Yes, I go (there) three times a year. |
| | |
| — Volete venire **alla partita?** | — Do you want to come to the game? |
| — No, non possiamo venir**ci.** | — No, we can't come (there). |
| | |
| — Sei mai stato **in Alaska?** | — Have you ever been to Alaska? |
| — Sì, **ci** andai da piccolo. | — Yes, I went there when I was small. |

*5.* **Ci** is also used to replace **a** + *phrase* after the verbs **pensare, credere,** and **riuscire.**

| | |
|---|---|
| — Pensi **alla tua ragazza?** | — Are you thinking about your girlfriend? |
| — Sì, **ci** penso. | — Yes, I'm thinking about her. |
| | |
| — Credi **all'oroscopo?** | — Do you believe in the horoscope? |
| — No, veramente non **ci** credo. | — No, I really don't believe in it. |
| | |
| — Sei riuscita **a farlo?** | — Did you manage to do it? |
| — Sì, **ci** sono riuscita. | — Yes, I managed (to do it). |

*Ex. J: Have students ask each other the questions using* tu.

**J.**   Risponda con *ne* e un numero alle seguenti domande.

➤   Quanti fratelli ha?        *Ne ho due.*
                                    *Non ne ho.*

1.  Quante sorelle ha?
2.  Quanti cugini ha?
3.  Quante lezioni ha oggi?
4.  Quante lingue parla?
5.  Quante camere da letto ci sono nella sua casa?
6.  Quanti compagni/Quante compagne di camera ha?
7.  Quanti anni ha?
8.  Quanti anni aveva quando ha imparato a guidare?

**K.**   Chieda ad un altro studente/un'altra studentessa se ha alcuni degli oggetti indicati.

➤   CD italiani        S1: *Hai dei CD italiani?*
                            S2: *Sì, ne ho molti/pochi/due. / No, non ne ho.*

| | |
|---|---|
| 1.  giornali italiani | 6.  asciugamani |
| 2.  libri di poesie | 7.  riviste di moda |
| 3.  fotografie della tua famiglia | 8.  esami questa settimana |
| 4.  spazzolini da denti | 9.  capelli bianchi |
| 5.  amici che parlano italiano | |

**L.** In coppia: Chieda ad un altro studente/un'altra studentessa se va spesso, mai, qualche volta, sempre, ecc., nei seguenti luoghi. Chi risponde deve usare *ci* nelle risposte.

➤ da MacDonald's  S1: *Vai spesso da MacDonald's?*
S2: *Sì, ci vado spesso (qualche volta, una volta al mese, ecc.). / No, non ci vado mai.*

1. dal dentista
2. a sciare
3. al laboratorio di lingue
4. ai ristoranti cinesi
5. al cinema
6. in discoteca
7. al supermercato
8. alle partite di pallacanestro
9. ai convegni Star Trek

Ex. M: Have the class identify the preposition that begins each italicized phrase. You may want to have them ask each other the questions in pairs, using *tu* forms.

**M.** Risponda alle seguenti domande, sostituendo i pronomi *ne* o *ci* alle parole in corsivo.

➤ — Ha bisogno di *aiuto?*   — *Sì, ne ho bisogno. / No, non ne ho bisogno.*
— Riesce *a capire la grammatica?*   — *Sì, ci riesco facilmente. / No, non ci riesco.*

1. Lei discute *di politica* con i suoi amici?
2. Ha voglia *di un cappuccino* adesso?
3. Pensa spesso *alle vacanze estive?*
4. Ha bisogno *di usare un computer?*
5. Crede *agli extraterrestri?*
6. Parla mai *di religione?*
7. Riesce *ad arrivare sempre puntuale a lezione?*
8. Ha bisogno *di soldi?*
9. È mai stato/a *in Bolivia?*

**N.** Chieda ad un altro studente/un'altra studentessa se è mai stato/a in questi luoghi. Se risponde di sì, gli chieda in quali circostanze.

➤ in Italia   S1: *Sei mai stato/a in Italia?*
S2: *No, non ci sono mai stato/a, ma vorrei andarci. / Sì, ci sono stato/a.*
S1: *Quando ci sei andato/a? (Con chi? Perché? Ti è piaciuta?, ecc.)*

1. in Africa
2. in Australia
3. sulla Statua della Libertà
4. in elicottero
5. a Disney World
6. alle Cascate del Niagara
7. a Pompei
8. a Las Vegas
9. nel Messico
10. all'Hard Rock Café

## Pronomi relativi *che* e *cui*

— Ho un gruppo di amici con **cui** discuto le grandi opere letterarie.

1. Relative pronouns like **che** and **cui** connect a dependent clause to a main clause. A relative pronoun refers to a specific noun in the main clause.

| Main clause | Dependent clause |
|---|---|
| Lisa è una giovane | **che** studia pittura a Firenze. |
| Roberto è un ragazzo | a **cui** Lisa scrive una lettera. |

2. The most common relative pronoun in Italian is **che** (*who, whom, that, which*). It can refer to either the subject or the direct object of the main clause. Notice that English often omits the relative pronoun. In Italian it is necessary.

| | |
|---|---|
| Mi piacciono gli autori **che** scrivono chiaramente. | I like authors who write clearly. |
| Ci sono alcuni poeti **che** parlano solo di amore. | There are some poets who talk only about love. |
| Ho ricevuto la lettera **che** mi hai mandato. | I received the letter (that) you sent me. |

3. The relative pronoun **cui** is used when the dependent clause is introduced by a preposition.

| | |
|---|---|
| Alberto Moravia è lo scrittore **di cui** parlava la professoressa. | Alberto Moravia is the writer about whom the professor was talking. |
| Un cavatappi è una cosa **con cui** puoi aprire le bottiglie. | A *cavatappi* is something with which you can open bottles. |
| Questa è la porta **da cui** è uscita la signora. | This is the door through which the lady left. |

Show students that in the third example, *che* is the direct object of the dependent clause. In such constructions, English often omits the relative pronoun.

Point out that prepositions are often placed at the ends of phrases in colloquial English, omitting the relative pronoun: Alberto Moravia is the writer the professor was talking about. Italian requires use of the relative pronoun.

Ecco il ristorante **in cui** ho
conosciuto mio marito.

Here's the restaurant in which I met
my husband.

In conversation, **dove** is often used instead of **in cui** to refer to places.

Ecco il ristorante **dove** ho conosciuto mio marito.

**O.** Completi il brano con i pronomi relativi **che** o **cui**.

Signori e signore, benvenuti (*welcome*) a Verona e benvenuti alla casa di
Romeo e Giulietta. Questa è la casa in _____ viveva la famiglia Cappeletti.
Se saliamo al piano di sopra, troviamo la camera in _____ Giulietta
dormiva. Guardino nell'armadio a destra: lì c'è il vestito _____ Giulietta
indossò per andare alla festa in _____ conobbe Romeo. Sulla sinistra
possono vedere il balcone da _____ Giulietta parlava con Romeo. E fuori
c'è l'albero _____ Romeo scalò per essere più vicino alla ragazza. Notino
che sulla scrivania c'è ancora la penna con _____ Giulietta scrisse la sua
famosa lettera, e la bottiglia di medicina _____ Giulietta prese perché tutti
pensassero che fosse morta. Se escono da quella porta, vedranno il telefono
_____ la madre di Giulietta usò per chiamare l'ambulanza.

Ex. P: You may find it helpful to
split the sentence into its two
clauses to show students
whether the subordinate clause
is dependent on a preposition:
*Mi piacciono le ragazze. Le
ragazze vestono elegantemente.*

**P.** Completi le frasi con il pronome relativo corretto: **che, in cui, con cui** o
**di cui**.

1. Mi piacciono le ragazze _____ vestono elegantemente.
2. Conosco una signora _____ scrive romanzi.
3. Ho letto un libro _____ c'erano poesie moderne.
4. Abbiamo visto il film _____ ci hai consigliato.
5. È quel film _____ tutti parlano.
6. Ho un amico _____ gioca a pallacanestro.
7. Ecco Paolo, il ragazzo _____ noi giochiamo a pallacanestro.
8. Ecco la discoteca _____ ho conosciuto il mio ragazzo.
9. Ho ricevuto la fotografia _____ mi hai spedito dalla Grecia.

**Q.** In coppia: Dica ad un compagno/una compagna le cose che le piacciono,
usando le frasi in basso.

➤ Mi piacciono i bambini che ...     S1: *Mi piacciono i bambini che dormono sempre.*
                                     S2: *A me piacciono i bambini che non fanno rumore.*

1. Mi piacciono i ragazzi che ...
2. Mi piacciono i professori che ...
3. Mi piacciono i ristoranti che ...
4. Mi piace la poesia che ...
5. Mi piacciono i libri in cui ...
6. Mi piacciono le feste a cui ...
7. Mi piacciono i giorni in cui ...
8. Mi piacciono i negozi dove ...

Ex. R: Challenge students to define the compound nouns on page 452 after doing Ex. R.

Give groups words they do not know, like *cannuccia, sordomuto, incubo, chiacchierone, squalo, pappardelle*, etc., and have them come up with definitions, absurd or plausible.

**R.** Finite le frasi in maniera logica.

➤ Cos'è una valigia? È una cosa in cui ...  *È una cosa in cui mettiamo i vestiti quando facciamo un viaggio.*

1. Cos'è un giornale? È una cosa che ...
2. Chi sono i tedeschi? Sono persone che ...
3. Cos'è una casalinga? È una donna che ...
4. Chi è Leonardo da Vinci? È l'uomo che ...
5. Cos'è Natale? È il giorno in cui ...
6. Cos'è un aspirapolvere? È un elettrodomestico con cui ...
7. Cos'è un portafoglio? È una cosa in cui ...
8. Cos'è un camposanto? È un luogo dove ...

# *Parliamo un po'*

**A. In libreria:** In coppia.

S1
Lei vuole comprare libri per sua nipote che ha dodici anni, e per suo fratello a cui piace lo sport e la fantascienza. Chieda consigli al commesso/alla commessa.
S2
Lei è un commesso/una commessa in una libreria. Un/Una cliente le chiede consigli. L'aiuti a trovare dei libri da questa lista di edizioni economiche. Consigli anche altri libri che lei conosce.

*Piccole donne:* Louisa May Alcott
*Cronache marziane:* Ray Bradbury
*L'arancia meccanica:* Anthony Burgess
*Le avventure di Pinocchio:* C. Collodi
*Il diario di Anne Frank*

*Avere e non avere:* Ernest Hemingway
*I viaggi di Gulliver:* Jonathan Swift
*La Bella e la Bestia:* versione Disney
*Miseria deve morire:* Stephen King
*Lo Hobbit:* J.R.R. Tolkien

➤ — Mi scusi. Sto cercando un libro per mio fratello. Cosa mi consiglierebbe?
   — Che cosa gli piace leggere? Quali sono i suoi interessi?

**B.** **Cosa ti piace leggere?** Intervisti un altro studente/un'altra studentessa per sapere cosa legge generalmente.

Quanti libri legge all'anno? \_\_\_\_\_
Quando preferisce leggere? _____
Autori preferiti? _____
Preferisce in ordine d'importanza:
  \_\_\_\_\_ i classici
  \_\_\_\_\_ libri di successo (*best-sellers*)
  \_\_\_\_\_ romanzi romantici
  \_\_\_\_\_ gialli (*mysteries*)
  \_\_\_\_\_ fantascienza
  \_\_\_\_\_ saggistica (*nonfiction*)
Titolo del libro preferito _____
Titolo dell'ultimo libro che ha letto (non per un corso) _____

**C.** **Due città.** In coppia: Pensate a due città che conoscete abbastanza bene. Poi confrontate queste due città in termini di:

numero di abitanti
periodo di fondazione
cultura (musei, teatri, università, ecc.)
qualità della vita
gli aspetti migliori e peggiori delle due città

➤ Ci sono più abitanti a ... che a ...     ... è più antica di ...

**D.** **Nell'anno 2050.** In coppia: A metà del ventunesimo secolo, voi state preparando un almanacco storico degli anni novanta. Quali furono gli avvenimenti (*events*) più importanti di quel periodo? Scrivete almeno otto fatti successi negli anni novanta. Temi possibili: politica interna e estera, cultura, sport, disastri, ecc.

➤ L'Internet diventò accessibile a quasi tutti i paesi industrializzati.
  I democratici vinsero le elezioni del 1996.

**E. Scriviamo una poesia.** Ecco un modo simpatico di scrivere una poesia:

1. Il primo verso è un *nome* semplice. Può essere anche il nome di una persona o di un luogo.

2. Il secondo verso consiste in tre *aggettivi* che descrivono il nome del primo verso.

3. Il terzo verso comincia con un *verbo*. Descrive qualcosa che fa il nome del primo verso.

Ecco due esempi:

torre
alta, vecchia, familiare
domina tutte le case del paese

Napoli
antica, allegra, caotica
vive ai piedi di un vulcano

Adesso provi anche lei!

# In giro per l'Italia

Tell students that there is no video segment for this part in *Lezioni 19* and *20*.

**A. Definizioni.** Abbini le definizioni con una parola della lista di destra. Ci sono due parole in più nella lista.

1. il sinonimo di *nazione*
2. il contrario di *dipendente*
3. una forma di governo
4. il contrario di *grande*
5. il contrario di *moderno*
6. un tipo di chiesa
7. parte di una regione
8. corso d'acqua che va verso il mare
9. la moneta italiana
10. una regione italiana

a. il fiume
b. piccolo
c. la basilica
d. antico
e. la superficie
f. la repubblica
g. la provincia
h. lo stato
i. la lira
j. il mondo
k. indipendente
l. le Marche

Have students refer to the map on page 14 to locate *la Repubblica di San Marino*. Then ask *In quale regione è il Vaticano? Con quali regioni confina San Marino?*, etc.

**Lettura.** Legga questo brano e poi faccia gli esercizi che seguono.

In Italia ci sono due stati indipendenti: la Città del Vaticano e San Marino.

La Città del Vaticano è lo stato sovrano più piccolo del mondo. È situata dentro la città di Roma, sulla riva destra[1] del fiume Tevere. Ha circa mille abitanti e una superficie di 0,44 chilometri quadrati[2]. La Città del Vaticano fu costituita come stato indipendente l'11 febbraio 1929 (millenovecentoventinove)

1. right bank   2. square kilometers

Città del Vaticano: Panoramica della basilica e di Piazza San Pietro.

con un concordato tra lo Stato italiano e la Santa sede[3]. Il Vaticano stampa[4] francobolli ed anche una moneta[5] propria, ma usa la lira italiana.

Il territorio del Vaticano comprende la piazza e la basilica di San Pietro, il palazzo, i musei ed i giardini vaticani. Inoltre[6], al Vaticano appartengono[7] vari palazzi nella città di Roma e le basiliche di San Giovanni in Laterano, Santa Maria Maggiore e San Paolo fuori le Mura[8].

San Marino invece è una piccola repubblica indipendente dall'Italia, ed è situata fra le province di Pesaro ed Urbino (Marche) e di Forlì (Emilia-Romagna). Ha circa ventimila abitanti ed una superficie di 60 chilometri quadrati. San Marino è lo stato più antico d'Europa ed è indipendente dall'Italia dall'anno 885.

Lo stato, inizialmente agricolo, basa oggi la sua economia sul turismo e sull'artigianato[9]. Inoltre, San Marino stampa i propri francobolli, che sono molto ricercati[10] da tutti i collezionisti.

3. Holy See   4. prints   5. currency   6. Furthermore   7. belong   8. outside the walls
9. handicrafts   10. sought after

**B.  Un titolo appropriato.** Scelga un titolo appropriato per il brano precedente.

1.  Lo stato più piccolo del mondo
2.  Due piccoli stati indipendenti
3.  La repubblica del Vaticano

**C.  Informazioni.** Dia le seguenti informazioni basate sul brano precedente.

1.  Numero di abitanti di San Marino:
2.  Numero di abitanti del Vaticano:
3.  Nome del fiume vicino al Vaticano:
4.  Nomi delle basiliche del Vaticano:
5.  Anno dell'indipendenza di San Marino:

San Marino: Giorno di una cerimonia ufficiale nella piccola repubblica.

Act. D: Ask students *Qual è l'università più antica degli Stati Uniti? Quando è stata fondata?*

**D. Definizioni.** Abbini le definizioni con una parola della lista di destra. Ci sono due parole in più nella lista.

1. il contrario di *pubblico/a*
2. aggettivo derivato da *fama*
3. centro di studio e di cultura
4. titolo di studio
5. città italiana
6. sinonimo di *abitare*
7. aggettivo che si riferisce a *città*
8. il contrario di *occupazione*
9. nome che deriva da *dormire*

 

a. vivere
b. la disoccupazione
c. la laurea
d. statale
e. urbano/a
f. Padova
g. privato/a
h. il dormitorio
i. l'università
j. universitario/a
k. famoso/a

**Le università in Italia.** Legga questo brano e poi faccia l'esercizio che segue.

In Italia ci sono alcune delle università più antiche d'Europa, come l'Università di Bologna, fondata nel 1158, e l'Università di Padova, fondata nel 1221. Oggi ci sono in media[1] una o due università per ogni regione. La maggior parte delle università è controllata dallo stato, ma ci sono anche università private di cui alcune sono molto famose. Milano, per esempio, oltre[2] alle due università statali, ne ha due private molto note: l'Università Commerciale Luigi Bocconi e l'Università Cattolica del Sacro Cuore.

 Tutte le università italiane sono urbane e generalmente non esiste il campus universitario come negli Stati Uniti. Non esistono dormitori sotto la

1. on the average 2. besides

direzione universitaria, e gli studenti vivono la loro vita in maniera indipendente fuori dall'università. Nonostante questo, l'università rimane il centro delle loro attività culturali, politiche e sociali. La laurea è ancor oggi vista come una grande garanzia contro la disoccupazione presente e futura.

Act. E: Locate the cities of Bologna and Padova on the map on page 14. *In che regione è situata Bologna? E Padova?*

Act. E. Call on some students to correct the false statements with books closed.

**E.   Vero o falso?** Indichi se le seguenti frasi sono vere o false secondo il precedente. Corregga le frasi false.

1. L'università di Bologna e l'università di Padova sono molto antiche.
2. Ci sono dieci università in Italia.
3. Tutte le università italiane sono private.
4. L'università commerciale Luigi Bocconi è a Roma.
5. Le università italiane sono quasi tutte rurali.
6. La laurea è una garanzia contro la disoccupazione.

# Si vota!

**COMMUNICATIVE OBJECTIVES**

- Discuss voting, elections, and governments
- Express generalizations
- Express indefinite and approximate quantities
- Express hopes, doubts, wants, and opinions

Giovani italiani in piazza durante una manifestazione elettorale.

• • • • • • • • • • • • • • • • • • • • • • • • • • • • • • • • • • • • •

D omenica è giorno di elezioni. Dopo un mese di campagna elettorale si
va a votare per eleggere i nuovi rappresentanti al parlamento italiano.
Si spera che queste elezioni siano una via di uscita dall'attuale crisi politica. Per
tutti i politici queste elezioni sono importanti e molto difficili. La gente è sulle
5 spine e in ogni città si aspetta con ansia° il risultato finale.

     In questi ultimi giorni di campagna elettorale, i partiti politici fanno a gara
per conquistare il maggior numero di votanti. Manifesti con foto di candidati
sono affissi dappertutto. Annunci pubblicitari sono mandati in onda con
regolare frequenza da stazioni radiofoniche e televisive. Inoltre° automobili con
10 altoparlanti girano per la città facendo propaganda per i diversi candidati.
Infine° nelle strade, ragazzi e ragazze distribuiscono senza sosta° alcuni
volantini ai passanti.

     Questi sono due dei tanti volantini politici:

*anxiously*

*Furthermore*

*Finally / incessantly*

### ELETTORI
Il 15 giugno votate per il nostro partito

### VOTATE
Per la stabilità economica del nostro paese
Per una lotta più decisa alla droga e alla criminalità
Per un ambiente sano e pulito

### DATECI IL VOSTRO VOTO!

Italian elections are typically
held in June and last an entire
weekend.

### ELETTORE

Mi chiamo LUISA LANCIANI e voglio essere eletta al Parlamento con
il suo aiuto e con il suo voto.

| | |
|---|---|
| Desidera un'attività legislativa seria da parte dei politici italiani? | |
| | **MI DIA IL SUO VOTO!** |
| Crede in un futuro di pace e di prosperità? | **VOTI PER ME!** |
| Crede in un'Europa unita come simbolo di sicurezza mondiale°? | **MI DIA LA SUA PREFERENZA!** |
| Quale nome deve indicare sulla scheda? | **LUISA LANCIANI** |

Have pairs or small groups of
students write a news bulletin
for TV or radio announcing that
Luisa Lanciani won.

Ask students to compare the two
flyers and explain which they
consider more effective and why.

*worldwide security*

• • • • • • • • • • • • • • • • • • • • • • • • • • • • • • • • • • • • •

## Domande

1. In quale giorno si va a votare?
2. Quanto tempo è durata la campagna elettorale?
3. Perché sono necessarie queste elezioni?
4. Che fanno i partiti politici in questi ultimi giorni di campagna elettorale?
   Perché?
5. Come trasmettono le loro idee alla gente?
6. Che cosa promette Luisa Lanciani ai suoi elettori?

## Domande personali

1. Lei ha mai votato? Se ha votato, a che età ha votato per la prima volta?
2. Se non ha mai votato, pensa di votare alle prossime elezioni?
3. Quali sono i maggiori partiti politici americani?
4. Di solito, in che mese dell'anno si vota negli Stati Uniti? Quando ci saranno
   le prossime elezioni presidenziali negli Stati Uniti?
5. Quanto dura la campagna elettorale dei candidati alla presidenza degli Stati
   Uniti? Secondo lei, dovrebbe durare di meno oppure no? Perché?
6. Secondo lei, perché molti elettori non vanno a votare?

# Il sistema politico italiano

Lo stato italiano è nato nel 1861 con il nome di Regno[1] d'Italia. Nel 1925 con l'affermazione[2] del fascismo, la Costituzione italiana subì[3] profonde modificazioni e cambiamenti. Caduto il regime fascista nel 1943, con il referendum del 1946 il popolo italiano scelse la repubblica invece della monarchia. Dal 1948, con l'entrata in vigore[4] della nuova costituzione, l'Italia è una repubblica democratica.

Al vertice[5] dello stato, vari organi esercitano il potere esecutivo, legislativo e giudiziario, ognuno nei limiti stabiliti dalla costituzione. Il presidente della repubblica rappresenta l'unità dello stato e promuove[6] ed armonizza l'attività degli altri organi. La linea politica del governo[7] è invece determinata dal consiglio dei ministri, composto dal presidente del consiglio, che esercita la funzione più importante nel governo, e da vari ministri. Il Parlamento è formato dalla Camera dei deputati (630 membri) e dal Senato (315 membri). Nel settore giudiziario molto importante è la Corte Costituzionale, che ha il compito di assicurare[8] la corretta applicazione della costituzione italiana.

Il governo italiano presenta una sua proposta al Senato.

1. Kingdom   2. ascension to power
3. underwent   4. enforcement   5. At the head
6. fosters   7. Government policy
8. the duty of guaranteeing

# Vocabolario

## Parole analoghe

la campagna
il candidato
la crisi
distribuire
la droga
economico/a
elettorale
l'elezione (*f.*)

finale
la frequenza
indicare
legislativo/a
il parlamento
presidenziale
la propaganda
la prosperità

radiofonico/a
il rappresentante
regolare
la stabilità
unito/a
votare
il voto

## Nomi

la criminalità   crime
l'elettore (*m.* or *f.*)   voter
l'età   age
la lotta   fight
il manifesto   poster
la pace   peace
il partito   political party
il passante   passerby
il politico   politician
la scheda   ballot
il volantino   leaflet, flyer
il votante   voter

## Aggettivi

deciso/a   decisive
pulito/a   clean
sano/a   safe, sound; healthy

## Verbi

affiggere (*p.p.* affisso)   to post, affix
conquistare   to conquer
eleggere (*p.p.* eletto)   to elect
manifestare   to show
trasmettere   to communicate

## Altre parole ed espressioni

dappertutto   everywhere
essere sulle spine   to be on pins
  and needles
fare a gara   to compete, vie for
una via di uscita   a way out

## Pratica

**A.** Lei è un/una giornalista che intervista la gente per strada. Chieda ad una o due persone il loro nome e indirizzo, dove lavorano, per quale partito pensano di votare e perché. Scriva le domande e le risposte dell'intervista.

**B.** In gruppi di tre: Preparate un volantino per uno di voi che vuole essere eletto al parlamento. Parlate delle caratteristiche personali e dell'esperienza del candidato/della candidata e dei problemi politici, sociali, economici ed ambientali che vuole risolvere.

# Ampliamento del vocabolario

## La politica e il governo

l'**ambasciatore**   ambassador
la **Camera dei deputati**   chamber
   of representatives
il **comune**   city hall
il **consiglio dei ministri**   council
   of ministers
la **costituzione**   constitution
il **deputato**   representative
**governare**   to govern
il **governo**   government;
   administration
il **ministro**   minister; il
   **presidente del consiglio**   prime
   minister

la **monarchia**   monarchy; **la
   monarchia costituzionale**
   constitutional monarchy
il **presidente**   president
il **re**   king
la **regina**   queen
la **repubblica**   republic
il **senato**   senate
il **senatore/la senatrice**
   senator
il **sindaco**   mayor
lo **stato**   state

Use these expressions to create
a crossword puzzle.

Have students use some of these
words in simple sentences about
familiar political figures and government institutions. For
example, *La regina d'Inghilterra
si chiama Elisabetta.*

**A.** In coppia: Dia la parola giusta per ciascuna delle seguenti definizioni.

➤ la moglie del re      — *Come si chiama la moglie del re?*
                        — *Si chiama la regina.*

1. la persona che rappresenta il proprio paese in una nazione straniera
2. tipo di governo dove c'è una famiglia reale (*royal*)
3. il documento che contiene le leggi fondamentali di un paese
4. un membro del senato
5. il capo della repubblica
6. governa una città o un paese
7. il posto del governo di una città o di un paese
8. il posto dove si riuniscono i rappresentanti eletti dalla gente
9. la persona che è a capo di una monarchia
10. vi fanno parte tutti i ministri del governo
11. il ministro più importante di tutti
12. il femminile di *senatore*

**B.** In gruppi di due o tre: Faccia le seguenti domande agli altri studenti.

1. Sai i nomi dei senatori del tuo stato? Quali sono?
2. Ti piacerebbe dedicarti alla politica? Perché?
3. Sai il nome del presidente del consiglio dell'Italia? del primo ministro della Francia? del cancelliere (*chancellor*) della Germania?
4. Sai dirmi quali sono alcuni paesi in cui c'è la monarchia? Conosci il nome del re/della regina?
5. Si è mai dimesso un presidente degli Stati Uniti? Chi?
6. Quando è stata firmata (*signed*) la Costituzione degli Stati Uniti?
7. Quanti deputati ci sono negli Stati Uniti? Quanti senatori?

Ex. C: Ask students to include additional issues that interest them.

Ask students to show the class the publicity poster they prepared.

**C.** In gruppi di due o tre: Lei vuole presentarsi come candidato/a alla presidenza del comitato studentesco. Prepari insieme ai suoi compagni un cartello pubblicitario. Ecco alcuni problemi (*issues*) che possono interessarvi:

il rapporto fra studenti e professori
l'orario della biblioteca
luoghi di studio e di riposo necessari agli studenti pendolari
il cibo della mensa (*cafeteria*) universitaria
le attività sportive nell'università

## Famiglie di parole

In many of the *Vocabolario* sections of the text you have encountered Italian nouns, verbs, adjectives, and adverbs that are related to each other. These groups of words are referred to as *word families*. If you know one of the items in a word family, you are often able to recognize or form the others. For example, from the noun **anno** you can form the adjective **annuale** and the adverb **annualmente.** From the noun **dramma** you can form the verb **drammatizzare,** the adjective **drammatico/a,** and the adverb **drammaticamente.** The examples given below are easier and more predictable.

Refer to the *Vocabolario* in *Lezioni 13–20* to review word families you have already encountered.

| Noun | Verb | Adjective | Adverb |
|------|------|-----------|--------|
| studio | studiare | studioso/a | studiosamente |
| interesse | interessare | interessante | interessantemente |

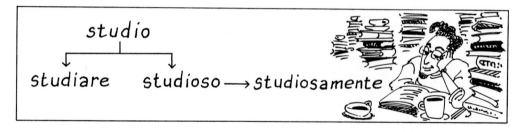

**D.** In coppia: Completate lo schema con le parole appropriate.

| Nomi | Verbi | Aggettivi | Avverbi |
|------|-------|-----------|---------|
| direzione | ——— | diretto | ——— |
| curiosità | curiosare | ——— | ——— |
| ——— | economizzare | economico | ——— |
| | centrare | ——— | centralmente |
| correzione | correggere | ——— | ——— |
| ——— | finire | finale | ——— |
| ——— | tranquillizzare | ——— | tranquillamente |

## Nomi alterati

1. The meanings of many Italian nouns and some adjectives can be altered by adding special suffixes (*suffissi speciali*). These suffixes, which signify smallness, bigness, affection, and disparagement, are added to nouns and sometimes to adjectives after dropping the final vowel. The more common suffixes are: **-ino, -etto, -ello, -one,** and **-accio.**

2. Suffixes that denote smallness or affection are **-ino, -etto,** and **-ello.**

   | | |
   |---|---|
   | Ho un gatt**ino** bianco. | I have a (nice) little white cat. |
   | Abbiamo una cas**etta** in montagna. | We have a (nice) little house in the mountains. |
   | Quella donna è pover**ella.** | That woman is quite poor. |
   | Sei proprio cattiv**ello/a!** | You're really naughty! |

3. The suffix **-one** denotes bigness.

   | | |
   |---|---|
   | Chi ha scritto quel libr**one?** | Who wrote that big book? |
   | Federica è una ragazz**ona.** | Federica is a big girl. |

4. The suffix **-accio** signifies badness or unpleasantness and is used to give a pejorative meaning to nouns.

   | | |
   |---|---|
   | Non comprate quel giornal**accio.** | Don't buy that trashy newspaper. |
   | Quei ragazzi dicono parol**acce** anche a casa. | Those boys use vulgar words even at home. |

> Be careful when altering nouns, since their exact meaning can depend on the situation. For instance, *il volante* means "steering wheel," but *il volantino* means "flyer." Also, the three suffixes denoting smallness aren't usually interchangeable: *casina* and *casetta* both denote a small house, but *casella* means "pigeonhole."

> Tell students that feminine nouns can become masculine when the suffix *-one* is added. This form is generally preferred to the feminine *-ona*: *una donna, un donnone; la finestra, il finestrone; la macchina, il macchinone.*

un libro

un **librone**

**E.** Completi questo brano con la forma appropriata delle parole della lista dopo aver aggiunto i suffissi indicati. Alcune parole possono essere usate più di una volta.

| *-etto/a* | *-ino/a* | *-one* | *-accio/a* |
|---|---|---|---|
| l'animale | l'appartamento | la casa | la giornata |
| il giardino | il paese | | |
| la villa | il gatto | | |
| la casa | | | |
| la stanza | | | |
| la cucina | | | |
| il bagno | | | |

I miei amici abitano in una bella _____ in un _____ ad una ventina di chilometri dalla mia città. Fuori la _____ è circondata da un bel _____ dove c'è molto verde. Dall'altra parte della loro strada c'è un _____ enorme che qualcuno sta ristrutturando (*remodeling*). Sembra che vogliano farci tre _____ e ai miei amici piacerebbe che ne comprassi uno quando saranno pronti. Attualmente io abito in un _____ al centro della città dove ci sono due _____ , una _____ e un _____ . Con me abitano due _____ molto graziosi che stanno sempre in casa. Ma ieri un _____ è fuggito da casa senza che me ne accorgessi. Sono andata a cercarlo dappertutto sotto la pioggia. Che _____ ! Vorrei proprio avere una _____ in campagna o una _____ come quella dei miei amici. In questo caso i miei _____ potrebbero entrare e uscire a piacere. Potrei avere anche qualche altro _____ perché io adoro gli animali.

# Struttura ed uso

## Costruzioni passive

1. In passive sentences, the subject is the recipient of the action, rather than the agent who performs the action.

| | |
|---|---|
| I candidati **distribuiscono** i volantini. | The candidates distribute the flyers. |
| I volantini **sono distribuiti** dai candidati. | The flyers are distributed by the candidates. |
| I giovani **hanno eletto** Luisa Lanciani al Parlamento. | The young people have elected Luisa Lanciani to Parliament. |
| Luisa Lanciani **è stata eletta** al Parlamento dai giovani. | Luisa Lanciani was elected to Parliament by the young people. |

2. The passive voice (**la voce passiva**) consists of **essere** in the appropriate tense + *the past participle* of the verb. The past participle agrees with the subject. The agent of the action, if mentioned, is introduced by **da.**

Have students identify the tense of the *essere* component of each passive verb. Show them that *essere* can be in any tense, and that the participle always agrees with the subject.

| | |
|---|---|
| Annunci politici **sono mandati** in onda **da**lle stazioni radiofoniche. | Political messages are transmitted by radio stations. |
| Il maggior numero di voti **è stato conquistato da**l partito democratico. | The greatest number of votes was won by the Democratic party. |
| I risultati **saranno discussi** per giornate intere. | The results will be discussed for days on end. |

Review regular and irregular past participles. Refer students to *Lezione 6*.

3. Another type of passive construction with an undefined agent is formed with **si** + *a third person verb form*. English uses *one, they, you, we,* or the passive voice in these circumstances.

Tell students that because there is no explicit agent in these *si* constructions, the direct object becomes the subject of the verb. Bring in want ads and real-estate ads from Italian newspapers and point out the use of idioms such as *cercasi, affittansi,* etc.

| | |
|---|---|
| In questa classe non **si parla** inglese. | In this class English is not spoken (we don't speak English). |
| Il latte **si compra** anche al bar. | One can even buy milk at a bar. |

When **si** + *verb* is followed by a plural noun, the verb is in the third person plural.

| | |
|---|---|
| In questo negozio **si parlano** tutte le lingue. | All languages are spoken in this store. |
| I fiammiferi **si vendono** solo nelle tabaccherie. | Matches are sold only at tobacco stores. |

È agosto! **Si parte** per le vacanze!
È settembre. **Si torna** in città.

The verbs *rispettare, formare, annunciare, creare, governare,* and *modificare* all have regular past participles. The past participle of *scegliere* is *scelto.*

**A.** Trasformi le seguenti frasi alla voce passiva, secondo il modello.

➤ All'estero l'ambasciatore rappresenta una nazione.     *Una nazione è rappresentata all'estero dall'ambasciatore.*

1. Il re e la regina rispettano le tradizioni di un paese.
2. La costituzione stabilisce le leggi di un paese.
3. Deputati e senatori formano il Parlamento.
4. I partiti politici annunciano i candidati.
5. Il potere legislativo crea nuove leggi.
6. Il sindaco governa la città.
7. Quattro partiti formano la coalizione.
8. Il governo sceglierà un nuovo ministro del Tesoro.
9. Il regime fascista ha modificato la costituzione originale.

**B.** Risponda alle domande, cercando le informazioni nella lettura a pagina 473 se è necessario.

1. Quando è stato formato lo stato italiano?
2. In quale periodo è stata molto cambiata la Costituzione italiana?
3. Quale tipo di governo è stato scelto dagli italiani nel 1946?
4. Da che cosa sono stabiliti i limiti del potere esecutivo, del potere legislativo e del potere guidiziario?
5. Da chi è determinata la linea politica del governo?
6. Da quali organi è formato il Parlamento italiano?

**C.** Cosa si fa al Circolo (*club*) Italiano? Un membro di un Circolo Italiano parla di tutte le attività organizzate dal circolo. Cambi ogni frase alla costruzione *si + verbo* come nell'esempio.

➤ Offriamo lezioni d'italiano.     *Si offrono lezioni d'italiano.*

1. Organizziamo cene e feste.
2. Vendiamo magliette con la scritta "Io ♡ l'Italia."
3. Eleggiamo il nuovo presidente.
4. Facciamo pubblicità.
5. Parliamo sempre italiano.
6. Una volta al mese vediamo un film.
7. Prepariamo una conferenza sulla cultura italoamericana.

Ex. D: Ask students where the same items can be found in Italy: — *Dove si comprano i giornali in Italia? — Ad un'edicola.*

**D.** Gli italiani sono abituati alle loro farmacie che vendono solo prodotti medicinali, e sono sorpresi dalle cose che si vendono nelle farmacie americane. Per esempio, pare loro molto strano che si possano comprare le sigarette in una farmacia. Quali altre cose si vendono nelle farmacie americane che possono sembrare strane ad un italiano?

➤ In America si possono comprare (si vendono) le sigarette nelle farmacie.

**E.** In coppia: Quando lei andrà in Italia, vedrà che lì la vendita dei prodotti è un po' diversa da quella americana. Determinati prodotti si possono comprare soltanto in certi negozi. Domandi ad un compagno/una

An *edicola* is an outdoor kiosk that sells newspapers, magazines, and often tickets for public transportation. Bus tickets can also be bought at bars and tobacco shops.

Ex. E: Tell students that stamps, tobacco, and matches are government monopolies. Tobacco and matches are sold only in *tabaccherie*.

compagna dove si comprano queste cose: in una tabaccheria, ad un'edicola di giornali o in una farmacia.

➤ francobolli (*stamps*)    S1: *Dove si comprano i francobolli?*
S2: *I francobolli si comprano alla tabaccheria.*

1. le riviste
2. il sale
3. un biglietto per l'autobus
4. la vitamina C
5. i fiammiferi (*matches*)

6. le aspirine
7. il giornale
8. le sigarette
9. una penna

**F.** Risponda alle domande, usando la costruzione *si + verbo*.

1. Quali lingue si parlano in Svizzera? In Austria? In Irlanda?
2. Quale lingua si parla in questa classe?
3. Dove si possono vedere film italiani in questa città?
4. Dove si può vedere una partita di calcio?
5. Dove si può prendere un buon cappuccino?
6. Dove si possono ammirare quadri italiani?
7. Dove si possono comprare giornali e riviste italiane?
8. Cosa si mangia nel suo ristorante preferito?

**G.** In coppia: Che cosa si fa in ogni stagione? Compilate una lista di tre cose che si possono fare in ogni stagione: d'inverno, in primavera, d'estate e in autunno.

➤ *In autunno si può vedere una partita di football, si fanno gite per andare a vedere …*

## Aggettivi e pronomi indefiniti

— Ha **qualcosa** da dichiarare?
— No, solo **qualche** paio di scarpe.

1.  Indefinite adjectives are used to express indefinite quantities.

> **alcuni (alcune)**  some
> **altro (altra, altri, altre)**  other
> **ogni**  each
> **molto (molta, molti, molte)**  a lot of, many
> **poco (poca, pochi, poche)**  little, few
> **qualche**  some
> **troppo (troppa, troppi, troppe)**  too much, too many
> **tutto (tutta, tutti, tutte)**  all, the whole

| | |
|---|---|
| **Alcune** automobili girano per la città con altoparlanti. | Some cars go around the city with loudspeakers. |
| **Altri** candidati distribuiscono volantini. | Other candidates distribute flyers. |
| **Ogni** partito desidera conquistare il maggior numero di voti. | Each party wants to win the greatest number of votes. |
| **Qualche** candidato promette di occuparsi dell'ambiente. | Some candidates promise to devote themselves to the environment. |
| Altri dicono che c'è **troppa** corruzione nel governo. | Others say that there is too much corruption in the government. |

2.  **Alcuni/e** and **qualche** both mean *some*. **Alcuni/e** always takes a plural noun, and **qualche** always takes a singular noun.

    Puoi distribuire **alcuni volantini?**
    Puoi distribuire **qualche volantino?**  } Can you pass out some flyers?

3.  The singular forms **molto/a, poco/a,** and **troppo/a** are used with singular nouns and mean *a lot of, a little,* and *too much.*

    | | |
    |---|---|
    | C'è **molta/poca/troppa** corruzione nel governo. | There is a lot of/little/too much corruption in the government. |

    The plural forms **molti/e, pochi/e,** and **troppi/e** are used with plural nouns and mean *many, few,* and *too many.*

    **Molti/Pochi/Troppi** italiani dubitano della serietà dei politici.

4.  The singular **tutto/a** means *the whole.* The plural **tutti/e** means *all (the).* Both forms are usually followed by the definite article.

    | | |
    |---|---|
    | **tutto il** Senato | the whole Senate |
    | **tutta l'**Europa | all of Europe |
    | **tutti i** rappresentanti | all the representatives |
    | **tutte le** stazioni radiofoniche | all the radio stations |

5. **Ogni** is invariable and always takes a singular noun.

**Ogni cittadino** ha il dovere di votare.    Every citizen has the duty to vote.

**Ogni candidato** è contro la criminalità.    Every candidate is against crime.

6. Indefinite pronouns are used to refer to unspecific people and things. Here are the most common indefinite pronouns that refer to people and things.

| To refer to people | | To refer to things | |
|---|---|---|---|
| **qualcuno** | someone, anyone | **qualcosa** | something |
| **ognuno** | everyone | **tutto** | everything |
| **tutti** | everybody | | |

— C'è **qualcuno** in casa?    — Is there anyone home?
— No, sono usciti **tutti.**    — No, everyone's gone out.

— Ho **qualcosa** da dirti.    — I have something to tell you.
— Sì, dimmi **tutto.**    — Yes, tell me everything.

Follow up Ex. H by asking students what they think about the grading system at your university. Allow them to use the sentences in the exercise as guides.

**H.** Scelga quale delle due parole tra parentesi è quella corretta.

1. Alla nostra università ci sono (molti/qualche) problemi.
2. (Alcuni/Qualche) studenti danno (qualcuno/troppa) importanza ai voti (*grades*).
3. È lo stesso con (ogni/tutti i) corso di studio.
4. Il voto è usato da (molti/tutti) professori come un premio, e da (qualche/altri) professori come una punizione (*punishment*).
5. Per (qualche/alcuni) studente, il voto è diventato più importante della conoscenza della materia.
6. (Ognuno/Tutti) deve pensare a quello che vuole dallo studio.

**I.** Scelga un aggettivo appropriato dall'elenco che segue ed usi la forma corretta per completare queste frasi.

molto    troppo    tutto    poco    qualche

➤ Mia zia ha _____ vestiti.    *Mia zia ha molti vestiti.*

1. Mia nonna ha _____ fotografie sul comò.
2. Sergio non ha _____ pazienza.
3. Come al solito, il mio fratellino ha finito _____ il gelato.
4. Hanno invitato _____ amiche alla festa.
5. Conosci _____ film italiano?
6. I miei genitori si sono divertiti solo _____ giorni durante le due settimane in Francia.
7. Il bambino ha mangiato _____ le ciliege.
8. Giorgio non ha _____ soldi.

Ex. J: Have students answer that some of the places are open and some are closed: *Alcuni negozi sono aperti ma altri sono chiusi.*

**J.** In coppia: Oggi è giorno di festa, e lei vuole sapere da un compagno/una compagna se questi luoghi pubblici sono aperti o chiusi. Formulate le domande e le risposte come nel modello.

➤ negozio    S1: *Sono chiusi o aperti i negozi?*
             S2: *Tutti i negozi sono chiusi. (Ogni negozio è chiuso.)*

1. ufficio postale
2. farmacia
3. banca
4. teatro
5. museo
6. bar
7. scuola
8. supermercato

Follow up Ex. K by getting a consensus from the class on each item. Have students expand on their answers.

**K.** In gruppi di tre: Decidete quale delle parole tra parentesi si applica meglio alla situazione della vostra università. Poi riferite le vostre opinioni alla classe.

1. Gli studenti dell'università hanno (poco/molto/troppo) tempo libero.
2. I professori danno (pochi/molti/troppi) compiti.
3. (Pochi/Alcuni/Molti/Quasi tutti gli) studenti sono contenti della libreria dell'università.
4. (Pochi/Alcuni/Molti/Troppi) studenti bevono spesso bevande alcoliche.
5. La vita sociale offre (poche/molte/troppe) attività.
6. Ci sono (pochi/alcuni/molti) problemi tra l'università e la comunità in cui si trova.
7. C'è (poca/qualche/molta) possibilità di violenza nel campus.
8. Ci sono (pochi/alcuni/molti/troppi) problemi di razzismo all'università.

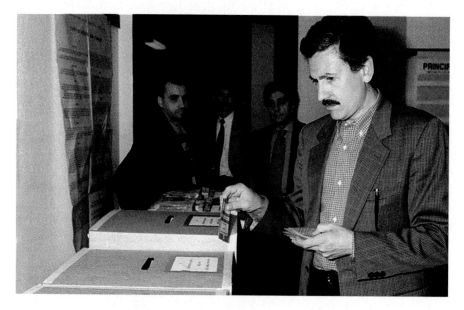

Italiani alle urne: votano su vari referendum.

**L.** In gruppi di quattro: Pensate a qualche stereotipo che avete sentito sui giovani. Discutete se questo stereotipo è vero o falso. Poi riferite le vostre opinioni alla classe.

➤ — Si dice che i giovani non s'interessano dei problemi sociali.
— Non è vero, alcuni giovani …
Ma non tutti i giovani …
Molti …

## La correlazione dei tempi con il congiuntivo

Non **sapevo** che **fosse** così divertente!

1. This chart shows the sequence of tenses when the verb in the dependent **che** clause is in the subjunctive.

Review the tenses listed with the class. Ask students to identify the tenses of each clause in the examples.

| Main clause | Dependent *che* clause | |
| --- | --- | --- |
| | **Simultaneous or future action** | **Prior action** |
| Presente<br>Futuro } | congiuntivo presente | congiuntivo passato |
| Imperfetto<br>Passato prossimo<br>Trapassato<br>Passato remoto<br>Condizionale } | imperfetto del congiuntivo | trapassato del congiuntivo |

2. If the action of the main clause is in the present or the future and the action of the **che** clause takes place at the same time, use the **present subjunctive**.

| | |
|---|---|
| **Spero** che tu **capisca** i miei sentimenti. | I hope that you understand my feelings. |
| È possibile che **si conoscano** già. | It's possible that they already know each other. |
| **Vorrà** che tu **venga** con noi. | He will want you to come with us. |

If the action of the main clause is in the present or the future and the action of the **che** clause took place previously, use the **past subjunctive**.

| | |
|---|---|
| **Spero** che tu **abbia ricevuto** la mia lettera. | I hope you have received my letter. |
| È possibile che **si siano conosciuti** prima. | It's possible that they have met before. |

3. If the verb of the main clause is in any past tense or the conditional, and the action of the **che** clause is simultaneous, use the **imperfect subjunctive**.

| | |
|---|---|
| **Volevano** che alcuni deputati **si dimettessero.** | They wanted some representatives to resign. |
| **Andammo** a votare benché **facesse** freddo. | We went to vote even though it was cold. |
| **Sarebbe** meglio se **tornaste** domani. | It would be better if you came back tomorrow. |

> To help remember the sequence of tenses, memorize four variations on the same simple sentence, for example: *Penso che venga./Penso che sia venuto./ Pensavo che venisse./Pensavo che fosse venuto.*

If the verb of the main clause is in any past tense or the conditional, and the action of the **che** clause took place previously, use the **pluperfect subjunctive**.

| | |
|---|---|
| **Erano** contenti che alcuni deputati **si fossero dimessi.** | They were glad that some representatives had resigned. |
| **Vorrei** che **fossero arrivati** ieri. | I wish they had arrived yesterday. |

**M.** Riscrivete tutte le frasi nel passato.

➤ Ho paura che il mio ragazzo non mi ami più.    *Avevo paura che il mio ragazzo non mi amasse più.*

1. Mi dispiace che non mi chiami spesso.
2. Sembra strano che non mi abbia telefonato ieri.
3. Non credo che lui abbia un'altra ragazza.
4. Voglio che facciamo la pace e che parliamo chiaramente.
5. Gli scrivo una poesia, affinché lui possa capire i miei sentimenti.
6. È possibile che si sia dimenticato di me.
7. Gli telefono prima che sia troppo tardi.

Ex. N: Have students identify the tense and mood of the main verb and the subordinate verb in each sentence. Then ask them to find this relationship in the charts.

**N.** Leggete attentamente il seguente brano. Notate il tempo e modo di tutti i verbi.

Prima di studiare l'italiano, pensavo che questa lingua fosse molto simile allo spagnolo. Credevo che bastasse cambiare qualche lettera per arrivare alla forma giusta. Sebbene avessi studiato lo spagnolo per tre anni al liceo, non sapevo parlarlo.

Dopo alcuni mesi di studio, avevo l'impressione che l'italiano fosse una lingua impossibile. Mi sembrava che cinquecento anni fa alcuni fiorentini si fossero messi insieme per creare duecento tempi dei verbi. Forse volevano che gli studenti del futuro avessero molti problemi.

Ma adesso che conosco un po' meglio l'italiano, mi sembra che sia una lingua veramente elegante, e che abbia delle caratteristiche complicate, ma anche molto utili. Sarebbe bello se io potessi andare in Italia adesso e usare l'italiano che ho imparato.

**O.** Scriva delle frasi, cambiando la forma dei verbi secondo la correlazione dei tempi.

➤ Voglio / voi / venire alle sette   *Voglio che voi veniate alle sette.*

1. È meglio / Franca / arrivare prima degli altri
2. Sarei felice se / Michele / incontrare gli amici a casa
3. Credevo / tu / preparare da mangiare per tutti
4. Sarà necessario / io / prestargli i soldi per i biglietti
5. È possibile / tuo padre / partecipare alla manifestazione di domani
6. Linda aveva paura / lui / non telefonare
7. Insistiamo / il sindaco / discutere i problemi della città
8. Era bene / papà ed io / pagare il rivenditore prima della fine del mese
9. Luigi volle / noi / pensare al problema
10. Dubitavo / Marta / finire subito il lavoro

Have students do Ex. P in groups of three, each member taking a different point of view and exaggerating his or her reaction. Have students invent their own *dichiarazioni* and the likely reactions of members of their families.

**P.** Quando si vive in famiglia, ogni dichiarazione (*statement*) provoca reazioni diverse dai vari membri della famiglia. Esprima queste reazioni, come nel modello.

➤ Ho avuto un altro incidente con la macchina!
(Non posso credere che tu...)                    *Non posso credere che tu abbia avuto un altro incidente con la macchina.*

(Immaginavo che tu...)                    *Immaginavo che tu avessi avuto un altro incidente con la macchina.*

1. Aspetto un bambino!
   Non è possibile che tu ...
   Vorrei tanto che tu ...
   Sono veramente contento/a che tu ...
2. Mia madre ha intenzione di farci una visita!
   Mi dispiace che tua madre ...
   Speravo che ...
   Dubito che ...

3. Abbiamo vinto alla lotteria!
   Sarebbe un miracolo se ...
   Non sapevo che ...
   È incredibile che ...
4. La mia ragazza ha venti anni più di me!
   Non sembra che la tua ragazza ...
   Non mi piace che ...
   Infatti, avevo l'impressione che ...

**Q.** Finite queste frasi in maniera logica.

1. Io credo che i politici ...
2. Mi piacerebbe se alle prossime elezioni ...
3. È importante che tutti gli elettori ...
4. È essenziale che un senatore ...
5. Se io fossi il presidente degli Stati Uniti ...

# *Parliamo un po'*

**A. Come voti?** Intervisti due o tre studenti per sapere come votano e cosa pensano della politica.

Quante volte hai votato? _____ In un'elezione presidenziale? sì / no
Quale partito preferisci?
Democratico   Repubblicano   Indipendente   Altro
Voti generalmente:
_____ per il partito   _____ per candidati particolari   _____ tutti e due
Quando scegli un candidato, quali sono le considerazioni più importanti da fare?

|  | molto importante | piuttosto importante | non importante |
|---|---|---|---|
| l'economia | _____ | _____ | _____ |
| la disoccupazione | _____ | _____ | _____ |
| le tasse | _____ | _____ | _____ |
| l'istruzione pubblica | _____ | _____ | _____ |
| le leggi sull'aborto | _____ | _____ | _____ |
| le questioni ambientali | _____ | _____ | _____ |
| le relazioni internazionali | _____ | _____ | _____ |
| il carattere morale del candidato | _____ | _____ | _____ |

**B.** **Le elezioni politiche.** In coppia: Leggete le percentuali riportate dai partiti alle elezioni politiche del 1994 e del 1996. Poi, analizzate le informazioni con l'aiuto delle domande.

|  | Politiche 1996 | | Politiche 1994 | |
| --- | --- | --- | --- | --- |
|  | voti | % | voti | % |
| Alleanza nazionale | 5.875.391 | 15,67 | 5.214.133 | 13,47 |
| Federazione dei Verdi | 937.684 | 2,50 | 1.047.268 | 2,70 |
| Forza Italia | 7.715.342 | 20,58 | 8.136.135 | 21,01 |
| Lega Nord | 3.777.786 | 10,08 | 3.235.248 | 8,36 |
| Mani pulite | 44.455 | 0,12 | – | – |
| Movimento sociale tricolore | 338.721 | 0,90 | – | – |
| Partito democratico della sinistra | 7.897.044 | 21,06 | 7.881.646 | 20,36 |
| Partito popolare italiano | – | – | 4.287.172 | 11,07 |
| Partito socialista italiano | – | – | 849.429 | 2,19 |
| Rifondazione comunista | 3.215.960 | 8,58 | 2.343.956 | 6,05 |

Quali sono i partiti con il maggior numero di voti? Quali sono i partiti minori?

Quali sono i partiti che hanno avuto più voti rispetto alle elezioni del 1994? E quali partiti hanno perduto più voti?

Quali sono i partiti nuovi? Quali partiti non esistono più?

I Verdi sono il partito dell'ambiente. Cosa è successo ai Verdi dal 1994 al 1996? Cosa può significare questo?

Con il gran numero di partiti in Italia, per avere una maggioranza bisogna che vari partiti formino delle coalizioni. Quali tre partiti potrebbero formare una coalizione di maggioranza nelle elezioni del 1994? Nel 1996?

Act. C: Suggest that students look at the cultural readings and *In giro per l'Italia* sections. Give them several minutes to compile questions before exchanging quizzes. Or have groups give you the quizzes, which you read to the class. The first team to answer a question correctly gets a point. If no one knows the answer, the team that wrote the quiz gets a point.

**C.** **Create un quiz.** In gruppi di tre: In questo libro avete imparato molte cose sulla cultura italiana. Rivedete gli altri capitoli di *Oggi in Italia*, e create un quiz di almeno dieci domande. Poi scambiate il vostro quiz con quello di un altro gruppo e cercate di rispondere alle loro domande. In bocca al lupo!

Alcuni esempi:

Chi è Eugenio Montale?

Come si chiama il vulcano vicino a Napoli?

Dove si trova il Lago Maggiore?

Qual è lo sport preferito degli italiani?

**D.** **La fine del corso.** Intervisti un altro studente/un'altra studentessa che ha appena finito il corso d'italiano per sapere cosa pensa del corso.

L'aspetto più piacevole del corso
L'aspetto meno piacevole del corso
Le cose più facili da imparare
Le cose più difficili da imparare
Vorrebbe andare in Italia? Dove andrebbe? Perché?
Avrà l'occasione di usare l'italiano nel prossimo anno? Dove? Come?
Continuerà a studiare l'italiano?

**E.** **Cosa consiglia?** In coppia: Voi state preparando una prefazione (*preface*) per una nuova edizione di *Oggi in Italia*. Questa prefazione è per i nuovi studenti d'italiano. Che cosa consigliate a chi comincia a studiare l'italiano? Potete usare espressioni come:

È importante / essenziale / bene che lei ...
Le cose più importanti da imparare sono ...
È più facile imparare l'italiano se lei ...
Cerchi sempre di ...

# *In giro per l'Italia*

Remind students that there is no video segment for this section.

Ex. A: Have students work in pairs. Then have one student in each pair supply the correct word for each definition with book closed.

**A.** **Definizioni.** Abbini le definizioni con una parola della lista di destra. Ci sono due parole in più nella lista.

1. sinonimo di *macchina*
2. nome derivato da *pagare*
3. è formato da sabato e domenica
4. sinonimo di *via*
5. contrario di *difficilmente*
6. strada molto larga e lunga

a. facilmente
b. la fine-settimana
c. la strada
d. il motore
e. l'automobile
f. il pagamento
g. l'autostrada
h. comodamente

Have students read the passage silently and prepare five questions based on its content. Then, with books closed, have some students answer their own questions.

**L'automobile e le autostrade in Italia.** Legga questo brano e poi faccia l'esercizio che segue.

In tutte le famiglie italiane l'automobile non è usata solo per andare a lavorare, ma è anche il mezzo insostituibile[1] per andare a fare le spese, per le gite di fine-settimana e per andare in vacanza. L'automobile alla portata[2] di tutti permette

1. indispensable means   2. accessible

Una delle numerose stazioni di servizio e di ristoro situate sull'Autostrada del Sole.

agli italiani di muoversi[3] facilmente su tutto il territorio nazionale, grazie[4] anche alle numerose strade ed autostrade.

Le autostrade italiane sono moderne, belle e comode. Sono fornite[5] di molte stazioni di servizio e di luoghi di ristoro[6]. In molte aree di parcheggio ci sono giardini, fontane e servizi igienici[7]. Tutte le autostrade sono a pagamento e il pedaggio[8] dipende dalla potenza[9] del motore dell'automobile. L'Autostrada del Sole è la più lunga e pittoresca. Partendo da Milano, essa attraversa[10] tutta l'Italia ed arriva fino all'estremo[11] sud del paese.

3. move   4. thanks   5. supplied   6. rest areas   7. restrooms   8. toll   9. power   10. crosses
11. far

Ex. B: After doing Ex. B, have students correct false statements without looking at the passage.

**B.   Vero o falso?** Indichi se le seguenti frasi sono vere o false secondo il brano precedente.

1. Di solito gli italiani non usano l'automobile per andare a lavorare.
2. In Italia ci sono molte strade ed autostrade.
3. Non è facile andare da un posto all'altro dell'Italia con l'automobile.
4. Per andare in vacanza gli italiani preferiscono prendere il treno.
5. Non è difficile viaggiare sulle autostrade italiane perché sono fornite di servizi essenziali.
6. Per usare le autostrade in Italia non è necessario pagare il pedaggio.
7. È possibile andare facilmente da Napoli a Milano con l'Autostrada del Sole.

**C. La parola giusta.** Completi le seguenti frasi con le parole appropriate fra quelle indicate tra parentesi.

1. Io non abito nella _____ di Bologna.
   (regione, città)
2. Abito in un _____ vicino a Bologna.
   (paese, nazione)
3. È un centro di importanza _____ .
   (fanatico/a, storico/a)
4. È circondato da vari _____ pittoreschi.
   (usi, villaggi)
5. Gli _____ di questa zona sono molto allegri.
   (tradizioni, abitanti)
6. Tutti partecipano alle varie _____ popolari.
   (manifestazioni, simboli)
7. Il _____ di questa regione è molto caratteristico.
   (gruppo, folclore)

Have students find words in the reading related to *numero, manifestare, tradizionale, sport,* and *abitare.*

Have students prepare two opinion questions based on the reading. Then have them ask each other their questions in groups of four.

**Il campanilismo.** Legga questo brano e poi faccia l'esercizio che segue.

La parola *campanilismo* deriva dalla parola *campanile*[1] che è il simbolo del paese nativo. Il campanilismo risale[2] a quel periodo della storia quando ogni villaggio e città combatteva[3] contro quella vicina per conquistare una determinata regione.

Oggi il campanilismo indica l'attaccamento esclusivo e fanatico alla tradizione e agli usi[4] della città nativa. Di conseguenza il campanilismo si è esteso a manifestazioni folcloristiche, a sfide[5] sportive e a competizioni popolari fra gli abitanti di città vicine. Molto evidente è il campanilismo in occasione di incontri di calcio[6] tra squadre appartenenti[7] a città rivali. Gruppi numerosi di tifosi[8] accompagnano la squadra del cuore[9], portando da una città all'altra il folclore e la passione del paese nativo.

1. belltower  2. dates back  3. fought  4. customs  5. challenges  6. soccer matches
7. belonging  8. fans  9. beloved team

**D. Definizioni.** Abbini le definizioni con una parola della lista di destra. Ci sono due elementi in più nella lista.

1. il simbolo di un paese
2. combattevano per conquistare zone vicine
3. accompagnano la squadra del cuore
4. oggi è manifestato nelle sfide sportive
5. costruzione dove c'è un campanile
6. è manifestato con il campanilismo

a. i tifosi
b. periodo della storia
c. il campanilismo
d. manifestazioni popolari
e. l'attaccamento alla propria città
f. villaggi e città
g. la chiesa
h. il campanile

Un caratteristico campanile di Lucca sovrasta i tetti delle case di questa bella città toscana.

**E.** **Formulare frasi.** In coppia: Formulate frasi originali, usando queste parole: *simbolo, attaccamento* e *tifoso.*

# REFERENCE SECTION

**Appendix A**   Spelling/sound correspondences                    R2

**Appendix B**   **Avere** and **essere**                          R3

**Appendix C**   Regular verbs                                     R3

**Appendix D**   Verbs conjugated with **essere**                  R5

**Appendix E**   Verbs with irregular past participles             R6

**Appendix F**   Irregular verbs                                   R7

**Italian-English Vocabulary**                                     R11

**English-Italian Vocabulary**                                     R28

**Index**                                                          R40

# Appendices

## A. Spelling/sound correspondences

| Ortografia | | Suono | Esempi |
|---|---|---|---|
| a | | /a/ | casa |
| b | | /b/ | bicicletta |
| c | before **a, o,** and **u** | /k/ | amica, amico, culturale |
| | before **e** and **i** | /č/ | cento, ciao |
| | **ch** before **e** and **i** | /k/ | che, chi |
| d | | /d/ | dieci |
| e | | /e/ | bene |
| f | | /f/ | favore |
| g | before **a, o,** and **u** | /g/ | larga, governo, guidare |
| | before **e** and **i** | /ğ/ | gelato, gita |
| | **gh** before **e** and **i** | /g/ | lunghe, dialoghi |
| | **gli** before **e** and **i** | /ʎ/ | luglio |
| | **gn** | /ŋ/ | signora |
| h | | *silent* | ho |
| i | | /i/ | idea |
| l | | /l/ | lettera |
| m | | /m/ | mano |
| n | | /n/ | nome |
| o | | /o/ | poco |
| p | | /p/ | pratica |
| q | always in combination with **u** | /kw/ | qui |
| r | | /r/ | radio |
| s | at the beginning of a word | /s/ | signore |
| | **ss** between vowels | /s/ | classe |
| | **s** between vowels | /z/ | rosa, così |
| | **s** before **b, d, g, l, m, n, r, v** | /z/ | sbagliato, sdoppiare, sveglia |
| | **sc** before **a, o,** and **u** | /sk/ | scarpa, esco, scusa |
| | **sc** before **e** and **i** | /ʃ/ | scientifico, conoscere |
| | **sch** before **e** and **i** | /sk/ | fresche, freschi |
| t | | /t/ | telefono |
| u | | /u/ | uno |
| v | | /v/ | venire |
| z | | /ts/ | zio, piazza |
| | | /ds/ | zero, azzurro |

*Notes:* 1. When a consonant is doubled, the sound is lengthened (held) slightly in speech.
2. The letters **j, k, w, x,** and **y** occur only in foreign words.

## B.  *Avere* and *essere*

| Present | Imperfect | Future | Conditional | Preterit | Present Subj. | Imperfect Subj. | Commands |
|---------|-----------|--------|-------------|----------|---------------|-----------------|----------|
| *Avere* | | | | | | | |
| ho | avevo | avrò | avrei | ebbi | abbia | avessi | |
| hai | avevi | avrai | avresti | avesti | abbia | avessi | abbi |
| ha | aveva | avrà | avrebbe | ebbe | abbia | avesse | abbia |
| abbiamo | avevamo | avremo | avremmo | avemmo | abbiamo | avessimo | abbiamo |
| avete | avevate | avrete | avreste | aveste | abbiate | aveste | abbiate |
| hanno | avevano | avranno | avrebbero | ebbero | abbiano | avessero | abbiano |

*Past participle:* avuto
*Present perfect:* ho avuto, hai avuto, ha avuto, abbiamo avuto, avete avuto, hanno avuto

| Present | Imperfect | Future | Conditional | Preterit | Present Subj. | Imperfect Subj. | Commands |
|---------|-----------|--------|-------------|----------|---------------|-----------------|----------|
| *Essere* | | | | | | | |
| sono | ero | sarò | sarei | fui | sia | fossi | |
| sei | eri | sarai | saresti | fosti | sia | fossi | sii |
| è | era | sarà | sarebbe | fu | sia | fosse | sia |
| siamo | eravamo | saremo | saremmo | fummo | siamo | fossimo | siamo |
| siete | eravate | sarete | sareste | foste | siate | foste | siate |
| sono | erano | saranno | sarebbero | furono | siano | fossero | siano |

*Past participle:* stato
*Present perfect:* sono stato/a, sei stato/a, è stato/a, siamo stati/e, siete stati/e, sono stati/e

## C.  Regular verbs: simple tenses and compound tenses with *avere* and *essere*

| | Verbi in -*are* comprare | entrare | Verbi in -*ere* vendere | Verbi in -*ire* dormire | finire |
|---|---|---|---|---|---|
| *Indicative* *Present* | compro | entro | vendo | dormo | finisco |
| | i | i | i | i | isci |
| | a | a | e | e | isce |
| | iamo | iamo | iamo | iamo | iamo |
| | ate | ate | ete | ite | ite |
| | ano | ano | ono | ono | iscono |

|  | Verbi in *-are*<br>compr*are* | entr*are* | Verbi in *-ere*<br>vend*ere* | Verbi in *-ire*<br>dorm*ire* | fin*ire* |
|---|---|---|---|---|---|
| *Imperfect* | compr**avo** | entr**avo** | vend**evo** | dorm**ivo** | fin**ivo** |
|  | **avi** | **avi** | **evi** | **ivi** | **ivi** |
|  | **ava** | **ava** | **eva** | **iva** | **iva** |
|  | **avamo** | **avamo** | **evamo** | **ivamo** | **ivamo** |
|  | **avate** | **avate** | **evate** | **ivate** | **ivate** |
|  | **avano** | **avano** | **evano** | **ivano** | **ivano** |
| *Future* | compr**erò** | entr**erò** | vend**erò** | dorm**irò** | fin**irò** |
|  | **erai** | **erai** | **erai** | **irai** | **irai** |
|  | **erà** | **erà** | **erà** | **irà** | **irà** |
|  | **eremo** | **eremo** | **eremo** | **iremo** | **iremo** |
|  | **erete** | **erete** | **erete** | **irete** | **irete** |
|  | **eranno** | **eranno** | **eranno** | **iranno** | **iranno** |
| *Preterit* | compr**ai** | entr**ai** | vend**ei** | dorm**ii** | fin**ii** |
|  | **asti** | **asti** | **esti** | **isti** | **isti** |
|  | **ò** | **ò** | **è** | **ì** | **ì** |
|  | **ammo** | **ammo** | **emmo** | **immo** | **immo** |
|  | **aste** | **aste** | **este** | **iste** | **iste** |
|  | **arono** | **arono** | **erono** | **irono** | **irono** |
| *Present*<br>*Perfect* | ho compr**ato** | sono entr**ato/a** | ho vend**uto** | ho dorm**ito** | ho fin**ito** |
|  | hai | sei | hai | hai | hai |
|  | ha | è | ha | ha | ha |
|  | abbiamo | siamo entr**ati/e** | abbiamo | abbiamo | abbiamo |
|  | avete | siete | avete | avete | avete |
|  | hanno | sono | hanno | hanno | hanno |
| *Pluperfect* | avevo compr**ato** | ero entr**ato/a** | avevo vend**uto** | avevo dorm**ito** | avevo fin**ito** |
|  | avevi | eri | avevi | avevi | avevi |
|  | aveva | era | aveva | aveva | aveva |
|  | avevamo | eravamo entr**ati/e** | avevamo | avevamo | avevamo |
|  | avevate | eravate | avevate | avevate | avevate |
|  | avevano | erano | avevano | avevano | avevano |

| | Verbi in -*are* compr*are* | entr*are* | Verbi in -*ere* vend*ere* | Verbi in -*ire* dorm*ire* | fin*ire* |
|---|---|---|---|---|---|
| *Commands* | compra | entra | vendi | dormi | fini**sci** |
| | **ate** | **ate** | **ete** | **ite** | **ite** |
| | **i** | **i** | **a** | **a** | **isca** |
| | **ino** | **ino** | **ano** | **ano** | **iscano** |
| | **iamo** | **iamo** | **iamo** | **iamo** | **iamo** |
| *Conditional Present* | compr**erei** | entr**erei** | vend**erei** | dorm**irei** | fin**irei** |
| | **eresti** | **eresti** | **eresti** | **iresti** | **iresti** |
| | **erebbe** | **erebbe** | **erebbe** | **irebbe** | **irebbe** |
| | **eremmo** | **eremmo** | **eremmo** | **iremmo** | **iremmo** |
| | **ereste** | **ereste** | **ereste** | **ireste** | **ireste** |
| | **erebbero** | **erebbero** | **erebbero** | **irebbero** | **irebbero** |
| *Subjunctive Present* | compr**i** | entr**i** | vend**a** | dorm**a** | fin**isca** |
| | **i** | **i** | **a** | **a** | **isca** |
| | **i** | **i** | **a** | **a** | **isca** |
| | **iamo** | **iamo** | **iamo** | **iamo** | **iamo** |
| | **iate** | **iate** | **iate** | **iate** | **iate** |
| | **ino** | **ino** | **ano** | **ano** | **iscano** |
| *Imperfect* | compr**assi** | entr**assi** | vend**essi** | dorm**issi** | fin**issi** |
| | **assi** | **assi** | **essi** | **issi** | **issi** |
| | **asse** | **asse** | **esse** | **isse** | **isse** |
| | **assimo** | **assimo** | **essimo** | **issimo** | **issimo** |
| | **aste** | **aste** | **este** | **iste** | **iste** |
| | **assero** | **assero** | **essero** | **issero** | **issero** |
| *Past Participle* | compr**ato** | entr**ato** | vend**uto** | dorm**ito** | fin**ito** |

## D. Verbs conjugated with *essere*

**andare**   to go
**arrivare**   to arrive
**cadere**   to fall
**costare**   to cost
**diminuire**   to diminish, decrease
**dispiacere**   to mind, to be sorry

**diventare**   to become
**entrare**   to enter
**essere (stato)**   to be
**mancare**   to lack
**morire (morto)**   to die
**nascere (nato)**   to be born

| | |
|---|---|
| **partire**   to depart | **sembrare**   to seem |
| **piacere**   to like | **scendere (sceso)***   to go down, get off |
| **restare**   to remain | **stare**   to be |
| **rimanere (rimasto)**   to remain | **succedere (successo)**   to happen |
| **ritornare**   to return | **tornare**   to return |
| **riuscire**   to succeed | **uscire**   to go out |
| **salire***   to climb up | **venire (venuto)**   to come |

* Conjugated with **avere** when used with a direct object

In addition to the verbs listed above, all reflexive verbs are conjugated with **essere**.
For example:

**lavarsi**  to wash oneself
   mi sono lavato/a, ti sei lavato/a, si è lavato/a, ci siamo lavati/e, vi siete lavati/e, si sono lavati/e

## E. Verbs with irregular past participles

| | |
|---|---|
| **accendere (acceso)**   to turn on | **correggere (corretto)**   to correct |
| **affiggere (affisso)**   to post, affix | **cuocere (cotto)**   to cook |
| **aggiungere (aggiunto)**   to add | **decidere (deciso)**   to decide |
| **apparire (apparso)**   to appear | **dire (detto)**   to say |
| **appendere (appeso)**   to hang | **discutere (discusso)**   to discuss |
| **apprendere (appreso)**   to learn | **eleggere (eletto)**   to elect |
| **aprire (aperto)**   to open | **esprimere (espresso)**   to express |
| **assumere (assunto)**   to hire | **essere (stato)**   to be |
| **bere (bevuto)**   to drink | **fare (fatto)**   to do, to make |
| **chiedere (chiesto)**   to ask | **indire (indetto)**   to call, announce |
| **chiudere (chiuso)**   to close | **interrompere (interrotto)**   to interrupt |
| **cogliere (colto)**   to gather | **leggere (letto)**   to read |
| **comprendere (compreso)**   to understand | **mettere (messo)**   to put |
| **concludere (concluso)**   to conclude | **morire (morto)**   to die |
| **conoscere (conosciuto)**   to know | **muovere (mosso)**   to move |
| **convincere (convinto)**   to convince | **nascere (nato)**   to be born |
| **coprire (coperto)**   to cover | **nascondere (nascosto)**   to hide |
| **correre (corso)**   to run | **offrire (offerto)**   to offer |

**perdere (perso *or* perduto)**   to lose
**permettere (permesso)**   to permit
**porre (posto)**   to place
**prendere (preso)**   to take
**prevedere (previsto)**   to expect, foresee
**promettere (promesso)**   to promise
**promuovere (promosso)**   to promote
**proporre (proposto)**   to propose
**proteggere (protetto)**   to protect
**raggiungere (raggiunto)**   to arrive, reach
**rendere (reso)**   to render
**richiedere (richiesto)**   to require, seek
**ridere (riso)**   to laugh
**ridurre (ridotto)**   to reduce
**rimanere (rimasto)**   to remain
**riprendere (ripreso)**   to start again
**risolvere (risolto)**   to resolve

**rispondere (risposto)**   to answer
**rompere (rotto)**   to break
**scegliere (scelto)**   to select
**scendere (sceso)**   to go down, get off
**scomparire (scomparso)**   to disappear
**scrivere (scritto)**   to write
**soffrire (sofferto)**   to suffer
**sorridere (sorriso)**   to smile
**spegnere (spento)**   to turn off
**spendere (speso)**   to spend
**succedere (successo)**   to happen
**togliere (tolto)**   to remove
**trarre (tratto)**   to draw, pull
**trasmettere (trasmesso)**   to transmit
**vedere (visto *or* veduto)**   to see
**venire (venuto)**   to come
**vincere (vinto)**   to win

## F. Irregular verbs

The verbs in this section are irregular in the following tenses only.

**accendere**   to turn on
*Preterit:*   accesi, accendesti, accese, accendemmo, accendeste, accesero

**affiggere**   to post, affix
*Preterit:*   affissi, affiggesti, affisse, affiggemmo, affiggeste, affissero

**andare**   to go
*Pres. Ind.:*   vado, vai, va, andiamo, andate, vanno
*Future:*   andrò, andrai, andrà, andremo, andrete, andranno
*Commands:*   va', vada, andiamo, andate, vadano
*Conditional:*   andrei, andresti, andrebbe, andremmo, andreste, andrebbero
*Pres. Subj.:*   vada, vada, vada, andiamo, andiate, vadano

**apprendere**   to learn (*compound of* **prendere**)

**assumere**   to hire
*Preterit:*   assunsi, assumesti, assunse, assumemmo, assumeste, assunsero

**bere**   to drink
*Pres. Ind.:*   bevo, bevi, beve, beviamo, bevete, bevono
*Imperfect*   bevevo, bevevi, beveva, bevevamo, bevevate, bevevano
*Future:*   berrò, berrai, berrà, berremo, berrete, berranno
*Preterit:*   bevvi, bevesti, bevve, bevemmo, beveste, bevvero
*Commands:*   bevi, beva, beviamo, bevete, bevano
*Conditional:*   berrei, berresti, berrebbe, berremmo, berreste, berrebbero
*Pres. Subj.:*   beva, beva, beva, beviamo, beviate, bevano
*Imp. Subj.:*   bevessi, bevessi, bevesse, bevessimo, beveste, bevessero

**cadere**   to fall
*Future:*   cadrò, cadrai, cadrà, etc.
*Preterit:*   caddi, cadesti, cadde, cademmo, cadeste, caddero
*Conditional:*   cadrei, cadresti, cadrebbe, etc.

**chiedere**    to ask for
*Preterit:*    chiesi, chiedesti, chiese, chiedemmo, chiedeste, chiesero

**chiudere**    to close
*Preterit:*    chiusi, chiudesti, chiuse, chiudemmo, chiudeste, chiusero

**comprendere**    to understand (*compound of* **prendere**)

**concludere**    to conclude
*Preterit:*    conclusi, concludesti, concluse, concludemmo, concludeste, conclusero

**conoscere**    to know
*Preterit:*    conobbi, conoscesti, conobbe, conoscemmo, conosceste, conobbero

**convincere**    to convince (*compound of* **vincere**)

**dare**    to give
*Pres. Ind.:*    do, dai, dà, diamo, date, danno
*Preterit:*    detti (diedi), desti, dette (diede), demmo, deste, dettero (diedero)
*Commands:*    da', dia, diamo, date, diano
*Pres. Subj.:*    dia, dia, dia, diamo, diate, diano
*Imp. Subj.:*    dessi, dessi, desse, dessimo, deste, dessero

**decidere**    to decide
*Preterit:*    decisi, decidesti, decise, decidemmo, decideste, decisero

**dire**    to say, tell
*Pres. Ind.:*    dico, dici, dice, diciamo, dite, dicono
*Imperfect:*    dicevo, dicevi, diceva, etc.
*Preterit:*    dissi, dicesti, disse, dicemmo, diceste, dissero
*Commands:*    di', dica, diciamo, dite, dicano
*Pres. Subj.:*    dica, dica, dica, diciamo, diciate, dicano
*Imp. Subj.:*    dicessi, dicessi, dicesse, etc.

**discutere**    to discuss
*Preterit:*    discussi, discutesti, discusse, discutemmo, discuteste, discussero

**dovere**    to have to, must
*Pres. Ind.:*    devo, devi, deve, dobbiamo, dovete, devono
*Future:*    dovrò, dovrai, dovrà, etc.
*Conditional:*    dovrei, dovresti, dovrebbe, etc.
*Pres. Subj.:*    debba, debba, debba, dobbiamo, dobbiate, debbano

**eleggere**    to elect
*Preterit:*    elessi, eleggesti, elesse, eleggemmo, eleggeste, elessero

**esprimere**    to express
*Preterit:*    espressi, esprimesti, espresse, esprimemmo, esprimeste, espressero

**fare**    to do, make
*Pres. Ind.:*    faccio, fai, fa, facciamo, fate, fanno
*Imperfect:*    facevo, facevi, faceva, etc.
*Preterit:*    feci, facesti, fece, facemmo, faceste, fecero
*Commands:*    fa', faccia, facciamo, fate, facciano
*Pres. Subj.:*    faccia, faccia, faccia, facciamo, facciate, facciano
*Imp. Subj.:*    facessi, facessi, facesse, etc.

**indire**    to call (*compound of* **dire**)

**interrompere**    to interrupt
*Preterit:*    interruppi, interrompesti, interruppe, interrompemmo, interrompeste, interruppero

**leggere**    to read
*Preterit:*    lessi, leggesti, lesse, leggemmo, leggeste, lessero

**mettere**    to place, put
*Preterit:*    misi, mettesti, mise, mettemmo, metteste, misero

**morire**    to die
*Pres. Ind.:*    muoio, muori, muore, moriamo, morite, muoiono
*Future:*    morrò, morrai, morrà, etc.
*Pres. Subj.:*    muoia, muoia, muoia, moriamo, moriate, muoiano

**nascere**   to be born
*Preterit:*   nacqui, nascesti, nacque, nascemmo, nasceste, nacquero

**nascondere**   to hide
*Preterit:*   nascosi, nascondesti, nascose, nascondemmo, nascondeste, nascosero

**ottenere**   to obtain (*compound of* **tenere**)

**permettere**   to permit (*compound of* **mettere**)

**piacere**   to like, to please
*Pres. Ind.:*   piaccio, piaci, piace, piacciamo, piacete, piacciono
*Preterit:*   piacqui, piacesti, piacque, piacemmo, piaceste, piacquero
*Pres. Subj.:*   piaccia, piaccia, piaccia, piacciamo, piacciate, piacciano

**potere**   to be able
*Pres. Ind.:*   posso, puoi, può, possiamo, potete, possono
*Future:*   potrò, potrai, potrà, etc.
*Conditional:*   potrei, potresti, potrebbe, etc.
*Pres. Subj.:*   possa, possa, possa, possiamo, possiate, possano

**prendere**   to take
*Preterit:*   presi, prendesti, prese, prendemmo, prendeste, presero

**prevedere**   to foresee (*compound of* **vedere**)

**promettere**   to promise (*compound of* **mettere**)

**promuovere**   to promote
*Preterit:*   promossi, promovesti, promosse, promovemmo, promoveste, promossero

**raggiungere**   to reach
*Preterit:*   raggiunsi, raggiungesti, raggiunse, raggiungemmo, raggiungeste, raggiunsero

**richiedere**   to require, seek (*compound of* **chiedere**)

**ridere**   to laugh
*Preterit:*   risi, ridesti, rise, ridemmo, rideste, risero

**ridurre**   to reduce
*Pres. Ind.:*   riduco, riduci, riduce, riduciamo, riducete, riducono
*Future:*   ridurrò, ridurrai, ridurrà, etc.
*Preterit:*   ridussi, riducesti, ridusse, riducemmo, riduceste, ridussero
*Conditional:*   ridurrei, ridurresti, ridurrebbe, etc.
*Pres. Subj.:*   riduca, riduca, riduca, riduciamo, riduciate, riducano

**rimanere**   to remain
*Pres. Ind.:*   rimango, rimani, rimane, rimaniamo, rimanete, rimangono
*Future:*   rimarrò, rimarrai, rimarrà, etc.
*Preterit:*   rimasi, rimanesti, rimase, rimanemmo, rimaneste, rimasero
*Commands:*   rimani, rimanga, rimaniamo, rimanete, rimangano
*Conditional:*   rimarrei, rimarresti, rimarrebbe, etc.
*Pres. Subj.:*   rimanga, rimanga, rimanga, rimaniamo, rimaniate, rimangano

**riprendere**   to start again (*compound of* **prendere**)

**rispondere**   to answer
*Preterit:*   risposi, rispondesti, rispose, rispondemmo, rispondeste, risposero

**salire**   to go up
*Pres. Ind.:*   salgo, sali, sale, saliamo, salite, salgono
*Pres. Subj.:*   salga, salga, salga, saliamo, saliate, salgano

**sapere**   to know
*Pres. Ind.:*   so, sai, sa, sappiamo, sapete, sanno
*Future:*   saprò, saprai, saprà, etc.
*Preterit:*   seppi, sapesti, seppe, sapemmo, sapeste, seppero
*Commands:*   sappi, sappia, sappiamo, sappiate, sappiano
*Conditional:*   saprei, sapresti, saprebbe, etc.
*Pres. Subj.:*   sappia, sappia, sappia, sappiamo, sappiate, sappiano

**scegliere**    to choose
*Pres. Ind.:*    scelgo, scegli, sceglie, scegliamo, scegliete, scelgono
*Preterit:*    scelsi, scegliesti, scelse, scegliemmo, sceglieste, scelsero
*Commands:*    scegli, scelga, scegliamo, scegliete, scelgano
*Pres. Subj.:*    scelga, scelga, scelga, scegliamo, scegliate, scelgano

**scendere**    to go down, get off
*Preterit:*    scesi, scendesti, scese, scendemmo, scendeste, scesero

**scrivere**    to write
*Preterit:*    scrissi, scrivesti, scrisse, scrivemmo, scriveste, scrissero

**sedere**    to sit
*Pres. Ind.:*    siedo, siedi, siede, sediamo, sedete, siedono
*Commands:*    siedi, sieda, sediamo, sedete, siedano
*Pres. Subj.:*    sieda, sieda, sieda, sediamo, sediate, siedano

**sorridere**    to smile (*compound of* **ridere**)
*Preterit:*    sorrisi, sorridesti, sorrise, sorridemmo, sorrideste, sorrisero

**spegnere**    to turn off
*Preterit:*    spensi, spegnesti, spense, spegnemmo, spegneste, spensero

**stare**    to be
*Preterit:*    stetti, stesti, stette, stemmo, steste, stettero
*Commands:*    sta', stia, stiamo, state, stiano
*Pres. Subj.:*    stia, stia, stia, stiamo, stiate, stiano
*Imp. Subj.:*    stessi, stessi, stesse, stessimo, steste, stessero

**tenere**    to keep
*Pres. Ind.:*    tengo, tieni, tiene, teniamo, tenete, tengono
*Future:*    terrò, terrai, terrà, etc.
*Preterit:*    tenni, tenesti, tenne, tenemmo, teneste, tennero
*Commands:*    tieni, tenga, teniamo, tenete, tengano
*Conditional:*    terrei, terresti, terrebbe, etc.
*Pres. Subj.:*    tenga, tenga, tenga, teniamo, teniate, tengano

**trasmettere**    to transmit (*compound of* **mettere**)

**uscire**    to go out
*Pres. Ind.:*    esco, esci, esce, usciamo, uscite, escono
*Commands:*    esci, esca, usciamo, uscite, escano
*Pres. Subj.:*    esca, esca, esca, usciamo, usciate, escano

**vedere**    to see
*Future:*    vedrò, vedrai, vedrà, etc.
*Preterit:*    vidi, vedesti, vide, vedemmo, vedeste, videro
*Conditional:*    vedrei, vedresti, vedrebbe, etc.

**venire**    to come
*Pres. Ind.:*    vengo, vieni, viene, veniamo, venite, vengono
*Future:*    verrò, verrai, verrà, etc.
*Preterit:*    venni, venisti, venne, venimmo, veniste, vennero
*Commands:*    vieni, venga, veniamo, venite, vengano
*Conditional:*    verrei, verresti, verrebbe, etc.
*Pres. Subj.:*    venga, venga, venga, veniamo, veniate, vengano

**vincere**    to win
*Preterit:*    vinsi, vincesti, vinse, vincemmo, vinceste, vinsero

**vivere**    to live
*Future:*    vivrò, vivrai, vivrà, etc.
*Preterit:*    vissi, vivesti, visse, vivemmo, viveste, vissero
*Conditional:*    vivrei, vivresti, vivrebbe, etc.

**volere**    to want
*Pres. Ind.:*    voglio, vuoi, vuole, vogliamo, volete, vogliono
*Future:*    vorrò, vorrai, vorrà, etc.
*Preterit:*    volli, volesti, volle, volemmo, voleste, vollero
*Conditional:*    vorrei, vorresti, vorrebbe, etc.
*Pres. Subj.:*    voglia, voglia, voglia, vogliamo, vogliate, vogliano

# Italian-English Vocabulary

The Italian-English vocabulary contains most of the basic words and expressions presented in the lessons for active use. It also includes words from exercises and instructions that are intended for recognition only. The number after a vocabulary entry refers to the lesson where the word first appears; the letters "LP" refer to the *Lezione Preliminare*. Definitions are limited to those used in the book.

Stress is indicated with a dot under the stressed letter of the main entry when it does not fall on the next-to-last syllable. A subscript dot also indicates vowel combinations that are not diphthongs. An asterisk (*) indicates that a verb is irregular and can be found in the irregular verb listing in Appendix F.

The following abbreviations are used:

*f.* = feminine  *pl.* = plural
*m.* = masculine  *p.p.* = past participle
*adj.* = adjective

**a** (frequently **ad** before vowel)  to; at 1
**abbassare**  to lower  14
**abbastanza**  enough; **abbastanza bene**  quite well  LP
**abbigliamento**  clothing  10
**abbinare**  to combine; to match  8
**abbraccio**  hug  9
**abilità** (*f.*)  ability  5
**abitante** (*m. or f.*)  inhabitant, resident  5
**abitare**  to live  2
**abito**  dress; suit  10; **abito da sera** evening dress  10
**abituarsi**  to get used to  18
**accademia**  academy  9
**accademico/a**  academic  16
**acceleratore** (*m.*)  accelerator  6
**accendere\***, (*p.p.*) **acceso**  to turn on  14
**accidenti!**  my goodness!  6
**accompagnare**  to accompany  10
**accordo: d'accordo**  agreed, OK 3; **andare\* d'accordo (con)**  to get along with; **essere\* d'accordo** to agree  8
**accuratamente**  accurately, carefully  9
**aceto**  vinegar  7
**acqua (minerale)**  (mineral) water 4; **acqua corrente**  running water 17
**acquaforte** (*m.*)  etching  19
**acquisto**  purchase  5

**addormentarsi**  to fall asleep  7
**adeguato/a**  adequate  18
**adesso**  now  3
**adoperare**  to use  18
**adorare**  to adore  19
**aereo**  plane  18; **andare\* in aereo** to go by plane  18
**aereoporto**  airport  2
**affascinante**  fascinating  17
**affatto: non ... affatto**  not at all  9
**affetto**  affection  9
**affiggere\***, (*p.p.*) **affisso**  to post, affix  20
**affinché**  so that, in order that  15
**affitto**  rent, rental  9; **prendere in affitto**  to lease, to rent  17
**affreschi** (*pl.*)  frescoes  8
**afoso/a**  sultry, muggy  9
**agente** (*m. or f.*)  agent  16; **agente immobiliare**  real-estate agent 17
**agenzia di autonoleggio**  car-rental agency  8
**agenzia di viaggi**  travel agency  8
**agenzia immobiliare**  real-estate agency  17
**aggettivo**  adjective
**aggiustare**  to fix  15
**agnello**  lamb  13
**agosto**  August  6
**aiutare (a)**  to help  13; **aiutarsi** to help each other; to help oneself 13
**aiuto**  help  14

**albergo**  hotel  3
**albero: albero genealogico** genealogical tree  8
**albicocca**  apricot  7
**alcolico** (*m. or adj.*)  alcoholic; alcoholic drink  7
**alcuni/e**  some  9
**alfabeto**  alphabet  LP
**alimento**  food  13
**allegramente**  gaily, happily  13
**allegria**  joy  5
**allegro/a**  happy  5
**allenamento**  practice  14
**alloggio**  apartment, lodging  17
**allontanarsi**  to go away  18
**allora**  well, then  3
**almeno**  at least  5
**alpinismo**  mountain climbing  12
**alto/a**  high, tall  5
**altoparlante** (*m.*)  loudspeaker  19
**altrettanto**  likewise, same to you 11
**altro/a**  other, another  7
**alzare**  to raise; turn up  14; **alzarsi** to get up  7
**amare**  to love  18; **amarsi**  to love each other  13
**ambasciatore** (*m.*)  ambassador  20
**ambientale**  environmental  18
**ambiente** (*m.*)  environment  18
**americano/a**  American  1
**amico/a**  friend  2
**ammirare**  to admire  20
**amoroso/a**  amorous  8

**analcolico** nonalcoholic 7

**ananas** (*m.*) pineapple 7

**anche** also, too; **anch'io** I too, me too 1; **anche se** even though 9

**ancora** yet, still 5; **non ... ancora** not yet 8

**andare\* (a)** to go (to) 3; **andare via** to go away 18; **va bene?** OK?, is that all right? 3; **andare in giro** to go around 10; **andare in macchina** to go by car 18

**anello** ring 15

**anniversario** anniversary 13; **buon anniversario!** happy anniversary! 13

**anno** year 1

**annoiarsi** to be bored 7

**annunciare** to announce 15

**annunciatore, annunciatrice** newscaster 14

**annuncio** ad(vertisement) 17

**anticipo: essere\* in anticipo** to be early LP

**antico/a** old, ancient 9

**antipasto** hors d'oeuvre 13

**antipatico/a** unpleasant 5

**antropologia** anthropology 2

**anzi** indeed 8

**appartamento** apartment 2; **appartamentino** small apartment 17

**appena** as soon as 8

**appropriato/a** appropriate

**appunti** notes 5; **prendere appunti** to take notes 9

**aprile** April 6

**aprire,** (*p.p.*) **aperto** to open 5; **all'aperto** outdoors 4

**apriscatole** (*m.*) can opener 19

**aragosta** lobster 13

**arancia** orange 7

**aranciata** orange soda 3

**arancione** (*invariable*) orange (color) 10

**architetto** architect 2

**architettura** architecture 2

**arcobaleno** rainbow 19

**armadio** armoire, wardrobe, closet 17

**armonica** harmonica 15

**arpa** harp 15

**arrabbiato/a** angry 11

**arrivare** to arrive 3

**arrivederci** good-bye (informal) LP; **arrivederla** good-bye (formal) LP

**arrivo** arrival 19

**arte** (*f.*) art 2

**articolo** article 10

**artigianato** handicraft 9

**asciugacapelli** (*m.*) hair dryer 11

**asciugamano** (*m.*) towel 11

**asciugarsi le mani (la faccia)** to dry one's hands (face) 11

**asciugatrice** (*f.*) clothes dryer 17

**ascoltare** to listen (to) 3

**asparagi** asparagus 7

**aspettare** to wait (for) 3; **aspetta un momento** wait a minute 6

**aspetto** aspect 18

**aspirapolvere** (*m.*) vacuum cleaner 8

**assaggiare** to taste 7

**assistenza** assistance, help 16

**assistere (a)** to attend 4

**associare** to associate 5

**assorto/a** absorbed 19

**assumere\*,** (*p.p.*) **assunto** to hire 16

**assurdo/a** absurd 18

**atleta** (*m. or f.*) athlete 14

**atmosfera** atmosphere 5

**atomico/a: fissione atomica** atomic fission 8

**attaccato/a** attached 17

**attentamente** carefully 17

**attenzione** (*f.*) attention 10

**atterraggio** landing 19

**attesa** wait 4

**attitudine** (*f.*) attitude 9

**attività** (*f.*) activity 20

**atto** act 15

**attore/attrice** actor/actress 16

**attrarre** to attract 10

**attraverso** across; by means of 19; **attraverso cui** through which 19

**audace** bold, daring 5

**audiocassetta** cassette 1

**auguri!** (*pl.*) best wishes! 13; **tanti auguri!** all the best! 13

**autobus** bus 18; **andare\* in autobus** to go by bus 18

**autocarro** truck 18

**automobile** (*f.*) car, automobile 18

**automobilistico/a** automotive 14

**autonomo/a** independent 17

**autostop** (*m.*) hitchhiking 13

**autostrada** superhighway 14

**autunno** autumn, fall 6

**avere\*** to have, to possess 1; **avere ... anni** to be ... years old 1; **avere a che fare con** to have to deal with 12; **avere bisogno (di)** to need (to) 3; **avere caldo** to be warm 3; **avere fame** to be hungry 3; **avere freddo** to be cold 3; **avere in mente** to intend 9; **avere intenzione di** to intend to 13; **avere luogo** to take place 5; **avere modo di** to have a chance to 9; **avere paura (di)** to be afraid (of) 3; **avere ragione** to be right 3; **avere sete** to be thirsty 3; **avere sonno** to be sleepy 3; **avere torto** to be wrong 3; **avere voglia di** (+ *infinitive* or *noun*) to feel like (doing or having something) 3

**avvenimento** event 10

**avversario/a** opposing 12

**avvincente** charming 19

**avvocato** (*m. or f.*) lawyer LP

**azzurro/a** sky-blue 10

**Babbo Natale** Santa Claus 9

**bacheca** bulletin board 17

**bagagli** (*pl.*) baggage 8

**bagnino** lifeguard 8

**bagno** bathroom 17

**baia** bay LP

**balcone** (*m.*) balcony 17

**ballare** to dance 4

**bambino/a** baby, child 7

**bambola** doll 9

**banale** banal 5

**banana** banana 7

**banca** bank 3

**bancarella** stall 7

**banda** band 18

**bar** (*m.*) bar, café 3

**barca** boat 12; **andare\* in barca** to go boating 18; to go sailing 12

**barista** (*m. or f.*) bartender 10

**basare** to base 4

**basso/a** short 5

**basta** enough 13

**bastare** to be enough 10

**batteria** drum set 15

**bellissimo/a** very beautiful 9

**bello/a** beautiful, handsome 5; **che bello!** how nice! 14

**benché** although, even though 15

**bene** well, good, fine LP

**benissimo** just great! LP; very well 5

**benvenuto/a** welcome 19

**benzina** gasoline 8

**bere\***, (*p.p.*) **bevuto** to drink 4; **qualcosa da bere** something to drink 4

**bevanda** drink 13

**bianco/a** white 10

**biblioteca** library 3

**bicchiere** (*m.*) (drinking) glass 4

**bicicletta** bicycle 1; **andare\* in bicicletta** to ride a bike 12

**bifamiliare** two-family 18

**biglietteria** ticket office 15

**biglietto** ticket 4; **biglietto di andata e ritorno** round-trip ticket 4; **biglietto aereo (ferrovia)** airline (train) ticket 8

**biologia** biology 2

**biondo/a** blond 11

**birra** beer 6

**biscottino** cookie, biscuit 19

**bisogna** it's necessary 10

**bistecca** steak 13

**blu** (*invariable*) blue 10

**bocca** mouth 11

**borsa** handbag, purse 10

**bottiglia** bottle 6

**braccio (braccia,** *f. pl.*) arm 11

**brano** paragraph 9

**bravo/a** good; capable 5

**breve** brief, short 11

**brindisi** (*m.*) toast 13

**broccoli** (*pl.*) broccoli 7

**brodo** broth 13

**brutto/a** ugly 5

**buco** hole 10

**bufera di neve** snowstorm 20

**buffo: che buffo!** how funny! 14

**bugia** lie 9

**buono/a** good 3; **buon compleanno!** happy birthday! 13; **buon giorno** hello, good morning LP; **buona sera** good evening LP; **buona notte** good night LP; **a buon mercato** inexpensive, cheap 7

**burattino** puppet 10

**burro** butter 7

**busta** envelope 17

**caffè** (*m.*) café; coffee 4; **caffè all'aperto** outdoor café

**calamari** (*pl.*) squid 6

**calcio** soccer; **giocare al calcio** to play soccer 12

**calcolatrice** (*f.*) calculator 1

**caldo: avere\* caldo** to be warm 2; **fare caldo** to be warm (weather) 4

**calendario** calendar 1

**calmo/a** calm, tranquil 5

**calzare** to fit (*shoes, gloves*) 10

**calze** (*pl.*) stockings, hose 10

**calzini** (*pl.*) socks 10

**calzoncini** (*pl.*) shorts 10

**cambiamento** change

**cambiare** to change 6; **cambiare casa** to move 18

**camera** room, bedroom 5; **camera da letto** bedroom 17

**camera dei deputati** chamber of representatives 20

**cameriera** waitress 6

**cameriere** (*m.*) waiter 4

**camicetta** blouse 10

**camicia** man's shirt 10

**camino** fireplace 17

**camion** (*m.*) truck 18

**campagna** countryside 18; campaign 20

**campo** field 16

**camposanto** cemetery 19

**canadese** Canadian 5

**canale televisivo** (*m.*) TV channel 14

**cancellare** to erase; to cancel 6

**cancro** cancer 12

**cane** (*m.*) dog 2

**cantante** (*m. or f.*) singer 15

**cantare** to sing 3

**cantina** cellar 17

**canzone** (*f.*) song 13

**capelli** (*pl.*) hair 10

**capire** to understand 5

**capitale** (*f.*) capital LP; 14

**capitare** to happen 11

**capo** chief, boss 14

**Capodanno** New Year's 17

**capoluogo** capital of a region 19

**caporeparto** department head 19

**capostazione** (*m.*) station master 19

**cappello** hat 10

**cappotto** (over)coat 10

**cappuccino** espresso coffee with steamed milk 3

**caratteristica** characteristic 5

**carciofo** artichoke 7

**carino/a** cute 5

**carne** (*f.*) meat 7

**Carnevale** (*m.*) Mardi Gras 5

**caro/a** expensive; dear 5

**carota** carrot 7

**carriera** career 5

**carta** paper; map LP

**carta telefonica** telephone card 3

**cartello** poster 15

**cartina** map 11

**cartolina** postcard 4

**cartoncino** card 17

**cartoni animati** cartoons 9

**casa** house 2; **a casa** at home; **a casa tua** at your house 3

**casalinga** homemaker 16

**caso: in caso che** in case, in the event that 15; **per caso** by chance 5

**cassa** cashier's desk, counter 3

**cassetta** cassette 1

**castano/a** brown 11

**castello** castle 16

**casuale** casual 10

**catena di montagne** mountain chain LP

**cattivo/a** bad 5

**causare** to cause 14

**cavallo** horse; **andare\* a cavallo** to go horseback riding 12

**cavatappi** (*m.*) corkscrew 19
**caviglia** ankle 11
**CD (ciddì)** (*m.*) compact disc 1
**celebre** famous 5
**cena** supper 8
**cento** one hundred 1; **cento di questi giorni!** many happy returns! 13
**centrale** central 14
**centro** downtown 2; center
**cerca: in cerca di ...** in search of ... 17
**cercare (di)** to look (for) 3; to try to 18
**certamente** certainly 4
**certo/a** certain 9; certainly 5
**cervello** brain 13
**che** what 4; that, who 5; **che cosa? (cosa?)** what? 2; **che cosa fai di bello oggi?** what are you up to today? 3
**chi?** who? 3; **con chi?** with whom? 3; **a chi?** to whom? 3; **chi altro?** who else? **di chi?** whose?
**chiamare** to call 3; **chiamarsi** to be named (to call oneself) 7; **come ti chiami?** what is your name? LP; **mi chiamo** my name is LP
**chiedere\* (di),** (*p.p.*) **chiesto** to ask (for) (to) 4
**chiesa** church 3
**chilo: al chilo** per kilo (metric weight) 7
**chimica** chemistry 2
**chissà** who knows 17
**chitarra** guitar 2
**chiudere\*,** (*p.p.*) **chiuso** to close 4
**ci** there; us, to us, ourselves; **ci sono** there are
**ciao** hi; bye (informal) LP
**ciascuno/a** each 5
**ciclismo** bicycle riding 12
**ciliegia** cherry 7
**cinema** (*m.*) movie house 3
**cinese** (*m. or adj.*) Chinese language 2; Chinese 2
**cinquanta** fifty 1
**cinque** five LP
**cinquemila** five thousand 7
**cipolla** onion 7

**circolo** club 20
**circondare** to surround 19
**circondato/a** surrounded 1
**circostanza** circumstance 11
**città** city LP; 2
**cittadina** town 9
**cittadino/a** (*noun or adj.*) citizen 5; (of the) city 18
**clarinetto** clarinet 15
**classico/a** classical 15
**clima** (*m.*) climate 12
**cognata** sister-in-law 8
**cognato** brother-in-law 8
**cognome** (*m.*) last name 4
**colazione** (*f.*) lunch; **prima colazione** breakfast 13
**collaborare** to collaborate 4
**collo** neck 11
**colloquio** job interview 16
**colonna** column
**colonna sonora** soundtrack 18
**colore** (*m.*) color 10
**colpito/a** hit 14
**coltello** knife 13
**combinare** to combine 16
**come** like, as 6; **come?** how? 4; **come mai?** how come? 5; **come sta (stai)?** how are you? LP
**comico/a** comical 18
**cominciare (a)** to begin (to) 3
**commesso/a** salesclerk 10
**comò** (*m.*) chest of drawers 17
**comodo/a** comfortable 17
**compagnia** company 19
**compagno/a** companion 17; **compagno/a di camera** roommate 14
**compiere** to complete 13; to accomplish
**compilare** to complete; **compilare il modulo** to fill out the application 18
**compiti** (*pl.*) homework 8
**compiuto: senso compiuto** logical 9
**compleanno** birthday 13; **buon compleanno!** happy birthday! 13
**complesso** (musical) group 15
**completare** to complete 10
**complimento: fare un complimento** to pay a

compliment 9
**complimenti!** (my) compliments! congratulations! 13
**componimento** composition 12
**comportarsi** to behave 7
**comprare** to buy 3
**computer** (*m.*) computer 1
**comune** (*m.*) city hall 20
**con** with LP
**concerto** concert 15
**concetto** concept 17
**concorrenza** competition 16
**condividere** to share 17
**condizione** (*f.*) condition 9; **a condizione che** provided that, as long as 15
**conferire** to award 9
**confezione: confezione di caffè** packaged coffee 11
**confrontare** to compare 10
**confusione** (*f.*) confusion 4
**congettura** conjecture 12
**conoscenza** awareness 20
**conoscere** to know (someone or a place); to meet 5; **conoscersi** to meet each other; to know each other 13
**conosciuto/a** known 15
**conquistare** to conquer 20
**conservatore** conservative 15
**consigliare (di)** to advise (to) 11
**consiglio** advice 7
**consiglio dei ministri** council of ministers 20
**consumatore** (*m.*) consumer 11
**contattare** to contact 17
**contatto** contact 8
**contento/a** happy, glad 9
**continente** (*m.*) continent 14
**continuare (a)** to continue (to) 10
**contrasto: mettere in contrasto** to compare
**contro** against 18
**controllare** to check, to control; to rule 12
**controllo** check, inspection 6
**convenire** to be convenient 17
**convincere,** (*p.p.*) **convinto** to convince 15
**convinto/a** convinced 13
**coppia** couple, pair 8
**coraggio** courage 17

**coro** chorus 15

**corpo** body 11

**correggere\***, (*p.p.*) **corretto** to correct

**correre** to run 12

**corretto/a** correct 5

**correzione** (*f.*) correction 20

**corsa** race; running 12

**corso** course 9; **corso di laurea** (university) major 16

**cortese** courteous, kind, polite 5

**cortile** (*m.*) courtyard 17

**corto/a** short 10

**cosa** thing 8

**così** so, like that 10; **così così** so-so LP; **così ... come** as ... as 17

**cosmetico/a** cosmetic 13

**costare** to cost 7

**costituzione** (*f.*) constitution 20

**costoso/a** costly, expensive 10

**costruire** to build 17

**costruzione** (*f.*) construction 15

**costume** (*m.*) costume 5; **costume da bagno** bathing suit 10

**cotone** (*m.*) cotton 10

**cotto/a** cooked 13

**cravatta** tie 10

**credenza** sideboard 17

**credere (di)** to believe; to think 4; **credo di sì (no)** I think so (not) 4

**credito: carta di credito** credit card 6

**criminalità** (*f.*) crime 20

**crisi** (*f.*) crisis 20

**crudo/a** raw 13

**cucchiaino** teaspoon 13

**cucchiaio** spoon 13

**cucina** kitchen 3; cooking 13

**cucinare** to cook 13

**cugino/a** cousin 8

**cui** who, whom 19

**cuoio (la pelle)** leather, hide 10

**curiosità** (*f.*) curiosity 5

**curioso/a** curious 20

**da** from, by, at (someone's house, office) 3; **da molto tempo** for a long time; **da quanto tempo?** for how long?; **da solo/a** alone

2; **vado da Laura** I'm going to Laura's house; **vengo da te** I'm coming to your house

**d'accordo** agreed, OK 3

**danza** dance 4

**dappertutto** everywhere 20

**dare** to give 4; to take (an exam) 4; **da'** give 7

**darsi: può darsi** maybe 14

**davanti (a)** in front (of) 3

**davvero?** really? 5

**decennio** decade 19

**decidere\* (di)**, (*p.p.*) **deciso** to decide (to do something) 4

**decimo** tenth 19

**deciso/a** decisive 20

**deficit** (*m.*) deficit 14

**definire** to define 11

**denaro** money 12

**dente** (*m.*) tooth 1

**dentifricio** toothpaste 11

**dentista** (*m. or f.*) dentist 16

**deputato** representative 20

**descrittivo/a** descriptive 19

**descritto/a** described 10

**descrizione** (*f.*) description

**desiderare** to wish, want, desire 3

**desiderio** desire 18

**destra: a destra** on the right

**determinato/a** specific

**di** (**d'** *before vowels*) of; about; from LP

**dialetto** dialect 2

**dialogo** dialogue

**diamante** (*m.*) diamond 15

**dicembre** December 6

**dichiarare** to declare 20

**dichiarazione** (*f.*) statement 20

**diciannove** nineteen LP

**diciassette** seventeen LP

**diciotto** eighteen LP

**dieci** ten LP

**difficile** difficult

**difficoltà** (*f.*) difficulty LP

**digestivo** liqueur thought to aid digestion 3

**dimenticare** to forget 3; **dimenticarsi di** to forget (to) 18

**dimettersi\***, (*p.p.*) **dimesso** to resign 16

**dimostrativo/a** demonstrative 7

**dinamico/a** dynamic, energetic 5

**dipendere (da)** to depend on; **dipende** that depends 12

**diploma di maturità** high-school diploma

**dire (di)** to say (to); to tell 6

**diretta: in diretta** live (on the air) 14

**direttore/direttrice** director, manager 17

**dirigente** (*m. or f.*) executive 18

**discesa** downhill; descent 11

**discoteca** discotheque 4

**discutere (di)** to discuss (something) 4

**disegno** drawing 5

**disfare** to undo 15

**disgrazia: che disgrazia!** what a disaster 14

**disinvolto/a** carefree, self-possessed 5

**disoccupato/a** unoccupied; unemployed 15

**disonesto/a** dishonest 5

**disorganizzato** disorganized 15

**disperatamente** desperately 17

**dispiacere\*** to be sorry, to mind; **ti dispiace se ...?** do you mind if ...? 11; **mi dispiace** I'm sorry 4

**dispiacere** (*m.*) displeasure, misfortune 15

**distratto/a** absent-minded 8

**distribuire** to distribute 20

**distruzione** (*f.*) destruction 14

**disturbare** to disturb 17

**dito (dita, *f. pl.*)** finger 11; **il dito del piede** toe 11

**ditta** company 11

**divano** sofa 17

**diventare** to become 6

**diverso/a** different 4

**divertente** amusing 5

**divertimento** fun 12

**divertirsi (a)** to enjoy oneself, to have fun doing 7

**divinamente** divinely 15

**divorziare** to divorce 8

**divorziato/a** divorced 8

**dodici** twelve LP

**dolce** (*m. and adj.*) sweet 7; dessert 13

**domanda** question; **fare una domanda** to ask a question

**domandare** to ask 4
**domani (domattina)** tomorrow (tomorrow morning) 4; **a domani** until tomorrow LP
**domenica** Sunday 4
**dominante** dominating 12
**donna** woman 5; **donna d'affari** businesswoman 16
**dopo** after 4; afterward 10
**dopodomani** the day after tomorrow 4
**dormire** to sleep 5
**dottore/dottoressa** doctor LP
**dove?** where? 2
**dovere** to have to, must 8
**dramma** (*m.*) drama 12
**dritto** straight ahead 11
**droga** drug 20
**dubitare** to doubt 15
**due** two LP
**dunque** therefore; well, then 6
**durare** to last 1

**e** (frequently **ed** before vowel) and LP; 1
**ebreo/a** Jewish 14
**eccezionale** exceptional 15
**ecco** there is, there are LP; **eccolo** here he is 13
**ecologia** ecology 18
**economia** economics 2
**economico/a** cheap, inexpensive 5
**edicola** newspaper stand 20
**edificio** building 18
**effetto** effect 18
**efficace** effective 17
**efficiente** efficient 18
**egoista** (*m. or f.*) selfish 5
**elegante** elegant 5
**eleggere\***, (*p.p.*) **eletto** to elect 20
**elementare** elementary 1
**elenco** list 17
**elettorale** electoral 20
**elettore** (*m. or f.*) voter 20
**elettricista** (*m. or f.*) electrician 16
**elezione** (*f.*) election 20
**elicottero** helicopter 18; **andare in elicottero** go by helicopter 18
**eliminare** to eliminate 18

**emozione** (*f.*) emotion 19
**emozionante** emotional 18
**energia** energy 18
**entrare** to enter 3
**equitazione** (*f.*) horseback riding 12
**equivalente** equivalent
**esagerare** to exaggerate 12
**esagerato/a** exaggerated 7
**esame** (*m.*) exam 3
**escluso/a** excluded 17
**esempio** example
**esercitare** to exercise 16; **esercitare una professione** to practice a profession or skilled craft 16
**esistere** to exist 16
**esperienza** experience 8
**espressione** (*f.*) expression 19
**espresso** strong coffee without milk 3
**esprimere** to express
**essere\***, (*p.p.*) **stato** to be 1; **essere\* d'accordo** to agree 8
**est** (*m.*) east LP
**estate** (*f.*) summer 6
**estero: all'estero** abroad 6
**estivo/a** (*adj.*) summer 9
**età** age 20
**etnico/a** ethnic 14
**europeo** European 14
**evitare** to avoid 8

**fa** ago 6; **due giorni fa** two days ago 6; **un'ora fa** one hour ago 6
**fabbrica** factory 16
**faccia** face 11
**facile** easy 11
**facilità** ease, facility 5
**facoltà** school (of medicine, law, etc.) 8
**fagiolini** (*pl.*) string beans 7
**falso/a** false, insincere 5
**fama** fame 11
**famiglia** family 2
**famoso/a** famous LP
**fantasia** imagination 12
**fantasma** (*m.*) ghost 19
**fantino** jockey 12
**fare\***, (*p.p.*) **fatto** to do 3; **fare acquisti** to make purchases 5; **fare a gara** to compete, vie for

20; **fare attenzione** to pay attention; **fare bella figura** to cut a fine figure; to make a good impression 10; **fare caldo** to be hot (weather) 4; **fare cattivo tempo** to be bad (weather) 9; **fare colazione** to have breakfast (lunch) 4; **fare controllare (l'olio)** to have the (oil) checked 8; **fare dell'alpinismo** to go mountain climbing 12; **fare dello sport** to engage in (play) sports 12; **fare due passi** to go for a short walk 3; **fare due salti** to dance (a few steps) 4; **fare fotografie** to take pictures 4; **fare freddo** to be cold (weather) 4; **fare fresco** to be cool (weather) 4; **fare ginnastica** to work out 12; **fare gli auguri** to wish someone well 13; **fare/farsi il bagno** to take a bath 11; **fare/farsi la doccia** to take a shower 11; **fare il bravo/la brava** to be good 12; **fare il pendolare** to commute 17; **fare il pieno** to fill it up 8; **fare il tifo** to be a fan 12; **fare la parte (di)** to take the part (of) 7; **fare la pubblicità** to advertise 14; **fare la spesa** to shop (for food) 7; **fare l'avvocato (il meccanico, etc.)** to be a lawyer (a mechanic, etc.); **fare le spese** to shop (for clothes, etc.); **fare lo spiritoso** to be a wise guy 13; **fare male** to hurt, feel pain 11; **fare piacere** to please 15; **fare polemica** to start an argument 13; **fare presto** to hurry up 7; **fare programmi** to make plans 12; **fare regali** to give gifts 11; **fare sapere** to let know 12; **fare una domanda** to ask a question 4; **fare una gita** to take a short trip 4; **fare una graduatoria** to rate 18; **fare una passeggiata** to take, go for, a walk 4; **fare una telefonata** to make a phone call 11; **fare un viaggio** to take a (long) trip 4; **fare vedere** to let see; **farsi male** to get hurt
**farmacia** pharmacy, drugstore 3

**farmacista** (*m. or f.*)   pharmacist   16

**fata**   fairy   10

**favoloso/a**   fabulous   6

**favore** (*m.*)   favor   3; **per favore**   please   3

**febbraio**   February   6

**febbre** (*f.*)   fever   11

**fedele**   faithful   17

**felice**   happy   15

**ferie** (*f. pl.*)   vacation   16

**ferito/a**   wounded   14

**fermarsi**   to stop   7

**fermata**   stop (of a bus, train, etc.)   11

**ferro da stiro**   iron   17

**festa**   party; **festa mascherata**   costume party   5

**festeggiare**   to celebrate   13

**fiammifero**   match   20

**fidanzarsi**   to become engaged   8

**figliastro/a**   stepson; stepdaughter   8

**figlio/a**   son; daughter   2; **figli**   children   2

**filosofia**   philosophy   2

**finale**   final   20

**fine** (*f.*)   end

**fine-settimana** (*f.*)   weekend   9

**finestra**   window   1

**finire (di)**   to finish   5

**fino**   until   3

**finora**   until now   9

**fiore** (*m.*)   flower   7

**firmato/a**   signed   20

**fisarmonica**   accordion   15

**fiscale**   fiscal   4

**fisica**   physics   2

**fisico/a**   physical   11

**fiume** (*m.*)   river   LP

**flanella**   flannel   10

**flauto**   flute   15

**folcloristico/a**   folkloristic   4

**fondo: in fondo**   at the bottom   9

**forbici** (*f. pl.*)   scissors   11

**forchetta**   fork   13

**forma: in ottima forma**   in good shape   14

**formaggio**   cheese   7; **formaggio mascarpone**   Italian-type cream cheese   13

**formulare**   to formulate; to create   4

**forno (a microonde)**   (microwave) oven   17

**forse**   perhaps   11

**forte**   strong   9

**fortuna**   luck   11; **avere fortuna**   to be lucky   4; **Che fortuna!**   What luck!   11

**forza: a tutta forza!**   all out!   12

**foto(grafia)**   photograph   9

**fotografo**   photographer   9

**fra**   between, among   3; **fra poco**   shortly   LP; **fra cinque minuti**   in five minutes   LP

**fragola**   strawberry   7

**francese** (*m. or adj.*)   French language   2; French   2

**francobollo**   stamp   19

**frase** (*f.*)   sentence   9

**fratello**   brother   1

**freno**   brake   6

**frequentare**   to attend   1; 3

**frequenza**   frequency   20

**fretta**   hurry   12

**frigo(rifero)**   refrigerator   13

**frutta**   fruit   7

**fruttivendolo**   fruit vendor   7

**fuga**   escape   18

**fuggire**   to flee   18

**funghi**   mushrooms   7

**funzionario**   manager   8

**fuoco**   fire   7

**fuori**   outside   2

**furbo/a**   shrewd   5

**furto**   robbery   6

**futuro**   future   10

**gamba**   leg   11

**garage** (*m.*)   garage

**gatto**   cat   2

**gelateria**   ice-cream parlor   3

**gelato**   ice cream   3

**generale** (*m.*)   general   5

**generalmente**   generally, usually   16

**generazione** (*f.*)   generation   8

**genere** (*m.*)   type, manner   19

**genero**   son-in-law   8

**generoso/a**   generous   5

**genitori** (*pl.*)   parents   8

**gennaio**   January   6

**gente** (*f.*)   people   5

**gentile**   kind, courteous   5

**geologia**   geology   2

**gestione** (*f.*)   management   16

**gestire**   to manage   16

**ghiaccio**   ice   12

**già**   already   LP

**giacca**   jacket   10

**giallo/a**   yellow   10

**giapponese** (*m. and adj.*)   Japanese language   2; Japanese   2

**giardino**   garden   17

**ginnastica**   gymnastics   17

**ginocchio (ginocchia,** *f. pl.***)**   knee   11

**giocare**   to play (a game)   3

**gioco**   game   LP

**giornale** (*m.*)   newspaper   1; **giornale radio**   radio news program   14

**giornaliero/a**   daily   7

**giornalista** (*m. or f.*)   journalist   14

**giornata**   day   LP; **buona giornata**   have a good day   LP

**giorno**   day   5; **cento di questi giorni!**   many happy returns!   13; **buon giorno**   good morning   LP

**giovane** (*m. or f., n. or adj.*)   young; young person   5

**giovedì** (*m.*)   Thursday   4

**girare**   to turn; to go around   12; **girare a destra (sinistra)**   to turn to the right (left)   11

**gita**   trip, ride   6

**giugno**   June   6

**giusto/a**   correct   9

**gola**   throat   11

**golfo**   gulf   LP

**gomito**   elbow   11

**gonna**   skirt   10

**governare**   to govern   20

**governo**   government   14

**grande**   big, large, great   2; 5

**grasso/a**   fat   5

**grave**   serious   11

**grazie**   thanks, thank you   LP

**grazioso/a**   charming   17

**greco/a**   Greek   10

**grigio/a**   gray   10

**gruppo**   group   12

**guadagnare**   to earn   16

**guadagnarsi la vita**   to earn one's living   16

**guanti** (*pl.*)   gloves   10

**guardare** to look (at) 3;
 **guardarsi allo specchio** to look
 at oneself in the mirror 11
**guardaroba** (*m.*) closet 17
**guerra** war 19
**guidare** to drive 3
**gustarsi** to enjoy 10
**gusto** taste 17

**hobby** (*m.*) hobby 19

**idea** idea 3
**ieri** yesterday 6; **l'altro ieri** the
 day before yesterday 6; **ieri
 mattina** yesterday morning 6;
 **ieri pomeriggio** yesterday
 afternoon 6; **ieri sera** last
 evening (night) 10; **ieri notte**
 last night 10
**igienico/a** hygienic 11
**immaginarsi** to imagine 15
**immagine** (*f.*) image 14
**immediato/a** immediate 16
**imparare (a)** to learn (to) 3
**imparziale** impartial 15
**impegnato/a** busy, engaged 4
**impegno** appointment 12
**impermeabile** (*m.*) raincoat 10
**impiegato/a** clerk 16
**impiego** job, employment 16
**importante** important 14
**importanza** importance 10
**importare** to matter 13
**impossibile** impossible 17
**impressione** (*f.*) impression 18
**improbabile** improbable 14
**improvvisamente** suddenly 17
**in** in, into; at 2
**incarico** appointment 19; seat,
 job 20
**incidente** (*m.*) accident 14
**incontrare** to meet 3;
 **incontrarsi** to meet (each other)
 13
**incontro** sports match 12
**indicare** to indicate 20
**indicato/a** indicated 16
**indietro** back, behind 11; **andare
 indietro** to back up 11
**indimenticabile** unforgettable 15

**indipendente** independent
**indirizzo** address 9
**indossare** to wear; to try on 5
**indovinare** to guess 12
**industria** industry 16
**industrializzato/a** industrialized
 1
**infelice** unhappy 15
**informatica** computer science 2
**informazione** (*f.*) information 15
**ingegnere** (*m.*) engineer LP
**ingegneria** engineering 16
**ingenuo/a** naive 5
**inglese** (*m. or adj.*) English
 language 2; English LP
**ingorgo** traffic jam 18
**ingrediente** (*m.*) ingredient 19
**ingresso** admission 12
**iniziare** to begin, start 9
**inizio** beginning 19
**innamorarsi** to fall in love 8; to
 fall in love with each other 9
**inopportuno** inappropriate, ill-
 timed 14
**inquinamento** pollution 18
**inquinare** to pollute 18
**insegnare (a)** to teach (to) 2
**insieme** together 9
**insistere** to insist 14
**insultare** to insult 12
**intanto** meanwhile 7
**intelligente** intelligent 5
**intendersi (di)** to be an expert in
 15
**intensivo/a** intensive 9
**interdisciplinare** interdisciplinary
 16
**interessante** interesting LP
**interessare** to interest 10;
 **interessarsi** to be interested 14
**interesse** (*m.*) interest 20
**internazionale** international 5
**intero/a** entire, whole 8
**interpretare** to interpret 19
**interprete** (*m. or f.*) interpreter;
 performer 15
**intervista** (*f.*) interview 7
**intervistare** to interview 16
**intervistatore** (*m.*) interviewer 16
**intraprendere** to undertake 16
**inutile** useless 15
**invece (di)** instead (of) 4

**inverno** winter 6
**investigatore** (*m.*) investigator 7
**investigazione** (*f.*) investigation
 7
**invitare** to invite 13
**invitato/a** guest 5
**invivibile** unlivable 18
**irlandese** Irish 5
**iscriversi (a)** to enroll (at) 8
**isola** island LP
**italiano** Italian language LP;
 **italiano/a** Italian 1
**italo-americano/a** Italian-
 American 9

**jeans** (*m. pl.*) blue jeans 10

**là** there 6
**labbro (labbra,** *f. pl.*) lip 11
**ladro** thief 17
**lago** lake LP
**lamentarsi** to complain 16
**lampada** lamp 17
**lana** wool 10
**lasciare** to leave (behind) 9
**lattaio** milkman 13
**latte** (*m.*) milk 7
**latteria** dairy store 13
**lattuga** lettuce 7
**laurea** degree 16; **il corso di
 laurea** (university) major 16
**laurearsi** to graduate 16
**lavarsi** to wash (oneself) 7;
 **lavarsi i denti** to brush one's
 teeth 11; **lavarsi le mani** to
 wash one's hands 11
**lavastoviglie** (*f.*) dishwasher 17
**lavatrice** (*f.*) washing machine 17
**lavorare** to work 2; 3
**lavoro** work 16; **che lavoro (fa)
 fai?** what work do you do? 18
**legge** (*f.*) law 1
**leggere\*,** (*p.p.*) **letto** to read 4
**leggero/a** light 15; popular
 (music) 15
**legislativo/a** legislative 20
**lentamente** slowly 6
**lettera** letter 9
**letterario/a** literary 19
**letteratura** literature 2

**letto** bed 7
**levarsi** to take off (clothing) 10
**lezione** (*f.*) lesson LP
**lì** there 6
**liberale** liberal 15
**liberamente** freely 16
**libero/a** free 4
**libreria** bookstore 3; bookcase 17
**libro** book 1
**liceale** (*adj.*) high-school 1
**licenziare** to fire 16; **licenziarsi** to quit (a job) 16
**liceo** high school 1
**lieto/a** glad 13
**limonata** lemonade 4
**limone** (*m.*) lemon 7
**lingua** language 2; **lingue straniere** foreign languages 2
**lino** linen 10
**lira** lira (Italian currency) 11
**lista** list
**litigare** to argue, quarrel 12
**locale** local 9
**località** locale 11
**logico/a** logical 10
**lontano/a (da)** far away; far (from) 8
**lotta** fight 20
**lotteria** lottery 13
**luce** (*f.*) light 15
**luglio** July 6
**lunedì** (*m.*) Monday 4
**lungo/a** long 4
**luogo** place 7
**lupo: in bocca al lupo!** good luck! 11

**ma** but LP
**macché** of course not 18
**macchina** car 6; **andare in macchina (aereo)** to go by car (plane) 18
**macedonia di frutta** fruit salad 19
**macellaio** butcher 13
**macelleria** butcher shop 13
**madre** (*f.*) mother 2
**madrina** godmother 6
**maga** witch, magician 12
**magari** maybe 4
**maggio** May 6

**maggiore** major, greater 14
**maglia** sweater 10
**maglietta** T-shirt 10
**magnifico/a** magnificent 15
**magro/a** thin 5
**mah** oh LP
**mai** ever, never 6; **non ... mai** never, not . . . ever 8
**maiale** (*m.*) pork 13
**maiuscola** capital (letter)
**male** bad LP; **non c'è male** not too bad LP; **meno male!** all the better! 14
**mamma** mother 1
**mancia** tip, gratuity 3
**mandare** to send 3; **mandare in onda** to broadcast 14
**mangiare** to eat 3
**manica** sleeve 10
**manifesto** poster 20
**mano** (*f.*) hand 11
**manovra** maneuver 14
**marca** brand name 6
**marciapiede** (*m.*) sidewalk 19
**mare** sea LP
**marito** husband 2
**marrone** (*invariable*) brown 10
**martedì** (*m.*) Tuesday 4
**marzo** March 6
**mascarpone** (*m.*) Italian-style cream cheese 19
**maschera** mask 5
**mascherato/a** masked 5
**maschile** (*adj.*) male 10
**maschio** male 13
**massimo/a** greatest, maximum 18
**matematica** mathematics LP; 2
**materiali** (*pl.*) materials 10
**matita** pencil 1
**matrigna** stepmother 8
**mattina** morning 2; **di mattina** in the morning 2
**meccanico** mechanic 6
**medicina** medicine 1
**medicinale** medicine; medicinal 19
**medico** doctor 16
**medievale** medieval 9
**Medioevo** Middle Ages 5
**meglio** (*adv.*) better 8
**mela** apple 7
**melanzana** eggplant 7

**meno** less, minus 2; **a meno che** unless 15
**mensa** cafeteria 20
**mensile** monthly 17
**mente: in mente** on one's mind 5; **avere in mente** to intend, to have in mind 9
**mentre** while 5
**meravigliarsi** to be surprised (at) 9
**meraviglioso/a** marvelous 19
**mercato** market 3
**mercoledì** (*m.*) Wednesday 4
**merito** merit 13
**merluzzo** cod 13
**mese** (*m.*) month 6
**messicano/a** Mexican 5
**mestiere** (*f.*) trade, profession 16; **che mestiere fai?** what is your occupation? 16
**metropoli** (*f.*) metropolis 18
**metropolitana** subway 18
**mettere\***, (*p.p.*) **messo** to put, place 4; **mettersi** to put on (clothing) 7; **mettersi + a + infinitive** to begin, to start to 7
**mezzanotte** midnight 2
**mezzo** half 2; **sono le ... e mezzo** it's half-past . . . 2; **mezzo di trasporto** means of transportation 6; **mezzo pubblico** public transportation 6
**mezzogiorno** noon 2
**mezz'ora** half-hour 6
**migliore** (*adj.*) better 16
**milione** one million 7
**militare** military 5
**mille** one thousand 1
**mimare** to act out 17
**minacciare** to threaten 18
**minestra** soup 13
**minestrone** (*m.*) vegetable soup 13
**minimo/a** smallest, minimum 18
**ministro** minister 6; **ministro degli esteri** foreign minister 14
**minore** less; younger 18
**minuscola** lowercase (letter) LP
**misura** size (clothing, shoes) 10
**misurare** to measure 17

**moda** fashion 10; **alla moda** fashionable 10

**moderno/a** modern 4

**modificazione** (*f.*) modification LP

**modo** manner, way, means; **di modo che** so that, in order that 15

**moglie** (*f.*) wife 2

**molti/e** many 5

**moltissimo/a** very much

**molto** very 5; **molto/a** much, many 5; **molto bene** very well LP

**momento** moment; **per il momento** for the time being 12

**monarchia** monarchy 20; **monarchia costituzionale** constitutional monarchy 20

**mondo** world 13; **nel mondo del lavoro** in the working world 13

**moneta** money 12

**montagna** mountain LP; **in montagna** to the mountains 8

**monumento** monument 9

**morire\***, (*p.p.*) **morto** to die 6

**morte** (*f.*) death 14

**mostrare** to show 6

**motivo** reason 8

**moto(cicletta)** motorcycle 6; **andare in motocicletta** to go by motorcycle 18

**motorino** moped 1

**museo** museum 3

**musica** music 2

**musicale** musical 15

**musica leggera** popular music 15

**musulmano/a** Muslim 14

**nascere\***, (*p.p.*) **nato** to be born 6

**naso** nose 11

**nave** (*f.*) ship 18; **andare con la nave** to go by ship 18

**nazionale** national LP

**ne** of it, of them; about it, about them 19

**né ... né: non ... né ... né** neither ... nor 9

**neanche: non ... neanche** not even 9

**nebbia: c'è la nebbia** it's foggy 9

**necessario/a** necessary 14

**negozio** store 3

**nemico/a** enemy 10

**nemmeno: non ... nemmeno** not even 9

**neppure: non ... neppure** not even 9

**nero/a** black 10

**nervoso/a** nervous 5

**nessuno/a** nobody; **non ... nessuno/a** not any 9; nobody 9

**neve** (*f.*) snow 11

**nevicare** to snow 9

**niente** no, none, nothing 6; **non ... niente** nothing 9; **niente di speciale** nothing special 3; **per niente** at all

**nipote** (*m.*) grandson; nephew; (*f.*) granddaughter; niece 8

**no** no LP

**noioso/a** boring 5

**noleggiare** to rent (a car) 8

**nome** (*m.*) name; noun

**nominato/a** appointed, named 18

**non** not; **non c'è male** not too bad LP; **non ... ancora** not ... yet 8; **non ... mai** never 8

**nonna** grandmother 8

**nonno** grandfather 8; **nonni** grandparents 8

**nono/a** ninth 19

**nonostante** although, even though 15

**nord** (*m.*) north LP

**notizia** news item; news 14

**notte** night 3; **di notte** at night 9

**novanta** ninety 1

**nove** nine LP

**novembre** November 6

**nulla: non ... nulla** nothing 9

**numero** size (shoes) 10; number

**numeroso/a** numerous 14

**nuora** daughter-in-law 8

**nuotare** to swim 11

**nuoto** swimming 12

**nuovo/a** new 5

**nuvoloso/a** cloudy 9

**o** or 1

**obbedire** to obey 5

**oboe** (*m.*) oboe 15

**occasione** (*f.*) occasion 13

**occhiali** (*pl.*) eyeglasses 8; **occhiali da neve** ski goggles 11; **occhiali da sole** sunglasses 11

**occhio** eye 11

**occupato/a** occupied, employed 4

**odiare** to hate 11; **odiarsi** to hate each other 13

**odori** herbs 7

**offrire\***, (*p.p.*) **offerto** to offer 5

**oggi** today 3

**ogni** (*invariable*) each, every; **ogni tanto** every once in a while; **ogni anno** each year 9

**ognuno/a** each one

**olio** oil 7; **olio d'oliva** olive oil 7

**oliva** olive 11

**omaggio: in omaggio** complimentary, free 13

**omicidio** homicide, murder 16

**onda: andare in onda** to broadcast 14

**onesto/a** honest 5

**opera** opera 15; (literary or artistic) work 19

**opera d'arte** work of art 9

**operaio/a** blue-collar worker 16

**opinione** (*f.*) opinion 10

**opportuno** appropriate 14

**opposto/a** opposite 5

**ora** now; hour 2; **a che ora** at what time 2; **che ora è? che ore sono?** what time is it? 2; **sarebbe ora!** it's about time! 14

**orario** schedule 2

**orchestra** orchestra 15

**ordinare** to order 3

**ordine** (*m.*) order 5

**orecchio** ear 11

**organizzare** to organize 5

**organo** organ 15

**orientarsi** to orient oneself 16

**originale** original LP

**ormai** by now 9

**orologio** watch; clock 1

**orsacchiotto** teddy bear 9

**ortodosso/a** orthodox 14

**ospedale** (*m.*) hospital 3

**ottanta** eighty 1
**ottavo/a** eighth 19
**ottenere** to obtain, get 8
**ottimista** (*m. or f.*) optimist 5
**ottimo!** excellent! 13
**otto** eight LP
**ottobre** October 6
**ovest** (*m.*) west LP
**ovviamente** obviously 19

**pacchetto** package 11
**pace** (*f.*) peace 20
**padre** (*m.*) father 2
**paese** (*m.*) country; small town LP
**pagare** to pay (for) 3
**paio (paia,** *f. pl.*) pair 10
**palazzo** building, palace, apartment house 15
**palestra** gym 13
**palla** ball; **palla di neve** snowball 20
**pallacanestro** basketball 12
**pallavolo** volleyball 12
**pallone** (*m.*) soccer 12; **giocare a pallone** to play soccer 12
**pane** (*m.*) bread 7
**panetteria** bakery 13
**panettiere** (*m.*) baker 13
**panino** sandwich 4
**panorama** (*m.*) panorama 6
**pantaloni** (*pl.*) pants, trousers 10
**Papa** (*m.*) Pope 14
**paracadute** (*m.*) parachute 19
**paragonare** to compare 18
**parcheggiare** to park 8
**parcheggio a pagamento** pay parking 8
**parco** park 3
**pare che** it seems that 14
**parente** (*m.*) relative 8
**parentesi** (*pl.*) parentheses 7
**parere** (*m.*) opinion 16
**parere** to seem 14
**parete** (*f.*) wall (interior)
**parlare** to speak 3; **parlarsi** to speak to each other 13
**parola** word; **parola analoga** cognate LP
**partenza: in partenza** leaving, to set out on a trip 8

**particolare** (*adj.*) special 5
**particolarmente** particularly 17
**partire** to leave, depart 5
**partita** game 12
**partito** political party 20
**passante** (*m. or f.*) passerby 20
**passaporto** passport 8
**passare** to pass; to come by; to proceed 3; to spend time 3; **passo a prenderti** I'll pick you (informal) up 3
**passeggiare** to walk 5
**passeggio** ride 5
**passione** (*f.*) passion 19
**pasta** pasta 7; pastry 13
**pastasciutta** pasta served with a sauce 13
**pasticceria** pastry shop 13
**pasticciere** (*m.*) confectioner 13
**pasto** meal 13
**patata** potato 7
**patente** (*f.*) **di guida** driver's license 8
**patrigno** stepfather 8
**pattinaggio** skating 12
**pattinare** to skate 12
**pavimento** floor 17
**pazienza** patience 4
**pazzo/a** crazy 12
**peccato: che peccato!** what a shame! LP
**pedone** (*m.*) pedestrian 19
**peggio** (*adv.*) worse 18
**peggiore** (*adj.*) worse 18
**pendolare** (*m.*) commuter 17
**penisola** peninsula LP
**penna** pen
**pensare (di)** to think (of, about) 3; **pensare a** + *noun* to think of 3; to intend 8
**pepe** (*m.*) pepper 7
**peperone** (*m.*) pepper 7
**per** for 3
**pera** pear 7
**perché?** why? **perché** because 3; in order that, so that 15
**perdere\*,** (*p.p.*) **perso, perduto** to lose 4
**pericolo** danger 11
**pericoloso** dangerous 14
**periferia** suburb 4
**permettere (di)** to allow to 18

**però** but, however 5
**persona** person 12
**personaggio** character 5
**personalità** personality 5
**pesante** heavy 17
**pesca** peach 7
**pesce** (*m.*) fish 7
**pescheria** fish market 13
**pescivendolo** fish vendor 13
**peso** weight 7
**pessimista** (*m. or f.*) pessimist 5
**pessimo/a** terrible 18
**pettinarsi i capelli** to comb one's hair 11
**pettine** (*m.*) comb 11
**piacere\*** to like, to be pleasing 11; **mi piace** I like 4; **mi piacciono i negozi eleganti** I like elegant stores; **non mi piace** I don't like 4; **ti piace?** do you like? 4
**piacere** (*m.*) pleasure 9; how do you do? LP
**piacevole** pleasant 19
**pianista** (*m. or f.*) pianist 16
**pianoforte** (*m.*) piano 2
**piatto** plate 13
**piazza** square 7
**piccolo/a** small, little 2
**piede** foot 11; **andare\* a piedi** to go on foot 18; **mettere piede (su)** to set foot (on) 12
**pigro/a** lazy 5
**pioggia acida** acid rain 18
**piovere** to rain 9
**piscina** swimming pool 12
**piselli** (*pl.*) peas 7
**pista** trail 11
**pittura** painting 9
**più** more 10; **non ... più** not anymore 9; no longer 6
**piuttosto** rather
**pizzeria** pizza parlor 6
**po'** (contraction for **poco**) little; **un bel po'** quite a lot of 8; **un po' di** + *noun* a little 4
**poco/a** (*pl.* **pochi/poche**) little, few 20; **fra poco** in a little while LP
**poema** (*m.*) poem 12
**poesia** poetry 19
**poeta** (*m.*) poet 19

**poi** then, after (all) 3

**polemica** argument; controversy 13

**poliestere** (*m.*) polyester 10

**politica** politics 20

**politico/a** (*noun and adj.*) politician; political 19

**polizia** police 14

**pollo** chicken 13

**polpo** octopus 13

**poltrona** armchair 17

**pomeriggio** afternoon 3; **del pomeriggio** in the afternoon 2; **oggi pomeriggio** this afternoon 4

**pomodoro** tomato 7

**pompelmo** grapefruit 7

**popolo** people, public 15

**porco** pig 10

**porta** door 1

**portafoglio** wallet 19

**portare** to bring; to wear 3

**portavoce** (*m.*) spokesperson 14

**portiere** (*m.*) doorman 8

**porto** port LP

**possibile** possible LP

**possibilità** (*f.*) possibility 5

**posto** seat, place 11; job, position 16; **al posto di ...** in place of; **posto riservato** reserved seat

**potere\*** to be able, can 4

**potere** (*m.*) power 12

**povero/a** poor 5

**pranzo** dinner; lunch, main noon meal 13

**praticare** to practice 12

**pratico/a** practical 10

**preciso/a** precise 14

**predizioni** (*f. pl.*) predictions 12

**preferibile** preferable 14

**preferire** to prefer 5; **preferisce ...?** do you (*formal*) prefer . . . ? 4

**preferito/a** favorite 15

**pregare** to pray; to beg 8; **ti prego** I beg you 8

**prendere\***, (*p.p.*) **preso** to take; to have (in the sense of to eat or drink) 3; to pick up; **prendere la metropolitana** to take the subway 18; **prendere in affitto** to lease, to rent 17

**prenotare** to make reservations, reserve 15

**prenotazione** (*f.*) reservation 15; **fare le prenotazioni** to make reservations 8

**preoccuparsi (di)** to worry 7

**preparare** to prepare 13; **prepararsi per** + *infinitive* to prepare oneself to 7

**preparazione** (*f.*) preparation 14

**presentare** to introduce 13; **presentarsi** to introduce oneself

**presentato/a** presented 10

**presentazione** (*f.*) introduction 15

**presidente** (*m.*) president 20

**Presidente del Consiglio** Prime Minister 20

**presidenziale** presidential 20

**presso** at; near 16

**prestare** to lend 11; **prestare attenzione** to pay attention

**presto** early 7; soon; **a presto** see you soon LP; **al più presto** as soon as possible 12

**previsioni** (*pl.*) **del tempo** weather forecast 9

**prezzo** price 7; **a poco prezzo** at a low price 11

**prima** before 9; **prima di** before 5; **quanto prima** as soon as possible 9; **prima che** before 15

**primavera** spring 6

**primo/a** first 19

**probabile** probable 14

**probabilmente** probably 12

**problema** (*m.*) problem 5

**prodotto** product 20

**professione** (*f.*) profession 16

**professore, professoressa** professor LP

**progetto** project 11

**programma** (*m.*) program 4; plan 8; **che cos'è in programma?** what's playing? 4; what's planned?

**programmare** to plan, program 11

**promessa** promise 13

**promettere\*, (di)** (*p.p.*) **promesso** to promise (to) 12

**pronto** hello (on the phone); ready 3

**pronuncia** pronunciation LP

**propaganda** propaganda 20

**proposito** purpose; **a proposito** by the way 9

**proprio** just 13

**proprio/a** one's own 4, 12

**prosciutto** cured ham 7

**prosperità** (*f.*) prosperity 20

**prossimo/a** next 8

**provare** to feel, experience 9; to try on 10; **provare nostalgia di** to be homesick for 9

**provincia** province LP

**provocare** to provoke 20

**prudente** careful, cautious 5

**psicologia** psychology 2

**psicologo** psychologist 10

**pubblici: mezzi pubblici** public transportation 18

**pubblicità** advertising, commercial ad 14

**pubblicitario/a** advertising 15

**pubblico/a** public 3

**pulire** to clean 5

**pulito/a** clean 20

**punizione** (*f.*) punishment 20

**puntuale: essere\* puntuale** to be on time LP

**punto** point; period (punctuation); **punto interrogativo** question mark; **punto esclamativo** exclamation point LP

**purché** provided that, as long as 15

**qua** here 17

**quaderno** notebook 1

**quadrato/a** square 17; **metro quadrato** square meter 17

**quadri: a quadri** checked (pattern) 10

**quadro** painting 17

**qualche** some 5

**qualcosa** something 3; **qualcosa da mangiare e da bere** something to eat and drink 4

**qualcuno/a** someone 19

**qual/e?** (*pl.* **quali**) which? 5; which one?

**qualifica** qualification 16
**qualità** quality 5
**qualsiasi** whichever, any 16
**quando** when; whenever 3; **di quando in quando** from time to time 9
**quanto/a?** how much? how many? 4; **quante volte** how many times 4; **quanti anni hai?** how old are you? 1; **quanto prima** as soon as possible 18; **quanto costa?** how much is it? 7
**quaranta** forty 1
**quartiere** (*m.*) neighborhood 7
**quarto** quarter 2; **sono le ... meno un quarto** it's a quarter to ... 2
**quarto/a** fourth 19
**quasi** almost 9
**quattordici** fourteen LP
**quattro** four LP
**quello/a** that, that one 7; **quello che** that which, the one that
**questionario** questionnaire 7
**questo/a** this, this one 3
**qui** here 4
**quindi** therefore 9
**quindici** fifteen LP
**quinto/a** fifth 19

**raccontare** to tell, narrate 9
**racconto** short story 19
**radersi (la barba)** to shave (one's beard) 11
**radio** (*f.*) radio 1
**radiofonico/a** radio 20
**radiologo** radiologist 10
**rado: di rado** seldom 9
**raffigurato/a** drawn, sketched 17
**raffreddore** (*m.*) cold (*illness*) 12
**ragazza** girl 5; **la mia ragazza** my girlfriend 7
**ragazzo** boy 7; **il mio ragazzo** my boyfriend 7
**ragione** (*f.*) reason; **avere ragione** to be right 3
**raion** rayon 10
**rapidamente** rapidly 17
**rapporto: rapporto molto stretto** close relationship 14

**rappresentante** (*m.*) representative 20
**rappresentato/a** represented 5
**raramente** rarely 19
**rasoio (elettrico)** (electric) razor 11
**razzismo** racism 20
**re** (*m.*) king 20
**reagire** to react 15
**reale** royal 20
**realtà** (*f.*) reality 5
**recentemente** recently 11
**reciproco/a** reciprocal 13
**recitare** to recite; to play a part 16
**regalo** gift 4
**regina** queen 20
**regione** (*f.*) region LP
**regista** (*m. or f.*) film director 16
**registrare** to record 14
**registratore** (*m.*) tape recorder 1
**regola** rule
**regolare** regular 20
**relazione** (*f.*) report 19
**religione** (*f.*) religion 14
**religioso/a** religious 17
**repubblica** republic 5
**respirare** to breathe 18
**responsabile** responsible 8
**responsabilità** responsibility 5
**restare** to stay, remain 6
**restituire** to give back 5
**rete** (*f.*) **televisiva** TV network 14
**riaggiustare** to fix again 15
**riaprire** to open again 15
**ricco/a** rich 5
**ricevere** to receive
**richiedere** to require; to seek 16
**riciclaggio** recycling 18
**riciclare** to recycle 18
**riconoscere** to recognize 15
**ricordare** to remember 3; **ricordarsi (di)** to remember (to) 7
**ridurre** to reduce 14
**riempire** to fill out 16
**rifare** to do again 15
**riferire** to refer, relate 5
**rifiuti (urbani)** waste, rubbish 18
**riga** line 12
**righe: a righe** striped 10

**rileggere** to read again 15
**rimanere\*, (*p.p.*) rimasto** to remain 6
**rinfresco** refreshment; reception 10
**rinomato/a** well-known; celebrated 12
**ripagare** to pay back 12
**ripetizione** (*f.*) repetition 8
**riposante** slow, restful 18
**riposo** rest 11
**ripulire** to clean up 18
**riscaldamento** heat 17
**riservato/a** reserved 12
**riso** rice 7
**risparmiare** to save 11
**rispondere** to answer, to respond 3
**risposta** answer
**ristorante** (*m.*) restaurant 3
**ritardo: essere\* in ritardo** to be late LP
**riunione** (*f.*) meeting 14
**riunirsi** to get together 13
**riuscire (a)** to succeed in 14
**rivelare** to reveal 11
**rivenditore** (*m.*) dealer, seller 12
**rivista** magazine 1
**rivolgersi (a)** to turn (to) 13
**romano/a** Roman 5
**romantico/a** romantic 11
**romanzo** novel 19
**rompere\*, (*p.p.*) rotto** to break 11
**rompicapo** puzzle 19
**rosa** (*invariable*) pink 10
**rosso/a** red 6
**rubrica** newspaper column 14
**rumoroso/a** noisy 17
**ruolo** role 13
**russo** Russian language 2; **russo/a** Russian 2

**sabato** Saturday 4
**saggio** essay 19
**sala da pranzo** dining room 17
**salame** (*m.*) salami 7
**salario** wage, pay 16
**sale** (*m.*) salt 7
**salire\*** to get on, board; to rise; to climb

**salotto** living room 14

**salumeria** delicatessen 13

**salumiere** (*m.*) delicatessen owner 13

**salutare** to greet 9; **salutarsi** to greet one another 13

**salute** (*f.*) health 11; **salute!** bless you! 11

**salvagente** (*m.*) life preserver 19

**salvaguardare** to save, safeguard 18

**salve** hello LP

**sandali** (*pl.*) sandals 10

**sano/a** safe, sound, healthy 20

**sapere** to know; to know how to 10; **non lo so** I don't know 5; **sapere a memoria** to know by heart 19

**sapone** (*m.*) soap 11

**sassofono** saxophone 15

**sbagliato/a** wrong 12

**scaffale** (*m.*) shelf 17

**scalare** to climb 12; **scalare una montagna** to climb a mountain 12

**scale** (*f. pl.*) stairs 17

**scambio** exchange 16

**scampi** (*pl.*) shrimp 13

**scapolo: essere\* scapolo** to be single (male) 8

**scarpa** shoe 10; **scarpette da ginnastica** sneakers 10; **scarponi** (*pl.*) boots 11

**scegliere\***, (*p.p.*) **scelto** to choose 8; **scegliere una professione** to choose a profession 16

**scelta** choice 7

**scena** scene 13

**scenario** scenery 15

**scendere\***, (*p.p.*) **sceso** to go down, descend 6

**scheda** ballot 20

**schema** (*m.*) pattern

**scherzare** to joke 13

**sci** (*m.*) ski 11; skiing 12; **lo sci di fondo** cross-country skiing 11

**sciare** to ski 11

**sciarpa** scarf 10

**scientifico/a** scientific 1

**scienza** science; **scienze naturali** natural sciences 2; **scienze politiche** political science 2

**scienziato/a** scientist 16

**sciocco/a** foolish 12

**sciogliersi** to melt 12

**sconfiggere** to defeat 14

**sconosciuto/a** unknown 15

**sconsigliare** to advise against 15

**scontento/a** unhappy 15

**scontrino** receipt 3

**scoperto/a** discovered 8

**scoprire** to discover 12

**scorso/a** last, previous 5; **la settimana scorsa** last week 6

**scortese** unkind, rude 5

**scremato/a** without cream 5

**scrittore/scrittrice** writer 18

**scrittura** writing 19

**scrivania** desk 17

**scrivere\***, (*p.p.*) **scritto** to write 4; **scriversi** to write to each other 13

**scuola** school 1; **scuola media** middle school 1

**scusa** excuse 8

**scusare** to excuse; **scusa** excuse me (*informal*) LP; **scusi** excuse me (*formal*) 4

**se** if 4

**sebbene** although, even though 15

**secolo** century 5

**secondo/a** second 19

**sedersi** to sit 10

**sedia** chair 1

**sedici** sixteen LP

**seguente** following 4

**seguire** to follow; to take (courses) 6

**sei** six LP

**sembrare** to seem; **mi sembra** it seems to me, I think 7; **sembra che** it seems that 14

**semplice** simple 5

**sempre** always 6; still 18

**senato** senate 20

**senatore/senatrice** senator 19

**senso: di senso compiuto** coherent, complete

**sentimento** feeling 19

**sentire** to hear; to listen; to feel 5; **sentirsi** to feel 7

**senza** without 12; **senza che** without 15

**separato/a** separated 8

**sera** evening 2; **di sera** in the evening 3

**serata** evening 15

**sereno/a** clear 9

**serie** (*f.*) series 7

**serio/a** serious 18; **parlare sul serio** to be serious 13

**servire** to serve 5; to be of use

**servirsi** to help oneself 13

**sessanta** sixty 1

**sesto/a** sixth 19

**seta** silk 10

**settanta** seventy 1

**sette** seven LP

**settembre** September 6

**settimana** week 4; **settimana bianca** week of skiing 11

**settimo/a** seventh 19

**sfidare** to challenge 11

**sfilata (di moda)** (fashion) show 10

**sfortuna** bad luck 15

**sgarbato/a** rude 5

**sgretolarsi** to fall to pieces 18

**shampoo** (*m.*) shampoo 11

**sì** yes LP

**siccità** (*f.*) drought 14

**sicuro/a** sure, certain; fine 10; **di sicuro** certainly, surely 19

**significato** meaning 5; **di significato opposto** opposite meaning

**signor** (+ *last name*) Mr. LP

**signora** Ma'am; **signora** + *last name* Mrs. LP

**signore** sir LP

**signorina** Miss LP

**simbolo** symbol 19

**simpatico/a** nice, pleasant 5

**sincerità** sincerity 5

**sincero/a** sincere 5

**sindacato** trade union 20

**sindaco** mayor 20

**sinistra: a sinistra** to, at the left 7

**sintesi** (*f.*) synopsis, summary 19

**sistema** (*m.*) system 12

**sistemare** to resolve 17

**sistemarsi** to get a job; get settled 16

**situazione** (*f.*) situation 9

**slogarsi** to sprain 11

**smettere (di)** to stop 16

**società** society 5
**sociologia** sociology 2
**soffitta** attic 17
**soffitto** ceiling 17
**soffocare** to suffocate 18
**soffrire\***, (*p.p.*) **sofferto** to suffer 5
**soggetto** subject, topic
**soggiorno** stay 11
**sogliola** sole (*fish*) 13
**soldi** (*pl.*) money 7
**sole: c'è il sole** it's sunny 7
**solito/a** same old, usual 13; **di solito** usually 3
**solo/a** only; **da solo/a** alone 2
**soltanto** only 20
**sommato: tutto sommato** all told; in sum 17
**sondaggio** survey 4
**soprano** soprano 15
**sorella** sister 1
**sorprendere** to surprise 13
**sorpreso/a** surprised 15
**sostenere\* un colloquio** to have a job interview 16
**sostituire (con)** replace (with) 4
**sottaceti** (*pl.*) pickled vegetables 13
**sotto** under
**spagnolo** Spanish language 2; **spagnolo/a** Spanish 5
**spalla** shoulder 11
**spazzola per capelli** hairbrush 11
**spazzolino da denti** toothbrush 11
**specchio** mirror 11
**speciale** special LP; **niente di speciale** nothing special 3
**specialità** specialty 12
**specializzarsi (a)** to specialize 16
**spedire** to send 5
**spedizione** (*f.*) expedition 20
**spegnere\***, (*p.p.*) **spento** to turn off (TV, radio) 14
**spendere\***, (*p.p.*) **speso** to spend (money) 4
**sperare (di)** to hope (to) 9
**spesa** expense 8
**spesso** often 4
**spettacolare** spectacular 12
**spettacolo** show 4; show business 18

**spiaggia** beach 6
**spiegare** to explain 4
**spinaci** (*pl.*) spinach 7
**spine: essere\* sulle spine** to be on pins and needles 20
**spiritoso/a** witty, clever; **fare lo spiritoso** to be a wise guy 13
**spogliarsi** to undress 10
**sporco/a** dirty 17
**sport** (*m.*) sport 12
**sportivo/a** pertaining to sports 11
**sposarsi** to get married; to marry each other 8
**sposato/a** married 2
**spremuta d'arancia** freshly squeezed orange juice 4
**spugna** sponge 11
**spumante** (*m.*) sparkling wine 13
**squadra** team 12
**squisito/a** delicious 13
**stabilità** stability 20
**stadio** stadium 3
**stamattina** this morning 4
**stanco/a** tired 17
**stanotte** tonight 4
**stanza** room 17
**stare\*** to be 4; to stay 11; **come sta?** (*formal*) how are you? LP; **come stai?** (*informal*) how are you? LP; **stare\* per** + *infinitive* to be about to (do something) 16
**stasera** this evening 4
**Stati Uniti** United States 6
**stato** state 20
**statua** statue 18
**stazione** (*f.*) train station 3; **stazione di servizio** service station 8; **stazione sciistica** ski resort 11
**stereo** stereo 1
**stereotipo** stereotype 20
**stesso/a** same 5
**stilista** (*m. or f.*) designer 10
**stimolante** challenging 16
**stipendio** salary 16
**stivali** (*pl.*) boots 10
**stomaco** stomach 11
**storia** history LP; story 13
**storico/a** historical 11
**straniero/a** foreigner 9
**stressante** stressful 18
**stretto** strait LP; **stretto/a** close, tight 16

**strumento: strumento musicale** musical instrument 12
**studente/studentessa** student LP
**studiare** to study LP
**studio** study, den; **studio medico** doctor's office 11
**studioso** scholar 20
**stupendo/a** stupendous 6
**stupido/a** stupid 5
**su** on 3
**subito** right away, immediately 4
**sud** (*f.*) south LP
**sufficiente** sufficient, enough 16
**suggerimento** suggestion 6
**suggerire (di)** to suggest 5
**suggerito/a** suggested
**sugo** sauce, gravy 19
**suocera** mother-in-law 8
**suocero** father-in-law 8
**suonare** to play (instrument) 15
**supermercato** supermarket 3
**svantaggio** disadvantage 18
**svegliarsi** to wake up 7
**sviluppo** development 18
**svolgere\***, (*p.p.*) **svolto** to carry out (an order) 5

**tabaccheria** tobacco shop 20
**tacchino** turkey 13
**taglia** size (clothing) 10
**tagliacarte** (*f.*) paper knife 19
**tagliare** to cut 13
**tagliarsi i capelli (le unghie)** to cut one's hair (nails) 11
**tamburo** drum 15
**tanto/a** so much, so 13; **di tanto in tanto** from time to time 9
**tardare** to be late 7
**tardi** late 5; **a più tardi** until later LP
**tasca** pocket 12
**tassì** taxi 18; **andare in tassì** to go by taxi 18
**tavolo** table 1; **a tavola** at the (dinner) table 8
**tazzina** small cup, demitasse 7
**tè** tea 4; **tè freddo** iced tea 4
**teatro** theater 3
**tedesco** German (language) 2; **tedesco/a** German 5

**telecomando** remote control 14
**telefonare** to telephone 3
**telefonino** cellular phone 11
**telefono** telephone 1
**telegiornale** (*m.*) TV news 14
**telegramma** (*m.*) telegram 12
**teleromanzo** soap opera 7
**telespettatore** (*m.*) TV viewer 14
**televisione** (*f.*) TV 14
**televisore** (*m.*) television set 1;
   **televisore a colori** color TV 14
**tema** (*m.*) theme 12
**temere** to fear 15
**tempo** weather 9; time 4;
   **molto tempo fa** a long time ago;
   **poco tempo fa** not long ago 6;
   **a tempo pieno** full-time 16; **a
   tempo parziale** part-time 16;
   **qualche tempo fa** a long time
   ago 6; **quanto tempo fa?** how
   long ago? 6
**tenda** tent, curtain 17
**tenere** to have; to keep; to take
   place 20
**tennis** (*m.*) tennis 12
**tenore** (*m.*) tenor 15
**teorema** (*m.*) theorem 12
**terzo/a** third 19
**tesi** (*f.*) thesis 18
**tessuto** cloth 10
**testa** head 11
**testimoniare** to witness 16
**tifoso/a** fan 12
**timido/a** shy, timid 5
**tinta: a tinta unita** solid color 10
**tipico/a** typical 19
**tiramisù** (*m.*) a custard-and-cake
   dessert
**tivvù** (*f.*) TV 14; **TV a
   pagamento** pay TV 14
**toga** toga 5
**tonno** tuna 13
**tornare** to return 3
**torta** cake 13
**totalmente** totally
**tovagliolo** napkin 13
**tra** between, among 3; **tra l'altro**
   besides
**tradizione** (*f.*) tradition LP
**traffico** traffic 18
**traghetto** ferry 18
**traguardo** finish line 12

**tram** streetcar, trolley 18;
   **andare\* in tram** to go by trolley
   18
**tramezzino** sandwich 4
**tranquillo/a** tranquil, quiet 9
**trascorrere\***, (*p.p.*) **trascorso** to
   spend (time) 9
**trascrivere** to transcribe 19
**trasferirsi** to move (oneself) 17
**trasformare** to transform 4
**trasmettere** to communicate 20
**trasmissione** (*f.*) **televisiva** TV
   program 14
**trattarsi (di)** to be about 8
**trattoria** small family restaurant
   13
**tre** three LP
**tredici** thirteen LP
**tremendo/a** tremendous 12
**treno** train; **andare in treno** to
   go by train 18
**trenta** thirty 1
**triste** unhappy, sad 5
**tristemente** sadly 17
**tromba** trumpet 15
**troppo** too, too much 8
**trovare** to find 3; **trovarsi** to be
   situated
**turno: a turno** in turn 5
**tutto/a** all, everything 5; **tutti i
   giorni (mesi)** every day (month)
   9; **tutte le sere (settimane)**
   every evening (week) 9
**tv (la tivvù) a pagamento** pay TV
   14

**ufficio** office 7; **ufficio postale**
   post office 3
**uguale** equal 11
**ultimo/a** latest; last (in a series) 6
**umanità** (*f.*) humanity 5
**umido/a** humid 9
**umorismo** humor 16; **senso
   umoristico** sense of humor 16
**undici** eleven LP
**unificare** to unite, unify 12
**uniforme** (*f.*) uniform 5
**Unione europea (Ue)** European
   Union 14
**unito/a** united 20
**università** university LP; 1

**universitario/a** pertaining to the
   university 1
**uno/a** one LP
**uomo (uomini,** *pl.*) man 10;
   **uomo d'affari** businessman 16
**uovo (uova,** *f. pl.*) egg 7
**usare** to use 3
**usato/a** used 17
**uscire\*** to go out 6
**utenze** (*pl.*) utilities 17
**utile** useful 15
**uva** grape(s) 7

**vacanza** vacation 6; **in vacanza**
   on vacation 6
**valigia** suitcase 8; **fare le valige**
   to pack suitcases 8
**vantaggio** advantage 18
**vario/a** various, several 9
**vecchio/a** old 5
**vedere\***, (*p.p.*) **visto, veduto** to see
   4; **ci vediamo domani** see you
   tomorrow LP; **vedersi** to see
   one another 13
**vedova** widow 17
**vela** sailing 12
**velluto (a coste)** velvet, corduroy
   10
**velocemente** fast 6
**vendere** to sell 4
**vendita** sale 12; **in vendita** on
   sale
**venerdì** (*m.*) Friday 4
**venire\* (a),** (*p.p.*) **venuto** to come
   (to) 5; **vieni a prendermi?** are
   you coming to pick me up? 3
**ventesimo/a** twentieth 19
**venti** twenty LP
**vento: tira vento** it's windy 9
**veramente** really 7
**verde** green 10
**verdura** green vegetables 7
**verità** truth 11
**vero/a** true, real 5; **non è vero?**
   isn't it true?; **sarà vero?** could it
   be true? 14
**verso** toward; around (time) 3
**vestire** to dress 5
**vestirsi** to get dressed 7
**vestito** dress, suit 5; **vestito da
   sera** evening gown 10

**vetrina** store window 5
**vetta** peak 12
**via** street 5; **una via di uscita** a way out 20
**viaggio** trip, voyage 14
**viceversa** vice-versa
**vicino/a (a)** near 3; **qui vicino** near here
**videocassetta** videocassette 1
**videogioco** video game 6
**videoregistratore** (*m.*) video recorder 1
**villa** country house 2
**vincere\***, (*p.p.*) **vinto** to win 6
**vincitore/vincitrice** winner 12
**vino** wine 6
**viola** (*invariable*) purple 10
**violenza** violence 20
**violino** violin 15

**violoncello** cello 15
**virgola** comma LP
**visita** visit 13
**visitare** to visit 3
**viso** face 11
**vita** life 18
**vitello** veal 13
**vittoria** victory 10
**vivace** vivacious 17
**vivere\***, (*p.p.*) **vissuto** to live 8; **vivere insieme** to live together 8
**vocale** (*f.*) vowel LP
**volantino** leaflet, flyer 20
**volentieri** gladly 11
**volere\*** to want, wish 5
**volgere** to pursue 13
**volo** flight 8; **volo diretto** direct flight 8

**volpe** (*f.*) fox 10
**volta** time; **qualche volta** sometimes 9; **questa volta** this time 12; **una volta** once, one time; **a volte** at times 9
**vongole** (*pl.*) clams 13
**votante** (*m. or f.*) voter 20
**votare** to vote 20
**voto** vote; grade 20

**zaino** backpack 1
**zero** zero LP
**zia** aunt 8
**zio** uncle 8
**zona** area 11
**zucchero** sugar 7
**zucchini** zucchini squash 7
**zuppa inglese** trifle 13

# English-Italian Vocabulary

The following vocabulary list contains many basic words and expressions that you may wish to use in preparing guided oral and written compositions. The definitions are limited to those used in the book. Word sets such as numbers, sports terms, adjectives of nationality, etc., can be located by referring to the index.

Abbreviations: *f.* = feminine; *m.* = masculine; *pl.* = plural.

**absolutely**  assolutamente
**acceptable**  accettabile
**accepted**  accettato/a
**accident**  l'incidente (*m.*)
**accompany**  accompagnare
**acquainted: be acquainted with**  conoscere
**action**  l'azione (*f.*)
**activity**  l'attività
**actor**  l'attore (*m.*)
**actress**  l'attrice (*f.*)
**adequate**  adeguato/a
**administration**  il governo
**advancement**  lo sviluppo
**advertise**  fare la pubblicità
**ad(vertisement)**  la pubblicità, l'annuncio
**advertising**  la propaganda, la pubblicità; pubblicitario/a
**advise**  consigliare (di); **advise against**  sconsigliare
**affectionately**  affettuosamente
**afraid: be afraid of**  avere paura di
**after, afterward**  dopo; **after that**  poi
**afternoon**  il pomeriggio; **in the afternoon**  il pomeriggio
**against**  contro
**age**  l'età
**agent**  l'agente (*m. or f.*)
**ago: a little while ago**  poco tempo fa; **not long ago**  poco tempo fa; **some time ago**  qualche tempo fa; **two days ago**  due giorni fa
**agreed**  d'accordo
**aid**  l'aiuto
**air**  l'aria
**all**  tutto/a
**almost**  quasi
**alone**  da solo/a

**already**  già
**also**  anche
**although**  benché, nonostante che
**always**  sempre
**among**  fra, tra; **among themselves**  fra (tra) di loro
**amuse oneself**  divertirsi
**amusing**  divertente
**ancient**  antico/a
**and**  e (*frequently* ed *before a vowel*)
**animal**  l'animale (*m.*)
**ankle**  la caviglia
**another**  altro/a
**answer**  rispondere
**anthropology**  l'antropologia
**anxiously**  con ansia
**anyway**  tanto
**apartment**  l'appartamento; **small apartment**  l'appartamentino; **studio apartment**  il miniappartamento
**appear**  sembrare
**apple**  la mela
**appliances: household appliances**  gli elettrodomestici
**application: job application**  la domanda d'impiego
**appreciate**  apprezzare
**approve**  approvare
**apricot**  l'albicocca
**architect**  l'architetto
**architecture**  l'architettura
**arm**  il braccio (le braccia, *f. pl.*)
**armchair**  la poltrona
**armoire**  l'armadio
**around (time)**  verso
**arrival**  l'arrivo
**arrive**  arrivare
**art**  l'arte (*f.*)
**artichoke**  il carciofo

**as**  come; **as . . . as**  tanto ... quanto; **as soon as**  appena; **as usual**  come al solito
**ask**  domandare; **ask (for)**  chiedere (di); **ask a question**  fare una domanda
**asparagus**  gli asparagi
**at**  a (*frequently* ad *before a vowel*), presso
**atmosphere**  l'atmosfera
**attempt**  il tentativo
**attend**  frequentare
**attention**  l'attenzione
**attractive**  simpatico/a
**audience**  pubblico
**aunt**  la zia
**authority**  l'autorità
**automobile**  l'auto(mobile) (*f.*), la macchina
**automotive**  automobilistico/a
**autumn**  l'autunno, autunnale; **in the middle of autumn**  in pieno autunno

**baby**  il bambino/la bambina
**backpack**  lo zaino
**bad**  cattivo/a, male; **not too bad**  non c'è male; **from bad to worse**  di male in peggio
**baker**  il panettiere
**bakery**  la panetteria
**ball: masked ball**  il ballo in maschera
**banana**  la banana
**band**  il complesso
**bank**  la banca
**banker**  il banchiere
**bar**  il bar
**basketball**  la pallacanestro

**bath: take a bath** farsi il bagno
**bathroom** il bagno, la stanza da bagno
**be** essere, stare; **be . . . years old** avere ... anni; **be able** potere
**beach** la spiaggia
**beautiful** bello/a
**because** perché; **because of** a causa di
**become** diventare
**bed** il letto
**bedroom** la camera da letto
**beer** la birra
**before** prima di, prima che
**beg** pregare (di)
**begin** mettersi a, cominciare (a)
**being** essendo
**believe** credere (di)
**besides** tra l'altro
**bet** scommettere
**better** meglio; migliore
**between** fra, tra; **between themselves** fra (tra) di loro
**bicycle** la bicicletta; **bicycle racing** il ciclismo
**big** grande
**biking** andare in bicicletta
**biology** la biologia
**birthday** il compleanno; **happy birthday** buon compleanno
**black** nero/a
**blackboard** la lavagna
**block** intasare
**blocked** bloccato/a
**blouse** la camicetta
**blow (horn)** suonare
**blue** blu (*invariable*); **sky-blue** azzurro/a
**boat** la barca
**boating** andare in barca
**bold** audace
**book** il libro
**bookshelf** lo scaffale
**bookstore** la libreria
**boots** gli stivali
**boring** noioso/a
**born** nato/a (*past participle*); **be born** nascere
**boss** il capo
**both . . . and** sia ... che
**box office** il botteghino
**boy** il ragazzo

**boyfriend: my boyfriend** il mio ragazzo
**brake** il freno
**bread** il pane
**breakdown** il guasto
**breakfast** la prima colazione
**breathe** respirare
**bride and groom** gli sposi
**brief** breve
**brilliant** brillante
**bring** portare; **bring to someone's attention** fare presente
**broadcast** mandare in onda
**broccoli** i broccoli
**brother** il fratello; **brother-in-law** il cognato; **little brother** il fratellino
**brown** marrone (*invariable*), castano/a (*eyes, hair*)
**brush one's teeth** lavarsi i denti
**bus** l'autobus (*m.*)
**businessman** l'uomo d'affari
**businesswoman** la donna d'affari
**busy** impegnato/a, occupato/a; **be busy** avere da fare
**but** ma
**butcher** il macellaio
**butter** il burro
**buy** comprare, acquistare
**by: by chance** per caso; **by the way** a proposito
**bye** (*informal*) ciao

**café** il bar, il caffè
**cake** la torta
**calculator** la calcolatrice
**calendar** il calendario
**call** chiamare; **phone call** la telefonata
**called: be called** chiamarsi
**calm** calmo/a
**campaign** la campagna
**can** potere
**can opener** l'apriscatole (*m.*)
**capable** bravo/a
**capital** la capitale; **capital of a region** il capoluogo
**car** la macchina
**card: birthday card** la cartolina di buon compleanno
**care** la preoccupazione
**career** la carriera

**carefree** disinvolto/a
**careful** prudente
**carpenter** il falegname
**carrot** la carota
**case** il caso; **in case that** in caso che
**cathedral** il duomo, la cattedrale
**cause** causare; la causa
**cautious** prudente
**ceiling** il soffitto
**celebrate** festeggiare
**cellar** la cantina
**central** centrale
**ceramics** la ceramica (ceramiche, *f. pl.*)
**certain** certo/a
**certainly** certo
**chair** la sedia
**champion** il campione/la campionessa
**chance: by chance** per caso
**change** cambiare; il cambiamento; **change (channels)** cambiare; **change one's mind** cambiare idea
**chaotic** caotico/a
**character** (*in a play, opera, etc.*) il personaggio
**cheap** a buon mercato
**check the oil (tires)** controllare l'olio (le gomme)
**checkered** a quadri
**cheer up!** coraggio!
**cheese** il formaggio
**chemistry** la chimica
**cherry** la ciliegia
**chest of drawers** il comò
**chief** il capo
**child** il bambino/la bambina; **children** i figli
**choice** la scelta
**choose** scegliere
**chorus** il coro
**church** la chiesa
**cinema** il cinema
**citizen** il cittadino
**city** la città; cittadino/a; **city hall** il municipio, il comune
**civil** civile
**classic** classico/a
**classical** classico/a
**classroom** l'aula

**clean** pulire; pulito/a
**clear** chiaro/a, lampante; **clear** (*weather*) sereno/a; **clear the table** sparecchiare la tavola
**clearly** chiaramente
**clerk** l'impiegato/l'impiegata
**climate** il clima
**close** chiudere
**closet** il guardaroba, l'armadio
**cloth** il tessuto
**clothes** il vestiario; **clothes dryer** l'asciugatrice (*f.*)
**clothing** gli articoli di abbigliamento, i capi di vestiario, gli indumenti
**cloudy** nuvoloso/a
**coat** il cappotto
**coffee** il caffè
**cold: be cold** (*person*) avere freddo; **be (quite) cold** (*weather*) fare (abbastanza) freddo
**color** il colore; **solid color** a tinta unita
**comb** il pettine; **comb one's hair** pettinarsi i capelli
**come** venire
**comfortable** comodo/a
**commercial** la pubblicità
**competition** la gara
**complete** compiere
**complicated** complicato/a
**composed of** composto di
**computer** il computer; **computer science** l'informatica
**concert** il concerto
**conclude** concludere
**conclusion** la conclusione
**concrete** concreto/a
**conductor** conducente
**confectioner** il pasticciere; **confectioner's shop** la pasticceria
**confused** confuso/a
**confusion** la confusione
**congratulations!** complimenti!
**conquer** conquistare
**consequence** la conseguenza
**consider** considerare
**constitution** la costituzione
**consultant** il/la consulente
**contact** il contatto
**content: be content** accontentarsi
**continue** continuare (a), proseguire

**continuously** in continuazione
**control** il controllo
**convince** convincere
**cook** cucinare; il cuoco/la cuoca
**cool: be cool** (*weather*) fare fresco
**cordial** cordiale
**cost** costare; **how much does it cost?** quanto costa?
**costume** il costume
**cotton** il cotone
**country** il paese; la campagna
**couple** la coppia
**courteous** gentile
**cousin** il cugino/la cugina
**crazy** pazzesco/a
**create** creare
**crisis** la crisi
**criticism** la critica
**cup** la tazza
**curious** curioso/a
**curtain** la tenda
**customer** il/la cliente
**cut one's hair (nails)** tagliarsi i capelli (le unghie)
**cute** carino/a

**daily** quotidiano/a
**dairy** la latteria
**damage** danneggiare
**dance** ballare; la danza
**daring** audace
**daughter** la figlia; **daughter-in-law** la nuora
**day** la giornata; **day after tomorrow** dopodomani; **day before yesterday** l'altro ieri
**deal: a great deal** un bel po', granché; **deal with** trattare di
**dear** caro/a
**death** la morte
**debate** il dibattito
**debt** il debito
**decade** il decennio
**decide** decidere (di)
**decisive** decisivo/a
**declare** dichiarare
**decrease** diminuire; la diminuzione
**delicatessen** la salumeria; **delicatessen proprietor** il salumiere
**demonstration** la manifestazione

**den** lo studio
**dentist** il/la dentista
**depart** partire
**departure** la partenza
**depends: that depends** dipende
**depressed** depresso/a
**descend** scendere
**desk** la scrivania
**dessert** il dolce
**determine** stabilire
**development** lo sviluppo
**die** morire
**difficult** difficile
**diminish** diminuire
**dinner** il pranzo
**director: movie director** il/la regista
**dirty** sporco/a
**disappear** scomparire
**discomfort** il disagio
**discotheque** la discoteca
**discount** lo sconto
**discouraged** scoraggiato/a
**discuss** discutere
**discussion** la discussione
**dish** il piatto; **main dish** il primo piatto
**dishonest** disonesto/a
**dishwasher** la lavastoviglie
**dislocate** slogarsi
**displeasure** il dispiacere
**distribute** distribuire
**divine** divino/a
**divorce** divorziare
**divorced** divorziato/a
**do** fare; **do without** fare a meno
**doctor** il medico, il dottore/la dottoressa
**door** la porta
**doorman** il portiere
**down there** laggiù
**downtown** il centro
**drama** il dramma
**dress** il vestito; **wedding dress** il vestito da sposa; vestire; vestirsi
**dressed: get dressed** vestirsi
**dressmaker** (*female*) la sarta
**drink** bere; la bevanda
**drinking glass** il bicchiere
**drive** guidare
**drug** la droga
**dry one's face (hands)** asciugarsi la faccia (le mani)

**dryer: hair dryer** l'asciugacapelli (*m.*); **clothes dryer** l'asciugatrice (*f.*)
**due to** dovuto a
**dynamic** dinamico/a

**each** ogni
**ear** l'orecchio
**early** presto; **be early** essere in anticipo
**earn** guadagnare; **earn one's living** guadagnarsi la vita
**easy** facile
**eat** mangiare
**ecological** ecologico/a
**ecology** l'ecologia
**economic** economico/a
**economics** l'economia
**efficacious** efficace
**effort** lo sforzo
**egg** l'uovo (le uova, *f. pl.*)
**elbow** il gomito
**elect** eleggere
**election** l'elezione (*f.*)
**electoral** elettorale
**electrician** l'elettricista (*m. or f.*)
**elegant** elegante
**emotion** l'emozione (*f.*)
**employ** impiegare
**employed** occupato/a
**employment** l'impiego, l'occupazione (*f.*)
**energetic** dinamico/a
**engaged** impegnato/a; **become engaged** fidanzarsi
**engagement** l'impegno
**engineering** l'ingegneria
**enjoy oneself** divertirsi (a)
**enormous** enorme
**enough: it's enough** basta; **that's enough** basta così
**enter** entrare
**environment** l'ambiente (*m.*)
**establish** stabilire
**etching** l'acquaforte (*m.*)
**even** addirittura; perfino; **even though** benché, nonostante che, sebbene
**evening** la sera, la serata; **good evening** buona sera; **in the evening** la sera; **this evening** stasera
**event** l'avvenimento

**ever** mai
**every (single)** ogni; **every day (month)** tutti i giorni (mesi)
**everybody** tutti
**everyone** tutti
**everything** tutto
**everywhere** dappertutto; **everywhere else** altrove
**exaggerate** esagerare
**exam** l'esame (*m.*)
**examine** esaminare
**example** l'esempio
**exceptional** eccezionale
**exchange** lo scambio
**excited** emozionato/a
**excuse** la scusa; **excuse me** scusa, (*formal*) scusi
**executive** il/la dirigente
**exorbitant** esorbitante
**expect** prevedere
**expensive** caro/a
**experience** provare; l'esperienza
**expert** l'esperto; **be an expert in** intendersi di
**explain** spiegare
**explosion** l'esplosione (*f.*)
**express** esprimere
**exquisite** squisito/a
**eye** l'occhio

**face** il viso; la faccia
**fact: in fact, as a matter of fact** infatti
**factory** la fabbrica
**fall: fall asleep** addormentarsi; **fall in love** innamorarsi
**family** la famiglia
**famous** famoso/a
**fantastic** fantastico/a
**far from** lontano/a da
**fashion** la moda; **fashion show** la sfilata di moda
**fashionable** alla moda
**fast** velocemente
**fat** grasso/a
**fatality** il morto
**father** il padre; **father-in-law** il suocero
**favorite** preferito/a
**fear** temere (di)
**feel** provare, sentire, sentirsi; **feel like (doing something)** avere voglia di (+ *inf.*)

**fever** la febbre
**few** pochi/e
**fight** la lotta
**fill it up** fare il pieno
**final** finale
**finally** finalmente
**financial** finanziario/a
**find** trovare
**fine** bene
**finger** il dito (le dita, *f. pl.*) della mano
**finish** finire (di)
**fire** (*from a job*) licenziare
**fireplace** il camino
**firm** la ditta
**first** primo/a; **first of all** innanzi tutto
**fish** il pesce; **fish market** la pescheria; **fish vendor** il pescivendolo
**fit** (*shoes, gloves*) calzare
**fix** aggiustare
**floor** il pavimento, il piano
**flyer** il volantino
**foggy: it's foggy** c'è la nebbia
**follow** seguire
**food** il cibo
**foolish** sciocco/a
**foot** il piede
**for** per
**foreign** straniero/a
**foresee** prevedere
**forget** dimenticare, dimenticarsi (di)
**fork** la forchetta
**fortunate** fortunato/a; **fortunately** per fortuna
**forward** avanti
**free** libero/a
**freely** liberamente
**fresh** fresco/a; **don't be fresh!** non fare lo spiritoso/la spiritosa!
**friend** l'amico/l'amica
**from** da, da parte di, di (*frequently* d' *before a vowel*); **from time to time** di quando in quando
**front: in front of** davanti a
**fruit** la frutta; **fruit vendor** il fruttivendolo
**full** pieno/a
**furnished** ammobiliato/a
**furniture** i mobili
**future** il futuro

**gaily** allegramente
**game** la partita
**garage** il garage
**garden** il giardino
**gasoline** la benzina
**gather** riunirsi
**general** generale
**generally** generalmente
**geology** la geologia
**get: get off/down** scendere; **get ready** prepararsi (per); **get up** alzarsi
**girl** la ragazza
**girlfriend: my girlfriend** la mia ragazza
**give** dare; **give a discount** fare uno sconto; **give a ride** dare un passaggio; **give back** restituire
**given** dato/a
**glad** contento/a
**gladly** volentieri
**glass: drinking glass** il bicchiere
**gloves** i guanti
**go** andare; **go ahead** dica pure; **go around** girare; **go away** andare via; **go by bicycle** andare in bicicletta; **go by boat** andare in barca; **go by bus** andare in autobus; **go by car** andare in macchina; **go by motorcycle** andare in moto(cicletta); **go by plane** andare in aereo; **go by ship** andare con la nave; **go by taxi** andare in tassì; **go by train** andare in treno; **go by tram** andare in tram; **go horseback riding** andare a cavallo; **go on an excursion** fare una gita; **go on foot** andare a piedi; **go on vacation** andare in vacanza; **go skating** andare a pattinare; **go skiing** andare a sciare; **go to the country** andare in campagna; **go to the mountains** andare in montagna; **go to the seashore** andare al mare; **go out** uscire
**good** bene, bravo/a, buono/a
**good-bye** arrivederci; (*formal*) arrivederla
**government** il governo
**graduate** laurearsi
**granddaughter** la nipote
**grandfather** il nonno

**grandmother** la nonna
**grandson** il nipote
**grapefruit** il pompelmo
**grapes** l'uva
**graphic** grafico/a
**gray** grigio
**great** grande; ottimo!; **just great! benissimo!**
**green** verde
**greet** salutare; **greet each other** salutarsi
**group** il gruppo; **musical group** il complesso
**guest** l'invitato
**guitar** la chitarra
**guitarist** il/la chitarrista
**gymnasium** la palestra

**hair** i capelli; **hair dryer** l'asciugacapelli (*m.*)
**hairbrush** la spazzola per capelli
**hall** la sala
**ham: cured ham** il prosciutto
**hand** la mano (mani, *f. pl.*)
**handbag** la borsa
**handsome** bello/a
**happen** succedere, capitare; **what happened?** che cosa è successo?
**happily** allegramente
**happiness** la felicità
**happy** allegro/a, contento/a, felice
**hat** il cappello
**hate each other** odiarsi
**have** avere; **have** (*to eat, to drink*) prendere; **have a good time** divertirsi (a); **have a job interview** sostenere un colloquio; **have breakfast or lunch** fare colazione; **have in mind** avere in mente; **have the time to** avere il tempo di; **have to** dovere
**head** la testa
**healthy** sano/a
**hear** sentire; **hear from** avere notizie di
**heating** il riscaldamento
**hello** buon giorno; (*response on the phone*) pronto?
**help** aiutare; l'aiuto; **help each other** aiutarsi
**hi** ciao
**hide** nascondere
**high** alto/a

**hire** assumere
**history** la storia
**hold** tenere
**holy** santo/a
**homemaker** la casalinga
**homesick: to be homesick for** provare nostalgia di
**hope** sperare (di), augurarsi; **let's hope so** speriamo di sì
**horn** il clacson
**hors d'oeuvre** l'antipasto
**horseback riding** l'equitazione (*f.*)
**hospital** il policlinico, l'ospedale (*m.*)
**hot: be hot** (*weather*) fare caldo
**hotel** l'albergo
**hour: at rush hour** all'ora di punta; **one hour ago** un'ora fa
**house** la casa; **country house** la villa
**household appliances** gli elettrodomestici
**how** come; **how are you?** come stai?; (*formal*) come sta?; **how much?** quanto/a?; **how many times?** quante volte?; **how many?** quanti/e?; **how much is it?** quanto costa?
**however** comunque, però
**hug** abbracciare
**human body** il corpo umano
**hungry: be hungry** avere fame
**hurry** affrettarsi; **be in a hurry** avere fretta
**hurt** fare male
**husband** il marito

**ice cream** il gelato; **ice-cream parlor** la gelateria
**idea** l'idea
**if** se
**immediately** subito
**important** importante, notevole
**impossible** impossibile
**improbable** improbabile
**improve** migliorare
**improvement** il miglioramento
**in** in
**indescribable** indescrivibile
**indicate** indicare
**industrialist** l'industriale (*m.*)
**industry** l'industria
**inexpensive** a buon mercato

**information** l'informazione (*f.*)
**insincere** falso/a
**instant** l'istante (*m.*)
**instead (of )** invece di
**institution** l'istituzione (*f.*)
**intelligent** intelligente
**intend to** avere intenzione di
**interested: be interested (in)** interessarsi
**international** internazionale
**interpret** interpretare
**interpretation** l'interpretazione (*f.*)
**interpreter** l'interprete (*m. or f.*)
**interrupt** interrompere
**interview** intervistare; il colloquio
**introduce** fare conoscere, presentare
**introduction** l'introduzione (*f.*)
**invite** invitare (a)
**invited** invitato/a
**iron** il ferro da stiro
**irony** ironia
**issue** emanare
**itself** stesso/a

**jacket** la giacca
**job** il posto (di lavoro), l'impiego; **job application** la domanda d'impiego; **job interview** il colloquio
**joke** scherzare
**journalist** il/la giornalista
**joy** l'allegria
**just** proprio

**keep** tenere
**kind** gentile
**king** il re
**kitchen** la cucina
**knee** il ginocchio (le ginocchia, *f. pl.*)
**knife** il coltello
**know** conoscere; **know (how)** sapere; **know by heart** sapere a memoria
**known** conosciuto/a, noto/a

**lack** mancare
**lake** il lago

**lamb** l'agnello
**lamp** la lampada
**language: foreign languages** le lingue straniere
**large** grande
**last** scorso/a; (*in a series*) ultimo/a; **at last** finalmente
**late: I'm late** sono in ritardo
**later: until later** a più tardi
**latest** ultimo/a
**laugh** ridere
**law** la legge
**lawyer** l'avvocato
**lazy** pigro/a
**leaflet** il volantino
**learn** apprendere; imparare (a)
**least: at least** almeno
**leather** il cuoio, la pelle; **made of leather** di cuoio
**leave** partire, andare via; **leave (behind)** lasciare
**left** sinistro/a
**leg** la gamba
**lemon** il limone; **lemon soda** la limonata
**lemonade** la limonata
**lend** prestare
**lesson: driving lesson** la lezione di guida
**letter** la lettera
**lettuce** la lattuga
**library** la biblioteca
**license: diver's license** la patente di guida
**life** la vita
**light** la luce; leggero/a
**like** come; piacere
**lira** (*Italian currency*) la lira
**listen** sentire; **listen (to)** ascoltare; (*command*) senti
**listener** l'ascoltatore/l'ascoltatrice
**listening** l'ascolto
**literary** letterario/a
**literature** la letteratura
**little** piccolo/a; **very little** ben poco
**live** abitare; campare; vivere
**live** (*TV, radio*) in diretta
**living** il vivere; **living room** il salotto
**loan** prestare
**lobster** l'aragosta
**local** locale

**long** lungo/a
**look (at)** guardare; **look (for)** cercare; **look at oneself in the mirror** guardarsi allo specchio
**lose** perdere
**lottery** la lotteria
**love** l'amore (*m.*); **fall in love** innamorarsi; **love each other** amarsi
**lower** abbassare
**luck** la fortuna; **bad luck** la sfortuna
**lucky; be lucky** avere fortuna
**lunch** (*main meal at noon*) il pranzo

**Ma'am** signora
**magazine** la rivista
**magnificent** magnifico/a
**mail** spedire
**make** fare; rendere; **make a date** fissare un appuntamento; **make known** fare conoscere; **make plans** fare programmi; **make purchases** fare acquisti; **make reservations** prenotare; **make sense** avere senso; **make sure** fare in modo
**man** l'uomo (gli uomini, *pl.*)
**manage** arrangiarsi; gestire
**management** la gestione
**manager** il funzionario, il direttore/la direttrice
**managerial** gestionale
**manner** la maniera
**many** molti/e
**market** il mercato
**married** sposato/a
**marry (get married)** sposarsi
**marvelous** meraviglioso/a
**match** l'incontro; la gara
**materials** i materiali
**mathematics** la matematica
**meal** il pasto
**meaning** il significato
**means of transportation** i mezzi di trasporto
**meantime: in the meantime** intanto, nel frattempo
**meanwhile** intanto
**meat** la carne (*f.*)
**mechanic** il meccanico
**medicine** la medicina

**meet** incontrare, riunirsi; **meet (each other)** incontrarsi
**merit** il merito
**midnight** mezzanotte
**military** il militare
**milk** il latte
**milkman** il lattaio
**million** il milione
**mind** dispiacere; **do you mind if . . . ?** ti dispiace se ...?; **have in mind** avere in mente; **if you don't mind** se non ti dispiace
**minister** il ministro; **Prime Minister** Presidente del Consiglio
**mirror** lo specchio
**misfortune** il dispiacere, la sfortuna
**Miss** signorina
**mix-up: a little mix-up** un po' di confusione
**model** il modello
**modern** moderno/a
**modest** modesto/a
**moment** il momento
**monarchy** la monarchia
**money** i soldi, il denaro
**month** il mese
**monument** il monumento
**mood** lo stato d'animo
**more** più; **more . . . than** più ... di
**morning** la mattina, il mattino; **good morning** buon giorno; **in the morning** la mattina; **this morning** stamattina
**most: for the most part** per lo più
**mother** la madre; **mother-in-law** la suocera
**motorcycle** la moto(cicletta)
**mountain: in (to) the mountains** in montagna; **mountain climbing** l'alpinismo
**mouth** la bocca
**move** trasferirsi
**movie: movie director** il/la regista
**Mr.** signor + *last name*
**Mrs.** signora + *last name*
**much: too much** troppo
**muggy** afoso/a
**museum** il museo
**mushrooms** i funghi
**music** la musica

**musical** musicale; **musical group** il complesso
**musician** il/la musicista
**must** dovere
**my** mio/a

**nail** l'unghia
**name** (*first*) il nome; (*last*) il cognome; **brand name** la marca; **what's your name?** come ti chiami?; (*formal*) come si chiama?
**named: be named** chiamarsi
**napkin** il tovagliolo
**nature** la natura
**near** vicino a
**necessary** necessario/a
**neck** il collo
**need** avere bisogno di; il bisogno
**neighborhood** le vicinanze
**neither . . . nor** non ... né ... né
**nephew** il nipote
**nervous** nervoso/a
**never** non ... mai
**nevertheless** nonostante ciò
**new** nuovo/a
**news** le notizie: **news** (*one item*) la notizia; **newscaster** (*TV and radio*) l'annunciatore (*m.*); l'annunciatrice (*f.*)
**newspaper** il giornale
**next** prossimo/a
**nice** bello/a, carino/a, simpatico/a; **be nice** (*weather*) fare bel tempo
**niece** la nipote
**night** la notte; **at night** la notte, di notte; **good night** buona notte
**no** no; **no longer** non ... più; **no more** non ... più; **no one** nessuno, non ... nessuno
**none** niente
**noon** mezzogiorno
**nose** il naso
**not** non; **not any** non ... nessuno; **not at all** non ... affatto; **not even** non ... neanche, non ... nemmeno, non ... neppure; **not ever** non ... mai; **not too bad** non c'è male; **not yet** non ... ancora
**notebook** il quaderno
**nothing** niente; non ... niente, non ... nulla; **nothing special** niente di speciale

**notice** accorgersi
**novel** il romanzo
**now** adesso, ora; **by now** ormai

**O.K.** d'accordo, va bene
**obey** obbedire (*also* ubbidire)
**observe** osservare
**obtain** ottenere
**occasion** l'occasione (*f.*)
**occupation** l'occupazione (*f.*)
**occupied** occupato/a
**of** di (*frequently* d' *before a vowel*); **of course** certo
**offer** offrire
**office** l'ufficio; **post office** l'ufficio postale
**often** spesso
**old** antico/a, anziano/a, vecchio/a
**older** maggiore
**olive oil** l'olio d'oliva
**on** su
**once: every once in a while** ogni tanto; **just once** una volta tanto; **once a day** una volta al giorno; **once again** ancora una volta; **once in a while** ogni tanto
**oneself** se stesso/a
**onion** la cipolla
**only** solo
**open** aprire
**opera** l'opera
**opinion** l'opinione (*f.*)
**optimistic** ottimista (*invariable in the singular*)
**or** o
**orange** (*color*) arancione (*invariable*); **orange** (*fruit*) l'arancia; **orange soda** l'aranciata; **orange juice** (*freshly squeezed*) la spremuta d'arancia
**orchestra** l'orchestra
**order (food)** ordinare; **in order that** affinché, di modo che, perché
**organize** organizzare
**organized** organizzato/a
**original** originale
**other** altro/a
**outdoors** all'aperto
**outside** fuori
**overcoat** il cappotto
**overcrowded** sovraffollato/a
**overcrowding** il sovraffollamento

**painting** il quadro; la pittura
**pair** il paio (le paia, *f. pl.*)
**panorama** il panorama
**pants** i pantaloni
**paper: piece of paper** il foglio di carta
**parents** i genitori
**park** parcheggiare; il parco, il giardino pubblico
**parking: pay parking** il parcheggio a pagamento
**parlor: ice-cream parlor** la gelateria
**part: on the part of** da parte di
**participant** il partecipante
**particularly** particolarmente
**party** il rinfresco, la festa; il partito
**pass the butter (salt, pepper)** passare il burro (sale, pepe)
**passenger** il passeggero/la passeggera
**past** il passato
**pasta** la pasta
**patience: a little patience** un po' di pazienza
**patient** paziente; **be patient** avere pazienza
**pay** il salario; **pay (for)** pagare; **pay back** ripagare
**peace** la pace
**peach** la pesca
**pear** la pera
**pen** la penna
**pencil** la matita
**people** la gente, il popolo
**pepper** il pepe, il peperone
**per kilo** (*metric weight*) al chilo
**perfect** perfetto/a
**performer** l'interprete (*m. or f.*)
**perhaps** forse
**period** il periodo
**permit** permettere (di)
**person** la persona
**personnel** il personale
**pessimistic** pessimista (*invariable in the singular*)
**pharmacist** il/la farmacista
**pharmacy** la farmacia
**philosophy** la filosofia
**phone call** la telefonata
**photograph** la foto(grafia)
**photographer** il fotografo
**photography** la fotografia

**physics** la fisica
**pianist** il/la pianista
**piano** il pianoforte
**pick up** ritirare; **I'll pick you** (*informal*) **up** passo a prenderti
**pineapple** l'ananas (*m.*)
**pink** rosa (*invariable*)
**pizza** la pizza; **pizza parlor** la pizzeria
**place** mettere; il luogo, il posto
**plan** programmare
**plane** l'aereo
**play** (*a game*) giocare; **play basketball** giocare a pallacanestro; **play soccer** giocare a pallone; **play tennis** giocare a tennis; **play volleyball** giocare a pallavolo; **play** (*music*) suonare
**player** il giocatore/la giocatrice
**playing field** il campo da gioco
**pleasant** simpatico/a
**please** piacere; per favore, per piacere, prego
**pleased: I'm very pleased to meet you** (*informal*) mi fa molto piacere di conoscerti
**pleasing: be pleasing** piacere
**pleasure** il piacere
**plumber** l'idraulico
**pocket** la tasca; **in his/her pocket** in tasca
**poem** il poema
**poet** il poeta
**poetry** la poesia
**police** la polizia
**political** politico/a; **political science** le scienze politiche
**politician** il politico
**politics** la politica
**pollute** inquinare
**pollution** l'inquinamento
**polyester** il poliestere
**pool** la piscina
**poor** povero/a; **poor thing** poverino/a
**pork** il maiale
**position** il posto
**possess** (*something*) avere
**possibility** la possibilità
**possible** possibile
**poster** il cartellone, il manifesto
**postpone** rimandare

**potato** la patata
**practical** pratico/a
**precise** preciso/a
**prefer** preferire
**preferable** preferibile
**preoccupation** la preoccupazione
**preparation** la preparazione
**prepare** preparare
**president** il presidente
**presidential** presidenziale
**press conference** la conferenza stampa
**pretty** carino/a
**price** il prezzo; **at a reduced price** a prezzo ridotto; **at fixed prices** a prezzi fissi; **what prices!** che prezzi!
**principal** principale
**probable** probabile
**probably** probabilmente
**problem** il problema
**profession** il mestiere, la professione
**professor** il professore/la professoressa
**program** il programma
**progress** il progresso
**promise** promettere
**promote** promuovere
**proper** opportuno/a, dovuto/a
**prosperity** la prosperità
**protest** la protesta
**provided that** purché
**psychology** la psicologia
**purchase** acquistare; l'acquisto
**purple** viola (*invariable*)
**put** mettere; **put on (clothing)** mettersi, indossare

**qualification** la qualifica
**qualified** qualificato/a
**quarrel** litigare
**queen** la regina
**quiet** silenzioso/a
**quit** (*a job*) licenziarsi

**radio** la radio; radiofonico/a
**rain** piovere
**rainbow** l'arcobaleno
**raincoat** l'impermeabile (*m.*)
**raise** alzare
**rarely** raramente
**rather** piuttosto

**razor (electric)**   il rasoio (elettrico)
**reach**   raggiungere
**read**   leggere; **read again** rileggere
**reading**   la lettura
**real**   vero/a
**reality**   la realtà
**realize**   accorgersi
**really**   davvero; proprio; veramente
**receive**   ricevere
**recently**   recentemente
**reception**   il ricevimento, il rinfresco
**recipe**   la ricetta
**record**   registrare; il disco
**recorder: tape recorder**   il registratore; **video recorder**   il videoregistratore
**red**   rosso/a
**referee**   l'arbitro
**reform**   la riforma
**refrigerator**   il frigo(rifero)
**regulate**   regolare
**relatives**   i parenti, *pl.*
**relax**   distrarsi
**remain**   restare, rimanere
**remarkably**   notevolmente
**remember**   ricordare, ricordarsi (di)
**rent**   affittare; **rent a car** noleggiare un'automobile
**representative**   il deputato, il rappresentante
**republic**   la repubblica
**request**   la richiesta
**require**   richiedere
**reservation**   la prenotazione
**reserve**   prenotare
**reserved**   riservato/a
**resolve**   risolvere
**respond**   rispondere
**rest**   riposarsi
**restaurant**   il ristorante
**resumé**   il curriculum vitae
**retailer**   il rivenditore
**return**   restituire; tornare; **many happy returns!**   cento di questi giorni!
**rice**   il riso
**rich**   ricco/a
**right**   adatto/a; dovuto/a; giusto/a; destro/a; **be right**   avere ragione, avere senso; **right away**   subito
**romantic**   romantico/a

**room**   la camera, la stanza; **dining room**   la sala da pranzo
**rude**   sgarbato/a
**rug**   il tappeto

**sad**   triste
**safety**   la sicurezza
**sailing**   la vela
**salami**   il salame
**salary**   lo stipendio
**sale**   la vendita; **on sale**   in vendita
**salt**   il sale
**same**   stesso/a; **just the same**   lo stesso; **same old**   solito/a
**sandwich: ham sandwich**   il panino al prosciutto; **tuna sandwich**   il tramezzino al tonno
**save**   risparmiare; salvare
**say**   dire (di)
**scarcity**   la scarsità
**scarf**   la sciarpa
**scene**   la scena
**scenery**   lo scenario
**schedule**   l'orario
**scheduled**   previsto/a
**school: (Italian high school)**   il liceo
**science: natural science**   le scienze naturali
**scientific**   scientifico/a
**scissors**   le forbici
**sea**   il mare; **at the seashore**   al mare
**search**   la ricerca; **in search of**   in cerca di
**season**   la stagione
**seat**   il posto
**second**   secondo/a
**see**   vedere; **see you tomorrow**   ci vediamo domani; **see each other** vedersi
**seek**   cercare
**seem**   sembrare; **it seems to me** mi sembra
**seldom**   di rado
**self-possessed**   disinvolto/a
**sell**   vendere
**senate**   il senato
**senator**   il senatore
**send**   mandare, spedire; **send back** rimandare
**seriousness**   la gravità

**serve**   servire
**set** (*time*)   stabilire; **set the table** apparecchiare la tavola
**sew**   cucire
**shade**   l'ombra
**shame: what a shame**   che peccato!
**ship**   la nave
**shirt: man's shirt**   la camicia
**shoes**   le scarpe
**shop** (*for food*)   fare la spesa
**shopkeeper**   il/la negoziante
**short**   basso/a
**shortly**   fra poco
**shoulder**   la spalla
**show**   mostrare; lo spettacolo; **fashion show**   la sfilata di moda
**shower**   la doccia; **take a shower** farsi la doccia
**shrimp**   gli scampi
**shy**   timido/a
**sign: as a sign of**   in segno di
**silk**   la seta
**simple**   semplice
**since**   siccome
**sincere**   sincero/a
**sing**   cantare
**singer**   il/la cantante
**sir**   signore
**sister**   la sorella; **little sister**   la sorellina; **sister-in-law**   la cognata
**situation**   la situazione
**sizable**   notevole
**size** (*clothing*)   la taglia; (*clothing, shoes*)   la misura
**skate**   pattinare
**skating**   il pattinaggio; **go skating** andare a pattinare
**ski**   sciare; lo sci; **go skiing**   andare a sciare
**skirt**   la gonna
**sleep**   dormire
**sleepy: be sleepy**   avere sonno; **be very sleepy**   morire di sonno
**sleeve: with long (short) sleeves** con le maniche lunghe (corte)
**slowly**   lentamente
**small**   piccolo/a
**smile**   sorridere
**snow**   nevicare; la neve
**so**   dunque; **so that**   affinché, di modo che, perché
**so-so**   così così

**soap** il sapone
**soccer** il calcio, il pallone
**sociology** la sociologia
**socks** i calzini (*pl.*)
**sofa** il divano
**softly** piano
**sole** (*fish*) la sogliola
**some** alcuni/e
**something** qualcosa
**sometimes** qualche volta
**son** il figlio; **son-in-law** il genero
**song** la canzone
**soon: as soon as** appena; **as soon as possible** al più presto, quanto prima; **quite soon** ben presto; **see you soon** a presto
**sorry: be sorry, to mind** dispiacere; **I'm sorry** mi dispiace
**soup** la minestra; **vegetable soup** il minestrone
**spaghetti** gli spaghetti; **carbonara style** gli spaghetti alla carbonara
**speak** parlare; **speak to each other** parlarsi
**specialized** specializzato/a
**spectacular** spettacolare
**spend** (*time*) passare; **spend** (*time/money*) spendere
**spinach** gli spinaci
**spoon** il cucchiaio
**sport** lo sport
**sporting** sportivo/a
**sporty** sportivo/a
**sprain** slogarsi
**spring** la primavera; primaverile
**stability** la stabilità
**stadium** lo stadio
**stairs** le scale
**start** mettersi (a), cominciare (a); **start again** riprendere; **start an argument** fare polemica
**state** lo stato; statale
**station** la stazione; **gas station** la stazione di servizio; **station master** il capostazione
**statue** la statua
**stay** alloggiare, restare, rimanere; il soggiorno
**steak** la bistecca
**stereo** lo stereo
**still** ancora, pure
**stomach** lo stomaco
**stop** fermare, fermarsi

**store** il negozio
**story** la storia; **short story** il racconto
**strawberry** la fragola
**street** la via, la strada; **on the street** per strada
**streetcar** il tram
**strict** severo/a
**strike** scioperare, lo sciopero
**striker** lo/la scioperante
**string beans** i fagiolini
**striped** a righe
**strive** cercare (di)
**student** lo studente/la studentessa
**study** studiare; lo studio
**stupid** stupido/a
**subway** la metropolitana
**succeed** riuscire (a)
**successfully** con successo
**sudden** improvviso/a
**suffer** soffrire, subire
**suggest** suggerire
**suggestion** il suggerimento
**suit** il vestito
**suitcase** la valigia (le valige, *pl.*)
**sultry** (*weather*) afoso/a
**summary** il riassunto
**summer** l'estate (*f.*); estivo/a
**sunny: it's sunny** c'è il sole
**supermarket** il supermercato
**support** aderire
**supper** la cena
**surprised** sorpreso/a
**surround** circondare
**surrounding** circostante
**survival** la sopravvivenza
**sweater** la maglia, il maglione
**sweet** il dolce
**swift** veloce
**swim** nuotare
**swimming** il nuoto
**swimming pool** la piscina
**symbol** il simbolo
**system** il sistema

**table** il tavolo; **at the (dinner) table** a tavola
**tailor** (*male*) il sarto
**take** prendere; **take (courses)** seguire; **take off (clothing)** levarsi; **take part in** aderire (a); **take pictures** fare fotografie;

**take place** avere luogo; **take the subway** prendere la metropolitana
**talk** conversare
**tall** alto/a
**tape recorder** il registratore
**taxi** il tassì
**tea** il tè; **iced tea** il tè freddo
**teach** insegnare (a)
**team** la squadra
**teaspoon** il cucchiaino
**technological** tecnologico/a
**telegram** il telegramma
**telephone** telefonare; il telefono; telefonico/a
**television** la televisione; televisivo/a; **television set** il televisore
**tell** dire, raccontare
**tennis court** il campo da tennis
**tenor** il tenore
**terrible** pessimo/a
**thank** ringraziare; **thank you** grazie
**that** che; quello; **that one** quello; **that which** quello che
**theater** il teatro
**theme** il tema
**then** allora, dunque, poi
**there** ci, là, lì; **there are** ecco, ci sono; **there is** c'è, ecco
**therefore** quindi
**thin** magro/a
**thing** la cosa
**think** credere (di); **think (of, about + *verb*)** pensare (di); **think (of, about + *noun*)** pensare (a); **I don't think so** credo di no; **I think so** credo di sì; **what do you think about . . . ?** che ve ne pare di ...?
**thirsty: be thirsty** avere sete
**this** ciò; questo/a; **this one** questo
**throat** la gola
**ticket** il biglietto; **ticket office** la biglietteria
**tie** la cravatta
**time** il tempo; la volta; **a long time ago** molto tempo fa; **at the same time** allo stesso tempo; **at times** a volte; **at what time?** a che ora?; **be on time** essere puntuale;

**departure time** l'ora della partenza; **for the first time** per la prima volta; **for the time being** al momento; **full-time** a tempo pieno; **part-time** a tempo parziale; **what time is it?** che ore sono?

**timid** timido/a

**tired** stanco/a

**tiring** faticoso/a

**to** a ( *frequently* ad *before a vowel*)

**today** oggi

**toe** il dito (le dita, *f. pl.*) del piede

**together** insieme

**token** il gettone

**tomato** il pomodoro

**tomorrow** domani; **starting tomorrow** da domani; **until tomorrow** a domani

**tonight** stanotte

**too** anche; troppo

**tooth** il dente

**toothbrush** lo spazzolino da denti

**toothpaste** il dentifricio

**topic** il soggetto

**total** totale

**tourism** il turismo

**toward** verso

**towel** l'asciugamano

**town: small town** il paese

**trade** il mestiere; **what's your trade?** che mestiere fa (fai)?

**traffic** il traffico; **traffic jam** l'ingorgo

**trail** la pista

**train** il treno

**tranquil** calmo/a, tranquillo/a

**travel agency** l'agenzia di viaggi

**trip** il viaggio

**trolley** il tram

**trousers** i pantaloni

**truck** il camion, l'autocarro

**true** vero/a

**tuna** il tonno

**turn: turn off** (*TV, radio*) spegnere; **turn on** accendere

**TV** la tivvù; **black-and-white TV** il televisore in bianco e nero; **cable TV** la tivvù via cavo; **color TV** il televisore a colori; **TV channel** il canale televisivo; **TV network** la rete televisiva; **TV news** il telegiornale; **TV program** la trasmissione televisiva; **TV viewer** il telespettatore

**type** il tipo

**ugly** brutto/a

**unblock** sbloccare

**uncle** lo zio

**understand** capire, comprendere

**understanding** comprensivo/a

**undertake** intraprendere

**undress** spogliarsi

**unemployed** disoccupato/a

**unemployment** la disoccupazione (*f.*)

**unforgettable** indimenticabile

**unfortunate** sfortunato/a

**unhappy** infelice

**union: labor union** il sindacato

**united** unito/a

**unity** l'unità

**university** l'università; universitario/a; **university degree** la laurea

**unknown** sconosciuto/a

**unless** a meno che

**unlucky** sfortunato/a

**unoccupied** disoccupato/a

**unpleasant** antipatico/a

**until** fino a; **until now** finora

**use** usare

**useful** utile

**useless** inutile

**usual: as usual** come al solito

**usually** di solito

**vacation: on vacation** in vacanza; **vacation days** i giorni (*pl.*) di ferie

**vacuum cleaner** l'aspirapolvere (*m.*)

**valid** valido/a

**various** vario/a

**veal** il vitello

**vegetables: green vegetables** la verdura

**vegetation** la vegetazione

**velvet** il velluto

**vendor** il rivenditore

**video recorder** il videoregistratore

**videocassette** la videocassetta

**videodisk** il videodisco

**video game** il videogioco

**violin** il violino

**visit** visitare; la visita

**volleyball** la pallavolo

**volume** il volume

**vote** votare; il voto

**voter** l'elettore (*m. or f.*)

**voyage** il viaggio

**wage** il salario; salariale

**wait (for)** aspettare; **a long wait** una lunga attesa; **wait a minute** aspetta un minuto

**waiter** il cameriere

**waiting** l'attesa

**wake up (oneself)** svegliarsi

**walk: take a walk** fare una passeggiata, passeggiare

**wall** la parete; **wall poster** il cartellone

**wallet** il portafoglio

**want** desiderare; volere

**wardrobe** l'armadio

**warm: be warm** (*person*) avere caldo; **be warm** (*weather*) fare caldo

**wash oneself** lavarsi; **wash one's hands (face)** lavarsi le mani (la faccia)

**washing machine** la lavatrice

**waste time** perdere tempo

**watch** guardare; aspettare; l'orologio

**water (mineral)** l'acqua (minerale)

**way: that way** così; **there is no way** non c'è modo

**wear** indossare

**weather** il tempo; **what's the weather like there?** che tempo fa lì?; **it's nice weather** fa bel tempo; **it's bad weather** fa cattivo tempo; **What's the weather forecast today?** Quali sono le previsioni del tempo di oggi?

**wedding** il matrimonio; **wedding dress** il vestito da sposa

**week** la settimana; **weekly** settimanale

**weekend**   la fine-settimana

**well**   allora; **(quite) well** (abbastanza) bene; **very well** molto bene

**what**   ciò che; **what?**   che cosa? (cosa?); **what are you up to today?**   che cosa fai di bello oggi?; **what happened?**   che cosa è successo?; **what is . . . like?** com'è ...?; **what is it?**   che cos'è? **what's playing?**   cosa è in programma?

**when(ever)**   quando

**when?**   quando?

**where?**   dove?; **where are you** (*formal*) **from?**   di dov'è?; **where is he/she from?**   di dov'è?

**which?**   qual/e?; **which one?** quale?

**while**   mentre

**who?**   chi?; **who else?**   chi altro?

**whom: to whom:**   a chi?; **with whom?**   con chi?

**why?**   perché?

**wife**   la moglie

**wild**   pazzesco/a; selvatico/a

**willingly**   volentieri

**win**   vincere

**window**   la finestra; **store window** la vetrina

**windy: to be (very) windy**   tirare (molto) vento

**wine**   il vino

**winter**   l'inverno, invernale

**wish**   desiderare, volere; **wish (someone) well**   fare gli auguri

**wishes: best wishes!**   auguri! (*m. pl.*), tanti auguri!

**with**   con

**without**   senza che; **without a doubt**   senza dubbio

**woman**   la donna

**wood**   il legno

**woods**   il bosco

**wool**   la lana

**work**   lavorare; **work** (*literary or artistic*) l'opera; **work overtime** fare lo straordinario; **what work do you do?**   che lavoro fa (fai)?

**worker**   il lavoratore, la lavoratrice; (*blue-collar*) l'operaio/l'operaia

**world**   mondiale; **working world** il mondo del lavoro

**worry**   preoccuparsi (di); la preoccupazione; **don't worry** non ti preoccupare, non si preoccupi

**worse**   peggio, peggiore; **from bad to worse**   di male in peggio; **worse than ever**   peggio che mai

**write**   scrivere; **write to each other** scriversi

**writer**   lo scrittore, la scrittrice

**wrong: be wrong**   avere torto


**year**   anno; **be . . . years old**   avere ... anni

**yellow**   giallo/a

**yes**   sì

**yesterday**   ieri

**yield the floor**   cedere la parola

**young**   giovane, giovanile

**younger**   minore


**zone**   la zona

# Index

**a**
with infinitive, 436–437
+ months, 132
+ time expressions, 46
vs. **in,** 72
**abbigliamento e tessuti,** 230–231
absolute superlative, 430
**accenni letterari,** 447
**accento tonico** (stress), 22
accents, 7
adjectives
agreement of, 112–113
comparison of equality, 405–406
comparison of inequality, 407–408
colors, 232
demonstrative (**quello, questo**),
159–160
descriptive, 115–116
indefinite, 481–483
interrogative, 93–94
irregular comparative and
superlative forms, 443–444
nationality, 113
ordinal numbers, 449–450
plural forms, 112, 160, 237–238,
443–444, 481–482
position in noun phrases, 115–116
possessive, 187
with nouns referring to relatives,
187
adverbs
ending in **-mente,** 414
irregular comparison, 433
of place (**ci**), 459–460
of time, place, manner, and
quantity, 413–414
of time with present perfect, 137
**aeroporto,** 54
age, 33
**aggettivi,** *see* adjectives
agreement
of adjectives, 112–113
of past participle with direct object
pronouns, 192–193

**albero genealogico,** 55
**alfabeto italiano** (Italian alphabet), 7
**alimentari,** 158
**alimenti e pasti,** 302
altered nouns, 477
**altrettanto,** 260
**ambiente,** 425, 427
**andare,** 120
**anno,** 450–451
**-are** verbs
commands, 165–166
formal commands, 165
**tu-, noi-, voi-**forms, 165–166
conditional, 306
conditional perfect, 387–388
future, 284–285
imperfect, 208–209
imperfect subjunctive, 380–381
infinitive form, 67
past participle, 136
past subjunctive, 360–361
pluperfect, 383–384
pluperfect subjunctive, 383–384
present, 67
present perfect, 135–137, 139–140
present subjunctive, 332–334
preterit, 453–454
appliances and furniture, 403
**arrivederci** vs. **arrivederla,** 4
articles
definite
plural, 50
singular, 50
with countries and continents,
330
with days of the week, 88
with names of languages, 51
with nouns in general sense, 50
with possessive adjectives, 187
with possessive pronouns,
217–218
with courtesy titles, 51
indefinite
forms, 34

omission of, 34
partitive, 457
uses, 34, 457
partitive, 457
**articolo,** *see* articles
automobile-related terms, 491
**avere,** R3
+ **bisogno di,** 49
expressions with, 65
to form present perfect,
135–137
present tense, 31
**voglia di,** 65
**avverbi,** see adverbs

**bar italiano,** 60, 61
**bello,** 116
**bere,** 145, 209
body, parts of, 256–257
**Bologna,** 56
**buono,** 116

**c'è** and **ci sono,** 75–76
**campanilismo,** 492
**cappuccino,** 60
**caratteristiche personali,** 110–111
**Carnevale,** 106
**cardinal numbers-rom.,** 9, 24,
156–157
**casa,** 402
**che**
relative pronoun, 462–463
used in comparisons, 408
**chilo,** 152
**ci,** 459–460
**ciao,** 3
clock time, 45–46
clothing, 230–231
cognates, 10
**cognomi italiani,** 85
**colori,** 232
comma in numbers, 156
commands, *see also* **imperativo**
formal **lei, loro** forms, 266

with single object pronoun,
190–191
**tu-, noi-, voi-**-forms, 165–166
of irregular verbs, 168
comparative constructions
of equality, 405–406
of inequality, 407–408
irregular comparatives
of adjectives, 443–444
of adverbs, 443–444
compass, points of, 13
compound nouns, 452
**con,** 73
conditional, 305–306
perfect, 387–388
in **se**-clause constructions,
385–386
conjunctions followed by subjunctive,
364–365
**congiuntivo** (subjunctive)
**congiunzioni, dopo,** 364–365
**correlazione dei tempi,** 485–486
**emozione, dubbio, convinzione,**
358–359
**espressioni impersonali,** 338–339
**imperfetto,** 380–381
**passato,** 360–361
**presente,** 332–333
**verbi irregolari,** 336
**trapassato,** 383-384
contractions, prepositional, 73–74
**corpo umano,** 256–257
**cose utili,** 26
**così ... come,** 405–406
**costruzioni passive,** 478–479
course names, 16, 44
**cui** (relative pronoun), 462–463

**da,** 72
and disjunctive pronoun, 215
special uses of (place), 312–313
with passive voice, 478–479
with time expressions, 312–313
**dare,** 96–97
**decennio,** 449–450
definite article, 50
**denaro** vs. **soldi,** 154
**di,** 52
after comparison of inequality,
407–408
after superlative, 429–430
to express partitive, 457

to express possession or
relationship, 52
in time expressions, 207
**di chi?** = whose? 52
**dialetti,** 102
**digestivo,** 300
**dire,** 145, 209
direct object pronouns, 189–190
with agreement of past participle,
192–193
with dependent infinitives and
modal verbs, 190
with formal commands, 267–268
with progressive tenses, 410–411
**dis-,** 356
disjunctive (stressed) pronouns,
215–216
**dittonghi,** 86
**domande,** 93–94
double-object pronouns, 308–310
double-verb constructions, 68

**ecco,** 76
electrical appliances, 403
electronics, 49
**-ere** verbs
commands, 165–166
formal commands, 165
**tu-, noi-, voi-**-forms, 165–166
conditional, 306
conditional perfect, 387–388
future, 284–285
imperfect, 208–209
imperfect subjunctive, 380–381
infinitive form, 67–68
past participle, 136
past subjunctive, 360–361
pluperfect, 290
pluperfect subjunctive, 383–384
present, 90–91
present perfect, 135–137, 139–140
present subjunctive, 332–334
preterit, 452–454
**espressioni negative,** 212–213
**essere,** R3
as auxiliary, 139–140
**presente di,** 29–30
European Union, 11

**famiglia italiana,** 177, 180
**famiglie di parole,** 476–477
**fare,** 96–97, 209

farewells, 16
**Firenze,** 393
foods, 158
formality, levels of, 3
furniture and appliances, 403
future
of probability, 287
after **quando, appena,** and **se,** 287
simple, 284–285

**gastronomia italiana,** 301
**genere dei nomi** (gender of nouns),
33–34
**Genova,** 174
geographical terms, 12–13
**giornali italiani,** 401
**giorni della settimana,** 87–88
**giovani italiani,** 129
government and politics, 473, 475
**grande,** position of, 116
greetings, 2, 16
**guidare** (parole utili), 182

h, 86
Happy Birthday song, 298
health, asking how someone is, 16
house, parts of, 402

idiomatic expressions with **fare,**
96–97
imperative, *see also* commands,
**imperativo**
of 7 irregular verbs, 168
of regular verbs, 165–166
**imperativo** (imperative)
**con *lei* e *loro*,** 266
**di 7 verbi irregolari,** 168
**dei verbi regolari,** 165–166
imperfect vs. **passato prossimo,**
233–234
**imperfetto** (imperfect), 208–209
**e passato prossimo, contrasto
fra,** 233–234
impersonal expressions with
subjunctive, 338–339
**in,** 74
**in-,** 356
indefinite adjectives and pronouns,
481–483
indefinite adjectives, 481–483
indefinite pronouns, 481–483
indirect object pronouns, 259–260

verbs that require, 259–260
inequality, comparisons of, 407–408
infinitive
    dependent, 68
    in negative **tu**-commands, 166
    position of object pronouns, with, 189–190
    preceded by prepositions, 436–437
    of reflexive verbs, 162–164
instruments, musical, 354–355
International Phonetic Association, 8
interrogative words, 93–94
-**ire** verbs
    commands, 165–166
        formal commands, 165
        **tu-, noi-, voi-**forms, 165–166
    conditional, 306
    conditional perfect, 387–388
    future, 284–285
    imperfect, 208–209
    imperfect subjunctive, 380–381
    infinitive form, 67
    past participle, 136
    past subjunctive, 360–361
    pluperfect, 290
    pluperfect subjunctive, 383–384
    present, 118
    present perfect, 135–137, 139–140
    present subjunctive, 332–334
    preterit, 453–454
irregular past participles, 142–143
irregular verbs, *see* individual verbs
        and appendices
-**issimo,** 202

last names, 85
**lavoro, il mondo di,** 373, 376–378
**lei,** 19
    as formal "you," 2–3
let's + *verb,* 166
letter writing, 209
letters, capital and lowercase, 7
letters, foreign, 7
**litro,** 152
**lui,** 28

**mai** with **passato prossimo,** 134
maps
    **carta fisica d'Italia,** 13
    **carta politica d'Italia,** 14
    **città,** 63
    **Italia nell'Europa,** 11

materials, 232–233
**materie d'insegnamento** (courses of
        study), 16, 44
**mercato rionale,** 153
**mesi,** 132–133
**mestieri, professioni, e altre
        occupazioni,** 376–378
**mezzo** vs. *mezza,* 46
**Milano,** 246–247
**milione,** 156–157
**mille,** 156
**mobili ed elettrodomestici,** 403
**moda italiana,** 229
modal verbs, 184–185
**molto,** 109
**moto(cicletta),** 128, 426
**musica e i giovani,** 353
musical instruments, 354–355

names
    diminutive forms of, 6
    masculine and feminine, 6
**Napoli,** 345
nationality, 20
**ne,** 459
negation
    double negative expressions,
        212–213
simple negation with **non,** 30
negative commands, 166
nouns
    altered, 477
    comparison of equality, 405–406
    comparison of inequality, 407–408
    compound, 452
    ending in -*co,* -*go,* -*ca,* and -*ga,* 48
    ending in -*ia,* 44
    ending in -*tà,* 10
    gender, 6, 33
    plural forms, 48, 237–238
    singular forms, 33
    used in general sense, 50
numbers
    cardinal
        from 0 to 20, 9
        from 21 to 100, 24
        from 100 on, 156–157
    ordinal, 449–450

object pronouns, combined, 308–309
**occupazioni,** 376–378
**oggetti personali utili,** 258
**orario,** 54

ordinal numbers, 449–450

**paesi e capitali d'Europa,** 329
**panino** vs. **tramezzino,** 82
**parole analoghe** (cognates), 10
**participi passati irregolari,** 142–143
**partita** vs. **incontro,** 298
partitive (**con *di***), 457
**passato prossimo,** *see also* present
        perfect
    with adverbs of time, 136
    with **avere,** 136–137
    with **essere,** 139–140
**passato remoto,** 453–454
passive voice, 478–479
past participles, irregular, 142–143
past time, expressions of, 134
**pensare + di,** 59
period in numbers, 156
personal characteristics, 110–111
**piacere,** 263–264
**Piemonte,** 274
**plurale** (plural)
    **dei nomi** (of nouns), 48
    **di nomi ed aggettivi in -*ca* e -*ga,*
        -*cia* e -*gia,* -*co* e -*go,***
        237–238
**Porta Portese,** 107
position of adjectives, 115–116
possessive adjectives, 187
    with nouns referring to relatives,
        187
possessive pronouns, 217–218
    and definite article, 217–218
**possesso** (possession or relationship),
        52
**pranzo** vs. **cena,** 176
prefixes: **in-, s-, dis, ri-,** 356
**prendere,** 59
prepositional contractions, 73–74
prepositions, 72
    compound, 73–74
    followed by infinitives, 436–437
    followed by pronouns, 215–216
present perfect tense (**passato
        prossimo**)
    with **avere,** 135–137
    with **essere,** 139–140
    with modal verbs, 185
present progressive, 68
present tense
    irregular verbs, *see* individual verbs

and appendices
regular **-are** verbs, 67
regular **-ere** verbs, 90–91
regular **-ire** verbs, 118
to express future action, 68
used with **da +** expression of time, 312–313
verbs endings in **-care** and **-gare**, 68
presentations, 16
formal and informal, 3–4
preterit **(passato remoto)**, 453–454
probability or conjecture, future of, 287
professions and trades, 376–378
progressive tenses, 410–411
pronouns
demonstrative (**questo** and **quello**), 159–160
direct object, 189–190
disjunctive, 215–216
indefinite, 481–483
indirect object, 259–260
interrogative, 93–94
**ne**, 459
personal (subject pronouns), 27–28
position of direct object, 189–190
position of indirect object, 260–261
possessive, 217–218
relative **(che, cui)**, 462–463
pronunciation, 21; *see also* sounds
punctuation, 7

**quanto?** and **quale?**, 94
questions, 93–94
**questo** and **quello**, 159–160

**radio e televisione**, 327, 330–331
**reciprocità, verbi riflessivi**, 314–315
reflexive verbs, 162–164
regions of Italy, 15
relatives (family), 180
**ri-**, 356
**rivenditori e negozi**, 304
**Roma**, 38

**s-**, 356
**sapere e conoscere**, 240–241
**Sardegna**, 320

schools in Italy, 23
**sci in Italia**, 253
**scuola in Italia**, 23
**sè** (pronoun), 216
**se**-clauses, 385–386
**se**, future with, 287
**secolo**, 449–450
sequence of tenses, 485–486
**Sicilia**, 103
**sillabazione** (syllabication), 21–22
**sistema politico italiano**, 473–474
**soldi**, 154
sounds
/c/, 109
/d/, 43
/g/ e /ǧ/, 204
/ʎ/, 229
/ŋ/, 255
/k/, 109
/kw/, 86
/l/, 62
/p/ 62
/r/ e /rr/, 131
/ʃ/ e /sk/, 179
/s/ e /z/, 155
/t/, 42
/ts/ e /ds/, 280
spelling/sound correspondences, R2
**sport in Italia**, 279
**sport, espressioni utili per gli**, 281
**stagioni**, 132–133
**stare**, 96–97
stores and businesses, 304
stressed (disjunctive) pronouns, 215–216
subject pronouns, 28
omission of, 30
subjunctive mood, *see also* **congiuntivo**
after conjunctions, 364–365
in contrary-to-fact **se**-clauses, 385–386
imperfect, 380–381
past, 360–361
pluperfect, 383–384
present, 332–334
irregular, 336
verbs ending in **-care, -gare**, 334
with expressions of emotion, doubt, belief, 358–359
with impersonal expressions,

338–339
with verbs of wish, will, or hope, 333
**succo** vs. **spremuta**, 84
suffixes, 477
**suoni delle vocali** (vowel sounds), 8–9
superlatives
absolute, 430
irregular, 443–444
relative, 429
irregular, 443–444
syllabication, 21–22

**tanto … quanto**, 405–406
**tavola** vs. **tavolo**, 178
**teatro tenda**, 82
telephone numbers, 25
telephones, 59
television and radio, 327–328
**tempi progressivi**, 410–411
**tempo** (time)
**espressioni di**, 6, 89
**con** *volta, di, ogni, tutti/e*, 207
**al passato**, 134
**tempo** (weather), 205
tenses, sequences of, with **congiuntivo**, 485–486
time, expressions of, 6, 134, 207
time, telling, 45–46
titles
courtesy and professional, 5, 16, 40
definite articles, with, 51
ending in **-re**, 5
**Torino**, 273
**tra** vs. **fra**, 72
**trapassato**, 290
**trasporto, mezzi di**, 425–426
travel and transportation terms, 182, 426
**trittonghi**, 87, 184
**tu** as informal "you," 3

**Umbria**, 124
**università italiana**, 43, 468–469
**per stranieri**, 203
**uscire**, 145

**Vaticano, Città del**, 467
**Veneto**, 199
**Venezia**, 197

**venire,** 120
verbs
    conjugated with **essere,** R5–R6
    ending in **-care** and **-gare,** 68, 284
    ending in **-iare,** 68
    ending in **-urre** and **-orre,** 328
    infinitive form, 67
    irregular, R7–R10; *see also*
        individual verbs and
        appendices

**andare e venire,** 120–121
**bere, dire, uscire,** 145
**dare, fare, stare,** 96–97
**dovere, potere, volere,**
    184–185
present subjunctive, 332–334
regular, R3–R5; *see also* **-are, -ere,**
    and **-ire** listing
    **-are,** present tense, 67
    **-ere,** present tense, 90–91

    **-ire,** present tense, 118–119
    that require a preposition, 436–437
    reflexive, 162–164
        of reciprocity, 314–315
**viaggiare (parole utili),** 182
**voce passiva,** 478–479

weather expressions, 205
word families, 476–477
work vocabulary, 376–377

# Credits

**Photographs:** p.1, © David R. Frazier Photolibrary; p.3, © David R. Frazier Photolibrary; p.4, © Beryl Goldberg; p.5, © Garvey/Monkmeyer; p.7, © Beryl Goldberg; p.13, © Vince Streano/Tony Stone Images; p.15, © Jose Fusta Raga/Leo de Wys Inc.; p.18, © David R. Frazier Photolibrary; p.19 (left), © Palmer & Brilliant; p.19 (right), © Palmer & Brilliant; p.25, © Andrew Brilliant; p.23, © David R. Frazier Photolibrary; p.37, © Phyllis Picardi/Stock Boston; p.38, © David R. Frazier Photolibrary; p.39, © J.P.Amet/Sygma; p.40 (left), © Garvey/Monkmeyer; p.40 (right), © Garvey/Monkmeyer; p.43, © Beryl Goldberg; p.56, © Beryl Goldberg; p.57, © Owen Franken/Stock Boston; p.58, © Garvey/ Monkmeyer; p.61, © Beryl Goldberg; p.64, © Beryl Goldberg; p.66, © Palmer & Brilliant; p.77, © Beryl Goldberg; p.78, © Julie Houck/Stock Boston; p.80, © Ed Lallo/Gamma-Liaison; p.81, © Beryl Goldberg; p.85, © Kevin Galvin; p.102, © Kurgan-Lisnet/Gamma Liaison; p.103, © Jeanetta Baker/Leo de Wys Inc.; p.105, © Camera Photo/Gamma Liaison; p.107, © Beryl Goldberg; p.122, © David Simson/Stock Boston; p.124, © Rogers/Monkmeyer; p.125, © Carol Havens/Tony Stone Images; p.127, © Andrew Brilliant; p.129, © Beryl Goldberg; p.141, © Mike Mazzaschi/Stock Boston; p.147, © Dave Bartruff/Stock Boston; p.149, © Dave Bartruff/Stock Boston; p.150, © Garvey/Monkmeyer; p.151, © Kevin Galvin; p.155, © Ann McQueen/Stock Boston; p.153, © Kevin Galvin; p.172, © Dallas & John Heaton/Stock Boston; p.173, © Kevin Galvin; p.175, © Garvey/Monkmeyer; p.177, © Mike Mazzaschi/Stock Boston; p.186, © Owen Franken/Stock Boston; p.197, © Gerry Johannson/Leo de Wys Inc.; p.198, © David R. Frazier Photolibrary; p.200, © Palmer & Brilliant; p. 203, photo by Erik Borg; courtesy of Middlebury College; p.218, © Grantpix/Stock Boston; p.224, © Beryl Goldberg; p.225, © Olympia/Gamma-Liaison; p.229, © Andrew Brilliant; p.243, © David Kampfner/Gamma-Liaison; p.247, © Beryl Goldberg; p. 248, © David R. Frazier Photolibrary; p.250, © Kevin Galvin; p.253, © Kevin Galvin; p.255, © Kevin Galvin; p.272, © David R. Frazier Photolibrary; p.274, © Sailler-Airone/GLMR/Gamma-Liaison; p.276, © AP/Wide World; p.279, © Mike Mazzaschi/Stock Boston; p.282, ©

Palmer & Brilliant; p.294, © Eric Robert/Sygma; p.296, © F. Origlia/Sygma; p.297, © Beryl Goldberg; p.301, © Dallas & John Heaton/Stock Boston; p.303, © Steven Rothfield/Tony Stone Images; p.321, © Patrick Ward/Stock Boston; p.322, © Kurgan-Lisnet/Gamma-Liaison; p.324, © Garvey/Monkmeyer; p.345, © Andrew Brilliant; p.346, © Siegfried Tauqueur/Leo de Wys Inc.; p.347, © Ronny Jaques/Photo Researchers; p.349, © Massimo Sestini Agency/Gamma-Liaison; p.353, © Signorelli/Granata Press Service; p.362, © Camera Photo/Gamma-Liaison; p.367, © Kevin Galvin; p.368, © Charles Nes/Gamma-Liaison; p.370, © Giuseppe Salomone/Granata Press Service; p.371, © Christopher Brown/Stock Boston; p.373, © Garvey/Monkmeyer; p.392, © Kevin Galvin; p.394, © Dallas & John Heaton/Stock Boston; p.395, © Kevin Galvin/Stock Boston; p.397, © Patrizio Morandi/Granata Press Service; p.401, © Palmer & Brilliant; p.412, © Palmer & Brilliant; p.417, © Kevin Galvin; p.419, © Photo News/Gamma-Liaison; p. 421, © Andrew Brilliant; p.425, © Andrew Brilliant; p.427, © Garvey/Monkmeyer; p.438, © Palmer & Brilliant; p.441 (top), © Amanda Merullo/Stock Boston; p.441 (bottom), © Alan Briere/Gamma-Liaison; p.445, © Greg Meadors/Stock Boston; p.447, © Garvey/Monkmeyer; p.455, © Robert Frerck/Odyssey; p.467, © Giansanti/Sygma; p.468, © L. Tazzari/Gamma-Liaison; p.470, © Anticoli-Nusca/Gamma-Liaison; p.473, © Livio Anticoli/Gamma-Liaison; p.484, © Olympia/Gamma-Liaison; p.491, © Mike Mazzaschi/Stock Boston; p.493, © Kaz Chiba/Gamma-Liaison.

**Illustrations: Tim Jones:** pp. 26, 27, 32, 36, 49, 50, 53, 55, 65, 67, 72, 73, 75, 93, 98, 110, 114, 115, 132, 135, 139, 145, 162, 166, 168, 184, 190, 192, 196, 204, 205, 208, 211, 212, 215, 217, 231, 234, 240, 243, 245, 256, 258, 259, 264, 266, 281, 288, 290, 305, 310, 313, 316, 331, 332, 336, 339, 357, 361, 364, 376, 380, 385, 387, 407, 410, 413, 416, 426, 429, 432, 436, 453, 457, 459, 462, 476, 477, 479, 481, and 485.

**Illustrations: James Edwards:** pp. 28, 45, 47, 48, 63, 87, 90, 111, 118, 142, 158, 161, 181, 283, 302, 354, 355, 383, 402, and 404.

**Realia:**    Aeroporti di Roma; Arnoldo Mondadori Editore: Lo stilista fa da se; Carli Palmiero: Nuova grotta del gallo nero; Centro turistico Gran Sasso–L'Aquila: brochure; Comitato promotore referendum elettorali: L'Italia del sì poster; Corriere della Sera: E se laureato, Almanacco meteo, Calorie e cibi; CTS—Presidenza nazionale: prezzi e proposte, Lingua all'estero; Editoriale L'Espresso S.P.A.: Viva L'Italia, Il tempo ritrovato, Inchiesta, Il vetro, Un po' di verde, Sondaggi (13 & 20 dicembre 1992), L'università costa, I libri di Italo Calvino, La piramide alimentare; Essemoda: professioni moda; Euronova: Superofferta; Fiat Auto; Greenpeace: brochure "Da venti anni"; Gymnasium G: poster ad; Istituto americano: Lingua inglese; Istituto europeo di design: pubblicità corsi offerti; La libreria Reina; La Mela; La Repubblica: Tre cose che so di lei, Il Venerdì tv program, Laurea e poi?; Spello Museo di Norberto; Quigiovani: poster; Società Editoriale Giornalistica Europea: Porta Portese; Studio Giambo; Touring club italiano; INTERNET: http://www.qsa.it/webstudio/giovani